中華現代學術名著叢書

國史大綱

上册

錢穆 著

商務印書館

錢　穆

(1895—1990)

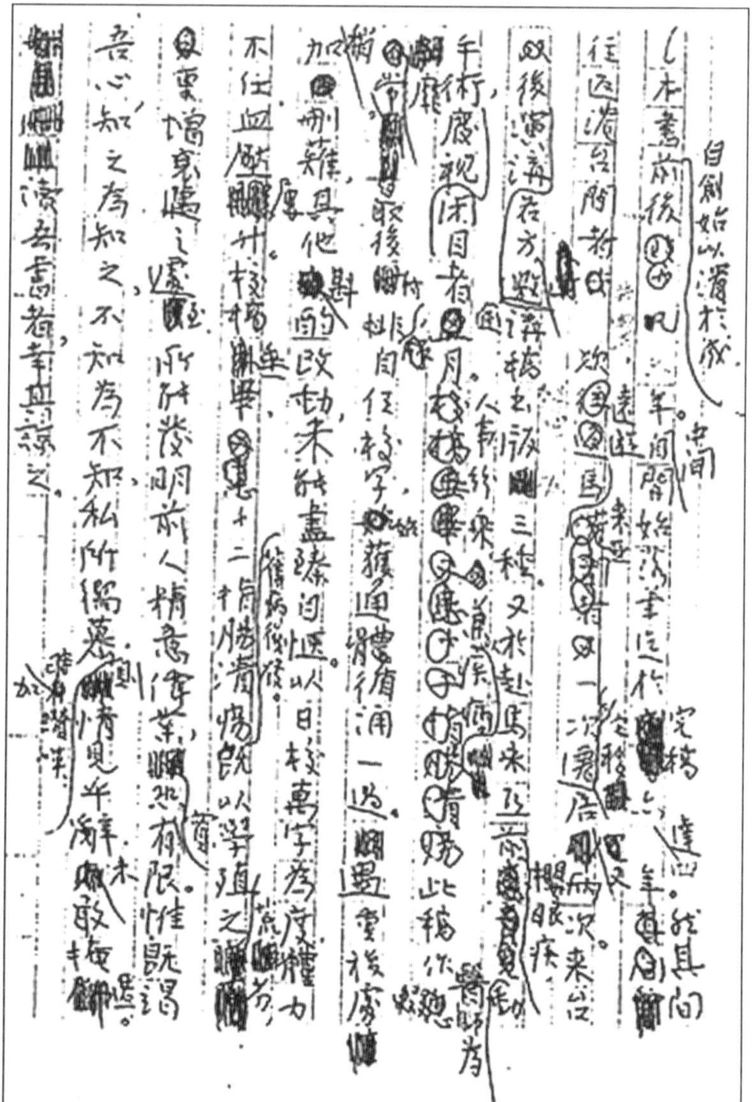

作者手迹

引論

一

中國爲世界上歷史最完備之國家，舉其特點有三。一者「悠久」。從黃帝傳說以來約得四千六百餘年。從古竹書紀年載夏以來，約得三千七百餘年。（夏四七二，殷四九六，周武王至幽王二五七，自此以下至民國紀元二六八一。）二者「無間斷」。自周共和行政以下，明白有年可稽。（史記十二諸侯年表從此始，下至民國紀元二七五二。）自魯隱公元年以下，明白有月日可詳。（春秋編年從此始，下至民國紀元二六三三。魯哀公卒，左傳終，中間六十五年史文稍殘缺。自周威烈王二十三年資治通鑑託始，至民國紀元凡二三一四年。）三者「詳密」。此指史書體裁言。要別有三：一曰編年，（此本春秋。）二曰紀傳，（此稱正史，本史記。）三曰紀事本末。（此本尚書。）其他不勝備舉。（可看四庫書目史部之分類。）又中國史所包地域最廣大，所含民族分子最複雜，因此益形成其繁富。若一民族文化之評價，與其歷史之悠久博大成正比，則我華夏文化，於並世固當首屈一指。

然中國最近，乃爲其國民最缺乏國史智識之國家。何言之？「歷史智識」與「歷史材料」不同。我民族國家已往全部之活動，是爲歷史。其經記載流傳以迄於今者，只可謂是歷史的材料，而非吾儕今日所需歷史的智識。材料累積而愈多，智識則與時以俱新。歷史智識，隨時變遷，應與當身現代種種問題，有親切之聯絡。歷史智識，貴能鑒古而知今。至於歷史材料，則爲前人所記錄，前人不知後事，故其所記，未必一一有當於後人之所欲知。然後人欲求歷史智識，必從前人所傳史料中覓取。若蔑棄前人史料而空談史識，則所謂「史」者非史，而所謂「識」者無識，生乎今而臆古，無當於「鑒於古而知今」之任也。

今人率言「革新」，然革新固當知舊。不識病象，何施刀藥？僅爲一種憑空抽象之理想，蠻幹强爲，求其實現，鹵莽滅裂，於現狀有破壞無改進。凡對於已往歷史抱一種革命的蔑視者，此皆一切真正進步之勁敵也。惟藉過去乃可認識現在，亦惟對現在有真實之認識，乃能對現在有真實之改進。故所貴於歷史智識者，又不僅於鑒古而知今，乃將爲未來精神盡其一部分孕育與嚮導之責也。

且人類常情，必先「認識」乃生「情感」。人最親者父母，其次兄弟、夫婦乃至朋友。凡其所愛，必其所知。人惟爲其所愛而奮鬭犧牲。人亦惟愛其所崇重，人亦惟崇重其所認識與了知。求人之敬事上帝，必先使知有上帝之存在，不啻當面覿體焉，又必使熟知上帝之所以爲上帝者，而後其敬事上帝之心油然而生。人之於國家民族亦然。惟人事上帝本乎信仰，愛國家民族則由乎知識，此其異耳。人之父母，不必爲世界最崇高之人物；人之所愛，不必爲世界最美之典型，而無害其爲父母，爲所愛者。惟知之深，故愛之切。若一民族對其已往歷史無所了知，此必爲無文化之民族。此民族中之分子，對其民族，必無甚深之愛，必不能爲其民族真奮鬭而犧牲，此民族終將無爭存於並世之力量。今國人方蔑棄其本國已往之歷史，以爲無足重視；既已對其民族已往文化，懵無所知，而猶空呼愛國。此其爲愛，僅當於一種商業之愛，如農人之愛其牛。彼僅知彼之身家地位有所賴於是，彼豈復於其國家有逾此以往之深愛乎！凡今之斷脰決胸而不顧，以效死於前敵者，彼則尚於其國家民族已往歷史，有其一段真誠之深愛；彼固以爲我神州華裔之生存食息於天壤之間，實自有其不可侮者在也。

故欲其國民對國家有深厚之愛情，必先使其國民對國家已往歷史有深厚的認識。欲其國民對國家當前有真實之改進，必先使其國民對國家已往歷史有真實之了解。我人今日所需之歷史智識，其要在此。

二

略論中國近世史學，可分三派述之。一曰傳統派，（亦可謂「記誦派」。）二曰革新派，（亦可謂「宣傳派」。）三曰科學派。（亦可謂「考訂派」。）「傳統派」主於記誦，熟諳典章制度，多識前言往行，亦間爲校勘輯補。此派乃承前清中葉以來西洋勢力未入中國時之舊規模者也。其次曰「革新派」，則起於清之季世，爲有志功業、急於革新之士所提倡。最後曰「科學派」，乃承「以科學方法整理國故」之潮流而起。此派與傳統派，同偏於歷史材料方面，路徑較近；博洽有所不逮，而精密時或過之。二派之治史，同於缺乏系統，無意義，乃純爲一種書本文字之學，與當身現實無預。無寧以「記誦」一派，猶因熟諳典章制度，多識前言往行，博洽史實，稍近人事；縱若無補於世，亦將有益於己。至「考訂派」則震於「科學方法」之美名，往往割裂史實，爲局部窄狹之追究。以活的人事，換爲死的材料。治史譬如治岩礦，治電力，既無以見前人整段之活動，亦於先民文化精神，漠然無所用其情。彼惟尚實證，夸創獲，號客觀，既無意於成體之全史，亦不論自己民族國家之文化成績也。

惟「革新」一派，其治史爲有意義，能具系統，能努力使史學與當身現實相綰合，能求把握全史，能時時注意及於自己民族國家已往文化成績之評價。故革新派之治史，其言論意見，多能不脛而走，風靡全國。今國人對於國史稍有觀感，皆出數十年中此派史學之賜。雖然，「革新派」之於史也，急於求智識，而怠於問材料。其甚者，對於二、三千年來積存之歷史材料，亦以革新現實之態度對付之，幾若謂此汗牛充棟者，曾無一顧盼之價值矣。因此其於史，既不能如「記誦派」所知之廣，亦不能如「考訂派」所獲之精。彼於史實，往往一無所知。彼之所謂系統，不啻爲空中之樓閣。彼治史之意義，轉成無意義。彼之把握全史，特把握其胸中所臆測之全史。彼對於國家民族已往文化之評價，特激發於其一時之熱情，而非有外在之根據。其綰合歷史於現實也，特借歷史口號爲其宣傳改革現實之工具。彼非能真切沉浸於已往之歷史智識中，而透露出改革現實之方案。彼等乃急於事功而僞造智識者，智識既不真，事功亦有限。今我國人乃惟乞靈於此派史學之口吻，以獲得對於國史之認識，故今日國人對於國史，乃最爲無識也。

三

所謂「革新派」之史學，亦隨時遞變。約言之，亦可分為三期。其先當前清末葉。當時，有志功業之士所渴欲改革者，厥在「政體」。故彼輩論史，則曰：「中國自秦以來二千年，皆專制黑暗政體之歷史也。」彼輩謂：「二十四史乃帝王之家譜。」彼輩於一切史實，皆以「專制黑暗」一語抹殺。彼輩對當前病證，一切歸罪於二千年來之專制。然自專制政體一旦推翻，則此等議論，亦功成身退，為明日之黃花矣。繼「政治革命」而起者，有「文化革命」。彼輩之目光，漸從「政治」轉移而及「學術思想」，於是其對國史之論鋒，亦轉集於「學術思想」之一途。故彼輩論史，則曰：「中國自秦以來二千年，思想停滯無進步，而一切事態，因亦相隨停滯不進。」彼輩或則謂：「二千年來思想，皆為孔學所掩脅。」或則謂：「二千年來思想，皆為老學所麻醉。」故或則以當前病態歸罪孔子，或則歸罪於老子。或謂：「二千年來思想界，莫不與專制政體相協應。」或則謂：「此二千年來之思想，相當於歐洲史之所謂『中古時期』。要之如一邱之貉，非現代之所需。」或則謂：「思想限制於文字，欲一掃中國自秦以來二千年思想之沈痼積痗，莫如並廢文字，創為羅馬拼音，庶乎有瘳。」然待此等宣傳成功，則此等見識，亦將為良弓之藏。繼「文化革命」而起者，有「經濟革命」。彼輩謂：「無論『政治』與『學術』，其後面常為『社會形態』所規定。故欲切實革新政治機構、學術内容，其先應從事於『社會經濟形態』之改造。」彼輩對於當前事態之意見，影響及於論史，則曰：「中國自秦以來二千年，皆一『封建時期』也。二千年來之政治，二千年來之學術，莫不與此二千年來之社會經濟形態，所謂『封建時期』者相協應。」正惟經濟改革未有成功，故此輩議論，猶足以動國人之視聽。有治史者旁睨而噓曰：「國史浩如煙海，我知就我力之所及，爲博治諦當之記誦而已，爲精細綿密之考訂而已，何事此放言高論爲！」雖然，國人之所求於國史略有知，乃非此枝節煩瑣之考訂，亦非此繁重龐雜之記誦，特欲於國家民族已往歷史文化有大體之瞭解，以相應於其當身現實之所需知也。有告之者曰：「中國自秦以來二千年，皆專制黑暗之歷史也。」則彼固已爲共和政體下之自由民矣，無怪其掉頭而不肯顧。或告之曰：「中國自秦以來二千年，皆孔子、老子中古時期思想所支配下之歷史也。」則彼固已呼吸於二十世紀新空氣之仙囿，於孔、老之爲人與其所言，固久已鄙薄而弗覩，闒茸而無知，何願更爲陳死人辨此宿案，亦無怪其奮步而不肯留。或告之曰：「我中國自秦以來二千年，皆封建社會之歷史耳，雖至今猶然，一切病痛盡在是矣。」於是有志於當身現實之革新，而求知國史已往之大體者，莫不動色稱道，雖牽鼻而從，有勿悔矣。然竟使此派論者有躊躇滿志之一日，則我國史仍將束高閣、覆醬瓿，而我國人仍將爲無國史智識之民族也。

四

前一時代所積存之歷史材料，既無當於後一時期所需要之歷史智識，故歷史遂不斷隨時代之遷移而變動改寫。就前有諸史言之，尚書爲最初之史書，然書缺有間，此見其時中國文化尚未到達需要編年史之程度。其次有春秋，爲最初之編年史。又其次有左傳，以網羅詳備言，爲編年史之進步。然其時則「國之大事，在祀與戎」。祭祀乃常事，常事可以不書，兵戎非常事，故左傳所載，乃以列國之會盟與戰爭爲主，後人譏之爲「相斫書」焉。又其次爲史記，乃爲以人物爲中心之新史，徵其時人物個性之活動，已漸漸擺脫古代封建、宗法社會之團體性而嶄然露頭角也。又其次爲漢書，爲斷代作史之開始，此乃全國統一的中央政府，其政權已臻穩固後之新需要。自此遂形成中國列代之所謂「正史」，繼此而復生「通史」之新要求。於是而有杜佑通典，此爲「政書」之創作，爲以制度爲骨幹之新史，非政體沿革到達相當程度，不能有此。又繼而有通鑑，爲編年之新通史。又次而有各史紀事本末，爲以事件爲中心之新史之再現。然如袁氏通鑑紀事本末，取材只限於通鑑，則貌變而實未變也。於是而有鄭樵通志之所謂二十略，其歷史眼光，乃超出於政治人物、人事、年月之外。其他如方志，如家譜，如學案，形形色色，乘一時代之新需要而創造新體裁者，不勝縷舉。要之自尚書下逮通志，此皆有志於全史整面之敍述。今觀其相互間體裁之不同，與夫內容之差別，可知中國舊史，固不斷在改寫之中矣。

自南宋以來，又七百年，乃獨無繼續改寫之新史書出現。此因元、清兩代皆以異族入主，不願國人之治史。明廁其間，光輝乍闢，翳霾復興，遂亦不能有所修造。今則爲中國有史以來未有的變動劇烈之時代，其需要新史之創寫尤亟。而適承七百年來史學衰微之末運，因此國人對於國史之認識，乃愈昏昧無準則。前述記誦、考訂、宣傳諸派，乃亦無一能發願爲國史撰一新本者，則甚矣史學之不振也。

今日所需要之國史新本，將爲自尚書以來下至通志一類之一種新通史。此新通史應簡單而扼要，而又必具備兩條件：一者必能將我國家民族已往文化演進之真相，明白示人，爲一般有志認識中國已往政治、社會、文化、思想種種演變者所必要之智識；二者應能於舊史統貫中映照出現中國種種複雜難解之問題，爲一般有志革新現實者所必備之參考。前者在積極的求出國家民族永久生命之泉源，爲全部歷史所由推動之精神所寄；後者在消極的指出國家民族最近病痛之證候，爲改進當前之方案所本。此種新通史，其最主要之任務，尤在將國史真態，傳播於國人之前，使曉然了解於我先民對於國家民族所已盡之責任，而油然興其慨想，奮發愛惜保護之摯意也。

此種通史，無疑的將以記誦、考訂派之工夫，而達宣傳革新派之目的。彼必將從積存的歷史材料中出頭，將於極艱苦之準備下，呈露其極平易之面相。將以專家畢生盡氣之精力所萃，而爲國人月日瀏覽之所能通貫。則編造國史新本之工作，其爲難於勝任而愉快，亦可由此想見矣。

五

「一部二十四史，從何說起？」今將爲國史寫一簡單扼要而有系統之新本，首必感有此苦。其將效記誦、考訂派之所爲乎？則必泛濫而無歸。其將效宣傳革新派之所爲乎？又必空洞而無物。凡近代革新派所注意者有三事：首則曰政治制度，次則曰學術思想，又次則曰社會經濟。此三者，「社會經濟」爲其最下層之基礎，「政治制度」爲其最上層之結頂，而「學術思想」則爲其中層之幹柱。大體言之，歷史事態，要不出此三者之外。今將輕重先後，分主客取捨於其間乎？抑兼羅並包，平等而同視之乎？

曰，姑捨此。能近取譬，試設一淺喻。今人若爲一運動家作一年譜或小傳，則必與爲一音樂家所作者，其取材詳略存滅遠異矣。即爲一網球家作小傳或年譜，則又必與爲一足球家所作者，其取材詳略存滅迥別矣。何以故？以音樂家之「個性」與「環境」與「事業」之發展，與運動家不同故；以網球家之個性與環境與事業之發展，又與足球家不同故；一人如此，一民族、一國家亦然。寫國史者，必確切曉瞭其國家民族文化發展「個性」之所在，而後能把握其特殊之「環境」與「事業」，而寫出其特殊之「精神」與「面相」。然反言之，亦惟於其特殊之環境與事業中，乃可識其個性之特殊點。如此則循環反覆，欲認識一國家、一民族特殊個性之所在，乃並不如認識一網球家或足球家之單純而簡易。要之必於其自身內部求其精神、面相之特殊個性，則一也。

何以知網球家之個性？以其忽然投入於網球家之環境，而從事於網球之活動故。其他一切飲食、起居、嗜好、信仰，可以無所異於人。若爲網球家作年譜，而鈔襲某音樂家已成年譜之材料與局套，則某年音樂大會，其人既無預；某年歌曲比賽，其人又不列。其人者，乃可於音樂史上絕無一面。不僅了不異人，抑且有不如無。不知其人之活動與事業乃在網球不在音樂。網球家之生命，不能於音樂史之過程中求取。乃不幸今日之治國史者，竟蹈此弊。

以言政治，求一屢爭不捨、僅而後得之代表民意機關，如英倫之「大憲章」與「國會」之創興而無有也。又求一轟轟烈烈，明白痛快，如法國「人權大革命」之爆發，而更無有也。則無怪於謂「自秦以來二千年，皆專制黑暗之歷史」矣。以言思想，求一如「文藝復興運動」以來，各國學者蓬勃四起，各爲其國家民族創造其特有新興之文學而無有也。又求一如馬丁路德，明揭「信仰自由」之旗幟，以與羅馬教皇力抗，軒然興起全歐「宗教革命」之巨波，而更無有也。則無怪於謂：「自秦以來二千年，皆束縛於一家思想之下」矣。以言經濟，求一如噶馬、如哥倫布鑿空海外，發現新殖民地之偉跡而渺不可得；求如今日歐、美社會之光怪陸離，窮富極華之景象，而更不可得。則無怪於謂「自秦以來二千年，皆沉眠於封建社會之下，長夜漫漫，永無旦日」矣。凡最近數十年來有志革新之士，莫不謳歌歐、美，力求步趨，其心神之所嚮往在是，其耳目之所聞覩亦在是。迷於彼而忘其我，拘於貌而忽其情。反觀祖國，凡彼之所盛自張揚而誇道者，我乃一無有。於是中國自秦以來二千年，乃若一冬蟄之蟲，生氣未絕，活動全失。彼方目眵神炫於網球場中四圍之采聲，乃不知別有一管弦競奏、歌聲洋溢之境也則宜。故曰：治國史之第一任務，在能於國家民族之內部自身，求得其獨特精神之所在。

六

凡治史有兩端：一曰求其「異」，二曰求其「同」。何謂求其異？凡某一時代之狀態，有與其先、後時代突然不同者，此即所由劃分一時代之「特性」。從兩「狀態」之相異，即兩個「特性」之啣接，而劃分爲兩時代。從兩時代之劃分，而看出歷史之「變」。從「變」之傾向，而看出其整個文化之動態。從其動態之暢遂與夭閼，而衡論其文化之爲進退。此一法也。何謂求其同？從各不同之時代狀態中，求出其各「基相」。此各基相相啣接、相連貫而成一整面，此爲全史之動態。以各段之「變」，形成一全程之「動」。即以一整體之「動」，而顯出各分部之「變」。於諸異中見一同，即於一同中出諸異。全史之不斷變動，其中宛然有一進程。自其推動向前而言，是謂其民族之「精神」，爲其民族生命之泉源。自其到達前程而言，是謂其民族之「文化」，爲其民族文化發展所積累之成績。此謂求其同。此又一法也。

故治國史不必先存一揄揚夸大之私，亦不必先抱一門戶立場之見。仍當於客觀中求實證，通覽全史而覓取其動態。若某一時代之變動在「學術思想」，例如戰國先秦。我即著眼於當時之學術思想而看其如何爲變。若某一時代之變動在「政治制度」，例如秦漢。我即著眼於當時之政治制度而看其如何爲變。若某一時代之變動在「社會經濟」，例如三國魏晉。我即著眼於當時之社會經濟而看其如何爲變。「變」之所在，即歷史精神之所在，亦即民族文化評價之所繫。而所謂「變」者，即某種事態在前一時期所未有，而在後一時期中突然出現。此有明白事證，與人共見，而我不能一絲一毫容私於其間。故曰：仍當於客觀中求實證也。革新派言史，每曰「中國自秦以來二千年」云云，是無異謂中國自秦以來二千年無變，即不啻謂中國自秦以來二千年歷史無精神、民族無文化也。其然，豈其然？

七

今於國史，若細心籀其動態，則有一至可注意之事象，即我民族文化常於「和平」中得進展是也。歐洲史每常於「鬬爭」中著精神。如火如荼，可歌可泣。劃界線的時期，常在驚心動魄之震盪中產生。若以此意態來看中國史，則中國常如昏騰騰地沒有長進。中國史上，亦有大規模從社會下層掀起的鬬爭，不幸此等常爲紛亂犧牲，而非有意義的劃界線之進步。秦末劉、項之亂，可謂例外。明祖崛起，掃除胡塵，光復故土，亦可謂一個上進的轉變。其他如漢末黃巾，乃至黃巢、張獻忠、李自成，全是混亂破壞，只見倒退，無上進。近人治史，頗推洪、楊。夫洪、楊爲近世中國民族革命之先鋒，此固然矣。然洪、楊十餘年擾亂，除與國家社會以莫大之創傷外，成就何在？建設何在？此中國史上大規模從社會下層掀起的鬬爭，常不爲民族文化進展之一好例也。然中國史非無進展，中國史之進展，乃常在和平形態下，以舒齊步驟得之。若空洞設譬，中國史如一首詩，西洋史如一本劇。一本劇之各幕，均有其截然不同之變換。詩則只在和諧節奏中轉移到新階段，令人不可劃分。所以詩代表中國文學之最美部分，而劇曲之在中國，不佔地位。西洋則以作劇爲文學家之聖境。即以人物作證，蘇格拉底死於一杯毒藥，耶穌死於十字架，孔子則夢奠於兩楹之間，晨起扶杖消遙，詠歌自輓。三位民族聖人之死去，其景象不同如此，正足反映民族精神之全部。再以前舉音樂家與網球家之例喻之，西洋史正如幾幕精采的硬地網球賽，中國史則直是一片琴韻悠揚也。

八

姑試略言中國史之進展。就政治上言之，秦、漢大一統政府之創建，已爲國史闢一奇蹟。近人好以羅馬帝國與漢代相擬，然二者立國基本精神已不同。羅馬乃以一中心而伸展其勢力於四圍。歐、亞、非三洲之疆土，特爲一中心强力所征服而被統治。僅此中心，尚復有貴族、平民之别。一旦此中心上層貴族漸趨腐化，蠻族侵入，如以利刃刺其心窩，而帝國全部，即告瓦解。此羅馬立國形態也。秦、漢統一政府，並不以一中心地點之勢力，征服四圍，實乃由四圍之優秀力量，共同參加，以造成一中央。且此四圍，亦更無階級之分。所謂優秀力量者，乃常從社會整體中，自由透露，活潑轉換。因此其建國工作，在中央之締構，而非四圍之征服。羅馬如於一室中懸巨燈，光耀四壁；秦、漢則室之四周，遍懸諸燈，交射互映；故羅馬碎其巨燈，全室即暗，秦、漢則燈不俱壞光不全絕。因此羅馬民族震鑠於一時，而中國文化則輝映於千古。我中國此種立國規模，乃經我先民數百年慘澹經營，艱難締構，僅而得之。以近世科學發達，交通便利，美人立國，乃與我差似。如英、法諸邦，則領土雖廣，惟以武力貫徹，猶惴惴懼不終日。此皆羅馬之遺式，非中國之成規也。

談者好以專制政體爲中國政治詬病，不知中國自秦以來，立國規模，廣土衆民，乃非一姓一家之力所能專制。故秦始皇始一海內，而李斯、蒙恬之屬，皆以游士擅政，秦之子弟宗戚，一無預焉。漢初若稍稍欲返古貴族分割宰制之遺意，然卒無奈潮流之趨勢何！故公孫弘以布衣爲相封侯，遂破以軍功封侯拜相之成例，而變相之貴族擅權制，終以告歇。博士弟子，補郎、補吏，爲入仕正軌，而世襲任廕之恩亦替。自此以往，入仕得官，遂有一公開客觀之標準。「王室」與「政府」逐步分離，「民衆」與「政府」則逐步接近。政權逐步解放，而國家疆域亦逐步擴大，社會文化亦逐步普及。總觀國史，政制演進，約得三級：由封建而躋統一，一也。此在秦、漢完成之。由宗室、外戚、軍人所組之政府，漸變而爲士人政府，二也。自此西漢中葉以下，迄於東漢完成之。由士族門第再變而爲科舉競選，三也。（此在隋、唐兩代完成之。）惟其如此，「考試」與「銓選」，遂爲維持中國歷代政府綱紀之兩大骨幹。全國政事付之官吏，而官吏之選拔與任用，則一惟禮部之考試與吏部之銓選是問。此二者，皆有客觀之法規，爲公開的準繩，有皇帝（王室代表。）所不能搖，宰相（政府首領。）所不能動者。若於此等政制後面推尋其意義，此即禮運所謂「天下爲公，選賢與能」之旨。就全國民衆施以一種合理的教育，復於此種教育下選拔人才，以服務於國家；再就其服務成績，而定官職之崇卑與大小。此正戰國晚周諸子所極論深覬，而秦、漢以下政制，即向此演進。特以國史進程，每於和平中得伸展，昧者不察，遂妄疑中國歷來政制，惟有專制黑暗，不悟政制後面，別自有一種理性精神爲之指導也。

談者又疑中國政制無民權，無憲法。然民權亦各自有其所以表達之方式與機構，能遵循此種方式而保全其機構，此即立國之大憲大法，不必泥以求也。中國自秦以來，既爲一廣土衆民之大邦，如歐西近代所行民選代議士制度，乃爲吾先民所弗能操縱。然誠使國家能歷年舉行考試，平均選拔各地優秀平民，使得有參政之機會；又立一客觀的服務成績規程，以爲官位進退之準則，則下情上達，本非無路。晚清革命派，以民權憲法爲推翻滿清政府之一種宣傳，固有效矣。若遂認此爲中國歷史真相，謂自秦以來，中國惟有專制黑暗，若謂「民無權，國無法」者已二千年之久，則顯爲不情不實之談。民國以來，所謂民選代議之新制度，終以不切國情，一時未能切實推行。而歷古相傳「考試」與「銓選」之制度，爲維持政府紀綱之兩大骨幹者，乃亦隨專制黑暗之惡名而俱滅。於是一切官場之腐敗混亂，胥乘而起，至今爲厲。此不明國史真相，妄肆破壞，輕言改革所應食之惡果也。

中國政制所由表達民權之方式與機構，既與近代歐人所演出者不同。故欲爭取民權，而保育長養之，亦復自有其道。何者？彼我立國規模既別，演進淵源又不同。甲族甲國之所宜，推之乙族乙國而見窒礙者，其例實夥。凡於中國而輕言民衆革命，往往發動既難，收拾亦不易，所得不如其所期，而破壞遠過於建設。所以國史常於和平中得進展，而於變亂中見倒退者，此由中國立國規模所限，亦正我先民所貽政制，以求適合於我國情，而爲今日吾人所應深切認識之一事。若復不明國史真相，妄肆破壞，輕言改革，則又必有其所應食之惡果在矣。

九

其次請言學術思想。談者率好以中國秦以後學術，擬之歐洲之「中古時期」。然其間有難相比並者。歐洲中古時期之思想，以「宗教」爲主腦，而中國學術界，則早脫宗教之羈絆。姑以史學言，古者學術統於王官，而史官尤握古代學術之全權。「史」者，乃宗廟職司之一員，故宗教、貴族、學術三者，常相合而不相離。孔子始以平民作新史而成春秋，「其事則齊桓、晉文」，皆政治社會實事，不語怪力亂神，故曰：「知我者其惟春秋乎？罪我者其惟春秋乎？」自有孔子，而史學乃始與宗教、貴族二者脫離。

然西漢司馬氏尚謂：「文史星曆，近乎卜祝之間，主上以倡優畜之。」此非憤辭，乃實語。漢代太史屬於太常，則爲宗廟職司之一員。太樂、太祝、太宰、太卜、太醫與太史，同爲太常屬下之六令丞。太樂之下，自有倡優。宗廟祭祠，太史與倡優同有其供奉之職。則史學仍統於皇帝、宗廟、鬼神之下。然司馬氏不以此自限，發憤爲史記，自負以續孔子之春秋；即對當朝帝王卿相種種政制事態，質實而書，無所掩飾。司馬氏不以得罪。及東漢班氏，以非史官，爲史下獄，然尋得釋，所草懸爲國史。自此以往，中國史學，已完全由皇帝、宗廟下脫出，而爲民間自由製作之一業焉。

且王官之學，流而爲百家，於是「史官」之外，復有「博士」。此二官者，同爲當時政治組織下專掌學術之官吏。「史官」爲古代王官學之傳統，而「博士官」則爲後世新興百家學之代表。博士亦屬太常，是學術仍統於宗廟也。然太史僅與星曆卜祝爲伍，而博士得預聞朝政，出席廷議而見諮詢，則社會新興百家學，已駕古代王官學而上之矣。然自秦以來，占夢、求仙之術，皆得爲博士，猶在帝王所好。及漢武聽董仲舒議，罷黜百家，專立五經博士，於是博士性質，大見澄清；乃始於方技神怪旁門雜流中解放，而純化爲專治歷史與政治之學者，所謂「通經致用」，即是會通古代歷史知識，在現實政治下應用。又同時兼負國家教育之責。而博士弟子，遂爲入仕惟一正途。於是學術不僅從「宗教」勢力下脫離，並復於「政治」勢力下獨立。自此以往，學術地位，常超然於政治勢力之外，而享有其自由，亦復常盡其指導政治之責任。而政治亦早與宗教分離，故當時中國人所希冀者，乃爲地上之王國，而非空中之天國也。孔子成春秋，前耶穌降生四百八十年。馬遷爲史記，亦前耶穌降生一百年。其時中國政治社會，正向一合理的方向進行，人生之倫理教育，即其「宗教」，無所仰於渺茫之靈界；而羅馬則於貴族與軍人之對外侵略與對內奢縱下覆滅。耶教之推行，正因當時歐人無力建造合理之新國家，地上之幸福既渺不可望，乃折而歸嚮上帝。故西洋中古時期之宗教，特承續當時政治組織之空隙而起，同時又替代一部分或可說大部分。政治之任務。若必以中國史相擬，惟三國魏晉之際，統一政府覆亡，社會紛亂，佛教輸入，差爲近之。然東晉南北朝政府規模，以及立國之理論，仍沿兩漢而來。當時帝王卿相，誠心皈依佛教者，非無其人；要之，僧人與佛經，特爲人生一旁趣，始終未能篡奪中國傳統政治社會之人生倫理教育而與爲代興。隋唐統一政府復建，其精神淵源，明爲孔子、董仲舒一脈相傳之文治思想，而佛教在政治上，則無其指導之地位。西洋所謂「國家建築於宗教之上」之觀感，在中國則絕無其事。繼隋唐統一之盛運而起者，有禪宗思想之盛行。禪宗教理，與馬丁路德之宗教改革，其態度路徑，正有相似處。然西洋宗教革命，引起長期間慘酷的普遍相互屠殺，而中國則無之者，以中國佛教仍保其原來一種超世間的宗教之本色，不如西洋耶教已深染世法，包攬政治、經濟種種俗世權利於一身，因此由其教理上之改革，不得不牽連發生世態之擾動也。中國佛教雖盛極一時，而猶始終保全其原來超世間的本色者，則因中國政治社會一切世事，雖有漢末以及五胡之一段擾亂，而根本精神依然存在。東晉南北朝以迄隋唐，仍從此源頭上演進，與西洋之自羅馬帝國解紐以後，政治社會即陷入黑暗狀態者不同也。何以西洋自羅馬帝國覆亡，即陷入一黑暗時期之慘運，而中國漢亡以後幸不然？則以羅馬建國，本與漢代精神不同。羅馬乃以貴族與軍人之向外征服立國，及貴族、軍人腐敗墮落，則其建國精神已根本不存在。北方蠻族，在先既受不到羅馬文化之薰陶，及其踏破羅馬以後，所得者乃歷史上一個羅馬帝國軀殼之虛影，至於如何創建新國家之新精神，則須在其自身另自產生。要之，北方蠻族之與羅馬帝國，乃屬兩個生命，前者已老死，後者未長成，故中間有此一段黑暗。至於漢代統一政府之創興，並非以一族一系之武力征服四圍而起，乃由當時全中國之文化演進所醞釀、所締構而成此境界。換言之，秦、漢統一，乃晚周先秦平民學術思想盛興後，伸展於現實所應有之現象；並不如西洋史上希臘文化已衰，羅馬民族崛起，仍是兩個生命，不相銜接也。漢代之覆亡，特一時王室與上層政府之腐敗；而所由締構此政府、推戴此王室之整個民族與文化，則仍自有其生命與力量。故漢末變亂，特如江上風起，水面波興，而此滔滔江流，不爲廢絕。且當時五胡諸蠻族，中國延之入內地者，自始即與以中國傳統文化之薰陶，故彼輩雖乘機騷動，而彼輩固已同飲此文化之洪流，以澆溉其生機，而浸潤其生命。彼輩之紛起迭興，其事乃僅等於中國社會內部自身之一種波動。惟所缺者，在其於中國文化洪流中，究竟澆溉未透、浸潤未深而已。然隋唐統一盛運，仍襲北朝漢化之復興而起。如此言之，則淵源於晚周先秦，遞衍至於秦漢、隋唐，此一脈相沿之學術思想，不能與羅馬覆亡後西洋史上之所謂「中古時期」之教會思想相比，斷斷然矣。

北宋學術之興起，一面承禪宗對於佛教教理之革新，一面又承魏晉以迄隋唐社會上世族門第之破壞，實爲先秦以後，第二次平民社會學術思想自由活潑之一種新氣象也。若以此派學術與西洋中古時期之教會相比，更爲不倫。元明以下，雖懸程朱經説爲取士功令，然不得即目程朱爲當時之宗教。明代極多遵陸王而反抗程朱者，清代尤盛以訓詁考據而批駁程朱者。社會學術思想之自由，並未爲政治所嚴格束縛，宗教則更不論矣。

若謂中國學術，尚未演進達於西洋現代科學之階段，故以與西洋中古時期相比論；此亦不然。中國文化演進，別有其自身之途轍，其政治組織乃受一種相應於中國之天然地理環境的學術思想之指導，而早走上和平的大一統之境界。此種和平的大一統，使中國民族得繼續爲合理的文化生活之遞嬗。因此空中天國之宗教思想，在中國乃不感需要。亦正惟如此，中國政制常偏重於中央之凝合，而不重於四圍之吞併。其精神亦常偏於和平，而不重於富强；常偏於已有之完整，而略於未有之侵獲；對外則曰「昭文德以來之」，對內則曰「不患寡而患不均」。故其爲學，常重於人事之協調，而不重於物力之利用。故西洋近代科學，正如西洋中古時期之宗教，同樣無在中國自己產生之機緣。中國在已往政治失其統一，社會秩序崩潰，人民精神無可寄託之際，既可接受外來之「宗教」，如魏、晉以下，迄隋、唐初期。中國在今日列强紛爭，專仗富强以圖存之時代，何嘗不可接受外來之「科學」？惟科學植根應有一最低限度之條件，即政治稍上軌道，社會稍有秩序，人心稍得安寧是也。此與宗教輸入之條件恰相反。而我國自晚清以來，政治驟失常軌，社會秩序，人民心理，長在極度搖兀不安之動盪中。此時雖謀科學之發達，而科學乃無發達餘地。論者又倒果爲因，謂科學不發達，則政治、社會終無出路。又輕以中國自來之文化演進，妄比之於西洋之中古時期，乃謂非連根剷除中國以往學術思想之舊傳統，即無以萌現代科學之新芽。彼乃自居爲「文藝復興」、「宗教改革」之健者，而不悟史實並不如是。此又不明國史真相，肆意破壞，輕言改革，仍自有其應食之惡果也。

十

請再言社會組織。近人率好言中國爲「封建社會」，不知其意何居？以政制言，中國自秦以下，即爲中央統一之局，其下郡、縣相遞轄，更無世襲之封君，此不足以言「封建」。以學術言，自先秦儒、墨唱始，學術流於民間，既不爲貴族世家所獨擅，又不爲宗教寺廟所專有。平民社會傳播學術之機會，既易且廣，而學業即爲從政之階梯，白衣卿相，自秦以來即爾。既無特殊之貴族階級，是亦不足以言「封建」。若就經濟情況而論，中國雖稱以農立國，然工商業之發展，戰國、秦、漢以來，已有可觀。惟在上者不斷加以節制，不使有甚貧、甚富之判。又政府既獎勵學術，重用士人，西漢之季，遂有「遺子黃金滿籯，不如一經」之語。於是前漢貨殖、游俠中人，後漢多走入儒林、獨行傳中去。所以家庭溫飽，即從師問學，而一登仕宦，則束身禮義之中。厚積爲富，其勢不長，然亦非有世襲之貴人也。井田制既廢，民間田畝得自由賣買，於是而有兼併。然即如前漢封君，亦僅於衣租食稅而止。其封邑與封戶之統治，仍由國家特派官吏。以國家法律而論，封君之與封戶，實同爲國家之公民。後世如佃戶欠租，田主亦惟送官法辦，則佃戶之賣田納租於田主，亦一種經濟契約之關係，不得目田主爲貴族、爲封君，目佃戶爲農奴、爲私屬。土地既非采邑，即難以「封建」相擬。然若謂中國乃資本主義之社會，則又未是。以中國傳統政治觀念，即不許資本勢力之成長也。

西洋史家有謂其歷史演變，乃自「封建貴族」之社會，轉而爲「工商資本」之社會者。治中國史者，以爲中國社會必居於此二之一，既不爲「工商資本」之社會，是必爲「貴族封建」之社會無疑。此猶論政制者，謂國體有君主與民主，政體有專制與立憲。此特往時西國學者，自本其已往歷史演變言之。吾人反治國史，見中國有君主，無立憲，以謂是必「君主專制」無疑。不知人類政制，固有可以出於此類之外者。即如近來德、意、俄諸國，即非此等分類可包。然則中國已往政制，儘可有君主，無立憲，而非專制。中國已往社會，亦儘可非封建，非工商，而自成一格。何以必削足適履，謂人類歷史演變，萬逃不出西洋學者此等分類之外？不知此等分類，在彼亦僅爲一時流行之說而已。國人懶於尋國史之真，勇於據他人之說，別有存心藉爲宣傳，可以勿論；若因而信之，謂國史真相在是，因而肆意破壞，輕言改革，則仍自有其應食之惡果在矣。

十一

然則中國社會，自秦以下，其進步何在？曰：亦在於經濟地域之逐次擴大，文化傳播之逐次普及，與夫政治機會之逐次平等而已。其進程之遲速不論，而其朝此方向演進，則明白無可疑者。若謂其無清楚界線可指，此即我所謂國史於和平中得進展，實與我先民立國規模相副相稱，亦即我民族文化特徵所在也。

嘗謂世界羣族，其文化演進，主要者不越兩型：一者環地中海之四周，自埃及、巴比侖、愛琴、波斯、希臘、羅馬以漸次波及於歐羅巴之全部，此西方之一型也。一者沿黃河兩岸，以達於海濱，我華夏民族，自虞、夏、商、周以來，漸次展擴以及於長江、遼河、珠江諸流域，並及於朝鮮、日本、蒙古、西域、青海、西藏、安南、暹邏諸境，此東方之一型也。此二型者，其先限於地勢，東西各不相聞接。西方之一型，於破碎中爲分立，爲並存，故常務於「力」的鬬爭，而競爲四圍之鬬。東方之一型，於整塊中爲團聚，爲相協，故常務於「情」的融和，而專爲中心之翕。一則務於國强爲併包，一則務於謀安爲緜延。故西方型文化之進展，其特色在轉換，而東方型文化之進展，其特色則在擴大。轉換者，如後浪之覆前浪，波瀾層疊，後一波湧架於前一波之上，而前一波即歸消失。西洋史之演進，自埃及、巴比侖、波斯以逮希臘、羅馬，翻翻滾滾，其吞噬捲滅於洪濤駭浪、波瀾層疊之下者，已不知其幾國幾族矣。擴大者，如大山聚，羣峯奔湊，蜿蜒繚繞，此一帶山脈包裹於又一帶山脈之外，層層圍拱，層層簇聚，而諸峯映帶，共爲一體。故中國史之演進，不僅自兩漢而隋、唐，而宋、明，一脈相沿，繩繩不絕；即環我族而處者，或與我相融和而同化，如遼、金、蒙古、滿洲、西藏、新疆諸族；亦有接受我文化，與我終古相依，如梁甫之與泰山然，則朝鮮、日本、安南之類是也。朝鮮、安南久屬中國而猶得自存，此尤明受中國文化之賜。將西洋史逐層分析，則見其莫非一種「力」的支撐，亦莫非一種「力」的轉換。此力代彼力而起，而社會遂爲變形。其文化進展之層次明析者在此，其使人常有一種强力之感覺者亦在此。東方與西方，有絕然不同之態：西方於同一世界中，常有各國並立；東方則每每有即以一國當一世界之感。故西方常求其力之向外爲鬬爭；而東方則惟求其力之於內部自消融，因此每一種力量之存在，常不使其僵化以與他種力量相衝突，而相率投入於更大之同情圈中，卒於溶解消散而不見其存在。我所謂國史於和平中見進展者在此。故西方史常表見爲「力量」，而東方史則常表見爲「情感」。西方史之頓挫，在其某種力量之解體；其發皇，則在某一種新力量之產生。中國史之隆污升降，則常在其維繫國家社會內部的情感之麻木與覺醒。此等情感一旦陷於麻木，則國家社會內部失所維繫，而大混亂隨之。中國史上之大混亂，亦與西方史上之「革命」不同。西方史上之革命，多爲一種新力量與舊力量之衝突。革命成功，即新力量登臺，社會亦隨之入一新階段。中國史上之混亂，則如江河決隄，洪水泛濫。泛濫愈廣，力量愈薄，有破壞，無長進。必待復歸故槽，然後再有流力。中國社會，自秦以下，大體即向「力」的解消之途演進。迄於近世，社會各方平流緩進，流量日大，而流速日減。以治西史之眼光衡之，常覺我民族之嘽緩無力者在此。然我民族國家精神命脈所繫，固不在一種力之向外衝擊，而在一種情之內在融和也。蓋西方制爲列國爭存之局，東方常抱天下一統之想。自東、西兩方相接觸，彼之所務於力之爲爭存者，正可繼續益厲；而我之所蘄於情之爲融和者，至是乃不得不卷而藏之，而追隨於彼我角力爭勝之場；此已爲東方之不得不見遜於西方者矣。抑我之所以爲國家社會內部一統情感之融和者，方其時，又適值麻痺墮退之際，自清中葉乾、嘉以來，川、楚、兩粵大亂迭起，洪流四泛之象已成，中國社會本苦無力，又繼之以追隨西方角力爭勝之勢，既不足以對外，乃轉鋒而內向。終於「情」的融和，常此麻木，「力」的長成，遙遙無期。不斷決隄放壩，使水流不斷泛濫，洪水遍於中國，而國人仍復有沉酣於憑藉某力推翻某力之好夢者。此又不明國史真相，應食惡果之一至可痛心之例也。

十二

一民族一國家歷史之演進，有其生力焉，亦有其病態焉。生力者，即其民族與國家歷史所由推進之根本動力也。病態者，即其歷史演進途中所時時不免遭遇之頓挫與波折也。人類歷史之演進，常如曲線形之波浪，而不能成一直線以前向。若以兩民族兩國家之歷史相比並觀，則常見此時或彼升而我降，他時或彼降而我升。祇橫切一點論之，萬難得其真相。今日治國史者，適見我之驟落，並值彼之突進，意迷神惑，以為我有必落，彼有必進，並以一時之進落為彼、我全部歷史之評價，故雖一切毀我就人而不惜，惟求盡廢故常，以希近似於他人之萬一。不知所變者我，能變者亦我，變而成者依然為我。譬之病人，染病者為我，耐病者亦我，脫病而復起者仍我也。一切可變，而「我」不可變。若已無我，誰為變者？變而非我，亦何希於變？必有生力，乃可去病。病有其起因，而非生力之謂。若醫者謂：「君病之起，起於君之有生，君當另換一無病之生」，此為何等醫耶！諱疾拒醫固不當，亦未有因人之病而從頭絕其生命以為醫者。故治史者，必明生力，明病態。生力自古以長存，病態隨時而忽起。今日之中國，顯為有病，病且殆矣，萬不容諱。然猶有所希冀者，其人雖病，尚有內部自身生力可以為抗。若如今人論史，一切好歸罪古人，不啻謂今日之病，已原於其人受氣墮地之日，非自頂至踵脫胎換骨不可。則此乃僅婉言之，直捷而道，惟有早日絕其生命之一法而已。凡此皆指「生原」為「病原」之妄說也。

「生原」者，見於全部潛在之本力，而「病原」則發於一時外感之事變。故求一民族國家歷史之生原者，貴能探其本而攬其全；而論當前之病態者，則必辨於近而審其變。國史綿歷，既四、五千年於茲，其病象之見於各時期者，推原尋因，不能全同。有沾染稍久者，亦有僅起於當前者。要而言之，國史自隋唐以來，科舉制既興，士族門第之地位消融漸盡，而社會走上平鋪散漫之境，此中國輓近世一大變也。逆溯中國當前病象，推之最遠，至於中唐安史之亂以來而極。究生力必窮之最先，診病況必詳之最後。西人論史，盛誇其文明光昌，而淵源所自，必遠本之於希臘、羅馬。國人捧心效顰，方務於自譴責，而亦一一歸罪古人，斷獄於唐虞三代之上，貌是而神非，甚矣其不知學也。

中唐以來之社會，既成一平鋪散漫之社會，而其政治，仍爲一和平的大一統之政治。故一「王室」高高在上，而「社會」與「政府」之間，堂陛益遠，常易招致「王室」與「政府」之驕縱與專擅，一也。社會無豪强巨富，雖日趨於平等之境，然貧無賑，弱無保，其事不能全仰之於政府，而民間每苦於不能自振奮，二也。政府與民間之所賴以溝通者，曰惟「科舉」，然科舉既懸仕宦爲鵠的，則從事於投選者，往往忘其義命而徒志於身家之富貴與溫飽，三也。此三者，厥爲中唐以來中國政治、社會走入一新境後所易犯之病徵。宋儒講學，即針對此病態而發。然而宋之爲病，尚不止於此。宋人不能自解救，而招致蒙古之入主，一切政制，爲急劇之退轉，益與後世中國以莫大之創傷。明祖崛起草澤，懲元政廢弛，罷宰相，尊君權，不知善爲藥療，而轉益其病。清人入關，盜憎主人，箝束猜防，無所不用其極，仍襲明制而加厲。故中國政制之廢宰相，統「政府」於「王室」之下，真不免爲獨夫專制之黑暗所籠罩者，其事乃起於明而完成於清，則相沿亦已六百年之久。明儒尚承兩宋遺緒，王室專制於上，而士大夫抗爭彌縫於下，君臣常若水火，而世途猶賴有所匡繫。故明之亡而民間之學術氣節，尚足照耀光輝於前古。清人又嚴加摧抑，宋、明七百年士人書院民間自由講學之風遂熸。於是士大夫怵於焚坑之酷，上之爲訓詁、考據，自藏於故紙堆中以避禍，下之爲八股、小楷，惟利祿是趨。於是政府與民間所賴以溝貫之橋樑遂腐斷，所賴以流通之血脈遂枯絕。中國之幸免於亂者，亦惟滿清諸豪酋猜防壓制、誘脅愚弄之力。此稍讀康、雍、乾三朝史略，可以知之。故使世運益敗壞於冥冥漠漠之中，而姑以博一時之安寧。此乃斲喪我民族永久之元氣，而以換造彼目前之榮華者也。逮滿族統治之力既衰，而中國政治、社會之百病，遂全部暴露。論者每謂自嘉、道以來，東西勢力相接觸，東方乃相形見絀；此似是而未盡之說也。縱使嘉、道以往，長得閉關自守，海道之局不開，滿洲之治權，仍必顛覆，中國仍必大亂。其病先已深中於自身之內部，而外邪乘之，其病象遂益錯出。因使庸醫操峻劑，更奏迭前，茫昧而雜投，以互期於一逞，則幾何其病之不日殆也。

十三

晚清之季，談者率自稱我民族國家曰「睡獅」，曰「病夫」，此又不知別白之說也。夫「睡」與「病」不同。睡者精力未虧，蹶然興起，猶可及人；病者不然。晚清之季則病也，非睡也。且其病又入膏肓，非輕易所能拔除。異族統治垂三百年，其對我國家、社會、文化生機之束縛與損害，固已甚矣。然中國以二千年廣土衆民大一統之局，「王室」爲其客觀之最高機關，歷史沿襲既久，則驟變爲難。又況自明以來六百年，政府無宰相，「王室」久握獨裁之權，則激變又難。清廷不能不去，王室不能復建，逼使中國不得不爲一激劇之變動，以試驗一無準備、無基礎之新政體，而不能更於其間選擇一較緩進、較漸變之路，此爲晚清革命之難局，一矣。日本明治維新在此點較中國多獲便宜。天皇一統，於日本歷史及民衆觀念上，並無十分劇變，得漸次引上憲政軌轍。中國政制之劇變，雖幸得冒險渡過，然所嘗苦痛實深。洪憲之稱帝，宣統之復辟，幾許曲折，消損中國前進之精力與元氣者，良不少也。

且滿清政府，自咸、同以後，其情況視前已大變。各省督、撫，擅權自專，中央無力駕馭，漸成分裂割據之局。又處五洲棣通新形勢之下，政府雖腐敗，猶得憑藉其地位，借外債，買軍火，練新兵，整理交通，加强管轄。遂使腐敗之政權，黑暗之勢力，既得外力之助，又因外患之顧忌，迄未得徹底澄清之機會。革命勢力之起，亦不得不與舊政府下之黑暗勢力相妥協，以順利其進行。革命之結果，僅爲舊政權之潰爛解體而非其消滅。於是民國以來，武人弄權，地方割據，日轉增長。內亂層見疊出，斲喪社會之元氣，障阻國家之前進，其間莫非有外力焉爲之呼應。此猶人身變病，未先驅解，早服補劑，病根纏綿不去，生機奄息不復。此又爲民國以來締構中央統一政權之難局，二矣。

尤難者，不在武人割據之不可剷滅，而在政治中心勢力之不易產生。滿清末葉，政治中心早已逐步没落。革命以還，所揭櫫號召者，曰「民主共和」，而實際則去民主之階程尚遠。新中國建設之大業，一時難望於民衆之仔肩。獨裁王室既倒，而不幸當時之中層階級，始從二百餘年長期異族統制下抬頭，八股小楷之素養，升官發財之習氣，淘汰未淨。而革命黨人，則只挾外來「平等」、「自由」、「民權」諸新名詞，一旦於和平處境下加入政府，乃如洪鑪之點雪，名號猶是，實質遽化。其名猶曰政黨民權，其實則爲結黨爭權。一時中層智識分子，無新無舊，分途依附於地方武人割據勢力之下而互爲利用。此輩於前清末葉，既力阻開新之運，又於民國初年，加倍搗亂之功。此蓋滿清長期部族統治之智識階級，日愚日腐，而驟遇政治中心大動搖之後所應有之紛擾。然此特一時病態，不得謂此乃代表我民族國家數千年文化正統而爲其最後之結晶。若果如是，則中國文化亦萬不能綿歷此數千年之久，而早當於過去歷史中煙消灰滅，先昔人之枯骨而腐朽矣。此又民國以來，社會中堅勢力未能形成之難局，三也。此一點，日本明治維新較中國又佔幾許便宜。日本政權遞禪，自藩府還之天皇，既不如中國變動之劇。而日本在藩府統治下之封建道德，如武士道之忠君敬上、守信立節，移之於尊王攘夷，其道爲順。中國士大夫立身處世之綱領節目，久已在長期部族統治之猜防壓制、誘脅愚弄下變色。油滑、貪污、不負責任，久成滿清末年官場乃至儒林之風氣。一旦政體更革，名爲「民主」，實則全須士大夫從政者良心自負責任，而中國士大夫無此素養。既昧心禍國，又以「民權」之說諉罪卸責。此其病乃深中於士大夫之良心，固非睡獅之喻所得擬也。

凡此皆輓近中國之病，而尤莫病於士大夫之無識。士大夫無識，乃不見其爲病，急於强起急走以效人之所爲。跳踉叫噪，踴躍憤興，而病乃日滋。於是轉而疑及於我全民族數千年文化本源，而惟求全變故常以爲快。不知今日中國所患，不在於變動之不劇，而在於暫安之難獲。必使國家有暫安之局，而後社會始可以有更生之變。所謂更生之變者，非徒於外面爲塗飾模擬、矯揉造作之謂，乃國家民族內部自身一種新生命力之發舒與成長。而牖啓此種力量之發舒與成長者，「自覺」之精神，較之效法他人之誠摯爲尤要。不幸此數十年來，國人士大夫，乃悍於求變，而忽於謀安；果於爲率導，而怠於務研尋。又復羼以私心，鼓以戾氣，其趨勢至於最近，乃繼續有加益甚而靡已。藥不對病，乃又爲最近百病纏縛之一種根本病也。

十四

雖然，無傷也。病則深矣重矣，抑病之漸起，遠者在百年、數百年之間，病之劇發，近者在數年、數十年之內。而我民族國家文化潛力之悠久淵深，則遠在四、五千年以上。生機之軋塞鬱勃，終必有其發皇暢遂之一日。而果也，近者以敵國外患之深侵，而國內漸臻於統一。以一年半之艱苦抗戰，而國人遂漸知「自力更生」之爲何事。蓋今日者，數十年乃至數百年社會之積病，與夫數千年來民族文化之潛力，乃同時展開於我國人之眼前。值此創鉅痛深之際，國人試一繙我先民五千年來慘澹創建之史跡，一棒一條痕，一摑一掌血，必有淵然而思，憬然而悟，愀然而悲，奮然而起者。要之我國家民族之復興，必將有待於吾國人對我先民國史略有知。此則吾言可懸國門，百世以俟而不惑也。

茫茫員輿，芸芸衆生，我不知其已歷幾何世矣！抑有始終未躋於摶成「民族」之境者；有雖摶成爲一民族，而未達創建「國家」之域者；有雖摶成一民族，創建一國家，而俯仰已成陳跡，徒供後世史家爲鈎稽憑弔之資者；則何歟？曰：惟視其「文化」。民族之摶成，國家之創建，胥皆「文化」演進中之一階程也。故民族與國家者，皆人類文化之產物也。舉世民族、國家之形形色色，皆代表其背後文化之形形色色，如影隨形，莫能違者。人類苟負有某一種文化演進之使命，則必摶成一民族焉，創建一國家焉，夫而後其背後之文化，始得有所憑依而發揚光大。若其所負文化演進之使命既中輟，則國家可以消失，民族可以離散。故非國家、民族不永命之可慮，而其民族、國家所由產生之「文化」之息絕爲可悲。世未有其民族文化尚燦爛光輝，而遽喪其國家者；亦未有其民族文化已衰息斷絕，而其國家之生命猶得長存者。環顧斯世，我民族命運之悠久，我國家規模之偉大，可謂絕出寡儔，獨步於古今矣。此我先民所負文化使命價值之真憑實據也。以數千年民族、國家悠久偉大之憑藉，至於今而始言建國焉，又必以抗戰而始可言建國焉，此何故？曰：惟我今日國人之不肖，文化之墮落故。以我國人今日之不肖，文化之墮落，而猶可以言抗戰，猶可以言建國，則以我先民文化傳統猶未全息絕故。一民族文化之傳統，皆由其民族自身遞傳數世、數十世、數百世血液所澆灌，精肉所培壅，而始得開此民族文化之花，結此民族文化之果，非可以自外巧取偷竊而得。若不然，自古可以無亡國滅種之禍，而倖生之族，偷存之國，將充塞於天壤間也。我國人不自承其爲不肖，不自承其爲墮落，而謂我先民文化所貽，固不足以爭存於斯世。是既疑我先民久爲倖生、偷存，而我當前之所爲抗戰與建國者，是不啻仍將效法我先民繼爲此倖生而偷存也。非然者，我民族國家之前途，仍將於我先民文化所貽自身內部獲得其生機。我所謂必於我先民國史略有知者，即謂此。是則我言仍可懸國門，百世以俟而不惑也。

十五

雖然，我之此書，抑不足以任此。昔有宋司馬光，以名世傑出之才，當神宗、王安石銳意變法之際，獨愀然以爲未當，退而著史，既獲劉、范諸君子相從扶翼，又得政府之資助，晏居洛陽，設局從事，先後垂二十年而書成，以爲可以「資治」，故名曰資治通鑑。其書衣被沾溉於後世，至今不能廢。稍知從事於國史者，恣漁獵焉。自孔子、史公而下，以通史建大業，推司馬氏，豈不偉歟！今去司馬氏又千年，史料之累積，又十、百倍於司馬氏之時，而世局之紛紜錯綜，則更非司馬氏當時所能相提並論。又加之以人不悅學，士方蔑古，競言「革新」者，謂可以絕無資於鑑往知古之勞；而治史者亦務爲割裂穿鑿，以逃世笑。竊不自揆，避地來滇南，深慚偷生無補國難，獨奮私臆，竊教課之餘暇，閉居一室，妄自落筆，歷時一載，成此區區五十萬字。又復敝帚燕石，妄自珍惜，謂散亡之無日，保藏之難周，朝脫稿，暮付印。欲於我先民以往五千年慘澹經營之史迹，幸有當於其萬分之一二。以視往者司馬氏之鄭重其事，古今人度量相越，豈不足以愧殺人耶！抑余又懼世之鄙斥國史與夫爲割裂穿鑿之業者，必將執吾書之瑕疵，以苛其指摘，嚴其申斥，則吾書反將以張譏國史、薄通業者之談，而爲國史前途之罪人。抑思之又思之，斷斷無一國之人相率鄙棄其一國之史，而其國其族猶可以長存於天地之間者。亦未有專務於割裂穿鑿，而謂從此可以得我先民國史之大體者。繼自今，國運方新，天相我華，國史必有重光之一日，以爲我民族國家復興前途之所託命。則必有司馬氏其人者出，又必有劉、范諸君子者扶翼之，又必有賢有力者獎成之。而此書雖無當，終亦必有憫其意，悲其遇，知人論世，恕其力之所不逮，許其心之所欲赴。有開必先，若使此書得爲將來新國史之馬前一卒，擁篲而前驅，其爲榮又何如耶！因不辭誚笑而卒布之，並申述其著作之大意焉。

民國二十八年一月錢穆屬稿於宜良西山之岩泉下寺

書成自記

民國二十二年秋，余始於國立北京大學任「中國通史」講席。是課每週四小時，一年而畢。自念講通史，非委悉周備之難，而簡要明當之尤難也。若求委悉周備，則二十五史、十通以及充棟塞屋者，其書具在，學者昕夕從事焉，斯委悉周備矣，然非一週四小時、一年之功所能赴也。欲求簡要明當，則於繁重之國史，先必有所取捨。又必先有一系統之觀點，以爲其取捨之標準。必先立一「體」，乃能有所取裁。凡所裁之寬狹長短，一視與其「體」之相副相稱以爲度。然而言何容易？此固古人所謂專門名家之業也。否則左右采獲，牽引拼湊，可以至於無窮。於其牽引拼湊之中，而調和斟酌焉，以求其分量篇幅之略相當，此僅似於一種狹義之類書，非史業也。大抵余於此課，以兩小時爲一講，以一講畢一題，一年凡四十餘講。共畢四十餘題。欲求於此四十餘題中，敍述我先民國史大體，約略明備，則每講之標題，爲尤所盡心焉。

越一年，二十二年秋至二十三年夏。學者苦於聽受，羣要余爲講義。余曰：通史大業，殊不敢輕率爲之。無已，姑約余所講爲綱要，聊備諸生筆記之一助，可也。自是每一講，必編一綱要，僅具倫脊，悉削游辭，取便總攬。然又恐諸生久習於此，則事近策括，以謂治史可以空腹也。乃別選一參考材料以副之。凡與余所講綱要相牽涉者，採摘前史陳文或昔人考訂論著爲參考，以便學者之自相闡證。綱要編至東漢，自嫌太簡，遂未繼續。並謂講堂大義，學者自可筆記，乃獨發參考材料。

如是者一年，（二十三年秋至二十四年夏。）覺參考材料，雜碎零亂，無綱要以貫通之，則如散錢無串，學者得此，華離斑爛，若可喜而未必可用也。遂又改計，另編國史讀本，供學者課堂外之閱讀。並詔諸生，治通史必貴有「系統」，然系統必本諸「事實」。見仁見智，系統可以相異，而大本大原，事實終歸一致。不先通曉事實，驟求系統，如無錢而握空串，亦復失其爲串之意。大學課重，即如司馬氏通鑑，學者已苦不能終卷，而中學教課，風氣所趨，亦競爲條貫，不詳實事。至大學治通史，更不能反而專講一件件的事實。如是則學者所得惟系統、條貫，而無史實。卒之所謂系統、條貫者，皆空談，皆私見。空談私見可以萬異，而歷史事實只有一真。因再約通鑑（及續通鑑、明通鑑諸書。）提要鈎玄，編爲讀本，以補學者進治通史之預備工夫。如是者又一年，（二十四年秋至二十五年夏。）自秦迄明，讀本凡得百萬字。凡讀本所取裁，一以與課堂講述相副相應爲主，其詳略輕重之間，視袁氏紀事本末諸書，有大相逕庭者。以謂學者於課堂外先治此書，不僅可藥高心空腹之病，並可由此啓途，進窺史籍之原本也。

又越年，又嫌學者於本國文字素養太淺，讀本雖簡要，然皆摘錄史籍原文，學者驟覩，如入異國，轉不如其讀西書之怡悅相熟。其於文義真際，已難領憭，至於史籍中人名、地名、官名、典章制度、文物故實，種種茫然，更屬所苦。乃擬就讀本中擇其凡爲史籍專名及義有旁及者，一一加以注釋。然注釋之事多涉考訂，又求與學者領憭之學力相應，其事乃大不易。課繁力絀，卒未有成。如是則已四越年矣。（二十二年秋至二十六年夏。）

二十六年秋，蘆溝橋倭難猝發，學校南遷，余藏平日講通史筆記底稿數册於衣箱内，挾以俱行。取道香港，轉長沙，至南嶽。又隨校遷滇，路出廣西，借道越南，至昆明。文學院暫設蒙自，至是輾轉流徙，稍得停蹤，則二十七年之四月也。自念萬里逃生，無所靖獻，復爲諸生講國史，倍增感慨。學校於播遷流離之餘，圖書無多，諸生聽余講述，頗有興發，而苦於課外無書可讀，僅憑口耳，爲憾滋深。因復有意重續前三年之綱要，聊助課堂講述之需。是年五月間，乃自魏晉以下，絡續起稿，諸生有志者相與傳鈔。秋後，學校又遷回昆明，余以是稿未畢，滯留蒙自，冀得清閑，可以構思。而九月間空襲之警報頻來，所居與航空學校隔垣，每晨抱此稿出曠野，逾午乃返，大以爲苦。乃又轉地至宜良，居城外西山岩泉下寺，續竟我業。而學校開課之期已至。昆明塵囂居隘，不得已，乃往來兩地間。每週課畢，得來山中三日，籀繹其未竟之緒。既乏參考書籍，又僕僕道塗，不能有四天以上之寧定。余嘗致書友人，謂：「此書雖垂成，而非意所愜。何者？細針密縷，既苦書籍之未備，大刀闊斧，又恨精神之不屬。」蓋此書屬稿中之實況也。逮魏晉以下全稿粗具，還讀三年前東漢以前舊稿，又嫌體例、文氣、詳略之間，均有不類，乃重復改爲。直至今年之六月，而全稿始竣，則先後亦十有三閱月矣。

然此書雖草略，其所以爲此書之意，則頗有當爲國人告者，因別爲引論一篇。辭繁不殺，讀者哀其意可也。至於引論所希，此書未必足副，讀者當分別觀之。此書一本所攜筆記，綴集而成，而筆記隨時摘錄，頗多疏忽。大率未注出處，忘記篇卷。此書因一律削之，不更標舉；偶載來歷，轉成例外。其時賢文字，近人新得，多所采獲，亦不備詳，義取一律，非敢掠美。書成倉促，相知惟湯君錫予，時時讀其一、二篇，有所商討。平生撰述，每不敢輕易發布。自問以迂愚之姿，而抱孤往之見，不如久久藏之，自待其意見之定。雖不足有所淑世，亦自寬其神明之內疚。至於此書，獨有不然。若自祕藏，雖待之十年終不能定。而暴寇肆虐，空襲相隨，又時時有焚如之慮，因率爾刊布。讀此書者，無論大端小節，凡此書疏漏謬誤處，若蒙貽書相告，一字之與百章，皆吾師也。敢不虛衷拜嘉，謹誠心以禱祝之。

民國二十八年六月十二日錢穆記於宜良西山之岩泉下寺

國史大綱　上册目錄

第二編　春秋戰國之部

國史大綱

第一編　上古三代之部

第一章　中原華夏文化之發祥（中國史之開始虞夏時代）

上古史爲全部歷史之起點，應須求一明瞭之知解，然人類歷史總可推溯到無人可說之一境，則上古史之探索，終不免於只成爲一種比較近理之測想。

一　近代對上古史之探索

近代對上古史之探索，可分兩途述說：一、史前遺物之發掘。二、傳說神話之審訂。

史前遺物發掘，可分三部分述之：

一、舊石器時代遺址之發現。

此事始於民國九年，在甘肅慶陽爲首次。此後陸續發現甚多。

（一）早期舊石器時代

民國十八年在河北房山周口店發現古代猿人之完整頭骨，考古學者名之曰「北京人」。其年代距今約五十萬年，中華民族當爲其直屬後裔。其時北京人已知用火，當早於歐洲人用火三十萬年以上。其他遺物，周口店發現亦甚豐。其後在陝西藍田陳家窩，發現藍田猿人，與北京猿人時期相同。又有山西芮城匼河與西侯度村等十三處。其中芮城兩址時代更早。後有廣東曲江馬壩村發現「馬壩人」，時代稍後於「北京人」與「藍田人」。則是在遠古時代，吾中華民族之祖先，殆已遍布華南、北。

（二）中期舊石器時代

在華北發現者，多在山西、陝、甘高原一帶。自汾水流域北至河套，南緣橫山山脈。甘肅慶陽所發現，亦屬此期。華南有湖北長陽出土「長陽人」。

（三）晚期舊石器時代

此期距今約不過一萬年。遺址發現，遍及南北。惟黃河、長江下游各地，則尚未發現有此等遺址。

二、新石器時代遺址之發現。

(一)黃河中下游

一爲民國十年在河南澠池縣仰韶村所發現，稱爲「彩陶文化」。其分布地區，以豫西、晉南及渭水中下游爲中心，西至渭水上游，東至豫中，南至漢水中上游，北達河套。遺址發現，多在河流兩岸之台地，分布極稠密，已發現者約達千處以上。其中如西安半坡最早遺址，據測定，距今可達六千年。陝縣廟底溝早期遺址，距今亦逾五千年。其時已知經營原始鋤耕農業，兼事漁獵。

二爲龍山「黑灰陶文化」。分布地區較「仰韶文化」爲廣。西起陝西，東至海濱，東北至遼東半島，東南至江蘇，發現遺址三百餘處。此一期之文化，乃自仰韶文化發展進步而來。又可分較早「形成期」與較晚「典型期」之兩期。如河南陝縣廟底溝，即在仰韶文化之上層。安陽後岡則在殷墟之下層。此皆屬「龍山文化」之較早形成期。如山東歷城龍山鎮城子崖及日照西城鎮諸地，是爲「龍山文化」之較後典型期。此時期之文化，鋤耕農業已甚進步。陶器開始採用輪製，並以精造黑色光薄的蛋殼陶爲其特色。並已有城堡建築，以牛、羊、豬之肩胛骨爲卜。

(二)長江中下游

有湖北京山縣屈家嶺之發現。其分布範圍，爲以長江及武當山、桐柏山、大別山所環繞之江漢地區。其時期晚於仰韶，而早於龍山。其中如淅川遺址，據測定距今可達四千至五千年。此一地區之文化，已普種水稻。狩獵、紡織均相當發達，有豐富多彩的繪畫藝術。

(三)其他

如黃河上游，川、滇西南地區，東南沿海，塞北草原及東北地區，西北高原，青藏高原各處，皆有新石器時代遺址之發現，在此不備及。

由於此等發現，遂使國人古史觀念，漸漸脱離了三皇五帝之舊傳説，轉移到有物可稽之新研尋，此不可不謂是近六十年來吾國人古史知識上一大進步。

國人此六十年來之發掘考古工作，因於材料陸續發現，遂使因之而起之推論亦陸續改變。如仰韶、龍山兩期文化，以前認爲其各自獨立發展，今已遭一致之否定。至西方學者早有中國民族與中國文化西來之臆測。民國十年發現仰韶彩陶上繪幾何花紋，西方學者仍認其與中亞、南歐一帶有關係，但今亦無人置信。據最近考古學家一般之意見，綜合舊石器、新石器兩時代遺址之發現，大體認爲中國文化最早開始，應在山、陝一帶之黃土高原。東至太行山脈，南至秦嶺山脈，東南至河南西北山地，西北至河套地區。自此逐步向東南發展。及至新石器時代，當轉以渭水盆

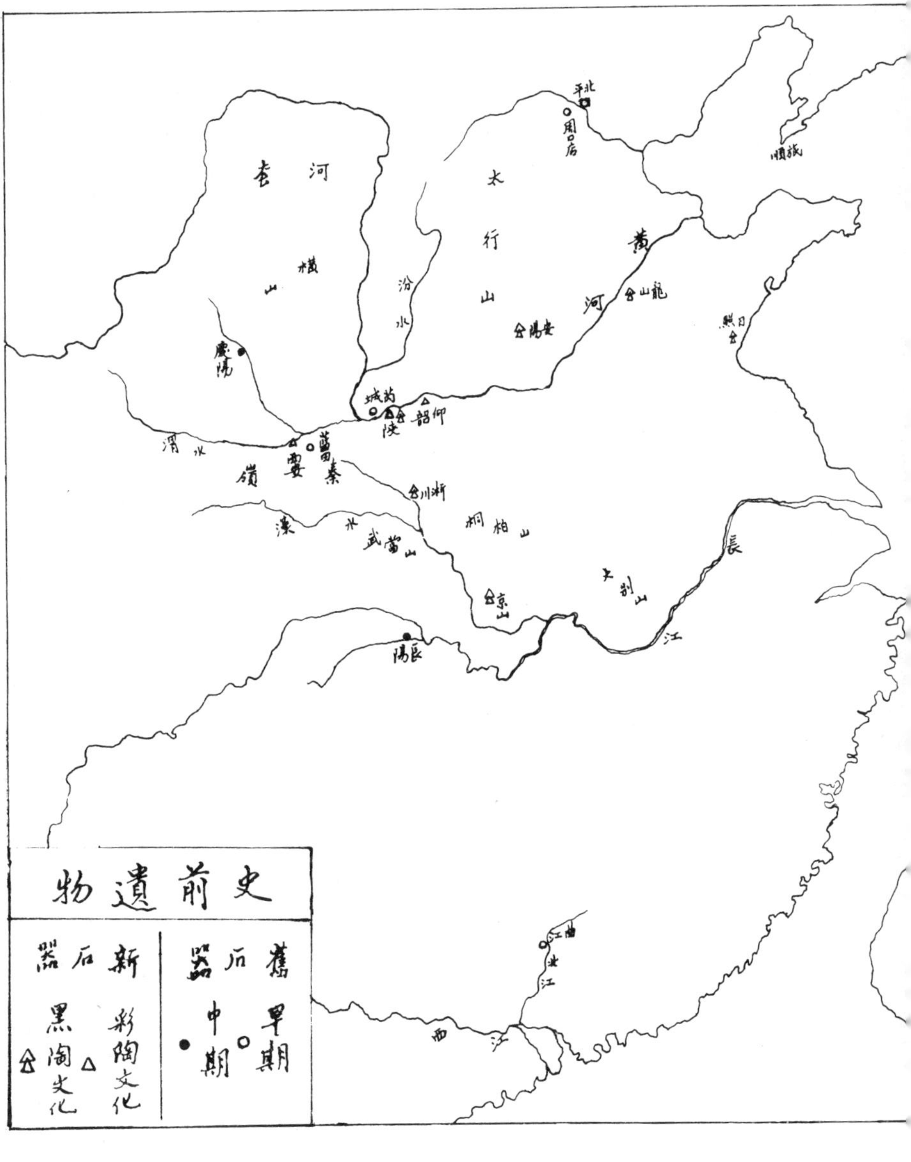
史前遺物
舊石器
早期
中期
新石器
彩陶文化
黑陶文化
北平
周口店
旅順
河套
橫山
太行山
汾水
黃河
龍山
安陽
日照
慶陽
仰韶
陝
渭水
藍田
秦嶺
淅川
漢水
武當山
桐柏山
大別山
京山
長江
長陽
曲江
北江
西江

地及黃河大平原爲中心。由仰韶彩陶文化向東發展，形成龍山文化。向西傳播，乃至黃河上游以抵西北高原。在此六十年之發現中，尚不見西北地區有舊石器時代之遺址，則中國民族中國文化西來之說，可以不攻而自破。

三、殷墟之發現。

遠在清末，已有人在河南安陽發掘殷代所用龜甲占卜文字，而發現其地爲古代之殷墟。此一遺址之年代，已遠在有文字記載之歷史以後。在此遺址所得器物，已遠後於石器時代，而代表了很進步的青銅器時代。其間有一部分遺物，可證其直接因襲於龍山文化而來者，如卜骨、如黑陶皆是。在殷墟之後岡，上層有白陶，今稱之曰「小屯文化」。中層黑陶，即代表「龍山文化」。下層彩陶，乃代表「仰韶文化」。是其地乃不斷有陶文化。

目前關於考古發掘之成績，大略可言者止此。

傳說神話之審訂，近人爲之尤力。如顧頡剛等所編集之古史辨。然中國民族本爲一歷史的民族，中國古史早已歷經古人不斷努力，有一番卓越謹嚴而合理的編訂。

最著者莫如孔子之作春秋，與司馬遷之爲史記。子不語怪力亂神，春秋「其文則史，其事則齊桓、晉文」，已爲一部極謹嚴的編年史，歷史觀念至是已絕對超出「神話」之範圍而獨立。司馬遷爲史記，謂：「學者載籍極博，猶考信於六藝」，自負以史記繼春秋之後。五帝首黃帝，三皇傳說早未列入。至史記所載五帝帝繫，後人亦多駁辨。如三國時秦宓、北宋時歐陽修等。故三皇五帝之舊傳說，在中國歷來史學界，本未嚴格信守。

今求創建新的古史觀，則對近人極端之懷疑論，亦應稍加修正。

從一方面看，古史若經後人層累地造成；惟據另一方面看，則古史實經後人層累地遺失而淘汰。層累造成之僞古史固應破壞，層累遺失的真古史，尤待探索。此其一。各民族最先歷史無不從追記而來，故其中斷難脫離「傳說」與帶有「神話」之部分。若嚴格排斥傳說，則古史即無從說起。即後代史亦强半由傳說追記，未必皆出歷史事變時人當身之記載。此其二。且神話有起於傳說之後者，如先有關羽之傳說，而漸變成神話。不能因神話而抹摋傳說。如因看三國演義而懷疑及於陳壽三國志。此其三。假造亦與傳說不同，如後起史書整段的記載與描寫，或可出於假造，以可成於一手也。如尚書之堯典、禹貢等。其散見各書之零文短語，則多係往古傳說，非出後世一人或一派所僞造。以其流傳普遍。如舜與禹其人等。此其四。欲排斥某項傳說，應提出與此傳說相反之確據。否則此傳說即不能斷其必僞或必無有。亦有驟視若兩傳說確切相反，不能並立，如謂某人某日在北平，而另一說則謂見其某日在南京。而經一番新的編排與新的解釋，而得其新鮮之意義與地位者。如知某人乃以是日乘飛機自北平往南京也。此其五。

而且中國古代歷史傳説，極富理性，切近事實，與並世其他民族追述古史之充滿神話氣味者大不相同。如有巢氏代表巢居時期，燧人氏代表熟食時期，庖犧氏代表畜牧時期，神農氏代表耕稼時期。此等名號，本非古所本有，乃屬後人想像稱述，乃與人類歷史文化演進階程，先後符合。此見我中華民族之先民，早於人文演進，有其清明之觀點與合理的想法。

大體上研究古史，應有其相當之限度，凡及年歷、人物、制度、學術等等，過細推求，往往難得真相。

一因古代文化演進尚淺，不夠按年逐月推求。後世如劉歆三統曆以下迄於皇甫謐帝王世紀、邵雍皇極經世等書，無論其推算不可信，即謂推算無誤，亦往往歷數十百年無一事可考，豈不於研治古史仍屬徒勞。二則因古代文化演進尚淺，人物個性活動之事業尚少，若專從人物言行上研求古史，則仍是黃帝、堯、舜、禹、湯、文、武、周公一套舊觀念，不免多帶有神話與教訓之意味，亦不得古史真相。三則因古代文化演進尚淺，並不如後代有種種政治制度、學術思想等之並起，若從此方面研尋古史，則不脱漢代經學家「三代質文相禪」種種假想之範圍，所謂儒者託古改制，亦不能得古史之真相。

然古史並非不可講，從散見各古書的傳說中去找尋，仍可得一個古代中國民族活動情形之大概。此種活動情形，主要的是文化狀態與地理區域。

凡古書傳說中某王某國起某地、都某城，與某國某君戰於某地，某氏族來自某方等，實爲研尋古史地理之較有線索者；然亦有須經審細考訂處。如史記言黃帝：「東至海，西至空桐，南至江，登熊湘，北逐葷粥，合符釜山，而邑於涿鹿之阿。」後人遂疑其行蹤之超卓，近於神話。不知崆峒本在河南境，莊子所言襄城、具茨、大隗、廣成，地望皆近。熊湘即熊耳山。與崆峒同在一省。釜山者，覆釜山，一名荊山，見唐書地理志。與華潼爲近，所謂黃帝「采首山銅，鑄鼎荊山」是也。黃帝又與神農「戰於阪泉之野」，阪泉在山西解縣鹽池上源，相近有蚩尤城、蚩尤村及濁澤，一名涿澤，即涿鹿矣。然則黃帝故事，最先傳說只在河南、山西兩省，黃河西部一隈之圈子裏，與舜、禹故事相差不遠。司馬遷自以秦漢大一統以後之目光視之，遂若黃帝足跡遍天下耳。此就黃帝傳說在地理方面加以一新解釋，而其神話之成分遂減少，較可信之意義遂增添。將來若能與各地域發掘之古器物相互間得一聯絡，從此推尋我民族古代文化活動之大概，實爲探索古史一較有把握之方向。

二　中原華夏文化之發祥

現在講比較可靠的古史，姑從虞、夏起。尚書始於堯、舜，論語道古亦僅及堯、舜，史記乃上溯黃帝。此從孔子與六經，實不失爲謹嚴之態度。

唐、虞時代的情形，決不能如尚書堯典所記之美盛。

堯典虞廷九官，上有百揆，即宰相。禹爲司空，主治水而司內政。棄后稷，司農政。契司徒，司教化。皋陶爲士，主司法與軍事。垂共工，司工務。益掌虞，司山澤。伯夷爲秩宗，司郊廟祭祀。夔典樂，司詩歌音樂助祭。龍納言，司出納詔命，如周之內史、漢之尚書。較之秦、漢九卿，意義深長遠矣。此正見爲儒者之託古改制。否則唐、虞時中國政制已如此完美，何以二千年後至秦、漢之際，轉倒退乃爾。

大抵堯、舜、禹之禪讓，只是古代一種君位推選制，經後人之傳述而理想化。

唐、虞當爲今山西南部之兩部落。

陶唐氏殆爲今山西南部堯都平陽。一精於燒窯的氏族。「陶」、「唐」、「堯」，皆指燒窯事業言。有虞氏則爲一山澤漁獵的氏族，「虞人」掌山澤獵事。而與陶唐氏居地略相近。舜都蒲阪，相近有虞鄉縣。

而夏人則起於今河南省中部，正是所謂中原華夏之地。

鯀與禹又別爲一族，其居地殆起於河南嵩山山脈中。曰「有崇伯鯀」，崇即嵩也。山海經「南望禪渚，禹父之所化」，禪渚在河南陸渾。禹都陽城，世本。陽城在嵩山下。又有言禹都陽翟者。陽城，河南登封；陽翟，今禹縣，出入數百里間。游牧之民習於移徙，古人都邑，同時有兩三處，不足異。華夏連稱者，嵩山山脈亦得華名。國語「前華後河，右洛左濟」，華在洛東，即今嵩山。又史記魏有華陽，司馬彪曰：「華陽，亭名，在密縣。」周禮職方豫州「其山鎮曰華」。皆其證。即舜之故事，其先亦起於與夏氏族相近之地。世本「舜居嬀汭」，在漢中西城縣。舜二女爲湘神，湘即襄水，乃今漢水也。四岳、三塗齊稱，亦皆在嵩山山脈。夏氏族自此北向移動，河南、陝西、山西三省相交環黃河西部之一隈，謂「西部」者，對此下稱「東部」而言。有幾許天然之渡口，殆爲古代虞、夏氏族活動之區。史記虞、夏皆顓頊後，明其血統相近。少康奔虞，虞思妻之以二姚。虞、夏或如姬、姜。

當時尚未有國家之組織，各部落間互推一酋長爲諸部落之共主。即尚書所謂「岳牧咸薦」也。此如烏桓、鮮卑、契丹、蒙古，其君主皆由推選漸變而爲世襲，唐、虞時代之禪讓，正可用此看法。

禹之後有啓，蓋至是而始進於君位世襲之時代，則已儼然有國家之規模矣。此猶契丹之有耶律阿保機。蒙古自成吉思汗後，大汗之位，雖非成吉思汗之子孫莫屬，然而忽必烈仍由合辭推戴，至仁宗始自建儲。

启以後因君位世襲之制既定，遂有夏朝之建立。

三　夏代帝系及年歷

史記夏本紀載夏帝王名及系次，而無年數。大戴禮記少閒篇：「禹崩十七世，有末孫桀。」國語周語：「孔甲亂夏，四世而隕。」皆與史記合。

夏代帝系表

（一）禹——（二）启（滅有扈氏，天下咸朝。）

（二）启——（三）太康（失國，兄弟五人須於洛汭，作五子之歌。）

（二）启——（四）仲康——（五）相——（六）少康（中興。）——（七）杼（滅豷於戈。（左傳））

（八）槐——（九）芒——（一〇）泄——（一一）不降——（一四）孔甲——（一五）皋——（一六）發——（一七）履癸（桀）

（一〇）泄——（一二）扃——（一三）廑

孔甲：好方鬼神，夏后氏德亂。

履癸（桀）：自孔甲以來諸侯多畔。湯放桀鳴條而死。

大體夏代年歷在四百、五百年之間。

史記僅謂：自禹至桀，十七君，十四世。此見司馬氏成書之謹嚴。若非有據，此十七君、十四世之名字系次，何從憑空撰出？憑空撰之，又有何意義耶？劉歆三統曆見漢書律曆志引。則謂夏四百三十二年。竹書紀年史記集解引。謂夏四百七十二年。今按：史記商本紀所載商代帝王已有殷墟所得甲文爲證，知其不虛。商本紀諸帝王可信，夏本紀諸帝王即不必不可信。自湯以前商代先王先公，正與自禹以下年世相當。史記所載商先王先公已有甲文爲證，史記載夏事，自可不必證而信。以三十年一世計之，則十四世、十七君，四百七十餘年，亦約略近似。孟子云：「由堯舜至於湯，五百有餘歲」是也。

四　虞夏大事

虞、夏大事最要者，厥爲舜、禹與苗族之鬥爭。

舜、禹征三苗，屢見尚書、（堯典、皋陶謨、禹貢、呂刑皆言之。）戰國策、（秦策一見，魏策二見。）墨子、（二見。）荀子、（二見。）韓非子、賈子新書、淮南子、（三見。）鹽鐵論、說苑諸書，必爲古代一大事。舊說三苗爲九黎蚩尤氏之後。（尚書呂刑及楚語。）又謂三苗、九黎皆顓頊之後。（山海經大荒北經。）若然，則三苗與虞、夏爲同族相爭矣。史記謂：昌意取蜀山氏女而生顓頊。蜀山殆即涿鹿之山，涿鹿又即蚩尤故國，然則虞、夏與三苗之爭，正猶黃帝與蚩尤之爭，皆近在今河南西境北及山西兩省黃河中游之兩岸也。魏策吳起之言曰：「昔三苗之居，左彭蠡之波，右洞庭之水，汶山在其南，衡山在其北。」後世誤謂在湖湘之間。惟洞庭、彭蠡地位既左右互易，又古衡山不指湖南，且不當在三苗北。古河域亦有名彭蠡者。（見呂氏春秋愛類、淮南人間訓。）江北漢水流域亦有名洞庭者。（楚辭所詠洞庭是也。）春秋河東有茅戎，又有陸渾蠻氏，亦稱戎蠻子。杜註云：「在河南新城縣。」苗與茅、蠻同聲。古三苗疆域大率南北以此爲度，正與虞、夏壤地雜處。舜、禹驅逼苗民，漸遷而西，所謂「竄三苗於三危，以變西戎」也。若三苗在湖湘間，不應驅至今甘肅境。舊說又謂：三苗，姜姓之別。尚書呂刑言及苗民制刑，呂國河南南陽，正古代四岳姜姓居地，本古昔苗土，故引以爲誡耳。范氏後漢書西羌傳：「西羌之本出自三苗，姜姓之別，其國近南岳。」漢人多指南陽衡山爲南岳也。

又有禹、啓與有扈之戰事。

啓伐有扈，見尚書甘誓、呂覽先己諸篇。鄭玄以爲在魏。大戰於甘，即左氏王子帶邑也。見僖二十四年。地在今洛陽東南。尚書甘誓，墨子引作禹誓，莊子人間世亦云：「禹攻有扈。」呂氏召類云：「禹攻曹魏、屈驁、有扈以行其教。」是禹時勢力東侵已及於扈。漢書地理志：右扶風鄠縣，古有扈國。特以同音說之，恐不如鄭玄以爲在東者爲信。高誘注：「有扈乃夏啓庶兄，以堯、舜舉賢，禹獨與子，故伐啓。」則與墨子、莊子均不合，恐出後人臆說。是舜、禹、啓以來，虞、夏氏族驅逐苗民以固西陲，又攻略有扈以擴東土也。

大抵夏人先起今河南嵩山山脈中，在伊、洛上流，其勢力逐次沿伊、洛向東北下游而移殖。一方自河南省西部北渡黃河而達今山西省之南部，東及太行山南端盡頭之迤西。

故其地皆稱大夏。史記言：「禹鑿龍門，通大夏。」又云：「齊桓公伐大夏。」左傳祝佗曰：「唐叔封於夏墟。」昔人又謂禹都安邑，皆指山西南部中條山以南沿河一帶言之。

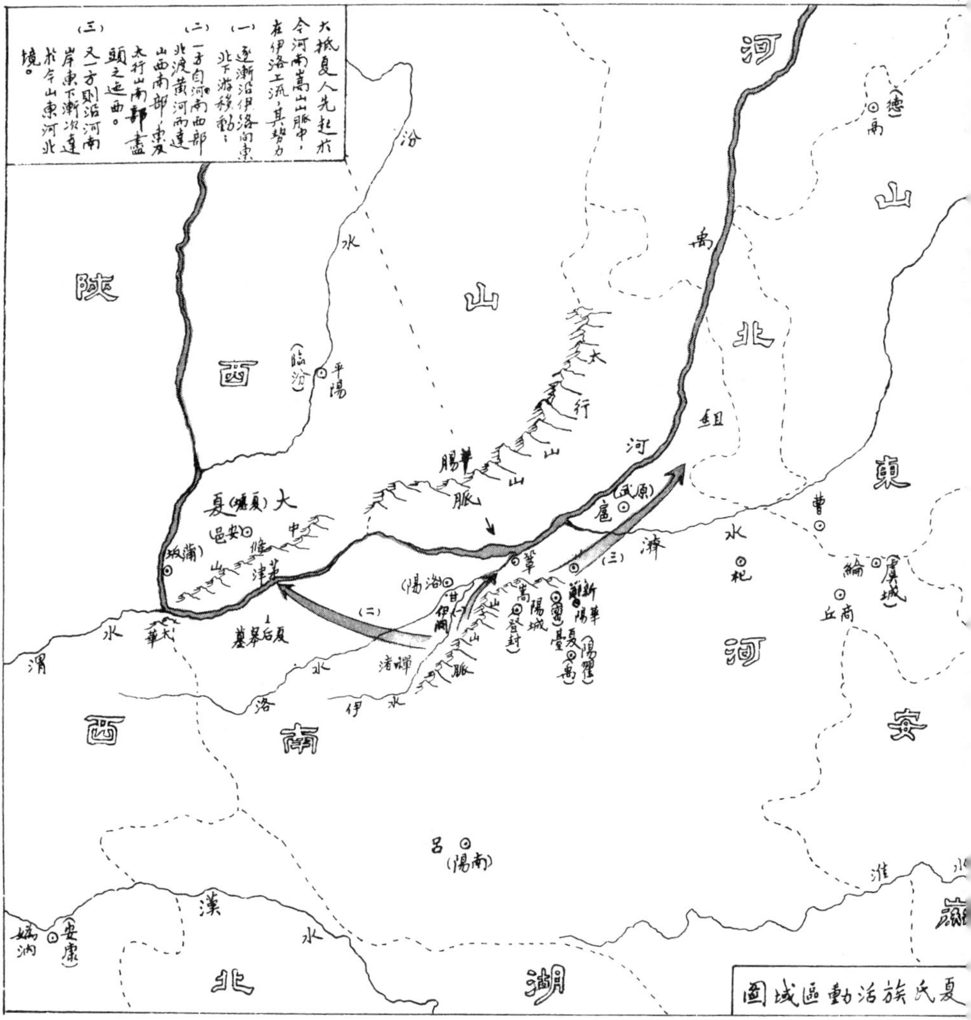
夏氏族活動區域圖
大抵夏人先起於今河南嵩山脈中，在伊洛上流，其勢力
(一)逐漸沿伊洛向東北下游移動；
(二)一支自河南西部北渡黃河而達山西南部，東及太行山南部盡頭之迤西。
(三)又一支則沿河南岸東下漸次達於今山東河北境。
山西
陝西
河南
河北
山東
安
湖北
河
汾水
平陽
(臨汾)
太行山
華陽
中條山
大夏(夏墟)
安邑
蒲坂
茅津
夏后皋墓
渭水
華
洛水
伊水
澠池
伊闕
甘
華
嵩山脈
陽城
登封
新鄭
華陽
夏臺
(陽翟)
(禹)
洛陽
濟水
帝丘
杞
曹
綸
(虞城)
商丘
(武原)
鉏
南
(德)
呂
(南陽)
漢水
淮水
安康
嬀汭

又一方則沿河南岸東下，漸次達於今山東、河北境，遂與東方黃河下游諸民族勢力相接觸。

此可以后羿、寒浞與少康中興之事說之。此事見左傳襄公四年、哀公元年。后羿本國在鉏，史記正義引括地志：「故鉏城在滑州衛城縣東十里。」即今滑縣東十五里之鉏城。入爲夏朝之卿士而遷有窮。史記正義引晉地記：「河南有窮谷，本有窮氏所遷。」左傳定公七年：「單武公、劉桓公敗尹氏於窮谷」，文選洛神賦注引華延洛陽記：「城南五十里有通谷」，即其地。後人因「窮」名不美而易之。因太康之畋於洛表，水内爲汭，外爲表。洛表，洛之南。拒太康而入居斟尋。史記夏本紀正義引臣瓚漢書音義：「斟尋在河南。」竹書紀年：「太康居斟尋，羿亦居之，桀又居之。」左傳（昭二十三年）：「郊、鄩潰」，杜注：「鞏縣西南有地名鄩中。」張儀列傳正義引括地志：「鞏縣西南五十八里故鄩城。」代夏爲王，又爲其臣寒浞所滅。寒國名，本在東方。杜預云：「北海平壽縣東有寒亭。」今山東濰縣東北五十里。浞既代羿，又滅夏之斟灌。「斟灌」殆即「武觀」，夏后相（太康子）爲羿所逼，出依斟灌，見吳世家集解，及左哀元年疏引賈逵說。觀臨河津，故亦曰「觀津」。爲斟姓之墟，故曰「斟觀」。在今山東曹縣西故觀城。即春秋衛地。其時夏都蓋自斟尋東北退至斟灌。使其二子澆處過，豷處戈。「斟灌」或作「斟戈」，則「戈」即「灌」也。則「過」或即是「鄩」。蓋寒浞滅此二邑而分使二子處之。而夏后相之子少康出奔有虞，在河南。左傳杜注：「梁國有虞縣。」夏臣伯靡自有鬲氏水經注：「大河故瀆西流經平原鬲縣故城西。」地理志曰：「鬲津，故有窮后羿國。」殺寒浞，而少康自綸漢書續志：「梁國虞有綸城，少康邑。」在今歸德。復國。少康滅澆於過，至其子杼又滅豷於戈，寒氏遂亡。此一事見夏代國家規模已頗擴大。有共主、屬邑、分國、敵國等等關係，不得僅以游牧部落看待。而其間自太康失國迄於少康復國，綿歷數十年，戰爭蔓延及於大河南北兩岸，誠古代一大事也。此事史記夏本紀失載，而旁見於吳世家。又楚辭離騷、天問亦言之。又有夏人與東夷之交涉。見後漢書東夷傳引竹書紀年。夏之放武觀，見竹書紀年及逸周書。滅寒浞，逐東夷，皆見其勢力之逐步東伸。

商民族亦在東方，初似服屬於夏人勢力之下，繼則起而革命，遂代夏爲當時之王朝而稱商代。古史已難詳論，然夏、商兩代就文化大體言之，似是一系相承，並無甚大顯著之不同，則夏、商殆我漢民族之兩支，而非兩民族也。惟嚴格言，中國民族之摶成，當在春秋乃至先秦。若言夏國、商國，則此時政治組織尚未臻十分凝定。若言夏氏族、商氏族，或夏部族、商部族，則似含義又過狹小。姑以民族稱之，以指當時之兩種結集，如云「夏人」、「殷人」，可勿以嚴正的異民族視之。（下言周民族亦然。）若以虞夏時代爲中國上古史之第一期，以其始建君位世襲之王朝。則殷商可謂中國上古史之第二期。以其在近代已有直接史料發見，較虞、夏之純爲傳說追記者更進一層。

第二章　黄河下游之新王朝（殷商時代）

夏王朝建築在黄河上游，爲高地居民所建之王朝，而商王朝則建築在黄河之下流，爲低地居民所建之王朝。

商王朝繼夏王朝而起，最近有關於該時代直接史料之發見，對於中國古代史之可信價值，有甚大之貢獻。

關於殷商一代新發現的直接史料，其主要者爲殷墟甲骨文字。其發見在清光緒戊戌、己亥間，出於河南安陽西北五里之小屯。地在洹水南，洹水三面環之，正合史記項羽本紀所謂「洹水南殷墟上」也。此等甲骨，大體乃殷代帝王（盤庚以後。）用以命卜之辭，刻於龜甲及牛骨之上者。

一　殷代帝系及年歷

史記載殷帝王有名字世次，無年數，略如夏代。

史記殷本紀：自契至湯，十四世，（國語周語：「玄王勤商，十四世而興。」荀子成相：「契玄王，生昭明，居於砥石，遷於商。十有四世，乃有天乙，是成湯。」皆與史記合。）湯至紂三十一帝，（除太丁爲三十帝。）十七世。（三代世表、古今人表均作十六世。）

商代（湯以下）帝系表

（大戴記少閒篇：「成湯卒崩，二十二世，武丁即位；卒崩，九世，末孫紂即位。」國語周語：「帝甲亂之，七世而亡。」與史記皆合。晉語謂：「商之享國，三十一世。」或數太丁，或數武庚，不可知。孟子云：「由湯至於武丁，賢聖之君六、七作。」亦與史記合。）

- （一）湯
  - （太丁）
    - （四）太甲（太宗）　伊尹放太甲於桐宮，攝政三年，復迎復位。
      - （五）沃丁
      - （六）太庚
        - （七）小甲（三代世表作太庚弟。）
        - （八）雍己　殷道衰。諸侯或不至。
        - （九）太戊（中宗）　伊陟爲相，巫咸治王家。殷復興，諸侯歸之。
  - （二）外丙
  - （三）中壬

(一〇)中丁（古今人表作太戊弟。）
遷隞。

(一一)外壬

(一二)河亶甲——(一三)祖乙（古今人表作河亶甲弟。據甲文當爲中丁子。）
居相。
殷復衰。

(一三)祖乙
遷邢。
巫賢任職。
殷復興。

(一四)祖辛——(一六)祖丁

(一五)沃甲——(一七)南庚

(一八)陽甲
殷衰，
中丁以來九世衰，
諸侯莫朝。

(一九)盤庚
始遷殷。
殷道復興。

（二〇）小辛（古今人表作盤庚子。）
殷道復衰。

（二一）小乙——（二二）武丁（高宗）
傳說爲相。
殷大治，復興。

（二三）祖庚

（二四）祖甲
殷復衰。

（二五）廩辛

（二六）庚丁——（二七）武乙——（二八）太丁（紀年又作文丁，甲文同。）——（二九）帝乙——（三〇）帝辛（紂）

武乙：無道。獵於河、渭之間，暴雷震死。

帝乙：殷益衰。

大體論之，殷商一代年歷，應在五百年左右。

劉歆三統曆殷代六百二十九年，竹書紀年史記殷本紀集解所引。則謂湯滅夏至紂二十九王，四百九十六年。今以三十年一世推之，商十七世，踰五百年，亦非大遠情實。左宣三年，王孫滿言：「商祀六百。」孟子謂：「由湯至於文王，五百有餘歲。」是也。

最要者，史記所記載，乃爲最近新發見之殷墟甲骨文字所證實。

首爲此項工作者，爲王國維氏之殷卜辭中所見先公先王考及續考。見觀堂集林卷九。其最要之發見如次：

一、推證殷人出自帝嚳之說。據此則史記殷本紀、世本、山海經、左傳、魯語、皇甫謐帝王世紀種種傳說可以參證連貫，均因卜辭之發見而重新估定此等書籍在古代史料上之價值。可見中國古代書籍記載，不僅如史記等見稱爲謹嚴之史書者有其可信之價值，即素目爲荒誕不經之書如山海經等，其中亦有可信之史料。而近人乃轉謂除直接發見之物證外，上古流傳文字記載，皆不可信，豈不顛倒之甚！又據此知五帝之系統雖出戰國後人之編造，而五帝之個別傳說，則各有淵源，決非亦出後人所揑造。如殷商之出帝嚳，即其一例。虞、夏出顓頊，殷商出帝嚳，本屬東、西兩系統，此後中國漸趨統一，乃謂雙方皆出黃帝。古史之新系統，隨時代精神之新需要而轉變。今殷商出帝嚳之說，既有甲骨卜辭爲之證實，則夏本紀謂夏人出自顓頊，司馬遷亦應自有其根據，不得因吾儕未發見此等直接材料，而遂疑其不可信。

二、發見卜辭有王亥，即史記中之振。「振」乃「亥」字之譌。據此則山海經、竹書紀年、呂氏春秋、楚辭、天問、世本、管子、漢書古今人表種種傳說記載，盡可參證連貫。

三、又自王亥而發見王恆。（此爲史記、世本、竹書紀年所不詳。）以卜辭證天問，可以補古史之缺。

且所證者均在成湯之前，因此史記所載夏代古史，亦同樣提高其可信之地位。

史記自契至湯十四世，而夏代自禹至桀，亦十四世。桀與湯同時，則禹與契亦略同時。史記所載殷代湯以前事，既有甲骨文爲之證明，則史記載夏代桀以前事，雖此時尚無同樣直接之史料爲之作證，而史記之非嚮壁虛造，則可不證自明矣。（尚書堯典說禹與契同在虞廷，史記五帝本紀說夏、殷同出黃帝，此等說法可出後人僞造。然史記載夏、殷歷世帝王名字、世次，乾燥無味，未必亦出後人之僞造。史記可以有漏脫，有譌誤（例如前舉），而大體則可信。此即前節所辨，「傳說」有來歷，與憑空假造不同也。）

至成湯以下之世系大略，史記與卜辭亦可相證。

繼王氏研治殷墟甲文以證論古史者有郭沫若氏。郭氏疑王氏之考證不可信，其說有三：（見郭氏中國古代社會研究。）一謂自盤庚遷殷至紂，殷本紀凡八世十二君，而竹書言有七百七十三年，推算不合。二謂卜辭中有多數人名疑如帝王，如祖丙、祖戊、小丁、小癸等，均爲殷本紀所無。三謂盤庚以下世系年數既可疑，以前更不敢遽信。此三點中，最要在第一點。史記殷本紀集解引竹書紀年云：「湯滅夏至受四百九十六年。」惟又一條則云：「自盤庚至紂七百七十三年。」此兩條自相矛盾，知其中必有誤字。（朱右曾竹書紀年存真，徑自改盤庚至受爲「二百七十三年」，並無根據，而殊近情理。）郭氏據此一條（有誤字的。）而推翻王氏之證論，實嫌論據不充分。第二點則根據第一點而來，王氏於此已有解說。謂殷人王位兄終弟及，故諸兄弟雖早世未踐君位，而祭時亦與君同祀，其推想殊近情理。第三點又根據第一、第二點而來，前兩項既有解答，第三疑自難成立。據此史記載殷代帝王世系實大致可信，即無從推翻夏代的，謂是全不可信也。（除非有相反的確證發見。）

二 殷人居地之推測

殷人居地，大率似在東方。自湯以前，大體皆在今河南省大河南岸商邱（所謂「宋」。）之附近。帝嚳居亳（史記五帝本紀集解引皇覽：「帝嚳冢在東郡濮陽頓邱城南亳陰野中。」）與湯居之亳，（漢書地理志臣瓚注：「山陽郡薄縣，湯所都。」）均即宋地。契居蕃，（見世本。）即漢書地理志之魯國蕃縣。史記殷本紀謂「契封於商」，則宋國商邱。（邱，虛也。商邱，即商墟也。）相土居商丘，顓頊之虛，又謂帝丘，即春秋之衛。左傳（定公四年。）祝鮀曰：「取於相土之東都，以會王之東蒐」是也。舊說湯以前八遷，大率皆東方地。（史記六國表謂「湯起亳，在西方」，後頗有主之者。緯書（商頌正義引雒予命，又藝文類聚引尚書中候。）有「天乙（即湯）在亳，東觀於洛」之說。然緯書後起不可信。鄭玄云：「契封商，在太華之陽。」（即戰國之商於地，今陝西商縣。）然古本竹書紀年謂：「秦封衛鞅於鄔，改名曰商。」（水經濁漳水引。）則陝西商地，其名後起。孟子：「伊尹耕於有莘之野。」東方宋地亦有莘。然則謂殷起西方，惟史記一說，孤證難立。）

至河亶甲居相，祖乙遷耿，乃至大河之北岸。

亶甲城在安陽縣西北五里洹水南岸，帝王世紀。又呂覽音初篇：「殷整甲徙宅西河。」此西河在衞地，整甲即亶甲也。自是殷人始北遷。耿史記殷本紀作「邢」，即左宣六年及魏策之「邢丘」。杜注：「河內平皋縣。」亦在河北，今河南省溫縣東二十里。史言紂「廣沙丘苑臺」，沙丘、邢丘，是自河亶甲、祖乙、盤庚至紂，其實皆在數百里間之地也。至紂更不遷都。

至盤庚徙殷，即漢書項羽傳所謂「洹水南殷墟」，今甲骨出土地也。此據竹書紀年。史記則謂：盤庚重遷河南，居亳，至武乙始遷殷。

自湯至盤庚，十世十八帝。自盤庚至帝辛，七世十二帝，此一期大率當過二百年。故至商紂時，商邑日大，南距朝歌，北據邯鄲及沙丘，皆爲離宮別館。此據竹書紀年。聚衆百萬，左飲淇水竭，右飲洹水不流，此據戰國策。其盛況可想。

古代黃河自河南東部即折而北向，經今之漳河流域而至今河北之滄州境入海。商民族則正居此河南、山東、河北三省相交黃河下游一隈之四圈，恰與夏民族之居於河南、陝西、山西三省相交黃河上游一隈之四圈者東西遙遙相對。春秋伯陽父曰：「昔伊、洛竭而夏亡，河竭而商亡。」見夏、商根據地之東西相對峙。大抵下游低地，氣候土壤均較佳，生活文化較優，而居民較文弱，亦易陷於奢侈淫佚。上流高地，氣候土壤均較惡，生活文化較低，而居民較强武，勝於軍事與政治方面之團結。夏人勢力逐次東移，漸漸往下，征服下游居民，而漸漸習染其驕侈淫佚之習氣，如太康之游畋忘歸，以及夏桀之荒淫皆是。於是下游民族，乘機顛覆此統治者而別自建立新王朝。如后羿、寒浞與商湯皆是。夏、商既同爲漢民族之兩支，則夏、商以前中國民族最先居地應何在，此亦難詳論。殷人自商湯滅夏，漸漸形成規模較更像樣之國家，至周人則又起於西方，仍循夏人形勢，東侵征服殷人，而漸次移殖於大河下流一帶之平原。如此則黃河上下游相互綰結而造成中國古代更完備、更像樣之王國，是爲周代。

漢人傳説「夏尚忠，商尚鬼，周尚文」，此論三代文化特點，雖屬想像之説，然以古人言古史，畢竟有幾分依據。大抵尚忠、尚文，全是就政治、社會實際事務方面言之，所謂「忠信爲質而文之以禮樂」，周人之「文」，只就夏人之「忠」加上一些禮樂文飾，爲歷史文化演進應有之步驟。其實西方兩民族皆是一種尚力行的民族，其風格精神頗相近似。商人尚「鬼」，則近於宗教玄想，與夏、周兩族之崇重實際者迥異。故虞書言禹爲司空治水，棄后稷司稼穡，而契爲司徒主教化。禹、稷皆象徵一種刻苦篤實力行的人物，而商人之祖先獨務於教育者，仍見其爲東方平原一個文化優美耽於理想的民族之事業也。厥後至春秋、戰國時，宋人猶每有不顧事實騁於理想者。惟孔子以宋人而祖世居魯，一面抱有偉大高遠之理想，而一面又深受周文化之陶冶，極慕周公以來之政制，切於實際，可見之於行事，遂成中國古代集文化思想大成之聖人焉。又按：中國古代文化孕育於北溫帶黃河兩岸之大平原，以農業爲主要之生活，因此其文化特別具有「著實」與「團結」與「和平」之三要素，不如印度之耽於玄想，亦不如波斯、希臘、羅馬之趨於「流動」與「鬭爭」與「分裂」。吾人若一遊西安、洛陽、安陽、商邱以及濟南、曲阜諸平野，溯大河，歷廣土，茫茫乎，蒼蒼乎，徘徊俯仰之間，必能想像我民族先民偉大創基之精神於依稀彷彿中也。

三　殷人文化之推測

根據殷墟甲骨文字，知商代耕稼、種植、牧畜、建造，關於人類生事各方面之文化程度，已頗像樣。

關於耕稼方面，甲文中有田、疇、禾、穡、黍、粟、來、麥等字，又有酒、鬯等字，祭鬯至百卣，見其時釀酒之盛。種樹方面，有圃、果、樹、桑、栗、絲、帛等字，知其時已有養蠶業。牧畜方面，有馬、牛、羊、犬、豕、豚、雞、彘等，家畜、家禽之名稱極夥，知其時畜事亦甚盛。建造方面，有宮、室、宅、家、舟、車等字，知其時家屋建築與交通工具皆已相當進展。卜辭中行獵次數特多，此因卜、獵本屬相關，同爲屬於祭祀下之一種典禮。古代貴族以行獵爲典禮，亦即以爲娛樂，此直到春秋乃至西漢仍然。不能據此謂其時「正從漁獵初進爲農耕」。卜文小不及黍米，甲骨至堅，契刀必極鋒利，則其時鍊金術必已經相當之演進，不能說商代「正在從石器進至金器」。至其時尚有用石器者，則自屬事實。鹽鐵論載漢武帝以後有「木耕手耨」之事，豈可據此以推論漢中葉之社會文化？至謂商代方在一「母系中心的氏族社會」，此據商代帝王「兄終弟及」之制度推論。然此最多可謂此種制度淵源於此種社會，不能便謂仍是此種社會也。且商代三十一帝十七世，直接傳子者亦十二、三，幾佔半數。春秋時吳通上國，其王位繼承亦仍是兄終弟及，豈得謂其亦爲母系中心時代？又如以卜辭有「諸父」、

「諸母」之稱，而認其時爲羣婚制，則此種稱呼至春秋猶然，豈得謂春秋亦羣婚時代乎？又謂其乃一「原始共產制的氏族社會」云云，更屬無據臆測。此皆郭氏中國古代社會研究一書中語。只就商代所表現於政治規模之進步論之，即知此種說法之無稽也。

根據商代傳世鐘鼎彝器之多與精，更見其時文化程度之高。

據殷文存一書所收殷器銘文在七百種以上，惟一因有周器濫入，二因有器、蓋不分，恐無此數。要之已甚爲可觀。

若以殷代文化與周初相較，則頗見其有一脈相承之迹。

周代銅器款識，與殷墟文字同出一原，一也。殷墟有骨笄、骨梳，知商人已有束髮之俗，二也。甲骨文及銅器中畫人坐作㔾形，則席地乃殷、周同俗，三也。尊、罍、觚、爵、鼎、鬲諸器，殷、周皆同其形制，四也。兵器戈、矛、弓、矢、刀等，甲文與銅器無殊。殷墟所得弓、矛亦與周器大同，五也。周代册字，甲文作卌册等，同有編簡之制，六也。殷、周同用貝爲貨幣，「貝」字常見於甲文及銅器中，七也。

蓋古代此黃河東、西兩隈之交通，早已殷繁，故於商人中亦時見舜、禹故事之流傳。夏、殷兩代文化已見交融，更何論於後起之殷、周。

四　殷周關係

周人滅殷前，兩國在政治上早已發生關係，並非爲不相聞問之兩個民族。謂殷、周之先本無關係者，乃崔述豐鎬考信錄說。

據傳說，周王季曾命爲殷牧師，後漢西羌傳注引竹書紀年。其後文丁殺季歷。呂覽首時、晉書束皙傳、劉知幾史通疑古、雜說兩篇。西伯與九侯、文王世子：「西方有九國焉。」詩：「我徂西，至於艽野。」「九」、「鬼」同聲。禮記明堂位作「鬼侯」。鬼方正在西方也。鄂侯史記晉世家集解引世本：「叔虞居鄂。」即大夏。左隱六年：「翼嘉父逆晉侯於隨，納諸鄂。」此在晉南。三公皆在殷西。又爲紂三公，而西伯見囚於羑里。左傳襄二十一年、趙策、韓非子、尚書大傳、史記、褚先生補史記龜策列傳等書。則殷、周關係已夙有之。或武乙之暴雷震死於河、渭之間，殆如周昭王之南征而不復也。據此則殷之忌周已甚，而周之蓄志翦商亦已久矣。文王死未葬，武王奉文王木主以伐紂，蓋以乘紂之不備。及周人得志，並其先世事皆諱之，若伐紂盡出弔民伐罪之公，並無一毫私意存於其間。此猶滿清初以告天七大恨興師叛明，及入關後亦諱不復道也。

而且殷、周之關係，已顯如後代中央共主與四方侯國之關係。

此證之周人之自述。詩大雅：「摯仲氏任，自彼殷商，來嫁於周，曰嬪于京。乃及王季，維德之行。」此見王季時與殷畿諸侯通婚姻也。尚書召誥召公語。稱「大國殷」，多士周公語。稱「天邑商」，大誥

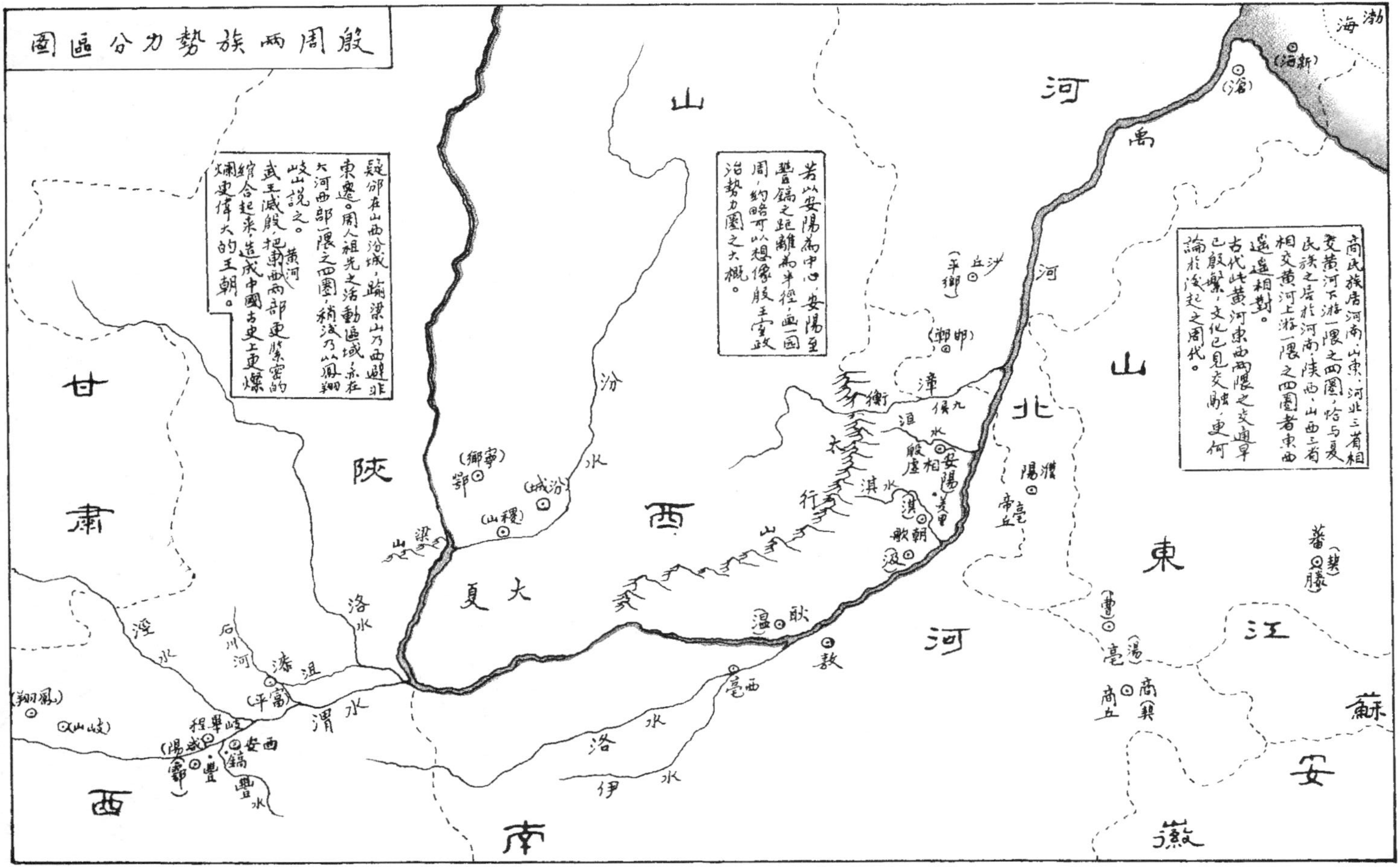

殷周兩族勢力分區圖
商民族居河南、山東、河北三省，相交黃河下游一隈之四圍，恰与夏民族之居於河南、陝西、山西三省，相交黃河上游一隈之四圍者東西遙遙相對。
古代此黃河東西兩隈之交通早已頻繁，文化已見交融，更何論於後起之周代。
若以安陽為中心，安陽至豐鎬之距離為半徑，畫一圓周，約略可以想像殷王室政治勢力圈之大概。
疑邠在山西汾城，踰梁山乃西避非東遷。周人祖先之活動區域亦在大河西部一隈之四圍，稍後乃以鳳翔岐山說之。
武王滅殷，把黃河東西兩部更緊密的綰合起來，造成中國古史上更燦爛更偉大的王朝。
渤海
(新海)
滄
河北
山東
江蘇
安徽
河南
山西
陝西
甘肅
大夏
(沙丘)
(平鄉)
(邢聊)
漳
衡
九侯
洹水
大
殷虛
相
安陽
淇水
淇
美里
朝歌
沒
行山
濮陽
帝丘
亳
蕃
(薛)
滕
曹
亳(湯)
商丘
商(契)
溫
耿
敖
西亳
洛水
伊水
汾水
(汾城)
(鄉寧)
鄠
(山稷)
梁山
洛水
涇水
石川河
漆沮
(平富)
渭水
(鳳翔)
(岐山)
程
畢
郢
(咸陽)
(豐)
豐
鎬
西安
豐水

（成王語。）稱「小邦周」，顧命（康王語。）稱「大邦殷」。此皆周人已滅商後之文告。可見以前殷、周國際上地位名分確有尊卑，決非敵體之國，爲並世所共認，故周人亦不能自諱也。

更據周人所稱述，知當時之殷、周，乃略如以前之夏、商，夏、商、周三代之觀念，起源甚早。

召誥云：「皇天上帝，改厥元子，茲大國殷之命，惟王受命。相古先民有夏，今時既墜厥命。今相有殷，今時既墜厥命。今王嗣受厥命，我亦惟茲二國命。」

在夏時已有所謂中央共主與四方侯國之國際關係，（此種政治上名分之成立與維持，爲考論中國古史文化演進一極端重要之問題，不可忽視。）及至殷末周初，此等共主與侯國之政治演進至少已有七、八百年以上之歷史。而且殷在安陽，周在豐鎬，相去千里外，（若以安陽爲中心，安陽至豐、鎬之距離爲半徑，畫一圓周，約略可以想像殷王室政治勢力圈之大概。今殷墟發掘所得海濱居民之器物甚多，知殷人與東方海岸之關係，必甚密切。商亡，有箕子避至朝鮮之傳說，或殷王室勢力本自及於朝鮮半島也。）政治上能有此名分上之維繫與分別，只據此點，即可推想當時一般文化之程度。（實則此層與上論史記列載夏、殷帝王名字世次一節，只是一事之兩面。自禹、啓以來，中國古史上已有中央共主傳世相承千年之久，雖王朝有夏、商之別，政治演進，則仍是一脈相沿。治古史者每忽略此點，好將中國古代文化壓低，好將古代年歷縮短，遂至周代有突飛猛進，不知其所從來之感。）

第三章　封建帝國之創興（西周興亡）

一　周人起於西方。

此所謂西方，亦比較而言。文王處岐，即在畢程岐周，當咸陽之東北數里而遙。則所謂太王去邠，踰梁山邑於岐山之下者，即文王之岐。後世又謂岐豐之地，（所謂周平王賜秦襄公以岐西之地者，此岐自決不在鳳翔。）竊疑邠在山西汾城，踰梁山乃西避，非東遷。周人祖先之活動區域，亦在大河西部一隈之四圈，稍後乃誤以鳳翔岐山說之。

二　較之夏、商似爲後起。

史記言周文王以前世系，不如殷商之詳。惟周語太子晉謂：「自后稷始基，十五王而文始平之。」衞彪傒謂：「后稷勤周，十有五世而興。」皆與史記合。今自文王上推十五世，僅與商湯略同時，則史記謂周先后稷子不窋適當夏后氏政衰者近是，謂后稷在陶唐、虞、夏之際則非矣。似周乃文化後起之族，而强上推其先世至虞代以與夏、商並比耳。又據史記周本紀所引太誓及逸周書世俘解諸篇觀之，知其時殷王室已極奢靡淫佚，而周人則似文化初啓，尚不遠邊鄙獷野剛果之風。

武王滅殷，把黃河東、西兩部更緊密的綰合起來，造成中國古史上更燦爛、更偉大的王朝，是爲西周。

一　西周帝系及年歷

西周史有詩、書可徵，史料較殷更備。然史記尚不詳其年歷，其帝王世次如下：

(一)武王——(二)成王——(三)康王——(四)昭王——(五)穆王

- 武王：滅殷。
- 成王：周公攝政，東征誅武庚。
- 康王：西周全盛期。
- 昭王：南征没於漢。周中衰。
- 穆王：征犬戎。遠遊。周室復振。

(六)共王——(七)懿王——(九)夷王——(一〇)厲王——(一一)宣王

- 懿王：周又衰，戎狄交侵。
- 厲王：出奔彘，山西霍縣。共和行政。
- 宣王：周道中興。

（八）孝王

（一二）幽王 死於犬戎之難，周室東遷。

西周十一世十二君，其年歷大約不出三百年。

史記十二諸侯年表自共和元年起，迄幽王末共七十一年，以上周年無考。然魯世家載魯諸君年自伯禽以下迄共和前一年，共一百五十七年，惟缺伯禽一代。若以劉歆三統曆伯禽四十六年補之，共二百七十四年。自周開國至伯禽封魯尚有十許年，故知西周不出三百年也。

二　周初之封建

西周三百年歷史，最重要者爲封建政體之創興。

周人封建，亦由當時形勢之實際需要逐步逼桚而成，同時亦是周民族對於政治組織富於一種偉大氣魄之表見。

王國維殷周制度論（觀堂集林。）謂：「殷人兄終弟及，周人父子相傳，封建制從父子相傳制來。」此說頗嫌看史事太鬆弛，不見力量，只把天下依著家庭的私關係隨宜分割，無當於周初建國之嚴重局勢。只是一種隔絕史實之空想而已。且殷人自庚丁後已五世傳子，（殷本紀、三代世表、古今人表皆同。）未知何故。（亦可是五世單丁無兄弟，然亦可不傳弟而傳子。史文缺佚，已難詳論。惟史記殷本紀謂：「帝乙長子曰微子啓，啓母賤，不得嗣。少子辛母爲正后，得嗣。」則其君位傳襲之法，已開周人先聲矣。）至周初君位，頗有立賢之迹象，或以便於爭强而然。如太王捨太伯、虞仲而立王季，爲第一次立賢。文王長子伯邑考，次子發，（即武王。）捨伯邑考而立武王，爲第二次立賢。（伯邑考果係先卒與否不可知。周人乃一種極長於實際政治上爭强之民族，大有捨長立賢之可能。）

武王滅紂以後，並不能將殷人勢力徹底剷除，因此仍封紂子祿父（即武庚。）於殷，（孟子謂：「殷自武丁以來，賢聖之君六、七作，尺土莫非其有，一民莫非其臣」，可見殷代政治勢力之韌固。盤庚至紂二百餘年，王朝系統相承，其政治成績必有可觀也。）同時則設立三監，（管叔、霍叔、蔡叔。）以監督武庚之近旁。

武王行二，次管叔鮮，（行三。）次周公旦，（行四。）次蔡叔度，（行五。）又次霍叔處，（行八。）次康叔封。（行九。）武王封管、蔡而周公不預，以諸弟中周公最賢，武王引之助治國政，統籌大局，故不出封在外也。（史記魯世家：「周公不就封，留佐武王。」）

其他如魯、燕、齊諸國，始封皆在成周之南。

今河南有魯山縣。詩閟宮：「居常與許，復周公之宇。」許、鄭密邇，亦在河南。「燕」字本作「郾」，今河南有郾縣，與召陵密邇，當是召公初封之地。齊為周之外戚，國語：「齊、許、申、呂由大姜」，許、申、呂三國皆在今河南境，則齊之初封，亦應與三國近。或本即是呂，故太公稱呂望，丁公稱呂伋，顧命。後乃分封於齊。

此乃西周第一期之封建。

大概周人勢力，逐步東侵，分為兩線，由豐、鎬向東南經營漢水上流，漸及淮域，此文王已開其基。故曰文王「三分天下有其二」，擣虛批亢，未能直犯殷邦，乃先南下。由豐、鎬向東北，經營河、洛，及於殷商，則為武王之新猷。周初封建，即為此兩線展擴之初步成績也。

武王克殷二年，天下未寧而崩。封禪書。又禮記文王世子云：「文王九十七而終，武王九十三而終。」武王崩於文王崩後五年，豈文王十齡生武王耶？此決不可信。大抵武王年壽並不甚高。此乃周初一個最嚴重的局面。不得已乃有周公之攝政。

若傳子，則成王尚幼，不足支此危局。若傳弟，先應及管叔，周公知管叔亦不足膺此重任。若傳賢，自屬周公，周書度邑：「武王謂周公曰：『乃今我兄弟相及。』」則武王固有意傳周公。然周公居中主政，嫌於自取，不得已乃奉孺子王而攝政。書大誥：「王若曰」，鄭玄云：「周公居攝，命大事則權稱王。」

管叔不瞭解周公之苦心，武庚乘機煽惑，三監轉聯殷同畔。此見當時王位繼承法尚未明定，管叔本非決不可立，疑周公奉成王而攝政，乃以排管叔而終謀自取之也。

當時東方整個舊殷王朝的勢力，一時俱起。

計有三監、殷、奄、即以後之魯。熊盈族、凡十七國。淮夷、在淮北。徐戎。在魯東薛。

周公親自東征，殺管叔。定亂，乃重定封國。

一、魯　周公子伯禽伐淮夷、徐戎，遂封於魯。今山東之曲阜，得殷民六族。伯禽既能專師主討伐，知成王亦不甚幼弱。周公慮其不能應付當時危局，故乃毅然攝政。管叔亦因此疑周公而遂叛。

二、齊　封太公子丁公於齊。自有魯、齊之新封，周人勢力始越殷而東達海濱。

三、衛　封康叔於衛，得殷民七族。自此殷朝自盤庚以來歷八世十二君垂三百年之河北根據地，始拱手而讓之周人之治下。

四、宋　封微子啓於宋。周人尚不能完全宰制殷遺，乃封其王族之賢者於自湯以來之故土，仍表示周人之無意於滅殷族也。

五、晉　封唐叔於夏墟，此爲溝通周人自大河北岸直通殷墟即新衛。之要道。

六、蔡　封蔡仲於蔡，此為周人經營南國之極東點。自此北繞而與魯、齊相呼應，以及於衛、晉，而宋人自在大包圍中。

七、東都　周公又營洛邑為東都。置殷頑民焉。殷遺民大部瓜分，即魯、衛、宋、洛邑是也。天子常自臨駐，以鎮攝東方，而與新封諸邦相聯絡。

此可謂周人的第二次封建。魯、齊諸國皆伸展東移，其時燕亦移於河北，大約在齊、衛之間。鎬京與魯曲阜，譬如一橢圓之兩極端，洛邑與宋則是其兩中心。周人從東北、東南張其兩長臂，抱殷宋於肘腋間，這是西周的一個立國形勢，而封建大業即於此完成。夏、殷之際，雖已有共主、諸侯之名分，然尚不能有如此强有力的建國形勢，故曰封建制度起於周代，實乃中國古史上一重要之進展也。史記三代世表謂：「自殷以前諸侯不可得而譜，周以來乃頗可著。」亦因殷以前所謂諸侯，大體僅為部族，不能如周室封建各國之文化規模耳。

左僖二十四年載富辰之言曰：「昔周公弔二叔之不咸，故封建親戚以蕃屏周。管、今河南鄭縣。蔡、今河南上蔡。後遷新蔡。又遷州來，今安徽壽縣。郕、山東汶上縣。霍、山西霍縣。魯、山東曲阜。衛、河南淇縣。後遷楚邱，今河南滑縣。又遷帝丘，今河南濮陽。毛、河南宜陽。聃、湖北荊門。郜、山東城武。雍、河南修武。曹、山東定陶。滕、山東滕縣。畢、陝西咸陽。原、河南濟源。酆、陝西鄠縣。郇，山西臨晉。文之昭也。邘、河南懷慶。晉、山西翼城。後遷曲沃，今山西聞喜。又徙絳，今曲沃。應、河南寶豐。韓，陝西韓城。武之穆也。凡、河南輝縣。蔣、河南固始。邢、河北邢臺。後遷夷儀，今山東聊城。茅、山東金鄉。胙、河南汲縣。祭，河南鄭縣。周公之胤也。」又左昭二十八年載成鱄之言曰：「武王克商，光有天下，其兄弟之國者十有五人，姬姓之國者四十人。」荀子儒效則曰：「周公兼制天下，

周初封建圖
大概周人勢力，逐步東侵，分為兩線：由豐鎬向東南經營漢水上游，漸及淮域，此文王已開其基。由豐鎬向東北經營河洛，及於殷商，則為武王之新猷。周初封建，即為此兩線展擴之初步成績
鎬京與魯曲阜，如一橢圓之兩極端，洛邑與宋則是兩中心。周人從東北東南張其兩長臂，抱殷宋於肘腋間，這是西周的一個立國形勢，而封建大業即於此完成。
魯、燕、齊諸國始封皆在成周之南，此乃西周第一期之封建。周公東征亂定，第二次重定封國，魯齊皆伸展東移。其時燕亦移於河北，大約在齊衛間。
第一道武王伐殷
周公東征
穆王北征犬戎
黃河
汾水
渭水
洛水
伊水
漢水
淮水
滹沱河
漳水
渤海
太行山
太原
犬戎
徐戎
淮夷
殷
宋
魯
齊
晉
衛
燕
蔡
臨淄
曲阜
鎬
豐
畢
成周
洛陽

立七十一國，姬姓獨居五十三人。」左昭二十六年謂：「武王克殷，成王靖四方，康王息民，並建母弟，以蕃屏周。」又昭九年亦云：「武王、成、康之建母弟。」此周初封建發展之大勢，其詳則不可得而說矣。

周公攝政七年，而始歸政於成王，非成王至是始長，乃大局至是始定也。於是周人傳子之制亦因而確定。王氏謂因先有傳子之制而始有封建，未窺周人政治上之偉大能力所在也。

三　西周勢力之繼續東展

西周的封建，乃是一種侵略性的武裝移民與軍事佔領，與後世統一政府只以封建制爲一種政區與政權之分割者絕然不同。因此在封建制度的後面，需要一種不斷的武力貫徹。此種形勢，正如近代國家海外殖民，亦需有不斷的一種力量貫徹連繫其間也。若此種力量一旦消失，則全體瓦解矣。周人立國，是一個坐西朝東的形勢。任何一個國家，必有其立國之形勢。此種形勢須由國力來支撐。不斷用力支撐此種形勢，而求其強韌與擴大，即所謂「立國精神」與「立國理想」。相當於此種形勢之各項措施，即所謂「立國規模」。一個國家知有此形勢與規模而繼續不懈，此爲國家之「自覺」。待此國家理想消失，精神懈靡，陷於不自覺之睡眠狀態，則規模漸壞，形勢日非，而國遂不國。其國力的移動，大勢可分兩道。

第一道由陝西出潼關，向河、洛，達東都，經營黃河下流。此武王伐殷、周公東征之一線。

第二道由陝西出武關，向江、漢，經營南陽、南郡一帶，以及淮域。此文王化行南國之一線。

昭王南征不復，是周人勢力東展在第二線上之挫折。

穆王西征，是周人勢力東展在第一線上之擴大。

穆王西征之傳說，據穆天子傳所載，係自洛邑渡漳水，絕太行，鈃山，即井鈃。循滹沱，北征犬戎，依然爲第一線之繼續伸展。其循而西行，恐不出陝西西北部，至遠及於甘肅。秦、漢以後，中國一統，立國形勢大變，以前之向外發展，至是變成只在腹裏活動，與當時人之想像不合，故說古史者無意間都將地理方向倒了。一說到穆王西征，則想像其直去西域新疆。雖與古史真相不合，亦見當時人自有其很深的國家理想與國家精神。

宣王中興，其力征經營者，依然是此兩路。

詩江漢，召穆公平淮夷也。詩常武，尹吉甫征徐戎也。此乃宣王之南征，循上述第二線。詩出車，南仲城朔方，伐玁狁、西戎。詩六月，尹吉甫伐玁狁至太原。朔方、太原，大體均在今山西省南部黃河北岸。「方」，疑即「舜陟方乃死」之方山，近安邑。太原者，春秋昭元年：「晉荀吳敗狄於太原。」公羊云：「此大鹵也。」穀梁云：「中國曰太原，夷狄曰大鹵。」正指今解縣鹽池，則方與太原近在一地。詩采芑，方叔征蠻荊也。此詩之蠻荊，疑即指玁狁，非後世楚地荊州之蠻。虢季子白盤記伐玁狁事，亦云「用政䜌方」，禹貢「荊、岐既旅」，又曰「導汧及岐，至於荊山，逾於河」，此荊山在陝西不在湖北。方叔征蠻荊，亦當在陝西、山西，不在湖北也。此乃宣王之北征，循上述第一線。

周人勢力不斷向此兩路線展擴，而周人之封建事業亦遂不斷推進。

詩江漢，召虎徹疆土，錫山土田；詩崧高，封申伯邑於謝；詩烝民，封仲山甫於東方。據此諸詩，見西周封建工作，至宣王時，尚不斷在進展中。蓋封建即是周人之一種建國工作，不斷向東方各重要地點武裝移民，武裝墾殖，而周代的國家亦不斷的擴大與充實。相應於周人此種軍事政治之推進者，則尚有其「宗法制度」。必三者並觀，乃可以明瞭當時之所謂「封建」。

四 幽王見殺與平王東遷

西周三百年來之力征經營，其面向常對東南，不對西北，因其時周人之敵，多在東南，不在西北也。幽王遭犬戎之難，見殺於驪山下，似犬戎居地亦在周之東南。或偏近西南，而非西北。

左傳昭公四年：「周幽爲太室之盟，戎狄叛之。」此等戎狄正近在河南省西南太室山一帶，證一。犬戎由申侯召來，申在南陽宛縣，漢書地理志。今河南南陽城北二十里。有申城故址。宣王時申遷於謝，在今南陽稍南。大率其國在周東南千數百里。如犬戎在周西北，相距遼遠，申侯何緣越周附戎，戎亦何緣越周合申，形勢不合，證二。據鄭語，當時申、西戎、繒相結。左傳：哀公四年。「楚人致方城之外於繒關。」則繒近方城，與申接壤，證三。幽王與申、繒、西戎之聯軍遇於驪山，故驪戎國。證戎不在周之外而在內。此內外本是後人見解也。其地在周鎬京與申、繒之間，證四。鄭語，史伯之告鄭桓公曰：「四方之國，非王母弟甥舅，則夷狄。」亦華戎雜處，幽王前已然之證。

幽王既死，周室遂分裂。

竹書紀年：見左傳昭公二十六年疏引。「申侯、魯侯、許文公立平王於申，虢公翰立王子余臣於攜。周二王並立。二十一年，攜王爲晉文侯所殺。」此事史記失載。新唐書大衍曆議謂：「豐、岐、驪、攜，皆鶉首之分，雍州之地。」是攜乃岐、豐相近之地名。虢公立攜王，實爲主持正義。許與申爲同姓，故助平王。又今本紀年，同立平王者尚有鄭。鄭桓公爲周司徒，見周將亂，早謀東遷。鄭武公娶申侯女，爲夫人，曰武姜，即鄭莊公之母。故鄭、申亦同謀。鄭桓公死於驪山之難，而武公遂與申同護平王東遷也。魯乃周室東方封建最親、最主要之國家，故申、許、鄭三國乃假託其名義。觀於平王東遷後，魯國採取不理態度，知以前決不主張立平王也。晉文侯覬覦黃河西岸之土地，乃起兵殺攜王，自爲兼并。平王德其殺讎，而無力索還故土，立於申乃暫局，於是東遷洛邑。史記不知其間曲折，謂平王避犬戎東遷。犬戎助平王殺父，乃友非敵，不必避也。又按：史公言幽王寵褒姒，褒姒不好笑，幽王舉烽，諸侯悉至，至而無寇，褒姒乃大笑；幽王爲之數舉烽。及犬戎至，舉烽，諸侯救不至，遂殺幽王。此委巷小人之談。諸侯兵不能見烽同至，至而聞無寇，亦必休兵信宿而去，此有何可笑？舉烽傳警，乃漢人備匈奴事耳。驪山之役，由幽王舉兵討申，更不需舉烽。史公對此番事變，大段不甚了了也。鄭武公則藉此并虢自大，故曰：「周之東遷，晉、鄭焉依。」左傳隱公六年。秦人亦乘機侵佔岐西地，與晉連壤通好。此乃西周東遷時西方一部分諸侯情勢之大概。

及平王東遷，以弑父嫌疑，不爲正義所歸附，而周室爲天下共主之威信亦掃地以盡，此下遂成春秋之霸局。

平王宜臼乃申侯甥，申侯爲其甥爭王位，故聯犬戎殺幽王。凡擁護平王諸國，如許、申、鄭、晉、秦、犬戎等，皆別有野心，形成一非正義之集團，爲東方諸侯所不齒。因此周室東遷後，政令亦驟然解體。

第二編　春秋戰國之部

第四章　霸政時期（春秋始末）

西周末葉，中國已有明確可據的編年歷史記載。

史記三代世表：「孔子因史文，次春秋，紀元年，正時月日，蓋其詳哉。至於序尚書，則略，無年月；或頗有，然多闕，不可錄。故疑則傳疑，蓋其慎也。」今按：春秋託始魯隱公元年，實周平王四十九年，而史記三代世表則始於西周共和元年，相距百十有九年。史公既極稱孔子傳疑之慎，則史公記年自必有所本。故知中國古史紀年，至遲造始於西周末葉，必已明確可依據也。惟不得據此謂西周共和以前必無明確年歲。如史記魯世家載伯禽以下諸君年數是也。豈有魯室已有諸君年歲之記載，而周天子王家顧無之？蓋因史文散佚，史公未之見。史公既師孔子之慎，故遂不之論耳。

孔子作春秋，則爲中國第一部完整的編年史，後世即名此時期爲「春秋時期」。

一　春秋年歷及分期

春秋時期可以說是東周史之第一段落。此段落約占三百年。

春秋自魯隱公元年迄魯哀公十四年，凡二百四十二年。左傳記載史事較春秋爲明備，又下續至哀公二十七年終，凡二百五十五年。若自周平王東遷一并計入，共三百零三年。

此三百年的歷史，可以稱爲「霸政時期」的歷史，仍可本此分三段落：

一、霸前時期　迄魯莊公八年，（翌年齊桓公立。）凡八十五年。

二、霸政時期　自魯莊公九年（齊桓公元年。）起，迄魯襄公十五年，（晉悼公卒。）凡一百二十八年。

三、霸政衰微時期（即大夫執政期。）　凡九十年。

附春秋時期周室帝系表

(一三)平王(五一)——(　)——(一四)桓王(二三)——(一五)莊王(一五)——(一六)僖王(五)

平王四十九年，(即魯隱公元年)春秋始。

十一年齊桓公立。

(一七)惠王(二五)——(一八)襄王(三三)——(一九)頃王(六)——(二〇)匡王(六)
　　　　　　　　　　　　　　　　　　　　　　　└(二一)定王(二一)

二十一年，齊桓公盟楚屈完於召陵。

九年，齊桓公卒。
十四年，楚敗宋襄公於泓。
二十年，晉文公敗楚於城濮。

十年，楚莊王敗晉於邲。

(二二)簡王(一四)——(二三)靈王(二七)——(二四)景王(二五)——(二五)悼王(一)
　　　　　　　　　　　　　　　　　　　　　　　└(二六)敬王(四四)

十一年，晉厲公敗楚於鄢陵。

十四年，晉悼公卒。
二十六年，諸侯盟於宋弭兵。

十四年，吳入郢。
三十八年，吳會諸侯於黃池。
三十九年，(即魯哀公十四年)春秋終。

(二七)元王(七)——(二八)貞定王(二八)

三年，越滅吳。

元年(即魯哀公二十七年)，左傳終。以下為戰國。

二　霸前時期之形勢

周室東遷，引起的第一個現象，是共主衰微，王命不行。

平王崩，魯不奔喪。桓王二十餘年，五聘魯。魯為東方姬姓諸侯之宗國，平王之立，魯蓋不之擁戴，王室命令因此不行於東諸侯。故桓王繼位，乃竭意聯歡於魯也。鄭莊公射桓王中肩。平王之東，與晉、鄭諸國相狼狽，惟至平王晚年，似有轉親虢國之意。(殆惡鄭之專。)故左傳謂：「王貳於虢，鄭伯(莊公)怨王，王曰：『無之。』周、鄭交質。」及平王卒，周人終用虢公，與陳、蔡、虢、衛伐鄭，為鄭所敗。蓋王室既東，亦漸有意轉變其往日之地位與關係，而卒於不能自拔也。虢於惠王二十二年為晉所滅，申則於莊王時為楚所滅，自是王室益不振。

王命不行下引起的第一個現象，則為列國內亂。

魯為周室所封東方最親、最有地位之諸侯，史記謂：「成王命魯得郊祭文王，有天子禮樂，以褒周公之德。」禮記明堂位則謂：「成王以周公有勳勞於天下，是以命魯公世世祀周公以天子之禮樂。」其說信否不可知，要之魯在東諸侯中，實居首領之地位，則可斷言也。惟周室之東，魯即表示不擁戴之態度。此以平王得政之來歷言之，亦不可爲非，惟魯、衛諸邦亦並不能對王室有所盡力匡正。而不久魯亦內亂，桓公以弑兄隱公自立，鄭首先承認。於是列國篡亂相乘。宋華督弑殤公，桓二年。晉曲沃伯殺哀侯，三年。陳公子佗殺太子免自立，五年。曲沃伯又弑小子侯，七年。鄭祭仲逐昭公立厲公，十一年。復逐厲公納昭公，十五年。衛逐惠公，十六年。鄭高渠彌弑昭公，十七年。齊襄公殺魯桓公，十八年。前後十九年之內，禍變迭起有如此。

王命不行下引起的第二個現象，則爲諸侯兼并。

見於春秋國數凡五十餘。見公羊疏。若並見左傳者計之，有百七十國。其中百三十九國知其所居，三十一國亡其處。此據晉書地理志。然舉其大者，不過十餘。史記十二諸侯年表爲魯、衛、齊、晉、楚、宋、鄭、秦、陳、蔡、曹、燕、吳。（索隱：「篇言十二，實敘十三。」）據顧棟高春秋大事表所載，楚并國四十二、晉十八、齊十、魯九、宋六，其他不具舉。

又自列國內亂、諸侯兼并下引起一現象，則爲戎狄橫行。

當時中國本爲一種華、夷雜處之局。

舊說東夷、南蠻、西戎、北狄，各遠居四裔，而諸夏在中原：此觀念殊不可恃。當時蓋爲一種華、夷雜處的局面。如左文九年秋：「楚自東夷伐陳」，似東夷在陳、楚間。魏策：「楚破南陽九夷」，則九夷在南陽。陸渾蠻在伊、洛上源，故晉荀吳欲滅陸渾，先有事於三塗。哀四年夏，楚謀北方，襲梁，圍蠻氏。隱二年春，「公會戎於潛」；（今山東曹縣境）秋，「公及戎盟於唐」。（今山東魚臺縣）僖二十四年，王子帶以狄人伐王。上舉諸例皆可見。

而此局面自始即然，亦並非自周王室東遷，四裔異族乃始交侵而入中國。此觀上篇論周人封建真相便知。

蠻、夷、戎、狄亦非四種絕不同的民族，故蠻夷可兼稱。楚武王自謂「我蠻夷也」。戎狄、管仲云：「戎狄豺狼。」魏絳云：「戎狄荐居。」夷狄、燕策有「北夷」。蠻戎，春秋有「戎蠻子」。皆可兼稱。

諸夏與戎狄亦多種姓相同，如晉獻公娶大戎狐姬，生重耳，即晉文公。又娶小戎子，生夷吾，即晉惠公。又娶驪戎女驪姬，則戎有姬姓，時人謂「同姓相婚，其生不蕃」，遂以晉文公爲異徵。又齊靈公有戎姬。又有子姓。姜戎自稱四岳之後。左傳襄公十四年。國語富辰曰：「盧有荊嬀」，韋昭曰：「盧，嬀姓國。荊嬀，盧女，爲荊夫人。」春秋稱盧戎，楚滅之，爲盧邑。漢置中盧縣，屬南郡。是戎亦有嬀姓。左傳子魚曰：「任宿、須句、顓臾，風姓也，實司太皞與有濟之祀以服事諸夏。」則此諸族，當時亦目爲夷，不與諸夏伍。

華、夷通婚，尤爲習見。周襄王娶狄后。齊桓三夫人，曰王姬、徐嬴、蔡姬。徐則當時目爲夷者。晉獻公娶戎女，已見前。晉文公娶叔隗，以季隗嫁趙衰，生子盾，隗係北戎姓也。潞子嬰兒之夫人，乃晉景公姊。呂相謂：「白狄，我之婚姻。」趙襄子姊爲代（北狄）王夫人。狐犯爲晉文公外舅，其子狐毛、狐偃，偃子射姑，即賈季，晉亂仍奔狄。

因此華、戎聯盟之事亦屢見。殽之役，晉有姜戎。鄢陵之戰，楚有東夷。齊、衛、魯、鮮虞聯師伐晉。尤著者，則如申、繒、西戎聯師殺幽王。

所謂諸夏與戎狄，其實只是文化生活上的一種界線，乃耕稼城郭諸邦與游牧部落之不同。

當時華、戎分異，自生活上言，則如姜戎氏云：「我諸戎飲食衣服不與華同」是也。左襄十四年。自言語上言，則如姜戎氏又稱「言語不達」，史記由余「其先晉人，亡入戎，能晉言」是也。自禮服上言，則如平王東遷，辛有適伊川，見被髮而祭於野者，曰：「不及百年，此其戎乎？其禮先亡矣！」孔子曰：「微管仲，吾其被髮左衽矣！」是也。自戰事上言，則如鄭人與北戎戰，曰：「彼徒我車」是也。凡此諸別，言語一項似不重要。齊、楚南北方言即不同。至生活、禮服諸端，其重要關鍵，實在耕稼與游牧之別。故曰：「狄之廣莫，於晉爲都。」左莊二十八年。又曰：「戎狄荐居，貴貨易土，土可賈。」左襄四年。國語謂「與之貨而易其土」。惟其爲耕稼的社會，故有城郭、宮室、宗廟、社稷、衣冠、禮樂、車馬、貨賄，此則爲諸夏。惟其爲游牧的社會，故無上述城郭、宮室諸文物，而飲食、衣服種種與諸夏異，而成其爲蠻夷戎狄。耕稼與游牧，只是一種經濟上、文化上之區別，故曰：諸夏用夷禮則夷之，如春秋僖二十七年杞桓公來朝，用夷禮，故曰「子」。杞乃禹後也。夷狄用諸夏禮則諸夏之。如楚自稱「蠻夷」，其後與於中原諸侯之會盟，蓋不復有以蠻夷視楚者。

西周封建，本爲一種耕稼民族之武裝拓殖。此已詳前篇。又樂記謂：「武王既克殷，未及下車而封黃帝之後於薊，封帝堯之後於祝，帝舜之後於陳；下車而封夏后氏之後於杞，封殷之後於宋。」蓋耕稼城郭之國，本已先周而有。周人不能盡滅之，以與周之諸侯並存；而此諸邦亦力不敵周人，認爲共主，以天子禮奉事之。除卻錯落散處的幾十個乃至百數十個。城郭耕稼區域以外，同時還存有不少游牧部族縱橫出沒，只不侵犯到城郭諸邦的封疆以內，雙方可以相安無事。現在則乘城郭諸邦之內外多事而來肆其侵擾。

舉其著者，如隱九年，北戎侵鄭。鄭伯曰：「彼徒我車。」是戎皆步卒。如舊說，北戎在無終，（今河北玉田西）不能遠侵及鄭；敗後亦將不獲仍返故居。桓六年，北戎伐齊。莊十八年，公追戎於濟西。此戎東侵齊、魯，南侵鄭，居地蓋略可推。三十年，山戎病燕。此當爲南燕，與宋、衞地相近，即在今黃河北岸。舊說謂在薊、（今河北北平）易，（今河北雄縣）亦非。三十一年，齊伐山戎。公羊傳：「齊侯來獻戎捷，旗獲而過我。」正義：「凡言『過』，謂道所經過。」齊伐山戎過魯，則此山戎不在齊北。三十二年，狄伐邢。閔元年，齊救邢。閔二年，狄入衞。僖元年，邢遷夷儀，齊師、宋師、曹師城邢。二年，諸侯城楚邱，封衞。其時狄勢正盛，又滅溫、伐齊、伐魯、伐鄭、伐晉，並蹂躪王室。自今山西迄河北、河南、山東諸省，皆其所出沒。蓋閔、僖之世狄最盛。

當時諸夏所最感威脅者，南方有抱帝國主義兼并政策之楚國。

楚之先亦顓頊後，史記楚世家。始起在漢水流域丹、淅二水入漢處，曰丹陽。依宋翔鳳過庭錄所考。至楚武王始大，武王立在周平王三十一年。自謂：「我蠻夷也。今諸侯皆爲叛，相侵，或相殺，我有敝甲，欲以觀中國之政。」於是自號武王。漢陽諸姬，楚實盡之。地方千里，最爲當時强國。

北方有抱掠奪主義的山中之北戎。

此種戎狄，大部在黃河北岸太行山脈中，故曰山戎。其戰鬭皆徒步。又稱北戎者，據當時中原諸夏之稱呼。後人以見有「北」稱，遂謂必遠在北塞之外，此皆以後代眼光讀古史之誤也。

故云：「南夷與北狄交，中國不絕若線。」（語見公羊傳。）

在此形勢下，產生齊桓、晉文之霸業。

三　齊桓晉文之霸業

霸者標義，大別有四。

一、尊王。　穀梁傳葵丘之盟，「壹明天子之禁」。當時霸者號令，即替代已衰之王權也。周王使宰孔賜齊侯胙，命「無下拜」，齊侯卒爲下拜。（僖九年。）管仲平戎於王，「王以上卿禮饗之，仲辭，受下卿之禮而還。」（僖十二年。）此皆當時齊桓、管仲竭力尊王之表示。

二、攘夷。

三、禁抑篡弒。　凡某國遇篡弒，同盟諸國互不承認，並出兵平亂，另立新君。葵丘盟辭：「毋易樹子，毋以妾爲妻，毋使婦人與國事」，皆爲此發。

四、裁制兼并。　凡在同盟，互不侵犯，有爭端，請於盟主，公斷。某國遇外寇，同盟諸國出兵相救。葵丘盟辭：「毋壅泉，毋遏糴」，皆爲此發。

正爲針對上列時代病之特效藥。

自周室東遷，西周封建一統之重心頓失，諸侯如綱解紐，內篡弒。外兼并掠奪。多事，亟亟不可終日。自有霸政，而封建殘喘再得苟延。霸政可以説是變相的封建中心。其事創始於齊，其霸業之大者，爲伐山戎、救燕、存邢衛、伐楚、盟於召陵，定襄王之位。贊助於宋，而完成於晉。其霸業之大者，爲納襄王、殺王子帶、（召狄攻周者。）救宋、敗楚城濮、召周天子盟於踐土。

齊桓會諸侯十五次，宋每次必預。其次爲魯、鄭、陳三國，各得十次。又次爲衛，得九次。又次爲曹、許，各得七次。其間尤以齊、魯、衛、曹、鄭、宋六國，可謂諸夏之基本結合。此爲諸夏結合之第一期，大率在東部與中部，乃黃河下流東部一帶及黃河中游南岸之結合也。晉自曲沃篡位，專務侵吞，其實平王之東，晉已開始爲兼并之野心企圖。曲沃篡位，正從晉人向外作非義之兼并所引起。齊桓會盟，晉人不預。然晉國內部爭篡迭起，晉公子重耳逃亡在外，遍歷齊、宋、曹、衛、鄭諸國，南至楚，西至秦，而返國得位。其在外及見齊桓、宋襄，既熟知天下大勢，返國後乃一變晉國以前之態度，晉滅同姓國極多，然皆在獻公前。參加諸夏集團，而爲齊、宋霸政之代興。自是霸業常在晉。由襄、（禦秦、侵鄭，又敗狄。）靈、成、景、（爲楚敗於邲。）厲，（勝楚鄢陵。）而至悼，抗楚和戎，復霸。平公立，與楚平，弭兵。此爲諸夏結合之第二期，東部、中部之外，又加入中北部，即黃河中游之北岸也。

齊在臨淄，太公封營丘，六世徙薄姑，七世徙臨淄，地望皆近，即今山東臨淄縣也。東負海，魚鹽蠶桑，已樹富強之基。惟西南適值魯、衛諸邦，爲姬姓主要國家，文化既較高，與齊關係亦密，齊於道義及勢力兩方，皆無法并吞。齊孝公伐魯，魯使展喜犒師，曰：「魯人何恃？」曰：「恃先王之命。昔周公、太公股肱周室，夾輔成王，盟曰：『世世子孫，無相害。』恃此不恐。」齊竟回師。柯之盟，曹沫劫桓公反魯侵地，桓公亦卒聽管仲諫許之。周天子以南陽賜晉，陽樊不服，圍之，或呼曰：「此誰非王之親姻，其俘之耶？」乃出其民。此可見當時諸夏間之關係。惟楚曰：「我蠻夷也」，坦白主兼并，到底因此失諸夏同情，不能心服，而楚之勢力亦終難北進。

齊桓既於國內篡弒紛亂中得國，故轉而創建霸業。宋爲周室之賓，先朝勝國，其勢最孤，又處四戰之地，入春秋以來，內亂外患更迭相乘，無時或息，故贊助齊桓，獨出誠意。齊桓亦屬其太子孝公焉。惟宋國四圍，無可發展，其勢本弱，故謀霸不成，爲楚所敗。晉人自稱：「居深山之中，戎狄之與鄰」，滅國既多，國力已强。然重耳出奔，狄人勢力已彌漫於晉之四周。晉文公初居蒲，又從狄君田渭濱，是「奔狄」在晉西。在狄十二年，去狄，行過衛，是「去狄」在晉東。晉國不啻在狄懷抱。其所至如齊桓、宋襄，優禮有加者，皆有志摶結諸夏以成霸業者也。如衛、曹、鄭諸國，凡不禮於重耳者，皆目光短淺，惟力是從者也。楚既野心勃勃，秦亦刻意東伸。韓原之敗，秦始征晉河東。左傳。楚之圍宋，曹、衛、鄭諸國皆已折而入於楚矣。晉非圖霸，亦幾不能自全。圖霸則可挾諸夏之力以抑楚、秦，而吞狄自廣也。

惟齊桓僅能阻止狄勢不侵入大河之南岸。孔子曰：「微管仲，吾其披髮左衽矣！」其時苟非諸夏之大團結，則狄患不可設想。管仲告桓公：「戎狄豺狼，不可厭也；諸夏親暱，不可棄也。」實爲當時一最重要之觀念，可以使歷史命運爲之轉變，故孔子力稱管仲之仁。

北岸自邢、衛淪陷，諸夏勢力竟難復興，而晉、狄鬬爭，遂爲當時一要事。

僖二十七年，晉人作三行以禦狄。此在勝城濮後，以狄皆步卒，便於山險，故晉亦編練步軍也。三十三年，狄伐晉，晉侯惠公。獲白狄子。（此在文公死之翌年，晉雖倖勝，而元帥先軫死之。）宣十一年，郤成子求成於衆狄，衆狄疾赤狄之役，遂服於晉。（據此狄人雖各分部落，而亦戴共主，別成系統，故得與諸夏抗衡。此下狄勢遂衰。）十五、六年，晉景公滅赤狄。（潞氏、甲氏及留吁。）成三年，伐廧咎如。自是上黨爲晉有。襄四年，晉悼公和諸戎。（魏絳謂：「戎狄荐居，貴貨易土。」可見其時戎狄尚是游牧，而其勢猶强，故絳曰：「戎狄事晉，四鄰震動。」）是後有肥、鮮虞、鼓、中山，皆爲晉所逐滅。（昭十二年晉伐鮮虞，入昔陽。滅肥。又十五年，伐鮮虞，圍鼓。二十二年，滅鼓。杜注：「樂平沾縣東有昔陽城。昔陽，鼓都。」「鉅鹿下曲陽縣西有肥累城，今正定東。」）此諸狄包赤狄之北，（舊說謂是白狄，因前赤狄已滅，而推測言之。惟狄是否只分赤、白，殊無據。）在太行山東麓平地，且亦儼然漸趨於城郭耕稼化矣。晉既廓土於羣狄，其勢力日漸東伸，遂與齊接壤，而以前邢、衛故土淪没於戎者，至是乃重歸諸夏之統治。

大體西自河、渭之間，東達太行山兩麓，黃河北岸，皆爲頑强之羣狄所出没，其勢又時時越大河而南。諸夏得齊桓、晉文之霸政而稍稍抑其兇焰，實爲春秋時期華、戎交鬭一極劇烈之戰陣。

晉人所以能勝此廓清羣狄之重任者，一則因久爲諸夏盟主，（自文公至平公，凡八世。）多得貢賦，國力充盈。

參加聯盟諸國，在內可保持政府之安寧，亂臣賊子有所顧忌，不敢輕行篡弒。在外可保國際之平衡，相互間不得輕啓釁端，有事付之仲裁，以和平爲職志。是爲聯盟國應得之權利。其義務則如國際間之服役，一國有寇患，各國在霸主領導下會師戍守，或助城築，及共同作戰。每逢盟主出師，例得向同盟國乞師。平時則需對盟主納相當之貢幣。諸侯官受方物，（諸侯官司各於齊受其方所當貢天子之物，齊桓責楚：「爾貢包茅不入」，即責其貢周天子以方物也。）始見於僖七年齊桓寧母之盟。「黃人不歸楚貢，楚伐之。」（僖十一年。）其後諸夏亦以貢幣輸盟主。晉文、襄之伯，令諸侯：「三歲而聘，五歲而朝，有事而會，不協而盟。」（昭三年鄭子太叔語。）其後朝、聘彌數，故乃「歲一聘，間歲一朝，再朝一會，再會一盟。」（昭十三晉叔向語。）朝、聘既數，而幣亦日重。晉范宣子爲政，子產寓書告以幣重。（襄八年。）平丘之會，子產爭貢賦多寡，自日中至於昏。（昭十三年。）魯之於晉，「職貢不乏，玩好時至，府無虛月。」（襄二十九年女叔侯語。）子產謂：「用幣必百輛，百輛必千人。」（昭十年。）此其大概也。

一則晉自獻公以來，即不畜羣公子。（獻公聽士蒍說，盡誅羣公子。在惠王八年。）故晉大夫多用異姓，得因材器使，較之魯、衛、齊、宋諸邦多用宗臣者爲優。

晉文公以下，諸卿位次屢有更易，故其臣各務於以事功顯。惟自厲公見弒以後，大夫漸强，（史記趙世家。）平公後益甚。韓、趙、魏、范、中行、知氏稱「六卿」，皆非公室也。

一面北方的狄患逐次解除，一面南方的楚人亦逐漸覺悟，（亦可說是逐漸同化。）改變其以前極端的武力兼并主義，（即「我蠻夷也」的主義。）而漸次要求加入諸夏之集團。

楚莊王滅陳縣之，以申叔時諫，乃復陳。既克鄭，亦退而與之平。既敗晉於邲，其圍宋，宋人告以「易子而食，析骸而爨」之實況，亦退師與盟而反。其時楚人意態已與前不同。

宋向戌提倡弭兵，晉、楚交懽，城郭諸邦的和平聯盟益形擴大。

此可謂諸夏結合之第三期，於東、中、北三部以外，又加入中南部，即南方之中部，江、漢流域之楚國也。自有此弭兵之會，（在襄二十七年。）而諸夏得一相當時期之和平。宋自襄十二年（楚公子貞侵宋。）至定十五年，（鄭罕達伐宋。）凡六十五年。魯自襄二十五年（齊崔杼伐北鄙。）至定七年，（齊國夏伐西鄙。）凡四十五年。衞自襄二十三年（齊侯伐衞。）至定七年，（齊侵衞。）凡四十七年。曹自襄十七年（衞石買伐曹。）至定十二年，（衞公孟彄伐曹。）凡五十九年。鄭自襄二十六年（楚子、蔡侯、衞侯伐鄭。）至定六年，（魯定公侵鄭。）凡四十三年。均不被兵。

總觀當時霸政，有二大要義：

一則爲諸夏耕稼民族之城市聯盟，以抵抗北方遊牧部落之侵略，因此得保持城市文化，使不致淪亡於游牧之蠻族。

二則諸夏和平結合以抵抗南方楚國（西方秦國。）帝國主義者之武力兼并，因此得保持封建文化，使不致即進爲郡縣的國家。

其大勢爲文化先進諸國逐次結合，而爲文化後進諸國逐次征服。如晉代齊，楚代晉，吳、越代楚，最後統一於秦。同時文化後進諸國，雖逐次征服先進諸國，而亦逐次爲先進諸國所同化。此爲第二種衝突之消解。其文化落伍諸部族，則逐次消滅，或逐次驅斥。此爲第一種衝突之消解。

在此進展中，諸夏結合之團體亦遂逐次擴大，爲中國逐次形成中央大一統郡縣國家之醞釀，而上古史亦逐次宣告結束。第一、第二、第三期結合已於前言之，第四期則加入吳、越。吳、越本東南方小蠻夷，武力既勝，轉慕文事，亦爭爲諸夏盟主，於東、中、南、北諸部外又加入東南部，即長江下流是也。自戰國秦孝公後，秦人又漸次加入諸夏團體，爲第五期；又加入西中部，即河、渭流域是也。

四　霸政衰微後之大夫執政

霸政衰微，變而爲大夫執政。大夫執政，一方面可説爲封建制度繼續推演所產出，一方面亦可説是封建制度卻因此崩倒。

封建初期的國家，其先只限於一個城圈。

此即所謂「國」。國有三訓：周禮：「惟王建國」，「以佐王治邦國」，「大曰邦，小曰國」，是也。

圈。

齊語：「參其國而伍其鄙」，國指郊以內，鄙指郊以外，是也。又周禮小司徒：「稽國中及四郊、都鄙之夫家」，質人：「國中一旬，郊二旬，野三旬」，城中曰國，是也。此三義可會爲一義，即一國只限於一城是也。魯頌閟宮：「錫之山川，土田附庸。」左定四年，衛祝佗謂：「分之土田陪敦。」召伯虎敦：「余考止公，僕墉土田。」附庸、陪敦、僕墉，乃一事。然則西周初封，惟周、召大國始許有附墉，即一國可以不止一城。

因此當時的中國，其實大體只限於今豫、魯、晉、燕、陝、鄂、皖、吳諸省，而猶非其全部。可以有近二百國。春秋大事表并古國計，凡二百有九。

其時列國人口極少，閔公二年：「衛爲狄滅，遺民七百有三十人，益之以共、滕之民爲五千人，諸侯爲立戴公以廬於曹。」僖十八年：「梁伯益其國而不能實，秦取之。」梁君以擴城而無民以實之，梁民以譌言而遽潰，梁竟以亡，則梁之戶口可知。曠地極多，封疆郊關之外皆成棄地，此即戎、狄所由出沒，華、夷所由雜處也。左襄四年，魏絳稱虞人之箴曰：「茫茫禹迹，畫爲九州，經啓九道，民有寢廟，獸有茂草，各有攸處，德用不擾。」此蓋於茂草之中，經啓九道以通往來。故周語單襄公謂周制「列樹以表道」，道路非列樹表明，即茫茫不可辨。「司空不視塗」，即道茀不可行。「膳宰不致餼，司里不授館」，即行李有困乏之患。故各國亦常見遷徙。

如衛、晉、楚、自丹陽遷郢，（江陵）遷鄀。（宜城）蔡、許、自許遷葉，遷夷，遷白羽，（內鄉）遷容城。（葉縣）鄭、齊、吳、自梅里（無錫）遷姑蘇。（吳縣）秦（見後。）諸國，不勝舉。亦有以外力強遷者，如齊師遷紀郱、鄑、郚；莊元。宋人遷宿；莊十。齊人遷陽；閔二。晉遷陸渾之戎於伊川僖二十二年。之類。

以後人口漸繁殖，國家規模日擴大，不僅對舊的有吞并，對新的亦有城築。

春秋二百四十二年，魯凡城二十四邑，惟郿一邑書「築」，其二十三邑曰「城」。見舊唐書禮儀志。「築」者增舊，「城」者新立。春秋書「築」八，書「城」二十三，而定、哀之間凡八城邑，則國家規模之擴大，彌後而彌烈也。

於是列國遂各自分封其大夫。

春秋初，大夫尚無世爵，其後漸有賜氏。

隱、桓時大夫賜氏者尚少，國君之子爲大夫者稱「公子」，公子之子爲大夫者稱「公孫」，其次(公曾孫以下)只稱名，如魯在隱、桓之間有無駭、柔挾是也。無駭卒，羽父爲之請族，公命以字爲展氏。公子展之孫。衆仲曰：「天子建德，因生以賜姓，如舜居嬀汭，姓嬀氏。胙之土而命之氏。」古孝經緯：「古之所謂氏，即國也。」禹貢「錫土姓」，土即氏。「諸侯以字爲謚，因以爲族。官有世功，則有官族。邑亦如之。」可見世卿、采邑和氏族，乃相聯並起之事。大夫有氏，即有世襲封邑如小國矣。於是魯有仲孫、叔孫、季孫、臧孫，齊有高氏、國氏、崔氏、陳氏，衛有孫氏、甯氏，晉有郤氏、欒氏、韓氏、趙氏、魏氏，鄭有罕氏、駟氏、游氏，皆世卿也。

漸稱「子」。

僖公以前，大夫並以伯、仲、叔、季爲稱，三桓如共仲、僖叔、成季。雖貴不稱「子」。僖、文以後，晉、齊、魯、衛之執政皆稱「子」。鄭間稱之，餘則否。魯惟三家稱「子」，餘亦否。稱「子」則即爲封君矣。其後學者稱「子」，如孔子是也。又後學者之門人稱「子」，如有子、曾子、樂正子是也。於是原先的侯國，儼然如一新中央，而大夫采邑則儼然成一小侯國，所以說是西周封建的繼續推進。

又因當時聯盟各國，會聘頻仍，諸侯畏勞，常使卿大夫代行。

會有三例：一曰「特會」，兩君相見也。初諸侯特會，多在隱、桓以前。次大夫特會諸侯，多在文、宣以後。又次大夫特會大夫。二曰「參會」，三以上爲參。三曰「主會」，伯者主之。初諸侯主會，始自齊桓北杏之會。次大夫主諸侯之會，自鍾離之會始。先有大夫特會，乃有大夫主會。又次則大夫主大夫之會，而諸侯高拱不預矣。

卿大夫既有外交，往往互相援結，漸漸形成大權旁落之勢，於是大夫篡位，造成此後戰國之新局面。

魯大夫逐君始於昭公。宣公時，季氏始專政。定公時，則家臣有囚大夫者。晉卿專政始襄公。襄元在魯僖三十三年。鄭卿自僖公之立，始見於傳。僖元在魯襄三年。

五　春秋時期之一般文化狀態

春秋二百四十二年，一方面是一個極混亂緊張的時期；但另一方面，則古代的貴族文化，實到春秋而發展到它的最高點。春秋時代常爲後世所想慕與敬重。

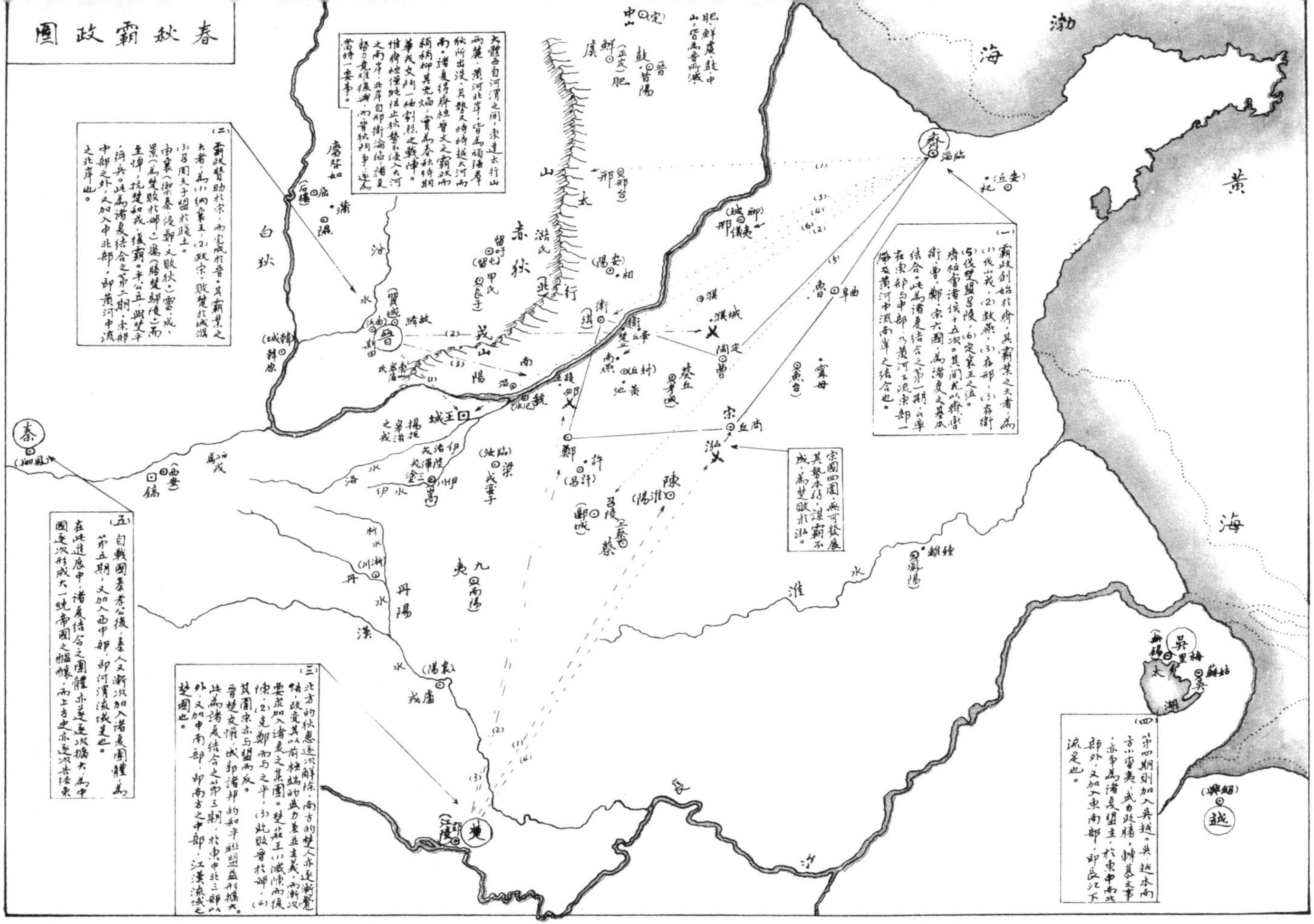
春秋霸政圖
(一)霸政創始於齊，其霸業之大者為(1)伐山戎，(2)救燕，(3)存邢，(3)存衛，(5)伐楚盟召陵，(6)定襄王之位。齊桓會諸侯十五次。其間尤以齊、魯、衛、曹、鄭、宋六國，為諸夏之基本結合。此為諸夏結合之第一期，亦率在東部及中部，乃黃河下流東部一帶及黃河中流南岸之結合也。
宋圖四圖，無可發展，其勢亦弱，謀霸不成，為楚敗於泓。
(四)第四期則加入吳越。吳越本南方小蠻夷，武力跋勝，轉慕文事，亦爭為諸夏盟主，於東中南北部外，又加入東南部，即長江下流是也。
(五)自戰國秦孝公後，秦人又漸次加入諸夏團體，為第五期，又加入西中部，即河渭流域是也。在此進展中，諸夏結合之團體亦逐次擴大，為中國逐次形成大一統帝國之輪廓，而上古史亦逐次告結束。
渤海
黃海
海
白狄
赤狄
秦
晉
齊
楚
吳
越
宋
鄭
陳
蔡
魯
衛
曹
許
泓
淮水
漢水
長江
汾水
伊水
洛水

大體言之，當時的貴族，對古代相傳的宗教均已抱有一種開明而合理的見解。左傳所記天道、鬼神、災祥、卜筮、夢等事蹟雖多，然當時一般見解，實已不見爲十分迷信。所謂「天道遠，人道邇」、「鬼神不享非禮」等諸觀念，已普遍流行。

因此他們對於人生，亦有一個清晰而穩健的看法。

當時的國際間，雖則不斷以兵戎相見，而大體上一般趨勢，則均重和平，守信義。因此能造成國際間的和平團體，繼續歷有二百年之久；而當時的國際公法，亦極爲高明可貴。

外交上的文雅風流，更足表顯出當時一般貴族文化上之修養與瞭解。當時往往有賦一首詩，寫一封信，而解決了政治上之絕大糾紛問題者。左傳所載列國交涉辭令之妙，更爲後世豔稱。

即在戰爭中，猶能不失他們重人道、講禮貌、守信讓之素養，而有時則成爲一種當時獨有的幽默。一披讀當時諸大戰役之記載，隨處可見。道義禮信，在當時的地位，顯見超出於富强攻取之上。此乃春秋史與戰國史絕然不同處。

左傳對於當時各國的國內政治，雖記載較少，此指涉及一般平民社會者而言。而各國貴族階級之私生活之記載，則流傳甚富。一部左傳，盡於列國君卿大夫私生活之記載，以及其相互間之交涉。(即是內政與外交。)故可稱當時十足是一貴族社會也。

他們識解之淵博，對於古代歷史文化的遺傳之認識與闡發。人格之完備，對於實際政治、人事問題之應付與理想。嘉言懿行，可資後代敬慕者，到處可見。亦復普遍於各國，幾乎稍有名的幾國，均有他們極可敬慕的人物。

春秋時代，實可說是中國古代貴族文化已發展到一種極優美、極高尚、極細膩雅緻的時代。

貴族階級之必須崩潰，平民階級之必須崛興，實乃此種文化醞釀之下應有之後果。

此下戰國興起，浮現在上層政治的，只是些殺伐戰爭，詭譎欺騙，粗糙暴戾，代表墮落的貴族；而下層民間社會所新興的學術思想，所謂中國學術之黃金時代者，其大體還是沿襲春秋時代貴族階級之一分舊生計。精神命脈，一氣相通。因此戰國新興的一派平民學，並不是由他們起來而推翻了古代的貴族學，他們其實只是古代貴族學之異樣翻新與遷地爲良。

此是中國文化一脈相承之淵深博大處。

第五章　軍國鬬爭之新局面（戰國始末）

春秋以下，（自周貞定王二年，即魯悼公元年始。）迄於秦始皇二十六年統一告成，其間共二百四十六年，後世目爲「戰國時期」。

一　戰國年歷及分期

本時期的歷史記載，因秦廷焚書，全部燬滅。西漢中葉司馬遷爲史記，已苦無憑。史記六國表自序曰：「秦既得意，燒天下詩、書，諸侯史記尤甚，爲其有所刺譏也。其後詩、書復見。（此以流布民間，故雖經秦火而未絕，春秋及左傳等皆幸存。）而史記獨藏周室，以故滅。（此云「藏周室」者，乃以偏概全之辭，當時各國史記各藏其國之政府，而民間無流傳，故一火而滅也。）惜哉！惜哉！獨有秦記，不載日月，其文略不具，然亦有可頗采者。余因秦記，踵春秋之後，起周元王，表六國時事。」按：史公本秦記表六國時事，本屬不得已。惟秦自孝公以前，僻在雍州，不與中國諸侯之會盟，中國諸侯以夷翟遇之。（此亦史記語。）其時秦與東方各國交涉既疏，故秦記載東方事必略而不免於多誤。今六國表於秦孝公前幾於無事可載者以此。至宋司馬光爲通鑑，託始周威烈王二十三年，自左傳終至通鑑始，中間缺去六十四年，無詳確之編年史。又通鑑雖託始周威烈二十三年，而記載殊疏略，至周顯王三十五年（魏、齊會徐州相王之歲。）以下，記載始可得而詳。故顧炎武日知錄謂此一百三十三年，史文缺佚，考古者爲之茫昧也。

晉代（太康時。）於汲縣古冢（當時考知係魏襄王冢。）發見竹書，（共七十五車。）內有紀年十五篇，實爲未經秦火以前東方僅存之編年史，惟後亦散失。（今世流傳之竹書紀年，乃宋後蒐輯之本，多有改亂。）

因此本時期史事，較之上期，（春秋時代。）有些處轉有不清楚之感。（著者曾據紀年佚文，校訂史記六國表，增改詳定不下一、二百處，因是戰國史事又大體可說。惟頗有與史記相異處。一切論證，詳所著先秦諸子繫年一書。此下論戰國大勢，即據此書立論，故與舊說頗不同。讀者欲究其詳，當參讀該書也。）

大略言之，本時期歷史，又可分爲前、後兩期。

第一期是周代宗法封建國家之衰滅。

此承春秋晚期大夫專政之局面而來。晉分爲三家，（魏、韓、趙。）齊篡於田氏，（田氏本陳公子，因亂奔齊。「田」、「陳」同音之轉。）魯則三桓强於國内，公室僅如小侯。衞勢日削，自貶其號曰侯。吳滅於越，陳、蔡滅於楚，鄭滅於韓。史記所譜春秋十二諸侯，能繼續保持其重要地位者惟楚、秦二國而已。（越、宋雖存，於戰國全時期不甚重要。）大抵春秋宗法封建國家之文化，最高者爲魯、衛兩國，魯得周室大量文物之分封，衛則承襲殷商舊都之流風餘韻。故詩經所收十五國風，以邶、鄘、衛爲盛。河北之衛雖爲狄破而遷河南，惟文化依然可觀。故孔子曰：「魯、衛之政，兄弟也。」又曰：「衛多君子。」孔子出亡在外十四年，大半淹留於衛國。其次爲齊，故孔子曰：「齊一變至於魯，魯一變至於道。」孔子弟子，魯、衛最多，次則齊人。又其次爲晉。故孔子曰：「齊桓公正而不譎，晉文公譎而不正。」孔門弟子，晉籍甚少，孔子亦未過其境。秦、楚則自始即以蠻夷見外於諸夏。春秋時期羣目楚人爲蠻夷，以主武力兼并最烈，與諸夏宗法封建勢力根本相衝突也。及戰國中期以後，羣目秦人爲夷翟，而再不見斥楚爲蠻夷者，因其時抱兼并野心者乃秦，而楚人則久與東方諸國聯盟一體也。可見當時所指斥爲夷翟者，並非就種族血統立說。魯、衛以文化維持當時宗法封建國家之傳統尊嚴，齊、晉則以武力維持當時宗法封建國家之傳統地位。楚、秦則代表相反對之一種勢力也。諸國中受封建傳統文化束縛愈深者，其改進愈難，故魯、衛遂至積弱不振。其受封建傳統文化束縛較淺者，其改進較易，故齊、晉相繼稱霸於春秋，亦不能如魯、衛之久保其君位之傳統，而見篡於大夫；而經君統篡弑以後，更得急速改變其國家之內部組織，自宗法封建國家激轉而爲新軍國。秦、楚則以受封建傳統文化之薰陶更淺，故其國家可以不經內部君統篡易而亦追隨改進爲新軍國焉。

最要的是齊、晉兩國之君統篡易，維持春秋以來二百數十年封建文化之霸業，遂以中歇。

「諸夏親暱，尊王攘夷」之後面，有一姬、姜宗姓之觀念。及晉、齊篡奪後，此觀念遂不復有。

諸夏和平聯盟之鎖鏈已斷，各國遂爭趨於轉換成一個新軍國，俾可於列國鬬爭之新局面下自求生存。

此一時期中，春秋城郭聯盟之舊國際形勢已破壞，以後軍國鬬爭之新形勢未完成，在中間成爲一個過渡時期。即是春秋末以迄於魏武侯卒年，周烈王五年。凡共九十年。前一段亦可說是越國的稱霸期；春秋末乃至戰國初之吳、越稱霸，即是「霸政時期」之尾聲，「軍國時期」之先兆，而爲其間之過渡也。後一段則是三晉分立，魏國漸盛期。

第二期是新軍國成立以後之相互鬬爭時期。

此時期又可分爲四期：第一期是梁惠王稱霸時期，魏之全盛期。自惠王遷大梁，魏亦稱梁。亦可說是梁、齊爭强時期。此期自梁惠王元年至齊、魏徐州相王，凡三十七年。

魏承文侯、武侯長時期之國內建設，文侯五十年，武侯二十六年，父子前後共七十六年。文侯自正式稱侯（在第二十二年。）以來，亦已五十四年。史記誤短二十二年。任用李克、吳起諸人，成爲入戰國以後第一個簇新的新軍國。其後吳起入楚、商鞅入秦，皆承襲魏國已成規模而變法。地處中原，又爲四戰衝要之區。魏初居安邑；文侯都在鄴；武侯則都魏縣；惠王即位，遷大梁。自謂承襲晉國，開始第一個起來圖霸；遷都大梁以爭形勢。此在梁惠王早年，史記誤謂在梁惠王晚年，畏秦而避。其時舊的國際形態已變動，新的國際形態未完成，各國皆遷都以爭形勢。如趙則自晉陽遷中牟，（此中牟在河北。）又遷邯鄲，志滅中山以抗齊、燕。韓則自平陽遷陽翟，又遷新鄭，意在包汝、潁以抑楚、魏。秦孝公自雍遷咸陽，以便東侵。宋亦自歸德遷彭城，以承越之衰而圖泗上諸小國。皆是也。次謀統一三晉，恢復春秋時代晉國之全盛地位。不幸伐趙、伐韓，皆爲齊乘其後。梁惠王初起即攻趙，圍邯鄲三年，拔之。韓則懾於梁威而相從。齊乘其弊，敗魏桂陵，秦亦乘間取梁河西地。梁不得不仍歸趙邯鄲以和。此爲梁國圖霸初次所受之挫折。其後韓亦不復服梁，梁遂伐韓，爲再謀統一三晉之奮鬬。五戰五勝，韓幾不國，而齊又徐起乘其弊，敗梁馬陵。梁之霸業再挫。梁既再敗於齊，乃與齊會徐州相王，史記誤以爲是襄王時。平分霸業。當時惟楚自春秋以來已稱王，梁亦先自稱王，至是乃與齊互稱，爲國際相王之開端。自是各國相繼稱王，共凡九國，即梁、齊、楚、秦、宋、韓、趙、燕、中山是也。

戰國鬥爭圖

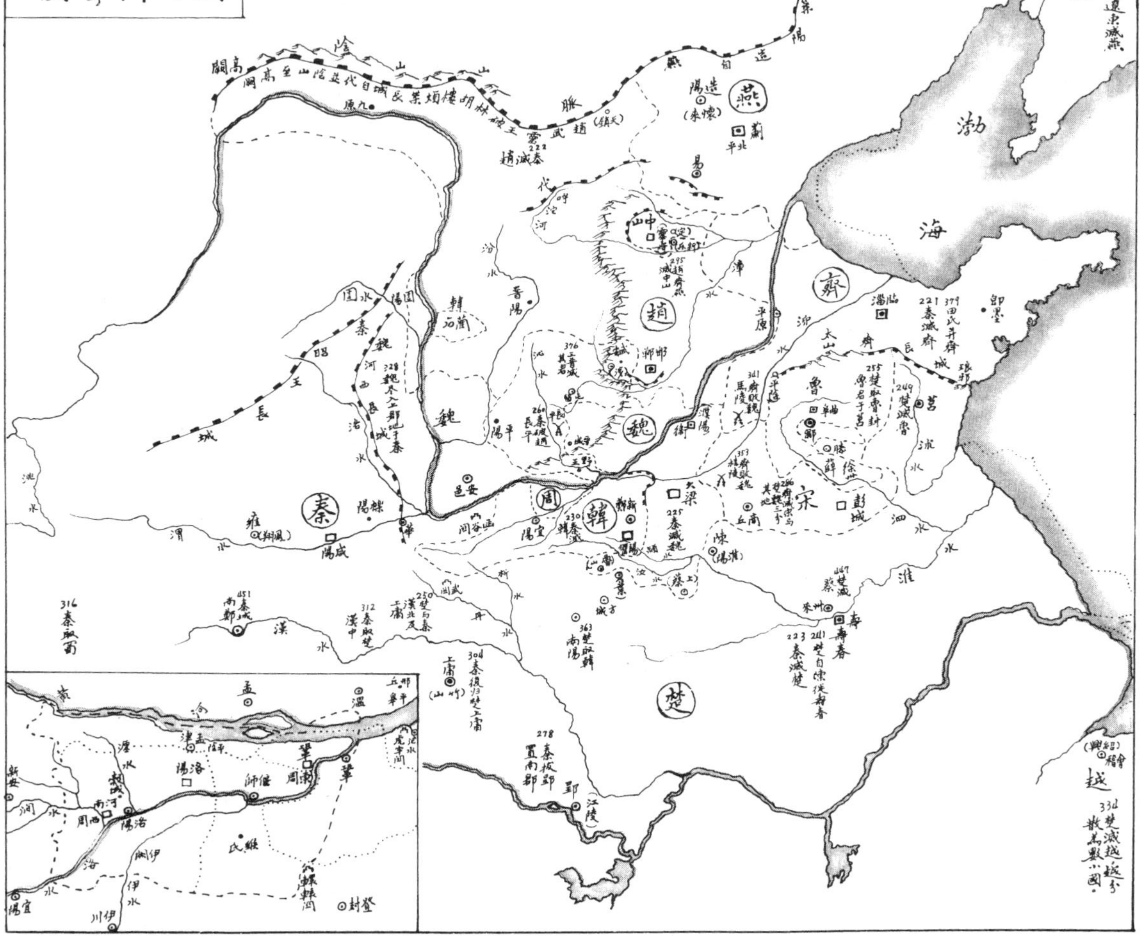

第二期是齊威、宣、湣三世繼梁稱霸期，（齊之全盛期。）亦可説是齊、秦爭强時期。此期自齊、魏相王下迄齊滅宋，凡四十八年。

齊自田和篡位稱侯，（後魏文稱侯四十年。）傳兩世，（侯剡與桓公。史記漏田和以前悼子，及田和以後侯剡，凡兩世。故六國表齊年亦多誤。）至威王，兩敗梁國，（桂陵與馬陵。）遂繼梁惠而稱王。（史記誤以爲在宣王世。）其子宣王繼之，國勢大盛。而其時秦亦漸强，（秦孝公用商鞅變法，至子惠王亦稱王，後齊、梁相王九年。）用張儀，專務離間梁、楚以孤齊。（時梁尚强，惠施爲相，主與齊和，梁、齊聯和則可以弭兵息爭。惠王誤信張儀，折而入秦，欲滅西顧之慮，東向報齊。又齊、楚方睦，張儀兩使楚，楚懷王亦誤信儀，絶齊入秦。此當時外交上形勢也。史記誤謂在張儀前有蘇秦合從，並謂蘇秦合從以趙爲盟主。趙武靈稱王最在後，其時爲趙肅侯，尚未稱王，無爲盟主資格。又其時大國有九，若東方合從，應有八國，不應預先排除以後先亡之宋、中山二國。孟子僅言公孫衍、張儀「一怒而諸侯懼，安居而天下熄」，以兩人更迭爲秦、梁二國相，在國際形勢上足以引起變動也。蘇秦僅爲燕往來奔走於齊，無牽動國際力量。）於是漸漸造成秦、齊勢力均衡之局面。（秦昭王約齊湣王稱東、西帝，其事未果，正猶梁約齊稱王，皆畏齊，不敢一國獨稱也。）而齊則志在北進侵燕，南進侵宋以自廣。（齊爲第一等强國，故積極的主侵略。齊宣王告孟子「有大欲，欲并諸侯一天下」是也。（齊宣王伐燕，史記誤以爲齊湣王。）秦次於齊，故僅在外交上用手段孤削齊勢。其時若燕、趙欲合從，當合從對齊，用不著合從對秦。至蘇秦時梁勢尚强於齊，故知蘇、張從横乃此後策士僞造，非當時情實。）至齊湣王滅宋，國際均勢破裂，此下遂起大變局。

第三期爲秦昭王繼齊稱强期，（秦國全盛期。）亦可説是秦、趙爭强時期。此期自齊滅宋下至趙邯鄲圍解，凡二十九年。

齊宣王滅燕，國際均勢動搖，各國環顧不安，宣王終於不敢吞燕而止。及齊湣王滅宋，國際均勢再度破壞，燕人崛起，乘機復仇，樂毅聯合秦、魏、韓、趙五國之師入齊。湣王走死，自是齊遂不振，而秦勢獨強。其時趙國經武靈王胡服騎射滅中山，其事在齊滅宋前十五年。趙、中山皆第二、第三等以下國，故兩國相并，對整個時局，不如齊滅燕、齊滅宋之足以惹人忌嫉。國勢驟盛。蘇秦說趙曰：「山東建國，莫如趙強。」移之此時，乃合情實。必此時期中策士所僞造。其時東方有力抗秦者遂推趙，六國（宋、中山已滅。）合從抗秦，以燕爲發動，以趙爲盟主。於是有長平之戰，此爲戰國二百年最大、最烈之戰事。趙爲秦敗，於是秦并天下之形勢遂成。

第四期爲秦滅六國期。此期自秦解邯鄲圍後迄秦始皇二十六年，凡三十六年。按：史記載戰國事，於初期最晦，如越勾踐遷都，韓、魏、趙分晉，魏文、武兩世霸業之經營，皆未備。故於戰國中期事亦多昧於情勢，於當時各國國勢升降及離合聚散之間，往往不能言。而梁惠之霸業，齊威、宣與梁爭衡，徐州會後之各國稱王，與夫秦人之因利乘便以培植其東侵之基礎者，皆不能詳。獨於晚世策士僞造蘇、張縱橫之説，娓娓道之，去實遠矣。以上分期，庶稍近當時真相。讀者欲知其詳，當閱先秦諸子繫年。

附戰國時期周室帝系表

（二八）（二一八）貞定王——（二五）（二一九）考王——（二四）（三〇）威烈王——（二六）（三一）安王

貞定王：
元年，越徙都瑯琊，此下入戰國。
十一年，晉卿知伯與韓、趙、魏畫分范、中行故地。
十六年，魏、韓、趙殺知伯分其地。

威烈王：
元年，魏文始侯。
二十三年，三晉命邑爲諸侯。

安王：
十六年，田和立爲侯。
二十六年，韓滅鄭。

（三二一）烈王（七）

六年，梁惠王元。

（三三三）顯王（四八）——（三四）慎靚王（六）——（三五）赧王（五九）

顯王

七年，梁惠王徙都大梁。
八年，商鞅入秦。
十二年，齊威王元。
十五年，梁圍趙邯鄲。
十六年，齊敗魏桂陵。
二十六年，齊敗魏馬陵。
三十五年，齊、魏會徐州相王。
四十四年，秦惠王始稱王。

慎靚王

二年，齊宣王元。

赧王

元年，齊伐燕。
八年，趙始胡服，略地中山。
九年，秦昭王元。
十五年，齊湣王元。
十六年，楚懷王入秦不反。
二十七年，秦昭、齊湣約稱東、西帝，未果。
二十九年，齊滅宋。
三十一年，燕樂毅以五國師入齊。
三十七年，秦拔楚郢，楚東遷陳。
五十五年，秦破趙長平。
五十八年，諸侯救趙，解邯鄲圍。

二　從宗法封建到新軍國之種種變遷

從春秋以前之宗法封建，轉移到戰國時代之新軍國，相應而起的，有政治、社會各方面激劇之變動。

第一是郡縣制之推行，政府直轄下的郡縣，代替了貴族世襲的采地。

郡縣制已見於春秋。晉自曲沃篡統，獻公患桓、莊族逼，盡殺羣公子；驪姬之亂，又詛「無畜羣公子」，故晉無公族。而并地日大，於是遂行縣制。僖二十五年，晉文公「問原守於寺人勃鞮」，僖三十三年，齊襄公「以先茅之縣賞胥臣」，皆其證。及頃公時，六卿弱公室，又盡滅公族，分其邑爲十縣，各令其子爲大夫。左昭五年，楚薳啓彊言：「韓賦七邑，皆成縣。」又曰：「因其十家九縣，長轂九百，其餘四十縣，遺守四千。」則晉制一縣出兵車一百乘，大率萬戶方百里爲一縣，則十戶而出長轂一乘也。則晉之推行縣制已久，故三家分晉，即變成新的郡縣國家。如吳起爲西河守，西門豹爲鄴令。楚亦久行縣制，宣十一年，「縣陳」。十二年，鄭伯出降，曰：「使改事君，夷於九縣。」蓋內廢公族，外務兼并，爲封建制破壞、郡縣制推行之兩因。郡則其先爲邊方軍區，較縣爲小。周書作雒：「千里百縣，縣有四郡。」四郡蓋指百里之四邊也。故趙簡子之誓曰：「上大夫受縣，下大夫受郡。」及後邊郡日見大，腹縣日見小，甘茂言於秦王曰：「宜陽，大縣也，上黨、南陽，積之久矣，名曰縣，其實郡也。」亦爲軍國進展應有之現象。

郡縣政令受制於中央，郡縣守令不世襲，視實際服務成績爲任免進退，此爲郡縣制與宗法封建性質絕不同之點。自此貴族特權階級分割性之封建，漸變而爲官僚統治之政府。故相隨於郡縣制度而起者，第一即爲貴族世卿與游仕勢力之更迭。

宗法封建時代，君權未能超出於宗族集團之上。故君、卿、大夫之位，相去僅一間，（孟子：「君一位，卿一位，大夫一位。又上士、中士、下士，凡六等。」）君位廢立，常取決於卿、大夫之公意。（公羊隱元年：「諸大夫扳隱而立之。」左定元年：「若立君，則有卿士、大夫與守龜在。」國語：「厲王虐，國人逐王。」左傳：「晉惠公虜於秦，國人卜立其太子圉。」孟子：「貴戚之卿，君有過，諫不聽，則易位。」周禮有「致萬民詢國危、詢國遷、詢立君」。此種改變，一在君位繼承法之漸趨確定，一在兼并與郡縣之日漸推行。）郡縣制的國家，則君權漸脫親屬關係之束縛，（並非以一宗族建國。）一面是君權之演進，而又一面則是游仕之得勢。（戰國游仕分析：一大學者及其弟子，如荀卿、李斯等。二庶孽公子及先世仕宦，如商鞅、樂毅等。三資產在中人以上，如吳起、呂不韋等。四貧士，如張儀、范雎、虞卿等。五賤臣下吏，如申不害、趙奢等。要之非親屬貴族。貴族地位降低，世臣消滅，君位轉尊，實爲郡縣新國家一要徵。）

其次，則有軍民之漸趨分治。

翟璜曰：「君（魏文侯。）謀欲伐中山，臣進樂羊。中山已拔，無使守之，臣進李克。」將軍與守臣之分職特派，此即軍民分治之見端。封建時代貴族即軍長，無此分別也。

又有食祿之新制度。

既不與采邑，則官吏必食祿。魏成子為文侯親弟，「食祿千鍾」，則亦無封土矣。史記趙奢傳：「奢，趙之田部吏，收租稅，平原君家不肯出，趙奢以法治之，殺平原君用事者九人。曰：『縱君家不奉公則法削，法削則國弱。諸侯加兵，君安得有此富？』平原君賢之，言於王，使治國賦。」據此則戰國貴族縱有封邑，仍必向公家納租稅，與春秋封建采邑不同。亦與漢代封邑制有別。

食祿者必受職，其有祿無職者，則惟當時之養賢制為然。

此始於魏文侯之於子夏、田子方、段干木之倫，而極盛於齊之稷下制度，為尚賢觀念代親親貴貴而起之徵象。

第二是井田制之廢棄。

古者方百里為大國，百里之地有城郭邑落、山澤林藪、封疆棄地，不能盡墾。即盡墾，亦不過萬井，九百萬畝。其間尚有君、卿、大夫、士等諸級，各有分地。則百里大侯，有田無多，亦如後世一業主。其民若今之佃戶。分田還受，並非難事。即如近世一墾牧公司，圈地招墾，亦必均派一家若干畝，不令隨便多少。故封建制度下之農民無兼并，無貧富。若已有兼并貧富，則封建制亦復失其存在矣。欲明古代井田制度之真相，必先瞭解古代封建國家之規模。（已詳前篇。）井田乃是一種小方格塊內之劃分；周禮所言，則大整塊千萬頃耕土，已非封建時代之形態也。

分封貴族之采地漸次取消，則直屬國家之耕土漸次擴大，於是以前貴族圈地分區小規模的井地，不得不解放爲整塊的農田。

商鞅廢井地而開阡陌封疆，「阡陌」即是大田岸，「封疆」猶如大圍牆，爲古代貴族封建分割性之主要標幟。一方方的井地，相互隔絕在此種格子線之裏。現在政治上已由封建變爲郡縣，自可打開格子線，剷除田岸圍牆，化成一片。此即李悝「盡地力」之教。大整塊農田之形成，即是封建井地之破毀也。

此外尚別有促成之原因。一、人口之繁殖。左襄十年：「子駟爲田洫，司氏、堵氏、侯氏、子師氏皆喪田焉。」襄三十年：「子產使都鄙有章，上下有服，田有封洫，廬井有伍。一年輿人誦之，曰：『取我衣冠而褚之，取我田疇而伍之。孰殺子產，吾其與之。』三年又誦之，曰：『我有子弟，子產誨之；我有田疇，子產殖之。子產而死，誰其嗣之？』」此必鄭國地狹民稠，故已漸破棄井田之格子線，乃至於田無封洫，廬井不伍，而子產爲之整頓也。二、耕器之進步。孟子云：「許子以鐵耕乎？」以鐵耕，則一夫之治田能力隨之增大。國策：「秦以牛田通水糧。」牛耕，春秋晚期已有，（如孔子弟子司馬耕，字牛。）亦到戰國而漸盛。三、水利工程灌溉事業之發達。如魏有西門豹、（文侯時。）白圭、（惠王時。）史起。（襄王時。）秦有李冰、（孝文王時。）鄭國。（始皇時。）周禮遂人所記遂、溝、洫、澮、川等制度，亦是井田制破棄以後，大規模水利網之描寫也。其先所謂井田，「井」或乃灌溉單位，八家共一井，即是一井之灌溉量也。（公羊傳有此說。）

井田制度之破壞，另一原因，則在稅收方法之改變。

大抵最先有一種公田制的「助」法。

方里而井，井九百畝，其中爲公田，八家皆私百畝，同養公田。公田所入歸公，私田所入歸私。

此制度之最要意義，厥爲田畝所有權之全屬於貴族封君。所謂「四封之內，莫非王土；食土之毛，莫非王臣」也。方方正正的一井九百畝，此爲一種標準的敍述。制度皆有活變，記載則不能盡詳。其實一井亦儘可爲七百畝、八百畝或一千畝。一井之內，主要者爲公田。依理言之，正因助耕公田，始得享有其私田之收穫。此乃爲一種雇傭性質，如近代爲富家看守墳墓而得耕食其墓田也。其時貴族特置農稷之官，頒曆明時，辨土壤，擇穀種，教稼恤農，巡野督耕。如周官大司徒、司稼、草人、庶氏、剪氏、赤犮氏、蟈氏、壺涿氏諸官，可覘其消息。呂氏春秋有任地、辨土、審時諸篇，即古代農稷之官之農學也。蓋正因視四封之內皆其私物，故勤懇教督。而農民智昧力弱，失卻貴族之指導扶助，亦無以善其私田。若叛離此封疆邱邑之外，則茫茫禹迹，夷狄禽獸，縱橫交徧，更非家人夫婦生活之區。因此貴族、農民在此制度下相安於一時。

其次，則爲「履畝而稅」。

履畝而稅者，廢公田，轉就私田徵稅，視其田畝之實收而抽收額定之比率。周禮地官司稼所謂「巡野觀稼，以一年之上下出斂法」也。此相當於孟子所謂「徹」。至「貢」法，則只就數年中數立一稅額，較更簡單。論語：「魯哀公問：『年饑，用不足，如之何？』有若曰：『盍徹乎？』哀公曰：『二，吾猶不足，如之何其徹也？』」其時魯已用田賦，賦與稅爲二。有若欲哀公因歲饑薄斂，故曰：「民不足，君孰與足？」孟子言貢、助、徹三制，皆非憑空私造，惟附會之夏、商、周三代，則誤。蓋貴族階級田畝日廣，則生活日奢淫，志行日懶惰，不肯再理農事。而農民階級則智慧日開，能力日强，於是各自盡力於私田，而公田收成轉惡。此亦公羊說。至是乃廢去公田，履畝而稅。如是則不必方里而井，亦不必嚴格還受。雖便於大數量之徵收，而已爲井田制度破棄之先聲矣。春秋宣十五年，「初稅畝」，此即履畝而稅也。魯國如此，各國先後可推。云「初」稅畝，則其先不然，故知應爲公田而助矣。

履畝而稅，則可以只認田，不認人，於是民田得自由買賣，而土地所有權，無形中轉移，成爲耕者所自有，而兼并亦隨之而起。或謂：助法時期，公田外之土地，爲村落所公有，及至履畝而稅，則田土盡歸公有。然履畝而稅，則耕者可以活動。八家共一井，則死徙不出鄉，同井相助，耕者無活動餘地。又公田爲助之制度下，田里不鬻，一家百畝。履畝而稅，則耕者各自獨力經營，可以超過百畝之上。故履畝而稅，確爲自由私產形成之先聲也。

第三則爲農民軍隊之興起。

封建時代，貴族爲采邑之大地主，同時亦即成一武裝集團。

春秋時代軍隊之組織，即本族制。城濮之戰，晉有「中軍公族」；鄢陵之戰，楚有「中軍王族」。楚若敖氏有「六卒」，晉「欒、范以其族夾公行」，可見一軍隊即一宗族也。「宗」指同一廟宇下祭祀，「族」指同一旗幟下作戰。

軍器製造，如車、如甲，及戰馬之養育等，皆爲貴族保持地位之一種事業，平民無力參與。

鄭莊公伐許，「授兵於太宮」。衛懿公禦狄，「使國人即城圈子中人，皆貴族也。受甲」。鄭子產「授兵登陴」。楚武王「授師孑焉以伐隨」。事在莊四年，爲楚用兵車之始。考工記：「兵車戈、殳、戟、矛四等。」吳子圖國篇：「長戟二丈四尺，短戟一丈二尺。」此皆甲仗兵器不在民間之證。僖十五年，「晉作州兵」；昭四年，「鄭作邱賦」；成元年，「魯作邱甲」，皆是一種額外增賦，以造甲兵。然仍是貴族別使專匠造之，非民間自造也。

農民耕田納稅，遇戰事徵車、（非戰車。）牛，捉夫力，（非甲士。）謂之「賦」。農民只爲軍隊中之附隨，並無正式編配入軍隊之權利與資格。

隨武子云：楚國「荊尸而舉，商、農、工、賈不敗其業」，此農不爲軍也。城濮之戰有「輿人」，左襄三十年有「輿尉」，（淮南兵略訓云：「吏卒辨，兵甲治，正行伍，連什佰，明鼓旗，此尉之官也。收藏於後，遷舍不離，無淫輿，無遺輜，此輿之官也。」）輿尉者，輿人之尉。（僅稱「尉」，則軍尉。）輿人即隨軍之輜重與夫力也。

貴族階級漸次奢侈安逸，國際戰爭漸次擴大劇烈，農民軍隊之編製，遂成一種新需要。車戰漸進而爲步戰，即爲貴族軍隊與農民軍隊交替之一種表記。

左傳所載諸大戰役，如秦、晉「韓」之戰，晉、楚「城濮」、「邲」、「鄢陵」之戰，晉、齊「鞍」之戰等，皆當時貴族式的戰爭，可說爲一種藝術化的戰爭。（即尚禮的戰爭。楚子玉告晉文公，謂：「請與君之士戲，君馮軾而觀之，得臣與預目焉。」交戰如游戲，真可道出此中情況。）惟晉爲禦狄，已有步兵。（僖二十八年，「晉侯作三行以禦狄」是也。昭元年，「晉中行穆子敗無終及羣狄於太原」，亦以步卒。「魏舒請毀車爲行，荀吳之嬖人不肯即卒，斬以徇」，見車、徒有貴賤之分。）鄭亦有步兵。（見隱四年、襄元年、昭二十年。）至戰國則全以農民步兵爲主。（亦有騎兵，車戰遂變成不重要之地位。至是始有真賭生命之劇烈戰爭也。）

三晉與田氏以大夫篡位，舊貴族失其地位，漸次設立以軍功得官之制度。

左哀二年，趙簡子誓衆：「克敵者，上大夫受縣，下大夫受郡，士田十萬，庶人、工、商遂，人臣隸圉免。」遂者得進仕，免者去厮役，此即商鞅「尚首功」之先聲。是役公孫尨以徒五百人宵攻鄭師。「徒」即平民軍隊也。蘇秦說齊：「三軍之良，五家之兵，進如鋒矢，戰如雷霆，解如風雨。」又荀子議兵篇：「齊人隆技擊，其技也，得一首，賜贖錙金，無本賞矣。」注：「斬首，雖戰敗亦賞；不斬首，雖戰勝亦不賞。故曰無本賞。」是齊亦尚首功。五家之兵，疑猶秦之一甲首而隸五家。

吳起在楚，商鞅在秦，亦嚴行以軍功代貴族之新法。

起相楚，使封君三世，而收其爵祿，以撫養戰鬭之士。商鞅相秦，所定二十級爵，即以代古者貴族五等封爵之制。此皆欲以戰士爲新貴族也。

以前是貴族任戰士，現在是戰士爲貴族。農民軍隊之配練與井田制之廢棄，爲新軍國圖謀富强之兩要端，而即以促進宗法封建貴族之崩潰。

第四是工商業大都市之發展。

春秋時，工商皆世襲食於官，蓋爲貴族御用，非民間之自由營業。

左昭十六年，鄭子產告晉韓宣子：「我先君桓公與商人皆出自周，世有盟誓，相保至今。」晉語：

「公食貢，大夫食邑，士食田，庶人食力，工商食官，皁隸食職，官宰食加。」昭二十二年，王室亂，「單子盟百工於平宮。百工叛，伐單氏之宮，敗焉。反伐之東圉。」杜注：「百工所在。洛陽東南有圉鄉。」故知工商皆居國中，世襲，食於官，僅去貴族一等也。

封建貴族漸漸崩潰，而自由經商者乃漸漸興起。

子貢「不受命而貨殖」，即自由經商也。其後如范蠡、段干木、白圭諸人，類皆賴藉政府上之地位，惟非貴族。而幹商販之新事業。

舊貴族没落，「商賈」與「軍人」二者代之而興。而商業大都市亦陸續興起。

自春秋以迄戰國中期，歷時三、四百年，人口繁殖，耕地日闢，遊牧之戎狄漸次同化，或消滅，或避去，此疆彼界之封建，已變爲壤地相連的幾個大國，此皆當時商業都市驟盛之原因也。舉其著者，如臨淄、邯鄲、大梁、郢、陶等。其間惟陶因交通關係，特殊發展，餘皆各國之首都。是中國古代封建制度漸崩潰，而商業都市乃漸興起，非由商業都市興起而封建制度崩潰也。

大抵東方各國，漸從商業資本轉入文學游仕，始終奬勵農戰的國家惟有秦。秦以地勢關係，可以閉關不與東方通貿易。

因此竟以并吞東方。

第五是山澤禁地之解放。

與商業發展有相互關係者，尚有禁地解放一層，亦爲當時一種極重要之變遷。

封建時代之貴族采邑，除井地外，一應山林藪澤，大概全列爲禁地，農民惟有耕稼爲生。

周官有山虞、林衡、川衡、澤虞，又有迹人、圃人等。皆掌山澤之守禁。齊語亦謂：「山立三虞，澤立三衡。」晏子春秋謂：「山林之木，衡鹿守之。澤之萑蒲，舟鮫守之。藪之薪蒸，虞侯守之。海之鹽蜃，祈望守之。」此乃貴族封地之私產。孟子所稱「文王之政，澤梁無禁」，晏嬰謂「山林陂澤，不專其利」，則皆一種理論也。

農民漸漸游離耕地，侵入禁地，尋求新生業，貴族不能禁阻。

其先目之爲盜賊，如鄭子大叔「興徒兵以攻萑苻之盜」是也。昭二十年。攻之不能止，乃不得已而加以一種征收。故「征商」之征，即「征誅」之征，古人目工商業爲姦利者由此。秦漢政府「大司農」與「少府」分職，大司農掌田租，爲國家公入，少府掌山澤之稅，爲王室私入，亦由此種禁地觀念演變而來。

新生業之分化，與民間工業之進步，亦爲自由商業促進之一因。

如捕魚、煮鹽、燒炭、採鐵、鑄錢、伐木，種種新生產事業，皆由農民侵入禁地而始有。

第六是貨幣之使用。

因商業發展而貨幣之使用遂興，亦爲戰國一新形態。

左傳所記列國君臣相餽贈、賂遺、贖罪、納懽，大抵爲車馬錦璧鐘鼎寶玩，乃至女妾樂師而止，絕無以黃金貨幣相投報者；有之，皆自戰國始。六國表秦惠文王二年「始行錢」，距春秋末已一百五十五年。蓋其時東方諸國已先有錢貨，齊、燕刀幣，三晉布幣，楚鬼臉錢，近代出土極多。而秦踵行之也。

總之春秋以至戰國，爲中國史上一個變動最激劇的時期。政治方面，是由許多宗法封建的小國家，變成幾個中央政權統一的新軍國。社會方面，則自貴族御用工商及貴族私有的井田制下，變成後代農、工、商、兵的自由業。而更重要的，則爲民間自由學術之興起。

第六章 民間自由學術之興起 先秦諸子

由春秋到戰國的一段劇變中，最要的，是民間自由學術之興起。

一 春秋時代之貴族學

上古學術，其詳難言。據春秋而論，學術尚爲貴族階級所特有。貴族封建，立基於宗法。國家即是家族之擴大。宗廟裡祭祀輩分之親疏，規定貴族間地位之高下。宗廟裡的譜牒，即是政治上之名分。大祭前有會獵，（即相傳之「巡狩」。）天子祭禮，諸侯畢至助祭。（「封禪」爲祭天地之禮，惟天子始得祭天地，表示服從者亦畢來助祭，故巡狩、封禪爲古帝王大禮也。）祭後有宴享，表示相互間的聯絡與名分。宗廟的「宰」，和掌禮的「相」，便是主持這些名分的人。臨祭有歌頌，有祈禱，有盟誓。頌詞、禱文、誓書的保存，便成後來之歷史。宗廟裡的祝史，還兼掌占星候氣，布曆明時，使民間得依時耕稼。（諸侯皆受共主所頒時曆，曰「奉正朔」，故以改曆表示易代與革命。）

並記載著祖先相傳的災異及其說明。如周廟所藏周公金縢，是其例。

大抵古代學術，只有一個「禮」。古代學者，只有一個「史」。即廟祝。瞽史司天，祝史司鬼神，史巫司卜筮、司夢，皆廟祝也。故左傳載天道、鬼神、災祥、卜筮、夢特多，由史官職掌如此。

史官隨著周天子之封建與王室之衰微，而逐漸分布流散於列國，即爲古代王家學術逐漸廣布之第一事。

古者諸侯無私史，祝佗言成王賜魯「祝、宗、卜、史」，定公四年。此魯之史也。衛太史柳莊死，獻公告尸曰：「柳莊非寡人之臣，社稷之臣也。」檀弓。狄入衛，因史華龍滑與禮孔。二人曰：「我太史也，實掌其祭。」閔公二年。此衛之史也。齊、晉亦各有史官，書曰「趙盾弑其君」、「崔杼弑其君」，明非史官之君。故曰：「春秋，天子之事。」史官其先皆自周室逐漸分布於列國。司馬遷自稱先世：「世典周史。惠、襄之間，司馬氏去周適晉。其時有子穨、叔帶之難。分散，或在衛，或在趙，或在秦。」史記太史公自序。昭十五年，周景王謂晉籍談曰：「昔而高祖孫伯黶，司晉之典籍，以爲大政，故曰籍氏。及辛有之二子董之，晉於是乎有董史。」杜註：「辛有，周人，二子適晉，爲太史。」柏常騫去周之齊，見晏子春秋。太史儋去周入秦，見史記。晉亂，太史屠黍以其圖法歸周。見呂氏春秋。此皆史官由中央流布列國之事也。列國有史，先後不同，春秋凡諸侯書卒者，皆有國史以考其世次者也。其不書卒；或國滅，失其本史；或國雖在，而未有史，皆無所考其世次。其世次有入春秋即見者，有近後方有者，此皆史之所起有久近也。

禮本爲祭儀，推廣而爲古代貴族階級間許多種生活的方式和習慣。此種生活，皆帶有宗教的意味與政治的效用。宗教、政治、學術三者，還保著最親密的聯絡。祭禮的搖動，即表示著封建制度之崩潰。

春秋時魯有郊禮，此天子之禮也。（魯人則謂成王所以賜周公。）季孫氏祭泰山，此諸侯之禮也。八佾舞於庭，三家者以雍徹。

一切非禮，逐漸從貴族之奢僭中產生。一方面貴族對禮文逐次鋪張，一方面他們對禮文又逐次不注意，於是貴族中間逐漸有「知禮」與「不知禮」之別，遂有所謂學者開始從貴族階級中間露眼。

春秋時代貴族階級之逐步發展，其禮節儀文之考究，可以列國君卿間以賦詩相酬答之一事證之。見於左傳者，賦詩凡六十七次。始於僖公，（僖一次，文九次，成二次。）盛於襄、昭，（襄二十九次，昭二十五次。）而衰歇於定、哀。（定一次，哀無。）子犯告晉文公曰：「我不如趙衰之文，請使衰從。」此後因列國間會聘頻繁，於是各國間遂產生一輩多文知禮之博學者，如晉有叔向，齊有晏嬰，鄭有子產，宋有向戌是也。

在貴族階級逐漸墮落的進程中，往往知禮的、有學問的比較在下位，而不知禮的、無學問的卻高踞上層。

於是王官之學漸漸流散到民間來，成爲新興的百家。

二　儒墨兩家之興起

「王官」是貴族學，「百家」是民間學。「五帝官天下，三王家天下」，「官」是公義，「家」是私義。所謂百家之言，只是民間私議而已，與後世所謂「成家」、「專家」不同。

百家的開先爲儒家。

說文：「儒，術士之稱。」禮記鄉飲酒義注：「術，猶藝也。」列子周穆王篇：「魯之君子多術藝。」術士猶謂藝士，由其嫻習六藝。周官保氏「教國子六藝、六儀」。六藝者，五禮、六樂、五射、五御、六書、九數。大戴禮保傅篇：「王子年八歲，學小藝；束髮，學大藝。」保氏六藝兼通大小，殆爲當時貴族子弟幾種必修之學科也。其擅習此種藝能以友教貴冑間者，則稱「藝士」，或「術士」，或「儒」，即以後儒家來源也。藝士不僅可任友教，知書、數可爲冢宰，知禮、樂可爲小相，習射、御可爲將士，亦士人進身之途轍。晉趙盾田於首山，見靈輒餓，曰：「宦三年矣。」左宣二年。杜注：「宦，學也。」曲禮：「宦學事師。」則二者俱是學，蓋宦、學俱是習爲職事。此如今之藝徒，即以學習爲行業也。（越語句踐與范蠡「入宦於吳」，韋注：「爲臣隸。」爲臣隸與友教，同需嫻習六藝。貴族家中之師傅、宰相，其先地位亦本相當於臣隸也。）既有宦學事師之人，必有爲之師者。藝士於是又可以爲求宦游學者之師，而後藝士之生活，乃漸脫離貴族之豢養而獨立。

儒家的創始爲孔子。

孔子宋人，其先亦貴族，避難至魯，其父叔梁紇，獲在魯國貴族之下層。

孔子曾爲委吏，（主倉積出納。）又爲乘田，（主飼養牛羊。）常在貴族家裡當些賤職。（此即孔子之宦。）然而孔子卻由此習得當時貴族階級種種之禮文。

孔子幼年既宦於貴族，故孔子自稱：「我少賤，多能鄙事。」孔子又自稱「好學」，其弟子稱其「學無常師」。郯子來魯，孔子即從之問古官制，是其一例。（事在魯昭公十七年，孔子年二十七。）周室東遷，豐、鎬舊物，散失無存。（昭王二十六年，王子朝奉周之典籍以奔楚。其後子朝見殺，未聞取典籍以歸者；或亡於柏舉兵燹中矣。否則左傳成於吳起之徒，起相楚，或猶有見者。）東方諸國，猶得存周禮者惟魯。（衛遭狄禍，渡河而南，殷、周故事亦鮮有存者。）故仲孫湫謂魯「秉周禮」。（閔元年。）祝佗言伯禽封魯，「祝、宗、卜、史，備物、典册。」（定四年。）韓宣子至魯，始見易象與春秋，而有「周禮盡在魯」之嘆。（哀三年，桓、僖二宮災，「命周人出御書，宰人出禮書。」注：「周人，司周典籍之官。」孔子對魯哀公曰：「文武之道，布在方策。」（中庸）又曰：「杞、宋文獻不足徵。」（論語）「吾觀周道，幽、厲傷之，吾舍魯何適矣！」（禮運）又曰：「吾學周禮，今用之，吾從周。」）

孔子居文獻之邦，故得大成其學。（莊子天下篇：「其在於詩、書、禮、樂者，鄒、魯之士，搢紳先生，多能明之。」）

孔子不僅懂得當時現行的一切禮，包括禮、樂、射、御、書、數六藝。孔子還注意到禮的沿革和其本源。此包括古經典之研尋，所謂「詩、書文學」。孔子遂開始來批評當時貴族之一切非禮。

子入太廟，每事問。或曰：「孰謂鄹人之子知禮？」子曰：「是禮也？」蓋孔子非不知魯太廟中種種禮器與禮事，特謂此等事與器皆不應在魯太廟中，如八佾舞於庭、三家者以雍徹之類。故特問以發其意。此如衛甯武子不答魯文公賦湛露、彤弓，（文四年）魯穆叔不拜晉奏肆夏、歌文王（襄四年）之類。魯昭公四年，楚靈王會諸侯於申，使問禮於宋向戌與鄭子產。向戌曰：「小國習之，大國用之，敢不薦聞？」獻公合諸侯之禮六。子產曰：「小國共職，敢不薦守？」獻伯子男會公之禮六。子產、向戌皆當時所稱知禮者，然僅止於實際上之因應而止。此亦如術士僅以六藝進身貴族，藉爲宦學友教而止。孔子所謂「小人儒」也。孔子則對於當時貴族之禮，不僅知道，實別有一番理想，別有一番抱負，欲以改革世道也。孔子勉子夏爲「君子儒」者在此。儒道之不能產生於當時貴族階級中者亦在此。

孔子的批評，一面是歷史的觀念，根據文王、周公，從禮之本源處看。故曰：「久矣！吾不復夢見周公。」一面是人道的亦可說哲學的。觀念，根據天命、性、仁、孝、忠恕等等的觀點，從禮的意義上看。故曰：「知我者其天乎？」

禮之最重最大者惟祭，孔子推原祭之心理根據曰「報本反始」。此即原於人類之孝弟心。孝弟心之推廣曰「仁」，曰「忠恕」。孔子以「忠」字積極的獎進人類之合作，以「恕」字消極的弭解人類之衝突。故曰：「忠恕違道不遠。」是爲人與人相處最要原理，即所以維持人類社會於永久不弊者。孔子指出人類此等心理狀態，認爲根於天性，如此則生死、羣己、天人諸大問題，在孔子哲學中均已全部化成一片。驟觀孔子思想，似有偏於復古之傾向，（如孔子屢言「好古」。）又似有偏於維持宗法封建階級之傾向，（如孔子謂「君君、臣臣、父父、子子」等。）其實孔子已指出人類社會種種結合之最高原理。（即仁。）苟能明此，直古直今，無所謂復古，（孔子之好古，只是注重歷史與文化。）亦決不致爲階級權力所僵化。（孔子之好禮，只是注重大羣體之融結，故曰：「人而不仁如禮何？人而不仁如樂何？」）孔子雖不直斥鬼神，（如曰：「敬鬼神而遠之。」）或則疑孔子仍爲宗法社會時代人之見解，（如孔子主三年之喪等。）其實孔子對於人世與天國，（即性與命之問題所解答。）現實界與永生界，（即孝與祭之問題所解答。）並已有一種開明近情而合理之解答也。故孔子思想實綰合已往政治、歷史、宗教各方面而成，實切合於將來中國摶成一和平的大一統的國家，以綿延其悠久的文化之國民性。孔子思想亦即從此種國民性中所涵育蘊隆而出也。

孔子在魯國做過司寇，主墮季孫、叔孫、孟孫三家的都城。（大夫執政，爲孔子所反對。）然而孔子未獲竟其志。自此出遊衛、宋、陳、楚諸國，（其先曾已至齊。）十四年而返魯，孔子已老。

孔子周遊，其抱負並不在爲某一國、某一家，故曰：「天下有道，丘不與易。」孔子實已超出當時狹義的國家與民族觀念之上，而貢獻其理想於當時之所謂「天下」。（在今人視之，孔子只在中國境界內活動。在孔子當時，則實爲對整個人類之文化世界而服務也。）此種遊仕精神，爲後起學者所仍襲，到底造成了一個大一統的中國。（當時則已爲「天下」。）

孔子一面在政治上活動，一面卻招收許多學生。

孔子因抱改革天下之宏願，故政治活動之外更注意於教育，開中國史上民間自由講學之第一聲。孔子在未爲魯司寇以前，已有許多弟子，如顏淵、子路、冉有、宰我、子貢之徒是也。孔子老年返魯以後，又有許多弟子，如子游、子夏、曾子、子張、有子之徒是也。大抵孔門前輩弟子，多頗有意政事實際的活動；後輩弟子，則多偏向於詩、書文學之研討。孔門四科，惟「文學」一科屬後輩弟子，如「德行」、「言語」、（即今之外交。）「政事」，（包括財政、軍事等。）皆孔門前輩弟子也。所謂「德行」，只是有才而肯不用的人，非不通政事、外交者。而孔子卻喜懽其前輩弟子。故曰：「如用之，則吾從先進。」先進即前輩先及門之弟子。孔子殆以其有體有用。而尤重顏淵，則因有才而肯不用。故曰：「用之則行，舍之則藏，惟我與爾有是夫！」子貢已差一肩。冉有不肯藏，孔子曰：「非吾徒，小子鳴鼓而攻之。」「小子」即游、夏之輩，其時皆不過二十歲左右之青年也。孔子死後，他們的聲名都掩蓋在諸前輩之上。

孔子的政治活動失敗了，而孔子的教育事業卻留下一個絕大的影響。

孔子是開始傳播貴族學到民間來的第一個。孔子是開始把古代貴族宗廟裡的知識來變換成人類社會共有共享的學術事業之第一個。

舊說孔子修詩、書，訂禮、樂，贊易而作春秋，此所謂六經。其先皆官書也；即王官學。章實齋謂「六經皆史」，即謂六經皆政府中（或衙門中）一種檔案或文卷。章氏所謂「史」，即政府中掌管檔案文卷者，如周官中之五史皆是，與最先廟祝之史不同。因之史之所掌亦謂史，故曰「六經皆史」。經孔子之手而流布於民間。其間經過孔子一番整理與解說，如上學孔子論禮之類。而春秋則爲中國第一部民間史之創作。（「春秋，天子之事」，謂民間本無作私史之權也。又曰「其事齊桓、晉文」，則孔子雖據魯史，（即國別史。）而所記注重當時霸業，即國際史、世界史也。孔子開始爲平民社會創作流傳一部世界史，而寄託了孔子對政治、社會的許多意見，故又曰「其義丘竊取之矣」。）中國民族乃一歷史的民族，而孔子即爲中國最偉大之史學家，又爲第一史學家也。

繼續儒家而起者爲墨家，墨家的創始人爲墨子。

墨子家世不可考，似乎是一勞工。古代往往以刑徒爲工人，「墨」是五刑（墨、劓、腓、宮、大辟。）最輕之第一種，俘虜與罪人作工役者必受墨刑。（即面額刺字，或刺花紋，以爲標幟，漢人謂之「黥」。五代、宋人犯罪配軍必先刺面。）墨子蓋以墨徒（即漢人所謂「黥奴」，宋人所謂「配軍」。）而唱新義，故曰「墨家」。（猶今云「勞工學派」。）墨爲家派之稱，非墨子之姓氏。（古非貴族，往往無姓氏可考。如介之推、燭之武、師曠、卜偃、屠羊說之類，其名字著於史册而不知姓氏者，不知其數。因男子稱氏不稱姓，非貴族則無氏也。）

孔子有教無類，據說墨子亦在孔門受過教，（此淮南子說，必在孔子身後。）後來他卻自創教義。

孔子所傳多係儒士，雖非貴族，亦與貴族爲近。（孔子常稱「君子」，即當時貴族之稱也。）墨爲工人，亦居國，（即城市中人。）較之農民（鄉裏人。）易受學術空氣之薰染；又工人集團而居，更易自成家派。（墨家亦頗有似後世江湖祕密結社的樣子。）

墨子對於當時貴族階級的一切生活，抱著徹底反對的態度，因此有「非禮」、「非樂」的主張。

儒家講究禮、樂，（儒家所講與當時貴族階級所守，貌同而實不全同。「恤由之喪，魯哀公使孺悲之孔子學士喪禮，士喪禮於是乎書。」此等皆儒家所創新禮也。）墨子非禮、樂，故亦「非儒」。

墨子反對禮、樂的主要觀念，在反對其奢侈。墨子的正面理論爲「節用」。墨子認爲貴族禮中最無用即最奢侈的莫如喪葬之禮，（以奉養生人的奉養死人。）故墨子提倡「節葬」。

儒家比較承認貴族禮的成分多，儒家只要把當時通行的貴族禮重新整理一番，使他包有社會全人類的共同含義。儒家極重喪葬之禮，爲其可以教孝、教忠、教仁。儒家認爲惟有對於已死的人盡力，最可發明人類自有的孝弟忠仁之內心。墨家則站在一般貧民勞工經濟的觀點上看，覺得貴族的喪禮和葬禮，最爲浪費，最屬無謂。

儒家說喪葬之禮乃人子之自盡其孝，墨家卻說應該「視人之父若其父」，與其用在死人的身上，不如用在活人的身上，所以墨家說「兼愛」。（「兼愛」與「仁」不同。仁非不愛人，特有親疏等差，故說「孝弟爲仁之本」。人決無不能愛其父母而能愛別人者。「兼愛」異於「別愛」，乃一種無分別之愛，亦可說是一種大同之愛，抹撥個人，只就大羣著眼。）

儒家提倡孝弟，根據於人性之「仁」，仁只指人類內心之自然的傾向與自然的要求。（故稱之曰人之性。）

墨家提倡兼愛，（即無差別之愛。）反乎人心，所以墨家要說「天志」。（墨子說：你的父母和我的父母，在你我看固若不同，在天的意思看，卻全是一樣。人本於天，所以應該「兼愛」，即應該「視人之父若其父」。近人常謂墨子有似耶穌，其實兩家精神亦不同。耶穌對他母親說：「婦人，在你與我之間，有何關係？」當耶穌聞其母和兄弟們要找他說話時，耶穌說：「誰是我的母親？又誰是我的兄弟？」於是耶穌展其兩臂向諸門徒說：「你們看，此處是我的母親和兄弟。」耶穌又說：「不論誰到我之前，若不自恨棄他的父母、妻子、兄弟、姊妹，甚至於他自己的生命，他不夠做我門徒。」初期的基督教，其對人類家庭之教誡如此。今墨子謂「視人之父若其父」，依然是地上人間的關係。故墨子僅成一社會改革家，而非宗教教主。

要依照天志而兼愛，要視人之父若其父，便絕不該在個人或家庭生活上浪費和奢侈。墨子在兼愛的主張下面，要人類全過一種平等的生活。「禮」是一種帶有階級意義的生活，墨家自然要徹底反對。墨家要把當時社會上最勞苦的生活，即刑徒役夫的生活，作為全人類一律平等的標準生活。

他們在理論的組織上提出天志，天志乃墨家理論，非信仰。在歷史的教訓裡提出大禹。他們說：「非大禹之道，不足為墨。」禹之治水，「腓無胈，脛無毛，沐甚雨，櫛疾風」，為歷史上最勞苦之模範人物。所以墨家以兼愛為始，而以自苦為極。儒家可稱為「良心教」，墨家可稱為「苦行教」。良心與苦行，皆代表中國民族精神之一部。惟苦行究極必本於良心，若專本諸天志，則其事為不可久。而良心則不必限於為苦行。故儒可以兼墨，墨不足以代儒。

但是儒、墨兩派，有他們共同的精神，他們全是站在全人類的立場，即天下的、人類社會的立場。來批評和反對他們當時的貴族生活。儒家精神比較溫和，可說是反對貴族的右派；墨家較激烈，可說是左派。

以下戰國學派，全逃不出儒、墨兩家之範圍。

極端右派，則爲後起之法家。極端左派，則爲後起之道家。法家、陰陽家、縱橫家，皆屬右。道家、農家、名家，皆屬左。惟從另一面看，右派皆積極而向前，因其比較溫和，得保持樂觀故。而左派常偏於消極與倒轉，因其比較激烈，易陷於悲觀故。參看另論古代宗教之一章。

三　學術路向之轉變

孔子死後，貴族階級，墮落崩壞，益發激進，儒家思想暫轉入消極的路去，如子夏、曾子等是。

曾子處費，受季孫氏之尊養；子夏居魏，爲文侯師。魏文侯與季孫氏，一篡位，一擅國，依儒家精神言，全該打倒。惟那時的儒家，不僅無力推翻他們，仍不得不受他們的尊養奉事。此因當時儒家的勢力和地位，仍需賴貴族扶護。於是漸漸轉成一種高自位置、傲不爲禮的態度，這是一種變態的士禮。子夏、曾子、田子方、段干木、子思全是這樣，此與孔子所謂「禮」絕異。

從此等消極狀態下又轉回來，重走上積極的新路，他們開始再向政治上幹實際的活動。便成後來之所謂法家。李克、子夏弟子。吳起、曾子弟子。商鞅李、吳之後起。可爲代表。

季孫氏固不能真欣賞孔子，然他們卻佩服孔門之冉有、子路。魏廷亦未必能真尊事子夏、田子方，然卻不能不用李克、吳起。因用李克、吳起，不得不虛敬子夏、田子方。孔子、子夏同采一種不合作的態度，來保持他們學術上的尊嚴。冉有、李克之徒，則以真實的事功，換取當時的信仰與地位。此孔子所謂「具臣」。然亦有一個限度，相助篡君謀國，則不爲也。

法家用意，在把貴族階級上下秩序重新建立，此仍是儒家精神。他們只避去最上一層不問。此孔子所謂「成事不說」也。然而吳起在楚、商鞅在秦，都因此受一般貴族之攻擊而殺身。

吳起、商鞅皆不過以東方魏國行之已效之法移用於楚、秦。惟晉國公族本弱，魏新篡位，更無貴族，故變法易。楚、秦雖受封建文化薰陶較淺，然傳統貴族勢力則較東方三晉新國爲大，故以東方當時新法推行於楚、秦，而受一輩舊勢力之打擊。

游仕的勢力與地位，漸漸提高，他們拚命苦幹的精神，卻漸漸消沉。地位高了，自然不願做犧牲。自吳起、商鞅以下，漸漸變成以術數保持祿位的不忠實態度，其人如申不害。

申不害教韓昭侯，以術數駕馭臣下，爲君者自己沉默不見所好，不表示真切態度。使羣下無可迎合，只好各竭其才，各盡其誠，而後爲君者以刑賞隨其後。此等理論，見出已在貴族政府徹底破壞，官僚政治代興之時。然申不害自己卻以術數竊君私，爲迎合。故申不害相韓近二十年，並無赫赫之功。以後游仕對各國皆不能有真實偉大之貢獻，與商鞅、吳起異矣。

游仕逐漸得勢，他們不僅以術數保持祿位，不肯竭誠盡忠，他們還各結黨羽，各樹外援，散布在列國的政府裏，爲他們自身相互間謀私益。國君有國界，游仕無國界。游仕爲自身謀，因此造成一種各國政府裏層之聯合。國內的進退，引起國際的變動，使君權退削，臣權轉進。這便成所謂「縱橫」之局。蘇秦、張儀的故事，雖不可信，其編造故事之心理背景則可信。蘇秦在東方，張儀在西方，各爲國相，互相默契，而保持祿位。

這一派的代表如公孫衍、張儀。

此雖表現游仕之逐層腐化。然從另一方面看，實爲平民學者地位與勢力之逐步伸張，乃至轉駕於列國君權之上。

墨家本該與政治絕緣，然而墨家亦依然走上接近政治的路。此亦事勢所限。

墨子常常保送其弟子到各國政府去。當時各國君相貴族，未必真能欣賞墨子的理論，然墨家善守禦，墨主兼愛，因主非攻。墨主非攻，乃變爲爲人守禦。亦因墨家本屬工黨，善爲守禦之機械也。惟爲人守禦，與天志、兼愛之理論，相去已遠。因此遂爲各國掌政權者所樂用。最著者如墨家鉅子孟勝，爲楚陽文君守城事。此並非墨家兼愛真精神，墨家正因此等處大爲當時貴族有權者所重視，而換取其自身在社會上之地位。

大體儒家近乎是貴族的清客，墨徒卻成了貴族的鏢師。然而貴族階級的特殊地位和特殊勢力，卻漸漸從儒、墨兩家的活動潮流裏剝削了。

四 士氣高張

游仕逐漸得勢，他們的學說，亦逐漸轉移，他們開始注意到自身的出處和生活問題。這已在戰國中期。

他們注意的精神，已自貴族身上轉移到自己一邊來。（此可見那時貴族與游仕在社會上地位之倒轉。）約略言之，可分五派：

一、勞作派。（墨家苦行教之嫡系。）此可以許行、陳仲爲代表。

此派主張「君民並耕」，（尚未主張無政府。此派思想往往注意社會問題，而忽略了政治情態。）主張「不恃人而食」，（各爲基本的生活勞動。）似乎是墨家精神最高之表現。（陳仲子之生活，直是近世托爾斯泰晚年所想慕也。）

二、不仕派。（滑頭的學士派。）此可以田駢、淳于髡爲代表。

此派安享富貴生活，寄生在貴族卵翼之下，而盛唱其不仕之高論。此必當時先有不仕之理論，而彼輩竊取之，如儒家田子方、段干木之徒，以及墨家大部分，殆均以不仕見高也。齊稷下先生皆不仕而議論，而淳于髡、田駢爲之首。

三、祿仕派。爲以法術保持祿仕之進一步活動，即縱橫家也。此可以公孫衍、張儀爲代表。

此派積極的惟務祿仕，「縱橫」即聯絡各國祿仕主義者，以外交路線互結成一勢力，以期於不可倒。

四、義仕派。儒家之正統。此可以孟軻爲代表。

此派一面反對陳仲、許行，主張「分功易事」，承認政治的生活。推廣言之，即承認士君子禮樂的生活，亦可謂是文化的生活。此與貴族奢侈生活貌同而情異。一面反對田駢、淳于髡，即反對游談寄生之生活，亦即反對學者之貴族生活也。主張士「不託於諸侯」，須把官職來換俸祿。一面又反對公孫衍、張儀專以妾婦之道來謀祿位，主張以禮進退。若義不可仕而受貴族之周濟，則以不餓死爲限度。

五、退隱派。亦可稱玩世派，乃道家之正統。此可以莊周爲代表。其先已有楊朱「爲我」。楊朱、莊周，皆對儒、墨之犧牲自己以爲社會之態度而懷疑其功效也。

此派從理論上徹底反對政治事業，此層比許行、陳仲激烈。卻不一定主張刻苦的勞作生活。比較許、陳溫和。既不願有禮樂文化，從反對政治事業必然引伸到此。又不願爲勞苦操作，更不願爲寄生祿仕，此派所以雖屬玩世，而終成爲一種嚴正的學派。只有限於冥想的生活中。其先冥想皇古生活，進則冥想自然生活。皇古生活則以黃帝時代爲寄託；自然生活則爲神仙，吸風飲露，可以不入世俗，不務操勞，不事學問，而自得其精神上之最高境界。以上諸派，主張雖不同，然而他們思考和討論的中心，則全從自身著眼，並不像孔、墨兩家多對貴族發言。此正可見平民學者之地位已逐步高漲，而貴族階級在當時之重要性已逐步降落。

公孫衍、張儀「一怒而諸侯懼，安居而天下熄」，其勢力可想。次之如淳于髡，遨遊齊、梁，遍受極優之敬禮。田駢貲養千鍾，徒百人。孟軻稱連蹇，謂其「所如不合」，然亦「後車數十乘，從者數百人，傳食諸侯」。莊周雖隱淪，亦與大國君相時通聲氣。其友惠施，即爲梁惠王相，與張儀、公孫衍爲政敵。陳仲子餓於於陵，「三日不食，耳無聞，目無覩。」而聲名足以震鄰國。趙威后問齊使，特說爲何至今不殺。許行亦有徒數十人。當時平民學者的聲氣和地位，實更超孔、墨之上。

五　貴族養賢

平民學者逐步得勢，貴族階級對他們亦逐加敬禮。於是從國君養賢進一步到公子養賢。從另一面看，此仍屬貴族階級之奢僭，所以自趨滅亡之路也。

國君養賢始如魏文侯、魯繆公，而大盛於齊威、宣王時之稷下。如齊宣王之於王斗、顏斶，燕易王之讓位於子之，秦昭王之跪見張祿先生，燕昭王之築黃金臺師事郭隗，皆當時國王下士之極好榜樣。

公子養賢，以孟嘗、平原、信陵、春中四人爲著。

孟嘗君尤開風氣之先。其父靖郭君爲齊威王弟，父子爲齊威、宣、湣三朝相。孟嘗又相秦昭王、魏哀王，封於薛，稱薛侯，中立。即自爲一獨立國。其聲勢地位如此，然孟嘗君卻極端下士。其意殆欲效魏文侯、田太公。

惟四公子門下，真士少，僞士多。所謂「僞」者，謂其不夠尊養之資格。只見游仕氣燄之高張，而不見他們的真貢獻。

四公子惟平原得賢最多。如趙奢、虞卿、公孫龍之類，是也。信陵君之有侯嬴、朱亥、毛公、薛公，已不如平原矣。孟嘗則雞鳴狗盜之雄，僅一馮煖，亦縱橫策士耳。春申門下最闇淡，惟「珠履三千」而已。此非當時之無士，四公子爭以養士爲名高，或則別有懷抱，如孟嘗、春申。動稱「門下食客三千人」，何來有如許士？僞濫雜進，則真士不至。即如魯仲連，如天外游龍，豈四君子所能致耶？然仲連以一游士，立談之頃，能挽回秦、趙交爭國際向背之大計，此等氣魄意境，後代社會殊不易見。亦正因在士氣高張之時代下，故得成此偉蹟耳。

六　平民學者間之反動思想

從此激而爲反游仕、反文學之思想，則爲戰國晚年學術之特徵。孔、墨初起時思想，皆針對批評貴族階級，此則否。第二期孟子、許行時代之思想，多偏重於學術界如何對付政治界之問題，（即士之出處問題。）而此則適相反，乃爲政治界應如何對付學術界之問題。（即思想智識之統治問題。）其著者有三家：一老子，關於老子傳説之考訂，見先秦諸子繫年。此處不能及，只就其思想與時代關係列之。二荀卿，三韓非。

老子的理論，其要者，反尚智，「智慧出，有大僞。」「絶聖棄智，民利百倍。」反好動，如「小國寡民」一節。反游仕食客，如「朝甚除，田甚蕪」一節。

皆針對當時的現象。此種現象，皆春秋時代所無。

老子主張在上者無治，其思想有似申不害，而系統大體則異。在下者歸耕。此與許行、莊周各不同。

荀子則主禮治。禮爲人倫，荀子則要把他的新人倫觀來重定社會秩序，主去世襲之貴族而以才智爲等級。與孔、孟所言禮，其内容各不同。秦、漢以下政治，漸走上此路。

荀子分人爲四等：一、大儒，知通倫類，明百王之道貫，爲天子、三公，惟此可以「法先王」。此如今云「先知先覺」。二、小儒，奉法守法，爲諸侯、大夫、士，此僅當「法後王」。此如今云「後知後覺」。三、衆人，爲工、農、商、賈，安職則畜，不安職則棄。此如今云「不知不覺」。四、姦人，才行反時，殺無赦。此如今云「反動分子」。

荀子主以聖王爲師，以王制爲是非之封界，主定學術於一尊。

韓非主法治，他是一個褊狹的國家主義者，主張一階級的權益而謀富强。他抱有强烈的階級觀念，徹底主張貴族階級統治者之私利。

韓非爲韓之諸公子，殆未忘情於其自身之私地位者。戰國除韓非外，尚有屈原，亦爲代表貴族意識的學者。屈氏爲楚之大族，故屈原寧失志，不肯爲游仕。此皆專志於一國一宗，與其他學者不類。

他說上下利害相衝突，（詭使與六反。）他說聖人之治道三，曰利、名、威。他引用性惡論，（韓非乃荀卿門人，荀爲力唱性惡論之大師也。）提倡反恩主義。（即尚權力的反人道主義也。）

他要驅民於耕戰，徹底反對文學言談之士。（五蠹。韓非極重老子，然與老子意境大別。）他理想中的境界，是「無書簡之文，以法爲教；無先王之語，以吏爲師；無私劍之捍，以斬首爲勇。」（即尚首功。）

老、荀、韓三家立論各不同，然主裁抑戰國末年游仕高張之氣燄則一。

又三家議論，皆已爲秦、漢統一政府開先路。（此緣其時已達天下混一之境界，故其意想自與戰國中期人議論別。）

戰國學術思想之轉變，從孔子、墨子到荀卿、韓非，恰恰是貴族階級逐步墮落，平民學者逐步高張的一段反影、一幅寫照。

第三編　秦漢之部

第七章　大一統政府之創建（秦代興亡及漢室初起）

經過戰國二百四、五十年的鬬爭，到秦始皇二十六年滅六國，而中國史遂開始有大規模的統一政府出現。漢高稱帝，開始有一個代表平民的統一政府。武帝以後，開始有一個代表平民社會、文治思想的統一政府。中國民族的歷史正在不斷進步的路程上。

一　秦漢帝系及年歷

秦之帝系

- （一）始皇帝（三七）
  - 二十六年，初并天下。
  - 二十八、二十九、三十二年，三次東行郡縣。
  - 三十三年，開置桂林、象郡、南海三郡。
  - 三十四年，焚書令下。
  - 三十五年，坑儒案。
  - 三十七年，東巡，道崩沙邱。
  - （　）——（三）王子嬰（一）
  - （二）二世皇帝（三）
    - 元年，東方兵起。
    - 三年，趙高殺二世，立子嬰，嬰殺高降。

秦自統一稱帝至亡，凡三君，十五年。

西漢帝系

- （二）惠帝（七）
  - 少帝恭（四）
    - 呂后稱制。
  - 少帝弘（四）
    - 呂氏之亂，漢功臣、外戚、宗室三系之相爭。

(一)高祖(一二)五年，即帝位，削平異姓，封建同姓。

- (三)文帝(二三)
  - (四)景帝(一六)吳、楚七國平，文景之治。
    - (五)武帝(五四)伐匈奴。通西域。漢室全盛期。
      - (　)——(　)
        - (七)宣帝(二五)漢室中興。
          - (八)元帝(一六)儒術漸盛。
            - (九)成帝(二六)外戚王氏擅權。
            - (　)——(一〇)哀帝(六)
            - (　)——(一一)平帝(五)王莽立孺子嬰攝政，又三年篡位，稱新朝。
      - (昌邑王)
      - (六)昭帝(一三)

漢自高帝至平帝凡十一君，二百一十一年。王莽自攝政至建新朝迄亡，共十八年。

二　國家民族之摶成

秦人統一，此期間有極關重要者四事：

一、爲中國版圖之確立。秦并六國，分建四十二郡，（詳下。）造成此下二千年中國疆域之大輪廓。

二、爲中國民族之摶成。春秋時代華、夷雜處之局，逐漸消融，而成一「車同軌，書同文，行同倫」之社會。

春秋時華、夷雜處之大勢，粗略言之，徐有淮夷，青有萊夷，雍有犬戎、義渠，豫有陸渾之戎，冀有鮮虞、赤狄、白狄、山戎，荊揚有蠻。經春秋至戰國，西北諸國有漸次城郭化者，亦有漸次驅逐而北避者。秦、趙、燕三國競務拓邊：燕開漁陽、右北平、上谷、遼西、遼東諸郡；趙滅中山，其先爲鮮虞國，先滅於魏，爲魏別封。開雁門、代、雲中諸郡；秦開九原、隴西、北地諸郡，魏開上郡亦入秦。中央諸戎則以韓、魏滅伊、洛諸戎，楚破南陽九夷而漸就消滅。東方淮海諸夷，率與諸夏同化。南方則有楚、越兩國之闢地。大抵今浙江、福建兩省爲越人所闢；秦始皇使王翦定楚江南地，又降越君，置會稽郡，由是越失無餘故都。其子孫或都東甌，君海上，爲今溫州等處；或都東冶，君閩中，爲今福州等處。始皇薨，閩越君無諸、東越君搖，率兵助諸國滅秦。其後東甌悉衆徙中國，處江、淮間。閩越分立東越，又徙其民江、淮。湖南、雲、貴爲楚所闢。楚襄王時，使莊蹻將兵循江上，略巴、蜀、黔中以西，定滇，欲歸報，會秦奪楚巴、黔中郡。道塞不通，因以其衆王滇。惟湖南湘西，自秦昭王置黔中郡，漢改武陵郡，而其地蠻族仍各自爲部落，開化有反緩於川、滇者。巴、蜀則開於秦。在惠王時。兩廣、安南則在秦并六國後始爲中國郡縣。羣居生息於同一版圖，沐浴寖饋於同一文化，以中國人治理中國疆土，發展中國文化，蓋自此始大定其基礎。

三、爲中國政治制度之創建。

封建制破棄，郡縣制成立，平民、貴族兩階級對立之消融。

封建制逐步破壞，郡縣制逐步推行，自春秋至戰國已然。秦以下，雖封建遺形尚未全絕，然終不能再興。且其勢如危石轉峻阪，不墮於地不止。漢初先則有異姓封王，繼則封王惟限於同姓，又次則諸王惟得衣租食稅，同於富人；此自景、武下逮東漢，封建名存實亡，尺土一民，皆統於中央，諸封王惟食邑而已。至魏則并邑入亦薄。晉矯魏孤立，大封同姓，並許自選官屬，然劉頌言其「法同郡縣，無成國之制」。蓋亦徒享封土，不治吏民，乃西漢景、武以後法度耳。至晉惠帝立後，諸王或鎮雄藩，或專朝政，遂有八王之亂；然此乃權臣之擅政，非古代封建之比。下至南朝，宋、齊、梁諸代，宗室諸王皆出爲都督、刺史，星羅棋布，各據强藩，假以事任，矯東晉中央衰替之勢；然此特援引親族以踞要位，其權重在爲守令，不在爲王侯。唐封諸王不出閤，有名號，無國邑，空樹官僚而無涖事，聚居京師，亦僅衣稅食租。惟明初封諸王，欲以封建、郡縣相雜，然一、再傳即廢。終明之世，仍是分封而不錫土，列爵而不臨民，食祿而不治事也。再以封侯論，漢初諸侯亦猶有君國子民之意，景帝後事權即皆歸國相，侯國與郡縣無異；然尚裂土以封。東漢則多未與國邑，僅佩印受廩，列侯殆全同於關內侯。又漢初丞相選用列侯，武帝時始有拜相封侯之制。東漢位三公者亦不復有茅土封。然漢人猶常稱「萬戶侯」，言其封食之大。至魏，雖親王所食未有及萬，諸將封多不滿千戶。張繡封二千戶，時謂例外。亦因其時戶口耗減。晉、宋以下，門第既盛，朝廷封爵乃不爲重。至唐則並廢封爵世襲之制，爵僅及身而止；而所謂爵土亦衹是虛名。受封者於內府給繒布，惟同俸賜，絕不足以擬古之胙土矣。唐太宗貞觀十一年，令諸功臣世襲刺史，長孫無忌等十四人辭曰：「違時易務，曲樹私恩，謀及庶僚，義非僉允。方招史册之誚，有紊聖代之綱。一也。臣等非才，愈彰濫賞。二也。孩童嗣職，寧無傷錦？一掛刑網，自取誅夷。三也。求賢分政，寄在共理。封植兒曹，失於求瘼，百姓不幸，將焉用之？四也。」於是遂止。唐初屢議封建，李百藥、馬周諸人皆反對之。觀於此，則知封建制度已不能復行於後世。以唐太宗之英武，唐初文、武諸功臣之出衆，誠使君臣割地，各自專制一方，相與和好連結，徽祖訓武，亦足各傳百年、數百年之外。所以不能爾者，由國人對於政治意義之認識，久已不許復有貴族世襲封建制度之存在。此乃中國史進程中一極要綱目，不可不特別注意也。

四、爲中國學術思想之奠定。此就態度傾向而言。

大要言之，中國學術思想之態度與傾向，大體已奠定於先秦。一曰「大同觀」。王道與霸術，即「文化的世界主義」與「功利的國家主義」之別也。先秦思想趨嚮前者，以人類全體之福利爲對象，以天下太平爲嚮往之境界，超國家，反戰爭。秦漢大一統政府，在當時中國人心目中，實已爲超國界之天下也。二曰「平等觀」。階級與平等，即「貴族主義」與「平民主義」之辨。先秦思想趨嚮後者，而以仁愛中心的人道主義爲之主。舉其著者，如孔子之孝弟論、忠恕論，墨子之兼愛論，惠施之萬物一體論，莊周之齊物論，許行、陳仲之並耕論、不恃人食論，此即均等勞作論。孟子之性善論，荀子之禮論，即新人倫主義，以才智德行爲君子、小人之新判別。其弟子韓非，持論雖褊狹，然亦可謂是一種在國家法律下之平等論也。皆就全人類著眼，而發揮其平等觀念之深義者也。三曰「現實觀」。天道與人道，即「宗教」此指狹義的宗教。與「社會」之辨。先秦思想趨嚮後者。莊老之自然哲學，其反宗教之思辨最爲徹底。人生修養之教訓，社會處世之規律，爲先秦學說共有之精采。教育主於啓發與自由，政治主於德感與平等，對異民族主於與我同化與和平，處處表示其「大同」之懷抱。此乃先秦學術共有之態度，所由形成中國之文化，摶成中國之民族，創建中國之政治制度，對內、對外，造成此偉大崇高之中國國家，以領導東亞大地數千年之文化進程者，胥由此數種觀念爲之核心，而亦胥於先秦時期完成之也。

此四者，乃此期間中國民族所共同完成之大業，而尤以平民社會之貢獻爲大。即秦人之統一，亦爲此種潮流所促成。

秦之先世本在東方，史記秦本紀敍述甚詳。爲殷諸侯。及中潏始西遷。其母乃西土酈山氏女。周孝王時，大駱適子成居犬丘，今陝西興平。而庶子非子始別封秦。今陝西隴縣東南。其後犬丘一族爲西戎所滅，非子一族邑秦者遂又東兼犬丘故地。諸嬴姓如江、黃、左莊十九年正義、史記陳杞世家索隱。徐、奄、左昭元年正義。梁、左僖十七年有梁嬴。又潛夫論。葛、左僖十七年有葛嬴。譚、史記、潛夫論。莒、潛夫論。郯、左桓十一年、宣二年。終黎、史記伍子胥傳索隱。鍾離、史記秦本紀集解、水經淮水注。淮夷，路史後記注。皆在東方。秦、晉於春秋時世爲婚姻，時無以秦爲夷翟者。戰國之秦乃如春秋之楚，不得即此謂秦果夷翟。

三　第一次統一政府之出現及其覆滅

秦并六國，中國史第一次走上全國大統一的路。此不專因於秦國地勢之險塞及其兵力之强盛，而最要的還是當時一般意向所促成。

秦之富强，得東方遊仕之力爲多，如商鞅、張儀、公孫衍、甘茂、范雎、蔡澤、呂不韋，皆東方人也，彼輩皆不抱狹義的國家觀念。即如魯仲連力反帝秦，亦就文化上立論，並非狹義的愛國主義。若使東方貴族機體不推翻，當國者盡如平原、信陵、屈原、韓非之徒，平民學者不出頭，遊仕不發跡，一般民衆皆受狹義的貴族政體之支配，則秦人力量便不夠并吞東方。即以始皇一朝相臣言之，相國呂不韋、始皇即位拜，十年免。昌平君、九年拜，二十一年貶。索隱曰：「昌平君，楚之公子。」昌文君、九年拜。丞相王綰、二十六年拜。隗林、二十八年拜。李斯、三十四年拜。去疾三十七年拜。諸人，似乎全非秦之貴族。如呂不韋、昌平君、李斯則明屬東方人；呂、李明是平民階級。秦政府實一東西混合的政府，即超國界的。亦是一貴族秦王室。與平民合組的政府。所謂「布衣卿相」之局。秦藉東方人力得天下，自不能專以秦貴族統治。故始皇雖爲天子，子弟下儕齊民爲匹夫，更不封建。雖係始皇卓識，亦當時情勢使然。

秦政府對統一事業，亦大有努力，舉其要者，如廢封建行郡縣。

此種趨勢，雖自春秋、戰國以來即然，然明白肯定的廢封建則自秦始皇統一後始。時丞相王綰即請立諸子，封王荊、齊、燕諸地，李斯不謂然。時斯爲廷尉。始皇曰：「天下共苦戰鬬不休，以有侯王。天下初定，又復立國，是樹兵也。」卒從李斯議。其後博士齊人淳于越又主封建，謂：「事不師古而能長久者，非所聞。」郡縣政治在當時實是有史以來之創局也。丞相李斯力斥之，至爲請焚書。封建、郡縣兩政體之爭論，乃當時最要一大事。李斯學術上承荀卿，始皇亦本於息戰弭兵之見地，不復封建。郡縣則天下爲一家，可望永久和平，封建則依然列國竝立，難免兵端。此實當時一種極純潔偉大之理想，所謂「平天下」是也。秦君臣此番建樹，於中國史上政體之躍進有大功績。後人空以專制譏秦，殊欠平允。

又按：秦始皇二十六年即從廷尉李斯議，分天下爲三十六郡。今略考之，隴西、昭王二十八年置。北地、亦昭王置。以上二郡當在今甘肅境。上郡、昭王三年置。雲中、始皇十三年因趙置。漢中、惠王後十二年置。以上三郡當在今陝西境。蜀郡、惠王二十七年置。巴郡、亦惠王時置。以上二郡當在今四川境。邯鄲、始皇十九年取趙置。鉅鹿、始皇二十五年滅趙置。廣陽、始皇二十一年滅燕置。漢志失載。漁陽、始皇二十二年因燕置。右北平、始皇二十年因燕置。上谷、始皇二十三年因燕置。遼西、始皇二十二年因燕置。遼東、始皇二十二年因燕置。以上諸郡略當今河北、熱河、遼寧境。河東、昭王二十一年置。太原、莊襄王四年置。上黨、昭王四十八年置。鴈門、始皇十三年因燕置。代郡、始皇二十五年因趙置。以上諸郡略當今山西境。三川、莊襄王元年置。潁川、始皇十七年置。南陽、昭王三十五年置。以上諸郡略當今河南境。南郡、昭王二十九年攻楚置。此略當今湖北境。黔中、昭王三十年置。漢志失載。長沙、始皇二十三、四年滅楚置。以上二郡當今湖南境。楚郡、亦始皇滅楚置。治陳，亦曰陳郡。漢志失載。九江、始皇二十四年置。泗水、始皇二十三年置。碭郡、始皇二十二年置。薛郡、始皇二十四年置。會稽、始皇二十五年置。以上諸郡，略當今江蘇、安徽、浙江境。齊郡、始皇二十六年滅齊置。琅邪、亦始皇二十六年滅齊置。東郡、始皇五年置。以上諸郡，略當今山東境。閩中與會稽同年置，當今福建境。漢志失載。是也。又增九原、始皇三十三年闢河南地置。略當今綏遠境。南海、桂林、象郡、始皇三十三年略取陸梁地置。略當今兩廣乃至安南境。東海，始皇三十四年置。今江蘇、山東境。共四十一郡。邊郡十八，近邊二郡，黔中、長沙。內郡二十一，境土略與今相當，惟北盛於南，與後世異。

收軍器，墮城郭，決川防，夷險阻，以解消封建時代之武裝。

當時國境，皆築長城爲防。魏有兩長城：一曰「固陽長城」，在今陝西境，由今華縣達榆林，南北千餘里；一曰「滎陽長城」，在今河南境，由陽武達密縣，南北數百里。齊亦有長城，在今山東境，由平陰達諸城、琅邪，盡海濱，東西千餘里。燕亦有兩長城：一曰「外長城」，由今河北懷來達遼寧之遼陽，東西二千里；一曰「長城」，在今河北易縣西南，延袤數百里。趙則有「扞關」，在今陝西膚施西北，北捍胡，西捍秦，長千五百里。楚自春秋已有「方城」，入戰國益增築，在今河南境，以方城縣爲中樞，南經南陽達泚陽，北達葉縣魯山，亦有遺跡，屈曲數百里。割地裂疆，遠者五、六百年，近亦一、二百年。又有堤防（齊與趙、魏以河爲境，各自築堤。）禦水，而以鄰國爲壑。（亦有壅水不下，以害鄰國。）中國之支離破碎，固若自古已然。秦廷努力剷削決通，於中國大一統之形成，良有大功也。收兵器，鑄金人十二，各重二十四萬斤。此蓋均爲一種弭兵理想之實施。後人專以專制說之，殊非事實。

又建設首都，移東方豪家十二萬戶於咸陽，興建築。（宮殿與陵寢。）

秦每破諸侯，寫放其宮室，作之咸陽，則咸陽之新建築，實匯合當時營造藝術之大成也。其經營陵寢，亦承儒家理論，而藉以充實中央。（因有陵寢移民。漢承其制。）於物質上（即文物上。）造成全國共仰之新首都，於統一精神亦殊重要。

巡行郡邑，築馳道。

始皇凡五巡狩。（二十七年首巡隴西、北地，出雞頭山，過回中（今甘肅固陽）。二十八年始東行，上鄒嶧山（今山東鄒縣）、泰山，南登琅邪，還過彭城，西南渡淮至南郡，浮江（即漢水）由武關入。（後人誤謂始皇至湖南。）二十九年再東巡，經陽武登之罘，遂登琅邪，道上黨入。三十二年四次出巡，東北至碣石（今河北昌黎縣），從上郡入（今陝西延綏一帶）。三十七年第五次，至雲夢（今湖北境），浮江下過丹陽，至錢塘，上會稽，還過吳，並海北上，至琅邪、之罘渡河至沙丘（今河北平鄉縣），遂道卒。）車轍馬迹徧中國，賈山謂：「秦爲馳道，東窮燕、齊，南極吳、楚，道廣五十步，三丈而樹，厚築其外，隱以金椎，樹以青松」，其制度之壯麗可想。

統整各地制度文化風俗。

此觀秦各地刻石文辭可知。秦刻石辭傳者凡七：曰嶧山、泰山、琅邪、之罘、之罘東觀、碣石門、會稽。會稽刻石特提男女淫佚之防，此就各地風俗爲矯正也。琅邪刻石尚孝、重農，爲此後漢治之本。又始皇二十六年云：「一法度衡石丈尺，車同軌，書同文字」，此亦統一工作上極重要之事務。

開拓邊境，防禦外寇。築長城及戍五嶺。此皆爲完成大一統的新局面所應有之努力。大體言之，秦代政治的後面，實有一個高遠的理想，此項理想，淵源於戰國之學術。秦政不失爲順著時代的要求與趨勢而爲一種進步的政治。

至於秦以一皇帝異乎以前之所謂「王天下」。高出乎公、卿、守、令百僚異乎以前之貴族世臣、封建列侯。之上，固若王室益尊，異乎前軌，然亦事勢推遷所必至，公、卿、守、令百僚若世襲，則仍是往者封建覆轍。若王位不世襲，則易啓紛爭，非長治久安之局。非秦君臣處心積慮欲爲此以便專制也。爲君者無此力量，爲臣者無此心理。秦廷有集議之制，如始皇時議帝號、議封建、議刻石頌功德、議封禪。二世時議尊始皇廟。爲兩漢所承。西漢，如議立君：昭帝崩，羣臣議立廣陵王，霍光承太后詔立昌邑王，又議廢之。如議儲嗣：成帝召丞相翟方進、御史大夫孔光等入禁中，議立嗣。議封建功賞：如甘延壽、陳湯元帝時，矯詔誅郅支單于，朝廷屢議其功賞。民政法制：如昭帝時議鹽鐵。獄訟：同姓者如淮南王獄；異姓者如魏其、武安侯相爭。邊事：如馬邑之謀。皆付廷臣羣議。東漢，如議立君：質帝崩，大集議立桓帝，梁冀主之，而李固、杜喬强守立清河王蒜不屈。董卓議廢少帝立陳留王，袁紹橫刀而出。議遷都：如董卓議遷長安。議食貨：肅宗議復鹽鐵。其他如議宗廟郊祀典禮、議選舉刑法等，不勝舉。朝廷每逢大事，君臣集議，猶與春秋列國貴族世卿之世略似。就此種政制風格言之，亦非一君權專制獨伸之象。

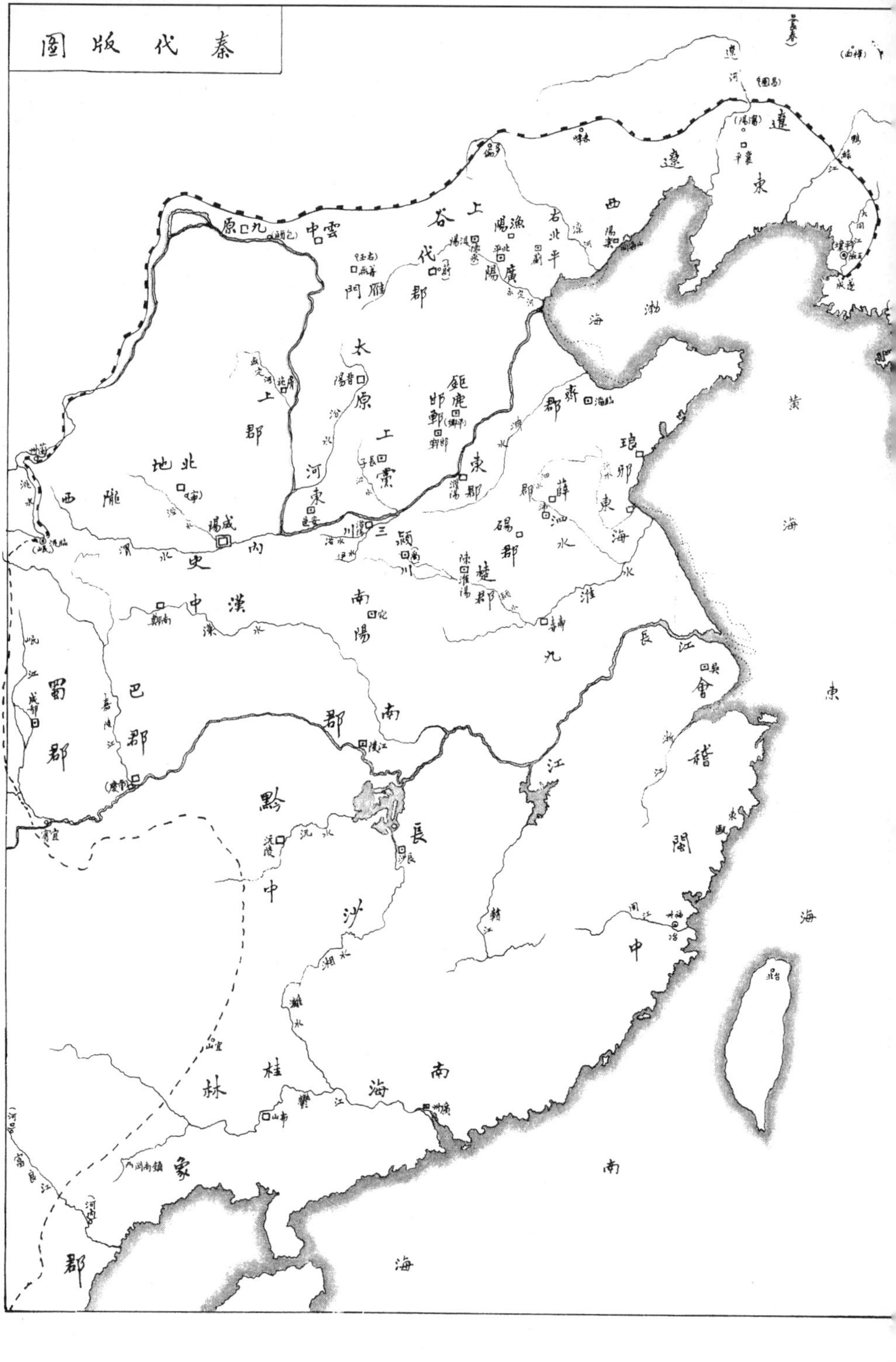
秦代版圖
九原
雲中
上谷
漁陽
右北平
遼西
遼東
廣陽
代郡
雁門
太原
上郡
北地
隴西
河東
上黨
鉅鹿
邯鄲
東郡
齊郡
琅邪
薛郡
東海
碭郡
泗水
潁川
三川
內史
漢中
南陽
九江
會稽
閩中
蜀郡
巴郡
南郡
黔中
長沙
桂林
南海
象郡
渤海
黃海
東海
南海
渭水
漢水
淮水
湘水
江

秦代政治的失敗，最主要的在其役使民力之逾量。役使民力逾量

秦人以耕戰立國，全國民衆皆充兵役，名曰「黔首」。魏有「蒼頭」，爲平民軍隊之一種，「黔首」殆與「蒼頭」義近。惟在戰國兵爭時代，以軍功代貴族，秦民力戰於外，歸猶得覬功賞。及天下統一，秦之政治亦漸上文治軌轍，而一面仍恣意役使民衆，如五嶺戍五十萬，長城戍三十萬，阿房役七十萬；此等皆爲苦役，與以前軍功得封爵不同。古代封建小國，四境農民行程相距最遠不出三、四日，每冬農隙，爲貴族封君服力役三日，往返不過旬日，其事易勝。秦得天下，尚沿舊制，如以會稽戍漁陽，民間遂爲一大苦事。又有「七科謫」與「閭左戍」，「七科謫」者，一吏有過，二贅壻，三賈人，四嘗有市籍，五父母有市籍，六大父母有市籍，七發閭左。閭左既空，當及閭右，其濫可知。秦自以農戰立國，役不足乃謫賈人，此與東方社會經濟情態亦不合。陳勝、吳廣即由此起。

秦室本是上古遺留下來的最後一個貴族政府，依然在其不脫貴族階級的氣味下失敗，即是十足的貴族氣味。依然失敗在平民階級的手裏。

秦之統一與其失敗，只是貴族封建轉移到平民統一中間之一個過渡。

四　平民政府之產生

秦滅六國，二世而亡，此乃古代貴族封建勢力之逐步崩潰，而秦亡為其最後之一幕。直至漢興，始為中國史上平民政權之初創。

高祖父稱太公，無名。母曰劉媼，并亡其姓。高祖行三，故曰劉季，既有天下，因名邦。一時羣臣，如蕭何為沛主吏掾，曹參為獄掾，任敖獄吏，周苛泗水卒史，申屠嘉材官，陳平、王陵、陸賈、酈商等皆白徒，周勃織薄曲、吹簫給喪事，樊噲屠狗，灌嬰販繒，婁敬挽車，惟張良為韓相貴冑。漢初王后亦多出微賤。項羽、田橫之徒皆貴族，而皆不能成事，此可以覘世變。

平民政府必然創建，殆為當時歷史趨勢一種不可抗之進程。然在平民政府創建的過程中，卻屢次有「封建」思想之復活。

秦始皇二十六年丞相王綰等議復封建，三十四年博士淳于越等又議復封建。至二世皇帝元年，東方革命軍起，各為六國立後。漢高平項王，封韓信、彭越、黥布諸人為王；迨異姓諸王逐漸剷滅，又封宗室同姓諸王。

直到景帝削平吳、楚七國之亂，平民政府之統一事業始告完成。當時平民政府的第二個反動思想則爲「無爲而治」。

漢初政府純粹代表一種農民素樸的精神，無爲主義即爲農民社會政治思想之反映。因此恭儉無爲、與民休息，遂爲漢初政府之兩大信念。因亂後社會經濟破產，人心厭亂，戰國晚年黃老一派消極思想，遂最先在農民政府裡面得勢。

「無爲」之實則爲「因循」。因此漢初制度、法律一切全依秦舊。（即如蕭何定律，而夷三族、訞言令、挾書律等皆存在。至孝惠、高后、文帝時逐漸廢除。惟精神上漢則恭儉，秦則驕奢，此其異。）戰國晚年申韓一派的法家思想，遂繼黃老而爲漢治之指導。（太史公謂申韓本於黃老，亦自就漢代情形言之。）

此種趨勢，在文、景時逐漸開展。一面漢廷削平吳、楚七國之亂，一面又漸漸有所謂「酷吏」出現，用朝廷法令來裁抑社會上的「游俠」與「商人」。功臣、列侯、宰相、大臣，亦不斷受朝廷法令制裁。中央統一政府之權力與尊嚴，逐漸鞏固，而後醞孕出漢武一朝之變法。

平民政府有其必須完成之兩大任務，首先要完成統一，其次爲完成文治。漢政府之實際統一，始於景帝。漢政府文治之蒸，則始於武帝。

第八章 統一政府文治之演進（由漢武帝至王莽）

要明白西漢文治政府之意義，先應注意到當時的一般情態。

一 西漢初年之社會

古代封建社會，到戰國已逐步消失。軍人、遊仕、商人，不斷由平民社會中躍起，他們攀登政治舞臺，而攫得了古代貴族之特權。

秦代統一政府在此種劇變過程中產生，因其歷年甚暫，那時的社會情態現在無可詳說。

就漢初情況而論，似乎秦漢之際雖經歷了幾次戰亂，而戰國以來社會變動的趨向，依然照樣進行。

（一）農民與奴婢

社會上一般生活，都起了絕大變動，只有農民，還比較呆滯在陳舊的狀態下過活。封建時代的農民，對其上層統治者，約有如下幾種負擔：

一曰稅。

此即地租。農民耕地，在政治觀念上，係屬於其地封君之所有，故農民對其封君每年應納額定之租稅。

二曰役。

因土地所有權的觀念，轉移到農民的身分，耕地者對其所耕地之封君有臣屬之關係。所謂「四封之內，莫非王土；食土之毛，莫非王臣」。因此每年於農隙，又須對其封君爲額定的幾天勞役。如浚河渠、築城防、起墳墓、建宮殿等。

三曰賦。

遇封君貴族對外有戰事，農民須對其封君貢獻車牛，或勞力。（農民不能有披堅執銳之榮耀身分，僅在軍隊中服勞役，乃至追逐車後助威作勢。）

四曰貢。

此出農民情感上之自動，如逢年節，向其封君獻㲋、兔、雞、鵝或絲、布之類。

上四項，一爲粟米之征，二、三爲力役之征，四爲布帛之征。（此皆已爲一種規定之義務。）一一沿襲到秦漢無變。就漢初情形言，農民對政府負擔大體如次：

一、田租。（即稅。）

戰國以來租額無考，惟孟子屢言什一之稅，知戰國租額決不止什一。漢制則什伍稅一，又時減半徵收，則爲三十稅一。（自文帝十三年除民田租，至景帝元年復收半租，其間凡十一年未收民租，爲歷史所僅見。）

二、算賦。（即後世之「丁口稅」。）

「賦」本出車牛、供夫役之義。戰國以來，兵爭連年不息，於是非常的、（即臨時的。）無定期的賦，漸變爲按年的經常項目。亦不必真出車牛、夫役，而徑以錢幣替代，各處按人口輪派，遂成後代之所謂「人口稅」。（秦人「頭會箕斂」，即此。派人持大箕到各鄉村按人頭算繳納也。）漢代出賦錢人百二十爲一算。（十五至五十六。）其未滿年齡者，（七歲至十四。）

出口賦錢人二十。武帝征伐四夷，重賦於民，民產子三歲則出口錢，人二十三，三錢以補車騎馬，（即戰馬。）民至生子輒殺。又賈捐之云：「文帝時民賦四十，武帝時民賦數百」，蓋亦時有輕重。

三、更戍。即兵役。

古代農民本無武裝，戰國以下，既徵其賦，又編其丁壯爲軍隊，於是農民於納賦外又須從軍；而「從軍」與「從役」兩事，在當時觀念上，往往不易分析。故漢人更戍凡分三項：

（一）中央政府之防衛　此名「正卒」，年二十三乃爲之，以一年爲期。古制二十成丁，授田百畝，三年耕有一年之畜，故至二十三乃可爲正卒。三輔來者爲「北軍」，掌衛京城；郡國來者爲「南軍」，掌衛宮門。漢帝以正月行幸曲臺，臨饗罷衛士。又郡國材官、即步兵。騎士，亦爲「正卒」，期亦一年。農民正式服兵役者凡二歲。於每年之九月有「都試」，即大操也。

（二）邊疆戍守　此名「屯戍」，亦名「繇戍」。天下人皆直戍邊三天。雖丞相子亦在戍邊之列。亦每年輪值。不行者出錢三百入官，官以給戍者；是爲「過更」。戍邊以三日者，古代封建侯國，四境相距不甚遠，故國人得輪值三日以均勞佚。秦既一統，乃謫會稽戍漁陽，陳勝、吳廣遂以揭竿而起。漢人變通其制，許有過更，則可無秦禍。

漢兵出於民，往來繇戍衣裝皆自補，遠征則食其郡國之粟，惟衛士得衣食縣官，罷遣侑享。因此漢無養兵之費。

（三）地方勞役　此名「更卒」，一月一更。即每年輪值一月。次直不往，出錢雇貧者，月錢二千。親服役曰「踐更」。賈捐之云：「文帝時，丁男三年而一事。」

此種負擔，在當時已爲極重。尚有郡國對中央之貢獻，其詳不可考。

漢書食貨志載李悝盡地力之教，謂：「一夫挾五口，治田百畝，歲收畝一石半，爲粟百五十石，鼂錯並謂：「百畝之收，不過百石。」除十一之稅十五石，餘百三十五石。食，人月一石半，五人終歲爲粟九十石，餘四十五石。石三十，爲錢千三百五十。除社閭嘗新春秋之祠，用錢三百，餘千五十。衣，人率用錢三百，五人終歲用千五百，不足四百五十。不幸疾病死喪之費，及上賦斂，又未與此。此農夫所以常困，有不勸耕之心。」盡地力之教未必真李悝語。且農民經濟變動較少，可以推見漢初情形。董仲舒則謂：「月爲更卒，已復爲正，一歲屯戍，一歲力役，三十倍於古。田租、口賦、鹽鐵之利，二十倍於古。」

農民在無可聊賴中，首先是出賣耕地，出賣耕地後生活不免更苦。

董仲舒云：「或耕豪民之田，見稅什五，較國稅重十五倍。故貧民常衣牛馬之衣，而食犬彘之食。」荀悅云：「官收百一之稅，民輸大半之賦，官家之惠優於三代，豪強之暴酷於亡秦。」故漢文之輕徭薄賦，仍無救於社會之兼并。

其次只有出賣妻子乃至於出賣自身。如此則算賦、更役等負擔皆免。漢制奴婢倍算，然自有主人負之，與奴婢不涉也。此爲漢代奴婢盛多之來源。

漢代公私皆盛畜奴，蜀卓氏至僮千人，程鄭亦數百。武帝時，楊可告緡，得民奴婢千萬數。元帝時，貢禹言官奴婢十餘萬。蓋有犯法沒爲奴者，而不能完租賦、踐更役亦屬犯法。則自賣爲奴與沒官爲奴亦正等耳。自賣爲奴猶較自由，有樂生之望，毋怪漢民自願賣身之多。【後代不徵丁口稅，則不需出賣爲奴。】

否則亡命。【即脫去籍貫，流亡他鄉。】舍匿亡命有罪，而或則冒罪藏匿，【因其別有可圖之利。】是爲「任俠」。商賈必盛蓄奴婢，任俠必多匿亡命，二者形成漢初社會之中層。

（二）商賈與任俠

當時商賈經營事業，【據史記貨殖傳所載。】約可分爲採冶、製造、種殖、畜牧、運輸諸項。這些事業，第一有待於山澤禁地之解放，【詳第五章。】第二則有賴於大規模之奴隸運用。

貨殖傳所舉當時大富，如鐵冶、鼓鑄、燒鹽、轉轂【即運輸。】諸業，均有待於衆多之人力。即其所言末業爲貧資，如種樹果菜，如畜養豕魚，如屠沽，如販糴，如製器漆髹，如皮革雜工等，亦待奴役以爲操贏之算。大抵其時所謂商賈，以工虞農牧爲本，以轉販居積爲副，故奴婢爲治產一要素。

齊刁間收取桀黠奴，使逐魚鹽商賈之利，或連車騎、交守相，然愈任之，終得其力，起富數千萬。班固以「馬蹄噭千，牛千足，羊彘千雙，童手指千」並舉。張安世家僮七百人，皆有手技作事，遂富於大將軍霍光。漢樂府：「孤兒命當苦，兄嫂令我行賈，南到九江，東到齊與魯。」王褒僮約，列舉操作項目。諺曰：「千金之子不死於市」，則作於家賈於市者，皆奴也。其時奴隸率利用於製造及商業，而農業則已進爲小規模的耕作，並無附著於土地，隨土地而買賣之「農奴」。奴隸生活待遇亦優，可以有家室、財產、兒女，甚至連車騎、交守相，此與歐洲羅馬農奴不同。

以錢幣買奴力以逐利長產，經營貨殖者爲商賈。以意氣情誼收匿亡命共爲姦利，甘觸刑辟而市權勢者則爲任俠。墨經：「任士損己而益所爲。」韓非八説：「棄官寵交謂之有俠。」史記游俠傳謂：「近世延陵、孟嘗、春申、平原、信陵之徒，皆因王者親屬，藉於有土卿相之富厚，招天下賢者，顯名諸侯，不可謂不賢。此如順風而呼。而布衣之俠靡得而聞。」是戰國任俠本指四公子輩廣招賓客而言。漢書季布傳注：「俠之言挾也。」其時貴族階級猶未全泯，故有力挾衆。漢興，而閭巷之俠起，正可見世變。儒、墨皆不重俠，後人即認儒、墨爲俠，非也。

任俠之所舍匿，則曰「賓客」，然賓客與奴婢身分無殊。同樣逃避國家課稅，失其爲公民之資格。任俠既以意氣肝膽匿亡命，則亡命者亦出肝膽意氣感激相報，乃至作姦剽攻、鑄錢掘冢之類，無所不爲。後人乃漸以此等爲「俠」。而此一團體之生活亦得維持。任俠之權勢與富厚，乃與商賈亦略相當。濮陽周氏舍匿季布，置之廣柳車中，并與其家僮數十人至魯朱家所賣之。則任俠間亦自有大批奴僮相賣買矣。

任俠與商賈，正分攫了往者貴族階級之二勢。一得其財富，一得其權力。吳、楚七國反，周亞夫至洛陽，得劇孟，曰：「吳、楚舉大事而不求劇孟，吾知其無能爲已。」天下騷動，大將軍得之，若一敵國，其權力可想。皆以下收編戶之民，而上抗政府之尊嚴，只要政治上没有一個辦法，此等即是變相的貴族。故司馬遷稱貨殖富人爲「素封」也。

二　西漢初年的政府

現在再看上層政府裏面的人物。

漢高得天下，大封同姓及功臣，並明約「非劉姓不得王，非有功不得侯」。所謂有功，大體上只指軍功而言。即相助劉氏得天下者，此即商鞅在秦所定「尚首功」之制也。漢二十級爵承襲秦制，自步卒到封侯，皆以戰功爲階級，是漢亦以軍人代貴族，明矣。此爲政府的最上層。

其次的官僚，則大半由郎、吏出身。

郎官是隨從在皇帝近旁的一個侍衛集團，掌守門戶，出充車騎，無員，多至千人。其制度略近於戰國時代國君乃至於貴族卿相門下的食客與養士。或曰：「郎之爲言廊也」，因侍衛宮殿廊廡之下而得名；或則曰：郎之得名，蓋猶周官鬱人、鬯人、雞人之「人」。

郎官來歷，不出下列數途：

一、廕任。

吏二千石以上視事滿三歲，得任同產若子一人爲郎，如蘇武、韋玄成皆由此出身。此即戰國策趙老臣觸讋見趙太后，願其少子「得補黑衣之數」之類也。

二、貲選。

家貲滿五百萬，得爲常侍郎，如張釋之、司馬相如皆以貲爲郎。蓋高貲者得上書自請宿衛，祿不豐而費大，故張釋之爲郎十年不得調，謂其兄曰：「久宦減仲產」，欲自免歸也。楊惲傳：「郎官故事，令郎出錢市財用，給文書，乃得出，名曰『山郎』。移病盡一日，輒償一沐。或至歲餘不得沐。其豪富郎日出游戲，或行錢得善部。貨賂流行，轉相倣傚。」是郎署多富人，武帝後猶然。

三、特殊技能。

衛綰以戲車爲郎，荀彘以御見侍中，此如戰國策馮煖欲爲孟嘗君客，孟嘗君先問「客何能」也。東方朔上書自衒鬻，用三千奏牘，武帝讀之，輒乙其處，二月乃盡，得爲常侍郎。然史謂東方朔「與枚皋、郭舍人俱在左右，詼啁而已」。其先東方朔待遇乃與侏儒等。文士之與侏儒，同樣爲皇帝一時好奇心所愛好，而畜之宮中，則與戲車、善御皆一例也。此外尚有以孝廉爲郎者，如王吉、京房、蓋寬饒、杜鄴、師丹之類。有射策爲郎者，如蕭望之、馬宮、何武之類，皆後起。

第一項是變相的貴族世襲，第二項是封建貴族消滅後的新貴族，富人。第三項則是皇帝私人。郎官集團性質之分析，不過如此。然而政治上之出身，卻正在此。後漢書明帝紀，館陶公主爲子求郎，不許，而賜錢千萬，謂羣臣曰：「郎官上應列宿，出宰百里，苟非其人，則民受其殃。」又按：郎官制度蓋爲政制淺演之民族所必經之一級，如後世金人以世冑或士人爲內侍，（見斜卯愛實傳。）又如元之四怯薛制等，皆略相似。

郎以外有吏，吏是各官署的幫辦人員。吏的來歷，亦無一客觀標準，大體仍多爲富人所得。

漢制吏途凡三：一曰郡縣吏，不限資格，平民自願給役者皆得爲之。賈誼、張湯、王吉、龔勝、翟方進、谷永，皆由吏出身。然韓信「以家貧無行，不得推擇爲吏」，大抵在上者擇家貲，在下者推有行，如高帝以長者得爲亭長是也。則小吏亦復有貲選也。二曰中都官掾屬，自丞相以下各官府皆可自辟署，或先爲郡吏，或本爲布衣，亦不限資格，優者則薦於朝。如楊敞、蔡義、揚雄，皆由此進。三曰獄吏，猶今時法官，以明習法令名。公孫弘、于定國、丙吉、尹翁歸、薛宣，皆曾爲之。然景帝後二年詔，謂：「今貲算十以上乃得宦，應劭曰：「十算，十萬。」漢一金值一萬，文帝云：「百金中人十家之產」，則中人一家產當十萬也。減爲貲算四得宦。」董仲舒言：「長吏多出於郎中、中郎，吏二千石子弟，選郎、吏又以富貲，未必賢，此即「廕任」與「貲選」二途。是以廉恥貿亂，賢不肖渾殽。」是當時吏途，亦大率爲富人也。

如是則當時的政治組織，第一層是宗室，封建諸王。第二層是武人，以軍功封侯。漢制非封侯不得拜相；亦有以外戚恩澤侯者。第三層是富人，得以貲選爲郎、吏，謀出身。第四層是雜途。無論爲郎爲吏，皆須憑機緣進身而得在上者之歡好。文學、儒術亦雜途之一。

三　西漢初年的士人與學術

要論漢初學術，必推溯及於先秦。

從另一觀點言之，則先秦學術可分爲一古官書之學，即漢初人所謂「詩、書古文」之學，亦中漢以後人所謂「六藝」之學，或「六經」之學，乃由早起儒、墨兩家所傳播，所謂「稱詩、書，道堯、舜，法先王」，爲先秦較舊之學派。又一百家之學。「家」乃私家之稱，此乃民間新興學。儒、墨以後，百家競起，率自以其所見創新説，不必依據古經典，寓言無實，爲戰國較新之學派。

若以時期言，古官書之學在前，百家言在後。若以地域言，古官書之學盛於東方齊、魯，所謂「鄒、魯之士，搢紳先生，多能言之」也。百家言遍及中原三晉。三晉之士，急功好利，率務趨時，不樂爲純粹學理之研討。兵、刑、農、法、縱橫皆在是。道家如莊、老，陰陽家如鄒衍，持論運思較玄遠者，皆近東之士。荀卿以趙人而遊齊，雖深染東方學風，而不脫三晉氣習。其弟子韓非、李斯，則皆中原籍也。遊秦者以中原功利之士爲多，東方齊、魯學人，少有入秦者。

秦代焚書，最主要者爲六國史記，即當代官書。其次爲詩、書古文，即古代官書之流傳民間者。而百家言即後起民間書。非其所重。按：此三類分法，已見莊子天下篇，漢書藝文志因之。謂秦焚書而詩書古文遂絶者，有史記六國表序、太史公自序、劉歆移書讓太常博士、揚雄劇秦美新、王充論衡書解、佚文、正説諸篇。謂秦焚書不及諸子者，有論衡上述諸篇、趙岐孟子題辭、王肅家語後序、後漢天文志、劉勰文心雕龍諸子篇、逢行珪注鬻子敍等。此乃自漢以下相傳之説，至唐後而失之。漢武立五經博士，罷黜百家，則正是秦始皇焚書、禁以古非今後一反動也。

焚書本起於議政衝突，博士淳于越東方齊人。稱説詩、書，引據古典，主復封建，李斯極斥之，遂牽連而請焚書。李斯請史官「非秦紀皆燒之，即第一類。非博士官所職，天下敢有藏詩、書、百家語者，悉詣守尉雜燒之」，即第二、第三類。而又附禁令數項：一、敢偶語詩、書棄市。百家語不在内。二、以古非今者族，此即依據古官書、歷史成典，法先王而議新政，如淳于越之徒是也。偶語詩、書，迹近以古非今，故亦棄市。至百家言往往與時政不涉，故不預。吏見知不舉與同罪。此二條爲重法。三、令下三十日不燒，黥爲城旦。此一條爲輕法。可見當時重禁議政，輕禁挾書也。坑儒亦爲誹謗、訞言亂黔首，不爲求仙藥。

漢興，學統未嘗中斷。

秦雖焚書，史官、博士官仍未廢，史官乃古代政府中之學官，即掌官書者。博士官掌新興百家民間學，爲後代政府新設之學官也。著述亦未中輟。漢書藝文志有儒家羊子四篇，名家黃公四篇，皆秦博士。又有成公生，游談不仕，著書五篇。零陵令信著書一篇。下迄漢惠四年。除挾書律，前後祇二十三年。漢廷羣臣，亦多涉學問，如張良、陳平、韓信、張蒼、酈食其、陸賈、婁敬、朱建、叔孫通之徒皆是。名人巨德，雜出其間。如申公、穆生、白生在楚，蓋公在齊，四皓在朝，魯兩生在野。

惟漢室初尚黃老無爲，此乃代表一時民衆之心理要求。繼主申韓法律，既主黃老無爲，則勢必因循秦舊，乃至以法爲治。學問文章非所重，平民政府不注意學術，爲當時歷史演進一頓挫。學術尚未到自生自長的地位，至文帝時，始下求書之詔。其時則古文六經之學，不免因亂衰微，有所缺失。於是遊仕食客散走於封建諸王間，以辭賦導奬奢侈，以縱橫捭闔是非，辭賦、縱橫本屬一家。辭賦又兼神仙。安居奢侈則爲神仙，雄心闊意則務縱橫。依然是走的破壞統一的路。文學之與商賈、游俠，同樣爲統一政府之反動。

漢初諸王招致游士，最先稱盛者如吳王濞，有鄒陽、齊人。嚴忌、枚乘吳人諸人。吳既敗，繼起者爲梁孝王，鄒、枚諸人皆去吳歸梁。又有羊勝、公孫詭皆齊人。之屬。司馬相如亦去中朝而來梁。再下則有淮南王安，招致賓客方術士數千人，著淮南王書，已在武帝世。此爲南方之一系，大抵皆辭賦、縱橫文辯之士也。曹參相齊，召齊諸儒以百數，而得蓋公。景、武之間，有河間獻王德，盛招經術士，多得古文舊書。蓋河間偏重於古官書之學，而淮南則慕百家言，南北兩王國，正分得先秦學統之兩系。

中央王室恭儉無爲之治，不能再掩塞社會各方之活氣。經秦末大亂，經濟破產之後，最先起者爲商人與游俠；次之有諸侯王之富盛驕縱；再次有文學游仕之活動。

在此種種不安定不合理之狀態下，中央政府覺悟到必須改變其態度，而要一積極勇敢的革新。於是遂有漢武一朝之復古更化，爲西漢文治政府立下一規模。

四　中央政府文治思想之開始

西漢中央政府之文治思想，最先已由賈誼發其端。

賈誼陳政事疏，提出好多重要的見解，除卻裁抑諸王國和捍禦匈奴此兩事爲當時維持統一政府的必要條件，主法治者亦贊成，如以後晁錯等。外，尤要者在教育太子，當時諸王、列侯家庭俱已有腐敗墮落的景象，農民純樸之本色已失，貴族生活之薰染日深，非有教育，不足維持長久。尊禮大臣，農民政府之好處在真樸，壞處在無禮貌；可愛處在皇帝、宰相如家人，其弊處則皇帝待宰相如奴僕。闡揚文教，黃、老清淨無爲，僅足暫度一時，漸漸政事待理，則走上申、韓刑法一路，沿襲秦人「以吏爲師，以法爲教」之餘習。要革除秦弊，則須另開文教。轉移風俗。朝廷只講法令，社會只重錢財，風俗無自而美。闡揚文教，爲轉移風俗之前提。此諸點均針對當時病象，其議論漸漸從法律刑賞轉到禮樂教化，此即由申、韓轉入儒家。亦即由亡秦轉而爲三代之隆，即由百家法後王轉入六經法先王也。以後之復古更化，賈誼已開其先聲。

賈誼雖以洛陽少年爲絳、灌功臣所抑，然賈誼的主張，一一爲漢廷所採用。漢文雖極賞賈誼，然其時內則功臣元老，外則諸王長親，尚非漢廷大有爲之時。景帝師晁錯；武帝師王臧。王臧乃儒生，武帝即位，大興儒術，其早年所受教育亦是一因。

先秦諸子注意教育問題者莫如儒。道家根本主張絕學不教。法家僅主刑名法律，如趙高之教二世是也。墨家、農家之教，不適於實際。其他皆所以用世，非所以教幼。故荀主幼小必教，則儒業必興。中國無宗教，儒士本自友教貴族子弟起，故漢文用賈誼，則以爲長沙王太傅，又以爲梁王相，武帝之用董仲舒亦然。儒家在漢初，仍以友教青年貴族爲第一任務。

五　漢武一朝之復古更化

武帝以英年即位，只十七歲。即銳意革新，用其師王臧及臧之同學趙綰，又召趙、王師申公。謀興禮樂。其事雖經一度挫折，武帝祖母竇太后尚黃、老，不樂帝所爲，趙、王皆下獄死。終於走上復古更化的路。

這時最要的人物是董仲舒。董仲舒天人三策與賈誼政事疏，兩篇大文，奠定了西漢一代政治之規模。

武帝一朝政治上重要改革，舉其要者，第一是設立五經博士。

博士遠始戰國，公儀休爲魯博士，賈山祖父祛爲魏王時博士弟子。齊之「稷下先生」亦博士之類。故漢初叔孫通以博士封「稷嗣君」，謂其嗣稷下。鄭玄稱「我先師棘下生子安國」，「棘下生」即稷下先生。以孔安國爲博士，故云。秦博士七十人，掌通古今，備問對。漢承之。稷下先生亦七十餘人，蓋以孔門弟子七十七人爲法。

博士爲太常屬官，太常掌宗廟禮儀，史官、博士官皆屬太常，即古代「學術」統於「宗教」之遺制。

博士並無政治上實際任務，只代表著古代貴族政府、軍人政府下一輩隨從的智識分子。因此其性質極雜，占夢、卜筮皆得爲之。略如當時之郎官，後代之翰林供奉，惟視帝王所好。

秦廷以博士議政興大獄，伏生之徒抱書而逃。伏生亦東方學者，治尚書，焚書案中，殆與淳于越諸人同失官而去。秦廷既禁以古非今，則焚書後之博士，必多屬之後起百家言也。主復封建，固爲不智，然以吏爲師，以法爲教，抑低學術，提高法令，較之復封建，亦相去無幾。東方學者之失在迂闊，而中原三晉之士，則失在刻急。各有所長，亦各有所短。自此迄於漢初，博士闇淡無生色，而政府益少學術之意味，此則李斯之大錯。

武帝從董仲舒請，罷黜百家，只立五經博士，從此博士一職，漸漸從方技神怪、旁門雜流中解放出來，純化爲專門研治歷史和政治的學者。

六經爲古官書之流傳民間者，故章學誠謂「六經皆史」。秦火焚之不盡。漢儒所謂「通經致用」，即是從已往歷史與哲學裏來講政治。法家只守法令，經學則進一層講道義。法家只沿習俗，襲秦舊，經學則稱古昔，復三代。「五經」與「儒家」亦有辨，故文帝時有孟子博士，至武帝時亦罷。漢書藝文志儒家在「諸子」，與「六藝」別。

他們雖不參加實際政務，但常得預聞種種政務會議，漢大政事廷議有博士。因此他們對政治上漸漸會發生重大的影響。自秦人之「以吏爲師，以法爲教」，漸漸變成朝廷采取博士們的意見，即是「政治」漸受「學術」指導。此項轉變，關係匪細。

第二是爲博士設立弟子員。其議始於公孫弘。

額定五十人，一歲輒課，能通一藝即一經。以上，得補吏。高第可以爲郎中。

自此漸漸有文學入仕一正途，代替以前之廕任與貲選，士人政府由此造成。同時政府負有教育國家青年之責，較之賈誼專言教育太子者又進一步。

第三是郡國長官察舉屬吏的制度。其議創於董仲舒。

博士弟子考試中第，亦得補郡國吏，再從吏治成績升遷；又得察舉爲郎，從此再走入中央仕途。

此制與博士弟子相輔，造成此下士人政府之局面。郡國長吏同時不僅負有奉宣政令之責，並有爲國求賢之責，此亦重大意義也。

第四是禁止官吏兼營商業，其議亦始董仲舒。並不斷裁抑兼并。此層自賈誼、晁錯以來均主之。

漢武一代鹽鐵官賣等制度，均由此意義而來。觀鹽鐵論桑弘羊爲政府方面之辯護可知。漢武外朝尊博士，而內廷則多用文學侍從之人，故漢武一代政治，亦兼「儒術」與「辭賦」二者。其所行雖援經典古義，而多浪費，功實不稱，爲後人所不滿，非在其制度本身也。從此社會上新興的富人階級，漸漸轉向，儒林傳中人物，逐次超過於貨殖傳，故曰：「遺子黃金滿籯，不如一經。」實爲武帝以下社會一大轉變。此等處可見學術指導政治，政治轉移社會。當時中國史，實自向一種理想而演進。

第五是開始打破封侯拜相之慣例，而宰相遂不爲一階級所獨佔。

自秦以來，中央最高首領爲天子，而實際負行政之責者則爲丞相。以字義言，「丞」、「相」皆副貳之意，丞相即「副天子」也。天子世襲，而丞相不世襲。天子爲全國共戴之首領，不能因負政治責任而輕易調換；貴族政治既隨封建制度而俱滅，全國民衆在一個大一統國家下亦無法運用公議推選等制度。天子世襲，乃代表國家之一種恆久精神，「始皇帝」之稱，不足深怪。丞相乃以副貳天子而身當其衝。最好固爲君、相皆賢，否則天子以世襲不必賢，而丞相足以彌其缺憾。縱使君、相不皆賢，而丞相可以易置。如是則一代政治不致遽壞。此秦政之又一特色也。有丞相即非「君主獨裁」，即非「專制」。宋人洪咨夔有言：「往古治亂之原，權歸人主，政出中書，（即宰相。）無不治。權不歸人主，則廉級一夷，奚政之問？政不出中書，則腹心無寄，奚權之攬？」判劃政、權，分屬君、相，實中國政治自秦以下一重要之進向也。漢初政治，往往有較秦爲後退者，此因平民政府缺少學術意味之故。故漢之代秦，一面固爲歷史之轉進，一面卻自有其頓挫。此種例，各時期皆有。歷史下之進退，往往輕易不能遽斷。如宰相必用封侯階級，即軍人。即其一例。非封侯不拜相，此乃漢初一種不成文法，雖無明制，實等定律。如蕭何、高帝時。曹參、王陵、陳平、審食其、惠帝、呂后時。周勃、灌嬰、張蒼、申屠嘉，文帝時。皆軍人也。陶青、陶舍子。周亞夫、周勃子。劉舍，劉襄子，景帝時。皆功臣子嗣侯，其先亦軍人也。則漢初丞相，顯爲軍人階級所獨佔。武帝始相公孫弘，其先如衛綰、竇嬰、許昌、田蚡、薛澤，惟田蚡爲以外戚相，然亦先封侯。其他仍皆以軍功得侯；否則其先世以軍功得侯者。以布衣儒術進，既拜相乃封侯，此又漢廷政制一絕大轉變也。漢武一朝，自公孫弘以後，如李蔡、莊青翟、趙周、石慶、公孫賀、劉屈氂、車千秋，仍不出往者軍功得侯或嗣侯爲相之例。此由一時人選之難，物望之不孚，歷史之變以漸不以驟。昭、宣以下，非儒者乃絕不能居相位。其先惟軍人與商人，爲政治上兩大勢力，即廕任與貲選。至是乃一易以士人，此尤見爲轉向文治之精神。

此爲漢武一朝復古更化之最有關係者。如郊祀、巡狩、封禪等，皆虛文無實際，此則漢武誤於方士神仙家言，以及文學辭賦之士之務爲鋪張誇大。然亦因當時儒生，自不能與此兩派劃分清楚之界線。

其實所謂「古」者亦非純粹盡本於古，學校、察舉、黜陟諸制，貴族世襲時代另是一套。漢所襲，其論雜出於先秦諸子，而備見於王制篇中；王制乃漢文時博士所爲。周禮三百六十官，獨缺學校。然則漢武一朝之復古更化，正是當時一種嶄新之意見也。儒家託古改制，當在此等處看。

六　士人政府之出現 昭宣元成一段

漢政府自武帝後，漸漸從宗室、軍人、商人之組合，漢制雖禁商人入仕，然以貲選，富人其先皆商人也。轉變成士人參政之新局面。

公卿朝士，名儒輩出。

仍舉丞相一官言之，昭帝時有王訢、郡縣吏積功。楊敞、給事大將軍幕府，爲軍司馬。蔡義。以明經爲博士，拜相封侯。宣帝時有韋賢、以詩教授，稱大儒。魏相、少學易，爲郡卒史。丙吉、獄吏。黃霸、入財得官。于定國。獄吏。元帝時有韋玄成、以父任爲郎，亦稱名儒。匡衡。射策除掌故。成帝時有王商、外戚。張禹、郡文學。薛宣、廷尉書佐。翟方進、射策爲郎。孔光。以明經舉議郎。哀帝時有朱博、亭長。平當、治禮學。王嘉、射策爲郎。孔光、馬宮。射策爲郎。蓋自宣帝後，儒者漸當路。元、成、哀三朝，爲相者皆一時大儒。其不通經術而相者，如薛宣以經術淺見輕，卒策免；朱博以武吏得罪，自殺，皆不得安其位。

且即庶僚下位，亦多學者。

即前舉丞相亦多由下僚進身，其外如王吉、（郡吏。）鮑宣、（嗇夫。）韓延壽、（郡文學。）王尊、（郡決曹史。）蓋寬饒、諸葛豐、（均郡文學。）孫寶、（郡吏。）谷永、（長安小史。）梅福（郡文學。）之儔，皆名臣也。

士人在政府裡漸漸佔到地位，一半是憑藉武帝時董仲舒、公孫弘諸人所創建的種種制度，一半是讀書博通之士在政治上所表現的成績，究竟比貴族軍人和商人們來得强。

武帝時，兒寬爲廷尉奏讞掾，以古法義決疑獄見重。昭帝時，雋不疑爲京兆尹，以春秋義縛訊僞衞太子。宣帝時，蕭望之爲御史大夫，引春秋義主弔匈奴喪。皆爲一時推尊。霍光廢昌邑王，先問於古有否先例，可見士人學者逐漸在政治上佔到地位和勢力，實爲當時一種自然之趨勢。

自此漢高祖以來一個代表一般平民社會的、素樸的農民政府，現在轉變爲代表一般平民社會的、有教育、有智識的士人政府，不可謂非當時的又一進步。

七　漢儒之政治思想

士人們在政治上逐漸得勢，他們所抱的政治思想，要逐漸發揮效力。

漢儒論政，有兩要點。

一爲變法和讓賢論。

此派理論遠始戰國晚年之陰陽學家，鄒衍五德終始論（鄒衍思想另詳下論古代宗教思想章。）下及董仲舒公羊春秋一派「通三統」的學說。（董氏說詳春秋繁露。）大抵主張天人相應，政治教化亦須隨時變革，並不認有萬世一統之王朝，亦不認有歷古不變之政制。

他們根據歷史觀念，主張如下一套之進程：（此據漢儒所傳鄒衍第二說，與第一說呂氏十二紀、淮南時則並不同。）

一、聖人受命。（地上各代開國之君，皆符應於天上某帝之某德（如青帝木德、赤帝火德、黃帝土德、白帝金德、黑帝水德。）而降生。）

二、天降符瑞。（受命必有符瑞，如以土德王者黃龍見之類。）

三、推德定制。（包括易服色、更制度、改正朔等。如水德王者服色尚黑，以十月爲歲首，數尚六之類。董仲舒所謂「天不變，道亦不變」，乃指政治上最高原理言，與制度更易並行不悖。）

四、封禪告成功。（聖人受天命爲地上君，故定制度，蘄太平，成功則必祭天（封禪。）報告。）

五、王朝德衰，天降災異。天運循環，成功者去，如春、夏、秋、冬之更迭互乘，無不衰之德。董仲舒謂：「雖有繼體守文之君，不害聖人之受命。」

六、禪國讓賢。見災異降，知天命改，應早物色賢人讓國；否則革命起，終無以保其位。

七、新聖人受命。此下循環不息，中國已往五帝三代，皆在此公式支配下演進。

武帝以前，漢儒鼓吹變法；武帝以後，漢儒漸漸鼓吹讓國，始終是循著上述的理論。眭弘、在昭帝天鳳三年。蓋寬饒在宣帝神爵二年，相距不二十年。均以請漢室讓位伏誅，然其後谷永等仍主天運循環、漢德已衰之說，漢廷乃無從裁抑。永之言曰：「天生蒸民，不能相治，爲立王者以統理之。方制海內，非爲天子，列土封疆，非爲諸侯，皆以爲民也。垂三統，列三正，去無道，開有德，不私一姓。天下乃天下人之天下，非一人之天下也。」即漢宗室劉向亦言：「王者不可不通三統，明天命所授者博，非獨一姓。自古及今，未有不亡之國。」可見此爲當時普遍信仰之理論。

二爲禮樂和教化論。

另一派漢儒，認爲政治最大責任，在興禮樂，講教化；而禮樂和教化的重要意義，在使民間均遵循一種有秩序、有意義的生活，此即是古人之所謂「禮樂」。在此點上，西漢中葉以後的學者，頗不滿於漢武之郊祀、封禪種種奢侈的浮禮。此等乃對上帝、對天，而非對民衆、對人；一虛一實，一恭儉一驕奢，意義迥殊。要達此境界，不僅朝廷應恭儉自守，又應對社會一般的經濟不平等狀態加以調整。武帝對當時社會經濟不平衡之狀態，並不能有所矯救。特以對內、對外浪費無度，使社會一時走上共同破產而已。經昭、宣之休養生息，社會經濟復蘇，如間日之瘧，舊病復發。故當時學者，頗主還復王朝之恭儉，而轉移目光，對社會經濟有所整頓。

此派理論，亦遠始戰國晚年之荀卿。如其禮論篇即可爲代表。惟禮論並不主帝王之恭儉，是其異。直至漢儒賈誼、晁錯亦時言之。董仲舒，董氏大體爲齊學，而議論有近魯學處。下及王吉、貢禹等皆是。前一派於漢爲「齊學」，後一派於漢爲「魯學」。皆先秦東方學之傳統。齊學恢奇，魯學平實，而皆有其病。齊學流於怪誕，其病在不經。魯學流爲訓詁，其病在尊古。立論本意非不是，而不能直湊單微，氣魄、智慧皆不夠，遂不足斡旋世運，而流弊不免。

王莽的受漢禪而變法，即是此兩派學說之匯趨。

八　王莽受禪與變法

王莽受禪，一面循著漢儒政治理論之自然趨勢，一面自有其外戚的地位及王莽個人之名譽爲憑藉。

王莽姑母爲孝元皇后。元帝後，成、哀、平三君皆不壽，莽諸父鳳、音、商、根相繼執政而及莽，莽之地望已尊。莽又不失書生本色，治禮，務恭儉，迂執信古而負大志，又恰合時代潮流。漢儒羣主讓賢，而苦無一種明白的選賢制度，王莽在政治上、學術上均足膺此選格，遂爲一時羣情所歸嚮。莽爲宰衡辭封，上書者吏民四十八萬七千五百七十二人，反莽者惟劉崇、翟義。

王莽居攝及受禪後之政治，舉其尤要者，如王田、（盡收天下田畝爲國有，而均之耕者。）廢奴，（解放奴隸。）用意在解決當時社會兼并，（此乃自先秦以來早待解決之一重要問題也。）消弭貧富不均，爲漢儒自賈、董以來之共同理想。其他如「六筦」、（一、鹽，二、酒，三、鐵，四、名山大澤，五、錢布銅冶，六、五均賒貸；皆歸國家管理，故曰「六筦」。）「五均」，（徵工商百業所得稅爲母金，國營賒貸，使無重利盤剝，爲「六筦」之一。）有似武帝時之鹽鐵、酒榷、算緡、均輸。（五均亦主平市價，與均輸略似。）實亦一種如近世所謂之「國家社會主義」，仍爲裁抑兼并著想。

王莽又屢次改革貨幣，使民間經濟根本發生動搖，極爲擾民。然原其用意，仍爲求達裁抑兼并、平均財富之目標而起。（當時人見解，以爲財富不均由於商人兼并，商人兼并由於利用貨幣，故有主張根本廢棄貨幣者。鼂錯、貢禹之徒，皆有此想，而王莽承之。）

王莽政治失敗，約有數端：

一、失之太驟，無次第推行之計劃。

二、奉行不得其人，無如近世之政治集團來擁護其理想。

三、多迂執不通情實處。（復古傾向太濃厚。莽之得國，多本齊學，有太涉荒誕者。莽之新政，多本魯學，有太過迂闊者。）

王莽的政治，完全是一種書生的政治。

王莽失敗後，變法禪賢的政治理論，從此消失，漸變爲帝王萬世一統的思想。（至少是希望能如此。）政治只求保王室之安全，亦絕少注意到一般的平民生活。（後世對王莽的批評，全是沿著東漢王室之意見。）這不是王莽個人的失敗，是中國史演進過程中的一個大失敗。

第九章　統一政府之墮落（東漢興亡）

王莽失敗，漢宗室光武復興，是爲東漢。然不久即走上衰運，東漢只是秦、漢以來統一政府之逐漸墮落。

一　東漢諸帝及年歷

（一）光武帝（三三）——（二）明帝（一八）——（三）章帝（一三）以上全盛期。
（四）和帝（一七）此下始衰。——（五）殤帝（一）

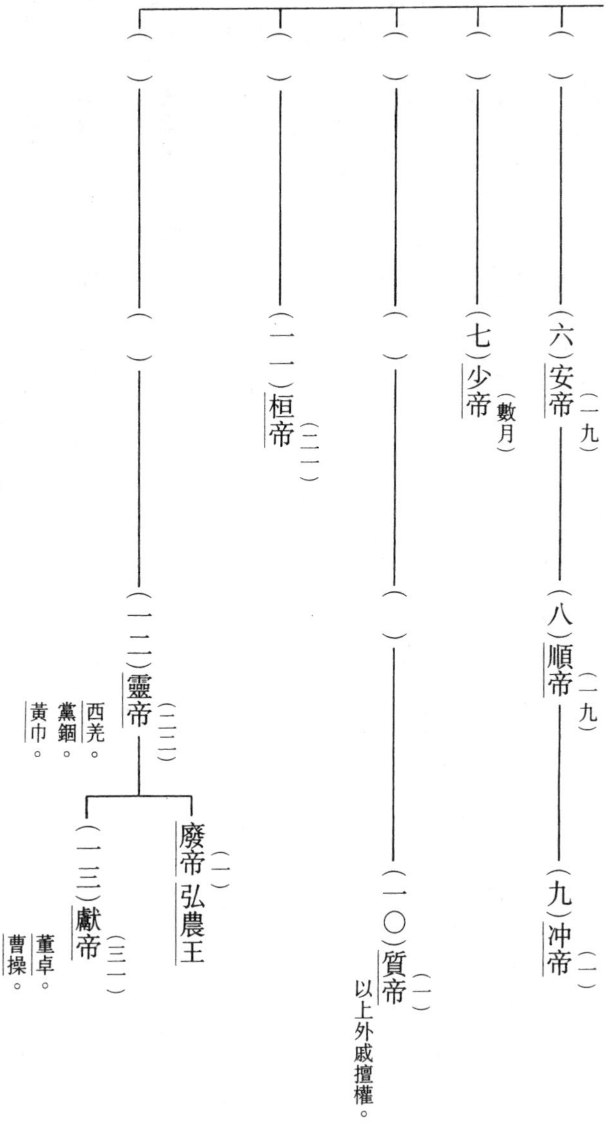

東漢凡十三帝，百九十六年。若以獻帝建安元年遷回洛陽之後作爲三國時期，則東漢實只一百七十一年。

二　東漢之王室

所謂統一政府之逐漸墮落，可分兩部言之：一王室，二政府。「王室」與「政府」之分詳下。王室又可分三部言之：一王室自身，二外戚，三宦官。東漢王室之墮落，只看東漢諸帝年壽即知。

東漢諸帝年壽略表

帝	年壽	在位年	即位年	子嗣
光武	六二	三三	初起年二十八，三十爲帝。	一〇
明	四八	一八	三〇	九
章	三三	一三	一九按：此差一年，或即位年二十，或壽三十二。	八
和	二七	一七	一〇	二長子勝有痼疾，次子即殤帝。
殤	二	一	誕育百餘日。	〇

安	三二	一九	一三	一即順帝。
少		立凡七月。		
順	三〇	一九	一一	一即沖帝。
沖	三	一	二	〇
質	九	一	八	〇
桓	三六	二一	一五	〇
靈	三四	二二	一二按：此差一年，非即位年十一，即年壽三十三。	二長子弘農王，次子即獻帝。
獻	五四自遜位至卒又十四年。	三一	九	

一個貴族特殊的家庭，和大自然隔離，總不免要走上墮落衰敗的命運，此乃以下中國歷代王室共有之趨勢，而東漢最可示例。

三　東漢之外戚與宦官

因東漢諸帝多童年即位、夭折，及絕嗣，（絕嗣外立，又多擇童年。）遂多母后臨朝，（外立者四帝：安、質、桓、靈。臨朝者六后：竇、鄧、閻、梁、竇、何。而外戚、宦官藉之用事。

東漢外戚宦官更迭用事略表

帝	后	外戚	宦官
和帝	竇太后　帝爲太后養子。	竇憲　竇太后兄。	和帝永和四年，與宦者鄭衆謀誅憲。
殤帝	鄧太后　帝母。	鄧騭　鄧太后兄。	安帝建光元年，鄧太后薨。安帝乳母王聖、宦者李閏、江京譖諸鄧自殺。
安帝	閻后　帝妻。	閻顯　閻后兄。	安帝崩，閻后與兄顯矯詔立章帝孫懿，是爲少帝；不一年薨，宦者孫程等十九人誅閻顯，立順帝。
順帝	梁后　帝妻。帝崩臨朝。	梁商　后父。梁冀　后兄。	質帝爲冀所弒。桓帝延熹二年，與宦者唐衡、單超、左悺、徐璜、具瑗誅梁氏。
桓帝	竇后　帝妻。	竇武　后父。	爲宦者曹節、王甫所殺。
靈帝	何后　帝妻。	何進　后兄。	爲宦者張讓、段珪所殺。

其先則因母后臨朝而外戚得以專政，君主與外朝不相親接，乃謀諸宦官。自鄭衆後宦者始用事。自梁冀誅而權勢專歸宦者。

東漢外戚權勢，以鄧、梁二氏爲尤盛。鄧家累世寵貴，封侯者二十九人，位至三公者二人，大將軍以下十三人，中二千石十四人，列校二十二人，州牧、郡守四十八人，侍中、將、大夫、郎、謁者不計其數。然猶以漸致。梁冀一門，前後七侯、三皇后、六貴人、二大將軍，夫人女食邑稱君者七人，尚公主者三人，其餘卿、將、尹、校五十七人。冀秉政二十餘年，跋扈無比。與桓帝謀殺梁冀五宦者，單超、左悺、徐璜、具瑗、唐衡，皆封侯，當時稱「五侯」，又稱左回天、具獨坐、徐臥虎、唐兩墮。自後，宦者氣燄遂張，則實外戚有以助成之也。

此後則外朝名士與外戚相結以圖謀宦官。及何氏敗，袁紹名士之領袖。盡誅宦官，而漢亦亡。外戚與宦官，其實都還是代表了王室的一部分，其來歷則原自西漢。

四　外戚參加王室之由來

西漢初年，宗室、功臣、外戚，爲朝廷之三大系。

當西周時，外則封建，內則世卿，王室之與貴族，相去祇一間耳。秦則天下盡爲郡縣，舉國統於一王。天子世襲，而丞相、御史大夫以下不世襲，然後天子乃高高在上，其勢孤危易倒。漢鑒於秦亡之速，變更秦法，稍稍復古，故以宗室、外戚、功臣三系與王室相夾持而爲治。外既大封同姓爲王國，與郡縣相雜，內則丞相、御史大夫諸要職，雖不世襲，而大例非列侯莫得當，則爲一階級所專有，體勢近於世襲。歷史進化以漸不以驟，古代貴族封建政體一變而爲平民的統一政府，廣土衆民，孤危之勢不足以持久，故外有封王，內有列侯，粗爲等次，以相扶護。猶嫌王室單微，則援用外戚以爲之輔。（高祖雖愛戚夫人、趙王，而終不廢呂后、惠帝者，以呂氏族大勢盛，呂后又久在兵間，身後緩急可依仗也。）呂后之卒，宗室、功臣內外相結，鋤去諸呂，而迎立代王，（即文帝。）則利其外家勢弱，出中央功臣一系之意。其時則外戚一系勢最衰。文帝既立，潛移默運，外撫馴諸王，內調狎功臣，卒使王室漸尊漸安，漢室之終臻穩固，蓋非易也。吳、楚七國亂後，宗室地位日削，（宗室祇宜封建，不宜輔政，以其地近而勢逼。封建政制既不能復活，則宗室地位自難再興。）功臣傳世漸久，亦不保其位，（世臣與封建相扶翼，封建既不可復，世襲之制，亦不足持久。）於是王室依仗乃惟有外戚。（如景帝平吳、楚兼用周勃（功臣）、竇嬰（外戚）。武帝初立，竇嬰、田蚡繼相，皆外戚又漸得勢之徵。）

武帝以後，中朝、（王室。）外朝（政府。）始分。於是宰相爲外朝領袖，（政府代表。）而大司馬大將軍爲內朝輔政，（王室代表。）其職（大司馬大將軍。）則胥由外戚爲之。

宰相其先本爲天子私臣。「宰」者，古代封建社會宗廟祭祀事前主宰牲之任，此非親貴莫當。既主祭職，故掌禮書，左傳：「命宰人出禮書」，此即漢卿太常掌禮之祖也。然宰職雖高，實兼治膳。故周禮，天官太宰爲五官長，而其所屬，猶多宮中治膳之職。若膳夫、庖人、內饔、外饔、亨人、獸人、漁人、鼈人、腊人、酒正、酒人、漿人、籩人、醢人、醯人、鹽人，皆治庖宰之事。春秋時列國宰夫猶是庖人。左傳：「宰人胹熊蹯不熟」，國語：「膳宰不致餼」，是也。「宰」從本職則爲庖人，爲祭司，或從差遣則爲執政。孟子與呂氏春秋：「伊尹以割烹要湯」，即庖人也。元人亦以宰膳爲親貴要職，可以證古制。臨祭主宰牲，平時則總理家務，是爲家宰。及化家爲國，則家宰成國宰矣。「相」則封建貴族祭祀相禮之人，亦親貴爲之。臨祭爲相，朝聘、宴享、盟會之禮亦爲相。化家爲國，則以家相爲國相矣。故「宰相」原係宗法社會中天子之宗屬私人也。漢初宰相皆列侯爲之，此皆相互戮力以爭天下者，在當時亦爲皇帝之私人也。故御史大夫爲副丞相，而御史有中丞，得治王宮之政令。此猶周禮天官冢宰，其屬官得統及皇帝內廷。此非古人立法之善，乃係當時「王室」與「政府」公私性質不分明也。此則所謂「朕即國家」，以其去封建時代未遠也。及武帝以下，宰相始由士人特起，漸有其尊嚴之地位，此由宰相一職之意義言之。而與王室亦漸分離。此由賈誼敬禮大臣之論，及於公孫弘起徒步以經術爲相，大開東閣，延賓客賢士以與天子內廷侍從諸臣議論政事相往復，實爲宰相地位在意義上之一種變遷也。又按：漢制，丞相謁見，天子御坐爲起，乘輿爲下；有疾，天子往問；薨則車駕往弔。其制不知起何時，似漢初並不爾。（均見翟方進傳注。）而王室不得不仍有其私臣，武帝初，嚴助、朱買臣等皆以侍中貴幸用事，得與聞朝政。凡侍中、左右曹、諸吏、散騎、中常侍等加官（即兼差），漢代所謂「中朝官」者，皆是。武帝以之與外朝大臣辯論政事，蓋此輩猶爲皇帝之私人祕書也。於是遂有大司馬大將軍輔政之制，此制始武帝末年，以霍光爲大司馬大將軍輔政，蓋由新帝方幼，（昭帝。武帝又先殺昭帝生母，恐其居中用事。）宰相地位漸隆，與王室關係漸疏，而宰相之威望則轉不如前，（以多平地特起而非貴冑世襲，武帝用相亦率取其易制，天下務初不關決。）以外戚輔政，正以彌補此缺陷也。於是「中朝」、「外朝」判而爲二。大司馬、左右前後將軍、侍中、常侍、散騎、諸吏爲中朝，丞相以下至六百石爲外朝。（見劉輔傳孟康注。）霍光謂車千秋曰：「光治內，君侯治外」；時光爲大將軍，千秋爲丞相也。霍光廢昌邑王而丞相楊敞事前不預知，光謂：「此內朝事，即王室自身事。無關外朝也。」內朝諸臣之領袖以「大司馬大將軍」爲號者，正見軍人本爲王室私屬，今已由軍人政府轉變爲士人政府，故軍職不爲外朝之丞相而爲內朝之輔政。以外戚爲之者，外戚有客觀之尊嚴，而無世襲，以隨新天子爲轉移，其事最少弊。又內、外朝既分，內朝用私臣，非宗室則必屬外戚矣。

封王、封建。列侯，世卿。漸次在政治上消失其地位，漢武以後的文治政府漸次形成，「王室」與「政府」漸次分開，此亦中國政制史上一大進步。而外戚卻由此得到他政治上的地位。只要政治情態一時不變更，則外戚地位繼續有其存在。故外戚擅政，已起西漢，而尤以武帝以後爲甚。崔駰疏：「漢興以至哀、平，外家三十餘，保全者四家而已。」東漢亦惟光武郭后、陰后，明帝馬后無禍。所以不能懲前毖後，而覆轍相尋者，亦時代情態使然。

西漢外戚略表

呂后	呂產	呂祿（呂后諸子。）			
武帝	竇嬰（祖母竇太后諸子。）	田蚡（母王太后同母弟。）	衛青（衛后弟。）	霍去病（衛后姊子。）	霍光（去病弟。）
宣帝	史高（祖母史良娣弟。）	許延壽（許后諸父。）			
元帝	許嘉（許延壽子。）				
成帝	許嘉（許后父。）	王鳳（母王太后弟。）	王音（鳳從弟。）	王根（音弟。）	王莽（根兄子。）
哀帝	傅喜（祖母傅太后從弟。）	丁明（母丁太后弟。）			
平帝	王莽（遂受漢禪。）				

光武中興，又減削外朝政府之權力，一移之內朝王室，於是外戚勢任愈大。

西漢雖以外戚輔政，而外朝丞相體尊，猶爲對峙之局。（漢初以丞相主文，太尉主武，御史大夫爲丞相之副。武帝寵太尉爲大司馬，主內朝，則丞相於外朝爲獨尊也。王莽之篡，則以王氏久盛，王莽又自爲外朝所歸嚮故。）光武躬親庶務，內朝尚書位微而權重，外廷三公並峙，（以丞相爲司徒，太尉爲司馬，（後又稱太尉。）御史大夫爲司空，稱三公並列；而太尉公序在司徒公之上。（此元帝時三公位已然。））僅有虛位，無實權。（東漢事無巨細，皆由尚書行下三公，或徑下九卿，故東漢九卿權亦重。）故外戚用事於內，外朝即無以相抗。

政府漸漸脫離王室而獨立，爲當時統一政府文治上之進步。王室削奪政府權任，而以私關係的外戚代之，則顯然爲統一政府之墮落。

然外戚與宦官較，則外戚猶爲稍愈。

五　宦官參加王室之由來

西漢初年，王室、政府界限不清，而當時官吏組織中亦無宦者之特殊集團。

朝廷自皇帝以下，官吏最要者有三公、九卿。

丞相　輔助天子，總理庶政。

御史大夫　副丞相。

太尉　丞相爲文官長，太尉爲武官長。

以上爲三公。

太常　掌宗廟禮儀，屬官有太樂、太祝、太宰，主宰牲牢。太史、太卜、太醫等，此爲天子宗廟之守官。太常始名「奉常」，蓋即「奉嘗」借字。「宰」本百官之首，此乃以「奉常」爲九卿之長，猶其遺意也。

光祿勳　掌宮殿掖門戶，屬官有大夫、郎、謁者等。大夫掌論議；郎掌守門戶，出充車騎；謁者掌賓讚受事。「光祿」即古言「大麓」，「勳」則「閽」也。古天子居山邱，則守門者居麓，故曰大麓，即猶後世之閽人。然則光祿勳爲天子守宮殿之官。

衞尉　掌宮門屯衞兵，屬官有公車司馬、衞士、旅賁等。旅賁，虎士成羣而奔也。衞尉與光祿勳同掌宮衞，惟衞尉乃武職。然則光祿勳猶大門房，而衞尉則爲衞隊長。九卿先廟祝而後門房、衞隊，此古人敬祖尊先之義。

太僕　掌輿馬。皇帝居則需光祿勳、衞尉之侍衞，出則需太僕之車馬，故以太僕次此三卿，皆主皇帝之生活。

廷尉　掌刑辟。

大鴻臚　掌諸歸化蠻夷。

宗正　掌宗屬。對皇帝有犯逆則歸廷尉，賓服則歸大鴻臚。先中國而後四夷，故廷尉在大鴻臚前。其同宗外戚則屬宗正，先公後私，故在廷尉、大鴻臚後。此三卿皆主皇帝之交際。

大司農　掌穀貨，主田租之入，以給國家之公費。

少府　掌山海池澤之稅，以給天子之私供養。大司農爲大賬房，少府爲小賬房；此二卿皆主皇帝之財務。

以上爲九卿。論其性質，均近於爲王室之家務官，乃皇帝之私臣，（乃私的僕隸。）而非國家之政務官，非政府正式之官吏。（非公的僚屬。）推而上之，可知宰相、御史大夫、太尉三公，其初實亦帝王私臣。（宰相、太尉已論如前。御史者，國策謂：「獻書於大王御史」，又曰：「御史在後，執法在前」，其先亦宮職，非府職，是家臣，非朝臣也。故昔人以丞相擬周禮中之太宰，以御史大夫擬小宰，以御史中丞、少府、尚書擬宰夫。少府之下有大長秋，則猶內宰也。）漢政本襲秦舊，（漢君臣來自田間，未能創建。）秦廷有些處脫不了古代貴族家庭的遺習，故秦漢初年政府，有幾處亦只是一個家庭規模之擴大。

整個朝廷，初從家庭狀態中蛻化而出，（尤其如九卿中之光祿勳與郎官。）那時自不需另要內廷私臣乃至於宦官。

宦官在當時，與普通士人，亦並不歧視。如趙高爲秦二世師，又爲郎中令。司馬遷受腐刑後乃爲中書令。蓋古者貴族階級之旁，常有刑人服事執役。此等刑人，或由俘虜，或因罪罰，而多半亦出貴族階級，有聰明技藝，故刑而用之，其地位較之工、賈、農、牧一般平民爲高。稱曰「宦」者，宦本宦學、仕宦，非惡稱也。

漢武以雄才大略獨攬事權，於是重用內朝尚書，秦少府遣吏四人，在殿中主發書，謂之「尚書」。尚，猶主也。漢初有六尚，屬少府，曰尚衣、尚冠、尚食、尚浴、尚席、尚書，可見其職位之卑，然皆由士人爲之；後世（除尚書外）則全變爲宦官之職矣。奪宰相權。其時則趙禹、張湯等爲九卿，直接奏事，宰相束手。

漢御史大夫有兩丞，即兩副官。一曰御史丞，一曰御史中丞。御史中丞亦謂御史中執法，居殿中，外督部刺史，內領侍御史十五人，受公卿奏事，舉劾案章。天子事下中丞而至大夫以及丞相。中丞屬於大夫，大夫職副丞相，故宮中事丞相無不可制。文、景時丞相欲誅鄧通、晁錯，其權擬天子矣。武帝用尚書，中丞不得居中制事，侍御史、部刺史皆廢。末年霍光爲大司馬領尚書事，號「內府」。宣帝中興，復舊制，魏相爲御史大夫，外遣丞相掾吏按事郡國，不遣中使，內則奏封事不經尚書，去副，又加給事中，得宴見，而霍氏以敗。然元帝時，宦者石顯用事，丞相權復盡歸尚書。成帝時，何武建言設三公官，御史大夫改大司空，中丞遂爲御史臺長官，出居外臺。東漢中丞遂爲臺率，始專糾察之任，爲後世御史之職所昉。漢初御史大夫副丞相而得統治宮中事，後世御史爲天子糾察百寮。蓋因政府與王室既分，則二者間權任自有移轉也。

晚年又用中書。

武帝晚年常宴遊內廷，不復多與士大夫接，遂用宦者主中書，司馬遷曾為之長。典尚書章奏。

元帝時遂有弘恭、石顯，而宦者逐漸用事。自御史至尚書，又自尚書至宦官，其間凡三折。光武中興，宮中悉用閹人，不復參以士流，於是正式遂有一個宦官的集團。

東漢郎官已全為郡國察舉「孝廉」到京待轉之一階，則自不能仍以為皇帝內侍。王室與政府之性質既漸分判明晰，則光武之制實不為非。光武又盡并天下財賦於大司農，而少府遂專掌中服御諸物，衣服、寶貨、珍膳之屬，此亦在王室、政府逐漸分離下應有之調整。故自御史中丞出居外臺，光祿勛移至外朝變為閒職，三署郎更不值事內廷，魏以後即無三署郎，而光祿勳為散官。自唐以後，三署郎全為武職，而光祿寺掌膳食。皆與兩漢異。少府不預聞天下賦稅財政，皆兩漢間政府組織與體統上之絕大改革也。光武之病，在輕三公權任而移之尚書。

宦官亦在當時「王室」與「政府」之判分下得到其地位。

一面是文治政府之演進，一般官吏漸漸脫離王室私人的資格，而正式變成為國家民眾服務的職位；一面則是王室與政府士人。逐漸隔離而易趨腐化與墮落。

陳蕃諫桓帝：「采女數千，食肉衣綺，脂油粉黛，不可貲計。」荀爽諫桓帝：「後宮采女五、六千人，從官、侍使復在其外。」此與西漢初年恭儉爲治之王室，乃至東漢初年明、章二帝以儒術自飭之王室，均迥乎不侔。東漢一代外戚、宦官種種事變，亦惟表示此王室之日趨腐敗而已。

第十章　士族之新地位（東漢門第之興起）

在東漢政治上佔有地位的，一面是代表「王室」的外戚和宦官；另一面則是代表「政府」的新興士族，便是當時之所謂「名士」。

一　士族政治勢力之逐步膨脹

士人在政治上佔有地位，自西漢武、宣以來，已逐步顯著，而到東漢益甚，這裏有幾層因緣。

一、朝廷帝王之極端提倡。

光武天鳳中至長安受尚書，略通大義，其自身本爲王莽時代之太學生，故在軍中猶「投戈講藝，息馬論道」。（樊準語。）其一朝功臣，亦多屬儒生。鄧禹爲光武同學，寇恂、馮異、馬援、賈復、祭遵、耿弇諸人，大半皆通儒。光武子明帝及其同母弟東平王蒼，皆深受儒學之陶冶。明帝爲太子時，師桓榮，榮亦習尚書。止宿宮中五年，薦門人胡憲侍講，始得出入。永平二年臨辟雍，引師桓榮及其弟子升堂，明帝自講說，諸儒執經問難，圜橋門聽講者萬數。章帝師張酺，酺亦習尚書，其祖父充，光武同學也。酺又師事桓榮。光武、明、章一家三代尚書之學，蓋深受王莽時代之影響。元和二年東巡，張酺爲東郡太守進謁，先備弟子禮，使張酺講尚書一篇，然後再修君臣禮。當時王室外戚、功臣子弟，下及期門、羽林之士，莫不受學。匈奴亦遣子入學。朝廷對儒術之極端提倡，較之西漢遠過。

二、民間儒業之普遍發展。

陳留劉昆治易，王莽世，教授弟子恆五百餘人。南陽洼丹傳易，王莽時，避世教授，徒衆數百人。樂安歐陽歙，八世爲博士，傳尚書，光武時爲汝南太守。在郡教授數百人，徵爲大司徒。發覺在汝南贓罪千餘萬，下獄。諸生爲求哀者千餘人，至有自髡剔者。平原禮震年十七，自繫求代死。書奏，歙已死獄中。贓罪至千餘萬，而爲之求哀者尚多至千餘人，可見當時儒生在社會地位之崇高。濟陰曹曾從歙受尚書，門徒三千人。樂安牟長，少習歐陽尚書，諸生講學者常千餘人，著錄前後萬人。山陽丁恭習公羊嚴氏春秋，教授常數百人，建武時爲少府，諸生自遠方至，著錄數千人。北海甄宇習嚴氏春秋，教授常數百人。沛桓榮，少學長安，習歐陽尚書，事博士九江朱普，王莽篡位乃歸。會朱普卒，榮奔喪九江，因留教授，徒衆數百人；後復客授江、淮間。以上桓榮見本傳，餘見後漢書儒林傳。晉陽劉茂習禮經，教授常數百人，哀帝時察孝廉。東郡索盧放以尚書教授千餘人，更始時，以敢言顯名。（見獨行傳。）趙翼陔餘叢攷有「兩漢時受學者皆赴京師」條，謂：「及東漢中葉以後，學成而歸者各教授門徒，每一宿儒，門下著錄者至千百人，由是學遍天下。」今以劉茂、劉昆、洼丹、索盧放之事觀之，可知民間學風，自西漢哀、平下迄王莽時已大盛，光武、明、章亦自受此等風氣之薰染也。其他又如范升、鄭興、（從劉歆講正左氏大義。）陳元、（父欽爲王莽左氏師。）賈逵、（父徽從劉歆受左氏春秋。鄭、賈學行數百年，爲諸儒宗。）杜林、（從張竦受學。）衛宏，（從謝曼卿受毛詩。）此等皆東漢初年大儒，皆成學在王莽世。

三、博士弟子額之日益增添。

博士弟子武帝初設僅五十人；昭帝時百人；宣帝末二百人；元帝好儒，增至千人；成帝末至三千人，歲餘復如故。王莽秉政，奏起明堂、辟雍、靈臺，爲學者築舍萬區。五經博士領弟子員三百六十人，六經三十博士，弟子一萬八百人，主事高弟侍講各二十四人。學士同舍，行無遠近皆隨檐，雨不塗足，暑不暴首。

而尤要者則在當時之地方察舉以及公府徵辟制。

二　東漢之察舉與徵辟制度

地方察舉與公府徵辟，爲東漢士人入仕之兩途。此兩制皆起於西漢。

兩漢的察舉制，大體可分爲在先的「賢良」與後起的「孝廉」兩大項。

漢廷每詔舉「賢良方正、能直言極諫」之士，簡稱則曰「賢良」。其制初意，似仿戰國招賢，於世冑貴選外別開一格。（高帝十一年詔：「賢士大夫有肯從我遊者，吾能尊顯之」，即此制最先之濫觴也。文帝十五年始親策試。）此制無一定之期限，所舉大抵爲現任官，漢士頗慕應其選，一時號得人，如晁錯、董仲舒、嚴助、公孫弘，皆賢良也。漢詔又有舉「明當世之務、習先聖之術」（武元光五年。）、「茂材異等可爲將相及使絕域者」（元封五年。）、「文學高第」（昭始元五年。）、「明陰陽災異者」（元初元三年。）、「可充博士位者」（成陽朔二年。）、「勇猛知兵法者」（元延元年。）等，皆可與「賢良」歸入一類，皆爲朝廷特意延訪此類人才也。「孝廉」爲孝子廉吏之簡稱，（武帝元光元年，初令郡國舉孝廉各一人，是爲漢室令舉孝廉之始。元朔元年詔：「朕深詔執事，興廉舉孝，今或至闔郡而不薦一人，是化不下究，其議不舉者罪。」可見舉孝、興廉，係屬兩事。）乃由朝廷設意獎進此項風氣，與延訪人才諮詢政事之意各別。（宣帝地節三年詔：「朕既並舉賢良方正，而俗化闕焉，其令郡國舉孝弟有行義者各一人」，亦可證此意。）

其先文帝十二年，已詔：「孝悌、力田、廉吏，朕甚嘉此。今萬家之縣，云無應令，豈實人情？」於「孝廉」外復有「力田」一項。是年（文十二年。）並詔以戶口率置三老、孝悌、力田常員。蓋「孝廉」出於鄉官小吏，非有才學，恐不足以應天子之詔，故郡縣率不樂舉，而求應此選者亦少。宣帝黃龍元年詔：「舉廉吏，誠欲得其真，吏六百石，位大夫，毋得舉。」可見漢廷意在獎進小吏，而郡國乃以大吏充數。而當時舉廉吏若已成例事，亦可於此詔中體味得之。

至東漢初，則「茂材」、「孝廉」定爲歲舉。

光武建武十二年，詔三公舉茂材各一人，廉吏各二人。光祿歲舉茂材四行一曰德行高妙，志節清白。二曰經明行修，能任博士。三曰明曉法律，足以決疑，能案章覆問，才任御史。四曰剛毅多略，遭事不惑，明足照姦，勇足決斷，才任三輔令。各一人，察廉吏三人。中二千石歲察廉吏各一人。廷尉、大司農各二人。將兵將軍歲察廉吏各二人。監察御史、司隸、州牧歲舉茂材各一人。按：詔中無孝，惟明帝時樊儵上疏，已有「郡國舉孝廉，率取年少能報恩者」之語，則似孝、廉並舉，成爲例事，明帝時已然。

循至歲以百數。

章帝建初元年詔：「刺史守相，不明真僞，茂材孝廉，歲以百數。」二年：「陳事者多言郡國貢舉率非功次。」則知其時郡國察舉，頗已多弊。

嗣後「孝廉」遂爲察舉惟一項目，遂至勒爲定額。

和帝時，大郡口五、六十萬舉孝廉二人，小郡口二十萬並有蠻夷者亦舉二人。帝以爲不均，丁鴻、劉方上言：「郡國率二十萬口歲舉孝廉一人，本爲孝子、廉吏，此則「孝廉」特爲貢舉之一目矣。四十萬二人，上至百二十萬六人。不滿二十萬，二歲一人；不滿十萬，三歲一人。」

又繼之以限年，並別標行能，加以考試。

順帝陽嘉元年，初令郡國舉孝廉，「限年四十以上，諸生通章句，文吏能牋奏，乃得應選，其有茂材異行，不拘年齒。」按：至是則儒生、文吏、茂材、異行全與孝廉混并不分矣。又諸生試家法，文吏課箋奏，則變薦舉爲課試，與舉孝與廉原意全違矣。蓋其先以茂材異能訪人才，以孝子廉吏奬風俗。及孝廉漸成例舉，郎官雖無員，亦自有限，郡國各舉孝廉一人，歲已二百許人。自是孝廉獨行，諸科漸廢。又社會文風日開，郡縣吏亦多彬彬儒雅，雖孝廉之選，其實無異於茂材，人競趨之，惟求出路耳，不問其爲孝廉、茂材也。遂至有請託舞弊，而朝廷亦以種種條件限之，亦惟求人才耳，不限於得孝廉也。限年之議始自尚書左雄，雖與舉孝與廉原意不合，亦整頓選法之不獲已也。

逐步漸近於後世之科舉。

當時反對者有黃瓊、胡廣、張衡、崔瑗等。然雄在尚書，天下不敢妄選，十餘年間號爲得人。其後黃瓊爲尚書令，以前左雄所上孝廉之選，專用「儒學」、「文吏」，於取士之義猶有所遺，乃奏增「孝悌」及「能從政者」爲四科。至是則前漢賢良、孝廉兩項目，已同歸入歲舉中，而不過統以「孝廉」目之而已。

此項制度之演進，一面使布衣下吏皆有政治上的出路，可以奬拔人才，鼓舞風氣；一面使全國各郡縣常得平均參加中央政局，對大一統政府之維繫，尤爲有效。而更要的，則在朝廷用人，漸漸走上一個客觀的標準，使政府性質確然超出乎王室私關係之上而獨立。

與察舉制相輔並行的尚有徵辟制。

兩漢二千石長吏皆可以自辟曹掾，而東漢公卿尤以辟士爲高。

選舉多循資格，辟召則每以高才重名躐等而升，故當時尤以辟召爲榮。崔實政論（北堂書鈔六十八引。）謂：「三府掾屬，位卑職重，及其取官，又多超卓，或期月而長州郡，或數年而至公卿。」（崔語止此。）於是名士養望，有被命不遽出，至五府俱辟如黃瓊，四府並命如陳紀者。（以外戚秉權者曰大將軍，以老臣錄尚書者爲太傅，並外朝三公稱四府、五府。）

亦有朝廷聞高名，直接辟召。

如樊英被徵初至，「朝廷設壇席，待若神明。」（李固語。）陳寔（少從樊英遊。）官僅太邱長，家居後，朝廷每三公缺，議者多歸之。太尉楊賜、司徒陳耽，每以寔未登大位而身先之自愧。鄭康成公車徵爲大司農，給安車一乘，所過長吏送迎。董卓徵荀爽，初拜平原相；途次又拜光祿勳；視事三日，策拜司空。自布衣至三公，凡九十五日。

此等制度，使在野的聲名，隱然有以淩駕於在朝的爵位之上，而政府亦得挾此自重，以與王室相頡頏。

在太平治安之世，而有此等情形者，惟東漢及兩宋爲然。戰國列强紛爭，事當別論。秦漢創建大一統政府以下，王室高高在上，民衆遠隔在野，封建世臣之勢力取消，民間起布衣爲公卿，朝進暮退；所由得與數百年遞禪之王室爲抗衡者，魏晉南北朝以迄隋唐爲門第，東漢、兩宋爲士風，元、明、清三代，皆汲宋儒遺脈，而所得淺深不同。

自有此項制度之存在，而士人在政治上遂能佔有其地位。

三　太學清議

士人在政治、社會上勢力之表現，最先則爲一種「清議」。

此種清議之力量，影響及於郡國之察舉與中央之徵辟，隱隱操握到士人進退之標準。

東漢自光武、明、章，雖云崇奬儒業，然光武勤治，明帝好吏事，風聲相勸，俗頗苛刻。明帝永平七年，以東海相宗均爲尚書令，均謂人曰：「國家喜文法廉吏，以爲足以止姦，然文吏習爲欺謾，廉吏清在一己，無益百姓流亡，盜賊爲害也。均欲叩頭爭之，時未可改也。久將自苦之，乃可言耳。」章帝時，陳寵上疏，（建初元年。）主改前世苛俗。第五倫上疏，（建初二年。）亦謂光武「承王莽後，加嚴猛爲政，因以成俗，是以郡國所舉，多辦職俗吏，不應寬博之選」。王充論衡亦極辨世俗常高「文吏」，賤下「儒生」之非。（程材篇。）稍後郡國察舉，漸移趨向。言事者謂郡國貢舉不以功次，（功次即朝廷法令標準也。）養虛名者（名即社會清議之所歸許也。）累進，故守職者益懈，而吏事陵遲。韋彪議曰：「國以賢爲本，賢以孝爲行。（按：彪傳謂其「孝行純至，父母卒，哀毀三年，不出廬寢。建武末，舉孝廉」。彼謂「賢以孝爲行」，直將西漢求賢一路并入奬孝之中，東漢「孝廉」獨盛，「賢良」漸廢，亦此等議論有以助成之也。）忠孝之人，治心近厚；鍛鍊之吏，治心近薄。故士雖不磨吏職，有行美材高者，不可純以閥閱取。」（史記：「明其等曰閥，積日曰閱。」閥閱即吏治成績也。韋彪此事在建初七年。）自是以往，東漢士風，競以名行相高，而郡國之察舉，中央之徵辟，亦隨一時清議爲轉移，直至東漢末葉，此風弗衰。

而清議勢力之成熟，尤其由於太學生之羣聚京師。

東漢自明帝雖宏奬儒教，然至安帝而儒風寖衰。其時博士倚席不講，朋徒相視怠玩，學舍頹敝。

順帝更修黌舍，凡所造構二百四十房，一千八百五十室，至桓帝時太學生三萬人。然漢武立五經博士，本爲通經致用。至宣帝時，博士之學已漸流於「章句」。漢初治經，有「訓詁」，有「傳」，而無「章句」，學者常兼通，務求大義。「章句」之興，始於小夏侯(建)尚書。自有章句，乃有分經專治之「家法」。家法之起已晚，若早各恪守家法，則歐陽尚書之傳統下何來有大、小夏侯？至東漢而益甚，此即所謂今文學「家法」也。西漢所謂「古文」，如史記言「詩書古文」之類，蓋通指五經，以別於後起之「百家言」，故謂之「古文」，其意猶云「舊書」也。劉歆爭立古文尚書、毛詩、左傳、逸禮諸經，移書讓太常博士，曰：「其爲古文舊書，皆有徵驗。」此亦爭其同，非故翹其異。正以非古文舊書，(即爲後起「百家言」。)即不得在朝廷立博士。故劉歆言此諸書亦皆古文可徵驗也。迨王莽敗，光武興，劉歆所爭立諸經仍罷博士不立，於是乃指遵朝廷功令守博士家法者(即當時所立十四博士)爲「今學」，而以自相傳習、兼治未立博士諸經者(即劉歆所爭諸種)爲「古學」。故今學皆有「家法」，守朝廷博士章句，古學則多云「不守章句」也。此兩漢「今、古學」真分別，清儒張皇其說而多誤。章句繁瑣比傅，殊不足以饜賢俊之望，故博士至於倚席不講，學者或自遍謁名師，會通羣經，治求大義，如馬融、鄭玄輩，則所謂「古文家」也。「古文家」之爲學，大體上欲復反宣帝以前舊門路，即務兼通、求大義是也。馬、鄭則再從此工夫下創爲新章句，以簡當易舊章句之繁瑣比傅。然大多數居京師，目擊世事之黑暗污濁，轉移其興趣於政治、社會實際問題，放言高論，則爲清議。

此輩太學生與朝廷大臣聲氣相通。

桓帝時，太學諸生三萬餘人，而郭林宗、賈偉節爲其冠，並與李膺、陳蕃、王暢更相褒重。學中語曰：「天下模楷李元禮，膺。不畏强禦陳仲舉，蕃。天下俊秀王叔茂。暢。」按：東漢行察舉、徵辟之制，故重人倫品鑒，如「天下模楷」、「不畏强禦」等語，皆襲當時品藻人物之格套也。

其言論意氣，往往足以轉移實際政治之推移。

苻融遊太學，師事少府李膺。（膺夙性高簡，得通謁者稱爲「登龍門」。）膺每見融，輒絕他賓客，聽其言論。融幅巾奮袖，談辭如雲，膺每捧手歎息。郭林宗始入京師，時人莫識，融介於李膺，由是知名。（按：史亦稱林宗：「善談論，美音制。」既尚人物品藻，又學者羣集，不事編簡，則必因而尚談論。既尚談論，必牽連及於考究談吐之音節，又牽連而及於體貌之修飾。如李固，已見譏爲「胡粉飾貌，搔頭弄姿，盤旋俯仰，從容冶步」，爲後來曹植、何晏輩之先聲。如是則譏評政俗之清議失敗後，極易轉而爲玄虛之清談。蓋一爲積極，一爲消極，其他全相似也。如孔融父孔公緒，即以「清談高論，噓枯吹生」見稱。（鄭太傳。）而青州刺史焦和，亦見稱爲「能清談」。（臧洪傳。）其他如馬融、崔瑗之徒，亦開魏晉王衍一流之奢風。大抵三國以下人物風流，全已於東漢啓之。）其時漢中晉文經、梁國黃子艾，並恃才智，臥託養疾，洛中士大夫，承聲坐門，猶不得見。三公辟召，輒以詢訪，隨其臧否以爲予奪。融到太學，并見李膺，曰：「二子行業無聞，特宜察焉。」膺然之。二人自是名論漸衰，賓徒稍省，旬日之間，慚歎逃去。（今按：苻融、郭泰之與晉、黃兩人，雖智愚、賢不肖有別，其以名士傾動天下，上足以與朝廷之祿位相抗衡，則一也。大抵東漢至桓、靈之際，朝廷祿位已不如處士虛聲，社會重心在下不在上，此亦自秦統一以來世運一大轉變也。）

朝廷有大議，例亦得預。

桓帝時，（永壽三年。）或言改鑄大錢，事下四府郡僚，及太學能言之士，劉陶議云云。是其時太學生得與議朝政，乃與前漢博士同。

因此清議在當時政治上有其不可侮之勢力，從此促成黨錮之獄。

四　黨錮之獄

黨錮由於朝士與宦官之衝突，而在黨錮獄以前，朝士與外戚衝突早已循環發生過好幾次。

外戚依附於王室，外朝士人地位不親接，正議徒招禍殃。往往一帝即位，必袒外戚誅鋤朝士。逮朝士喪氣，外戚益橫，而舊帝崩，新帝立，與舊帝之外戚關係轉疏，乃自謀之宦官。此幾為東漢前半段政治上一種循環狀態。如和帝時有郅壽、樂恢、（皆以疏彈竇憲致死。）袁安、任隗、韓棱、丁鴻、何敞、張酺。（皆以劾竇氏得罪。惟班固、傅毅黨竇氏。）安帝時有杜根、（以上書請鄧太后還政，盛以縑囊，於殿上撲殺，載出城外得蘇，逃為宜城山中酒家保。積十五年，後鄧氏廢，杜根始起用。）楊震、翟酺、陳忠。（皆諫閻氏擅權，不納，楊震為之自殺。）順帝時有張綱、朱穆、皇甫規、（皆諫梁氏擅權。）陳蕃、延篤。（以殺梁冀賓客遷免。惟馬融為冀作表，崔瑗亦黨冀。）此等皆不畏強禦，耿耿忠直，以正氣大義與黑暗勢力相鬭爭，雖屢受摧挫，然士人勢力之逐步成長，實胥賴之。當時士大夫自有一段不可磨滅之精神，亦不可純由外面事態說之也。

及宦官勢盛，朝士爭彈對象，乃始轉向。

順帝時，孫程等徙遠縣，司徒掾周舉謂司徒朱倀：「朝廷非程等豈立？如道路夭折，使上有殺功臣譏」，倀遂諫止之。時稱「五經縱横周宣光」，周亦名儒。自此以前，朝士尚有祖宦官者。及梁冀敗，宦者勢盛，朝士鋒鋩，乃始轉嚮宦官。

惟東漢宦官勢力，不僅盤踞内廷，其子弟親黨布散州郡，亦得貪緣察舉，進身仕宦。李固順帝陽嘉初對：「詔書禁侍中、尚書中臣子弟，不得爲吏察孝廉，以其秉威權，容請託故也。而中常侍在日月之側，聲勢振天下，子弟祿仕，曾無限極。雖外託謙默，不干州郡，而諂僞之徒，望風進舉。」從此遞相攀引，根枝纏結，日益繁滋。故士族清流與宦人衝突，不限於中央而遍及州郡。

如濟北相滕延，捕殺侯覽、段珪賓客，徵詣廷尉免。左悺兄滕爲河東太守，皮氏長趙岐即棄官歸。唐衡兄玹爲京兆尹，將岐家屬宗親陷以重法盡殺之，岐逃難四方。此均在桓帝延熹三年。

而中朝、外朝之别，又使宦官與外戚同樣得蔭附王室，爲外朝權法所不及。

太尉楊秉奏誅侯參，覽兄。並奏免覽官。書奏，尚書召對秉掾屬，詰之曰：「設官分職，各有司存，三公統外，御史察内；今越奏近官，經典、漢制，何所依據？」秉以「申屠嘉召詰鄧通」爲對，桓帝不得已，爲免覽官。然此乃西漢文帝時故事，東漢自光武改制，公府外職，固不得問内廷事，帝自爲優容也。又按：楊秉此次劾奏宦官仕人及子弟爲外官貪淫者，刺史、郡守以下凡五十餘人，或死或免。可見當時宦官之惡遍天下矣。

因此宦官之勢，乃非外朝士人之力所能摧陷廓清，名士不得不内結外戚，如陳蕃之與竇武，袁紹之與何進。而外戚到底亦爲一種腐敗的因襲體，名士遂終與之兩敗。

竇武傳謂武：「在位，多辟名士，清身疾惡，禮賂不通，妻子衣食裁足，得兩宮賞賜，悉散與太學諸生。」此特見竇武之與名士相結納耳。而陳蕃傳則記王甫讓蕃語，謂：「先帝桓。新棄天下，山陵未成，竇武何功，兄弟父子，一門三侯。又多取掖庭宮人，作樂飲讌。旬月之間，貲財億計。公爲棟樑，枉撓阿黨。」此可見竇家仍不脫外戚腐敗氣。恐所言非盡無據。陳蕃處士徐穉、姜肱、袁閎、韋著、李曇、魏桓，皆不至。韋之言曰：「後宮千數，其可損乎？廄馬萬匹，其可減乎？左右權豪，其可去乎？」是其時王室腐敗已極，固非朝士所能彌縫。至何進不可依恃，更屬一時共知。

且名士對付宦官，態度亦自有過激處。

桓帝延熹八年，李膺復拜司隸校尉。中常侍張讓弟朔，爲野王令，貪殘，畏罪，逃匿讓家合柱中。膺率吏破柱取朔殺之。桓帝詰以不先請便加誅之意，此下遂有第一次之黨錮獄。事在延熹九年，張成以方技交通宦官，推占有赦令，教其子殺人，果遇赦，李膺竟殺之。成弟子牢脩誣告膺養太學游士，交結生徒，誹訕朝廷。此兩事一則未請先誅，一則遇赦仍殺，於膺皆不爲無失之過激也。此爲宦官與名士直接衝突之尖銳化。蓋至此名士已成團體，與以前零零碎碎出頭反對外戚者不同。而宦官亦借部黨之名，部黨始於甘陵南、北部。桓帝師甘陵周福爲尚書，而同郡河南尹房植有名當朝，鄉人爲之謠曰：「天下規矩房伯武，因師獲印周仲進。」二家賓客互相譏揣，各樹朋徒，由是甘陵有南、北部，而黨人之議自此始。牽連逮捕至二百餘人。翌年，以竇武等表請赦歸，猶禁錮終身。靈帝即位，竇武、陳蕃謀殺宦官不成，（此爲外戚與名士同謀宦官之第一次。）轉爲曹節、王甫所殺。（事在建寧元年，去第一次黨錮獄三年。）翌年，（建寧二年。）遂有第二次黨錮之獄。（事始山陽東部督郵張儉，舉劾中常侍侯覽，上書，爲覽遮截，卒不得上。儉行部逢覽母，呵不避路，竟使吏卒收殺之，追擒覽家屬、賓客，死者百餘人，皆僵尸道路；伐其園宅，雞犬無餘。張儉此事更爲非理。靈帝以儉郡吏，不先請擅殺無辜，詔收儉。儉亡命，逃竄，所經歷皆伏誅。）遂并捕前黨李膺、杜密、范滂等百餘人，皆死獄中，附從者錮及五族。建寧四年，又捕太學諸生千餘人，并詔黨人門生故吏、父兄子弟在位者，皆免官禁錮。直至黃巾賊起，始得赦。（在中平元年。）又五年，（中平六年。）何進與袁紹等謀盡誅宦官，而董卓入京。（此爲外戚與名士同謀宦官之第二次，而漢亦亡矣。）

而漢代上下用法，本亦有過酷之弊。

漢襲秦舊，用法太嚴，以殊死爲輕典，獄吏以深竟黨與爲能事。西漢時，義縱爲定襄太守，獄中重罪二百餘人，及賓客、昆弟私入相視者，亦二百餘人，縱一切捕鞠，曰「爲死罪解脫」，是日皆報殺，四百餘人。此雖極端之例，可見漢代刑法之一斑矣。故成瑨爲南陽太守，宛富賈張汎倚恃後宮中官之勢，功曹岑晊等勸瑨收捕。既而遇赦，瑨竟誅之，并收其宗族、賓客，殺二百餘人，後乃奏聞。此較之張儉之誅侯覽一家，同爲慘酷非人道。（在當時不自知也。）在名士正義一面者如此，在宦官惡勢力一面者可想。故張儉亡命所經歷，伏重誅者數十家，至於宗親殲殄，郡縣殘破。（西漢亦每輕用族誅，如晁錯、主父偃、郭解諸人皆是。）雙方相激相盪，皆受用法不平之禍也。（又按：東漢刑訊之酷，亦可駭人。獨行傳載楚王英坐反誅，其所疏天下名士，有會稽太守尹興，乃徵詣廷尉獄。其門下掾陸續、主簿梁宏、功曹史駟勳，及掾史五百餘人，詣洛陽詔獄就拷。諸吏不堪楚痛，死者大半。惟續、宏、勳拷掠五毒，肌肉消爛，終無異辭。又，戴就仕郡倉曹掾，刺史歐陽參奏太守成公浮贓罪。遣部從事按之，收就於錢塘縣獄，幽囚拷掠，五毒慘至。又燒斧使就挾於肘腋。每上彭考，肉焦毀墮地，掇而食之。又令臥覆船下，以馬矢薰之，一夜二日不死。又復燒地，以大鍼刺指爪中，使以把土，爪悉墮落。訖明公浮之誣，乃舍之。崔寔政論猶病漢治之寬，豈爲知病者？其後曹操父子頗欲以法治革漢弊，竟不永祚。及東晉以下，刑典始寬。就唐、宋言，則唐重而宋輕，大體視士權之消長爲進退。

積此數因，造成慘毒的黨錮之禍，「人之云亡，邦國殄瘁」，黑暗腐敗的漢王室，終於傾覆，依附於王室的外戚與宦官，亦同歸於盡。而名士勢力到底還可存在，便成此後之門第。大一統政府不能再建，因無共戴之王室。遂成士族多頭之局面。

五　門第之造成

士人在政治社會上勢力之表現，「清議」之外，更要的則爲「門第」。

門第在東漢時已漸形成。

第一是因學術環境之不普遍，學術授受有限，往往限於少數私家，而有所謂「累世經學」。

其最著者莫如孔子一家之後，自伯魚、子思以下，再五世孔順爲魏相。順子鮒，爲陳涉博士。鮒弟子襄，漢惠時博士，爲長沙太傅。襄孫武及安國。武子延年。安國、延年皆武帝時博士；安國至臨淮太守。延年子霸，昭帝時博士，宣帝時爲大中大夫。霸子光，歷成、哀、平三帝，官至御史大夫、丞相。自霸至七世孫昱，卿相牧守五十三人，列侯七人。安國後亦世傳古文尚書、毛詩有名。其次西漢大儒伏生，世傳經學，歷兩漢四百年。（詳東漢伏湛傳。）又次如東漢桓氏，自桓榮以下，一家三代爲五帝師。（榮授明帝，郁授章、和，焉授安、順；又焉兄孫彬，亦有名。）

經學既爲入仕之條件，於是又有所謂「累世公卿」。

累世公卿亦始西漢。如韋、平再世宰相，（韋賢、玄成，父子相宣、元。平當、平晏，亦父子繼相。）于氏爲兩世三公，（父定國爲丞相，其子永爲御史大夫。）時爲僅事。東漢則有四世三公者爲楊氏，（楊震爲太尉，子秉、子賜（司徒）、子彪凡四世皆爲三公。）又四世五公者爲袁氏，（袁安爲司空，又爲司徒，子敞及京，京子湯，湯子逢，逢弟隗，四世五公，比楊氏更多一公。）氏族之盛，西漢較之蔑如矣。

「累世經學」與「累世公卿」，便造成士族傳襲的勢力，積久遂成門第。

門第造成之另一原因，則由於察舉制度之舞弊。

地方察舉權任太守，無客觀的標準，因此易於營私。一面是權門請託，一面是故舊報恩。兩者遞爲因果，使天下仕途，漸漸走入一個特殊階級的手裏去。

明帝中元二年詔，已云：「選舉不實，權門請託。」樊儵上言，則謂：「郡國舉孝廉，率取年少能報恩者。耆宿大賢，多見棄廢。」順帝時，河南尹田歆謂：「今當舉六孝廉，多得貴戚書命，不宜相違。欲自用一名士，以報國家。」遂舉种暠。風俗通記南陽五世公爲廣漢太守，與司徒長史段遼叔同歲。遼叔大子名舊，小子髡。到謂郡吏曰：「太守與遼叔同歲，幸來臨郡，當舉其子。如得至後歲，貫魚之次，敬不有違。」主簿柳對曰：「舊不如髡。」世公厲聲曰：「丈夫相臨，兒女尚欲舉之，何謂高下之間！」竟舉舊。世公轉南陽，與東萊太守蔡伯起同歲，欲舉其子。伯起自乞子瓚尚弱，第琰幸已成人。是歲舉琰，明年復舉瓚。瓚十四未可見衆，常稱病，到十八始出治劇平春長，上書：「臣甫弱冠，未任宰御，乞留宿衞。」尚書劾奏：「增年受選，減年避劇，請免瓚官。」此一事尤可見當時察舉情況也。

及門第勢力已成，遂變成變相的貴族。自東漢統一政府傾覆，遂變成變相之封建。長期的分崩離析，而中國史開始走上衰運。

六　東漢士族之風尚

東漢士大夫風習，爲後世所推美。他們實有儘多優點。但細爲分析，似乎東漢士大夫常見的幾許美德高行，不外如下列，其間都和當時的察舉制度有關係。

一、久喪。此爲孝行。西漢重孝，尚少行三年喪者。東漢則「謂他人父」，對舉主、故將亦多行孝三年，而父母之喪有加倍服孝者。

三年之喪，自西漢中葉始漸見推行。公孫弘後母卒，服喪三年。哀帝時，河間王良喪太后三年，爲宗室儀表，益封萬戶。原涉父死，行喪冢廬三年，由是顯名京師。薛宣後母死，弟修爲臨淄令，去官持服。宣爲丞相，謂弟：「三年服少能行者。」兄弟相駁，修遂竟服。綏和二年，詔博士弟子父母死，予寧三年。平帝時，王莽令吏六百石以上皆服喪三年。見此制始重，已在西漢末年。東漢則行喪三年爲常事，甚有加倍服喪者。光武子東海王臻，喪母服闋，又追念喪父時幼小，哀禮有闕，乃重行喪制。袁紹母死去官，三年禮畢，追感幼孤，又行父喪。甚至有行服二十餘年者。青州民趙宣，葬親不閉埏隧，居其中，行服二十餘年，鄉里稱孝；然五子皆服中生，陳蕃致其罪。孔融殺父死墓哭不哀者。其變乃有阮籍臨喪食肉，上與戴良同風。（見范書逸民傳。）

二、讓爵。父有高爵，長子應襲，逃避不受，以讓其弟。

此亦始西漢，韋賢卒，子玄成讓爵於庶兄弘。宣帝高其節，許之。東漢更多見。如鄧彪、劉愷、桓郁、丁鴻、郭賀、徐衡，皆是。蓋時重孝廉，讓爵、推財，則孝與廉兼盡矣，故人爭慕爲之。然讓者固高，受者斯卑。臨深爲峻，以人之污，形己之潔，實非平道。范蔚宗丁鴻傳論已譏之。

三、推財。兄弟異財析居，推多取少。讓爵、推財，同爲推孝以及弟也。

其人如薛包、建光（安）中，徵拜侍中，稱疾，賜告歸，蓋恬退人也。李充。家貧，兄弟六人，同食遞衣。妻曰：「有私財，願思分異。」充僞酬曰：「如欲別居，當醞酒具會。」婦信充，置酒宴客。充乃跪白母，遣斥其妻。延平（殤）時，詔舉隱士大儒，務取高行，以勸後進，特徵爲博士。充以異析爲不義，何不開譬其妻？妻設不淑，亦不當僞許，借斥妻而博高名，似非中和之道。而故相反者有許武。太守第五倫舉爲孝廉。武以二弟晏、普未顯，欲令成名，於是分財三分，自取肥田廣宅、奴婢强者，二弟所得悉劣少。鄉人皆稱弟克讓，晏等以此並得選舉。武乃會宗親，泣白其事，所理產增三倍，悉以推二弟。今按：許武之爲弟謀，賢矣；然當時自爲謀而推財讓產者，當亦不乏也。

四、避聘。

避聘不就，以讓親屬，則與讓爵、推財，迹異心同。

如劉矩、以叔父叔遼未得仕進，遂絕州郡之命。太尉朱寵、太傅桓焉嘉其志義，叔遼以此爲諸公所辟，拜議郎；矩乃舉孝廉。魯恭。亦憐弟丕小，欲先就其名，託疾不仕，郡數以禮請，謝不肯應。皆與讓爵、推財，迹異心同也。至其他卻聘爲高者，不勝具舉。

五、報仇。

家庭有仇怨，奮身圖報，此亦孝弟之激發也。

其事如崔瑗、兄爲人害，手刃報讎，亡去。魏朗、兄爲人害，朗白日操刀，殺其人於縣中。蘇不韋父謙爲司隸校尉李暠按罪死獄中。不韋與賓客掘地道至暠寢室，值暠如廁，殺其妾與子；又疾馳至暠父墓，掘得其父頭以祭父。等。古者刑不上大夫，故貴族階級相互有隙，不得直於法庭，則以私鬬決之。墨家非禮亦非鬬，儒家重禮故不非鬬。故荀子謂：「狗、彘尚有鬬。」然至秦漢以下，自可訴於官，不理於官而輒自讎殺，此爲慕古而失其意矣。

六、借交報仇。

朋友有仇怨，亦許身代報，此推己孝弟以及人也。

其事如何容、友有父讎未報，將死，泣訴於容，容即爲復讎，以頭祭其父墓。郅惲惲友父讎未報，病將死，對惲欷歔。惲將賓客殺其人，以頭示友；友見而氣絕。等。禮有之：「父母存，不許友以死」，則父母而亡，固可以死許友。以死許友，即指借交報仇也。

七、報恩。此皆故吏對舉主，弟子對業師，移孝作忠，亦家庭道德之推擴也。此又分兩類。

（一）**急難** 舉主、業師有患難，挺身護救。

其事如李固弟子郭亮、固被戮，亮負斧鑕上書，請收固尸。杜喬故掾楊匡、喬被戮，匡守護其尸不去。第五種門下掾孫斌、種劾宦官單超兄子匡，坐徙朔方，朔方太守董援，乃超外孫。斌知種往必遇害，格殺送吏，與種俱逃。劉瓆郡吏王充、瓆考殺小黃門趙津，下獄死。充爲瓆郡吏，送喪還，終畢三年乃歸。劉君吏公孫瓚；詳下。而廉范之於鄧融，尤爲壯烈。隴西太守鄧融，在職不稱，廉范爲功曹，知其必獲罪，乃謝去；融甚望之。范改姓名，求爲廷尉卒。無何，融果徵下獄，范衛侍異常，融曰：「卿何類我功曹？」范曰：「君誤耳，非也。」融繫出困病，范隨養視；及死，終不自言，身將車送喪至南陽，葬畢而去。今按：廉范尚在東漢早年。又前如沛人趙孝、彭城人劉平、北海淳于人淳于恭，此等皆在王莽時。信古而陷於愚，勵誡而幾於僞，正與王莽上下相應。此等立節敦行之風，蓋自王莽世已然，並不爲受光武提倡。光武實亦自受當時風氣之影響也。自此演而愈烈，如廉范事儘難能，然終似非正辦。

（二）**服喪** 舉主、故將死，爲之服喪。

如李恂、樂恢爲郡將，荀爽爲舉主，袁逢舉爽，不應。逢卒，爲服喪三年。侯苞、馮冑爲業師等。並有棄官行喪者，如吳匡、風俗通：「弘農太守吳匡，爲黃瓊所舉。班詔勸耕，道聞瓊薨，即發喪制服，上病，還府。論之曰：『剖符守境，勸民耕桑，肆省冤疑，和解仇怨，國之大事；而猥顧私恩，若宮車晏駕，何以過茲？』論者不察，而歸之厚。」若此類者非一。傅燮、桓典等。又崔寔以期喪去官。荀攸祖父曇卒，故吏求守墓，推問乃殺人亡命。

八、清節。一介不取，推財與人。東漢重廉吏，社會亦尚廉節。

如廉范、（父客死於蜀，范年十五，入蜀迎喪。其父故吏太守張穆資送，不受；船觸石破沒幾死，穆追送前資，竟不受。范家入蜀，以良田百餘頃屬故吏毛仲；范歸，仲子奉仲遺命以田歸范。范以物無常主，在人即有，悉推田與之。今按：范自守甚高，然推田與毛，似屬矯情，並非愛人以德也。肅宗崩，范奔赴。廬江郡掾嚴麟奉章弔國，乘小車，塗深馬死，不能自進。范命從騎下馬與之，不告而去。麟事畢，不知馬所歸，乃緣蹤訪之。或曰：「當是廉叔度。」麟即牽馬造門，謝而歸之。此見當時風尚已成，故人盡勉爲而不自覺。）种暠、（父早亡，有財三千萬，暠以賑鄉里貧者，遂知名。）范冉。（受業於樊英、馬融。史稱：「好違時絕俗，爲激詭之行。」看姊病，姊設食，冉留錢二百。此等良可詫笑。袁奉高不修異操而致名當時，爲可貴矣。）

其他高節異行不勝舉。大體論之，則東漢士風，亦自有其缺點：

一則在於過分看重道德。

道德自爲人生不可缺少之要素，然亦只是人生中一端。過分看重，不免流弊。譬如健康，亦人生一要端，若其人惟一看重健康，即不免種種流弊也。過分看重道德之流弊，又可分兩端言之：一則道德乃人人普遍所應有，並非可以爭高鬬勝。（道德乃起碼條件，非終極標準。人不應不道德，（此乃消極的嚴重性。）卻不能定要比人更道德。（積極的便成不自然性。））若專以道德來分別人高下，便造成社會上種種過高非常不近人情的行爲，而其弊且導人入於虛僞。二則道德乃事事各具的一種可循之軌轍。若做事太看重道德，便流於重形式虛名而忽略了內容與實際。（將軍死綏，亦是一種道德。若過重道德，或只重道德，則往往可以軍隊尚未徹底敗北，而早圖從容自殺，忘了最後的反鬭。漢士人名列黨錮，束手就縛，自覺心安理得，亦是同樣心理。）

（宋蘇軾謂：「上以孝取人，則勇者割股，怯者廬墓；上以廉取人，則弊車羸馬，惡衣菲食。」是也。）

二則東漢士人的道德似嫌褊狹。

他們似乎只注重個人、家庭和朋友，而忽略了社會和國家。西漢儒生頌莽功德，要求漢室讓位，從君臣私人的友誼論爲不道德，從對社會、國家全體論，未見其爲不道德。即如王莽、劉歆，後人皆以不道德目之，皆受東漢人影響也。「孝」與「廉」爲東漢士人道德之大節目，然此二者全屬個人和家庭的，非國家和社會的。廉只是消極的。爲吏不可不廉，不能僅廉而止。不孝、不廉固然不夠做人和從政的標準，然只是孝、廉，亦不夠得做人和從政的條件。

因東漢士人只看重形式的道德，不看重事實的效果，所以名士勢力日大，而終不能剷除宦官的惡勢力。及袁紹盡誅宦官，而事已潰爛，不可收拾。

因東漢人只看重私人和家庭的道德，故王室傾覆後，再不能重建一共戴的中央，而走入魏晉以下之衰運。

然東漢士人正還有一種共遵的道德，有一種足令後世敬仰的精神，所以王室雖傾，天下雖亂，而他們到底做了中流砥柱，個別的保存了他們門第的勢力和地位。

第十一章　統一政府之對外（秦漢國力與對外形勢）

中國自秦漢統一，大體上版圖確定，民族摶成，中國史遂開始有其對外問題。（以前只是中國內地華、夷雜處，部族相爭，不成爲對外。）

中國以民族之優秀，疆土之超越，使中國國力常卓然高出於四圍外族之上。因此中國史上對外之勝負、强弱，幾乎完全視國內政治爲轉移。（外患只是內政動亂所招致之一種事態。嚴格言之，只要國內政治有辦法，國外絕不足患。）

講述中國史上歷來之外患，毋寧應該多注意於國內之自身。

一　兩漢國力之比較

兩漢是中國史上第一次因統一而臻國力全盛之時期，但因種種關係，東漢國力已不如西漢。

先就建都而論。

中國古史活動場面，大體上主要的在黃河流域。其西部上游武力較優，東部下流則文化、經濟較勝。此種形勢，自虞、夏、殷、周直到秦并六國皆然。

西漢承秦而都關中，長安爲全國之頭目，東方的文化、經濟不斷向西輸送，使與西方武力相凝合，而接著再從長安向西北伸展。驅逐匈奴，開通西域。西漢的立國姿態，常是協調的、動的、進取的。

光武中興，關中殘破，因王莽末年乃至更始、赤眉的大騷擾。改都洛陽，從此東方的經濟、文化不免停滯，不再向西移動；中國國力以政治推動，則常向西北發展，由外寇强敵所在也；此如西漢與唐皆是。若社會自由進展，則常向東南，以氣候較佳，土壤較肥，又無强敵臨前；如東漢、宋、明皆是。而西方武力失其營衞，亦不免於轉弱。因而雖小小的西羌，竟成東漢西邊之大患。東、西兩方人口密度不調節，社會經濟易生動搖，正如在一端極熱、一端極冷的不調和空氣下激起了大旋風，東漢國運遂於東方的饑荒黃巾。與西方的變畔涼州兵與董卓。兩種勢力衝盪下斷送。東漢的立國姿態，可以說常是偏枯的、靜的、退守的。

此乃兩漢國力盛衰一總關鍵。

自秦以及西漢，都有大規模的向西移民。

秦徙東方大族十二萬戶於咸陽。漢高祖又徙楚昭、屈、景，齊田及燕、趙、韓、魏諸强族於關中。文帝聽晁錯謀移民實邊。武帝徙關東貧民於隴西、北地、西河、上郡，一次凡七十餘萬。

漢諸帝並有陵寢徙民的制度。

景帝五年作陽陵，募民徙陵，戶賜錢二十萬。武帝初置茂陵，賜徙者戶錢二十萬，田二頃。昭帝爲母起雲陵，募徙者賜錢、田、宅。此僅徙民，不皆富人也。帝又徙三輔富人平陵，始專徙富人矣。宣帝募吏民貲百萬以上徙於昭帝平陵，以水衡錢爲起第宅；宣帝自作杜陵，徙丞相下將軍、列侯、吏二千石貲百萬以上者，則爲高官矣。元帝築壽陵，乃勿徙，曰：「今所爲陵，勿置縣邑。」成帝爲昌陵，又徙郡國豪傑貲五百萬以上者。哀帝作義陵，又詔勿徙。帝王厚葬固非美事，然漢都長安，屢移東方戶口實之，主父偃謂：「茂陵初立，天下豪傑兼并之家皆可徙茂陵，內實京師，外消姦猾」，此與秦徙東方大族用意正同。惟長安充實而後西北武功得繼續發展，不如東漢一有邊警，即議棄并、涼，棄三輔。故前漢奪朔方，開西河，而匈奴、西域皆服；東漢視關陝如塞外，而羌禍遂日蔓延。東方食少而有黃巾，西邊多事而有董卓，此誠兩漢興亡一大關鍵也。

至東漢便不然。

東漢諸儒，對邊防空虛，亦屢有論奏。虞詡請復三郡疏謂：「禹貢雍州之域，厥田上上，沃野千里，穀稼殷積。又有龜茲鹽池以爲民利，水草豐美，土宜產牧。牛馬銜尾，羣羊塞道。因渠以溉，水舂河漕，用功省少而軍糧饒足。故孝武皇帝及光武築朔方，開西河，置上郡，皆爲此。衆羌內潰，郡縣兵荒二十餘年，三郡未復，園陵單外，公卿選懦，容頭過身，張解設難，但計所費，不圖其安。」時在順帝永建四年。前因羌寇徙隴西、安定、北地、上郡四郡，此言「復三郡」，當以隴西尚遠，故未及之。書奏，漢廷始復三郡。又崔寔政論謂：「古有移人通財，今青、徐、兗、冀人稠土狹，不足相供，而三輔左右及涼、幽州內附近郡，皆土曠人稀，厥田宜稼，皆不墾發。人情安土重遷，寧就饑餒，猶羣羊聚畜，須主者牧養處置。置之茂草，則肥澤繁息；置之磽鹵，則零丁耗減。」又仲長統昌言損益篇：「諸夏有十畝共桑之迫，遠州有曠野不發之田。世俗安土，有死無去，君長不使，誰能自往？」蔡邕上封事陳政要謂：「幽州突騎，冀州强弩，爲天下精兵，四方有事，未嘗不取辦於二州。頃連年荒饉，穀價一斛至六、七百，故護烏桓校尉夏育出征鮮卑，無功而還。士馬死傷，弓兵散亡殆盡。」據蔡文，東漢末葉幽、冢二州均見荒殘；崔氏政論則幽已荒曠，而冀尚稠實。東漢邊區凋荒，蓋自西北逐步侵向東北矣。與移民運動相應者，尚有築路、開渠、墾殖諸端，亦西漢盛而後漢衰。史、漢皆志溝洫、河渠，而范書無之。

茲略舉兩漢西北邊區戶口變動顯著的數字如下：

（一）關中三輔

三輔名	西漢戶口及轄縣數（地理志平帝元始二年）		東漢戶口及轄縣數（郡國志順帝永和五年）	
京兆	戶 一九五、七〇二 口 六八二、四六八	轄縣 一二	戶 五三、二九九 口 二八五、五七四	轄縣 一〇
馮翊	戶 二三五、一〇一 口 九一七、八二二	二四	戶 三七、〇九〇 口 一四五、一九五	一三
扶風	戶 二一六、三七七 口 八三六、〇七〇	二一	戶 一七、三五二 口 九三、〇九一	一五
合計	戶 六四七、一八〇 口 二、四三六、三六〇	五七	戶 一〇七、七四一 口 五二三、八六〇	三八

蔡邕京兆尹樊陵頌碑：「長陵前漢戶五萬，口十七萬，王莽後十不存一，至光和（靈帝）。領戶不盈四千。」

（二）西北沿邊諸郡

郡名	西漢戶口及轄縣數		東漢戶口及轄縣數	
遼東	戶 五五、九七二 口 二七二、五三九	轄縣 一八	戶 六四、一五八 口 八一、七一四	轄縣 一一
遼西	戶 七二、六五四 口 三五二、三二五	一四	戶 一四、一五〇 口 八一、七一四	五

右北平	戶 六六、六八九 口 三二〇、七八〇	一六	戶 九、一七〇 口 五三、四七五	四
漁陽	戶 六八、八〇二 口 二六四、一一六	一二	戶 六八、四五六 口 四三五、七四〇	九
上谷	戶 三六、〇〇八 口 一一七、七六二	一五	戶 一〇、三五二 口 五一、二〇四	八
代	戶 五六、七七一 口 二七八、七五四	一八	戶 二〇、一二三 口 一二六、一八八	一一
雁門	戶 七三、一三八 口 二九三、四五四	一四	戶 三一、八六二 口 二四九、〇〇〇	一四
定襄	戶 三八、五五九 口 一六三、一四四	一二	戶 三、一五三 口 一三、五七一	五
雲中	戶 三八、三〇三 口 一七三、二七〇	一一	戶 五、三五一 口 二六、四三〇	一一
五原	戶 三九、三二二 口 二三一、三二八	一六	戶 四、六六七 口 二二、九五七	一〇
朔方	戶 三四、三三八 口 一三六、六二八	一〇	戶 一、九八七 口 七、八四三	六
西河	戶 一三六、三九〇 口 六九八、八三六	三六	戶 五、六九八 口 二〇、八三六	一三
上郡	戶 一〇三、六八三 口 六〇六、六五八	二三	戶 五、一六九 口 二八、五九九	一〇
北地	戶 六四、四六一 口 二一〇、六八八	一九	戶 三、一二二 口 一八、六三七	六
金城	戶 三八、四七〇 口 一四九、六四八	一三	戶 三、八五八 口 一八、九四七	一〇

郡名		西漢	縣數		東漢	縣數
武威	戶	一七、五八一	一〇	戶	一〇、〇四三	一四
	口	七六、四一九		口	三四、二二六	
張掖	戶	二四、三五二	一〇	戶	六、五五二	八
	口	八八、七三一		口	二六、〇四〇	
酒泉	戶	一八、一三七	九	戶	一二、七〇六	九
	口	七六、七二六		口	未詳	
敦煌	戶	一一、二〇〇	六	戶	七四八	六
	口	三八、三三五		口	二九、一七〇	

右表惟漁陽略增，餘均銳減。敦煌一郡六城，僅有七百餘戶，尤覺荒涼。

東漢邊郡荒殘至此，此又東漢國力不如西漢一大原因。東漢人口較西漢特見激增者，一爲今湖南、江西兩省；一爲今河南南部南陽一帶；其次爲江蘇三吳平野；又則嶺南及雲南地帶。郡國轄縣亦三輔、邊郡皆激減，而長江流域縣數有增。

再就人才言之。

西漢適當古代貴族階級破壞之後，各色人物平流競進，並無階資，亦無流品。即以漢武一朝言，儒生如公孫弘、兒寬，大將如衛青、霍去病、李廣，理財如桑弘羊，司法如張湯，出使如張騫、蘇武。大抵是一個雜色的局面。東漢則漸漸從雜色的轉變成清一色，即以光武一朝論，其「雲臺二十八將」已大半是書生出身。此種轉變，已起西漢末葉。西漢儒、吏未分，賢能儒雅不嫌以吏進，東漢吏職漸輕而尊辟舉。西漢文、武一道，大臣韓安國之徒亦出守邊；東漢流品始分，故劉巴輕張飛。人才走歸一路，爲東漢國力向衰之又一原因。其他次要者不列舉。

西漢用人不分流品，視其才能、勳績爲等第，無有限格。張釋之十年不得調；揚雄三十不徙官；賈誼超遷，歲中至太中大夫；公孫弘徒步，數年至宰相封侯；王仲翁大將軍長史，三歲至光祿大夫；亦不如後世資歷之嚴。然其入仕之始，亦自有品節。其以明經文學進者，多除博士或大夫、侍中，如嚴助、朱買臣、疏廣、平當之徒是也。其以材武勇猛進者，率除太僕或中郎將、驂乘，如夏侯嬰、公孫賀、衞綰之徒是也。張湯以法律進，則始爲內史，後爲廷尉，皆法官也。黃霸以入粟補官，則始爲卒史，後爲均輸長，皆掌財也。然其始雖有分別，而積功累勳則無不可任。此種風氣，東漢後漸不可見。

經魏、晉、南北朝以至隋、唐，而後有所謂「流品」之目。太宗置官品令，謂房玄齡曰：「朕設此官員以待賢士，工商雜色之流，假令術踰儕類，止可厚給財物，不可授之官秩。」貞觀六年馬周疏：「致化之道，在於求賢審官；爲政之本，必於揚清激濁。王長通、白明達本自樂工，韋槃提、斛斯正則獨解調馬，豈得列在士流，超授高爵？」貞觀十二年褚遂良疏：「爲政之本，在於擇人。漢家以明經拜職，或四科辟召，市井子孫，不居官吏。大唐制令，憲章古昔，商賈之人亦不居官位。」此皆所謂「流品」之辨也。惟金、元淺化，頗不知此。然唐代適當南北混一之際，其一時人才亦頗不拘一格，至宋則又有清一色之趨勢。唐、宋國力進退，正猶兩漢之比也。

二　西漢與匈奴

中國史上的外患，因地勢及氣候關係，其主要者常在北方。

北方乃一大草原，其居民游牧爲生，易於團結。又其地高寒苦瘠，居民强悍，常思南侵。西南山嶺崎嶇，其居民散隔，不易團結；又地氣溫暖，生活較易自給，亦減其侵略之野心。

秦、漢大敵便是北方之匈奴。

史記匈奴傳：「匈奴，夏后氏之苗裔。」其說信否不可詳論。又謂：「唐、虞以上有山戎、獫狁、葷粥，居於北蠻，隨畜牧而轉移。」獫狁、葷粥、匈奴蓋一音異譯；又稱昆夷、犬夷，則胡之音轉。此族蓋自古即與漢族雜居於大河流域者。迭經驅攘，至戰國晚季，遂有圍繞於秦、趙、燕三國外之諸戎。史記匈奴傳謂：「自隴以西有緜諸、緄戎、今甘肅天水縣。翟、䝠之戎。在今陝西南鄭縣。岐、梁山、涇、漆以北有義渠、今甘肅寧縣、慶陽縣。大荔、今陝西大荔縣。烏氏、今甘肅涇川縣。朐衍之戎。今甘肅靈武縣。而晉北有林胡、今陝西馬邑縣。樓煩之戎。今山西嵐縣。燕北有東胡、山戎。各分散居谿谷，自有君長，往往而聚，百有餘戎，莫能相一。」是也。按：史記秦厲公十六年，「伐大荔，取王城。」又秦惠王時，「拔義渠二十五城」。昭王時，義渠始滅。則義渠、大荔西北諸戎，在戰國初年均已城郭化矣。東北諸狄之城郭化，已詳前春秋章。又如趙襄子滅代，魏文侯滅中山，皆以城郭爲國。此諸族之見并於中國而同化者必不少。其奔迸外竄者，則失其城郭耕稼之新化，而復歸於遊牧之故習。此如春秋時山戎皆徒步作戰，及戰國晚年趙武靈王乃以騎射破林胡、樓煩。民族演化未深，其生活極易受環境之支配而轉變也。（如匈奴郅支單于西遷，乃爲城居；元人爲明所驅，仍返遊牧是也。）

逮中國秦代統一，而北方諸族亦逐次統一於匈奴。若如上說，則秦、漢與匈奴之對峙，特爲虞、夏、商、周以來中國華、夷雜處局面之正式剖分，即「耕稼」與「游牧」兩種文化方式之各自判劃獨立，而最先民族血統之爲同爲異，轉非所重也。史記以匈奴爲夏後，氐、羌爲姜姓，皆可以是觀之。

秦始皇對付匈奴，採用一種驅逐政策。

秦始皇三十二年，統一政府完成後之六年。使將軍蒙恬北擊胡，斥逐匈奴，悉收河南地。河套以南。因河爲塞，築四十四縣城臨河，徙謫戍充之。漢侯應議罷邊塞事，曰：「北邊塞外有陰山，東西千餘里，草木茂盛，多禽獸，冒頓單于依阻其中，治作弓矢，來出爲寇，是其苑囿也。」據是則漢初匈奴居陰山中。本居河南，平夷無險，至是則依山爲阻。又通直道自九原河套至雲陽，陝西淳化北。又渡河據陽山北假中。

漢高祖以一時輕敵致敗，冒頓佯敗誘漢兵，漢悉兵三十二萬北逐之，多步兵。高祖先至平城，步兵未盡到，匈奴縱精騎四十萬圍高祖於白登。白登在今大同東。遂聽婁敬策以和親緩敵。

匈奴之對中國，一時尚無政治上統治之野心，故高祖見圍而得脫。其舉衆入塞，所重在經濟財物之掠奪。和親政策之後面，即爲賄賂與通商。藉胡、漢通婚之名義，匈奴上層貴族，每年既得漢廷之贈遺，其下層民衆，亦得定期叩塞貿易。其物質上之需要既滿足，亦可暫時解消其武力侵略之慾望。此所謂「明和親約束，厚遇，通關市饒給之」，其時匈奴所尤需者，爲酒、米、繒絮之類。

但和親政策終於不可久。

文帝時，宦人中行説降匈奴，教之曰：「匈奴人衆，不能當漢一大郡，然所以强者，以衣食異，無仰於漢也。今單于變俗，好漢物，漢物不過什二，則匈奴盡歸於漢矣。其得漢繒絮，以馳草棘中，衣袴皆裂弊，以視不如旃裘之堅善也。得漢食物皆去之，以視不如湩酪之便美也。」然衣食美惡，人情所同，中行説欲强返芻豢於茹毛飲血，其事不可能。匈奴既知通商之失利，苟漢邊防稍疏，仍必出於掠奪。而漢國力充盈，自亦不甘出此屈辱而不徹底的和親政策也。

漢、匈奴一旦破裂，則漢之形勢實利攻而不利守。

漢與匈奴邊界遼闊，匈奴飄忽無定居，乘我秋冬農稼畢收，彼亦馬肥弓勁，秋高則馬壯，風勁則弓燥。入塞侵掠，攻者一點，防者千里。中國疲於奔命。就匈奴全國壯丁言，不出三十萬，史記稱匈奴：「控弦之士三十餘萬。」又云：「自左、右賢王以下至當戶，大者萬餘騎，小者數千，凡二十四長，立號曰『萬騎』。」又曰：「士力能彎弓，盡爲甲騎。」則匈奴騎士至多不越三十萬也。壯丁盡爲甲騎不出三十萬，以五口一壯丁計之，匈奴全部人口不出百五十萬，故中行說謂「匈奴人衆不能當漢一郡」。其社會組織並不如中國之强韌，則可以尋其主力一擊而破。此所謂一勞永逸，較之消極的防禦，爲利多矣。大抵中國史上對外問題，莫不然也。

於是遂先有漢武帝之誘敵政策。

事在元光二年，用王恢策，使馬邑人聶翁壹間闌出物與匈奴交易，陽爲賣馬邑城誘單于，漢伏兵三十萬馬邑旁，單于覺而去，自是遂失和。史稱「馬邑之謀」。

誘敵政策失敗，於是不得不大張撻伐，開塞出擊。

漢、匈奴失和以來，彼大寇邊凡十六、七，此大出兵亦十五、六，大抵彼先發，此應之；則匈奴勢尚强，未可驟服也。（匈奴統於一單于，並亦父子世襲，其政治組織，已相當進步。中行説教單于左右疏記，以計識其人衆畜數。漢與單于書以尺一牘，中行説令單于以尺二寸牘，及印封皆令廣長大。今傳有匈奴相邦印，形制文字，均類先秦，然則並知用漢文，其文化程度，當不甚低。唐初突厥較之，爲不侔矣。）

漢擊匈奴，採用兩種步驟：

一是遠出東西兩翼造成大包圍形勢，以絕其經濟上之供給與援助。

匈奴諸左王將居東方，直上谷（今河北懷來境。）以東，接濊貉、朝鮮，右王將居西方，直上郡（今陝西膚施境。）以西，接氐、羌，而單于庭直代、（今山西大同。）雲中。（今綏遠托克托境。）冒頓子老上單于擊破西域，置僮僕都尉，賦稅諸國，取富給焉。（匈奴破西域在漢文三、四年間。）漢置蒼海郡，在元朔元年；（馬邑之謀後五年。）張騫使西域在元狩元年。（馬邑之謀後十一年。）

一是正面打擊其主力。

大者在元朔二年衛青之取河南地築朔方郡，遂復繕故秦時蒙恬所爲塞，因河爲固。（徙民朔方凡十萬口。是時漢都長安，匈奴據河套，實爲最大壓迫，自是始無烽火通甘泉之警。又按：漢、匈奴東西橫亙，匈奴單于庭偏在東，漢都長安偏在西，故匈奴利於東侵，漢便於西出。漢既城朔方，而同時棄上谷之造陽地予胡，此爲漢廷決計改取攻勢後之策略。此後匈奴西部遂大受威脅。）後六年，（元狩二年。）匈奴西方渾邪王殺休屠王降漢，漢以其地爲武威、酒泉郡。（後分武威爲張掖、酒泉爲敦煌，在元鼎六年；此爲河西四郡。遂開漢通西域之道，而羌、胡之交通遂絕。匈奴西方既失利，爲防漢，且求財富接濟故，不得不日移其力而西，主客倒轉，爲漢勢有利一要端。）

開塞出擊之進一步則爲絕漢遠征。

中國之對匈奴，非不知出擊之利於坐防，然而不能決然出擊者，則以騎兵之不足爲一要因。（此下唐、宋强弱皆因此。）史稱漢初「天子不能具鈞駟，（一車四馬不能純色。）將相或乘牛車，馬一匹則百金」。至漢武休養生息已七十年，其時則「衆庶街巷有馬，阡陌之間成羣，乘字牝者擯不得聚會」。漢武爲伐胡，又盛養馬，廄馬至四十萬匹。馬畜既盛，騎兵之訓練自易。匈奴既失利，用漢降人趙信（本胡小王，降漢。）計，北絕漠，誘漢，漢乃發兵十萬騎，（私負從馬凡十四萬匹，糧重不與。）令衛青、霍去病分擊匈奴。衛青軍出定襄，（今綏遠和林格爾境。）遇單于，追北至寘顏山趙信城。去病出代二千里，封狼居胥，禪於姑衍，臨瀚海而還。（事在元狩四年，馬邑之謀後十五年。史稱「冒頓之盛，控弦之士三十萬」，而是役也，兩將所殺虜凡八、九萬，是幾耗其種三之一矣。然漢亦馬少，自後遂無以遠往。）

自是匈奴遠遁，而漠南無王庭。

漢渡河自朔方以西至令居（今甘肅平蕃縣。）往往通渠置田官，吏卒五、六萬人，稍蠶食，地接匈奴以北。漢以騎兵任先鋒之掃蕩，繼以步卒屯田爲後勁，步步爲營而前進，匈奴乃不能復轉側。

到宣帝時，匈奴終於屈服，而漢廷一勞永逸之戰略卒以見效。

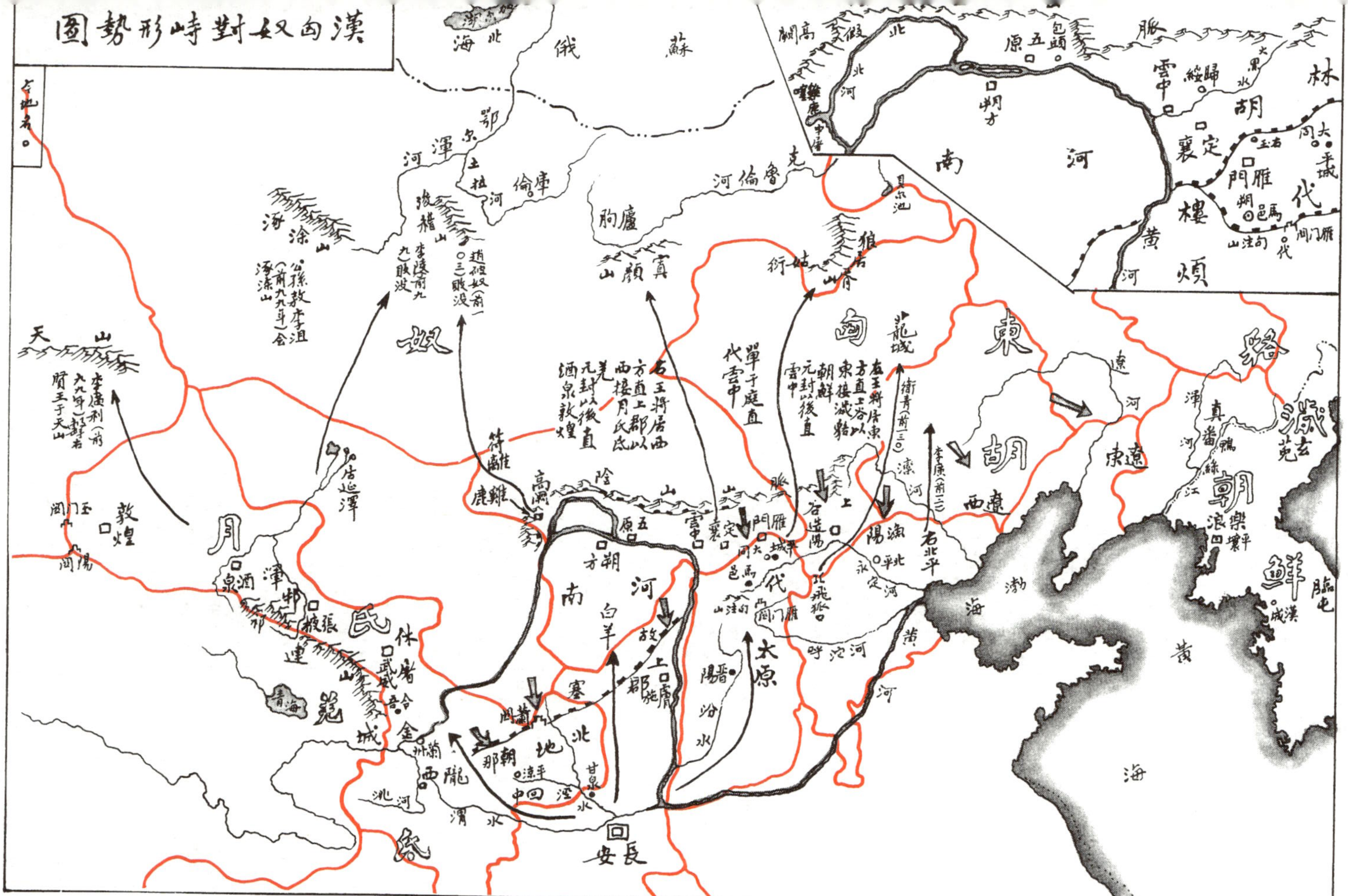
匈奴
東胡
月氏
羌
朝鮮
長安
敦煌
酒泉
張掖
武威
河南
朔方
五原
雲中
定襄
雁門
代
上谷
漁陽
右北平
遼西
遼東
太原
上郡
北地
隴西
天山
祁連山
陰山
真顏山
狼居胥山
姑衍
涿涂山
稽山
浚稽山
黃河
黃海
渤海
沁河
渭水
汾水
龍城
單于庭
蘇
俄
北海
樓煩
林胡

漢匈奴對峙形勢圖

楚漢之際，冒頓大破滅東胡，西擊走月氏，南并樓煩、白羊河南王，悉復蒙恬所奪地，與漢關故河南塞，至朝那、膚施，遂侵燕代。

漢擊匈奴，采用兩種步驟：一是遠出東西兩翼，造成大包圍形勢，以絕其經濟上之供給與援助；一是正面打擊其主力。

①武帝元朔二年（前一二七）衛青出雲中至高闕，取河南地，築朔方郡，復蒙恬故塞，因河為固。

②元狩二年（前一二一）霍去病出隴西擊匈奴。渾邪王殺休屠王降漢，漢遂以其地為武威、酒泉郡。

③開塞出擊之進一步，則為絕漠遠征。元狩四年衛青出定襄，追單于至寘顏山趙信城。霍去病出代二千里，封狼居胥山，禪姑衍，臨瀚海而還。

④元封三年（前一〇八）拔朝鮮，滅貉，開樂浪、臨屯、玄菟、真番四郡。

宣帝時，匈奴終於屈服。兩漢廷一勞永逸之戰略卒以見效。

亦會其時漢多人才，大將最著者莫如霍去病。去病以皇后姊子，少貴，年十八爲侍中。初從大將軍衛青出塞，爲票姚校尉，與輕勇騎八百直棄大軍數百里赴利，斬捕首虜過當，遂封侯，時爲元朔六年，去病年二十三。其後屢以敢深入建奇功。匈奴渾邪王謀降漢，武帝恐其詐。命去病將兵往迎。去病渡河，與渾邪衆相望。渾邪見漢軍而多不欲降，頗遁去。去病乃馳入匈奴軍，得與渾邪王相見，斬其欲亡者八千人，獨遣渾邪王乘傳先詣行在所，盡將其衆渡河，降者四萬。時爲元狩二年，去病年二十五。史稱去病爲人少言，有氣敢往。武帝嘗欲教之孫、吳兵法，對曰：「顧方略何如耳，不至學古兵法。」帝爲治第，令視之，曰：「匈奴未滅，無以家爲。」其卒在元狩六年，時年二十九也。觀去病之將兵，較之項王未多遜。故唐人詩「借問漢將誰？恐是霍票姚」，獨數其人，非虛也。時李廣亦稱名將，衛、霍皆以親貴任用，而李廣則爲豪傑從軍。（時稱「良家子」從軍，即今之義勇隊也。）衛、霍雖以女寵進，而重以建功絕域自顯，其一種進取勇決無畏之風，亦可敬矣。惟當時親貴與豪傑判爲兩黨，衛、霍雖貴盛，豪傑不之重；李廣父子愈擯抑，豪傑亦愈宗之。史公親罹其禍，故爲史記抑揚甚顯。然兩黨各有奇材，史公於霍去病雖寥寥落筆，而亦精神畢顯矣，誠亦良史才也。

中國以優勢的人力和財力，對付文化較低、政治組織較鬆的民族，採用主力擊破的攻勢，自比畏葸自守爲勝。漢武帝撻伐匈奴並不誤，惟惜武帝內政方面有種種不需要的浪費，如封禪、巡狩等。所以匈奴雖敗，而中國亦疲，故爲後人所不滿。

昭、宣以下，武士練習，斥堠精審，胡勢已衰，入則覆亡，居又畏逼，收跡遠徙，窮竄漠北；乃漢廷不能乘武帝遺烈，而轉師劉敬故智，啓寵納侮，傾竭府藏，歲給西北方無慮二億七十萬。後漢袁安封事云：「漢之故事，供給南單于費直歲一億九十餘萬，西域歲七千四百八十萬。」此據文獻通考引劉貺說。賞賜之費、傳送之勞尚不計。則尤爲失策矣。觀揚雄諫不許單于朝書，可見西漢晚年氣弱志苶之象。然亦由武帝浪費國力太過，有以致此。大抵中國對外，其病每不在決心討伐，而在好大喜功，窮兵黷武，以及從此引起之種種浪費。此仍然是內政問題，昧者乃專以開邊生事爲大戒。

三　東漢與西羌

自匈奴主力爲武帝徹底擊破，直到東漢，實際上中國並無嚴重的外患。竇憲北伐（和帝永元元年），雖獲勝利，並不像衛、霍之費力。

然而東漢卻意外的遭受到西羌之侵擾。此乃東漢整個建國形勢之弱點的暴露，以及應付的失策，並不在於西羌之難敵。

羌人叛漢，起和帝時，護羌校尉鄧訓卒後，由於邊疆吏治之不整飭。其勢並不能與西漢初年之匈奴相提並論，而漢廷早議放棄涼州。安帝永初二年龐參主議，嗣得虞詡諫而止。羌叛凡十餘年，漢兵屯邊二十餘萬，曠日無功。羌虜皆騎兵，漢以步卒追之，勢不能及，則彼能來我不能往。西漢屯田之所以見效，以先有騎兵之驅逐掃蕩，敵已遠遁，乃以屯田繼之。

軍旅之費二百四十餘億，并、涼二州爲之虛耗。

虞詡教任尚：「罷諸郡屯兵，各令出錢數千，二十人共市一馬，以萬騎逐數千之虜，追尾掩截，其道自窮」，任尚竟以立功。可見西羌並非强寇，只在漢廷應付之不得當。

第二次羌變在順帝永和後，羌寇遍及并、涼、幽、冀四州，用費八十餘億。

第三次羌變在桓、靈時，段熲前後一百八十戰，大破東羌，用費四十四億。羌禍雖歇，而漢力亦疲，接著便是不救的衰運之來臨。

當時士大夫見朝事無可爲，惟有擁兵以戮力邊徼，尚足爲功名之一徑，如張奐、皇甫規、段熲，皆於此奮起。北虜、西羌斬馘至百萬級，以其餘力驅芟黃巾，漢之末造，乃轉以兵强見。一時士大夫既樂習之，士民亦競尚之，此乃東漢晚季清談以外之另一風尚也。以此造成此下三國之局面。專務清談，不競武功，乃兩晉事。

黃河西部的武力與東部的經濟、文化相凝合，而造成秦、漢之全盛；所謂「關東出相，關西出將」，即足表示其意義之一部分。東漢以來，東方人漸漸忘棄西方，中央政府在洛陽，東方人之聰明志氣至是而止。西方得不到東方經濟、文化之潤澤而衰落。而東方的文化、經濟，亦爲西方武力所破毀。

鄭太說董卓：「山東承平日久，民不習戰；關西頃遭羌寇，婦女皆能挾弓而鬭。天下所畏，無若并、涼之人。」皇甫規、張奐、段熲，亦皆涼州人也。一個國家，內部自身存在兩種極相違異的社會情態，無有不致大亂者。

董卓領著涼州兵東到洛陽，中國歷史，便從此走上中衰的路去。

第四編　魏晉南北朝之部

第十二章　長期分裂之開始（三國時代）

一　魏晉南北朝之長期分裂

秦、漢的大一統，到東漢末而解體。從此中國分崩離析，走上衰運，歷史稱此時期爲魏晉南北朝。

自漢獻帝建安二十五年，（即魏文帝黄初元年。）下至魏元帝咸熙二年，凡四十六年而魏亡。

此下十五年，至西晉武帝太康元年吳亡，中國又歸統一。

然吳亡後十年，武帝卒，不二年晉室即亂。吳亡後三十一年，爲晉懷帝永嘉五年，劉曜陷洛陽，帝被虜。又五年，愍帝建興四年，劉曜陷長安，帝出降。自此西晉覆滅，中國分南、北部。

東晉南渡，自元帝至恭帝凡一百零四年。宋六十年，齊二十四年，梁五十六年，陳三十三年，共一百七十年爲南朝。

北方五胡競擾，起晉惠帝永興元年，劉淵僭號。迄宋文帝元嘉十六年，沮渠牧犍爲魏所滅，即魏拓跋燾太延五年。共一百三十六年，此後北方復歸統一。

元魏凡一百四十九年，而北方歸其統一者先後僅九十六年，又分東、西魏。東魏十七年，西魏二十三年。繼東魏者曰北齊，二十八年；繼西魏者曰北周，二十五年，爲北朝。

此長時期之分裂，前後凡三百九十四年。起自建安。三百九十四年中，統一政府之存在，嚴格言之，不到十五年。放寬言之，亦只有三十餘年，不到全時期十分之一。

將本期歷史與前期秦、漢。相較，前期以中央統一爲常態，以分崩割據爲變態；本期則以中央統一爲變態，而以分崩割據爲常態。

二　舊政權之沒落

這時期的中國，何以要走上分崩割據的衰運？這可以兩面分說：

一是舊的統一政權必然將趨於毁滅，二是新的統一政權不能創建穩固。

一個政權的生命，必須依賴於某一種理論之支撑。此種理論同時即應是正義。正義授與政權以光明，而後此政權可以緜延不倒。否則此政權將爲一種黑暗的勢力，黑暗根本無可存在，必趨消失。

東漢王室逐步脫離民衆，走上黑暗的路，此有兩因：一則王室傳緒既久，一姓萬世的觀念使其與民衆隔離。一則內朝、外朝的分別，使其與士大夫（民衆之上層。）隔離。因此外戚、宦官得以寄生在王室之內邊而促其腐化。舊的統治權必然滅亡，已在前幾講説過。

舊統治權因其脫離民衆而覆滅，新統治權卻又不能依民衆勢力而產生。

秦、漢間的社會，距古代封建社會不遠，各方面尚保留有團結的力量。（所謂「山東豪傑」羣起亡秦，此輩豪傑，一面代表的是貴族封建之遺骸，另一面代表的卻是社會之組織力。）

王莽末年之亂，除卻光武一宗及隗囂、公孫述等帶有古貴族（即豪傑。）之氣味外，其餘如綠林、銅馬、赤眉之類，全是饑民的集團。

沿積到三、四百年以上的統一政府，統治著許大的廣土衆民的國家，散漫的農民（農民因生活關係，不能不散漫。）在饑餓線上臨時結合起來，其力量不夠得推翻他。

秦、漢以來的統一政府，日趨龐大，其事可舉當時地方行政單位（郡、縣。）及戶口數論之。秦時全國分四十餘郡。西漢平帝時，凡郡國一百三，縣邑千三百一十四，道三十二，侯國二百四十一。地東西九千三百零二里，南北萬三千三百六十八里；民戶千二百二十三萬三千六十二，口五千九百五十九萬四千九百七十八。東漢順帝時，凡郡國百有五，縣邑、道、侯國千一百八十；民戶九百六十九萬八千六百三十，口四千九百一十五萬二百二十。

且以中國疆域之展布，縱使大饑荒，亦必夾有豐收的地帶，要一般農民一致奮起，事亦不易。於是無可團結的社會，乃借助於「宗教」與「迷信」。農民結合於宗教與迷信的傳播之下，而一致奮起，成爲東漢末年之黃巾。

黃巾蔓延青、徐、幽、冀、荊、揚、兗、豫八州，置三十六方，大方萬餘人，小方六、七千。

然而迷信成分太多，宗教質地太差，容易發動，（數年内即傳播成熟。）不容易成功。

東漢王室並沒有爲黃巾所傾覆。

東方的黃巾，乃至西方的邊兵，（董卓一系的涼州兵。）均已逐次削平。若使當時的士族（河北有袁紹、公孫瓚、劉虞；四川有劉焉；荊州有劉表；淮南有袁術等。）有意翊戴王室，（其時外戚、宦官均已撲滅，獻帝亦未有失德。）未嘗不可將已倒的統一政府復興。然而他們的意興，並不在此。

漢末割據的梟雄，實際上即是東漢末年之名士。尤著者如袁紹、公孫瓚、劉表諸人。

袁紹喪母，歸葬汝南，會者三萬人，其盛況不下陳寔。又母喪禮畢，追感幼孤，又行父喪。其去官而歸，車徒甚盛。許劭爲郡功曹，紹入郡界，曰：「吾豈可使許子將見。」謝車徒，以單車歸家。公孫瓚與劉備同受學於盧植，爲郡吏，太守劉君坐事徒日南，瓚身送之，自祭父墓，曰：「昔爲人子，今爲人臣，送守日南，恐不得歸，便當長辭。」劉表，「八及」之一，在荊州，尤爲一時名士所歸趨。

國家本是精神的產物，把握到時代力量的名士大族，他們不忠心要一個統一的國家，試問統一國家何從成立？

當時士族不肯同心協力建設一個統一國家，此亦可分兩面說：一則他們已有一個離心的力量，容許他們各自分裂。二則他們中間沒有一個更健全、更偉大的觀念或理想，可以把他們的離心力團結起來。

離心力的成長，大體爲兩漢地方政權所演變。

三 離心勢力之成長

（一）地方長官之權位

兩漢地方行政長官，即郡太守。太守之下，爲縣令與縣長。其地位本甚高，秩二千石。與中央政府之九卿略相等。平時得召見，天子有事，用賜璽書。高第成績好者。得入爲公卿。如張蒼、申屠嘉等。東漢益重，或自尚書、僕射出典一郡，或自典郡入爲三公。在郡得自辟屬官，掾屬限用本郡人，惟三輔得用他郡人。得自由主持地方之政事，得自由支配地方財政，惟每歲盡，須派員至中央（丞相府）上計，「計簿」即治理成績之統計與報告書也。得兼治地方軍政。西漢有郡尉，爲地方武官，而轄於太守。東漢省之。

兩漢的郡太守，權位既重，並得久任，儼如古代一諸侯，所異者只是不能世襲。

中央政府對地方行政有分派督察之人，曰刺史。

西漢刺史秩六百石，居部九歲乃得遷守、相，郡曰「守」，國曰「相」，權位略同。位微而權重。每歲八月巡行所部，歲盡詣京師奏事。東漢刺史秩增至二千石，但因計吏還奏，不復詣京師，西漢刺史奏二千石長吏不任職，事先下三公，遣掾史按驗。東漢不復關三府，權歸刺舉之吏。位任益尊。

靈帝時，地方變亂紛起，宗室劉焉建議改刺史爲州牧，模倣封建時代之霸者。乃有地方行政實權。關東義兵起，討董卓，太守亦各專兵柄。中央大權墮落，地方政權乘之而起，遂成三國初年之割據。

（二）二重的君主觀念

地方政權漸漸成長，亦有一種道義觀念爲之扶翼。

因郡吏由太守自辟，故郡吏對太守，其名分亦自爲君臣。

汝南太守歐陽歙，欲舉督郵繇延，主簿將引延上，功曹郅惲曰：「明府以惡爲善，主簿以曲爲直。此既無君，亦復無臣。」會稽太守成公浮以贓罪下獄，倉曹掾戴就幽囚拷掠，曰：「奈何令臣謗其君，子證其父！」

或稱太守曰「府君」，乃至爲之死節。州、郡又得稱「本朝」。司隸從事郭容碑：「本朝察孝，貢器帝廷。」豫州從事尹宙碑：「綱紀本朝。」

漢末廣陵太守張超爲曹操所殺，其故吏臧洪，袁紹任爲東郡太守，怨紹不救超，遂與紹絕。與紹書，謂：「受任之初，志同大事，掃清寇逆，共尊王室。豈悟本州被侵，請師見拒。使洪故君淪滅，豈得復全交友之道，重虧忠孝之名乎？」

除非任職中央，否則地方官吏的心目中，乃至道義上，只有一個地方政權，而並沒有中央的觀念。

劉表遣從事韓嵩詣許，嵩曰：「若天子假一職，則成天子之臣，將軍之故吏耳；不能復爲將軍死也。」

甚至即已進身爲中央官，仍多爲其舉主（即其舊日太守，所由察舉而得進身者。）去官奔喪。（吳匡、傅燮等；已詳前。）

又趙咨拜東海相，道經滎陽。令敦煌曹暠，咨之故孝廉，迎路謁候，咨不爲留。暠送至亭次，望塵不及，謂主簿曰：「趙君名重，今過界不見，必爲天下笑。」即棄印綬追至東海，謁咨畢，辭歸家。僅爲一謁輕去其官，較之奔喪，抑又甚矣。

當時的士大夫，似乎有兩重的君主觀念，依然擺不脫封建時代的遺影。

國家觀念之淡薄，逐次代之以家庭。君臣觀念之淡薄，逐次代之以朋友。此自東漢下半節已有此端倪，至三國而大盛。然而此種趨勢，苟有一個更合理、更偉大的思想起來，未嘗不可挽回。惜乎魏、晉以下的思想，又萬萬談不到此，中國於是只有没落。（南史宋武陵王誕反，或勸其長史范義出走。義曰：「吾人吏也，吏不可以叛君。」柳慶遠傳，梁武初爲雍州刺史，辟慶遠爲別駕，慶遠謂人曰：「天下方亂，定霸者其在吾君乎！」因盡誠協贊，遂成帝業。則所謂「二重君主觀念」者，在南朝猶然。北朝周、齊稍革，至隋、唐而絕，而中國亦復趨統一矣。）

四　新政權之黑暗

歷史的演變，並不依照一定必然的邏輯。因不斷有人類的新努力參加，可以搖動邏輯之確定性。倘使當時的新政權，能有較高的理想，未嘗不足以把將次成長的離心力重新團結起來，而不幸魏、晉政權亦只代表了一時的黑暗與自私。

曹操爲自己的家世，父嵩爲宦者曹騰養子，官至太尉。陳琳爲袁紹作檄云：「操贅閹遺醜，本無懿德。」對當時門第，似乎有意摧抑。楊、袁皆東漢最著之名族。曹操欲殺太尉楊彪，孔融曰：「孔融魯國男子，明日當拂衣而去，不復朝矣。」然孔融與彪子修，卒皆被戮。操與孔融手書曰：「孤爲人臣，進不能風化海內，退不能達德和人，然撫養戰士，殺身爲國，殺浮華交會之徒，計有餘矣。」則操之意態可想。有名的魏武三詔令建安十五年下令：「天下未定，求賢之急時也。若必廉士而後可用，齊桓其何以霸？今天下得無盜嫂受金，未遇無知者乎？二三子其惟才是舉，吾得用之。」十九年令：「有行之士，未必能進取；進取之士，未必能有行。陳平豈篤行？蘇秦豈守信？有司明思此義，則士無遺滯，官無廢業矣。」二十二年令：「韓信、陳平，成就王業。吳起貪將，殺妻自信，散金求官，母死不歸；然在魏，秦不敢東鄉，在楚，三晉不敢南謀。今天下得無高才異質，負汙辱之名，見笑之行，不仁不孝，而有治國用兵之術。其各舉所知，勿有所遺。」令按：西京重「賢良」，東京重「孝廉」。魏武三令，亦若有欲返「孝廉」而歸「賢良」之意。此等思想，孔融諸人已早發之。惟此三令之措辭明白破毀道德，益趨偏激，前固無例，後亦少偶。明說「惟才是舉」，雖「不仁不孝」亦所勿遺。他想要用循名責實的法治精神，來建立他的新政權。故云：「喪亂以來，風教凋薄，謗議之言，難用褒貶。」（魏志劉廙傳。）直至魏明帝猶云：「名如畫地作餅，不可啖。」蓋尚「名」則其權在下，尚「法」則其權在上也。但是曹家政權的前半期，挾天子以令諸侯，借著漢相名位剷除異己，依然仗的是東漢中央政府之威靈。袁紹借討董卓之名爲關東州牧盟主，亦是仗借中央。下半期的篡竊，卻沒有一個坦白響亮的理由。

魏武述志令自稱：「天下無有孤，不知幾人稱王，幾人稱帝？」此不足爲篡竊之正大理由。曹氏不能直捷效法湯、武革命，自己做周文王，三分天下有其二；而其子依然不能做周武王，既已大權在握，漢獻亦無罪過。必做堯、舜禪讓；種種不光明、不磊落。總之，攘奪政權的後面，沒有一個可憑的理論。

乘隙而起的司馬氏，暗下勾結著當時幾個貴族門第再來篡竊曹氏的天下，更沒有一個光明的理由可說。

司馬懿殺曹爽，何晏諸名士同時被戮。晏，魏外戚。何進孫，尚魏太祖女金鄉公主，賜爵列侯。於當時朝政，實欲有所更張。孫資別傳謂：「大將軍爽專事，多變易舊章。」蔣濟論丁謐、鄧颺等「輕易法度」。皆其證。傅咸云：「正始中，任何晏以選舉，內外衆職，各得其才，粲然之美，於斯可觀。」據此則董昭所論當時浮僞朋黨之風，似未足專爲何晏諸人罪矣。是彼輩於政治上，亦確有成績。荀勗傳謂：「正始中并合郡、縣。」亦當時新政設施之一。及司馬政權既定，此等真相遂不白於後世。王廣（王淩子）謂：「曹爽驕奢失民，何平叔虛而不治。（此乃指其無政治上實濟之幹材。）丁、畢（軌）、桓（範）、鄧，並有宿望，變易朝典，政令數改，所存雖高，事不下接。民習於舊，衆莫之從。同日斬戮，名士減半，失民故也。」（語見魏志卷二十八。）此所謂「民」，實乃當時朝士門第之不樂新政者耳。魏、晉之際，真真民意，何嘗能浮現到政治上層來？至史稱何晏「依勢用事，附會者升進，違忤者罷退」，傅嘏譏晏「外靜內躁」，此皆晏之解散私門，欲爲曹氏厚植人才，以求有所建樹，不足爲晏病也。

繼晏受禍者有夏侯玄，亦魏宗室。惇、淵之族孫。曹操父本夏侯氏，爲曹騰養子。其論政制，上追賈、董，蓋非東漢所逮，其論「中正」利弊亦甚切至。然「中正」足爲門第護符，當時自不喜玄論。而亦爲司馬氏所忌。曹爽誅，玄徵爲太常，內知不免，不交人事，不畜筆研。及司馬懿卒，或曰：「子無憂矣。」玄曰：「子何不見事？此人猶能以年少遇我，子元、子上（師、昭兄弟）不吾容也。」夏侯玄如此韜匿，尚不免禍，則何晏諸人之死固宜。傅嘏謂夏侯玄「能合虛譽，利口覆國」，亦非公允之論。玄、晏諸人，人格自高，所存自正，晉人於玄尤推重，謂其「肅肅如入廊廟中，不修敬而人自敬」。和嶠（玄外孫）「常慕玄爲人，於朝士中峨然不羣，衆惟不脫名士清玄之習，魏略：「何晏粉帛不去手，行步顧影。」傅粉之習，自東漢李固至三國曹植，皆謂有之。世說並謂：「何平叔美姿儀，面白，而明帝疑其傅粉。」則不必真有「粉帛不去手」事。惟玄、晏諸人自有當時名士氣派，則決然無疑。史稱何晏、王弼謂：「天地萬物以無爲本。無也者，開物成務，無往不存者也。」王衍好其說。後人以懷、愍之禍，歸罪王、何，非無由矣。乃不敵憚其風節」。何晏論學與王弼同稱「王、何」，皆晉人所師尊也。司馬父子之權譎狠詐。當時朝士雖慕敬玄、晏風流，此所以成將來所謂之「正始風流」。晉應詹奏：「魏正始之間，蔚爲文林。元康以來，賤經尚道，以玄虛宏放爲夷達，以儒術清儉爲鄙俗；永嘉之敝，未必不由此。」則正始與晉代風氣，仍有不當相提並論者。要之清玄之習，開自正始，乃每況而愈下也。而以家門地位私見，於玄、晏政治主張，不能擁護。亦由司馬氏兵權在握。至晉室佐命功臣如賈充、王沈之流，皆代表門第，而私人道德極壞無比。

司馬氏似乎想提倡名教，來收拾曹氏所不能收拾的人心。然而他們只能提出一「孝」字，所以說司馬氏「以孝治天下」，晉室開國元老如王祥等皆以大孝名。而不能不捨棄「忠」字，依然只爲私門張目。

他們全只是陰謀篡竊。陰謀不足以鎮壓反動，必然繼之以慘毒的淫威。如曹操之對漢獻帝與伏后。伏氏與孔氏，皆兩漢經學名門也。

曹操迎獻帝都許，帝謂操曰：「君能相輔則厚，不爾幸垂恩相捨。」操以事誅董貴人，帝以貴人有孕，累請不得。又勒兵收伏后，華歆發壁牽后出，后披髮徒跣行泣過帝，曰：「不能相活邪？」帝曰：「我亦不知命在何時？」

司馬師、昭兄弟之對曹芳齊王。與曹髦。高貴鄉公。

司馬師逼魏太后廢齊王芳，時年二十三。太后欲見師有所請說，郭芝曰：「何可見？但當速取璽綬。」太后意折。高貴鄉公自討司馬昭，賈充率衆逆戰南闕下。帝自用劍，昭衆欲退，充謂太子舍人成濟曰：「司馬公畜養汝輩，正爲今日。」濟即抽戈刺帝。

正惟如此，終不足以得人心之歸嚮。

直到五胡時的石勒，尚謂：「曹孟德、司馬仲達以狐媚取人天下於孤兒寡婦之手，大丈夫不爲。」

法治的激變而爲名士清談。東漢清議尚是擁護政府，魏晉清談則并置政府之安危於不問。魏武、魏明之深惡名士，僅能使士大夫不復有忠於朝廷之節操，卻不能根本剷絕社會好名之風，遂釀西晉名士之禍國。要之中央新政權不能攫得人心，離心勢力依然發展，天下只有瓦解。

五　思想界之無出路

舊政權必然沒落，新政權不能穩定，而作爲當時社會中堅的智識分子，所謂「名士」之流，反映在他們思想上者，亦只是東漢黨錮獄以後的幾許觀念，反動回惑，消沉無生路。所以謂之「反動」者，以其自身無積極之目的，只對前期思想有所逆反。

過分重視名教，其弊爲空洞，爲虛僞。於是有兩派的反動產生：

一、因尚交游、重品藻，反動而爲循名責實，歸於申、韓。

抱朴子名實篇謂：「品藻乖類，名不準實。」審舉篇謂：「舉秀才不知書，舉孝廉父別居。」「寒素清白濁如泥，高第良將怯如雞。」又正郭篇云：「廢職待客，比之周公。養徒避役，擬之仲尼。棄親依豪，同之游、夏。」此皆當時風氣。故劉梁有破羣論，謂：「仲尼作春秋，亂臣賊子懼；此論之作，俗士豈不媿心也？」

二、因尚名節、務虛僞，反動而爲自然率真，歸於莊、老。

青州人趙宣居墓行服二十餘年，生五子；陳蕃致之罪。孔融爲北海相，有遭父喪哭泣墓側，色無憔悴者，融殺之。又有母病思食新麥，盜而進者，融特賞，曰：「無有來討，勿復盜也。」路粹奏孔融與白衣禰衡跌蕩放言，云：「父之於子，當有何親？論其本意，實爲情欲發耳。子之於母，亦復奚爲？譬如寄物瓶中，出則離矣。」此等狂論，皆下開魏晉風氣。惟孔融尚未正式棄孔孟歸莊老，正式主張莊老者，爲王弼、何晏。然何晏尚務實幹，王弼則早死。以莊老爲玄虛者，乃阮籍、嵇康。然阮、嵇皆別具苦心。此下則又自玄虛轉成放誕矣。

這兩個趨勢，早起於漢末。崔寔政論代表前一個，仲長統樂志論代表後一個。

但要提倡法治，起碼的先決條件，在上應有一個較穩定的政權。（政權不穩定，法治精神無所倚依而生根。）政權之穩定，亦應依附於此政權者先有一番較正義，至少較不背乎人情的理想或事實。東漢末年乃至曹魏、司馬晉的政權，全是腐化黑暗，不正義、不光明、不穩定，法治精神如何培植成長？於是崔琰、毛玠之反激，變爲阮籍、嵇康。（此乃從積極轉入消極也。）

崔、毛二人皆仕魏，典選舉，任法課能，以清節自勵，士大夫至故污其衣，藏其輿服，朝府大吏或自挈壺餐以入官市。然試問仕魏者捨爲私家幸福外，復有何公共理想乎？（何晏、夏侯玄自與魏廷有私關係，故欲爲魏盡力。）阮籍浮沉仕宦而持身至慎，（史稱籍：「本有濟世志，屬魏、晉之際，天下多故，名士少有全者，由是不與世事，酣飲爲常。曹爽輔政，召爲參軍，籍以疾辭，屏於田里，歲餘而爽誅。晉文王欲爲武帝求婚於籍，籍醉六十日，不得言而止。」蓋既不願爲何晏、夏侯玄，亦不肯爲賈充、王沈也。又籍父瑀避魏武辟，逃山中，魏帝使人焚山得之。（見文選注引文士傳。）籍諸父武，爲正論，深嫉交游朋黨，則阮氏家風有自矣。）出言玄遠，絕不臧否人物。嵇康隱淪，然自謂：「非湯武薄周孔，會顯世教所不容」，果以殺身。（世語：「毋丘儉反晉，康有力焉，且欲起兵應之，以問山濤。濤止之，儉亦已敗。」呂安亦至烈，有濟世志力，故康與同禍。）

他們不願爲黑暗政權有所盡力，然他們自身亦多半是門第世族中人，依然不能脫身世外。以市朝顯達而講莊老，其勢不得不變爲虛無，爲浮沉，爲不負責任。最先只是自謹慎，保全門第，而以後不免於爲汰侈驕逸，（如何曾、石崇、王愷之徒皆是。）否則爲優游清談。（如王戎、王衍之徒皆是。）風尚如此，宜乎不能挽時代之頹波，而門第自身終亦同受其禍。

何曾侍晉武帝宴，退告其子遵等曰：「國家應天受禪，創業垂統，吾每宴見，未嘗聞經國遠圖，惟說平生常事，非貽厥孫謀之兆也。汝等猶可獲免」；指諸孫曰：「此輩當遇亂亡也。」然曾既歷仕魏晉，且爲晉重臣。日食萬錢，猶云「無下箸處」。平居奢汰如此，曾父夔，史稱：「於節儉之世最爲豪汰」，則曾亦承其家風。而不聞爲國事有獻替。永嘉之亂，何氏滅亡無遺。傅玄著論盛推何曾、荀顗，謂：「能以文王之道事其親」，家門私德，何補於大局？王衍爲石勒所執，臨死乃曰：「吾曹雖不如古人，向若不祖尚浮虛，戮力以匡天下，猶可不至今日。」然而晚矣。又按：王濟以人乳蒸豚。王愷使妓吹笛，小失聲韻便殺之；使美人行酒，客飲不盡亦殺之。時武帝在朝，而貴戚敢於汰縱如此，晉室奈何不亂！東坡謂：「晉病由於士大夫自處太高，而不習天下之辱事。」如此等，又豈僅如東坡所云而已耶！

西漢初年，由黃、老清淨漢初「黃老」，代表純粹的平民觀念，故能清淨無擾，與魏晉「莊老」之代表名士門第者氣脈本不同。變而爲申、韓刑法。漢初刑法，要摧抑封建反動勢力，集權中央，其意氣亦與崔琰、毛玠之助逆成篡，賈充、荀勗之助晉爲逆者不同。再由申、韓刑法變而爲經學儒術。西漢儒術，在通經致用，亦與東漢名士之訓詁、清談不同。一步踏實一步，亦是一步積極一步。法家目光只在治權階級，儒家目光較大，放及全社會，故較法家猶爲積極也。現在是從儒術轉而爲法家，再由法家轉而爲道家，正是一番倒捲，思想逐步狹窄，逐步消沉，恰與世運升降成爲正比。在此時期，似乎找不出光明來，長期的分崩禍亂，終於不可避免。

六 三國帝系

魏

- 曹操 武帝
  - (一)文帝(七) 蜀、吳相繼稱帝。蜀諸葛亮南征。
    - (二)明帝(一三) 蜀諸葛亮出師北伐，卒於軍。司馬懿討滅公孫淵。
      - (三)廢帝芳(一四) 司馬懿誅曹爽、何晏等。王淩起兵敗，誅。司馬師殺夏侯玄、廢帝。
    - (　)
      - (四)廢帝髦(六) 毌丘儉、諸葛誕起兵相繼敗，誅。司馬昭弒帝。
  - (　)
    - (五)元帝(六) 鄧艾滅蜀。司馬炎受禪。

魏共五帝，四十六年而亡。

蜀（一）昭烈帝（二一）——（二）後主（四一）

蜀共二帝，四十三年。

吳（一）大帝權（三一）
- （二）廢帝亮（五）
- （三）景帝休（六）
- （　）——（四）烏程侯皓（一七）復取交趾，九真、日南皆降。

吳共四帝，五十九年。

第十三章　統一政府之迴光返照（西晉興亡）

秦、漢統一政府，尚有一段迴光返照，便是西晉。

一　西晉帝系及年歷

（一）晉武帝（二六）
即位十六年，平吳統一。
封建諸王。
去州郡兵。

（二）惠帝（一七）
賈后之亂。
八王之亂。（始元康元年，終光熙元年，前後十六年。）

（三）懷帝（六）
洛陽被虜。

（四）愍帝（四）
長安被虜。

西晉共四帝，五十二年而覆滅。

二　西晉王室之弱點

西晉統一不到十二年，朝政即亂，賈后、八王，乃至懷、愍被虜，不幸的命運接踵而至。

分析晉室自身，亦有種種弱點：

一、没有光明的理想爲之指導。

二、貴族家庭之腐化。

一個貴族家庭，苟無良好教育，至多三、四傳，其子孫無不趨於愚昧庸弱。西漢王室，不斷有來自民間的新精神。

高、惠、文三帝皆可説來自田間，經景帝至武帝，始脱去民間意味。然宣帝又從民間來，遂成中興。經元帝至成帝而漢始衰。東漢光武、明、章三世後即弱。

司馬氏則在貴族氛圍中已三、四傳，歷數十年之久。懿、師、昭父子狐媚隱謀，積心篡奪。晉武帝坐享先業，同時亦深染遺毒。

晉書胡貴嬪傳：「武帝多內寵，平吳後，復納孫皓宮人數千，掖庭殆將萬人，並寵者甚衆。帝莫知所適，常乘羊車恣其所之。宮人乃取竹葉插戶，以鹽汁灑地，而引帝車。」是晉武之荒怠可知。後宮妃妾之多，始漢靈帝。次則吳歸命侯，又次宋蒼梧王、齊東昏侯、陳後主，而晉武尤甚。此下惟唐玄宗。以開國皇帝而論，則未見如晉武之荒怠者。

其時佐命功臣，一樣從幾個貴族官僚家庭中出身，並不曾呼吸到民間的新空氣。

而且家庭傳統風習若不相當壞，便不易適應漢末經曹魏而至晉初，尚得巍然爲佐命之功臣。

故晉室自始只是一個腐敗老朽的官僚集團，與特起民間的新政權不同。

武帝子惠帝即以不慧稱，聞人餓死，曰：「何不食肉糜？」而其后賈氏，乃賈充女，家教可知。元康元年，賈后不肯以婦道事太后，又欲干政，遂啓帝作詔，誣太后父楊駿謀反，殺之，夷三族，并及其妻龐。太后抱持號叫，截髮稽顙，上表詣賈后稱妾，請全母命。不省。董養遊太學，升堂歎曰：「朝廷建斯堂，將以何爲？天人之理既滅，大亂將作矣。」自此遂召八王之亂。

王室既有此弱點，又兼社會元氣之凋喪，此層後詳。譬如大病之後，真陽不復。而當時又有胡人之內地雜居。外邪乘之，遂至沉篤。

其時論者皆以晉武封建，遂召八王之亂。不知魏室孤立，亦以早覆，根本病症不在此。

三　胡人之內地雜居

胡人內地雜居，其事遠始於兩漢。

(一)匈奴　宣帝納呼韓邪，居之亭障，委以候望，此後遂有所謂「保塞內附」。光武時，徙南匈奴數萬衆入居西河美稷。靈帝時，助漢平黃巾，南徙離石。董卓之亂，寇略太原、河東，遂屯聚於河內。魏武時，分其衆爲五部，皆居晉陽汾澗之濱。左部可萬餘落，居太原玆氏縣。(今山西汾陽。)右部六千餘落，居祁縣。(今祁縣。)南部三千餘落，居蒲子縣。(今隰縣。)北部四千落，居新興縣。(今忻縣。)中部六千落，居太陵縣。(今文水。)左部帥劉豹，即劉淵父。

(二)氐羌　趙充國擊西羌，徙之金城郡。漢末，關中殘破，魏武徙武都氐於秦川，欲借以禦蜀。陳琳檄吳將校部曲文：「大舉天師百萬之衆，與匈奴南單于呼完廚，及六郡烏桓、丁令屠各、湟中羌僰」，其時乃借以揚威。

晉初，遼東、西爲鮮卑，句注之外、河東之間爲匈奴，北地、上郡、隴西諸郡胡，鮮卑、氐、羌諸種，皆以「保塞」名雜居。

劉昶曰：「東漢至曹、馬招來羌、狄，內之塞垣，資奉所費，有踰於昔。百人之酋，千口之長，金印紫綬，食王侯之俸者，相半於朝。」

自三國時鄧艾，至晉初郭欽、武帝時上疏。江統，惠帝時作徙戎論。皆建議徙戎，不果。

一因自東漢以來中國西北境居民荒殘，經漢末董卓、馬騰、韓遂等亂於關、涼，黑山賊劉虞、公孫瓚等戰於河北，荒殘之勢有加無已。二因國內戰爭，無心他及。

八王亂後，接著便是胡人南下，懷、愍蒙塵。

四　懷愍被虜與人心之反映

晉一天下後三十一年，劉曜、石勒入洛陽，懷帝武帝第二十五子。被虜，諸王公、百官、士民死者三萬餘人。

懷帝被虜後五年，劉曜入長安，愍帝武帝孫。被虜，晉室遂亡。

懷、愍二帝的被虜，本是本期歷史中應有的現象，不過如漢弘農王、陳留王，魏齊王、高貴鄉公一般，同其遭遇。只證明了帝王之末路，中央統一政府在本時期中之無可存在。然而懷、愍被虜，還夾雜有胡、漢種族的問題。我們試一看當時中國人心對此事件之反映。

（一）帝王（如晉懷帝。）劉聰（淵第四子。）封懷帝爲會稽郡公，從容謂曰：「卿昔爲豫章王，朕與王武子造卿，頗記否？」帝曰：「臣安敢忘？恨爾日不早識龍顏。」聰曰：「卿家何骨肉相殘？」帝曰：「故爲陛下自相驅除，此殆天意。」（懷、愍二帝皆爲聰青衣行酒。聰出獵，令愍帝戎服執戟爲導，百姓聚觀，曰：「此故長安天子也。」故老或歔欷流涕。）

（二）皇后（如羊皇后。）劉曜（淵族子。）納惠羊皇后，問曰：「我何如司馬家兒？」后曰：「胡可並言？陛下開基之聖主；彼亡國之暗夫，有一婦一子及身三耳，不能庇。妾何圖復有今日？妾生於高門，（后，羊元之子。）謂世間男子皆然。自奉巾櫛，始知天下有丈夫。」

（三）大臣（如王衍。）石勒執王衍，問以晉故。衍爲陳禍敗之由，云「計不在己」，又謂「少不豫事」，因勸勒稱尊號。勒曰：「君名蓋四海，少壯登朝，至於白首，何言不豫事！破壞天下，正是君罪。」遂殺之。（時庾敳、胡母輔之、郭象、阮修、謝鯤等，與王衍同在東海王越軍中。敳等皆尚玄虛，不以世務嬰心，縱酒放誕，而名重一世。越敗，同被執。石勒曰：「此輩不可加以鋒刃」，遂夜使人排牆殺之。）

（四）將軍（如索綝。）愍帝被圍長安，使侍中宗敞送降牋。索綝潛留敞，使其子說劉曜，曰：「城中食猶支一年，若許綝以車騎、儀同、萬戶郡公，請以城降。」曜斬而送其首，曰：「帝王之師以義行，綝言如此，天下之惡一也。若兵食未盡，可勉强固守。」後既降，劉聰以索綝不忠，斬於東市。

（五）世族（如王浚。）浚，王沈子，（沈即奔告司馬昭以高貴鄉公之謀者，與賈充同爲晉室元勳。）承賈后旨害太子。及亂起，爲自安計，以女妻鮮卑務勿塵，並謀僭逆。（其部下有大量的鮮卑烏丸兵。）石勒僞上尊號，浚信之，爲所執而死。

惠帝蕩陰之難，死節者有嵇紹，文天祥正氣歌所謂「嵇侍中血」也。紹乃嵇康子。又劉聰大會羣臣，使懷帝青衣行酒，侍中庾珉號哭，帝遂遇弑。珉，庾峻子。史稱：「峻舉博士，時重莊老，輕經史，峻乃潛心儒典。疾世浮華，不修名實，著論非之。」峻弟純於宴席斥賈充：「高貴鄉公何在？」大抵晉人高下，多可以其家庭風教判之。聰又使愍帝行酒洗爵，又使執蓋，尚書郎隴西辛賓抱帝大哭，聰命引出斬之。此則偏陬小臣，殆未染當時中原所謂士大夫之風教者。

「名教」極端鄙視下之君臣男女，無廉恥氣節，猶不如胡人略涉漢學，粗識大義。

五　文化中心之毀滅

兩漢統一時期，代表中國政治中心而兼文化中心的地點有兩個：一是長安，一是洛陽。長安代表的是中國東、西部之結合；首都居在最前線，領導著全國國力向外發展的一種鬬爭形勢。洛陽代表的是中國的穩靜狀態，南、北部的融洽；首都居在中央，全國國力自由伸舒的一種和平形態。

長安自王莽末年之亂而殘破，繼以董卓之亂；至愍帝遷都，其時長安戶不滿百，牆宇頹毀，蒿棘成林，公私有車只四乘。洛陽則自三國鼎立以來，仍爲中國文物中心。正始之際，名士風流盛於洛下。至劉曜陷洛陽，諸王公、百官以下，士民死者三萬餘人。

王彌縱兵大掠，曜禁之不從，斬其牙門王延以徇，彌遂與曜阻兵相攻。

晉室南渡，五胡紛起，燕、趙在東，秦、涼在西，環踞四外，與晉、蜀對峙。譬如一環，而恰恰留下一個中心點洛陽，大家進退往來，棄而勿居。

那時的洛陽，號爲荒土。

陳慶之語梁武帝：「自晉末以來，號洛陽爲荒土。」桓溫議遷都洛陽，孫綽上疏非之，謂：「自喪亂以來，六十餘年，蒼生殄滅，百不遺一。河洛丘虛，函夏蕭條。井堙木刊，阡陌夷滅。生理茫茫，永無依歸。」

譬如大旋風的核心，四圍狂飆駴氣，而中心虛無所有。

這一個形勢，延續幾及二百年，直到魏孝文重營洛都，中國始漸漸再有一個文化復興的中心。以後又經爾朱榮之亂，機運中絕。直到隋、唐，依然是起於西北，統一中國，而並建長安、洛陽爲東、西都，兼有了向外鬬爭進取以及向內平和伸舒的兩種形勢，十足的象徵出中國大一統盛運之復臨。

六　新宗教之侵入

代表此期中國之衰弱情態者，一爲中國文化中心之毀滅，又一則爲異族宗教之侵入。此事分章別詳。

第十四章　長江流域之新園地（東晉南渡）

中國史的主要部分，兩漢以前偏在黃河流域。東漢一代，西北進展衰息，東南開發轉盛。曹操依次蕩平北方羣雄，獨留下長江流域的吳、蜀，這證明北中國之疲弊與南中國新興勢力之不可侮。

東晉南渡，長江流域遂正式代表著傳統的中國。

一　東晉帝系及年歷

（一）元帝（六）　用劉隗、刁協，欲削王氏權，王敦反。

（二）明帝（三）　溫嶠討敦，平之。

- （三）成帝（一七）　即位年五歲，庾太后兄亮專政，蘇峻反，陶侃、溫嶠討平之。亮弟冰秉政，翼鎮武昌，晉室小康。
  - （六）哀帝（四）　桓溫議遷都洛陽，衆議非之。
  - （七）廢帝（五）　桓溫伐燕，敗於枋頭，廢帝爲海西公，立簡文帝。
- （四）康帝（二）
  - （五）穆帝（一七）　庾冰、庾翼相繼卒。桓溫代鎮武昌，滅蜀。殷浩北伐，無功。桓溫伐秦。

- （八）簡文帝（二）
  - （九）孝武帝（二四）
    桓溫卒，謝安當國。苻堅入寇，謝石、謝玄破之淝水。
    - （一〇）安帝（二二）
      桓玄自荊州反，篡位，國號楚。劉裕討平之。劉裕滅南燕，入長安，滅後秦。
    - （一一）恭帝（二）
      劉裕受禪。

東晉凡十一帝，一百零四年。

二　東晉一代之北伐與內亂

在此一百零四年中，北方五胡雲擾，始終未寧定，東晉常有恢復中原之機會。然東晉並無北取中原的統一意志。東晉曾四次北取洛陽。其先劉曜、石勒對抗時，祖逖一度恢復河南諸郡。石虎盛時，庾亮出兵挫敗。

一、穆帝永和七年，石氏亂，晉得洛陽，殷浩北伐無功。十年，桓溫表廢殷浩。自伐秦，由襄陽趨長安，破姚襄於藍田，進次灞上，食盡而還。冉閔降將周成自宛襄據洛陽。

二、穆帝永和十二年，姚襄自許昌攻周成於洛陽。桓溫北伐姚襄，敗之，復有洛陽。桓溫請遷都不成。哀帝興寧三年，慕容恪據之。苻堅滅燕，洛陽入秦。

三、孝武太元九年，苻氏亂，晉再有洛陽。安帝隆安三年，復爲姚興所陷。

四、安帝義熙十二年，劉裕北伐，復取之。

大抵豪族清流，非主苟安，即謀抗命。寒士疏門，或王室近戚，始務功勤，有志遠略。晉主雖有南面之尊，無統馭之實，韋華告姚興語。遂使「北伐」與「內變」兩種事態，更互迭起。

西晉立國，本靠門閥的勢力。

時人語曰：「賈、裴、王，亂紀綱；裴、王、賈，濟天下。」指賈充、王沈、裴秀言之；皆世族也。司馬氏亦故家，故能與當時舊勢力相沆瀣。曹爽、何晏、夏侯玄輩思有所革新者皆失敗；而司馬氏篡志遂成。

東晉南渡，最依仗的是王敦、王導兄弟，所以說：「王與馬，共天下。」

王敦統兵在外，王導執政在內，導號爲「仲父」。元帝登尊號，百官陪位，詔王導升御座，固辭而止。成帝幼沖，見導每拜，又嘗與導書手詔，則云「惶恐」。王敦反，元帝手書乞和，有「不能共安，當歸琅邪，以避賢路」之語。宋武帝即位告天策：「晉自東遷，四維不振，宰輔憑依，爲日已久。」此東晉立國形勢也。

北方的故家大族，一批批的南渡，借著晉室名義，各自占地名田，封山錮澤，做南方的新主翁。

元帝過江，謂顧榮曰：「寄人國土，心常懷慚。」直至南齊丘靈鞠尚云：「我應還東掘顧榮家。江南地方數千里，顧榮忽引諸傖輩度，死有餘罪。」周玘將卒，謂子勰曰：「殺我者諸傖，子能復之乃吾子。」時南人目北人爲「傖」。

當時諸族擁戴晉室，正如曹操迎漢獻帝，挾天子以臨諸侯，把南方的財富，來支撐北方的門第。

諸名士初到江南，形勢未定，不免爲新亭之對泣。及家計粗安，則「此間樂，不思蜀」，無復恢復之意。王導領袖羣倫，時人稱爲「江左夷吾」，桓溫父桓彝語。正謂其能安定新邦，並不許其能恢復故土。

晉室若要團聚國力，經營北伐，首先不免與門第的要求與希望相衝突。

諸門第只爲保全家門而擁戴中央，並不肯爲服從中央而犧牲門第。

元帝正位後，親用劉隗、刁協，崇上抑下。王敦即舉兵內向，王導有默成之嫌，陶侃、庾亮皆曾欲起兵廢導而未果。蔡謨、孫綽、王羲之皆當代名流，蔡謨駁庾亮北略，絀亮以伸王導。綽、羲之亦皆以清議反恢復。

門第自有其憑藉與地位，並不需建樹功業，故世家子弟，相率務爲清談。

清談精神之主要點，厥爲縱情肆志，不受外物屈抑。

王坦之著沙門不得爲高士論，謂：「高士必在於縱心調暢。沙門雖云俗外，反更束於教，非情性自得之謂也。」

祖約好財，阮孚好屐，一時未辨其得失。有詣祖，正料視財物，屏當未盡，餘兩小簏，傾身障之，意未能平。或詣阮，方自吹火蠟屐，因嘆曰：「未知一生當著幾量屐！」神色閑暢。於是勝負遂判。是時人不論是非，只問自己心下如何。若貪財而心無不安，即亦爲高情勝致矣。兩晉名士貪者極多，時論不見以爲鄙也。能一切不在乎，自然更佳。祖後叛晉投石勒，爲勒所殺。

對於事物世務，漠不關心，便成高致。

王徽之作桓冲騎兵參軍，桓問：「卿何署？」答：「不知何署。時見牽馬來，似是馬曹。」桓又問：「官有幾馬？」曰：「不問馬，何由知其數？」又問：「馬比死多少？」答：「未知生，焉知死？」桓謂：「卿在府久，比當相料理。」初不答，直高視，以手版拄頰。云：「西山朝來，致有爽氣。」

有志遠略者，非晉室近戚，如庾亮、庾冰、庾翼兄弟。即寒族疏士，如陶侃、桓溫，皆南人寒士。桓父彝死難，家貧。溫母病，須羊爲解，無由得，溫乃以弟沖爲質。常招清談派即荀安派。之反對。

諸庾爲政，頗欲任法裁物，而才具微不足，皆不能自安其位。庾翼報兄冰書謂：「江東政以傴僂豪强，以爲民蠹，時有行法，輒施之寒劣，事去實此之由。」其意態可想。

不僅利害衝突，即意趣亦相背馳。

桓溫乘雪欲獵，劉惔問：「老賊裝束單急，欲何作？」桓曰：「我若不爲此，卿輩亦那得坐談？」

故桓溫欲立功業，而朝廷實際是名流荀安派之盤踞地。引殷浩相抗。

庾翼已謂殷浩輩只可束高閣，而許桓溫以寧濟之業。朝士以氣味相投，故引殷浩。浩父殷洪喬，人託寄書，盡投江水；爲政貪殘。其叔父融與浩同好老、易，一門玄虛。溫平生喜自擬劉琨，而憎言貌似王敦，其素所蓄積可知。

桓溫主徒都洛陽，正爲清流故發快論。

桓疏：「請自永嘉之亂，播流江表者，一切北徙，以實河南。」如此則江南門第盡矣。孫綽上表反對。綽與王羲之輩皆卜居會稽，盡情山水。桓溫令人致意，謂：「何不尋君遂初賦，而彊知人家國事？」時議以溫弟雲爲豫州刺史，王彪之謂：「雲非不才，然溫居上流，弟復處西藩，兵權萃一門，非宜。」乃改用謝萬。萬傲誕未嘗撫衆，卒失許、潁、譙、沛，雒陽遂孤。

而出師敗衂，談士快心。

孫盛與殷浩談，奮麈尾，盡落飯中；亦名士有聲者。作晉陽秋，桓溫謂其子曰：「枋頭誠爲失利，何至如尊公所說？」其子懼禍，私改之。盛乃以一本寄慕容儁。先是溫伐燕，燕臣申允料之曰：「晉之廷臣，必將乖阻，以敗其事。」史不著乖阻之實。惟觀孫盛陽秋，則溫敗爲晉臣所深喜而樂道也。枋頭，今安陽南。溫敗蓋有兩因：一者糧運不繼，二則水陸異便。此後魏孝文欲圖江南，先遷洛陽。就當時情勢言，非緩進無以見功。惟桓溫以廷臣反對，則不得不主激進。蓋未有國內自相水火而可以收功於外者。盛爲長沙太守，贓私狼藉。大抵名士多自顧家室，能以談辯擅名，即不須再經綸世業。

對外之功業，既不得逞，乃轉而向內。

溫既敗於枋頭，其謀主郗超勸之廢立。曰：「外無武、宣之勛，內無伊、霍之舉，何以易視聽、鎮異同？」

且晉室有天下，其歷史本不光明，故使世族與功名之士皆不能忠心翊戴。

王導嘗具敍晉宣王創業及文王末高貴鄉公事於明帝前，帝聞之，覆面著床，曰：「若如公言，祚安得長？」

惟世族但求自保家門。

孫盛告庾亮：「王導有世外之懷，豈肯爲凡人事？」此可代表門第中人意態也。

英雄功名之士，意氣鬱激，則竟爲篡弒。

桓溫常臥語：「作此寂寂，將爲文、景所笑。」此魏、晉以來人見解。可取而不取，真成大獃子。

桓溫自身亦帶書生名士氣，故曰：「既不能流芳後世，亦不足復遺臭萬載耶？」然其心尚存有君臣名教，故篡逆終不成。一傳爲桓玄，再進爲劉裕，則晉祚不保矣。

直到桓玄、劉裕，一面篡位，一面還是痛抑權門。

南史宋武本紀謂：「自晉中興，朝綱弛紊，權門兼并，百姓不得保其產業。桓玄頗欲釐改，竟不能行。帝既作輔，大示軌則，豪强肅然。」又按：晉義熙（安帝）九年，劉裕上表請依桓溫庚戌土斷。可見桓溫、桓玄、劉裕實是走的同一路線也。胡藩言：「一談一咏，搢紳之士，輻湊歸之，不如劉毅。」蓋裕粗人，不爲名士所歸。裕之北伐，在廷之臣，無有爲裕腹心者。裕所以不能從容據長安以經營北方者亦在是。（裕能篡位，而桓溫不能，亦在是。）

要之江南半壁，依然在離心的傾向上進行。諸名族雖飽嘗中原流離之苦，還未到反悔覺悟的地步。

第十五章　北方之長期紛亂（五胡十六國）

晉室東遷，衣冠南渡，北方中國便陷入長期的紛亂狀態中。史稱爲五胡十六國，先後凡一百三十六年。

一　五胡十六國撮要

五胡：

一、匈奴。

一支居山西，建國爲前趙。（初稱「漢」。）

又一支在河西張掖，建國爲北涼。（先世爲匈奴左沮渠，遂以沮渠爲氏。）

又一支自山西西走，建國爲夏。（赫連氏，其先右賢王去卑，曹操命其監五部。）

二、羯。（乃匈奴別部。晉書：「匈奴以部落爲種類，其入居塞内者有『屠各』等十九種。皆有部落，不相錯雜。」最後一種曰「力羯」，即五胡之所謂「羯」也。史稱石勒：「匈奴別部，羌渠之冑」，則此種雖屬匈奴，而與西羌爲近。王隱晉書稱「羯賊劉曜」。(文選劉越石勸進表注引。)時多連稱「胡羯」，則以羯久屬匈奴故也。

散居上黨羯室，今山西遼縣，蓋以爲羯族所居，故曰「羯室」。建國爲後趙。

三、鮮卑。

慕容氏　建國曰前燕、後燕、南燕。

拓拔氏　建國曰元魏。不在十六國內。

段氏　建國曰遼西。不在十六國內。

宇文氏　建國曰北周。不在十六國內。而鮮卑奉以爲主。按：晉書以宇文莫槐爲鮮卑，惟魏書、北史則謂是匈奴南單于之遠裔，又謂：「其語與鮮卑頗異。」則宇文氏或是匈奴而雜有鮮卑之血統也。

禿髮氏　居河西，建國曰南涼。

乞伏氏　居隴西，建國曰西秦。

鮮卑自遼東至河西，無所不居，以慕容、拓拔兩氏爲最盛。

四、氐。御覽五九八引石崇奴券：「元康之際，買得一惡羝奴。」則「氐」原作「羝」。太平廣記二四五：「晉鍾毓兄弟行，一女子笑曰：『中央高，兩頭低。』蓋言羝也。鍾兄弟多髯，故云。」知氐多髯。

略陽天水。蒲氏　建國曰前秦。

略陽　呂氏　建國曰後涼。

略陽　清水氏　建國曰仇池。不在十六國內。

五、羌。

燒當羌姚氏　建國曰後秦。時人常稱「六夷」。殆「五胡」外，增「賨」（又號「巴氏」）言之。苻堅叱姚萇曰：「五胡次序，無汝羌名。」謂是無姚萇名；斥姚萇曰「汝羌」，非謂羌不在五胡之列。

十六國以割據地言，亦約略可分五別：

一、前趙，漢。後趙。

二、前燕，後燕，南燕，北燕。

三、前秦，後秦，西秦，夏。

四、前涼，後涼，南涼，北涼，西涼。

五、蜀。

二　十六國前後形勢之大概

十六國前後形勢，可分五期言之：

一、晉、趙、蜀三國鼎立期。

前趙。匈奴　劉豹居晉陽。　劉淵居離石，後遷平陽。　劉聰居平陽。　劉曜居長安。

前趙最先興，據燕、晉、豫、秦四省之各一部，晉稱趙、蜀爲「二寇」。

後趙。羯　石勒居襄國。邢臺。　石虎居鄴。

石勒滅劉曜，據中國北部之半，北方幾成一統。

石虎死，鮮卑、氐、羌諸族乘機起，北方局勢大變。時桓溫已滅蜀，北方不久成燕、秦分據之局。

二、第一次燕、秦分據期。

前燕。鮮卑　慕容皝居龍城。朝陽。　慕容儁居薊，遷鄴。

據燕、齊、晉、豫四省及遼寧之一部。

前秦。氐　苻健居長安，苻堅仍之。

桓溫伐燕不利，燕內亂，慕容垂奔秦，秦進師滅燕。自此苻秦全盛，入第三期。

三、苻秦全盛期。

苻秦據中國北部之大半，地廣爲五胡冠，遂南侵而有淝水之敗，北方再分裂。

四、第二次燕、秦對峙期。

後燕　慕容垂。皝子　居中山。

疆土略如前燕。馮跋篡後燕，據和龍，爲北燕；爲魏所滅。南燕爲晉所滅。

後秦。羌 姚萇居長安。

疆土掩有陝、甘、豫三省。滅於劉裕。

五、劉裕滅秦後之北方三國。

魏在平城。大同。魏人崔浩之言曰：「裕必克秦，歸而謀篡。關中華、戎雜亂，風俗勁悍，必不能以荊、揚之化施之，終必爲我有。」夏在統萬。橫山縣西百里白城子。其疆土掩有今陝西北部及河套之地。夏人之言曰：「裕必滅泓，然不能久留。裕南歸，留子弟守關中，取之如拾芥。」涼在姑臧。武威。其疆土當今甘肅河西之一部。涼主聞裕入秦，大怒。其臣劉祥入言事，蒙遜曰：「汝聞劉裕入關，敢研研然也！」遂斬之。

劉裕入長安，北方未定而回，急於篡晉，是爲宋。夏主赫連勃勃遂取長安。嗣夏、涼相繼并於魏，而成南北朝。

三　五胡十六國大事簡表

304——313 西晉惠帝永興元年，至愍帝建興元年。	314——323 愍帝建興二年，至東晉明帝太寧元年。	324——333 明帝太寧二年，至成帝咸和八年。
漢 劉淵據離石，稱漢王，旋徙平陽。劉聰取洛陽。石勒據襄國，遣石虎據鄴。	前趙 劉曜取長安，徙都，改號趙。石勒陷幽、薊、并三州；又取青州。	後趙 石勒殺劉曜，稱帝。

	成 李雄據成都，稱成。
	燕 慕容廆取遼東。 前涼 趙封張茂爲涼王。

334——343 成帝咸和九年，至康帝建元元年。	後趙 石虎徙都鄴。 燕 慕容皝稱燕王，遷龍城。 代 什翼犍都雲中。
344——353 康帝建元二年，至穆帝永和九年。	後趙 石虎卒，冉閔殺胡羯二十萬人。燕克鄴，趙亡。 燕 慕容儁滅冉閔。 秦 苻健入長安，稱秦王。
354——363 穆帝永和十年，至哀帝興寧元年。	燕 徙都鄴。 秦 桓溫伐秦。討姚襄，入洛陽。苻堅立，用王猛。
364——373 哀帝興寧二年，至孝武帝寧康元年。	燕 慕容垂奔秦。秦入鄴，燕亡。 秦 王猛取洛陽，滅燕。

374—383 孝武帝寧康二年，至太元八年。	秦：王猛卒。 前涼、代：爲秦所滅。	成：李壽改號漢。
384—393 孝武帝太元九年，至太元十八年。	秦：伐晉，敗於淝水。 後燕：慕容垂自洛陽入鄴，都中山，稱後燕。 西燕：慕容沖入長安。慕容永據長子，稱帝。 後秦：姚萇取長安，稱帝。	成漢：桓溫滅之。
394—403 孝武帝太元十九年，至安帝元興二年。	後秦：姚興滅前秦。 後燕：慕容垂卒，魏入鄴。 南燕：慕容德稱帝於滑臺，爲南燕。 魏：拓拔珪稱帝，遷都平城。	
404—413 安帝元興三年，至義熙九年。	後秦：姚興滅後涼。 後燕：馮跋簒之，亡。 南燕：劉裕討滅之。 北燕：馮跋立爲北燕。 魏：拓拔珪被弒。	

	西秦 乞伏國仁稱單于。 魏 代拓拔珪復興，徙盛樂。
	西燕亡。 後涼、南涼、西涼、北涼起。
	夏 赫連勃勃稱夏王。

414——423 晉安帝義熙十年，至宋營陽王景平元年。	後秦 劉裕入長安，後秦亡。 夏 赫連勃勃入長安。 南涼亡於西秦。 西涼亡於北涼。
424——433 宋文帝元嘉元年至十年。	魏 拓拔燾立。 西秦亡於夏。 夏亡於魏。
434——443，文帝元嘉十一年至二十年。	魏 北燕、北涼亡於魏。

四　胡人之漢化與胡漢合作

胡人所以能統治北方中國者，亦有數故：

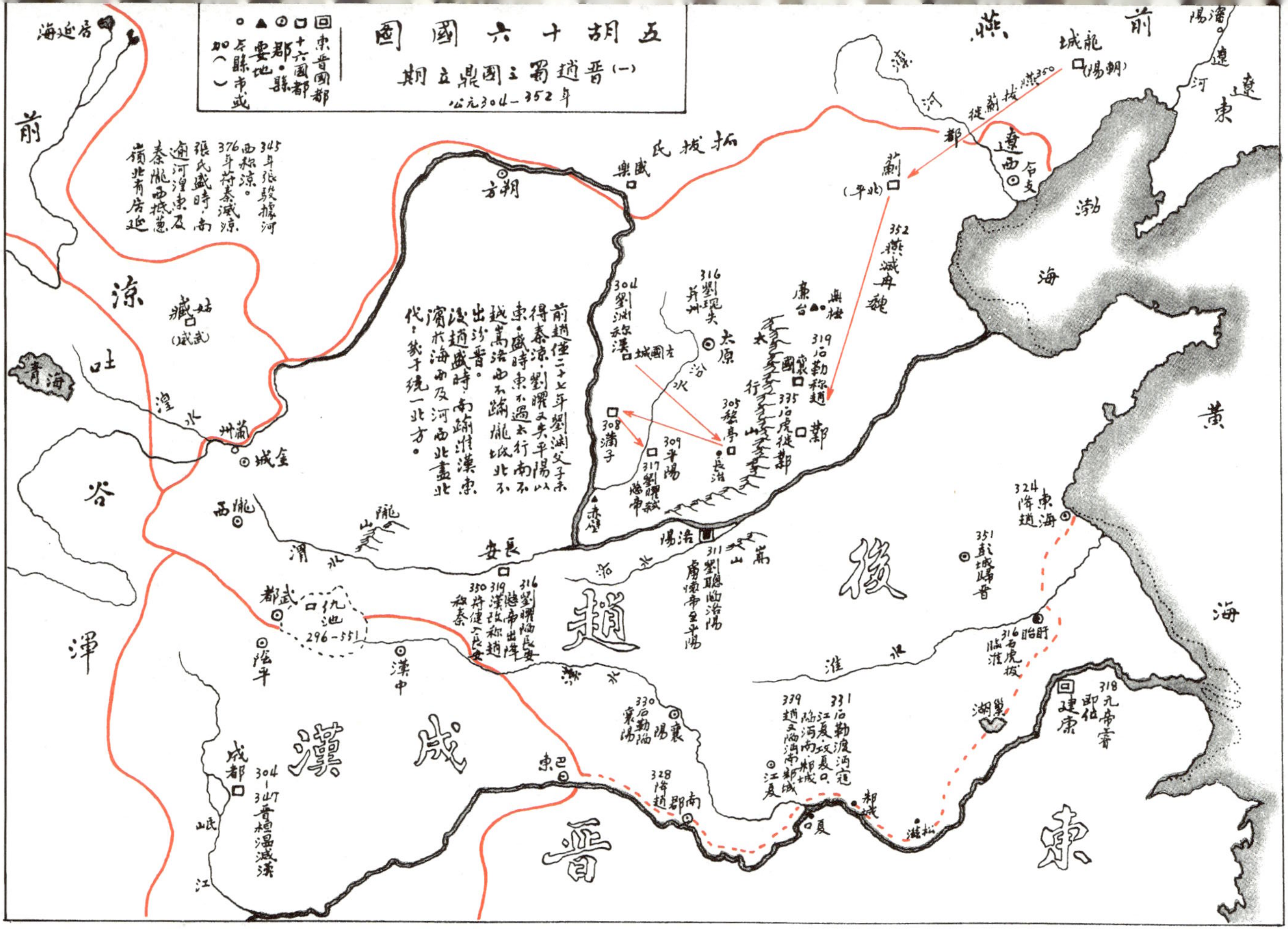

江淮荆襄郡縣，時得時失，前後錯出，殊難訂其疆域，僅作虛線，示其大略。

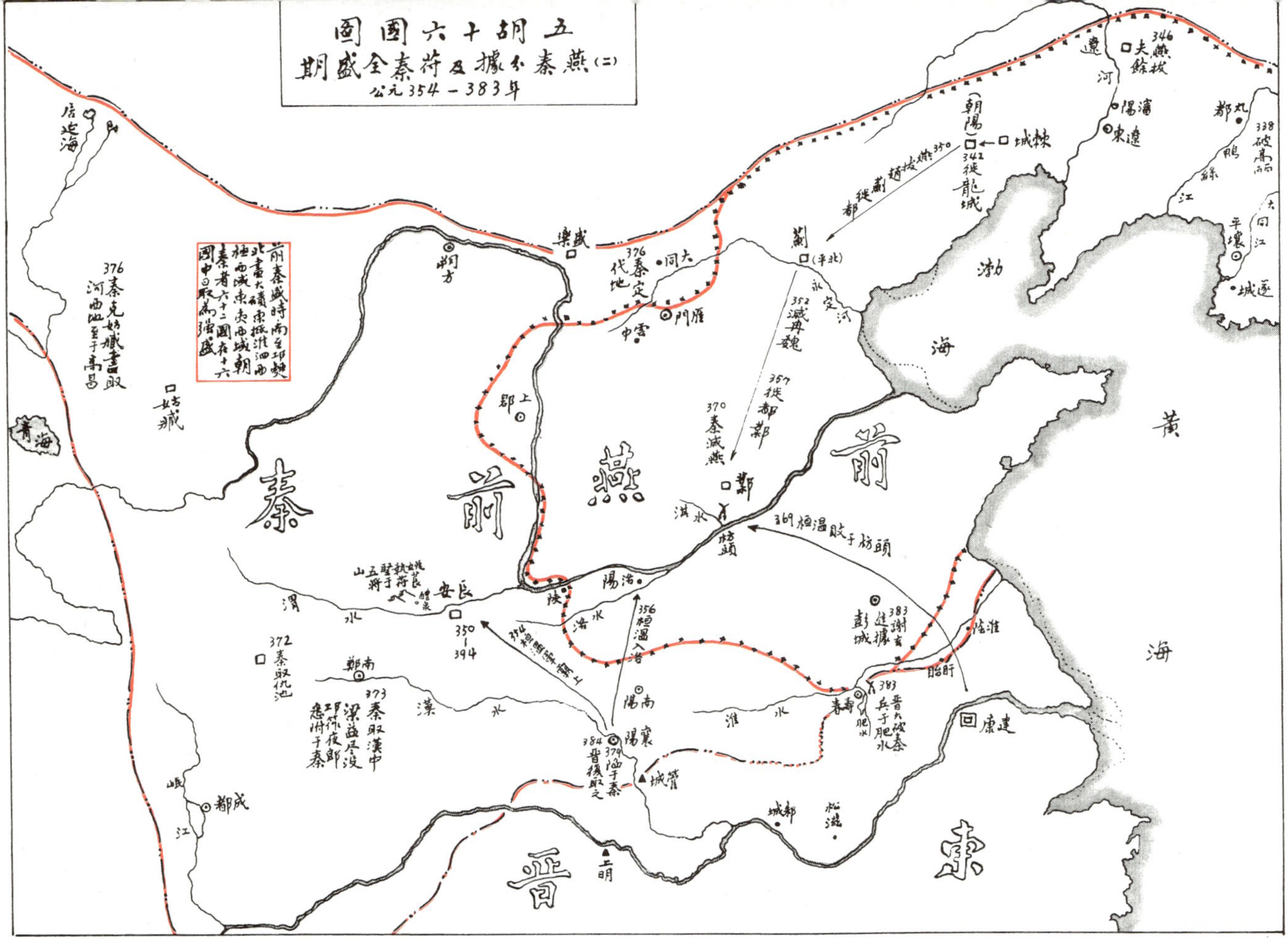

五胡十六國圖
(二)燕秦分據及苻秦全盛期
公元354—383年
前燕
前秦
東晉
長安
鄴
薊
勃海
黃海
青海
淝水
壽春
建康
彭城
襄陽
南陽
洛陽
成都
雲中
雁門
盛樂
朔方
上郡
平壤
遼東
龍城
漢水
渭水
淮水
江
369 桓溫敗于枋頭
383 晉大破秦兵于淝水
370 秦滅燕

五胡十六國圖

（三）第二次燕秦對峙期

（384-417 淝水戰後至劉裕滅秦）

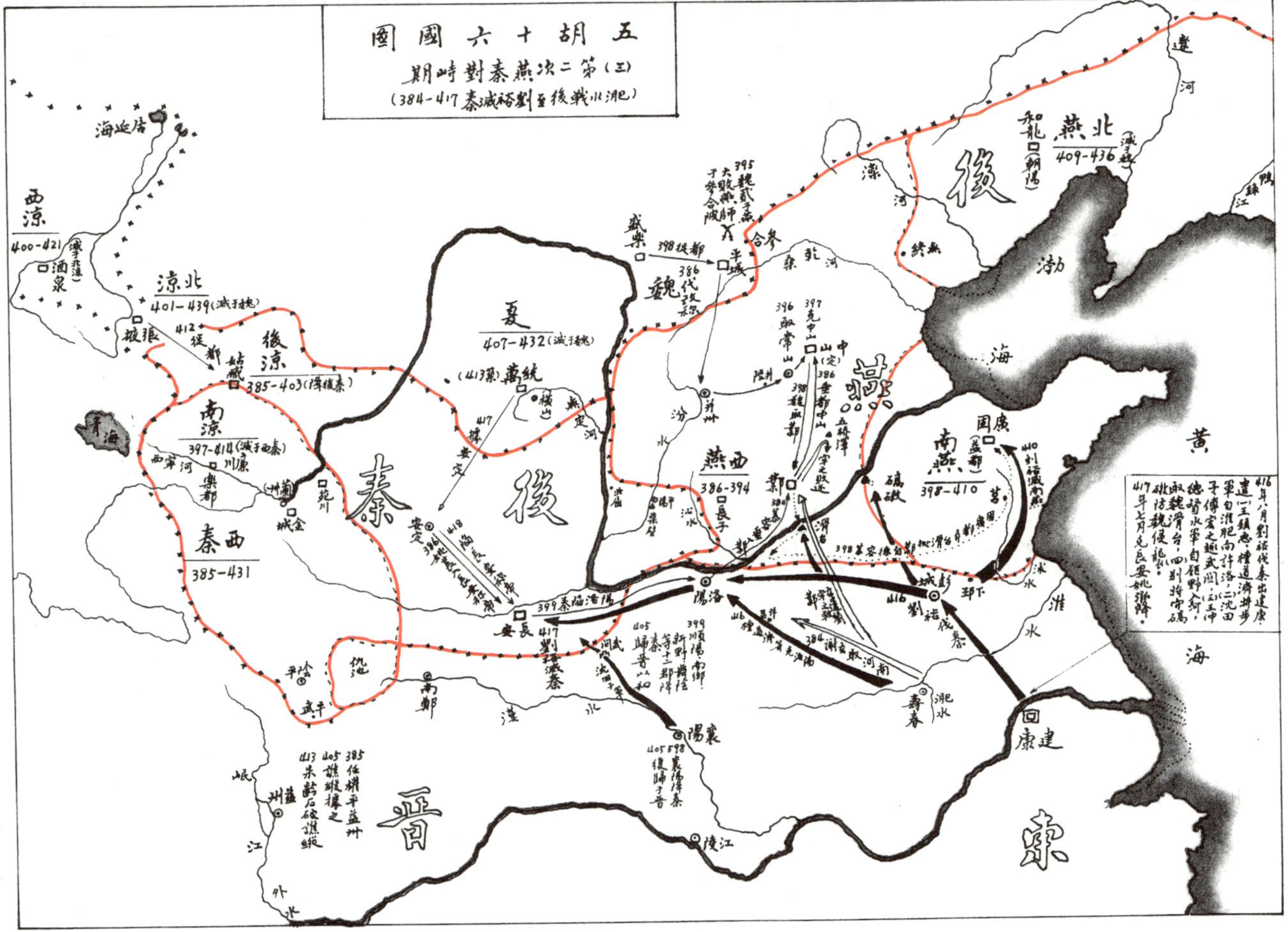

諸胡雜居内地，均受漢族相當之教育，此其一。詳後北方儒統。

北方世家大族未獲南遷者，率與胡人合作，此其二。

諸胡以客居漢地而自相團結，此其三。

傅奕曰：「羌胡異類，寓居中夏，禍福相恤。中原之人，衆心不齊，故夷狄少而强，華人衆而弱。石季龍死，羯胡大亂，冉閔令胡人不願留者聽去；或有留者乃誅之，死者二十餘萬。氐、羌分散，各還本部，部至數萬，故苻、姚代興。」

諸胡中匈奴得漢化最早，如劉淵、聰曜父子兄弟一門皆染漢學，故匈奴最先起。鮮卑感受漢化最深，故北方士大夫仕於鮮卑者亦最多。鮮卑並得統一北方諸胡，命運較長，滅亡最後。次於鮮卑者爲氐。

劉琨傳：「内收鮮卑之餘穀，外抄殘胡之牛羊。」則鮮卑亦務農作，而胡羯仍事游牧。元康四年，慕容廆徙大棘城（今遼寧義縣）。教部族以農桑法制，同於上國。此鮮卑受漢化甚深之證。廆子皝又自大棘城徙居龍城，時鮮卑已早爲城郭之邦矣。鮮卑其先有檀石槐、（東漢桓帝時。）軻比能，勢已盛。軻比能當漢末，部落近塞。自袁紹據河北，中國人多亡叛歸之。教作兵器鎧楯，頗學文字。故其勒御部衆，擬則中國。則鮮卑之染漢化，淵源既久。慕容、拓拔兩氏，其先皆屬檀石槐也。

魏志三十裴註引魏略：「氐人各自有姓，亦如中國之姓，多知中國語，由與中國雜居故也。」又魏志九夏侯淵傳：「淵擊武都氐羌下辯，收氐穀十餘萬斛」，是氐亦有農事。

故繼鮮卑而盛者爲氐。鮮卑在東北，氐在西北，於五胡中建設皆可觀。羯附匈奴而起，羌則附氐而起。故二族勢最促，文化建設最遜。

諸胡雖染漢化，然蠻性驟難消除，往往而發。最顯見者曰淫酗，曰殘忍。殘忍之例，莫逾石虎。虎，勒從子。既篡石弘位，盡誅勒諸子；以邃爲太子，而愛韜。邃疾之，嘗謂左右：「我欲行冒頓之事。」虎遂收邃及其妻妾、子女二十六人，同埋一棺中。立宣爲太子。宣復疾韜，殺之佛寺。入奏，將俟虎臨喪而殺之。會有人告變，虎幽宣於庫，以鐵環穿其頷鎖之。取害韜刀箭舐其血，哀號震動宮殿。積柴薪焚宣，拔其髮，抽其舌，斷其手足，斫眼，潰腸，如韜之傷。虎從後宮數千，登高觀之，并殺妻、子二十九人。宣小子年數歲，虎甚愛之，抱之而泣，欲赦之。其大臣不聽，遂於抱中取而戮之。兒猶抱虎衣大叫，虎因此發疾。蓋淺化之民，性情暴戾，處粗野之生活中，尚堪放縱自適。一旦處繁雜之人事，當柔靡之奉養，轉使野性無所發舒，衝盪潰決，如得狂疾。石虎之後，最以殘暴著者有苻生。惟其淫酗，故政治常不上軌道；惟其殘忍，諸胡間往往反覆屠殺，迄於滅盡。石勒滅劉曜，坑其王公以下萬餘人，南匈奴遂滅。冉閔誅胡羯，死者二十餘萬，殺石虎三十八孫，盡滅石氏。

第十六章　南方王朝之消沉（南朝宋齊梁陳）

一　南朝帝系及年歷

（一）宋

（一）武帝 裕（三）

（二）少帝 義符（一）
即位年十七。徐羨之、傅亮、謝晦以顧命大臣廢殺之，立文帝。

（四）孝武帝 駿（一一）
翦落宗室，昏暴無倫理。

（五）前廢帝 子業（一）

(三)文帝義隆(三〇)

殺徐、傅、謝并及檀道濟。

元嘉之治。

宋、魏交兵。

洛陽、虎牢、滑臺三城不守。以彭城爲重鎮。

太子劭弒立，少子駿討誅劭，自立。

(六)明帝彧(八)

失彭城，以淮陰爲重鎮。

(七)後廢帝昱(四)

(　)

(八)順帝準(三)

宋八帝，六十年。凡四世，六十六男。骨肉相殘，無一壽考令終者。

(二)齊

(　)

(五)明帝鸞(五)

殺高、武子孫無遺類。

(六)廢帝(東昏侯)寶卷(二)

爲蕭衍所弒。

(七)和帝寶融(二)

爲蕭衍所弒。

(一)高帝道成(四)

(二)武帝賾(一一)　後宮萬餘人。豫章王嶷後房亦千餘人。

(　)

(三)廢帝(鬱林王)昭業(不踰年)　爲蕭鸞所弑。

(四)廢帝(海陵王)昭文(不踰年)　爲蕭鸞所弑。

齊七帝，二十四年。人物歷運，於南朝爲最下。

(三)梁

(一)武帝衍(四八)　侯景之亂。

(二)簡文帝綱(二)　爲侯景所弑。

(三)元帝繹(三)　自武帝以來，父子三人，皆擅文章。

(四)敬帝方智(三)

梁四帝，五十六年。

(四)陳

(一)武帝霸先(三)

(　)——(二)文帝蒨(六)——(三)廢帝(臨海王)伯宗(三)

(四)宣帝頊(一四) 無道。——(五)後主叔寶(七)

陳五帝，三十三年。

前後凡一百七十年，爲南朝。

在此時期中，北方中國亦臻統一，爲北朝。

以五胡與東晉相比，五胡不如東晉。以南朝與北朝相比，北朝勝於南朝。

晉室東遷，衣冠盛族相率渡江，其留北者力量薄弱，不足以轉世運，而諸胡受漢化之薰陶尚淺，故其時南勝於北。南渡人物，皆魏、晉清流，自身本多缺點，否則不致南渡。歷久彌彰，逐次消沉，故南朝世運不如東晉。

漢族留北者，在當時皆以門第稍次，不足當「清流雅望」之目。否則亦追隨南渡矣。然正惟如此，猶能保守幾許漢族較有價值之真文化，即名教反動以前之兩漢思想。在魏晉清流視之，則爲落伍趕不上時代潮流也。經動亂艱苦之磨勵，而精神轉新轉健。諸胡亦受漢化較久較熟，能與北方士大夫合作，政治教化皆漸上軌道，故北朝世運勝於五胡。

南北相較，北進而南退，南朝終併於北。

二　南朝王室之惡化

門第精神，維持了兩晉二百餘年的天下，他們雖不戮力世務，亦能善保家門。名士清談，外面若務爲放情肆志，內部卻自有他們的家教門風。推溯他們家教門風的來源，仍然逃不出東漢名教禮法之傳統。

劉、蕭諸家，族姓寒微，與司馬氏不同。

劉裕少時伐荻新州，又嘗負刁逵社錢被執。蕭道成自稱「素族」，臨崩遺詔：「我本布衣素族，念不到此。」蕭衍與道成同族。陳霸先初館於義興許氏，始仕爲里司，再仕爲油庫吏。

他們頗思力反晉習，裁抑名門，崇上抑下，故他們多以寒人掌機要。

時寒族登要路，率目爲「恩倖」。齊武帝則謂：「學士輩但讀書耳，不堪經國，經國一劉係宗足矣。」此可見當時雙方之心理。梁武帝父子最好文學、玄談，然舉世怨梁武帝父子愛小人而疏士大夫，顏之推譏爲「眼不能自見其睫」也。

但門第精神，本是江南立國主柱。蔑棄了門第，没有一個代替，便成落空。落空的結果，更轉惡化。南朝寒人擅權，殆無一佳者。阮佃夫、王道隆等，權侔人主，乃至官捉車人爲虎賁中郎，傍馬者爲員外郎。茹法亮在中書，語人曰：「何須覓外祿？此戶内歲可辦百萬。」阮佃夫豪奢，雖晉之王、石不能過，遂至弒君。梁政壞於朱异，侯景圍臺城，周石珍輒與相結，遂爲景佐命。至陳末，施文慶、沈容卿用事，隋軍臨江，猶曰：「此常事。」以致亡國。

南朝諸帝，因懲於東晉王室孤微，門第勢盛，故内朝常任用寒人，而外藩則託付宗室。然寒人既不足以服士大夫之心，而宗室强藩，亦不能忠心翊戴，轉促骨肉屠裂之禍。

宋、齊之制，諸王出爲刺史，立長史佐之，既復立典籤制之。諸王既多以童稚之年，膺方面之寄，而主其事者則皆長史、典籤也。一、再傳而後，二明帝宋劉彧、齊蕭鸞。皆以旁支入繼大統，忮忍特甚。前帝子孫雖在童孺，皆以逼見讐。其據雄藩、處要地者，適足以殞其身命於典籤之手。當時任典籤者，率皆輕躁傾險之人，或假其上以稱亂，或賣之以爲功，威行州部，權重藩君。梁諸王皆以盛年雄材出當方面，非宋、齊帝子之比。然京師有變，亦俱無同奬王室之忠。侯景圍臺城，如綸、如繹、如紀、如詧之徒，皆擁兵不救，忍委其祖、父以餧寇賊之口。蓋南朝除門第名士外，人才意氣率更不成。

宋諸帝自屠骨肉，誅夷惟恐不盡。宋武九子、四十餘孫、六十七曾孫，死於非命者十之七、八，無一有後於世。

其宮闈之亂，無復倫理，尤爲前史所無。

而宋、齊兩代諸帝之荒蕩不經，其事幾乎令人難信。

宋代則如元凶劭，

弑父。文帝欲廢太子，告潘淑妃。妃告其子始興王濬，濬以告劭。劭弑父，并殺潘淑妃，謂濬曰：「潘淑妃遂爲亂兵所殺。」濬曰：「此是下情由來所願。」

前廢帝，年十七爲帝。

爲姊山陰公主謂帝曰：「妾與陛下，男女雖殊，俱託體先帝。陛下六宮萬數，妾惟駙馬一人，事大不均。」置面首三十人。自以在東宮時，不爲孝武所愛，將掘其陵，太史言不利，乃縱糞父陵。稱叔父湘東王或爲「豬王」。以其體肥。以木槽盛飯并雜食，掘地爲坑，實以泥水，裸或納坑中，使以口就槽食。一日忤旨，縛手足，貫以杖。欲擔付太官屠豬。

建安王休仁請俟皇子生，乃殺豬取肝肺，始得釋。又令左右逼淫建安王休仁母楊太妃。帝之叔祖母。休仁呼「殺王」，尚有山陽王休祐呼「賊王」，東海王禕呼「驢王」。

後廢帝。母陳貴妃，名妙登，建康屠家女。年十五爲帝。五、六歲能緣漆帳竿而上。去地丈餘，食頃方下。太后數訓誡帝，帝不悅。端午，賜帝毛扇，不華，欲煮藥酖太后。左右曰：「若行此事，官便應作孝子，豈得復出入狡獪？」曰：「汝語大有理。」乃止。一日直入蕭領軍府，道成方晝臥裸袒。帝立道成於室內，畫蕭道成腹作箭垛。引滿將射。左右王天恩曰：「領軍腹大，是佳箭堋。一箭便死，後無復射，不如以雹箭射之。」正中其臍。帝投弓大笑，曰：「此手何如？」夜至新安寺偷狗就曇度道人。烹食。醉還遇弒。

齊則如鬱林王，年二十一爲帝。亦爲其母王太后置男左右三十人。帝慧美，善矯情。父病及死，帝哀哭，見者爲之嗚咽，纔回內室即懽笑。爲其妻報喜。紙中央作一大「喜」字，作三十六小「喜」字繞之。妻何妃即山陰公主之女。縱淫恣。帝自與左右無賴二十餘人共衣食臥起，妃擇其中美者，皆與交懽。見錢，曰：「吾昔思汝一箇不得，今日得用汝未？」賜左右動至百、數十萬。

東昏侯。年十九爲帝。嘗夜捕鼠達旦。父喪不哭，諉云喉痛。明帝臨崩，囑以後事。以鬱林王爲戒，曰：「作事不可在人後。」以鬱林不殺蕭鸞也。按：武帝臨終亦戒鬱林，曰：「五年中一委宰相，五年外勿復委人。若自作無成，無所多恨。」此可見當時王室之家教矣。東昏既受父誡，遂以誅戮宰臣爲務。嘗習騎至適，因問祐親戚餘誰，曰：「江祐常禁我乘馬，小子若在，吾豈能得此？」曰：「江祥今在冶。」即於馬上作敕，賜祥死。

臺閣案奏，宦者裹魚肉還家。一月出遊二十餘次。（入樂遊苑，人馬忽驚，問左右朱光尚。（其人云能見鬼。）對曰：「曩見先帝大瞋，不許數出。」帝大怒。拔刀與光尚尋之，不見，乃）縛菰爲父（明帝）形，（北向）斬首，懸之苑門。（鑿金爲蓮花帖地，令潘妃行其上，曰：「步步生蓮花。」）

此等皆荒誕，疑非人情。然賦與一種可以窮情極意的環境，又習聞到一些一切不在乎的理論，（即虛無放達的人生理論。）而不加以一種相當的教育，其趨勢自可至此。

古代貴族階級，本有其傳統甚深微的教育。西漢以平民爲天子，諸侯王不皆有教育，不數傳盡縱恣不法，多爲禽獸行。故賈誼力言治道首重教育太子。而兩漢宮廷教育亦皆有法度。

南朝的王室，在富貴家庭裏長養起來，（但是並非門第，無文化的承襲。）他們只稍微薰陶到一些名士派放情肆志的風尚，而沒有浸沉到名士們的家教與門風，又沒有領略得名士們所研討的玄言與遠致。在他們前面的路子，只有放情胡鬧。

由名士爲之則爲雪夜訪友，（王徽之居山陰，夜大雪，眠覺，開窗命酌酒，四望皎然，因起彷徨，詠左思招隱詩。忽憶戴安道，時戴在剡，即便夜乘小船就之，經宿方到，造門不前而返。人問其故，曰：「吾本乘興而來，興盡而返，何必見戴？」）無知識，無修養，則變爲達旦捕鼠。

由名士爲之則爲排門看竹，（王徽之過吳中，見一家有好竹。主已知王當往，灑掃施設，在廳事坐相待。王肩輿徑造竹下，諷嘯良久，主已失望，遂直欲出門，主人大不堪，便令左右閉門不聽出。王更以此賞主人，乃留坐盡懽而去。）無知識，無修養，則變爲往寺廟偷狗吃。

莊、老放言，破棄「名教」，復歸「自然」，本來不教人在家庭團體、政治組織裏行使。魏、晉名士，一面談自然，一面還遵名教，故曰名教與自然「將毋同」。南朝的王室，既乏禮教之薰習，因其非世家。又不能投入自然之樸素。因其爲帝王，處在富貴不自然之環境中。蔑棄世務的，大抵幼年皇帝爲多。則縱蕩不返；注意實際的，大抵中年皇帝居多。則殘酷無情，循環篡殺，勢無底止。

獨有一蕭衍老翁，儉過漢文，勤如王莽，可謂南朝一令主。然而他的思想意境，到底超不出並世名士的範圍。自身既皈依佛乘，一面又優假士大夫，結果上下在清談玄想中誤了國事。

史稱梁武敦尚文雅，疏簡刑法，優假士人太過，牧守多侵漁百姓。即宗室諸王如臨川王宏、武陵王紀等，皆恣意聚斂，盛務貨殖，而武帝不問。又謂其好親任小人。王偉爲侯景草檄，謂：「梁自近歲以來，權倖用事，割剝齊民，以供嗜慾。如曰不然，公等試觀今日國家池苑，王公第宅，僧尼寺塔，及在位庶僚，姬姜百室，僕從數千，不耕不織，錦衣玉食。不奪百姓，從何得之？」此可見當時之政俗矣。

當時帝王可能的出路止此。中央政府的尊嚴，既久不存在。宋順帝禪位時，逃入宮內，王敬則將輿入宮，啓譬令出。順帝謂敬則曰：「欲見殺乎？」答曰：「出居別宮耳。官昔取司馬家亦如此。」順帝泣曰：「惟願生生世世，不復與帝王作姻緣。」宮内盡哭。曹孟德、司馬仲達作祟，至此未已。秦、漢以來的政治理論，亦久已廢棄。除非恢復那些政治理論，中央纔可再有尊嚴，帝王亦纔可再有新出路。魏、晉以下世運的支撐點，只在門第世族身上。當時的道德觀念與人生理想，早已狹窄在家庭的小範圍裡。既已無國，復何中央？復何帝王？南朝諸帝王崛起寒微，要想推翻門第世統之舊局面，卻拿不出一個新精神來，（先要懂得帝王在國家、在政府裏的真地位與真責任，彼輩自所不能，而卻把貴族門第的家庭教育亦蔑棄了。）結果只有更惡化。

三　南朝門第之衰落

門第雖爲當時世運之支撐點，然門第自身，實無力量，經不起風浪。故胡人蠭起，則引身而避；權臣篡竊，則改面而事。既不能戮力恢復中原，又不能維持小朝廷偏安的綱紀。在不斷的政局變動中，犧牲屠戮的不算，其幸免者，亦保不住他們在清平時代的尊嚴。

南朝世族無功臣，亦無殉節者。侯景敗，王克迎王僧辯，（僧辯北人南附，克則王氏世家。）僧辯勞克曰：「甚苦，事夷狄之君。」克不能對。又問：「璽紱何在？」克良久曰：「趙平原持去。」（趙思賢，景腹心，授平原太守。）僧辯曰：「王氏百世卿族，一朝而墜。」

積久優越舒服的生活，只消磨糜爛了他們自爭生存的機能。

顏氏家訓：「江南朝士，至今八、九世，未有力田，悉資俸祿。假令有者，皆信童僕爲之。未嘗目覩起一撥土，耘一株苗。不知幾月當下，幾月當收，安識世間餘務乎？」又曰：「梁朝全盛之時，貴游子弟，多無學術。至於諺云：『上車不落則著作，體中何如則祕書。』無不熏衣剃面，傅粉施朱，駕長簷車，跟高齒屐，坐棊子方褥，憑斑絲隱囊，列器玩於左右，從容出入，望若神仙。」

自經侯景之亂，而貴族門第漸滅殆盡。侯景羯族，南奔濟淮，僅得步騎八百。稱亂渡江，有馬數百匹，兵八千人而已。此乃南方社會之熟極而爛，腐潰內訌，而景乘之耳。

顏氏家訓：「梁世士大夫，皆尚褒衣博帶，大冠高履。出則車輿，入則扶侍。郊郭之內，無乘馬者。及侯景之亂，膚脆骨柔，不堪行步；體羸氣弱，不耐寒暑。坐死倉猝者，往往而然。」又曰：「建康令王復，性既儒雅，未嘗乘騎，見馬嘶歕陸梁，無不震懾。乃謂人曰：『正是虎，何故名爲馬乎？』其風俗至此。」又曰：「離亂之後，朝市遷革，銓衡選舉，非復曩昔之親；當路秉權，不見昔時之黨。鹿獨戎馬之間，轉死溝壑之際。諸見俘虜，雖千載冠冕，不曉書記者，莫不耕田養馬。」

陳霸先以微人躍起稱帝，一時從龍之士，皆出南土，於是北方貴族之地位更促。

蕭詧亡而江陵貴族盡。

南渡之衣冠全滅，江東之氣運亦絕。

第十七章　北方政權之新生命（北朝）

北方中國經歷五胡長期紛擾之後，漸漸找到復興的新機運，是爲北朝。

一　北朝帝系及年歷

鮮卑拓拔氏當曹魏世始居匈奴故地，（時匈奴內徙。）嗣遷定襄、盛樂，（歸綏南。）始朝貢於晉。劉淵僭號，拓拔猗盧入居平城，以盛樂爲北都。（劉琨與結兄弟，表封代公。）七傳至什翼犍，爲苻堅所敗。（堅使匈奴劉庫仁、劉衛辰分攝其衆。）其孫珪（幼依劉庫仁。）始建國。（稱道武帝。）

（一）北魏帝系表

（一）道武帝珪（太祖）（二三）
三十九歲被弒。

——（二）明元帝嗣（太宗）（一五）
即位後十一年，宋篡晉。

——（三）太武帝燾（世祖）（二八）
滅夏，滅北燕，滅北涼，北方始統一。侵宋臨江而返。

——（　）——（四）文成帝濬（高宗）（一四）

——（五）獻文帝弘（顯祖）（五）

——（六）孝文帝宏（高祖）（二九）
時宋篡於齊。遷都洛陽。

——（七）宣武帝恪（世宗）（一六）

——（八）孝明帝詡（肅宗）（一三）
母胡太后稱制，魏始衰。太后弒帝，爾朱榮舉兵晉陽，立孝莊帝，沈胡后於河。

(一)——(九)孝莊帝子攸(三)（敬宗）
殺爾朱榮。
爾朱兆弒帝。

(一)——(一〇)節閔帝恭(一)
高歡討爾朱氏，
廢帝，立孝武帝。

(一)——孝文帝寶炬（西魏）

(一)——(一)——(一二)孝靜帝善見(一七)（東魏）
高歡卒，子澄、洋相繼秉政。
洋篡位爲北齊。

(一)——(一一)孝武帝修(三)
奔長安，依宇文泰。
歡別立孝靜帝，自是
魏分東、西。

元魏自道武帝至孝武帝入關，凡十一主，一百四十九年，分爲東、西。

東魏一主，十七年，先亡。

(二)西魏帝系表

(一)孝文帝寶炬(一七)

宇文泰弒孝武帝，立文帝。泰爲太師，用蘇綽，定六官之制，作府兵。

——(二)廢帝欽(二)　宇文泰廢之。

——(三)恭帝廓(四)　宇文泰死。子覺嗣，篡位爲北周。

西魏三主，二十三年。

(三)北齊帝系表

神武帝歡

——(一)文宣帝洋(一〇)——(二)廢帝殷(一)

——(三)孝昭帝演(二)

——(四)武成帝湛(四)——(五)後主緯(一二)

齊自高洋篡位，五主，二十八年。

（四）北周帝系表

- 文帝泰
  - （一）孝愍帝覺（一）未踰年而卒。
  - （二）明帝毓（四）
  - （三）武帝邕（一七）——（四）宣帝贇（一）——（五）靜帝闡（三）

周自宇文覺篡位，五主，二十五年。

二　北方之漢化與北方儒統

五胡雜居內地，已受相當漢化。但彼輩所接觸者，乃中國較舊之經學傳統，而非代表當時朝士名流之清談玄理。南渡以還，士大夫淪陷北方者，不得不隱忍與諸胡合作，而彼輩學術塗轍，亦多守舊，絕無南渡衣冠清玄之習。

劉淵父子皆粗知學問，淵師事上黨崔游，習毛詩、京氏易、馬氏尚書，皆是東漢的舊傳統。

石勒徙士族三百戶於襄國，名崇仁里。置公族大夫領之。郡置博士祭酒二人，弟子百五十人，又定秀、孝試經之制。勒軍中特有「君子營」，集衣冠人物爲之。史稱：「盧諶、崔悅、荀綽、裴憲、傅暢並淪陷非所，雖俱顯於石氏，恆以爲辱。」

慕容廆益大興文教，以劉讚爲東庠祭酒，世子皝率國胄束脩受業。廆覽政之暇，親臨講肆。慕容氏於五胡中受漢化最深。

苻秦文教尤盛，諸經皆置博士，惟闕周禮，乃就太常韋逞母宋氏傳其音讀，即其家立講堂，置生員百二十人，隔絳紗幔受業。號宋氏曰「宣文君」。

王猛死，特詔崇儒，禁老、莊、圖讖之學。詔曰：「權可偃武修文，以稱武侯雅旨」，則必猛生前時時稱說其意也。

姚興時，耆儒姜龕、淳于岐等教學長安，諸生自遠而至。興每與龕等講論道藝。胡辯講授洛陽，關中諸生赴者，興敕關尉勿稽其出入。

姚泓親拜淳于岐於牀下，自是公侯見師傅皆拜。

是五胡雖雲擾，而北方儒統未絕。

時河、洛一帶久已荒殘，山西亦爲東西交兵之衝，石虎之亂，屠割尤慘，故東方惟慕容，西方惟苻、姚，爲北方文化殘喘所託命。

元魏先受慕容氏影響，自拓拔珪時已立太學，置五經博士，初有生員千餘人，後增至三千。道武帝命梁越授諸皇子經，官上大夫。

拓拔嗣信用崔浩，至拓拔燾又徵盧元、高允，文化漸盛。

時范陽盧元、博陵崔綽、趙郡李靈、河間邢穎、渤海高允、廣平游雅、太原張偉等皆集代都。高允徵士頌謂：「名徵者四十二人，就命者三十五人。」盧醜當太武監國時入授經，以師傅恩賜公爵。張偉以通經官中書侍郎，受業者常數百。張吾貴門徒千數。高允居家教授，受業者千餘人；郡國建學校，立博士，皆出允議。史稱梁越「博綜經傳」，盧醜「篤學博聞」，張偉「學通諸經」，李同軌「學綜諸經」，崔浩「博覽經史」，高允「博通經史」，李安世「博綜羣言」，此證北儒學風，主經史實濟，務博綜，不似江南以清虛爲貴也。

別有河西儒學，以諸涼兵禍較淺，諸儒傳業不輟，又爲苻、姚喪亂後諸士族避難之所。至拓拔燾并北涼，羣士始東遷，遂與東方慕容燕以來儒業相匯合，而造成元魏之盛況。

劉延明就博士郭瑀學，瑀弟子五百人，通經業者八十餘人。涼武昭王以延明爲儒林祭酒，蒙遜拜爲祕書郎，牧犍尊爲國師，學徒數百。常爽（明習緯候，五經百家，多所研綜。）門徒七百人，索敞爲之助教。敞入魏以儒學爲中書博士，貴游子弟成就顯達者數十人。蒙遜時又有宋繇、闞駰均見禮待。可見河西儒學之盛。又游明根、高閭皆以流寓入魏，特被孝文禮遇。游子肇，亦名儒。閭與高允稱「二高」。

在此漢化深濃、儒業奮興之空氣下，乃醞釀而有魏孝文之遷都。

太祖元興元年至鄴，即有定都意，乃置行臺。太宗神瑞二年又議遷鄴，以崔浩等諫而止。漢化愈進，即遷都動機愈成熟，兩事連帶而來。

三　魏孝文遷都及北魏之覆滅

魏孝文遷都，自有其必然的動因。

一則元魏政制，久已漢化，塞北荒寒，不配做新政治的中心。

孝文太和十五年始親政，是年即建明堂，改營太廟。明年壞太華殿，改建太極殿。十七年改作後宮。北魏的國力，到此已盛，與其在平城因陋就簡的改造，不如逕遷洛陽，可以徹底興築，以弘規制。洛陽的新規模，可看洛陽伽藍記。其分區建築之計劃，創於韓顯宗，見北史韓傳。又孝文語其臣曰：「朕以恆、代無運漕之路，故宗邑民貧。今移都伊、洛，欲通運四方。」（見魏書成淹傳。）此皆經濟上原因，使魏不得不遷都也。崔浩諫拓拔珪遷鄴，則謂：「分家南徙，恐不滿諸州之地。」此見前後北魏國力之膨脹。

二則北方統一以後，若圖吞并江南，則必先將首都南移。

太和十五年始親政；十七年南伐，是年即議遷都，並起宮殿於鄴。是後連年南伐，直到孝文之卒。可知孝文遷都，實抱有侵略江南之野心也。

三則當時北魏政府，雖則逐步漢化，（此只是北方漢士族的文化力量之逐步抬頭。）而一般鮮卑人，則以建國已踰百年，而不免暮氣漸重，（此卻是淺演民族一種根本的慘運。）魏孝文實在想用遷都的政策來與他的種人以一種新刺激。

史稱：「魏主將遷都，恐羣臣不從，乃議大舉伐齊以脅之。至洛陽，霖雨不止，羣臣泣諫。魏主曰：『今者興發不小，苟不南伐，當遷都於此。』時舊人雖不願内徙，而憚於南伐，無敢言者。遷都之計遂定。」其時一般鮮卑人之暮氣沉沉，固不待南遷而衰象已見矣。孝文太子恂，既南來，深苦河、洛暑熱，每追樂北方。（此皆淺演民族之暮氣表示也。）帝賜之衣冠，常私著胡服，杖數百，囚之。又謀輕騎奔代，廢爲庶人，賜死。（爲自己一種高遠的政治理想，而引起家庭父子慘劇者，前有王莽，後有魏孝文。）時孝文南遷，所親任多中州儒士，（其時北方漢士族文化力量已不可侮。惟孝文知之，鮮卑種人多不知也。）宗室及代人，往往不樂。孝文嘗謂陸叡曰：「北人每言北俗質魯，何由知書？（此乃鮮卑暮氣對漢文化之反應。）朕聞之，深用憮然。今知書者甚衆，豈皆聖人？顧學與不學耳。朕爲天子，何必居中原？正欲卿等子孫，漸染美俗，聞見廣博。若永居恆北，復值不好文之主，不免面牆耳。」孝文之開譬深切如此，然陸叡、穆泰終以反對南遷，謀亂伏誅，則知當時鮮卑人一般之意態，實距孝文理想甚遠也。

孝文遷都後的政令，第一是禁胡服，屏北語。

帝謂：「三十以上，習性已久，容不可猝革；三十以下，語言不聽仍舊。」又曰：「如此漸習，風化可新。若仍故俗，恐數世之後，伊、洛之下，復成被髮之人。」又曰：「朕嘗與李沖論此，沖曰：『四方之語，竟知誰是？帝者言之，即爲正矣。』沖之此言，其罪當死。」觀顏之推家訓，當時北方士族，仍有以教子弟學鮮卑語得奉事公卿爲榮。直至高歡，必遇高敖曹在軍中，乃爲漢言。則魏孝文之理想，竟未得達。

其次則禁歸葬，變姓氏。

自是代人遷洛者，悉爲河南洛陽人。拓拔改氏元，其他如長孫、拔拔。奚、達奚。叔孫、乙旃。穆、丘穆陵。陸、步六孤。賀、賀賴。劉、獨孤。樓賀樓。等，皆胡姓改。凡一百十八姓。詳魏書官氏志。

又次則獎通婚。孝文自納范陽盧氏、清河崔氏、滎陽鄭氏、太原王氏四姓女充後宮。

孝文明知鮮卑游牧故習，萬不足統治中華，又兼自身深受漢化薰染，實對漢文化衷心欣慕，乃努力要將一個塞北游牧的民族，一氣呵熟，使其整體的漢化。

而一時朝士，文采、經術尤盛。此與當時暮氣的鮮卑人兩兩對照，即知魏孝文遷都之一種內心激動矣。

如高允、尤好春秋公羊。李安世、祖曾，治鄭氏禮、左氏春秋。叔父孝伯，少傳父業。李沖、李彪、上封事七條，極識治體，殆其時之賈生也。王肅，自南朝來。尤其著者。所謂：「劉芳、李彪諸人以經書進，崔光、邢巒之徒以文史達，其餘涉獵典章，關集詞翰，斯文鬱然，比隆周、漢也。」魏書儒林傳序。

惜乎孝文南遷五年即死。孝文五歲即位，初權在太后。二十五歲始親政，二十九歲遷都，三十三歲即卒。

他的抱負未能舒展，鮮卑人追不上他的理想，而變亂由此起。

初，元魏在馬邑、雲中界設「六鎮」以防柔然。

六鎮：酈道元傳：「明帝以沃野、懷朔、薄骨律、武川、撫冥、柔玄、懷荒、禦夷諸鎮並改爲州，會諸鎮叛，不果。」

沃野，沃野、薄骨律在西北邊，略當河套、寧夏境，爲六鎮最西第一鎮。懷朔，最西第二鎮，今綏遠五原、固陽境。武川，從西第三鎮，今綏遠武川。撫冥，武川、柔玄之間，約相距各五百里之地。

柔玄，懷荒東，近天鎮北，今綏遠興和。懷荒。今地未考，當在興和、沽源間。又有禦夷，今察哈爾沽源、多倫二縣地。後置，在「六鎮」外。

鮮卑高門子弟，皆在行間，貴族即是軍人，當兵即是出身，鮮卑自己規模本如此。

北史廣陽王建傳：「昔皇始以移防爲重，盛簡親賢，擁麾作鎮，配以高門子弟，以死防遏。不但不廢仕宦，至乃偏得復除。當時人物，忻慕爲之。」按：六鎮亦有柔然降人，及內地漢人徵發配戍。故明帝正光五年八月詔，有「元非犯配，悉免爲民，鎮改爲州」之語。

及遷洛陽，政治情勢大變，文治基礎尚未穩固，而武臣出路卻已斷塞。

廣陽王傳謂：「及太和在歷，豐、沛舊門，仍防邊戍。自非得罪當世，莫肯與之爲伍。一生推遷，不過軍主。然其往世房分，留居京者，得上品通官；在鎮者，便爲清途所隔。」北齊書魏蘭根傳亦謂：「中年以來，有司號爲府戶，役同廝養，官婚班齒，致失清流。而本宗舊族，各各榮顯。顧瞻彼此，理當憤怨。」按：道武平中山，多置「軍府」以相威攝，凡有八軍。軍各配兵五千，食祿主帥，軍各四十六人。自中原稍定，八軍之兵漸割南戍，一軍兵裁千餘，然帥如故，費祿不少。楊椿表罷四軍，減其主帥百八十四人。六鎮亦稱「府戶」，蓋體制略同。西魏「府兵」之名殆本此。秦、漢軍民分治，故於郡守外置都尉。北朝其先純係軍治，故府設帥，而稱軍府。（此猶秦南海、桂林、象郡僅設一尉，不更置守也。）及後文治漸蒸，軍主鎮帥，遂無出路，羣加簡蔑，目爲府戶，以別於中朝搢紳門閥焉。

一輩南遷的鮮卑貴族，盡是錦衣玉食，沉醉在漢化的綺夢中。

洛陽伽藍記謂：「當時帝族王侯、外戚公主，擅山海之富，居川林之饒，爭修園宅，互相誇競。崇門豐室，洞戶連房，飛館生風，重樓起霧，高臺方榭，家家而築；花林曲池，園園而有。而河間王琛最爲豪首，常與高陽王雍爭衡。」高陽正光中爲丞相，童僕六千，妓女五百，漢、晉以來，諸

魏分東西圖

王豪侈未之有。河間亦妓女三百，常語人云：「晉室石崇，乃是庶姓；況我大魏天潢，不爲華侈。」此等漢化，豈魏孝文所想望！

而留戍北邊的，卻下同奴隸。貴賤遽分，清濁斯判。朝政漸次腐敗，遂激起邊鎮之變亂。

胡太后時，明帝神龜二年。羽林、虎賁作亂，殺尚書郎張仲瑀及其父張彝，而朝廷不能問，仲瑀上封事，請詮別選格，排抑武夫，不使預清品。及父子見殺，詔誅兇强者八人，餘並大赦以安之。其事已爲清流文治派與武人勢力之顯著衝突。在中央政府下之羽林侍衞尚無出路，何論邊鄙鎮兵？六鎮叛變，正爲此種形勢之繼續擴大。南中文治派與北邊武人之衝突，其後面不啻即是漢化與鮮卑故俗之衝突也。史又稱：「代人遷洛，多爲選部所抑，不得仕進。及六鎮叛，元乂乃用代來人爲傳詔以慰悅之。」是可見當時南、北界劃矣。

爾朱榮入洛陽，沉王公以下二千餘人於河。洛陽政府的漢化暫見頓挫。

爾朱榮世爲領民酋長，部落八千餘家，有馬數萬匹，元天穆說之曰：「世跨并、肆，部落之民，控弦一萬。」此乃代表鮮卑遺留在北方之舊傳統、舊勢力，與洛陽漢化後之新朝貴絕不相同。一個國家，同時擺著兩個絕不相同的社會，勢必釀亂。

而鮮卑命運，亦竟此告終。

凡歷史上有一番改進，往往有一度反動，不能因反動而歸咎改進之本身；然亦須在改進中能善處反動方妙。魏孝文卒後，鮮卑並不能繼續改進，並急速腐化，豈得以將來之反動，追難孝文！

四　北齊北周文治勢力之演進

然北魏洛陽政府之覆滅，只是拓拔氏一家統治權之解體，對於當時北方文治勢力之進展，依然無可阻礙。魏孝文只是認識了此種力量，要把鮮卑的統治權與之融合一體。洛陽的鮮卑貴族，以及北方的六鎮軍人，都不瞭解此意，他們只有先後做時代潮流下之犧牲品。

史稱：「世宗時，天下承平，學業大熾。燕、齊、趙、魏之間，橫經著錄，不可勝數，多者千餘人，少者亦數百，州舉茂異，郡貢孝廉，每年逾衆。」此魏孝文遷都後北方學術界氣象也。

北齊在地理和人物上，都承襲著洛陽政府之遺傳。

爾朱榮居晉陽，爲孝莊帝所殺。榮從子兆弒莊帝，高歡殺兆，孝武帝奔關中。高歡以洛陽西逼西魏，南近梁境，乃議遷鄴。洛陽四十萬戶，令下三日，狼狽即行。

高歡一家，雖是一個漢、鮮混雜的家庭，

史稱高歡渤海蓨人，其六世祖隱，爲晉玄菟太守，則高歡應爲漢人。惟自五世祖慶，已三世事慕容氏，（曾祖湖仕北魏，祖謐坐法徙懷朔。）史稱歡遂「習其俗」，至其后婁氏則鮮卑豪族也。高澄婁出，故侯景呼以「鮮卑小兒」。高洋問杜弼：「治國當用何人？」弼對：「鮮卑車馬客，會須用中國人。」洋以爲「此言譏我」。又斬高德政，謂：「德政常言宜用漢人除鮮卑，此即合死。」洋后李氏出趙郡，其子廢帝殷，洋謂其：「得漢家性質，不似我。」

然而漢人的勢力，很快在北齊的政府下擡頭。

史稱：「高歡時，鮮卑共輕中華朝士，惟憚高昂。歡每申令三軍，常爲鮮卑言；昂若在列時，則爲華言。」然高洋即位，羣臣皆漢、魏衣冠。直至末年，洋乃數爲胡服，微行市里。則知文宣時齊朝早已漢化。又齊文宣誅諸元二十五家，殺三千人，餘十九家並禁錮，嗣又大殺元氏，魏後竟無遺種，亦爲漢人得勢一因。（其後隋文帝亦盡殺宇文子孫，無遺種。）

楊愔尤稱當時經學名儒，（一門四世同居，昆季就學者三十餘人。）事高洋，時稱：「主昏於上，政清於下。」（常山王高演殺楊愔，高殷（廢帝，母李皇后，趙郡李氏女。）見廢，亦當時胡、漢界線相爭之一幕。）

李鉉、邢峙、（齊文宣詔授太子經。）馮敬德、（武成爲後主擇師，命爲侍講。）馮元熙，（敬德子，以孝經授緯太子。）皆以經學爲帝室師。（史稱：「孝昌之後，海內淆亂，四方學校，所存無幾。至於興和、武定之世，寇難既平，儒業復光。」其間相去不過十年。後魏崔亮年勞之制，至是見革。

後魏自張彝見殺，武官皆得依資入選，官員少而應調者多。崔亮爲吏部尚書，乃奏爲格制，官不問賢愚，以停解日月爲斷，年月久則先擢用，世謂之「停年格」。魏之失人自此始。高齊自高澄、袁聿修、楊遵彥、辛術相繼掌大選，頗革魏弊，而辛術管庫必擢，門閥不遺，衡鑒之美，尤爲見稱。

士人爲縣，尤見齊政漸上軌道。

北齊制縣爲上、中、下三等，每等又有上、中、下，凡九等。此亦爲隋、唐所襲。然猶因循後魏，用人濫雜，至於士流恥居。元文遙遂奏於武成帝，密搜世胄子弟，恐其辭訴，總召集神武門，宣旨慰諭而遣。自是縣令始以士人爲之。

齊律尤爲隋、唐所本。

南北朝諸律，北優於南。北朝尤以齊律爲最。由唐及清，皆本隋律，隋律則本於齊。魏拓拔燾定律，出崔浩、高允之手。浩長於漢律，爲之作序。（史記索隱引。）高允史稱其「尤好春秋公羊」，蓋治漢董仲舒、應劭公羊決獄之學者。其後代有名家。太和中，改定律令，君臣聚議一堂，考訂之勤，古今無比。此爲北系諸律之嚆矢。淵源當自漢律，不盡襲魏、晉之制也。

則齊政雖稱昏亂，其士大夫之貢獻亦甚大。

西魏則宇文泰雖係鮮卑，（或匈奴。）然因傳統勢力入關者少，更得急速漢化。蘇綽、（少好學，博覽羣書。）盧辯（累世儒學。魏太子及諸王皆行束脩禮受業。叔父同，註小戴，辯註大戴。）諸人，卒爲北周創建了一個新的政治規模，爲後來隋、唐所取法。將來中國全盛時期之再臨，即奠基於此。

綽依周禮定官制，未成而卒，辯續成之。（西魏正式行周禮建六官，在恭帝三年。同脩者尚有崔猷、薛寘。）

蘇綽的六條詔書，

一、先治心，（「治民之本，莫若宰守。治民之體，先當治心。其要在清心，次在治身。躬行仁義、孝弟、忠信、禮讓、廉平、儉約，繼之以無倦。」）二、敦教化，三、盡地利，

四、擢賢良，五、恤獄訟，六、均賦役。

懸爲當時行政官吏的新經典。

文長數千言，周主常置座右。又令百司誦習。綽又制文案程式，朱出墨入，及計帳戶籍之法。（此如漢初張蒼爲計相事，隋室之盛即本此。）牧守、令長，非通六條及計帳者，不得居官。

官吏在政治上的責任，現在又明白的重新提出。而當時官吏的任用，尤能打破歷來氏族門第的拘絃。

六條之四曰「擢賢良」，其言曰：「自昔州郡大吏，但取門資，不擇賢良。夫門資乃先世之爵祿，無妨子孫之愚。今之選舉，不限資蔭，惟在得人。」

於是以前的官吏，爲門資所應得；而此後的官吏，則將爲民衆負責任。此種意識，不可不說是當時一個極大的轉變。

北史盧愷傳：「自周氏以降，選無清濁。愷攝吏部，與薛道衡、陸彥師等甄別氏流。」又北史陸彥師傳：「轉吏部侍郎。隋承周制，官無清濁，彥師在職，凡所任人，頗甄別於士庶。」蓋北周僻在關西，洛陽鮮卑貴族，去者無幾，故蘇綽得教宇文泰打破門第，拔才任用。如此，則鮮卑族自見湮沉，漢人自見騰驤，實爲北周漢化一更要關鍵。隋文非有大功盛業，而北周大臣如韋孝寬、楊惠、李德林、高熲、楊穆，皆翕然歸奉，此恐亦有種姓之見存。至隋時，政治轉換，已上軌道，故盧愷、薛道衡等重提士庶之別；此並非反對北周之制，實爲依照蘇綽用意，作更進一步之甄別也。

周禮是他們政治理論的根據，一時君臣皆悉心討究。

此書在魏孝文時已見重。西魏因推行周禮，故公卿多習其業。北齊熊安生精治此經，名聞於周。周武帝滅齊，安生遽令掃門，曰：「周帝必來見我」，已而果至。

僚吏俊彥，旦理公務，晚就講習。

北周文帝於行臺省置學，取丞郎及府佐德行明敏者充生。悉令旦理公務，晚就講習，先六經而後子、史。又於諸生中簡德行淳懿者侍讀書，河東薛愼等十二人應其選。

從學術影響到政治，回頭再走上一條合理的路，努力造出一個合理的政府來。此指能切實貢獻於民衆，而非專爲保門第、固權榮而言。

從此漫漫長夜，開始有一線曙光在北方透露。到隋、唐更見朝旭耀天。

第十八章　變相的封建勢力（魏晉南北朝之門第）

貴族世襲的封建制度，早已在戰國、秦、漢間徹底打破。然而東漢以來的士族門第，他們在魏晉南北朝時代的地位，幾乎是變相的封建了。

一　九品中正制與門閥

東漢士族地位之獲得，本由當時的察舉制度。三國喪亂之際，「人士流移，考詳無地。」（衞瓘語。）用兵既久，人材自行伍雜進。「郎吏蓄於軍府，豪右聚於都邑。」（李重語。）兩漢文治精神所託命的州、郡察舉制，一時逆轉，而倒退爲秦、漢初年之軍功得官。要對此種情況加以救挽，於是有魏尚書陳羣之「九品官人」法。（事起延康元年。始議則自何夔。）

朝廷用人委之尚書，然尚書「不能審核天下人才士庶，（劉毅所謂：「一吏部、兩郎中，而欲究鑑人物，何異以管窺天？」但又不願漫無標準，一切委之軍隊或私人關係。）於是委中正銓第等級，（上上、上中、上下，中上、中中、中下，下上、下中、下下九級。）憑之授受。」（通典語。）

州置「大中正」，郡置「小中正」。自漢末設置州牧，於是州在郡上，自成一級。大中正以「本處人任諸府公卿及臺省郎吏有德充才盛者爲之」。通典語。故「中正」乃中央官之兼職。故晉書職官志別無「中正」之官。中正何以必須中央官兼職？因中正何以必須本處人任之？因非此無以熟知各本處之人才。亂離之際，人才集中中央，就近訪察爲便。

各地郡中正可以各就所知，匯報各本州大中正。大中正得根據鄉評，定其品級與進退。

通典云：「其有言行修著，則升進之；或以五升四，以六升五。倘或道義虧闕，則降下之；或自五退六，自六退七。」

此雖爲軍政狀態下一時之權宜，然其初「猶有鄉論餘風」。衛瓘語。故其後有「正始勝流」之目。李重語。

今按：此制與州、郡察舉有相異者兩點：

一、州、郡察舉之權在地方官，而州大中正則爲中央官之兼職。故士庶求出身者，於察舉制度下必須歸於地方，而在中正制度下則須奔集中央。

此制本因人才不在鄉里而立。但既立此制，則有使人才永不反歸鄉里之勢。

二、州、郡察舉只爲士人進身之初步，至於以後在官職位之升降與轉移，則與察舉無關。

九品中正於各本州人士，無論已仕、未仕，皆以入品。

魏志常林傳註引魏略，謂：「中正差敍，自公卿以下至於郎吏，功德材行所任。」衞瓘謂：「其始鄉邑清議，不拘爵位」，故居官者因清議而進退。諒陳羣初意，蓋欲藉此澄清當日濁亂之官場也。陳壽父死有疾，使婢丸藥，鄉黨貶議，遂致沉滯。後又因遵遺囑葬母洛陽，坐不以母歸葬，再致廢辱。東晉溫嶠爲丹陽尹，平蘇峻有大功，司徒長史以嶠母亡遭喪不葬，下其品。

如是則官位之升降，乃不係於居官服務之成績，而操於中正之「品狀」。

「品」者履行，「狀」者才能、績效。中正可得定「品」，不能知「狀」。應於入仕之後，別有考課之法。今品、狀均付於中正。如王嘉敍吉茂雖在上第而狀甚下，云其「德優能少」是也。此制初意，本欲使官人之權不操於在下，而結果轉使在下者持官人進退之柄。故劉毅謂：「雖職之高，還附卑品；無績於官，而獲高敍。是爲抑功實而隆虛名，上奪天朝考績之分，下長浮華朋黨之士。」又按：州、郡察舉，每歲不過數人，故易識別；中正品狀，同時網羅合境人才，勢難周悉。於是只憑門第，兼採虛譽，雖欲中正，亦不能得。此又爲察舉制與中正制相異之一點。

關於第二點，魏夏侯玄已求矯正。

謂：「中正但當考行倫輩，銓衡專於臺閣，不必使中正干銓衡之機。衆職各有官長，但使官長各以其屬能否獻之臺閣；臺閣則據官長能否之第，參以鄉閭德行之次，擬其倫比，勿使偏頗。」

但當魏、晉之際，司馬氏正結權強族，自謀簒竊，夏侯玄不免殺身之禍，集權中央之政見，難見實施。

關於第一點，西晉統一以後，劉毅、衛瓘、李重諸人均有論列。九品中正本係三國軍政時代之權宜辦法，今天下復歸一統，自當仍將察舉權付之地方長官，不必再要一個中正。

此亦所謂「土斷」。衛瓘云：「臣等以爲宜擬古制，以土斷定。自公卿以下，皆以所居爲正，無復懸客，遠屬異土。如此則同鄉鄰伍，皆爲邑里，郡縣之宰，即以居長。盡除中正九品之制，使舉善進才各由鄉論。如此則下敬其上，人安其教也。」

然而當時世族門第之勢力已成，九品中正制正爲他們安立一個制度上之護符。中正「計資定品，惟以居位爲貴。」亦衛瓘語。「據上品者，非公侯之子孫，即當途之昆弟。」段灼語。「上品無寒門，下品無勢族。」劉毅語。高門華閥，有世及之榮；庶姓寒人，無寸進之路。此爲當時盡人皆知之事實。在此形勢下，故家大族，雖無世襲之名，而有世襲之實，因此這一個制度終於不能廢棄。陸機薦賀循、郭訥表，謂：「伏思臺郎所以使州州有人，非徒以均分顯路，惠及外州而已。誠以庶士殊風，四方異俗，壅隔之害，遠國益甚。至於荊、揚二州，戶各數十萬，今揚州無郎，而荊州、江南乃無一人爲京城職者，誠非聖朝待四方之本心。」觀此知西晉北方士族專擅朝政之概。宜乎元帝渡江，有「寄人國土，心常懷慚」之語也。

二　學校與考試制度之頹廢

兩漢官人，與察舉制相輔並行者，尚有學校與考試。東漢的累世經學，即爲造成門閥之一因。但到門閥勢力一旦長成，學校與考試制度即不見重要，難於存在。

漢末喪亂，天下分崩，學校自無存立之地。魏黃初、文帝。太和、青龍明帝。中，屢次想振興學校，然而「高門子弟，恥非其倫」。齊王芳時劉馥語。博士既無高選，來者只爲避役而已。

兩漢由博士入官者，多至公卿。魏高柔疏：「博士遷除，限不過長。」最低級之地方官。其陞遷既有限，宜遴選不得其人矣。

中央的尊嚴已倒，王政轉移而爲家教，自然高門子弟不願進國立的太學。

國立太學的傳統教育爲六經與禮樂，而當時名門世族的家庭風尚，是莊老與清談。六經禮樂本求致用，此兩漢之學風。莊老清談則務於自娛。中央政府無權駕馭世族，世族亦不願爲中央所用。

直到東晉成帝時，（咸康三年。）還有人（國子祭酒袁瓌、太常馮懷。）以爲江左寖安，請興學校。遂重立太學，徵求生徒。然當時士大夫多講莊老，看不起儒術，終於沒有人來理會。

宋文帝立玄、史、文、儒四學，乃以玄爲首，國立太學改講莊老玄談。然莊老根本理論便不承認國家有教育人民之必要。宜乎南朝立學，皆旋立旋廢，亦僅爲具文而已。

中央既無登用人才之權，如何再能鼓舞人心來受中央的教育？

三 南渡後之僑姓與吳姓

九品中正制已爲門第勢力安置一重政治上外在的護符。晉室東遷，中原衣冠，追隨南渡者，依借勤王之美名，又在政治上自佔地步。故當時有僑姓、吳姓之別。

過江者爲「僑姓」，（王、謝、袁、蕭爲大。）東南則爲「吳姓」，（朱、張、顧、陸爲大。）吳姓不如僑姓。

東南本爲勝國，自不敢比望中原。南士無僕射，多歷年所。齊孝武帝欲以張緒爲右僕射，以問王儉，儉曰：「緒少有清望，誠美選，然南士由來少居此職。」乃止。褚彥回曰：「江右（指東晉。）用陸玩、顧和，皆南人也。」儉曰：「晉氏衰政，不可爲則。」

而僑姓中又分早、晚渡江之不同。

杜驥兄坦告宋文帝：「臣本中華高族，亡高祖因晉氏喪亂，播遷涼土。直以南渡不早，便以荒傖賜隔。」

中央政府本屬虛置，只得對之優借。

故「甲族以二十登仕，後門以過立試吏」。梁書高帝紀。宋、齊以來，甲族「起家即爲秘書郎」。南史張纘傳。

帝王偶爾破格用人，便足自傲。

梁武帝以張率爲秘書丞，謂曰：「秘書丞天下清官，東南望冑未有爲之者，今以相處，爲卿定名譽。」

這都是當時政治上的不成文法，爲故家世族擁護權益。

四　當時之婚姻制度與身分觀念

故家世族爲要保守他們的特權，亦復處處留神，一步不放鬆。最緊要的自屬婚姻制度，這是保守門閥一道最重要的防線。齊代王源嫁女富陽滿氏，沈約至特上彈章。沈文云：「自宋氏失御，禮教凋衰，衣冠之族，日失其序。」可見當時門第勢力已日就隳弛。又云：「源見告窮盡，因與滿爲婚，聘禮五萬。源先喪婦，以所聘餘直納妾。」是門第之混淆，大率由於貧富之顛倒也。侯景請娶於王、謝，梁武帝謂：「王、謝門高非偶，可於朱、張以下訪之。」

不僅他們對於婚姻制度如此謹嚴，即日常私人交接，亦復故意的裝身分、擺架子，好像他們果然與別人有一種不可踰越的界線。

中書舍人王弘爲宋太祖所愛遇，謂曰：「卿欲作士人，得就王球坐。若往詣球，可稱旨就席。」及至，球舉扇曰：「若不得爾。」弘還啓聞，帝曰：「我便無如此何。」紀僧真幸於宋孝武帝，曰：「臣小人，出自本州武吏，願就陛下乞作士大夫。」帝曰：「此事由江斅、謝瀹，我不得措意，可自詣之。」紀承旨詣斅，登榻坐定，斅命左右移吾牀讓客。紀喪氣而還，帝曰：「士大夫固非天子所命。」

士大夫在政治上的官爵以外，別有其身分與地位，此事從東漢以來已有之。（除御道德、學問等問題不論。）惟東漢尚爲名士，而至此遂成貴族。（名士及身而止，貴族世襲罔替。）然而士大夫特意裝身分的故事，至宋、齊以下而轉盛，（永明中，王儉與賈淵撰百家譜，譜學亦自此乃盛也。）這便是告訴我們，當時士族門第的界線，實已將次破壞了。

還有一事可以見出當時士族門第勢力消長之朕兆者，便是朝廷御史官之輕重。御史本爲朝廷振肅紀綱之官，當時士族既目無中央，自不樂於有此職。此在宋、齊時極顯見。

宋顏延之爲御史中丞，在任縱容，無所舉奏。王球甚矜曹地，從弟僧朗除中丞，謂曰：「汝爲此官，不復成膏粱矣。」齊甲族多不居憲職，王氏分枝居烏衣者爲官微減，王僧虔爲中丞，曰：「此是烏衣諸郎坐處，我亦試爲耳。」故齊明帝謂「宋世以來無嚴明中丞」。

但梁、陳以下，御史官遂多稱職，此亦世族漸失地位之一徵。

江淹彈中書令謝朏等，齊明帝稱爲「近世獨步」。張緬居憲司，號勁直，梁武帝至遣工圖其像於臺省。其他如張綰、到洽、孔休源、臧盾、江革、（皆在梁。）孔奐、袁憲、徐陵、宗元饒等，（皆在陳。）皆以任御史舉職稱。

五　北方的門第

士族門第同時亦在北方留存，但北方的士族其境遇與南方不同。

一、南渡者皆勝流名族，在當時早有較高之地位，其留滯北方不能南避者，門望皆較次。故思想上南渡者皆能言清玄，而留北者，皆較篤實。（時稱「鄙俗」。）

二、南渡衣冠，藉擁戴王室之名義，而朘削新土，視南疆如殖民地。北方士族則處胡族壓逼之下，不得不厚結民衆，藉以增强自己之地位，而博得異族統治者之重視。故南士借上以淩下，北族則附下以抗上。情勢既異，其對各方態度亦全不同。

三、南方士族處於順境，心理上無所忌憚，其家族組織之演進，趨於分裂而爲小家庭制。

宋孝建時孝武帝。周朗魏書劉駿傳以爲周殷。上書獻讜言，謂：「今士大夫父母在而兄弟異計，十家而七。庶人父子殊產，八家而五。其甚者，乃危亡不相知，饑寒不相卹。」隋盧思道聘陳，嘲南人詩曰：「共甑分炊飯，同鐺各煮魚。」日知錄卷十三有「分居」一條論及此。

北方士族處於艱苦境況下，心理上時有戒防，時抱存恤之同情，其家族組織之演進，趨於團結而爲大家庭制。

宋書王仲德傳：「北土重同姓，謂之骨肉，有遠來相投者，莫不竭力營贍。」南人則有比鄰而各自爲族者。河北有薛、馬兩姓，各二千餘家。北史薛允傳。薛安都，河東汾陰人，世爲彊族，族衆有三千餘家。宋書。楊播、楊椿兄弟，「一家之內，男女百口，緦服同爨。」其家仕魏有七郡太守、三十二州刺史。魏書節義傳：「博陵李氏七世共居同財，家有二十二房，一百九十八口。」其他六世、五世、四世同居者甚多。又顏氏家訓謂：「北土風俗，率能恭儉節用，以贍衣食。江南奢侈，多不逮焉。」南北奢儉之風，亦因處境積慮而異。

家訓又云：「江左不諱庶孽，喪室之後，多以妾媵終家事。河北鄙於側出，是以必須重娶。」此亦因家庭制度之大小而異也。

故南方士族直是政治權利上之各自分佔，而北方士族則幾成民族意識上之團結一致。當時異族視之，亦儼如一敵國，比之劉淵、石勒，不敢輕侮。

宋孝王關東風俗傳謂：「文宣之代，政令嚴猛，羊、畢諸豪頗被徙逐。至若瀛、冀諸劉，清河張、宋，并州王氏，濮陽侯族，諸如此輩，一宗近將萬室，煙火連接，比屋而居。獻武初在冀郡，大族蝟起應之。侯景之反，河南侯氏幾爲大患，有同劉元海、石勒之衆也。」南齊書：「劉懷珍，北州舊姓，門附殷積，啓上門生千人充宿衞，孝武大驚。」以爲南方所少有也。又按：北史畢義雲傳：「畢家兖州北境，常劫掠行旅爲州里患。其家私藏工匠，有十餘機織錦，自造金銀器物。」又北齊書循吏宋世良傳：「清河東南曲堤，爲成公一姓蟠居。羣盜多萃此。諺云：『寧度東吳、會稽，不歷成公曲堤。』」北方豪姓亦多仗暴力爲姦利者。要之其自身具有一種力量，與南方貴族仰賴於政治勢力者不同。

四、南方士族早有地位，故不願再經心世務，（高門大族門戶已盛，令、僕、三司可安流平進，故不屑竭智盡心，以邀恩寵。）乃相尚爲莊老玄虛。北方士族處異族統治之下，既不能澄清驅攘，只有隱忍合作，勉立功業以圖存全，故相尚爲經術政務。（處異族統治下，惟經術可以進退自全；如刑名、縱橫，皆危道也。）

故南方士族不期而與王室立於對抗之地位，其對國事政務之心理，多半爲消極的。北方士族乃轉與異族統治者立於協調之地位，其對國事政務之心理，大體上爲積極的。

因此南方自東晉以至南朝，歷代王室對士族不斷加以輕蔑與裁抑，而南方士族終於消沉。北方自五胡迄元魏、齊、周，歷代王室對士族逐步加以重視與援用，而北方士族終於握到北方政治之中心勢力，而開隋、唐之復盛。（唐代士大夫多沿北朝氏族。）

六　郡姓與國姓

北方門第至元魏時亦有郡姓、國姓之目。「郡姓」爲漢族。

山東以王、崔、盧、李、鄭爲大。關中以韋、裴、柳、薛、楊、杜首之。

「國姓」即鮮卑。

亦稱「虜姓」，代北以元、（拓拔。）長孫、（拔拔。）宇文、于、（勿忸于。）陸、（步六孤。）源、（禿髮賀，太武賜姓。）竇（紇豆陵。）爲首。

魏孝文遷都，詔以門第選舉。

詔曰：「代人先無姓族，雖功賢之胤，無異寒賤；故宦達者位極公卿，其功、衰之親仍居猥任。其穆、陸、賀、劉、樓、于、嵇、尉八姓，且下司州、吏部，勿充猥官，一同四姓。（范陽盧、清河崔、滎陽鄭、太原王。）自此以外，應班士流者，尋續別敕。其舊爲部落大人，而皇始以來，三世官在給事以上，及品登王公者爲姓。若本非大人，而皇始以來，三世官在尚書以上，及品登王公者，亦爲姓。其大人之後，而官不顯者爲族。若本非大人而官顯者亦爲族。凡此姓族，皆應審覈，勿容冒僞。」

在孝文之意，一面因爲忻慕漢化，重視漢士族之門第；一面則實欲援借漢族門第制度來保護鮮卑族的政治地位。當時北方門第有「膏粱」、（三世有三公。）「華腴」、（三世有令、僕。）「甲姓」、（三世有尚書、領、護。）「乙姓」、（三世有九卿、方伯。）「丙姓」、（三世有散騎常侍、太中大夫。）「丁姓」（三世有吏部正員郎。）之目，（秀才、州主簿、郡功曹，非四姓不在選。）亦幾乎是一個變相的世襲。（孝明時，清河王懌上表，謂：「孝文制出身以門品，高下有恆。若準資蔭，自公、卿、令、僕之子，甲、乙、丙、丁之族，上則散騎、祕、著，下逮御史、長、兼，皆條例昭然，無有虧沒。」魏帝用意，皎然可見。）

當時君臣討論，諸臣皆請惟拔才用，不論門品，而孝文不以爲是。

北史韓顯宗傳，李沖曰：「未審上古以來，置官列位，爲欲爲膏粱兒地，爲欲益政贊時？」帝曰：

「俱欲爲人。」沖曰：「若欲爲人，今日何爲專崇門品，不有拔才之詔？」帝曰：「苟有殊人之技，不患不知。然君子之門，假使無當世之用者，要自德行純篤。」沖曰：「傅巖、呂望，豈可以門見舉？」帝曰：「如此者希，曠代有一、兩耳。」李彪曰：「陛下若專以地望，不審魯之三卿，孰若四科？」帝曰：「猶如向解。」韓顯宗曰：「陛下不應以貴承貴，以賤襲賤。」帝曰：「若有高明卓爾，才具儁出者，朕亦不拘此例。」

蓋若惟才是用，則鮮卑自不如漢人；論門品，則鮮卑以王室親貴，尚可保其優勢；所以較之南朝君臣的意態，恰相反對。北朝學校制度，亦較南朝像樣。

但是魏孝文只能在門第的觀念與制度上，設法使鮮卑漢化，故既改其姓氏，又獎勵與漢族高門通婚姻。而與中原故家士族同操政柄；並不能排除漢族，讓鮮卑獨罷其治權。

當時在上者既力主門品，則門第在政治上的地位自然穩固。

他們已然經歷長時期的驚風駭浪，現在居然能苦撐穩渡，慢慢見岸。中國文化，賴藉這些門第的扶護保養而重得回生。北方士族所遭境遇，視南方士族遠爲艱苦；而他們所盡的責任，亦較南方士族遠爲偉大。

然平情而論，南方門第對於當時傳統文化之保存與緜延，亦有其貢獻。一個大門第，決非全賴於外在之權勢與財力，而能保泰持盈達於數百年之久；更非清虛與奢汰，所能使閨門雍睦，子弟循謹，維持此門戶於不衰。當時極重家教門風，孝弟婦德，皆從兩漢儒學傳來。詩文藝術，皆有卓越之造詣；經史著述，亦燦然可觀；品高德潔，堪稱中國史上第一、第二流人物者，亦復多有。而大江以南新境之開闢，文物之蔚起，士族南渡之功，尤不可沒。

要之，門第之在當時，無論南北，不啻如亂流中島嶼散列，黑夜中燈炬閃耀。北方之同化胡族，南方之宏擴斯文，斯皆當時門第之功。固不當僅以變相之封建勢力，虛無之莊老清談，作爲褊狹之抨擊。

第十九章　變相的封建勢力下之社會形態(上)（在西晉及南朝）

一　漢末之荒殘

靈、（黃巾之亂。）獻（董卓之亂。）以來，海内荒殘，人戶所存，十無一、二。分別言之，如：

洛陽　董卓西遷，悉驅餘民數百萬口至長安。盡燒宗廟、官府、居家，二百里内，室屋蕩盡，無復雞犬。後獻帝還洛，百官披荊棘，依牆壁間。百僚饑乏，尚書郎以下自出採稆，或饑死牆壁間，或爲兵士所殺。（吳志一注引江表傳：「舊京空虛，數百里中無煙火。」庾峻謁蘇林，林曰：「鄢陵舊五、六萬戶，聞今裁有數百。」）

長安　董卓初死，三輔民尚數十萬戶。李、郭相鬭，放兵劫略，加以饑饉，獻帝脫逃，長安城空四十餘日。强者四散，羸者相食，二、三年間，關中無復人迹。

徐州　徐方百姓殷盛，流民多歸之。曹操父嵩避難瑯琊，爲陶謙別將所殺。初平四年，操攻謙，凡殺男女數十萬人，泗水爲之不流，五縣（彭城、博陽、取慮（下邳）、睢陵、夏邱（沛）。）無行迹。三輔遭李傕亂，流依謙者皆殲。曹操亦自謂：「舊土人民死喪略盡，國中終日行，不見所識，使吾悽愴傷懷。」建安七年軍譙令。

荊州　劉表在荊州，關西、兗、豫學士歸者千數；表沒，亦遭殘破。

壽春　袁術在江、淮，取給蒲蠃，民多相食，州里蕭條。

其他如山東，爲黃巾所殘。河北，爲黑山賊所殘。又有劉虞、公孫瓚、袁紹父子相繼屠戮。孟達薦王雄曰：「涿郡領戶三千，孤寡之家，參居其半。」（魏志崔林傳注）甘隴，爲馬騰、韓遂所殘。蘇則云：「金城郡爲韓遂屠剝，戶不滿五百，到官撫鳩，見戶千餘。」（魏志蘇則傳注）靡不凋殘。

以赤壁之戰言，三方大較不到三十萬人。

曹操合中國即北方人，共十五、六萬。及劉表衆七、八萬。共二十餘萬。號稱「水步八十萬」。孫權遣周瑜，謂「五萬衆難卒合，已選三萬人」。諸葛亮自稱有「關羽水軍萬人，劉琦江夏戰士亦萬人」。以戰國、楚漢之際，及王莽末年，乃至黃巾初亂時幾次戰爭相比。可見當時壯丁之缺乏。

陳羣謂：「喪亂後人民比漢文、景時不過一大郡」，殆非虛語。杜恕亦謂：「大魏奄有十州之地，計其戶口，不如往昔一州。」

附　三國季年戶口數

蜀亡時	戶　二八〇、〇〇〇 口　九四〇、〇〇〇	內帶甲將士十萬二千，占全數九之一。
吳亡時	戶　五三〇、〇〇〇 口　二、三〇〇、〇〇〇	內兵二十三萬，占全數十之一；吏三萬二千；後宮五千。
魏平蜀時	戶　六六三、四二三 口　四、四三二、八八一	
三國合計約得	戶　一、四七三、四二三 口　七、六七二、八八一	

就全史而言，戶口莫少於是時。大體當盛漢南陽、汝南兩郡之數。既備載後宮、將士、吏諸項，其數大約可靠。三國晚季如此，其大亂方熾時可想。

二　農民身分之轉變

農民在大動亂中，地方政權隨著中央政權而解體，他們無所託命，不得不依存於當地或附近的强宗豪族。强宗豪族把他們武裝起來，成爲一種自衛的集團，他們便成爲强宗豪族的

「部曲」。

如李典居乘氏，有宗族部曲三千餘家，萬三千餘口。袁、曹相拒官渡，李典輸穀帛供曹軍，後遂全部徙居鄴。李典之衆自有武裝，故稱「部曲」。亦有避地較僻，不需武裝，而以政令約束相安者，如田疇率宗族避難無終山，百姓歸之，數年間至五千餘家。袁氏亡，疇將其家族宗人三百餘家居鄴。亦有相聚而爲寇盜者，如李通拜汝南太守時，賊張赤等五千餘家聚桃山，通攻破之。此等例不勝舉。

如是則農民由國家的公民，編戶籍，納租稅。一變而爲豪族的私屬。納質任，稱部曲。「質任」即抵押，凡爲部曲，必納其親屬子女爲抵押品，以表誠信。實在是農民身分之降低。

局勢逐漸澄清，各地的强宗豪族，逐漸消并其勢力於幾個大勢力之下，再建政府，這便是三國。當時最嚴重的問題，是只有兵隊而無農民。吳、蜀臨亡時，兵籍均占全人口十分乃至九分之一。婦女去其半，老弱去其半，大體仍是有夫皆兵也。曹操得冀州，按籍自喜得兵三十萬，亦指全冀丁壯言。

兵隊無終歲之計，饑則寇掠，飽則棄餘。農民非加入軍隊，無以自全。其後則兵隊非仍轉爲農民，亦不能存活。袁紹在河北，軍人仰食椹棗。袁術在江、淮，取給蒲蠃。

暫時對此問題的解決辦法，便是屯田制度。尤著者如曹操之屯田許下。

獻帝建安元年，曹操用棗祗、韓浩議建屯田，募民屯田許下。州、郡例置田官，所在積穀。征伐四方，無運糧之勞，遂能兼并羣雄。

鄧艾之屯田淮南、北。

齊王芳正始四年，鄧艾建議屯田淮南、北：「淮北二萬人，淮南三萬人，十二分休，常有四萬人，且田且守。」（即五萬兵隊中常有四萬兵輪番田種，以十分之二即一萬兵專任防禦也。）自壽春到京師，農官兵田，阡陌相屬。（其他如劉馥之在揚州，賈逵之在豫州，均興屯田水利。吳、蜀亦然。）

兵隊代替農民做了國家的基本公民，管督屯田的典農中郎將，暫時便等於地方行政長官。

魏末咸熙元年，始正式罷屯田官，以典農爲太守，都尉爲令長。至晉初泰始二年，又詔罷農官爲郡縣。但以後復有農官。當時要把軍政的變態，轉移到民政的常態，頗非易易。

這是一個「復兵於農」的偉大運動。在中央首都（許。）的附近，乃至中國的腹地，（淮南、北。）都施行起屯田來。從整個政治問題而論，不得不說是一個絕路逢生的好辦法。但專從農民身分而論，卻又是一個大低落。

兩漢以來的農民，以公民資格自耕其地，而向政府納租。田地爲農民所有，故農民得自由買賣。其出賣田地而變爲私家佃戶者，此暫不論。現在是政府將無主荒田指派兵隊耕種，無形中，農田的所有權，又從農民手裏轉移到政府去。

這一個轉變最顯著的影響，便是農民的租稅加重。

漢代租額，通常是十五稅一，乃至三十稅一。魏、晉的租額是「持官牛者官得六分，百姓得四分；私牛而官田者，與官中分」。此據傅玄奏疏，及封裕諫慕容皝語。這便是王莽所謂「豪民劫假，收什五之稅」。現在是政府自做豪民。鄧艾疏：「四萬人且田且守，除衆費，歲完五百萬斛」，是屯田全入於官，而一人責百二十斛矣。其後歲課六十斛，就鄧之初計則正是什伍之稅。咸寧三年杜預上疏：「乞分種牛付兗、豫二州將吏士庶，穀登之後，頭責三百斛」，其額重如此。

經過長期的大騷亂，農民本已失去耕地，現在他們是以國家兵隊的身分把屯田來代替吃餉。直到西晉統一，軍事狀態告終，這個情形實現到制度上來，便成西晉初年之「戶調」。

同時商業亦徹底破壞。

魏文帝黃初二年罷五銖錢，此是漢武以來社會通行的標準幣。命百姓以穀、帛爲市。曹操時戶賦已只納絹綿，不納錢幣。可證明當時商業之不振。

商業不振之主因，在於長期兵爭之過分破壞。

楚、漢之際，商人乘機漁利，可證其時社會經濟動搖不如三國、五胡諸紛亂爲甚。而因商人階級之消失，更顯明的形成農民與貴族世家之對立。（此後南方商業較盛，北朝殆至魏孝文遷洛後始有起色。史稱梁初「揚、荊、郢、江、湘、梁、益七州用錢；交、廣用金銀；餘州雜以穀帛交易」。魏初民間皆不用錢，高祖太和十九年，始鑄太和五銖錢。）

三　西晉之戶調制與官品占田制

晉武帝平吳後，置「戶調式」：「丁男之戶，歲輸絹三疋，綿三斤；（按：此亦如魏制，輸絹綿，不納錢幣。）女及次丁男爲戶者半輸。男子一人占地七十畝，女子三十畝。其外丁男課田五十畝，丁女二十畝；次丁男半之，女則不課。」（男女年十六以上至六十爲「正丁」；十五以下至十三、六十一以上至六十五爲「次丁」；十二以下、六十六以上爲「老小」，不事。）這是戶調式的條文。

「調」本是調發之義，故戶調仍沿三國以來兵士屯田之舊規。

「戶調」二字始見於魏志趙儼傳。對懷附者收其綿絹，此爲袁紹在河北所行之制度。此與「部曲」之納「質任」，乃同樣爲中央政府解體下一種亂世之臨時辦法也。曹操得河北，令田租畝四升，戶出絹二匹、綿二斤，他不得擅興發；則「戶調」與「田租」尚分兩項。晉制於戶調下兼田租，則時漸平康，由兵屯變爲農民，故戶必帶田矣。

男子占田七十畝，女子三十畝，合一百畝，即古者一夫百畝之制。云「其外丁男課田五十畝，丁女二十畝」者，並非佔地百畝之外別給七十畝，乃是在其佔地百畝之內以七十畝爲課田。「課」是課其租收。云「其外」者，乃承上文輸絹、輸綿而來，謂輸絹、輸綿之外，再課田租。換辭言之，即是課其十分之七的田租。

泰始四年，傅玄上疏：「舊兵持官牛者，官得六分，士得四分；自持私牛者，與官中分；施行來久，衆心安之。今一朝減持官牛者，官得八分，士得二分；持私牛及無牛者，官得七分，士得三分；人失其所，必不懽樂。宜佃兵持官牛者與四分，持私牛者與官中分。」可見晉室當時本有十七收租之制，傅玄雖有建議，晉室未能聽受。戶調制仍依私牛及無牛例收租，故百畝課七十畝也。

與戶調制相附並行者，尚有「官品占田」制。令官品第一者占五十頃，第二品四十五頃，依次減五頃，至九品十頃而止。又各以品高卑蔭其親屬，多者及九族，少者三世。宗室、國賓、先賢之後，及士人子孫，亦如之。又得蔭人以爲衣食客及佃客。品第六以上得衣食客三人，第七、第八品二人，第九品一人。其應有佃客者，官品第一、第二者佃客無過五十戶，三品十戶，四品七戶，五品五戶，六品三戶，七品二戶，八品、九品一戶。

按：「蔭」者皆私屬，無公家課役。即是國家允許將此一部分民衆田地劃歸私有；同時國家對百官亦不更班祿，其制甚似古代之封建。史稱：「自晉至梁、陳，都畿民皆爲王公貴人佃客、典計、衣食客之類，皆無課役，佃穀與大家量分。」既役其力，又食其租。可見此等皆不屬政府。是雖有官品占田制明令相限，未必切實有效。直至南渡後情況猶然也。

這一個制度的用意，並不是授與强宗豪族以私占的特權，乃是要把當時强宗豪族先已私占的戶口及田畝括歸公有，而許他們一個最高限度的私占額。

在當時的政治狀況下，此事難能辦到。惟自農民言之，則大體上一樣是二八收租、三七收租，在公在私，無所別擇。

晉武帝泰始元年詔復百姓繇役，罷部曲將、長吏以下質任。「質任」乃部曲對其私主所呈之抵押信物，大抵以子女爲之。咸寧三年大赦，除部曲督以下質任。此均在頒行戶調制以前，用意均不外要將强宗豪族的私民衆奪歸公家。然晉武以開國之君，對民衆絕無絲毫善意與德政，戶調稅收，依然與屯田兵一律，只想憑王室威嚴，向其下强奪豪取，豈能有成？晉室不永，只此等處可見。

四　南渡之士族

東晉南渡，一輩士族，又大批的結集著宗親、部曲流徙南來。

祖逖傳：「逖，范陽人，率親黨數百家避地淮泗，推逖爲行主。達泗口，元帝逆用爲徐州刺史，又以爲豫州。逖將本流徙部曲百餘家渡江。」又如林、黃、陳、鄭四姓之入閩，見陳振孫書錄解題。明何喬遠閩書，謂林、黃、陳、鄭、詹、丘、何、胡八族。

他們在南方未經墾闢的園地上，著手做他們殖民侵略的工作。「擅割林池，專利山海。」任昉語。「富彊者兼嶺而占，貧弱者薪蘇無託。」宋書羊玄保傳。「貴勢之流，亭池第宅，競趨高華。至於山澤之人，不敢採飲其水草。」南齊書顧歡傳。活是一幅古代封建貴族的摹本畫。

尤著者如宋書孔季恭傳：「…其弟靈符於永興立墅，周回三十三里，水陸地二百六十五頃，含帶二山，又有果園九處。爲有司所糾，詔原之。」

雖王室頗思裁抑，然力量不夠，積勢難挽。

晉壬辰成帝時。詔書：「占山護澤，以强盜律論」，然並不能禁。占山封水，漸染復滋。羊玄保傳。百姓薪採漁釣，皆責稅直。宋武帝又禁斷之，見南史本紀。然仍不絕。齊高帝、齊廢帝鬱林王、梁武帝，又屢詔及之。

相應於此種情勢下之賦稅制度，則自度田收稅轉成口稅。

成帝咸和五年，始度百姓田，取十分之一，率畝稅米三升。至孝武太元二年，除度田收稅制，王公以下，口稅三斛，惟蠲在身之役。八年，又增稅米口五石。此蓋豪右田多，特爲優饒。稅田則富多貧少，稅口則富少貧多也。馬端臨云：「晉制，丁男一人，授田七十畝，以畝收三升計，當口稅二斛一斗；今除度田收租之令，而口稅二斛增至五石，則賦頗重矣。豈所謂『王公以下』云者，又非泛泛受田之百姓歟？待考。」今按：晉初戶調，一家丁男丁婦田租六十斛，馬氏亦以畝收三升說之，誤也。口稅五石，並有無田者，此制自不爲輕。然較之西晉戶調，亦未見特重。馬氏疑口稅只及王公貴人，則更誤矣。

如此則貴族盛占田地，而無賦稅之負擔。梁武帝天監四年，大舉伐魏，令「王公以下各上國租及田穀以助軍資」，此租穀歸屬私家之證。惟按陳宣帝太建三年、六年詔，似其時又行田租。

宋孝武爲特設「官品占山」之制。

官品第一、第二聽占山三頃；第三、第四品，二頃五十畝；第五、第六品，二頃；第七、第八品，一頃五十畝；第九品及百姓，一頃。

其用意與西晉官品占田令一樣，但效果依然很少。見上引齊顧歡、任昉語。占山封水的士族們，不僅自己借著僑寓名義，不肯受當地地方政府的政令；其附隨而來的民衆，亦依仗他們逃避課役。

所以自咸康以下，晉室屢唱「土斷」之論。

晉書成帝紀：「咸康七年，實編戶，王公以下皆正土斷白籍。」又哀帝隆和元年三月庚戌，天下所在土斷。

「土斷」是要僑寓的人，亦編入所在地的籍貫，一樣受所在地方政府之政令。然咸康土斷黃、白分籍，僑戶土斷者白籍，土著實戶黃籍。玉海引晉令：「郡國諸戶口黃籍。」石虎詔：「先帝創臨天下，黃紙再定。」是也。依然有土斷之名，而無土斷之實。

孝武時范寧爲豫章太守，上疏極論其非。謂：「古者分土割境，以益百姓之心。聖王制作，籍無黃、白之別。昔中原喪亂，流寓江左，庶有旋反之期，故許其挾注本郡。今宜正其封疆，以土斷人戶，明考課之科，修閭伍之法。難者必曰：『人各有桑梓，俗自有南北，一朝屬戶，長爲人隸，君子則有土風之慨，小人則懷下役之慮。』斯誠并兼者之所執，而非通理者之篤論也。」按：范疏不主分黃、白籍，謂「一朝屬戶，長爲人隸」，即指服從地方政府一切政令言。謂「小人懷下役之慮」，即要其一致應課役也。據范疏可知僑寓小人，亦不應役，蓋皆爲白籍蔭庇耳。

此後桓溫、劉裕又屢主其事。

安帝義熙九年劉裕上表：「大司馬桓溫庚戌土斷，於時財阜國豐，實由於此。自茲迄今，漸用頹弛。離居流寓，閭伍不修。請依庚戌土斷之科。」於是依界土斷，諸流寓郡、縣，多被并省。

然一弊方彌，他弊又起。宋、齊以後，僑寓的特待，似算取消，而因士庶不公平的影響，又引起更紛擾的冒僞問題。只要僞注籍貫，竄入士流，便可規避課役。這一種情形，越來越甚。

齊高帝建元二年詔：「黃籍民之大紀，國之治端。（按：黃籍即擔當國課之民籍也。）自頃氓俗巧僞，至乃竊注爵位，盜易年月，此皆政之巨蠹，教之深疵。」同時虞玩之上黃籍革弊表，亦謂：「孝建以來，入勳者衆，其中操干戈衛社稷者，三分無一。又有改注籍狀，詐入仕流。昔爲人役，今反役人。」梁武帝時沈約上疏，亦有「落除卑注，更書新籍，以新換故，不過一萬許錢。宋、齊二代，士庶不分，雜役減闕，職由於此」之説。（按：虞表又云：「宋元嘉二十七年八條取人，孝建元年書籍，衆巧之所始也。宜以元嘉二十七年籍爲正。」沈約則謂「宋元嘉二十七年始以七條徵發，姦僞互起」，又曰「自元嘉以來，籍多假僞」。蓋宋制一面抑豪强，一面則伸寒微，武帝永初元年已有「先有資狀，黃籍猶存者，聽復本注」之詔，晉代士庶籍貫之改動，必自此始。此可爲南朝與東晉截分界線之一事也。惟苟不能確立一種制度，而僅以寬假爲討好，宜乎不久流弊即滋矣。）

擔當國家課役的，依然盡是些赤貧下戶。

南齊書陸慧曉傳：「山陰一縣，課戶二萬，貲不滿三千者殆將居半。凡有貲者，多是士人，復除，其貧極者悉皆露戶役民。三五屬官，蓋惟分定，百端輸調，又則常然。」

大規模的僞竄冒改，使黃籍理無可理，究無可究。卻告訴我們：那時一般的民衆，已不讓文酒清談的貴族們獨自安享其特益了。

沈約諸人不能根本設法消泯士、庶界線，（北朝政制即向此路走。）乃欲究據晉籍，用來重新釐定，這真可算是代表了南朝士大夫的眼光與見識。

五 兵士的身分及待遇

軍人從三國以來，即已與農民截然分途。

此事魏、蜀、吳皆然。

劉頌奏：「昔魏武帝分離天下，使人役、居戶，各在一方。既事勢所需，且意有曲爲，權假一時以赴所務，非正典也。然逡巡至今，積年未改。」魏嘉平六年詔，有劉整、鄭像賜爵關中侯，各除士名。又鍾毓傳：「爲廷尉，創制士爲侯，其妻不復配嫁。」又盧毓傳：「重士亡法，罪及妻子。」高柔傳亦有士逃法。曹植奏：「臣初受封，得兵百五十人。士息前後三送，兼人已竭。尚有小兒，七、八歲以上，十六、七以還，三十餘人。」是魏制士、民異籍，並各家世相襲也。吳、蜀亡後納籍，皆士、民異貫。

大抵「强者爲兵，羸者補戶」。此語見陸遜傳，可據以推魏、蜀，大抵不甚相遠。尤强者隸中央，其次則配私家，更羸瘁者則留南畝。

華陽國志：「諸葛亮移南中勁卒青羌萬餘家於蜀，爲五部，置五部都尉。分其羸弱，配大姓爲部曲。」吳志陳武傳：「武庶子表，受賜復人得二百家，在會稽新安縣。簡視皆堪好兵，上疏陳讓，乞以還官。謂：『枉此勁銳，以爲僮僕，非表志。』吳主權嘉之，下郡縣，料正戶羸民補其處。」

其先入士籍者得優廩，又可免役，其時則兵勝於民。漸次軍旅之事，不爲時重，則士伍惟以供役，又廩給日薄，其時則農勝於兵。

陸凱傳：「先帝（孫權。）戰士，不給他役，使春惟知農，秋惟收稻，江渚有事，責以死效。今（亮、晧以後。）之戰士，供給衆役，廩賜不贍。」

晉武帝平吳，詔悉去州、郡兵，此乃復兵歸農之意，惜不久天下即亂。

咸寧五年伐吳，詔：「調諸士家，二丁、三丁取一，四丁取二。」是其時依舊士、民異籍。去州、郡兵，即是去士籍也。晉政之病，在田租照屯田額徵收，不復兩漢什伍稅一之制，又無兩漢都尉肄民戰陣之制，使農不知兵，則武備一切廢弛。

東晉民歸豪强，政府對兵役需要，殊感缺乏。

吳志：陳武庶子表，受賜復人得二百家，乞還官，孫權嘉之。他如朱桓部曲萬口，潘璋妻賜復客五十家。鄧艾傳云：「吳名宗大族，皆有部曲，阻兵仗勢，足以違命。」此等部曲、僮客，皆是私戶，爲國家課役所不及。

於是有所謂「發奴爲兵」。

發奴爲兵之議，起於刁協、戴淵。刁、戴皆南人，晉元帝依仗以謀抑王氏者也。自後每有征討，往往發奴。庾翼發所統六州奴北伐，庾翼亦晉室外戚，頗欲爲强幹弱枝之謀者。可見發奴爲兵，正是中央與豪族爭奪民衆之一事。宋武時詔：「先因軍事所發奴僮，各還本主，若死亡及勳勞破免，亦依限還直。」此正以僮奴爲豪族私產，故見發而還其直。

又有所謂「料隱爲兵」。

庾冰傳：「隱實戶口，料出無名萬餘人，以充軍實。」毛璩傳：「討得海陵縣界亡戶近萬，皆以補兵。」此等隱匿之戶，其背後亦多有豪强蔭庇。

復有「罪謫爲兵」。

范寧疏：「兵役既竭，枉服良人，牽引無端，以相充補。」又云：「舊制謫兵不相襲代，頃者小事便以補役，一愆之違，辱及累世，親戚旁支，罹其禍毒，戶口減耗，亦由於此。」又宋制劫同籍期親補兵，見何承天傳。又以罪謫兵，亦見王弘傳、何承天傳。

並及其家口。罪人家口補兵，見劉秀之傳。

又强逼世襲兵役。見前引范寧疏。

宋武帝詔：「兵制峻重，務在得宜。役身死叛，輒考傍親，流遷彌廣，未見其極。自今犯罪充兵，合舉戶從役者，便付營押領。其有戶統及謫止一身者，不得復侵濫服親，以相連染。」按：兵役世襲亦見於三國時，魏志注引魏略，「陳思王以近前諸國士息已見發，其遺孤稚弱者無幾，而復被取」云云是也。

因此有所謂「兵家」梁王琳本兵家。與「營戶」、沈慶之前後所獲諸山蠻並移京邑以爲營戶。「軍戶」董回以有功免軍戶。諸稱。

那時的衣冠士族，既不受國家課役，自然談不到從軍。

此乃魏晉以下貴族與春秋先秦絕異之點。他們在政治上佔有特權，而他們並無武裝兵力以自保衞，不僅自己不能武裝，即其所屬部曲家兵等，亦已解散武裝，與三國時士大夫不同。

另有一部分則受衣冠士族之廕庇而爲其佃客、衣食客等，他們亦對國家逃避課役及從軍之義務。

而且因有衣冠士族的特權階級壓在上面，從軍作戰的武裝兵卒，亦没有他們的出身。（要爲軍人謀出身，勢必與貴族特權勢力相衝突，如戰國吳起在楚、商鞅在秦之事。）

因此兵卒在當時的社會上變成一種特殊卑下的身分，固與貴族封建時代兵隊即是貴族者（此北朝部族兵略近之。）有異，亦與西漢定制，凡國家公民皆需服兵役者（此北齊兵制亦然；北周府兵則略爲變通。）不同。軍人的地位，只與奴隸、罪犯相等，從軍只是當苦役。國家的軍隊，實質上亦如私門的部曲與僮客。他們没有公民的地位，（此正如西晉戶調，只從部曲屯田兵變成州縣民戶，而實際上的待遇，還是屯田兵，不是農民。）政府亦常常將他們賜給私家。

當時大臣有賜千兵百騎者，如衞瓘、（此據北堂書鈔、御覽引晉起居注。）汝南王亮、荀組、陸曄等。至於賜親兵數百人乃至班劍數十人，亦不勝指數。

私家亦公然佔公家兵戶爲己有。

范寧奏：「方鎮去官，皆割方鎮精兵器仗爲送故。送兵多者至千餘家，少者數十戶。既力入私門，復資官廩布。」（宋書劉敬宣傳：「宣城多山縣，郡舊立屯以供府郡費用，前人多調發工巧，造作器物」，此即官兵亦供私用也。）

軍人的地位如此，如何可以爲國宣勞，擔負光復中原的重任？

只有荊、襄上流，因糧食較充，鎮兵稍稍可用。

元帝時「使軍各自佃，即以名廩」。至武帝咸寧初，詔「以奚官奴代甲兵種稻」。當時國家並未爲軍隊特定餉糈，江南農事尚未發達，故襄、漢上流遂得獨有重兵。

而每爲權臣内亂之利柄。

直待謝玄鎮廣陵，創爲招募，號「北府兵」，兵人地位始見提高，遂建淝水奇績。東晉王位拱手而讓於此系軍人之手。

王、謝雖同稱東晉盛族，但兩家情形稍有不同。王以擁立爲業，謝以攘卻爲功。一則惟守門第，一則尚建勳績。江北、河南之衆，紀瞻嘗用以拒石勒，祖逖嘗用以嚮汝洛，而王導弗能任，以專倚王敦於上流，不欲權勢之分也。王敦、桓溫以外重内輕之資，常挾荊湘以起内亂。謝安任桓沖於荊江而別使謝玄監江北軍事，北府兵强，權重始歸朝廷。中原南徙之衆，本多磊落英多之士，謝玄擇將簡兵，六年而有淝水之捷，實非幸事。（苻堅軍隊，則亦係簽兵雜湊，宜乎雖多而不能與晉爲敵。）

惜乎劉宋以後，社會依然在士、庶階級的對立下面，軍人依然找不到他們應有的地位。直到侯景之亂，梁室覆亡，南人皆以兵戎紛起。然既失士族之領導，南方新政權亦不久即滅。

第二十章　變相的封建勢力下之社會形態（下）在五胡及北朝

北方初起的情形，和南方差不多，又加上一個種族的複雜問題。

一　五胡時代的情況

五胡時代，田租的收納，依然是八二乃至六四。

慕容皝以牧牛給貧家田于苑中，公收其八，二分入私。有牛無地者，亦田苑中，公收其七，三分入私。記室參軍封裕諫，以爲宜罷諸苑以業流人，持官牛者，官六私四；私牛官田，與官中分。皝依之。此雖一例，然當時北方田租，大體正可以此類推。魏孝文太和十二年，李彪請立農官，取州郡戶十分一爲屯民，一夫之田，歲責六十斛。魏書釋老志：「曇曜奏：平齊戶及諸民，能歲輸穀六十斛入僧曹者爲『僧祇戶』，粟爲『僧祇粟』。」北史魏收傳：「收在并作一篇詩，云：『打從叔季景出六百斛米，亦不辨此。』」此皆北人以六十斛、六百斛爲一單位之證。宋元嘉中，徐豁亦言：「武吏年滿十六，便課米六十斛」，「武吏」亦指屯田言。以畝收一石計，六十斛正是六四收租也。

至於軍隊，主要是胡人的部族兵，漢人更處不重要的地位，只遇需要時用抽丁的辦法。

石虎討慕容皝，令五丁取三，四丁取二。征士五人出車一乘，牛二頭，米十五斛，絹十匹。調不辦者腰斬。慕容儁欲經營秦、晉，令州、郡校閱見丁，精覈隱漏，率戶留一丁，餘悉發，欲使滿一百五十萬。劉貴上書極諫，乃改爲三五占兵。苻堅平代，亦三五取丁。優復三年，無稅租。王猛用秦，始主十丁一兵，使有羨夫，最號寬仁。

到元魏時，政治漸上軌道，在南朝無可奈何的情形，在北朝卻一一有了辦法。

二　北魏均田制

最重要的是北魏的「均田」制度。其議起於李安世。太祖天興元年、太宗永興五年，皆有「計口授田」之詔。高祖太和元年，詔：「敕在所督課田農，一夫制治田四十畝，中男二十畝，無令人有餘力，地有遺利。」此皆北魏均田先聲。

史稱：「時民困饑流散，豪右多有占奪，安世上疏云：『井稅之興，其來日久。蓋欲使雄擅之家，不獨膏腴之美；單陋之夫，亦有頃畝之分。所以恤彼貧微，抑茲貪欲，同富約之不均，一齊民於編戶。竊見州郡之民，或因年儉流移，棄賣田宅，漂居異鄉，事涉數世。三長既立，始返舊墟，廬井荒毀，桑榆改植。事已歷遠，易生假冒。强宗豪族，肆其侵凌。遠認魏晉之家，近引親舊之驗。羣證雖多，莫可取據。今雖桑井難復，宜更均量，審其徑術，令細民獲資生之利，豪右靡餘地之盈。所爭之田，宜限年斷，事久難明，悉屬今主。然後虛妄之民，絕望於覬覦；守分之士，永免於凌奪矣。』帝深納之。」均田之議起於此。今按：李疏云「三長既立，始返舊墟」，則應在十年立三長後，而均田詔尚在九年。據魏書，立三長同時定「調」法，「調」法正須與均田相附而行，則九年有均田詔，信矣。蓋均田非一年可成，李安世亦恐不止一疏，（通典、通考、玉海皆以李安世上疏在太和元年，亦因有詔均田也。然恐非此疏。）上引則似確在立三長後也。（劉道元曰：「劉、石、苻、姚喪亂之後，土田無主，悉爲公田。除兼并大族外，貧民往往無田可耕，故孝文分官田以給之。」今按：李疏正爲豪右冒認此項田畝而發，則明在推行均田以後。）

均田詔在孝文太和九年十月。（詔首即云：「朕承乾在位，十有五年。」是時孝文尚未親政。可知北朝政治走上漢化之路，並不自孝文始。）

大意謂：富强者並兼山澤，貧弱者望絕一廛，致令地有遺利，民無餘財。今遣使者循行州郡，與牧守均給天下之田，還受以生死爲斷。

要行均田，必先審正戶籍。十年二月，遂立黨、里、鄰三長，定民戶籍。此議本於李沖。

未立三長前，民多隱冒，五十、三十家方爲一戶，謂之「蔭附」。蔭附者皆無官役，豪強徵斂，倍於公賦。韓卓疏謂：「百姓迭相蔭冒，或百室合戶，或千丁共籍」，是也。

五家一鄰長，復一夫。五鄰一里長，復二夫。五里一黨長，復三夫。

時羣臣多不贊同。太后曰：「立三長，則包蔭之戶可出，僥倖之人可止，何爲不可？」

翌年京都大饑，韓麒麟表陳時務，又乞「制天下男女，計口受田」。可證均田制推行尚有在後。

均田制的大概如次：

諸男夫十五以上，受「露田」四十畝，婦人二十畝，奴婢依良。丁牛一頭，犢及老牛不得援例。受田三十畝，限止四牛。一本作「四年」。

所授之田率倍之，三易之田再倍之，以供耕休及還受之盈縮。民年及課則受田，老免及身沒則還田。奴婢、牛隨有無以還受。

諸「桑田」不在還受之限，但通入「倍田」分。謂桑田有盈，即充在倍田內。諸受田者，男夫一人給田二十畝。課蒔餘，種桑五十樹，棗五株，榆三根。奴各依良。亦得給桑田。

諸應還之田，不得種桑、榆、棗果。

諸「桑田」皆爲世業，身終不還。有盈者，無受無還；不足者，受種如法。盈者得賣其盈，不足者得買所不足。不得賣其分，亦不得買過所足。

此制用意並不在求田畝之絕對均給，只求富者稍有一限度，貧者亦有一最低之水準。

丁牛有限，而奴婢無限；又授田率一倍、再倍。若以一夫一婦十奴四牛計，其田已在千畝外。若丁牛限四年，則并牛亦無限矣。又北齊河清三年詔：「奴婢受田，親王限三百人，嗣王二百人。第二品嗣王以下及庶姓王一百五十人。正三品以上及皇宗一百人，七品以上八十人，八品以下至庶人六十人。」據北齊以推元魏，可見奴婢受田之多。北齊尚有限，元魏并限無之。又魏書源賀傳有云：「主將參僚，專擅腴美；瘠土荒疇給百姓。」北史常爽傳謂：「三長皆豪門多丁爲之。」然此等皆不足爲此制深病，治史者當就大體著眼也。

尤要者則在絕其蔭冒，使租收盡歸公上。

還受之田，舊說以不栽樹故曰「露」。見杜佑通典注。恐露是「蔭冒」之反義，以其屬諸公上，故曰

「露」。以其爲露田，故須還受。以其須還受，故不得樹桑榆；並不以其不樹桑榆，始稱「露田」。時有「露戶役民」，正對復蔭之家而言。均田制之最高意義，還是要將豪彊蔭冒一切出豁，還是與西晉「戶調」用意略似，依然是中央政府與豪彊爭奪民衆之繼續表演。

而且在北朝的三長與均田制，更有一層重要的意義。北魏本以部落封建制立國，逮三長、均田制行，則政體上逐漸從氏族封建變爲郡縣一統，而胡、漢勢力亦因此逐漸倒轉。

北魏宗室封郡爲王公，部落大人降附者封縣爲列侯。宗室封者先後共九十餘人，部落大人封者則達一百八十餘人。此等世襲封爵，爲封建意味之割裂。至三長、均田制行，則漸次形成中央一統之郡縣制。魏立三長之年，即議定民官依戶給俸；高閭云：「懼蒸民之姦宄，置鄰以牧之。究庶官之勤劇，班俸爵以優之。」蓋民田租收既歸公上，則百官自應給俸。當時對百官給俸制甚多反對，此與反對立三長制用意正同，亦賴文明太后力持而定。又按：北史太和八年詔：「朕顧憲章舊典，始班俸祿，罷諸商人，以簡民事。」可見其前商人皆隸屬官府。如崔寬傳：「其治弘農，往來販賣漆蠟竹木致富。」今百官班俸，則隸官商人可罷，而民間自由商業亦因此再興。北方社會重行使用貨幣，亦在此後也。（又孝明帝時張普惠上疏：「州郡一匹之濫，一斤之惡，則鞭戶主，連及三長。百官請俸，人樂長闊，并欲厚重，無復準極。」亦可見立三長與班祿制兩者間之關係。）是年又分置州郡，凡三十八州，二十五在河南，十三在河北，蓋河北尚多部落勢力也。是其證。自是中國士族逐漸得勢，因其多爲中央統一政府下之官吏。而諸胡部落大人逐漸失其地位。因其均爲封建小主。此後魏孝文命鮮卑氏族全改漢姓，正以氏族之優越地位早已在政治上消滅也。

南方屢唱土斷僑寓及釐正譜籍，然他們始終要在保全士族的特權下剗下益上，不如北方政治理論之公平。因此北方的均田制可以做成一規模，而南方的黄籍積弊，終難清理。這可爲北勝於南之顯例。

其次再論均田制下之租額。

據魏書食貨志，李沖上言立三長，並定「調」法。

其民調，一夫一婦帛一匹，粟二石。民年十五以上未娶者，四人出一夫一婦之調。奴任耕、婢任績者，八口當未娶者四。耕牛二十頭，當奴婢八。

此所謂「調」，即包舉田租在内。一夫一婦六十畝，倍田不計。納粟二石；以畝收一石計，六十石收二石，便是漢代三十稅一之制。若以當時稅收慣例，百畝收六十斛比論，相差已到十八倍。

舊調，戶以九品混通，戶調帛二匹，絮二斤，絲一斤，粟二十石；又入帛一匹二丈，供調外費。

較現行調法亦大重。然三十、五十家方爲一戶，其蔭冒者皆歸私門。

此層在農民實爲甚大惠澤，因此易見推行。

李沖求立三長，與新制調法同時推行，謂：「若不因調時，百姓徒知立長校戶之勤，未見均徭省賦之益，心必生怨。宜及課調之月，令知賦稅之均。既識其事，又得其利，因民之欲，爲之易行。」初百姓咸以爲不若循常，豪富并兼者尤弗願。事施行後，計省昔十有餘倍，海內安之。此與南朝因檢定黃籍至激起民間變亂者迥不侔矣。

在豪彊方面，亦仍有優假。

奴婢受田與良民等，而所調甚少，八奴婢始當一夫一婦之調。此乃魏廷故意優假豪族，已奪其蔭冒，不可不稍與寬縱也。

惟在國庫則課調驟減，一時頗感其窘。

太和十一年韓麒麟即表陳「租賦輕少，不可長久」。（韓表：「往者校比戶貫，租賦輕少。雖於民爲利，而不可長久。」此謂「校比戶貫」，即指立三長、出蔭附而言。此謂「租賦輕少」，即指新定調法而言。）十二年因大旱，用李彪議，仍取州郡戶十分一爲屯田，一夫歲責六十斛。惟蠲其正課、征戍及雜役。孝昌二年，稅京師田租，畝五升；借賃公田者，畝一斗。畝五升，以一夫一婦受田六十畝計，則爲三石，較孝文定制增一石。畝一斗，則六十畝須六石，然亦不過什一之稅。

然豪强蔭附，一切歸公，政府到底並不吃虧。所以此制直到北齊、北周，依然沿襲。北齊制，人一牀（一夫一婦。）墾租二石，義租五斗。（奴婢准半，牛租一斗，義米五升。）於正租外又加「義租」。正租入中央國庫，義租納郡縣，備水旱災。（設倉名「富人倉」。）於政府收入外，再注意到平民災歉救濟之準備，這一個制度亦爲將來隋、唐所取法。

隋文帝開皇五年，工部尚書長孫平奏請「諸州百姓及軍人，勸課當社，共立義倉。收穫之日，隨其所得，勸課出粟及麥，於當社造倉窖貯之」。十六年，詔社倉准上、中、下三等稅，上戶不過一石，中戶不過七斗，下戶不過四斗。唐太宗時，詔：「畝稅二升粟、麥、秔、稻，隨土地所宜。商賈無田者，以其戶爲九等出粟，自五石至五斗爲差。」天寶中，天下諸色米積九千六百餘萬石，而義倉得六千三百餘萬石。義租、義倉，與漢代「常平」不同者，常平由官糴，義租由民輸，其爲留意民食之良政則一。又按：其制亦先起於魏之李彪。魏書釋老志有「僧祇戶」、「僧祇粟」，於儉歲賑給饑民，意亦略同。

並因租稅輕減，社會經濟向榮，民間學術文化事業得有長足之進展。

北齊書儒林傳：「北齊引進名儒，授皇太子諸王經術。然爰自始基，暨於季世，惟濟南之在儲宮，頗自砥礪，以成其美；餘多驕恣傲狠，動違禮度。世胄之門，罕聞强學。胄子以通經仕者，惟博陵崔子發、廣平宋遊卿而已。幸朝章寬簡，政網疏闊，遊手浮惰，十室而九。故橫經受業之侶，遍於鄉邑；負笈從宦之徒，不遠千里。入閭里之内，乞食爲資；憩桑梓之陰，動逾千數。燕、趙之俗，此衆尤甚。」

北周租額，較之元魏、北齊皆稍重。

周制：「司均掌田里之政令。凡人口十以上，宅五畝；七以上，宅四畝；五以上，三畝。有室者田百四十畝，丁者田百畝。司賦掌賦均之政令。凡人自十八至六十四，與輕疾者，皆賦之。有室者歲不過絹一匹，綿八兩，粟五斛。丁者半之。」今按：有室者授田百四十畝，即魏制露田男四十、婦人二十，倍受共一百二十畝，又桑田二十畝也。魏調二石，今五斛，爲已重矣。

然上比晉代，尚輕減十餘倍。比古制什一之稅，亦輕至四、五倍。

而主其事者蘇綽，常引爲憾事。至其子蘇威，卒能幹父之蠱，助成隋代之郅治。

北史蘇威傳稱：「威父綽在魏，以國用不足，爲征稅法，頗稱爲重。既而歎曰：『所爲正如張弓，非平世法也。後之君子，誰能弛乎？』威聞其言，每以爲己任。至隋文帝時，奏減賦役，務從輕典，帝悉從之。」按：隋制，丁男一牀租粟三石。此其證。唐「租庸調」制租粟二石，則仍依北魏也。又按：史稱：「江表自東晉以來，刑法疏緩，世族淩駕寒門。隋平陳後，牧民者盡變更之。蘇威又作五教，使民無長幼悉誦。民間訛言，隋欲徙之入關，陳故境大抵皆反。」此江南世族不慣北朝制度也。南北社會不同，於此可見。

這一種政治道德的自覺，在南朝亦復少見。

繼均田而起的新制度有「府兵」。自行「均田」而農民始有樂生之意；自行「府兵」，而農民始無迫死之感。不教民戰，是謂棄之。臨時抽丁，皆棄之也。必待下層農民稍有人生意味而後世運可轉。隋、唐復興，大體即建基於均田、府兵的兩個柱石上。

三　西魏的府兵制

北朝軍隊，一樣以鮮卑種人爲主體。羽林、虎賁爲中央宿衛，六鎮將卒爲邊境防戍，皆係代北部落之苗裔。

其他胡人亦多充兵役，而漢人則務耕種。太武太平真君十一年南伐，圍盱眙，遺臧質書：「吾今所遣鬬兵，盡非我國人。城東北是丁零與胡，南是氐、羌，卿殺之無所不利。」延興三年將南討，詔：「州郡十丁取一充行」，然此出非常。故高歡據邊鎮爲變，每語鮮卑，猶謂：「漢民是汝奴，夫爲汝耕，婦爲汝織，輸汝粟帛，令汝溫飽，何爲陵之？」其語華人則曰：「鮮卑是汝作客，得汝一斛粟、一匹絹，爲汝擊賊，令汝安寧，何爲疾之？」

及孝文南遷，軍士自代來者皆爲羽林、虎賁。事在太和二十年冬十月。而又詔選天下勇士十五萬人爲羽林、虎賁，充宿衛。事在太和十九年秋八月。是當時羽林宿衛中，已有非鮮卑人甚多。至北齊則兵隊主體漸漸轉移到漢人身上。

齊文宣受禪，六坊之內徙者，更加簡練，每一人必當百人，任其臨陣必死，然後取之，謂之「百保鮮卑」。又簡華人之勇力絕倫者，謂之「勇士」，以備邊要。是齊兵亦不復專仗胡人。至河清定制，男子十八受田，輸租調，二十充兵，六十免力役，六十六退田免租調，此則儼然已是兩漢的全民兵役制。又按：傅奕云：「周、齊每以騎戰，驅夏人爲肉籬，詫曰：當剉漢狗飼馬，刀刈漢狗頭，不可刈草也。」然高敖曹在軍，高歡爲之華言。歡嘗以敖曹所將皆漢兵，欲割鮮卑兵千餘相雜。敖曹曰：「所將前後格鬬，不減鮮卑，不煩更配。」要之，齊、周時華人已不可侮，傳言正可見其轉變前之情態。

魏武西遷，六坊之衆從而西者，不能萬人，餘皆北徙。

西魏立國，本依關隴漢人爲基本，其軍隊主體早屬漢人。

其先賀拔岳輔爾朱天光入關，衆不滿二千。其後戰勝降服，大率以西人爲主。宇文泰接統岳軍，知其部下主力，皆西土關隴人矣。魏武西奔，特爲客寄，且其禁兵，皆由宇文泰諸壻分掌。如李遠子基、李弼子暉、于謹子翼，皆漢族也。時西魏宗室凋零，泰遂以其部下諸將改賜胡姓。洪邁曰：「西魏以中原故家易賜番姓，著者如李弼、趙肅、趙貴、劉亮、楊忠、王雄、李虎、辛威、田弘、耿豪、楊紹、侯植、竇熾、李穆、陸通、楊纂、寇儁、段永、韓褒、裴文舉、陳忻、樊深。」可知宇文雖胡族，而其勢力實依漢人，不如高歡以漢族而實依仗胡人。故北周漢化，北齊胡化，風尚之異，亦由其立國基礎而判也。

宇文泰用蘇綽言，創爲「府兵」，籍六等之民，擇魁健材力之士以充之。民戶分九等，六等乃中等以上之家，凡有三丁者選材力一人。合爲百府，每府一郎將主之。分屬二十四軍，開府各領一軍。大將軍凡十二人。每一將軍統二開府，一柱國主二大將，將復加持節都督以統焉。凡柱國六員，衆不滿五萬人。

按：蘇綽卒在大統十二年，六柱國李弼、獨孤信拜於十四年，于謹、趙貴、侯莫陳崇在十五年。

另有李虎。綽傳謂綽「置屯田以資軍國」，此即府兵也。惟府兵之統於六柱國，則爲綽卒後事，可見此制亦非一時完成。

自相督率，不編戶貫，盡蠲租調。有事出征，無事則歲役一月。

十五日上，則門欄陛戟，警晝巡夜；十五日下，則教旗習戰，無他賦役。此後隋唐府兵，則僅役二十日。

其甲槊弓弩，並資官給。

遇出征，衣馱牛驢及糗糧，皆由公備。

這即是府兵制之大概。

府兵制長處，只在有挑選、有教訓；而更重要的，在對兵士有善意，有較優的待遇。將此等兵隊與臨時的發奴爲兵、謫役爲兵，以及抽丁爲兵相敵，自然可得勝利。古人所謂「仁者無敵」，府兵制度的長處，只在對自己的農民已表見了些人道意味。史稱：「撫養訓導有如子弟，故能以寡克衆」是也。

從此軍人在國家重新有其地位，不是臨時的捉派與懲罰。

府兵制另一個意義在把北方相沿胡人當兵、漢人種田的界線打破了。中國農民開始正式再武裝起來。

周書文帝紀：「西魏大統九年，廣募關隴豪右，以增軍旅。」按：此云「豪右」，即六等之民，下戶三等不得與，亦三國壯者補兵之意也。又隋書食貨志：「周武帝建德二年，周書在三年。改軍士爲侍官，募百姓充之，除其縣籍。是後夏人半爲兵矣。」此皆周代兵制多徵漢人之證。又元魏本屬部族軍隊制，史稱魏初「統國三十六，大姓九十九」，至西魏時多絕滅。恭帝元年，宇文泰以諸將功高者爲三十六國後，次者爲九十九姓後，所統軍人亦改從其姓。及大定元年下令，前賜姓皆復舊。是先以漢軍功賜爲胡貴族，後則并去胡復漢。此處正可看出當時胡、漢勢力之推移。此下恭帝三年，即正式行「六官」之制。自鮮卑舊制貴族國姓一變而爲六官，此尤政治組織之一大進步也。

從此北齊、北周東西兩方的漢人，均代替到鮮卑族的武裝與兵權。

北齊是全農皆兵，北周是選農訓兵，此爲二者間之不同。

所以自行「均田」，而經濟上貴族與庶民的不平等取消；自行「府兵」，而種族上胡人與漢人的隔閡取消。北方社會上兩大問題，皆有了較合理的解決。中國的農民，開始再有其地位，而北周亦遂以此完成其統一復興的大任務。

一種合理的政治制度的產生，必有一種合理的政治思想爲之淵泉。北朝政治漸上軌道，不能不說是北方士大夫對政治觀念較爲正確之故。北周書文帝紀魏大統十一年春三月令：「古之帝王所以建諸侯、立百官，非欲富貴其身而尊榮之，蓋以天下至廣，非一人所能獨治，是以博訪賢才，助己爲治。若知其賢，則以禮命之。其人聞命之日，則慘然曰：『凡受人之事，任人之勞，何捨己而從人？』又自勉曰：『天生儁士，所以利時。彼人主欲與我共爲治，安可苟辭？』於是降心受命。其居官也，不惶恤其私而憂其家，故妻子或有饑寒之弊而不顧。於是人主賜以俸祿、尊以軒冕而不以爲惠，賢臣受之亦不以爲德。爲君者誠能以此道授官，爲臣者誠能以此情受位，則天下之大，可不言而治。後世衰微，以官職爲私恩，爵祿爲榮惠。君之命官，親則授之，愛則任之。臣之受位，可以尊身而潤屋者，則迂道而求之。至公之道沒，而姦詐之萌生。天下不治，正爲此矣。今聖主中興，思去澆僞。在朝之士，當念職事之艱難。才堪者審己而當，不堪者收短而避。使天官不妄加，王爵不虛受，則淳素之風庶幾可返。」按：大統十年秋七月，魏帝以宇文泰前後所上二十四條及十二條新制，方爲中興永式，乃命尚書蘇綽更損益之，總爲五卷，班於天下。於是搜簡賢才，以爲牧守令長，皆依新制而遣焉。則是令乃蘇綽筆也。魏書道武紀天興三年十二月乙未天命詔、丙申官號詔，陳義皆至高卓。官號詔云：「官無常名，而任有定分。桀紂南面，雖高可薄；姬旦爲下，雖卑可尊。一官可以効智，蓽門可以垂範。故量己者，令終而義全；昧利者，身陷而名滅。故道義，治之本；名爵，治之末。名不本於道，不可以爲宜；爵無補於時，不可以爲用。」此等語殆是崔宏筆。北朝士大夫對於政治見解遠勝南士，於此可徵。周武帝保定二年詔：「樹之元首，君臨海内，本乎宣明教化，亭毒黔黎；豈惟尊貴其身，侈富其位？是以唐堯疏葛之衣，麤糲之食，尚臨汾陽而永歎，登姑射而興想。況無聖人之德，而嗜慾過之，何以克厭衆心，處於尊位？朕甚恧焉。」此等皆辭旨深醇，不媿兩漢。馬周之告唐太宗曰：「自魏晉以還，降及周隋，多者不過六十年，少者纔二、三十年而亡，良由創業之君不務廣恩化，當時僅能自守，後無遺德可思，故傳嗣之主政教少衰，一夫大呼而天下土崩矣。」此等意境，直遜北朝諸儒遠矣。

第二十一章　宗教思想之瀰漫（上古至南北朝之宗教思想）

代表魏晉南北朝長時期之中國衰落情態者，有一至要之點，爲社會宗教思想之瀰漫，同時又爲異族新宗教之侵入，即印度佛教之盛行於中國是也。

一　古代宗教之演變

古代的中國人信仰上帝，可說是一種「一神教」。（或說是等級的多神。）但人民只信仰上帝之存在而對之尊敬，至於禮拜上帝之儀節，則由天子執行。

公羊曰：「天子祭天，諸侯祭土。」（僖三十一年。）上帝之愛下民，乃屬政治的、團體的，而非私家的、個人的。上帝公正無私，乃愛下民之全體，故亦不需私家個人之祭報。楚語言：「少皞之衰，九黎亂德。夫人作享，家爲巫史。民瀆於祀，而不知其福。」是也。（後代中國祭孔，亦以大羣的、公的敬禮事之。如關公等神祠，則與觀音等同爲各個人的私祈求所

必分辨此兩種之不同。歸向。論中國宗教思想，

相應於此種宗教信仰，而有地上大王國之建立。

所謂：「普天之下，莫非王土；率土之濱，莫非王臣。」又曰：「天視自我民視，天聽自我民聽。」上帝、人民、皇帝，三位一體，而皇帝乃爲上帝與人民兩者間之仲介。皇帝能盡此責任，斯爲聖君。遇其不能盡此職者，則有革命。召誥曰：「嗚呼！皇天上帝，改厥元子。茲大國殷之命，惟王受命。相古先民有夏，今時既墜厥命。今相有殷，今時既墜厥命。今王嗣受厥命，我亦惟茲二國命。」是也。

「天道遠，人道邇」，鄭子產語。此項觀念，漸漸在春秋時代開展，乃產生偏重人道的儒家思想。孔子曰：「丘之禱久矣。」又曰：「敬鬼神而遠之。」曰：「祭神如神在。吾不與祭，如不祭。」又曰：「未知生，焉知死？」又曰：「人而不仁，如禮何？人而不仁，如樂何？」此皆孔子漸漸撇去天道而以人道代之之思想也。孟子曰：「保民而王，莫之能禦。」又曰：「推此心足以王天下。」竟以人心代天意，即直承孔子思想而來。

墨家偏於古宗教之維護。

如其天志、明鬼諸論皆是。其尚同論仍本天志以建立地上之大王國，與古代宗教觀念極似。（此爲墨家與基督教相異之點。基督教之王國乃在天上，人人可向上帝直接奉事。墨家尚同思想，則依然爲一政治的、團體的，與個人的、私家的有別。基督教人人直接信奉上帝，則不容於上帝外別有鬼神。墨家依然爲一種相應於地上王國政治的宗教，故天之下仍可有鬼。如天子祭天、諸侯祭其境内名山大川之例。）

而道家則對於鬼神上帝，爲激烈的破壞。

莊老皆主無治，故曰「小國寡民」。又主「不教」。蓋大一統之地上王國，統治於一聖君之下，推行一種聖賢政治，（亦可說哲學政治。）以道德理論（原本於天。）教化人民，（此爲儒、墨所同。）此等見解，徹底爲道家所反對。故道家對於舊傳宗教觀念，（即與此等政治理論相應者。）亦皆根本推翻。道家可說是一種消極的、無爲的反神論。

比較最後起的一派爲陰陽家。（陰陽家原於鄒衍，齊人，與燕惠王、趙平原君同時。其成學著書，當在老子後。）

陰陽家依然根據實際的政治興味，（即爲建立地上王國所需要的團體的興味。）來修改古代的宗教觀念，而造成他們著名的「天人相應」的學説。

陰陽與五行，並非兩派，此派以陰陽五行説明宇宙萬物，已爲採用道家莊老言自然萬物的説法。

史記孟荀列傳詳載鄒衍學說。其推而廣之以言地理，又推而遠之以言歷史，皆與莊子齊物、秋水路徑相似。以一氣分陰陽，其論採於道家；五行則由當時新發現天空金、木、水、火、土五行星而起。惟其主要精神，則仍本於儒家。即偏重於政治的興味而言仁義是也。其學說大約可分兩部分。一見於呂氏春秋十二紀、淮南時則訓及禮記月令，此主「五行相生」說，如春爲木，夏爲火，木生火是也。大抵主王者行政，須隨時節爲轉移。故曰「時則」，又曰「月令」。今俗稱時令、節令，此「令」字即王者之號令，所謂政令是也。政令當與時節相應，即爲天人相應之一主要義。此種學說，似頗導源於孟子，所謂「勿奪民時」也。古者以大會獵教戰，必於農隙，因之此派主用兵、用刑必在秋冬。又古人役民築城、浚川及修墳墓等大工役，亦在農事已畢之後，故此派主葬埋及開掘動土必在冬季。農業社會之政治，處處與天氣節候有關。惟孟子偏重人道觀念，以「不忍人之心」及「保民而王」等說之。鄒衍又折向古代宗教意味，偏重天道觀念，遂另造一套五行相生相剋的說法。如謂冬行水令，利於用兵、用刑之類是也。荀子謂：「孟子、子思造爲五行」，以晚起五行學說根本要義實導源孟子，非孟子自身即有五行學說也。（此種思想，直至最近俗傳時憲書，仍有某日宜某事、某日不宜某事等，由古人以干支紀日，五行家以干支分配五行，於是再以相生相剋說之，即見有宜、不宜。）

又一部分則爲漢儒所傳之「五德終始論」。此主「五行相剋」，如周爲火德，秦滅周，故自謂水德，水剋火是也。又時則、月令乃一王每年循環行五德之令；此則爲歷史上諸王朝循環各當一德之令。如周爲火德，尚赤（此在時則、月令屬夏）；秦爲水德，尚黑（此在時則、月令屬冬）。兩派學說互自不同，而皆源自鄒衍。大抵前者先起，故呂氏春秋已采之；後者晚出，故秦始皇并六國而采其說。此所謂「五德之運」，此「運」字似從孟子「如水益深，如火益熱，亦運而已矣」來。「運」只是因民心之轉移而影響到政權之推遷。五行學家又從民心折返天意，天上無不變之四時，地下亦無一姓之王統。此老子所謂「四時之運，功成者退」，而董仲舒引伸之曰：「雖有繼體守文之君，不害堯、舜之禪讓。」於是王室更迭，爲一種必然的循環。不重在人道上，而轉重到天道上去。此又是天人相應之例。（今俗傳命運說，即由此來。「運」即是「命」之必然的轉動。一國一王政治制度之必然轉動，漸降爲一人一家之禍福的命運。）故知鄒衍學說原本孟子，不過天道、人道畸輕畸重之間，兩人不同而已。上述二說中，無論從何一說，已由惟一的上帝觀念而演化成青、赤、黃、白、黑五色帝。

古代的宗教，便利於大羣體之凝合，而過偏於等級束縛，一般個人地位不存在。除卻王帝以及諸侯貴族一部分特權階級。儒家以「仁」濟「禮」，「禮」爲等級的，而「仁」則平等的。一般個人各自以「仁」爲一切之中心；「禮」則只能最高結集於王帝，爲惟一外在之中心。在大羣體之凝合中，充分提高了一般個人的地位。古人言禮本於天，極於王帝。儒家言禮本於仁，由於個人。惟仁即顧及羣體，即仍有禮之存在，仍不能無等第。（單體可以無分別，羣體不能無分別；等第即分別也。）墨家一面注重大羣之凝合，一面反對等第的束縛，故唱「兼愛」。而其缺點，則在個人之依然無地位。故唱「天志」，抑且較古宗教爲甚。道家則專意要向大羣體中解放個人，故言「道德」，不言「仁義」。道德是各個的，仁義是融和的。而結果達於羣體之消失。古宗教以上帝、天子、民衆爲三位一體；儒家則以個人、大羣與天爲三位一體。墨家並不注重個人，只以大羣與天合體。道家則以個人徑自與天合體而不主有羣；故於歷史文化皆主倒演，即返到原始的無羣狀態。陰陽學家的缺點，第一在由儒家之偏重人道觀又折返古代之偏重天道觀；如此則個人地位又趨模糊。第二在由儒家之正面的、積極的觀念裡，又羼雜進許多道家的反面的、消極的觀念，如此則個人地位勢必與羣體衝突。因此遂有神仙思想之混入。「神仙」即是由大羣體解放出來的個人最高理想。

神仙思想之產生，蓋有兩地。一在汝、淮、江、漢、陳、楚之域，其地山川景物，均與中原河域不同。其居民活潑而富想像，散居野處，巫鬼祭祀，男女相悅，其意態與北方殷、周之嚴肅奉事一上帝者有別。此爲自由的、個人的，而彼則團體的、大羣的也。其徵見之於楚辭、九歌、大招、招魂、離騷諸篇之所賦。其一則在燕、齊濱海之區，海上神山，縹渺無稽，亦同爲神仙思想所蘊孕。燕、齊濱海，故其想像常超脫向外；淮、漢居陸，故其想像亦就地著實。燕、齊之所想望在世外，故以求仙爲宗；淮、漢之所追求在地上，故以降神爲主。要之，同爲個人的，非團體的；又同爲方術的主要泉源，以與中原河域大羣教之重禮樂者爲別。其後秦滅六國，此等思想同爲中原民族所吸收，而被編配於大羣教上帝一神之下。（如湘君、山鬼之類，此不過一水神、一山神耳。其後以湘君、湘夫人爲堯之二女；又以屈原爲水神；皆以南方民間素樸的自然神，溶入歷史文化中，即是南方思想被吸收、被編配而與北方思想同化之證。）其神仙思想之正式爲學者所採用，則似始於莊子。儒稱「守死善道」，墨號「赴湯蹈火」，儒、墨皆以其輕生尚義之精神，逐漸使平民學者在社會上嶄然露頭角而佔到其地位。如子路、孟勝之徒皆是。繼起者遂有楊朱主爲我尊生，以反對儒、墨之輕生爲人。莊子思想承接楊朱，既主爲我尊生，因此不願有團體與社會之壓迫，又不樂爲團體社會而犧牲，所謂「魚相忘於江湖」，理想的社會，正如江湖然，使羣魚各得獨自游行之樂，而無絲毫拘礙束縛。遂於人事方面，政治、教育諸要端，皆抱消極反對之意態。因此想慕及於一種自然的、超人的即離俗出世的，亦即不受羣體拘束的。生活，所謂「吸風飲露」，如藐姑射之「神人」，乃可無所賴於人而獨全其天。而寄託於神仙之冥想中。陰陽學家既主天人相應，以人事訢合於自然，自易接受道家此派意見，惟於陰陽學家本意，則相違殊遠。故史記謂：「燕、齊海上之方士，爲方僊道，形解銷化，依於鬼神之事，傳鄒衍之術而不能通也。」蓋鄒衍著眼在大羣體，神仙思想則只是個人主義。要之即是儒、道兩家之別也。及漢初淮南王，即匯合此陳楚巫鬼、燕齊神仙與道家思想而融爲一體者，遂爲此後道家之新宗。

秦、漢方士遂以變法改制、封禪長生說成一套。

說文：「儒，術士之稱。」方、術、道三名同義。儒稱「術士」，陰陽家名「方士」，道家爲「道士」，實一義相承也。方士求僊捷徑，厥爲禮祠鬼神，期由感召而得接引；此等感召，須遵一定之方術。即禮。如漢武帝時方士李少君有「祠竈方」，即祠竈神之禮。謬忌奏「祠太一方」，即祠太一之禮。祭祠鬼神，不以其道不至。道即術，即方，亦即禮也。故知方士其先與禮家同源，即儒之所習而微變焉者。變法改制以順天利人，此亦禮家研討之業。惟謂王者改制太平，封禪告成功，而得升天長生，（以黃帝爲證。）則史記所謂「怪迂阿諛苟合之徒」，其間羼以道家神仙思想，爲儒術所未有也。（由上述一說，上帝之性質又漸從「鬼神」的神轉換到「神仙」的神。此兩種變化，即惟一的上帝變成五帝、天神變成神仙，皆由羼進道家思想而來。）

古代一種嚴肅的、超個人的（相應於團體性與政治性的。）宗教觀念，（由是產生一種君主的責任觀念。）遂漸漸爲一種個人的、私生活的樂利主義（尤甚者爲神仙長生術。）所混淆。

純理的（即超我的。）崇敬與信仰墮落，方術的（由我操縱的。）權力意志擴張。（惟一的上帝，分解爲金、木、水、火、土五行；死生大命，亦以理解自然而得解脫，別有長生久視之術。）

團體性的（政治、社會、歷史、文化的。）束縛鬆解，個人自由發舒。此兩種機栝，完全在道家思想之演進中完成。（道家思想過於偏激，陰陽家不過爲道家接濟，使之漸達彼岸。）

古代以王帝代表著上帝，（因此王帝的性質，不重在權力而重在原理。）以地上之王國，代表著天上之神國。（因此人生只在現實，不在未來。）

政治、社會、風俗、經濟、教育、文化，（此一切即儒家之所謂「禮樂」。）一切羣體的事業之發展與生長，消融了個人的（小己的。）對立，而成爲人生共同之期求。（此即當時之一種宗教。）孔子指出人心中一點之「仁」，（此即儒家所謂「性」。）

來爲此種共信畫龍點睛。只就仁孝基本，可以推擴身、家、國、天下以及於天人之際，而融爲一體。（此即儒家所謂「盡性」。孟子於「仁」外言「義」，因仁字稍有偏於內在性與軟性，可以用此補正，使之外立與硬化。）所以人生之歸宿，即在身、家、國、天下之融洽與安全。此即儒家所謂「天」與所謂「命」。而人生之期求，即在政治、社會、風俗、經濟、教育、文化各方面之合理與向上。此即儒家所謂「道」與所謂「禮樂」。

此種意識，與秦、漢大一統政府相扶互進，不必再要另一個宗教。後儒論禮樂，必從井田、封建、學校諸大端求之，其義在是。若專從死喪哭泣祭拜歌蹈，儀文細節處，謂儒家禮樂在是、古代宗教在是，則失之遠矣。

二　東漢以下之道教與方術

逮乎大一統政府逐漸腐敗，此亦因儒家思想未能發揮盡致，而自有其病痛。人生當下現實的理想與寄託毀滅，羣體失其涵育，私的期求奮興，禮樂衰而方術盛。當此時期的社會，則自然捨儒而歸道。其時的政府（或爲政府打算的學者），往往想應用法家的手段來牢籠，而終於牢籠不住。

王莽時代即是走上此種歧途惶惑之頂點。

王莽之受禪與變法，實爲西漢政治社會已走上衰運後之一種最後掙扎。當時一面崇興禮樂，一面又盛事避忌。陰陽家本兼採儒、道兩家思想而成，王莽時代爲陰陽學家思想之極盛時期，亦即陰陽學家思想內部破裂之時期。「禮樂」與「方術」，到底不能融合爲一。王莽之失敗，一面即是陰陽學派思想之失敗。自此以往，儒、道兩家，依舊分道揚鑣，而陰陽家思想遂一蹶不振。惟陰陽家思想已有不少滲入儒、道兩家之血液中。

光武、明、章雖粉飾禮樂於朝廷，而社會上則方術思想日盛一日。只觀王充論衡所批斥，即可考見其一斑。

東漢一方面是王綱之解紐，即大一統政府之瓦解。又一方面則是古人一種積極的全體觀念即天的信仰。之消失。

相應於亂世而起者，乃個人之私期求，方術權力之迷信，段熲表薦樊志張，謂其：「有梓慎、焦（延壽）、董（仲舒）之識。」何進表薦董扶，謂其：「內懷焦、董消復之術。」晉韓友「行京、費厭勝之術」。當時人對學術，全以一種方術視之。而此種方術，大體爲個人消殃避禍，求福延年。與物質的自由需要。最著者，人可不死，鉛汞可變黃金。以不死之生命而濟之以無量之黃金，則物質上之需要可以十分自由而無憾矣。於是後世之所謂道教，遂漸漸在下層社會流行。

陰陽家雖亦擅神仙方術，然其精神仍偏於政治；故西漢人以鄒衍與孔子並提。以私人的福利觀念普遍流傳於社會下層者，則非鄒衍而爲老子；此亦自西漢已然。故方士偏於向上活動，道士則偏於向下活動。秦皇、漢武之所想望，變而爲東漢以下一般平民之期求。比讀史記封禪書與後漢書的方術傳，正可以看出這一個轉變。

初期佛教輸入，亦與此種社會情態相適協，而漸漸佔有其地位。

史稱：楚王英晚節喜黃老學，爲浮屠齋戒祭祀。明帝詔之曰：事在永平八年。「楚王誦黃老之微言，尚浮屠之仁祠，潔齋三月，與神爲誓，何嫌何疑，當有悔吝。其還贖，以助伊蒲塞桑門之盛饌。」是其時喜黄老者已兼祠浮屠之證。又桓帝時，襄楷上書，「聞宫中立黄老、浮屠之祠」云云，依然以黄老、浮屠並舉。二事相去約百年，可見當時佛教僅如黄老之附庸也。又靈帝熹平二年，陳國相師遷追奏前相魏愔與陳王寵共祭天神，希幸非冀，愔辭「與王共祭黄老君，（當作「黄帝、老君」。）求長生福而已，無他冀幸」。是當時以黄帝、老子爲天神，謂祠黄老可得長生之證。

逮乎東方黄巾之亂，（順帝時，琅邪宫崇詣闕，上其師干吉於曲陽泉水上所得神書百七十卷，號「太平清領書」。（後稱「太平經」。）其言以陰陽五行爲家，而多巫覡雜語。桓帝時，平原襄楷又上之。其後張角頗有其書。蓋本之天文星象而附以符籙巫道。）以及漢中張魯之亡，（張魯，沛人。祖父陵，順帝時客於蜀，學道鵠鳴山中，造符書，爲人治病。陵子衡，衡子魯，以法相授。自號「師君」，其衆曰「鬼卒」，曰「祭酒」，曰「理頭」。此派道學亦自東土流衍，與黄巾蓋同源，皆遠始先秦，所謂燕、齊方士，即黄老學、陰陽學之故鄉也。又漢末有魏伯陽著參同契，爲道家言服食修錬者所宗，亦在東方。）方術信仰漸漸在士大夫階層中失其勢力。

曹植、曹丕兄弟，皆不信方士神仙之術。（曹丕典論，曹植辯道論，皆辯其事。）及嵇康爲養生論，乃從哲理的見解謂：「導養得理，可以延年」，不啻爲方術信仰開新生命。至葛洪著抱朴子，仍信服食長生。嵇、葛處境與曹氏兄弟不同。厭世無聊，乃有託於此也。

大的羣體日趨腐敗毀滅，既不能在政治社會大處著力，希圖補救，常自退縮在個人的私期求裏，於是只有從方術再轉到清談。

此即自黃老轉入莊老也。黃老尚帶有政治意味，即牽涉羣體。與陰陽學家相羼混。莊老則全屬個人主義。東漢治老子學者常兼通天文圖讖，清談家則否。清談家一方面似較合理，另一方面，則對全體觀念更爲淺狹。

相應於此種形勢下之佛教，乃亦漸漸有學理之輸入。

佛教與莊老，自有其本原相似處。即均爲各個人打算，以各個人融解入大宇宙，不注重爲大羣體打算。以各個人融解入大人羣。晉釋道安注經錄序云：「佛教延及此土，當漢之末世，晉之盛德。」正指思想上之傳播而言。

名士世族在不安寧的大世界中，過著他們私人安寧的小世界生活，他們需要一種學理上的精神方面、內心方面的。解釋與慰藉。瞿曇與莊老，遂同於當時此種超世俗的學理要求下綰合。

魏晉之際，則先求孔子與莊老之綰合。裴徽問王弼：「無者誠萬物之所資，然聖人莫肯致言，而老子申之無已者何？」弼曰：「聖人體無，無又不可以爲訓，故不說。老子是有者，故恆言無，所不足。」何晏以爲「聖人無喜怒哀樂」，弼與不同，以爲「聖人之情，應物而無累於物」。王衍問阮脩，老莊、聖教同異，對曰：「將無同。」衍辟之爲掾。世謂之「三語掾」。此皆當時要求綰合孔子於超世俗之學理之證。直至郭象注莊猶爾。

東晉名族，並多信持「天師道」。

史稱王氏世事「五斗米道」。王羲之既去官，與道士許邁共修服食，採藥石，不遠千里。郗愔事天師道，與羲之、（愔姊夫。）許詢俱棲心絕穀，修黃老之術。（其子超轉奉佛。）王凝之信道彌篤，孫恩（亦世奉五斗米道而作亂。）攻會稽，僚佐請爲之備。凝之不從，方入靖室請禱，出語諸將佐曰：「吾已請大道，許鬼兵相助，賊自破矣。」遂爲恩所害。殷仲堪少奉天師道，精心事神，不吝財賄，而怠行仁義，嗇於周急，及桓玄來攻，猶勤請禱。此等名士，皆理解超卓，而猶信此等道術者，蓋彼輩於世俗事既不肯多所盡力，則個人的私期求自難捨棄。（個人不投入大人羣，則必求投入大自然。）故超世必希長生，猶幸其術之一驗；否則鼓琴燒香，常樂我淨，亦與彼輩私生活之閒適相諧。（孫策云：「昔南陽張津，爲交州刺史，嘗著絳帕頭，鼓琴燒香，讀邪俗道書，云以助化，卒爲南夷所殺。」絳帕猶黃巾之類，是此教以鼓琴焚香爲事之證。）又其道須自首過失，（王獻之遇疾，家人爲之上章，道家法應首過，問其有何過失。對曰：「不覺，惟憶與郗家離婚。」是其教有首過之證。）凡度出世生活者，必以此爲調節。（經營世務，過則改爲，其良心上之罪惡感，常不如超世離羣者之迫切。）且此等求長生、樂清淨、自首過失諸端，亦復與當時門第之克綿其世澤者有補。（彼輩既不經營世務，又安富累世，而能清淨自守者，固爲於莊老玄理薄有所得，亦由此等外在的律行，有以助之。將來之轉而佞佛，理亦有由是者。）守之既有素，一旦臨禍變，則亦惟有乞靈以自慰也。（如王凝之、殷仲堪。）

可見當時南方名士，彼輩對國家民族，政教大業，雖儘可捉麈清談，輕蔑應付，然涉及其個人私期求，則仍不免要乞靈於從來方術之迷信。這一種風氣，直要到宋、齊以下，始漸漸消失，而其時則佛教思想遂一躍而爲時代之領導者。兩晉以清談說莊老；宋、齊以下，則以佛義說莊老。

三　魏晉南北朝時代之佛教

佛教入中國，遠在東漢初年，或尚在其前。

漢明帝永平中，遣使往西域求法，其事始見於牟子理惑論及四十二章經序等書，是爲我國向所公認佛教最先之傳入。或其事尚可前溯，然要之於中國社會未見影響。

惟佛法之流佈，則直到漢末三國時代而盛。其時則多爲小乘佛法之傳譯，高僧多屬外籍。

如安世高、支樓迦讖、康僧會之類是也。中國僧人見於慧皎高僧傳者以朱士行爲最早，然已在三國時。知其先佛法極少與中國上流學術界相接觸。

東晉南渡，佛學乃影響及於中國之上層學術界，其時則僧人與名士互以清談玄言相傾倒。

如竺法深、支道林其著也。殷浩北伐既敗，大讀佛經，欲與支道林辯之。孫綽以名僧七人匹竹林七賢。（道賢論。）此名士與僧人合流之證。故深公評庾亮，謂：「人謂庾元規名士，胸中柴棘三斗許。」庾冰創議沙門宜跪拜王者；桓玄繼之，並主沙汰沙門。（至宋、齊，此二議皆曾爲朝廷采納。）庾、桓兩家，固與名士清談氣味不相投。可知東晉僧人，實與名士站在同一路線，一鼻孔出氣也。

直到南朝，梁武帝信佛，而佛法遂盛極一時。

其時京師寺刹，多至七百。宮內華林園，爲君臣講經之所；宮外同泰寺，爲帝王捨身之區。（梁武帝三度捨身入寺，與衆爲奴，羣臣以一億萬錢奉贖。南齊竟陵王，亦先有其事。此後陳武帝幸大莊嚴寺捨身。陳後主即位年，亦在弘法寺捨身。）爲無遮大會，道、俗會者五萬。（中大通元年。）郭祖深輿櫬上疏，謂：「僧尼十餘萬，資產豐沃。道人又有白徒，尼則皆畜養女。天下戶口，幾亡其半。」恐方來處處成寺，家家剃落，尺土一人，非復國有。」荀濟亦上疏云：「傾儲供寺，萬乘擬附庸之儀。肅拜僧尼，三事執陪臣之禮。寵既隆矣，侮亦劇矣。」（此等皆由大羣體政治觀點排斥佛教，即唐代韓愈亦然。反而論之，大羣體政治有辦法，佛教自會衰落，則爲宋代歐陽修之本論。自理學家起，則是爲新儒學。）

以前的名士們，感世事無可爲，遂由研玩莊老玄學而曲折崇信佛法。現在如梁武帝，則是大權在握，正可展布，卻由崇佛而致世事敗壞。（以前如阮籍、嵇康等，皆是政治上不得志，遂轉向莊老。梁武帝高踞帝位，豈得崇奉出家人法？）

北方五胡君主，崇佛尤殷。最著者爲二石（勒與虎。）之於佛圖澄。

五胡雖染漢化，其淺演暴戾之性，驟難降伏，一旦錦衣玉食，大權在握，其臨境觸發，不能自控制者，最大有兩端：一曰好淫，二曰好殺。惟佛法，適如對症之藥。人自慕其所乏，故五胡君主於佛法所嘗雖淺，而敬信自深。高僧傳謂：「竺佛圖澄（西域人。）憫念蒼生，常以報應之說，戒二石之兇殺，蒙益者十有八、九。」（支道林謂：「澄公以石虎爲海鷗鳥。」）又五胡君主，自謂本胡人，當奉胡教。高僧傳又謂：「佛圖澄道化既行，民多奉佛，營造寺廟，相競出家。中書著作郎王度奏禁之，石虎下書曰：『度議佛是外國之神，非天子諸華所宜奉。朕生自邊壤，君臨諸夏，饗祀應兼從本俗，佛是戎神，正所應奉。』」（遼、金、元、清四朝奉佛，皆帶有此兩因緣。）

稍後至姚興迎鳩摩羅什，而北方佛法如日中天。

羅什，龜茲人。苻堅先命呂光將兵西征，欲迎之，適堅被殺，羅什停於涼州。直至姚興敦請始來。興既託意佛道，公卿以下，莫不欽附，自遠至者五千餘人，坐禪者有千數，州、郡化之，事佛者十室而九。

大乘經典之宏揚，亦多出其手。（高僧傳：「什在長安譯經三百餘卷。」僧佑著錄三十五部，二百九十四卷。）自此以往，佛學在中國，乃始成爲上下信奉的一個大宗教。

原佛學流行，固由於當時時代之變動，而尚有其内在之條件。

第一佛法主依自力，不依他力。

世界諸大宗教，率本天帝神力，惟佛教尊釋迦，則同屬人類。此與中國儒家，尊崇人文歷史、敬仰古先聖哲之教義大同。亦復與道家徹底破壞天神迷信之理論不相違背。釋迦之可尊，在其「法」，故佛家有「依法不依人」之教。當知得此大法者不止釋迦一人，故佛書屢言「諸佛」，又言「人皆有佛性」，則盡人皆有可以成佛之理，此與儒家「人皆可以爲堯舜」義又相似。

第二佛法主救世，不主出世。

諸教率嚮往塵俗以外之天國，故其精神率主出世，而又同時亦兼帶一種濃重的個人主義。佛法雖亦主有一「涅槃」境界，但同時主張「三世因果輪迴報應」。人生宿業，纖微必報，故主於當身修行，勇猛精進。又佛義主張「無我」，一切以因緣和合爲法，故「衆生不成佛，我亦不成佛」。又曰：「生死即涅槃，煩惱即菩提。」如是則成爲一積極的救世主義者。此與諸教主張個人出世、以天國爲樂園者自别，亦復與中國莊老道家一派有厭世、玩世意味者迴異；此又與儒家側重大羣主義之人文教相似。

故佛教在其消極方面，既可與中國道家思想相接近，在其積極方面，亦可與中國儒家思想相會通。

其時名德高僧如慧遠、僧肇之徒，皆精研莊老義，而釋道安二教論（廣弘明集卷八。）乃抑老於儒下。此後竺道生「一闡提亦具佛性」與「頓悟成佛」之說，更爲與儒義相近。謝靈運和之，其與諸道人辨宗論（廣弘明集卷十八。）以孔、釋兩家相擬立論。而孫綽喻道論乃謂牟尼爲「大孝」，「周、孔即佛，佛即周、孔」。是其時名士僧人，又俱黜老崇孔。故其先兼通老、釋，至是乃並擬儒、佛。此種界線，大體相當於晉、宋之際，可以僧肇與生公時代爲劃分。

而當時佛法之所以盛行，尚有一積極的正因，則由其時中國實有不少第一流人物具有一種誠心求法、宏濟時艱之熱忱是也。

其間品德學養尤著者，如道安，（常山扶柳人，師事佛圖澄，居河北，後南投襄陽，遂赴長安而卒。道安爲中國第一個嚴正的佛徒，（其先如支道林等，只是出家的名士。）其徒衆南北分張，始爲佛教樹獨立之地位。）如僧肇，（京兆人，師事鳩摩羅什，爲什門四大弟子之一。早死，其所著肇論，爲極精卓之佛教論文。）如慧遠，（雁門樓煩人，道安弟子，高隱廬阜，始開佛教講壇，爲南朝佛教大師。）如法顯，（平陽武陽人，西行求法，先後凡十五年，爲我國至印度第一僧人，足與後來玄奘西行相媲美。）如竺道生；（鉅鹿人，學於鳩摩羅什，亦什門四大弟子之一也。後爲南方佛教大師。）此等皆以極偉大之人格，極深美之超詣，相望於數百年之間。蓋以當時中國政教衰息，聰明志氣無所歸嚮，遂不期而湊於斯途。此皆悲天憫人，苦心孤詣，發宏願，具大力，上欲窮究宇宙真理，下以探尋人生正道，不與一般安於亂世、没於污俗，惟務個人私期求者爲類。故使佛教光輝，得以照耀千古。若僅謂佛講出世，與一時名士清談氣味相投；而社會民衆，亦以身丁荼毒，佛講未來，堪資慰藉；並出家可以逃役，即獲現實福益。凡此種種，固亦當時佛法盛行之世緣，然論其主要原因，則固在彼不在此。

故當時之第一流高僧，若論其精神意氣，實與兩漢儒統貌異神是，乃同樣求爲人文大羣積極有所貢獻。惟儒家著眼於社會實際政教方面者多，而當時之佛學高僧，則轉從人類内心隱微處爲之解紛導滯，使陷此黑暗混亂中之人生得寧定與光明，則正與儒家致力政教之用心，異途同歸也。惟此等高僧，亦多興起於北方，南方則受其波及而已。

四　北方之道佛衝突

佛教來中國，最先乃依附於莊老道家而生長。但南渡後的學者，則已漸漸由莊老義轉向佛教。（其著者，如當時名士羣從支道林逍遙遊義，而不從向、郭舊義，即其一證。詳見世說新語。）其後則道教又模倣佛教，亦盛造經典儀範，而逐漸完成爲一種新道教。（爲此工作之尤著者，爲宋代之陸修靜。）

於是道、佛兩教遂開始互相競長，而至於衝突。但在南方，一輩名士世族，本在一個不安寧的大世界中過著他們私人安寧的小世界生活。他們所需要者，乃爲一種學理上之自己麻醉、自己慰藉。彼輩在其內心，本無更强的衝動力，所以南方佛學多屬「居士式」。其高僧亦與隱士相類，如慧遠、生公之類是也。

即如梁武帝，崇信佛法達於極點，其在政事上亦僅有貽誤，並無鬬爭。

故在南方之所謂道、佛衝突，大體僅限於思想與言辯而止，（如顧歡道士夷夏論之類是也。）與政治實務更無涉。

在北方則不然。當時北方是一個强烈動盪的社會，一切與南方自別。故南方人乃在一種超世絕俗的要求下接近佛法，北方則自始即以佛法與塵俗相糾合、相調洽。（如二石之於佛圖澄，苻、姚之於鳩摩羅什，其內心動機，便與梁武帝不同。）

而北方高僧，其先亦往往以方術助其義理，（如佛圖澄常以方術歆動二石，羅什亦通陰陽術數。）遂與北方舊學統治經學而羼以陰陽家言者（即東漢以前風氣。）相糾合。（若南方則以莊老清談與佛義和會，正猶南方經學亦盛染清談氣味也。）

至北魏太武帝時，遂以實際政治問題，而引起道、佛之强烈鬬爭。

崔浩（清河人。）父宏因苻氏亂，欲避地江南，爲張願所獲，本圖不遂，乃作詩自傷。其詩以罌罪不行於世；及浩誅，收浩家書，始見此詩。則浩之家門，必父子相傳，有一種種姓之至感矣。（北方士大夫大都有此，須深觀。）浩見王慧龍，數稱其美，司徒長孫嵩不悅，言於太武，以其嗟服南人，則有訕鄙國化之意。太武怒責之，浩免冠陳謝得釋。從弟崔模，雖在糞土之中，禮拜形像，浩笑曰：「持此頭顱，不淨處跪是胡神邪？」浩大欲整齊人倫，分明姓族。（惟此可以維持當時北方之中國文化。）外弟盧玄勸之曰：「創制立事，各有其時。樂爲此者，詎幾人也？宜三思之。」浩不納。則崔浩之爲人及其意氣，居可見矣。浩既博覽經史，精通術數，而性不好莊老之書，（史又稱：「浩父疾篤，浩乃剪爪截髮，夜在庭中，仰禱斗極，爲父請命，求以身代。」浩之爲學，蓋上承兩漢，以儒生而兼陰陽術數，不樂魏、晉以下之莊老清談。此即北方當時之舊學派也。）遇寇謙之，（謙之父修之，爲苻堅東萊太守，其地正爲齊土道術盛行之地，寇家蓋亦世傳其教者。謙之自謂遇太上老君，命之繼天師張陵之後。）每與浩言，聞其論治亂之迹，常自夜達旦，（可見浩之熱心政治。）因謂浩曰：「吾行道隱居，不營世務，忽受神中之訣，今當兼修儒教，輔助太平真君，繼千載之絕統。（黃老道術，本注意政治問題；兼修儒教，即成秦、漢陰陽學家路脈矣。此是寇、崔學術接榫處。）而學不稽古，臨事闇昧，卿爲吾撰列王者治典，並論其大要。」（此是黃老與莊老大異處。黃老注意政治，有需稽古，於是有陰陽家五德終始之論出。莊老僅爲私人生活著想，自然無需稽古，即不要歷史往迹，因此與陰陽家判袂。（佛家亦不重歷史，因道、佛皆欲解化人類歸自然，不欲凝人類成羣體。）今只看寇謙之與陸修靜兩人之事蹟，便可見南、北雙方道教精神之不同，並亦可以由此推想南、北雙方之佛教精神，以及一切政教實況也。）浩乃著書二十餘篇，上推太初，下盡秦、漢變弊之迹。（此等全是陰陽家以歷史講法制因革之舊路徑。）浩因上疏太武曰：「臣聞聖王受命，則有天應。而河圖、洛書，皆寄言於蟲獸之文。未若今日人神接對，手筆燦然。清德隱仙，不召自至。斯誠陛下侔蹤軒黃，應天之符也。」拓拔燾欣然，乃始崇奉天師，寇謙之。遂改元爲太平真君。「太平」二字，即源本秦、漢陰陽家言；漢末有太平經。此後北魏每帝即位，必求符籙，以爲故事，而又信佛法。此如梁武帝信佛法，同時亦受陶弘景圖讖。以佛法僅重出世福利，帝王世業不得不借靈於道家（黃老一派）之符籙也。自是遂有「諸佛圖形像及胡經盡皆擊破焚燒，沙門無少長悉坑」之詔。太平真君七年。蓋陰陽學家一面有其應天受命之說，一面又有其長生久視之術，足以歆動時君，使其接受聽行彼輩所預擬的一套歷代帝王變法創制必然因革即「五德終始」。之順序，而變法創制；彼輩遂得爲王者師，而遂其政治上之另一種期求。西漢陰陽學家即爾。北方學者，飽經兵荒胡亂，始終不忘情於政治上之奮鬬，此爲與南方士族絕不相同處。崔浩即其一例。王猛死，苻堅下詔爲之「增崇儒教，禁老莊、圖讖之學」，與崔浩可謂迹異心同。後崔浩爲修國史被殺，時高允（信佛）與浩同修國史；觀允傳，知浩史頗稱實錄，死非其罪。宋書柳元景傳謂：「拓拔燾南寇汝、潁，浩密有異圖，謀泄被誅。」此恐南朝傳聞亦有未的。大抵如王猛、崔浩之倫，皆欲在北方於擁戴一異姓主之下而展其抱負者。（猛之未肯隨桓溫南歸，殆知來南之無可展布耳。）浩則樹敵已多，得罪不專爲修史也。

相應於此種情勢下的北方僧人，亦常在政治、經濟上切實自佔權地。

崔浩於毀法四年後被誅。太武卒，文成帝立，佛法又興。佛法之廢，積凡七年。主其事者爲沙門師賢罽賓國人。與曇曜。涼州僧人。魏書釋老志：「曇曜奏：平齊戶討平青、齊所徙民戶。及諸民，有能歲輸穀六十斛入僧曹者，師賢爲「道人統」，賢卒，曇曜代之，更名「沙門統」。僧曹即僧官之曹也。即爲『僧祇戶』，粟爲『僧祇粟』。儉歲賑給飢民。又請民犯重罪及官奴，以爲『佛圖戶』，供諸寺掃灑，歲兼營田輸粟。高宗並許之。於是僧祇戶、粟及寺戶，遍於州鎮。」如是則僧寺自有力量，別成一種封建勢力。是北方僧人始終不脫經營世務之興趣，亦因非此不足自存也。

自此朝廷上下奉佛，建功德，求福田饒益，造像立寺，窮土木之力。此爲北朝崇佛特徵，與南朝偏重義理思想者微有別。今存大同雲崗及洛陽龍門石窟造像，猶可見其時北方佛教藝術之超卓及其氣魄之偉大。又按：北方自羅什逝世，研尋義理之風即衰，高僧則尚禪行，如曇曜即以禪業見稱。敦尚實際行業，爲北方佛門一貫風格也。僧人亦代有增加，茲據釋老志表如下：

年代	寺數	僧尼數	附註
孝文帝 太和元年	平城 約百所 四方 六、四七八	平城 二千餘人 四方 七七、二五八人	太和十年，遣僧尼還俗者一、三二七名。
宣武帝 延昌中	天下 一三、七二七	徒侶益衆。	
孝明帝 神龜元年	洛陽 五百		
魏末 正光以後，天下多虞，王役尤甚，所在編民，相與入道，假慕沙門，實避調役。	洛陽 一、三六七（迦藍記） 天下 三萬有餘	天下 二百萬	佛經流通，大集中國，有四一五部，合一、九一九卷。

甚至沙門謀叛之事亦屢見。

孝文延興三年，有慧隱；太和五年，有法秀；太和十四年，有司馬惠御。宣武永平二年，有劉慧汪；永平三年，有劉光秀；延昌三年，有劉僧紹；四年，有法慶。孝明熙平二年，有法慶餘黨。四十餘年中，沙門謀亂者凡八見。

北齊僧衆，其勢仍盛。

天保五年，文宣帝詔問秀才對策，及於沙汰釋、李，（文見廣弘明集。）謂：「緇衣之衆，參半於平俗；黃服之徒，數過於正戶。國給爲之不充，王用因此取乏。積競由來，行之已久。頓於中路，沙汰實難。」

而北周則道、佛衝突再起，在武帝時，又有魏太武以來第二次之毀法舉動。然其事則實已自道、佛之爭，轉而爲佛、儒之爭矣。（此種意味，實沿崔、寇而來，惟此益臻明顯耳。）

北方佛、道衝突，始終暗波未斷。至武帝時，衛元嵩上書（事在天和二年。）請立延平大寺：（此下皆譬說，即建立一理想的地上王國，以代天上之佛國也。）「容貯四海萬姓，不勸立曲見伽藍，偏安二乘五部。無選道俗，罔擇疏親。以城隍爲寺塔，即周主是如來；用郭邑作僧坊，和夫妻爲聖衆。則六合無怨紂之聲，八荒有歌周之詠。飛沉安其巢穴，水陸任其長生。」衛雖佯狂不經，此疏卻有力量，蓋正指出了儒、佛兩家的根本相異點。（儒在融個我入大羣、佛在脫大羣完個我。）武帝本有志於「捨末世之弊風，蹈隆周之叡典」，（即位元年下詔。）遂入衛言。（屢集百僚及沙門、道士等討論三教先後。）至建德三年，乃下敕：「斷佛、道二教，經像悉毀，罷沙門、道士，悉令還俗。」（周書本紀。）「三寶福財，散給臣下；寺觀塔廟，賜給王公。」（廣弘明集。）及建德六年周滅齊，武帝入鄴城，召僧人赴殿，帝謂：「六經儒教，弘政術，禮義忠孝，於世有宜，故須存立。佛教費財，悖逆不孝，並宜罷之。」（僧衆五百，默默無聲，俛首垂淚。）有爭者，帝謂：「佛生西域，朕非五胡，心無敬事。既非正教，所以廢之。」（廣弘明集。以周武帝此等語還視石虎所云，可知北方社會之前後大不同矣。）當時謂：「前代關山西東數百年來官私所造一切佛塔，掃地悉盡。融括聖容，焚燒經典。八州寺廟，出四十千；三方釋子，減三百萬，皆復軍民，還歸編戶。」（房錄。）

此後北方的政治情態，慢慢恢復到秦、漢大一統的傳統局面，而東漢、三國以下相應於分崩離析而一時崛起的兩種新宗教，遂亦漸漸失其在社會上真實的力量，而退處於他們較不緊要的地位。

五　隋唐時期佛學之中國化

隋、唐盛運復興，其時則佛學亦有新蛻變。教義精神，逐漸中國化；而佛法重心，亦逐步南移。

南北朝佛學，北尚禪行，南重義解。周武毀法，北方禪宗亦避而至南。所謂「佛學中國化」運動，亦至是始成熟。其後禪學崛興，則全以南方爲策源地。

舉其要者，則有天台、（起北齊慧文，傳南岳慧思，又傳天台智顗，適當隋代，而天台宗遂大盛。此後有灌頂（五祖）、左溪（八祖）、荊溪（九祖），已值中唐。）華嚴、（起唐杜順，再傳至賢首（三祖）、澄觀（四祖）、宗密（五祖）。）禪宗（起達摩，經慧可、僧璨、道信、弘忍至慧能（六祖）而正式成立，當唐武后至玄宗時。）三家。

今若以魏晉南北朝佛學爲「傳譯吸收期」，則隋唐佛學應爲「融通蛻化期」。

佛法在中國，應可分三時期。初爲「小乘時期」，以輪迴果報福德罪孽觀念爲主，與中國俗間符籙祭祀陰陽巫道，專務個人私期求者相依附，此第一期也。自道安、鳩摩羅什以下，宏闡大乘。先爲「空宗」，（此始印度龍樹。羅什來中國，盡譯三論。（十論、百論、十二門論。）至隋代嘉祥大師吉藏，而南地三論宗於以大成。）次及「有宗」，（此始印度無著、世親兄弟。此宗之盛行於中國較遲，直至玄奘西行，受法戒賢，歸而傳之窺基，而此宗始大盛。是名法相宗，亦名唯識宗。其入中國，亦稱慈恩宗，以窺基住慈恩寺也。然此宗大盛，固在唐初，而唯識經典之傳譯，則已先而有之矣。）是爲「大乘時期」。時則以世界虛實、名相有無之哲理玄辯爲主，與中國莊老玄言相會通，此爲第二時期。若台、賢、禪諸宗之創興，則爲第三時期。其一切義理，雖從空、有兩宗出，而精神意趣、輕重先後之間，則不盡與印度之空、有兩宗同。今若以小乘佛法爲宗教，大乘佛法爲哲學，則中國台、賢、禪諸家特重自我教育與人生修養。小乘偏教、偏信，大乘偏理、偏悟，中國台、賢、禪諸宗則偏行、偏證。是其蛻變處也。故必有台、賢、禪三家興，而後印度佛法乃始與中國傳統文化精神相融洽、相和會。

而尤以禪宗之奮起，爲能一新佛門法義，盡泯世、出世之別，而佛教精神乃以大變。

禪宗自稱「教外別傳」，不著言語，不立文字，直指本心，見性成佛。而其後推演愈深，乃至無佛可成，無法可得，無煩惱可除，無涅槃可住；無真無俗，本分爲人，呵佛罵祖，得大解脫；如是則世、出世之界劃盡泯，佛氏「慈悲」乃與儒家之「仁」，同以一心爲應世之宗師。故論綰合佛義於中國傳統之大羣心教者，其功必歸於禪宗也。

蓋當隋、唐盛世，政教既復軌轍，羣體亦日向榮，人心因而轉趨。私人之修行解脫，漸退爲第二義，大羣之人文集業，又轉爲第一義。傑氣雄心，不彼之趨而此之歸，則佛門廣大，乃僅爲人生倦退者逋逃之一境。唐賢多信佛，而意味與東晉、南北朝名士大異。東晉以下必以佛義自安於靜退；唐賢則功業煊赫之餘，乃轉依佛法求歸宿也。繼此而開宋儒重明古人身、家、國、天下全體合一之教，一意爲大羣謀現實，不爲個己營虛求。人生理想，惟在斯世，而山林佛寺，則與義莊、社倉同爲社會上調節經濟、賑贍貧乏之一機關。此種情勢，自唐中葉以下即日趨顯著。元和以來，累勅天下州府不得私度僧尼。李德裕論奏徐州節度使王智興「於所屬泗州置僧尼戒壇，江、淮之民，戶有三丁，必令一丁落髮，意在規避王徭，影庇資產。臣於蒜山渡點其過者，一日一百餘人。訪聞泗州置壇次第，凡僧徒到者，人納二緡，給牒即回，別無法事。若不特行禁止，比到誕節，計江、淮以南，失卻六十萬丁壯，此事非細。」即日詔徐州罷之。及唐武宗會昌五年，惡僧尼耗蠹天下，毀寺四千六百餘區，歸俗僧尼二十六萬五百。毀招提、蘭若四萬餘區，收良田數千萬頃，奴婢十餘萬人。杜牧杭州新造南亭子記謂：「良人枝附爲使令者，倍僧尼之數，奴婢口率與百畝，編入農籍」，蓋爲北周以來第三次著名之毀法也。五代周世宗顯德二年又勅廢天下寺院，存者二千六百九十四，廢者三萬三百三十六，見僧十萬餘，尼一萬餘。北宋以下，義莊、社倉等社會事業逐次發達，佛寺亦不爲惟一的貧窮藏身之所，佛寺之收容量亦減，而國家毀法之事亦益少見矣。

此下佛、道兩教事迹，乃不復足以轉動整個政治社會之趨嚮。

第五編　隋唐五代之部

第二十二章　統一盛運之再臨（隋室興亡及唐初）

中國經過四百年的分崩動亂，終於盛運再臨，而有隋唐之統一。

一　隋代帝系及年歷

（一）文帝堅（二四）
盡殺宇文氏，滅陳，服突厥。

（二）煬帝廣（一四）
營建東都，開通濟渠，南遊揚州。
北巡榆林，至突厥啓民可汗帳。
築長城。
開永濟渠，通涿郡。
三征高麗，天下遂亂。

（　）——恭帝侑

（三）恭帝侗（二）

隋代三帝，三十九年。

自開皇九年滅陳，統一中國，迄於滅亡，不過三十年。下開唐室，正與西漢前的秦代一樣。

二 隋代國計之富足

隋室雖祚短運促，然其國計之富足，每爲治史者所豔稱。自漢以來，丁口之蕃息，倉廩府庫之盛，莫如隋。

自晉至隋戶口一覽

晉武帝太康元年	戶	二、四五九、八〇〇
	口	一六、一六三、八六三
宋孝武帝大明八年	戶	九〇六、八七〇
	口	四、六八五、五〇一
齊梁	未詳	
陳	戶	五〇〇、〇〇〇
	口	二、〇〇〇、〇〇〇

魏孝文遷洛	比晉太康倍而有餘，約五百萬戶。
爾朱之亂	戶 三、三七五、三六八 小郡戶 二〇；口一百而已
北齊	戶 三、〇三二、五二八 口 二〇、〇〇六、八八〇
北周	戶 三、五九〇、〇〇〇 口 九、〇〇九、六〇四
隋大業二年	戶 八、九〇七、五三六 口 四六、〇一九、九五六

按：當時齊、周戶數合計，已超踰魏孝文遷洛時一百萬，較之江南陳氏所有，踰十二倍。口數踰陳氏幾及十五倍，較西晉太康全國統一時，幾踰一倍。此亦北方政治已上軌道之證。又按：後周禪隋，有戶三五九九六〇四，開皇九年平陳，又收戶五〇〇〇〇〇；至大業二年，前後二十六年，戶增四八〇七九三二。通典謂：「時承周、齊，人依豪室，禁網隳紊，姦僞尤滋。高熲建輸籍之法，定名輕數，使人知爲浮客，被彊家收大半之賦；爲編甿，奉公上，蒙輕減之征。先敷其信，後行其令，烝庶懷惠，姦無所容。隋氏資儲，遍於天下，人俗康阜，熲之力焉。」蓋隋政仍沿北魏均田制以來用意，脫私戶，歸公家，而達於完全成功也。

隋制多沿於周，然周時酒有榷，鹽池、鹽井有禁，市有稅，隋初開皇三年。盡罷之，所仰惟賦調，亦復甚輕。

調絹一匹者減爲二丈，役丁十二番者減爲二十日。九年平陳，給復十年。自餘諸州，並免當年租稅。十年，百姓年五十者，輸庸停役。十二年河北、河東田租三分減一，兵減半，功調全免。

所以府庫充盈者則有數端：

一、周滅齊，隋滅陳，均未經甚大之戰禍，天下寧一，已有年數。

二、自宇文泰、蘇綽以來，北朝君臣大體均能注意吏治。隋承其風而弗替。

帝受禪，楊尚希上表，以爲：「今郡國倍多於古，或地無百里，數縣並置；或戶不滿千，二郡分領；人少官多，十羊九牧。」帝嘉之，遂罷天下諸郡。時刺史多任武將，不稱職，柳彧上表諫，多爲罷免。又制刺史不督軍，別置都尉，使軍民分治。又使彧持節巡河北五十二州，奏免長吏贓污不稱職者二百餘人。開皇三年，長孫平爲度支尚書，奏令民間立義倉，自是州里豐衍。其他長吏，多有吏幹惠政，爲當時所稱。如岐州刺史梁彥光、相州刺史樊叔略、新豐令房恭懿等。惟惜隋史遺闕，不能詳載。如劉仁恩、韓則等見張煚、高構諸傳。又如蘇威之責五品不遜，立「餘糧簿」，威好立條章，每歲責民間五品不遜，或答云：「管內無五品家。」又爲「餘糧簿」，欲使有無相贍，時議以爲煩迂，罷之。威嘗謂：「江南人有學業者，多不習世務」，此可見當時南、北學風之異也。辛公義、劉曠之聽訟，公義露坐獄中以聽訟，訟者繫獄，則宿廳事，不歸寢閣。曠則稱說義理，曉諭訟者，而不決其是非。王伽之縱囚，伽罷遣防送卒，縱流囚李參等七十餘人，與約期至京，曰：「如致前却，當爲汝受死。」參等皆如期。至唐太宗縱囚，亦承此等風氣而來也。此等儼如在王莽、光武之世。自非社會經學儒術流行既久，不能有此。當時如牛弘、薛道衡、李諤、高熲、李德林、蘇威之徒，皆以學人而通達政術。裴政定律，尤爲後所依用。宇文、高氏之世，死刑有五，曰磬、絞、斬、梟、裂；又有門房之誅。隋律死刑斬、絞二者；非謀反大逆無族刑；改鞭曰杖，改杖爲笞；定笞、杖、徒、流、死五等。若知隋代學風世化如此，則吏治之漸上軌道，自不足奇。

三、其尤要者，則爲中央政令之統一，與社會階級之消融。古代之貴族封建，以及魏、晉以來之門第特權，至此皆已消失。全社會走上一平等線，而隸屬於一政權之下。故下層之負擔尚甚輕，而上層之收入已甚足。

此層乃隋代與西漢不同之點。西漢積高、惠、文、景三世四帝六十年之休養，至武帝而始盛；隋則文帝初一天下，即已富足。蓋漢初尚未脫封建遺蛻，有異姓、同姓諸王侯，自韓、彭菹醢，迄於吳、楚稱兵，財富不能集於中朝。中央政權所直轄者，不及全國三分之一。王室雖恭儉，而諸王侯封君莫不驕奢自縱，與隋初形勢大不同。

至於王室生活之節儉，僅其餘事。

惟吏治已上軌道，社會上特殊勢力已趨消失，對外無强敵之脅迫，此時的統治權所急切需要者，乃爲一種更高尚、更合理的政治意識，而惜乎隋文帝說不到此。

隋文奮勵爲政，坐朝或至日昃，五品以上引之論事，宿衞傳飧而食，勤於吏治而無大度。開皇十四年大旱，是時倉庫盈溢，乃不放賑，令民逐糧。唐太宗謂其「不憐百姓而惜倉庫」。仁壽元年，詔減國子學生只留七十人，太學、四門、州、縣並廢，雖有諫者不聽。隋文殆以空設學校爲糜費也。

在其末年，天下儲積，足供五、六十年，遂以招來煬帝之奢淫。

煬帝大業二年置洛口倉，倉城周圍二十餘里，穿三千窖。又置回洛倉，倉城周圍十里，穿三百窖，窖容八千石，共可積米二千六百萬石。李密藉以爲亂，憑人負取，羣盜來就食者並家屬近百萬口。

三　煬帝之誇大狂

煬帝即位，即營建東都，每月役丁二百萬。

煬帝詔：「南服遐遠，東夏殷大，因機順動，今也其時。」爲適應大一統之局面而建設新中央，自魏孝文已有此計劃矣。

元年開通濟渠，引穀、洛水達河，引河入汴，引汴入泗以達淮。

魏孝文告李沖：「欲自鄴通渠於洛，從洛入河，從河入汴，從汴入淸，以至於淮。南伐之日，下船而戰，猶開戶而鬭。此乃軍國之大計。」則魏孝文亦已先有此意，至隋煬而實現。此乃爲貫通中國南、北兩方新形勢之偉大工程也。

遂南遊揚州。

渠廣四十步，旁築御道，自長安至江都築離宮四十餘所。造龍船四重，高四十五尺，長二百尺，挽船士八萬，舳艫相接二百里，騎兵翼兩岸。

三年，北巡榆林，甲士五十萬。幸啓民可汗帳，築長城。四年又築。

四年，開永濟渠，引沁水南達河，北通涿郡。發河北諸郡男女百餘萬。

六年，通江南河，自京口至餘杭，長八百里，廣十丈。

八年，親征高麗，發兵踰百萬，分二十四軍。九軍渡遼凡三十萬，還至遼東者不足三千人。

九年、十年，再伐高麗，天下遂亂。

這是煬帝的誇大狂。一面十足反映出當時國力之充實，一面是煬帝自身已深深染受了南方文學風氣之薰陶。

隋文平陳，以煬帝爲揚州總管，鎮江都，置學士至百人，常令修撰，成書萬七千餘卷。此等皆沿齊、梁故習。又按：煬帝在揚州，聚書至三十七萬卷。在此時期，煬帝殆已深深呼吸到南方文學的新空氣。

史稱煬帝早年「沉深嚴重，史亦以此四字描寫文帝。朝野屬望。文帝幸其第，見樂器弦多斷絕，又有塵埃。尤自矯飾，時稱仁孝。」則煬帝此時意態尚不同。帝好吳語，正見其染南風之深。在江都謂蕭后曰：「儂不失爲長城公，卿不失爲沈后」，其欣慕南朝可想。

其後常以文學自負。

謂：「天下皆謂朕承襲緒餘，以有四海；設令與士大夫高選，亦當爲天子矣。」

朝臣至有以文詞見忌死者。

薛道衡死，帝曰：「能作『空梁落燕泥』否？」王胄死，帝誦其佳句曰：「『庭草無人隨意綠』，復能作此語邪？」惟此均不載於隋史，而通鑑收之。

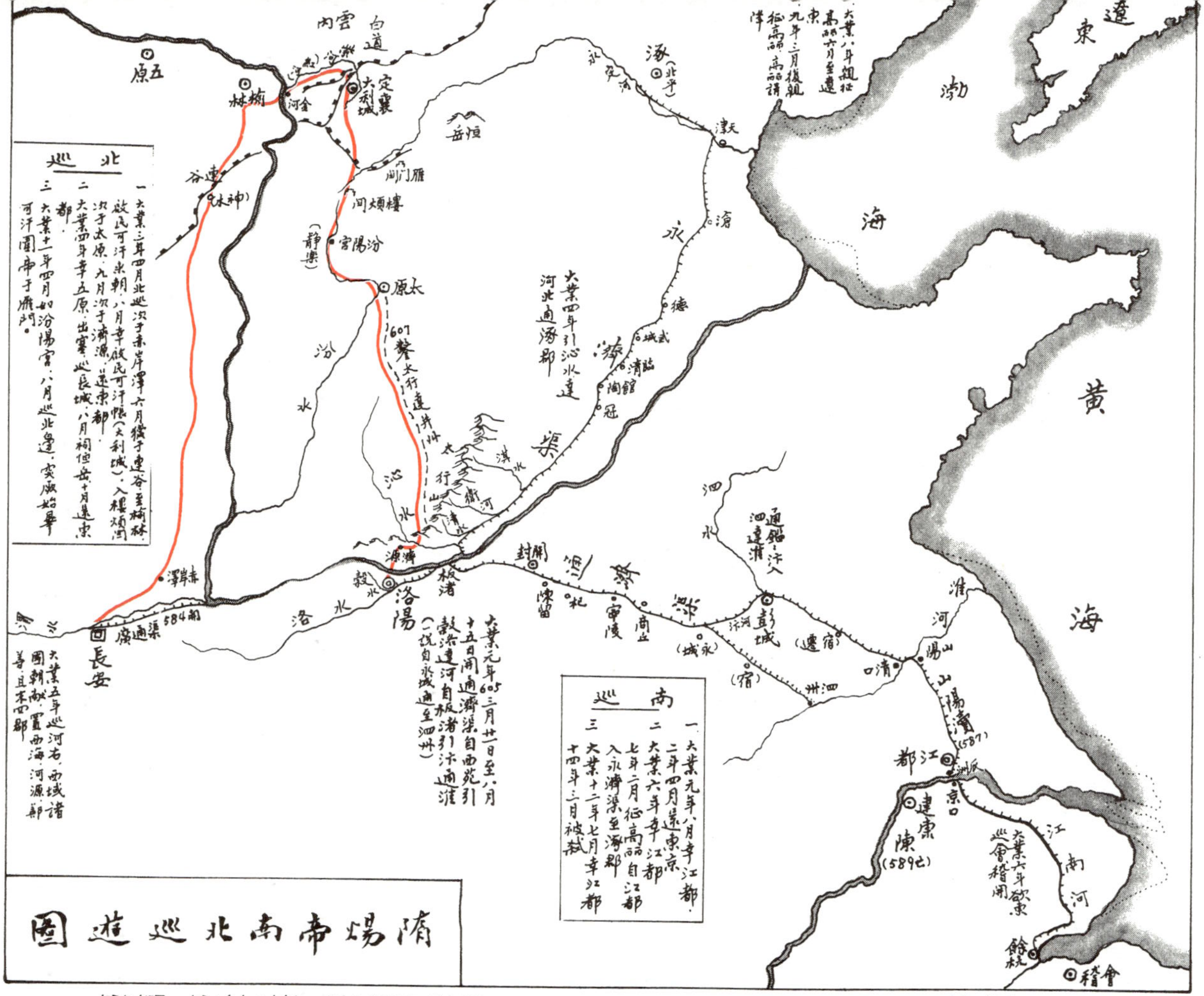

北巡
一 大業三年四月北巡，次于赤岸澤，六月獵于連谷，至榆林，啟民可汗來朝，八月幸啟民可汗帳（大利城），入樓煩關，次于太原，九月次于濟源，還東都。
二 大業四年幸五原，出塞，巡長城，八月祠恒岳，十月還東都。
三 大業十一年四月如汾陽宮，八月巡北塞，突厥始畢可汗圍帝于雁門。
南巡
一 大業元年八月幸江都，二年四月還東京
二 大業六年幸江都，七年二月征高麗，自江都入永濟渠至涿郡
三 大業十二年七月幸江都，十四年三月被弒
大業元年605三月廿一日至八月十五日開通濟渠，自西苑引穀洛達河，自板渚引汴通淮（一說自永城通至泗州）
大業四年引沁水達河北通涿郡
大業五年巡河右，西域諸國朝獻，置西海、河源、鄯善、且末四郡
大業六年欲東巡會稽，開江南河
大業八年親征高麗，六月至遼東，九年三月復親征高麗，高麗請降
長安
洛陽
廣通渠 584開
山陽瀆(587)
通濟渠
永濟渠
江南河
江都
建康
陳(589亡)
餘杭
會稽
涿(北平)
太原
榆林
五原
黃海
渤海
遼東

隋煬帝南北巡遊圖

當時北朝雖以吏治、武力勝過南方，若論文學風流，終以南朝爲勝。

北齊書魏收傳：「魏收、邢卲更相訾毁，各有朋黨。卲云：『江南任昉，文體本疏，魏收非直模擬，亦大偷竊。』收曰：『伊常於沈約集中作賊，何意道我偷任昉！』時人謂：『見邢、魏之臧否，即是任、沈之優劣。』」又元文遙傳：「濟陰王暉業嘗大會賓客，有人將何遜集初入洛，諸賢皆讚賞之。」

文帝只知有吏治，光武亦尚吏治，而能文之以儒術，爲隋文所不如。並無開國理想與規模。若使有蘇綽、王通諸人佐之，必然另有一番氣象。煬帝則染到了南方文學風尚，看不起前人簡陋。此在文帝時，朝廷一切儀注禮文，早有擺棄北周，改襲齊、陳者。一因北周模古，簡陋之中雜以迂怪，風尚所趨，轉嚮齊、陳，一也。二則文帝篡周，盡屠宇文氏，蓋自有私意欲超出其上，不甘因循，二也。然文盛之弊，則至煬帝時而始著。

隋書文學傳謂：「煬帝初習藝文，有非輕側之論。暨乎即位，一變其風。其與越公書、建東都詔、冬至受朝詩及擬飲馬長城窟，並存雅體，歸於典制。雖意在驕淫，而詞無浮蕩。故當時綴文之士，遂得依而取正焉。」此謂「意在驕淫」，即承南方文學風尚也。謂「詞無浮蕩」，則承北朝蘇綽諸人之影響。又按：唐天授時，左補闕薛謙上疏，謂：「晉、宋祇重門資，有梁雅愛屬辭，陳氏特珍賦詠。逮至隋室，餘風尚存。開皇中，納李諤之論，下制禁斷文筆浮辭。煬帝嗣興，又變前法，置進士等科。於是後生之徒，相復倣效，緝綴小文，名之策學。不以指實爲本，而以虛浮爲貴。」是煬帝之設進士科，雖非專考詩賦，然要爲沿襲南朝尚文之風氣，在唐初尚多知之者。

狂放的情思，驟然爲大一統政府之富厚盛大所激動，而不可控勒。於是高情遠意，肆展無已，走上了秦始皇的覆轍。

煬帝雄才大略不如始皇，而同爲帶有極度的貴族氣分，故兩人皆不能卹民隱。當時南方文學，本爲變相貴族之產物也。煬帝外慕經術，內好文學，則頗似漢武。

能把南方的文學與北方吏治、武力綰合，造成更高、更合理的政權，則是唐太宗。隋代政制兼承南、北，大抵政風頗沿北周，禮文兼採齊、陳。唐承其後，猶漢之襲秦，唐制即隋制也，惟運用者之精神特爲有殊耳。其隋制兼承南、北之詳，當讀隋書各志。

又按：唐君臣多出貴胄，唐高祖，西魏八柱國唐公李虎孫，周明敬、隋文獻皇后之外戚，娶周太師竇毅女。毅，周太祖壻。宰相蕭瑀、陳叔達，梁、陳帝王之子。裴矩、宇文士及，齊、隋駙馬都尉。竇威、楊恭仁、封德彝、竇抗，並前朝師保之裔。其將相裴寂、唐儉、長孫順德、屈突通、劉政會、竇軌、竇琮、柴紹、殷開山、李靖等，並是貴胄子弟。故唐制得斟酌南、北，開國即規模宏遠，漢、宋所不逮。

四　唐代帝系及年歷

（一）高祖李淵（九）——（二）太宗（二三）——（三）高宗（三四）

太宗：貞觀之治。

（三）高宗 ┬（四）中宗（二六）（中宗 一五 睿宗 一五 武后 一五 中宗）
　　　　　└（五）睿宗（三）——（六）玄宗（四三）

中宗：武韋之亂。

玄宗：開元二十九年，唐室全盛。天寶十四年，安史之亂，唐中衰。

（六）玄宗——（七）肅宗（七）——（八）代宗（一七）——（九）德宗（二六）——（一〇）順宗（一）八月——

肅宗：安史亂平。

代宗：河北諸鎮成立。回紇、吐蕃入寇。

德宗：討魏博、淮西。涇原兵變，吐蕃勢熾。

- （一一）憲宗（一五）藩鎮依次削平。唐中興。爲宦官所弑。
  - （一二）穆宗（四）藩鎮復叛。爲宦官所立。
    - （一三）敬宗（二）爲宦官所弑。
    - （一四）文宗（一四）自此以下至昭宗六帝，皆宦官所立。甘露之變。牛、李黨爭。
    - （一五）武宗（六）
  - （一六）宣宗（一三）
    - （一七）懿宗（一四）浙東賊裘甫亂。徐州軍龐勛帥桂州戍卒亂。

（一八）僖宗（一五）
王仙芝、黃巢亂。

（一九）昭宗（一五）——（二〇）哀帝（四）
爲朱全忠所弒。

唐代凡二十帝，二百九十年。

五　貞觀之治

唐太宗是中國史上一個傑出的君主。自稱：「年十八便爲經綸王業，北剪劉武周，西平薛舉，東擒竇建德、王世充。二十四而天下定。二十九而居大位。四夷降伏，海內乂安。」自謂：「古來英雄撥亂之主，無見及者。」

貞觀之治，尤爲後世所想望。

其一朝賢臣，如王珪、房玄齡、杜如晦、溫彥博、李靖、魏徵、戴胄之類，指不勝屈。

太宗既英才挺出，又勤於聽政。

錄刺史姓名於屏風，坐臥觀之。得其在官善惡之迹，皆注名下。又常遣員巡察。命百官五品以上，得上封事，極言得失。又命更宿中書內省，數延見問民疾苦。

其君臣上下，共同望治，齊一努力之精神，實爲中國史籍古今所鮮見。（其詳見吳兢著「貞觀政要」一書。）

然貞觀時代之社會情況，實未必勝於大業。

自隋大業七年至唐貞觀二年，（朔方梁師都部下降。）前後十八年，羣雄紛起者至百三十餘人，擁衆十五萬以上者，多至五十餘，民間殘破已極。

貞觀元年關中饑，米斗直絹一匹。二年，天下蝗。（戴胄謂：「每歲納租，未實倉廩。隨時出給，纔供當年。」）三年，大水。四年，始大稔，流散者得歸。

是年，高昌王麴文泰入朝，謂：「見秦隴之北，城邑蕭條，非復有隋之比。」（史稱是年「米斗不過三四錢，終歲斷死刑纔二十九人。東至海，南極五嶺，皆外戶不閉，行旅不齎糧，取給於道路」，恐有過分渲染。）亦見復蘇不易。

六年，羣臣請封禪；魏徵諫，謂：「自伊、洛以東，至於海、岱，煙火尚稀，灌莽極目。」適會河南、北數州大水，事遂寢。（太宗即位僅六年，免離饑饉僅二年，倖破突厥，遽議封禪，苟非魏徵直諫，貞觀治績，恐即自此衰矣。）十一年，魏徵上疏，尚謂：「隋之府庫、倉廩、戶口、甲兵之盛，考之今日，安得擬倫！」馬周上疏亦謂：「今之戶口，不及隋之十一。」

貞觀初，戶不滿三百萬。永徽元年，戶部奏：「去年進戶十五萬，今見有戶三百八十萬。」而隋開皇中有戶八百七十萬。直至玄宗天寶十三載，始有戶九百六十一萬九千餘，爲唐之極盛，乃始與隋氏相比。歷代戶口數，雖有隱漏或誇飾，不可盡信，然大體可資以見世運之盛衰升降。

正惟如此，故太宗一朝君臣，每每以有隋相警惕，不敢驕縱荒佚，而成治世。

魏徵所謂：「隋以富强動之而危，我以寡弱靜之而安。」馬周謂：「貞觀初率土荒儉，而百姓不怨。今十一年。比年豐穰，匹絹得粟十餘斛，而百姓怨咨。以爲陛下不憂憐之，又所營爲者，頗多不急之務也。」此皆從上下心理上說明貞觀之治之真實背景。

一到唐玄宗時，社會富庶已與隋代相似，而天寶之亂，亦乃與隋煬相差不遠。

第二十三章　新的統一盛運下之政治機構（盛唐之政府組織）

中國經歷四百年的長期分裂，而重新有統一政府出現，是爲隋、唐。但那時的統一政府，其内容機構又與四百年前不同。

舉其要者言之，第一是中央宰相職權之再建，第二是地方政治之整頓。

一　宰相職權之再建

西漢初年的丞相、御史大夫，漸漸轉移而爲後漢以降之尚書，事已詳前。

魏世，中書監始參大政。

漢代尚書乃士人，而中書以宦者爲之。魏佐漢，初建魏國，置秘書令，仍典尚書所奏。尋改爲中書，（文帝受禪後。）有令、有監，而亦不廢尚書。然中書親近，尚書疏遠。（曹操自以漢相擅政，則魏之祕書，乃漢廷之陪臣。後遂以中書替尚書，此亦化家爲國之一例。）

東晉則侍中始優。

侍中本與中常侍齊體，亦內朝卑職。魏、晉置侍中四人，君出則護駕負璽或騎從，登殿則與散騎常侍對扶。備具顧問，且管門下衆事。東晉以後，皇帝以侍中常在左右，多與之議政事，不專任中書。於是又有門下，而中書權始分。

下逮宋、齊，尚書、中書、侍中三者皆爲輔臣。

機要在中書、侍中，尚書執行政務。於是尚書轉爲外朝，而中書、門下獨爲天子所私近人。

這是秦、漢以來中央政府機構上一個極有重要意義的轉換。君權、相權即王室與政府。本爲兩漢文治政體相輔爲治之兩面。其間雖有畸輕畸重，如東漢之事歸臺閣，而公卿位望，依然爲外朝冠冕。君、相對立，大體無變。魏、晉以來，政治意識墮落，政府變成私家權勢之爭奪場，於是君、相不相輔而相制。權臣篡竊，即剝奪相權，歸之私屬。如魏之用中書。然君臣猜忌無已，私屬所居，馴爲要位，朝臣進一步，則王室退一步。又不得不別用私屬以爲防。如東晉之轉任侍中。就其時之王室言，則削去相位，似乎便於專制；就其時之士族言，則各成門第，亦復迹近封建。結果則王室亦僅等一私家，如是則王室私人，亦只與封建時代家宰、家相一般。政府解體，君權、相權均不存在。

直要到政治意識再轉清明，政府漸上軌道，則君臣相與之意態亦變。其君不敢以私屬待其臣，其臣亦不復以私屬自居。君不以防制爲事，臣不以篡奪爲能。君、相仍爲相輔成治，而非相剋成敵。其時則魏、晉以來的私機關，又一變而成政府正式的首領官，完全實替了秦、漢時代的相權，而即以扶翼君權，共同組成一個像樣的政府。其內包有王室。這便是隋、唐統一之復現。

此種轉變，無異乎告訴我們，中國史雖則經歷了四百年的長期紛亂，其背後尚有活力，還是有一個精神的力量，即是一種意識，或說是一個理性的指導。依然使中國史再走上光明的路。

唐代中央最高機關，依然是魏、晉以來的尚書、中書、門下三省。但他們現在已是正式的宰相，而非帝王之私屬。其職權分配，則中書掌定旨出命，命令權。門下給事中掌封駁，審駁權。尚書受而行之；施行權。古代的宰相權，現在是析而爲三。

貞觀三年，「太宗謂羣臣曰：『中書、門下，機要之司，詔勅有不便者，皆得論議。比來但覩順從，不聞違異。但行文書，誰不可爲！』房玄齡等皆頓首謝。故事：凡軍國大事，中書舍人各書所見，中書侍郎、中書令省審之，給事中、黃門侍郎駁正之。上始申明舊事。」蓋此制亦始周、隋，非唐代新創也。

三者之中，又以侍中、門下省長官。中書令中書省長官。爲真宰相。

凡軍國大事，中書舍人得先各陳所見，謂之「五花判事」，而中書侍郎、中書令審定之。此開明代九卿會議之始。惟九卿各有典司，即各有一成之見。如大兵大役，兵部、工部惟求其成，戶部則務求其省。中書舍人得其選，則歷中外，通衆理，彼此不致相妨。

自高宗晚節以來，天下文章道盛，中書舍人爲文士之極任，朝廷盛選，諸官莫比。（政事堂有後門通中書舍人院，宰相時得咨訪政事自廣。代宗時常袞爲相，始塞絕之。）

敕旨既下給事中，黃門侍郎復得有所駁正。（此開明代抄參封駁之始。）

通典：「百司奏抄，侍中既審，則駁正違失。詔勑不便，則塗竄奏還。此所謂『塗歸』也。」實際給事中即可行使「塗歸」之權。如德宗貞元中，給事中袁高不肯草制復召盧杞，封還詞頭，揭杞罪狀。文宗開成初，給事中盧載封還以郭任嘏出任刺史詔書，稱爲「封駁稱職」是也。（其他例不勝舉。又按：漢哀帝封董賢，丞相王嘉封還詔書。後漢鍾離意爲尚書僕射，數封還詔書。此唐之門下封駁，即漢相權之證。）又按：則天垂拱三年，鳳閣侍郎（即中書侍郎改名。）劉禕之嘗謂：「不經鳳閣鸞臺宣過，何名爲勑！」劉竟以此賜死。然可見天子詔勑，必經中書宣出，又必經門下副署。以相權節制君權，即以政府節制王室。唐制實淵源於漢代文治政府之意義而演出也。（然中宗仍可以有「斜封墨勑」，可見無「徒法自行」之法。）

因此宰相常於門下省議事，謂之「政事堂」。（兩省先議定後奏聞，以免紛爭。）

其後政事堂遷至中書省。

高宗時，裴炎以中書令執政事堂筆，「執筆」猶今之主席。遂有此舉。門下給事中所居，不於門下議事而於中書，乃相臣志在自專，先不使給事知之，待取中旨然後封還，其勢較難，則塞默者多矣。然此下給事中封駁詔書仍時有其事。玄宗時，政事堂改稱「中書門下」，其政事印亦改「中書門下」之印。直到宋代，以爲故事。

宰相分直主政事堂筆。

肅宗時，每一人主十日；德宗時，改每日一人執筆。

尚書僕射尚書省長官。加「同中書門下三品」，後稱「同平章事」及「參知機務」等名，始得出席政事堂，方爲真宰相。

自貞觀末無不加者，開元以來則罕見。

其餘他官參掌者無定員。

玄宗先天以前員頗多，開元以來常以二人爲限，多則三人。加「同中書門下三品」、「平章事」、「知政事」、「參知機務」、「參與政事」、「平章軍國重事」等。以官未及而人可用者參預朝政，略如近代之不管部大臣也。

尚書省有都堂，大廳。以左、右僕射爲領袖。下分六部：東爲吏、戶、禮三部，左丞主之。

西爲兵、刑、工三部，右丞主之。共二十四司，分曹共理，全國政務畢萃。諸司官兼知政事者，午前議政於朝堂，午後理務於本司。

開元以來，宰相員少，資地崇高，又以兵、吏尚書，權位尤美，宰相多兼領之。但從容衡軸，不自銓綜。其選試之任，皆侍郎專之，尚書通署而已。

尚書六官，各有所職，儻無折中，則恐互相推避，互相炫匿，故總攝以宰相。宰相亦慮有未周，見有所偏，（或則專且私。）乃先之以中舍之雜判，庶得盡羣謀而伸公論。又繼之以給事之駁正，復得塞違而繩愆。此等制度，可謂宏大又兼精密。

以中書、門下較漢代之宰相，以尚書六部較漢代之九卿，在政制上，不可謂非一種絕大之進步。

一則尚書六部，乃政府公職，（吏、戶、禮、兵、刑、工，莫非國家政務要項。）而九卿則是王室私屬。（九卿性質已述說於前。）從九卿轉變到六部，正是政府逐步脫離王室獨立之明證。

隋文開皇中，明令國子寺不隸太常。此等改變，正可反映時代之進展，以及當時人對政治意識之轉變。（至於六部之外仍存九寺，（即九卿遺蛻。）舊名不廢，新資日加，職權重疊，自爲一弊。）

二則漢初封建、郡縣雜行，中央直轄部分有限，後雖逐步統一，而郡國守相之權尚大，千里王畿，僅如一省。隋、唐則九州攬於一握，考課、獄訟、兵財諸端，繁不勝記。總以六卿，分以郎署，中央政府之擴大，爲事勢演進所逼出。於是六卿之上，必有佐天子以總理之者。一相嫌於專擅，且亦事冗不給；多相則互委，不專責，易生同異，以致撓敗。尚書置左、右僕射，分判六部，各治三官，可免上述之弊。而尚書惟在政務之推行，至於出命覆奪，尚有中書、門下。故曰三省之於宰相，六部之於九卿，不得不説是政制上之一進步。

如此宏大而精密的政治機構，正好象徵當時大一統政府之盛況。

至於政府無立法機關，則因中國政治，自秦、漢以下，本有一種理性之指導，法度紀綱粗建，無豪强之兼并，無世胄、僧侶之專政；教育、選舉、考試與統治權常有密切之聯繫，不斷吸收社會俊秀分子，公開參政，使其新陳代謝，政府與民衆，即以此爲連鎖。舊朝以積久腐敗而傾覆，則新朝鼎新，去其泰甚，與民更始。歷史常在和平中進展；而民間大動亂則往往只有倒退，别無長成。

從北朝儒學逐步轉變，而有唐代政府之規模，此便是中國史在和平中進展一顯例。至於隋末羣雄擾亂，只加時代以一種不可磨滅之傷痕。

代議制之所起，由於宰輔之權不重，無參署之制，政府負責無人，君主易於爲惡。（此其一。中國自明代始無參署。）稅法不夙定，輕徭薄賦不垂爲典則，掊克之術易施。（此其二。中國漢、唐稅制皆明定頒布，且極輕。）僧侶不務靜修而干政。（此其三。中國惟元代有其病。）貴族擅權，下情壅隔。（此其四。中國自秦以下即無貴族。）考試權不獨立，闒冗在位，賢儁老死。（此其五。中國自漢以來即力矯其弊。）無審駁、監察、彈劾之官，則庶政違失而莫糾。（此其六。中國歷漢、唐而諸職盡立。）無拾遺、補闕、記注、經筵之官，則君主失德而莫正。（此其七。中國自唐以下諸職亦漸備。）文化之傳衍淺，則無良法美意足資循式，無嘉言懿行以供考鏡。（此其八。中國歷史傳衍之久，美政善俗、至德要道之闡述，自先秦以來，已具規模。）中國能造成一廣土衆民之大國家，歷久而轉盛者在此。其遇朝政闕失，在下者以爲乃人弊非法弊，故上下之情常通，不致於成敵抗之形。故中國政制無民選代議，不足即據此爲中國政制病也。

二　地方政治之整頓

隋唐政府與秦漢之不同，其次則在地方政權方面。

兩漢地方政權，無異於古諸侯，並不一一轄於中央，因此演成漢末分崩的局面。經歷魏晉南北朝，中央政府既不像樣，而地方政治則更糟。

一、軍政、民政不分，州、縣官皆以武吏軍人爲之。

漢末及三國，多以諸部都尉爲郡。晉郡守皆加將軍，無者爲恥。梁、陳太守加督，加都督。魏書甄琛傳，琛表：按：在遷洛後。「邊外小縣，所領不過百戶，而令、長皆以將軍居之。」

二、州、縣爲豪强私利而分割。

北齊天保七年詔：「魏自孝昌之季，祿去公室，政出多門。豪家大族，鳩率鄉部，託迹勤王，規自署置。或外家公主，女謁內成，昧利納財，啓立州、郡。」又北史張彝傳：「彝曾祖幸所招引河東人爲州，裁千餘家。旋罷入冀州，積三十年，析別有數萬戶。孝文謂彝曰：『終當以卿爲刺史，酬先世誠效。』」可見當時州、縣，儼如古代封建。

三、州、縣無限劃分，乃至領戶日削，有名無實。

天保七年詔：「百室之邑，便立州名；三戶之民，空張郡目。」周書盧辯傳，縣令分戶七千以上、四千以上、二千以上、五百以上、不滿五百五等。因此南北朝設縣，皆在千數百以上，較東漢尚過之。

要之魏晉南北朝一時期的地方政治，只在離心勢力下演進，逐步變成封建性之分割，而結果則地方政權轉而日趨削弱。一到隋唐，轉回頭來，地方政權正式再統轄於中央，而那時的地方政權，卻再不能像兩漢般的比較有其獨立性。以隋唐與兩漢相較，中央統治地方之權，更密更大，實爲中央集權更進一步之完成。在此方面，隋唐的統一政府，其實際內容，與秦漢又遠異。

唐代地方行政最低級爲縣，全國凡一千五百七十三縣。此據玄宗天寶初年。

較西漢略多二百餘縣，所增不到六分之一。武德初，上縣六千戶以上，中縣二千戶以上，下縣一千戶以上。開元中，改上縣六千戶以上，中縣三千戶以上，未滿三千戶爲下縣。漢制則以萬戶以上縣爲「縣令」，萬戶以下縣曰「縣長」。

縣以上爲州或郡。

州長官爲刺史，郡長官爲太守。自漢季以來，刺史總統諸郡賦政於外，猶如後代之巡撫、總督，較之漢代僅屬司察之任者權位大異。而隋唐刺史，則猶後代之知府及直隸知州，與太守僅爲互名，已無分別。此爲隋唐減削地方政權之一例。又唐制四萬戶以上爲上州，二萬戶以上爲中州，二萬戶以下爲下州。西漢太守一郡戶口有多至二百萬以上者。西漢一縣戶口，亦有四、五萬以上者。可見漢、唐太守權位之迥乎不侔。

全國州府凡三百五十八。較西漢增至兩倍外，此又唐代減削地方政權之一例。隋郡一百九十，雖視兩漢爲多，然較南北朝已大減矣。唐則視隋又增。

上州刺史只從三品，即第六級官。中、下州刺史正四品。即第七級官。

刺史的地位權任，既遠非漢比，又掾吏辟署之權亦削，大部均歸中央。

北齊武平中，後主失政，多有佞幸，乃賜其賣官，分占州、郡，下及鄉官，多降中旨，故有敕用州主簿、郡功曹者。自後州、郡辟士之權寖移於朝廷。後周蘇綽傳：「令刺史府官則命於天朝，其州吏以下，並牧守自置」，則猶存古意。隋開皇二年，明令罷辟署，令吏部除授品官，爲州、郡佐官。唐雖間有辟署，然仕進之途大抵由科目矣。沈既濟疏：「今諸道節度、都團練、觀察、租庸等使，自判官、副將以下皆使自擇，則辟吏之法已試於今，但未及州、縣耳。」韓佽傳云：「佽爲桂管觀察使，部二十餘州，自參軍至縣令三百餘員，吏部所補纔十一，餘皆觀察使量才補職」，則并州、縣亦有爲觀察所置者。然桂管偏區，自與腹地不同也。

於是中央政務日繁，地方事權日輕。

牛弘問劉炫：「魏、齊之時，令史從容而已，今則不遑寧處，其事何由？」炫曰：「往者州惟置紀綱，郡置守、丞，縣惟令而已。其具僚則長官自辟。受詔赴任，每州不過數十。今則不然，大小之官悉由吏部，纖介之跡皆屬考功，所以繁也。」

這又是隋唐大一統政府與秦漢不同一要點。

第二十四章　新的統一盛運下之社會情態 盛唐之進士府兵與農民

要把握住盛唐的社會情態，最好亦從當時幾項制度方面去看。

一　唐代之貢舉制

唐代士人出身，可分三途：一生徒，由學館。此沿漢代博士弟子制。二鄉貢，由州、縣。此沿漢代郡國察舉孝廉制。三制舉。此沿漢代賢良方正制，標目求才，由天子親臨試。州、縣貢舉又分諸目，最著者有秀才、明經、進士。外有明法、明字、明算、一史、三史、開元禮等諸種。貢舉每年一次，爲求出身者所集中。制舉無定期，不常有。學館往往有名無實，其生徒亦參加貢舉。

而尤以「進士」科爲盛。

「秀才」須高才博學傑出者始可應。貞觀中有舉而不第者，坐其州長，由是此科遂絕。「明經」只試帖經記誦，士人不貴。

貢士得懷牒自列於州、縣。

貢舉自北魏已推行，齊、隋選置多由請託，議者以爲「與其率私，不若自舉；與其外濫，不若內收」。是以罷州、府之權而歸吏部。

集試於中央。

初屬吏部考功員外郎，後以員外郎望輕，遂移禮部，以侍郎主之。事在開元二十四年。

這一個制度，亦像上舉尚書六部制以及州、縣劃分制度一般，同爲後世所遵用，直到清末，不能改變。

此制用意，在用一個客觀的考試標準，此項標準，一則求其公平，不容舞弊營私。二則求其預備之單純與統一，減免經濟上之限制，使貧民亦有出身。又間接助成國內風俗教化之統整，以輔成大一統政府之團結與鞏固。來不斷的挑選社會上優秀分子，使之參預國家的政治。

此制的另一優點，在使應試者懷牒自舉，公開競選，可以免去漢代察舉制必經地方政權之選擇。

在此制度下，可以根本消融社會階級之存在。人民優秀分子均有參政機會，新陳代謝，決無政治上之特權階級。

可以促進全社會文化之向上。政治權解放，民間因按年考試之刺激，而文藝、學術普遍發展。

可以培植全國人民對政治之興味而提高其愛國心。全國除王室有較永久之地位以外，國家政權全部公開於民衆。可以團結全國各地域於一個中央之統治。各地域按名額獲得其進士參政權，而歷年全國各地士子羣集中央會試，對於傳播國家意識，交換地方情感，融鑄一體，更爲有力。這一個制度的根本精神，還是沿著兩漢的察舉制推進，並無差別，這是中國史意味深厚處。漢、唐繁盛的花朵，從同一根本上壅培出來。不過是更活潑、更深廣的透進了社會的內層。

魏晉南北朝時期之門第，自一方面看，固若近似於古代封建勢力之復活。然自另一方面看，實爲先秦、西漢以來士人地位之繼續增强。故至隋、唐而有普遍的貢舉制度之產生，此乃士人地位自門第下出頭而更展擴。故隋、唐之中央集權，可以謂政府地位之提高，而非王室地位之加隆。就全史之進程論，魏晉南北朝之門第勢力，在浮面則爲一波折，在底層則依然沿文治之大潮流而滾進也。

二　唐代之租庸調制

由北魏之「均田」制演變而成唐代之「租庸調」制。高祖武德七年。

凡男女始生爲黃，四歲爲小，十六爲中，二十有一爲丁，六十爲老。丁年十八以上授田一頃，（五尺爲步，二百四十步爲畝，畝百爲頃。）內八十畝爲口分，年老還官。（即北魏之「露田」。）二十畝爲永業。（樹榆、棗、桑等，即北魏之「桑田」。）授田者丁歲輸粟二石，謂之「租」。（此古粟米之征，相當於漢之租。）丁隨鄉所出，歲輸綾、絹、絁各二丈，布加五之一。輸綾、絹、絁者兼綿三兩，輸布者麻三斤，謂之「調」。（此古布帛之征。「調」本興調、調發之義，相當於古之「賦」。漢有口賦，唐有戶調，其實一也。）用人之力，歲二十日，閏加五日。不役者日爲絹三尺，謂之「庸」。有事加役二十五日者，免調；加役三十日者，租、調皆免。通正役不過五十日。（此古力役之征。相當於漢之役。）

這一個有名的租庸調制，所以爲後世稱道勿衰者，厥有數端。

第一在其輕徭薄賦的精神。

以租而言，孟子在戰國時，以什一之稅爲王者之政；而漢制則什五稅一，常收半租，則爲三十稅一。（此見漢代的實際政治，已較戰國學者託古改制的理想，更進一步的寬大。）若以畝收一石計，（除去永業田不論。）唐制只是四十而稅一，（八十石中收二石。）較之漢制更輕更寬大。（以西晉開國百畝課田六十畝相比，減輕二十餘倍。）

以庸而言，漢制更役一歲一月，唐則只二十天，只有漢三分之二。（漢尚須爲正卒衛士一年，又有戍邊三天。唐因行府兵制，農民不須衛戍，比漢負擔更輕。）

調輸布帛，與漢口賦驟難相比。惟西晉戶調，丁男之戶，歲輸絹三匹、綿三斤，比唐多六倍。北魏均田，一夫一婦調帛一匹，比唐亦多一倍。（唐兼調綾、絁，上比稍有出入。要之唐之調法輕於魏、晉。）

唐制庸、調並得視田登耗爲蠲免。

要論輕傜薄賦，中國史上首推唐代的租庸調制。在這一個制度下，農民自可安居樂業。

唐初不榷鹽，開元以下始課鹽；（以左拾遺劉彤表。然天寶、至德間，鹽每斗尚僅十錢。其後乃增至四十倍。天下之賦，鹽利居半。）則唐興逾百年矣。唐初無茶稅，建中以下始稅茶。唐初無酒禁，廣德以下始榷酒。唐六典謂「關呵而不稅」，則唐初待工商又甚優。（隋亦所仰惟賦調，唐初仍隋制也。）

又按：就中國史上之商人言之，西漢貨殖傳中人物，其在當時社會上之勢力，勿論矣。即如東漢初，樊重家閉門成市，兵弩器械，貲至百萬，光武資之起。其末年，蜀先主亦得中山大商張世平、蘇雙之助。而麋竺祖世貨殖，僮客萬人，貲產鉅億。進妹於先主，奉奴客二千，金銀貨幣，以助軍資。則其時商人勢力，猶可想見。降及兩晉，多以朝廷大僚而兼營貨殖，如王戎、（園田水碓，周徧天下。）石崇（甚至劫奪。）是也。宋元徽中，張興世爲雍州刺史，還家，擁資三千萬。（而爲蒼梧王所劫。）世云：「廣州刺史但經城門一過，便得三千萬。」而梁武陵王紀都督益州，在蜀十七年，南開寧州、越嶲，西通資陵、吐谷渾，殖其財用。黃金一斤爲餅，百餅爲篋，至有百篋；銀五倍之；其他錦罽繒采稱是。又得賈胡爲主金帛。（見北史何妥傳。）同時梁武弟臨川王宏，積錢百萬一聚，黃榜標之；千萬一庫，懸一紫標。如是三十餘間，計見錢已三億餘萬。北齊富商大賈以貨賄得仕宦，屢見史册。隋、唐商業尤盛，而官吏以經商致巨富亦習見。自兩宋以下，此風似不揚。官吏兼務貨殖至巨富者始少，富商大賈在政治、社會各方面活動勢力亦漸絀。其趨勢蓋自唐中葉以後而始變。一則商稅日重，商利日薄。如唐代「公廨錢」（亦名「料錢」。）有七分生利者。（唐武德以後，國家倉庫猶虛，應京官料錢，並給公廨本，令當司令史番官迴易給利，計官員多少分給。貞觀時，諸遂良極論之，然其制終不革。開元六年，祕書少監崔沔議：「五千之本，七分生利，一年所輸，四千二百。兼算勞費，不啻五千。」）開元十六年詔：「天下負舉，祇宜四分收利，官本五分收利。」可見當時社會利率之厚。宋王安石行新法，青苗市易皆收息二分，已爲一時詬病，亦由其時社會一般利潤自低也。惟其利潤降低，故商人不能進至於大富，而官僚亦無從自商人處一轉手而攫多金。然論社會商業狀況，宋以下若轉較唐前爲活潑。（市坊制度，皆至宋而廢弛。於是有夜市，有草市。此蓋都市人口增加，財富旺盛，交通便利，勞動生產力發達，故商業交易，隨時隨地而擴大。又如唐以前用錢絹，宋、元以下用銀鈔，皆可見商貨交易之後盛於前也。）蓋社會商業情況之盛衰，不必與商人所得利潤之高低爲正比。故宋以下社會一般商業雖轉盛，而資本集中之趨勢則日減。二則貴族特權日削，官方則例日嚴，故宋、明權臣大僚，多務於厚擁田租而止。田租之視商利，固瞠乎後矣。偶有以貨殖見稱巨富，往往得罪，禍不旋踵。（如明初吳賈陸某，富甲江右，謂「積而不散，適以釀禍」，盡以與其徒沈萬三，身爲道士以終。沈富敵國，明太祖因而罪之，謫戍雲南。）蓋社會貧富之懸殊，與貴族特權之存廢，亦相爲比例而進退也。（此如海上貿易，宋非不如唐，然市舶司制度既立，則利入政府；官僚與商人，皆不能如唐人之多獲厚利。）社會自唐中葉以下，既無特貴，亦無殊富，則力量漸趨平均，故此後社會之亂，如王仙芝、黃巢、張獻忠、李自成、洪秀全等，除卻軍隊變叛以外，大抵皆饑民之騷動。求如古社會之所謂豪傑起義者，亦渺不可得。此亦古今社會升降轉變一大節目也。欲知盛唐社會盛況，亦不得不注意及此，故附論及之。

租庸調制的第二優點，則爲稅收項目之列舉分明。（有田則有租，有身則有庸，有戶則有調。）此惟漢代的租稅制度差可相比。自租庸調制破壞以後，更找不到此種項目分明之徵收制度。因此橫徵暴斂，可以隨時增加，有進無已。

更重要的一點，租庸調制的後面，連帶的是一個「爲民制產」的精神。及丁則授田，年老則還官，「爲民制產」與「爲官收租」兩事並舉，此層更爲漢制所不及。（漢租雖輕，然有無田者，亦須出口賦，應更役，不得已則出賣爲奴，亡命爲盜。唐無無田之丁戶，則無不能應庸、調之人民矣。）在租庸調制下之農民生活，其比較寬舒安恬之景象，可以想像而得。農民生活之寬舒安恬，蒸鬱而生整個社會之繁榮。盛唐時代之富足太平，自貞觀到開元一番蓬勃光昌的氣運，決非偶然。

杜甫詩：「憶昔開元全盛日，小邑猶藏萬家室。稻米流脂粟米白，公私倉廩俱豐實。」此盛唐社會之寫照也。安史之亂，李萼說顏魯公，謂：「平時江、淮、河南錢帛聚於清河，以贍北軍，謂之『天下北庫』。有布三百餘萬匹，帛八十餘萬匹，錢三十餘萬緡，糧三十餘萬斛。昔討默啜，甲兵皆貯清河，今有五十餘萬事。戶七萬，口十餘萬。」顏遂據以拒賊。許遠於睢陽，積糧六萬石，張巡因之以障江、淮。烏承恩以信都降史思明，親交兵馬倉庫，馬三千匹，兵五萬人。當時州、郡猶富實如此。此後雖益衰，然藩鎮之殷實富厚，仍有遠非後世可冀及者。憲宗時，韓弘在汴爲宣武節度使，獻馬三千，絹五千，雜繒三萬，金銀器千。而汴之庫廄尚有錢百餘萬緡，絹百餘萬匹，馬七千匹，糧三百萬斛。穆宗時，劉整爲盧龍節度使，獻征馬萬五千匹。藩鎮財力殷盛，正見唐代積富於民之厚，故諸藩亦得自捍外寇而久存。顧亭林日知錄謂：「今日所以百事皆廢，正緣國家取州、縣之財，纖毫盡歸之上，而吏與民交困，遂無以爲修舉之資。即如唐代驛舍，有沼、有魚、有舟、孫樵書褒城驛壁。有池、有林、有竹；杜甫秦州雜詩。後代驛舍，殆如隸人之垣。」又曰：「余見天下州城，爲唐舊治者，其城郭必皆寬廣，街道必皆正直；廨舍之爲唐舊創者，其基址必皆宏敞。宋以下所置，時彌近者制彌陋。人情苟且，十百於前代矣。」今按：唐室富盛，固在中央不盡取之於州、郡，尤要者，更在中央不盡取之於民間也。

三　唐代之府兵制

「府兵」制度，沿自西魏、北周，至隋、唐而大成。

唐府兵制定於貞觀十年，天下十道，置折衝府六百三十四，而關内共有二百六十一。

府又分三等，上府千二百人，中府千人，下府八百。府數各說不同。陸贄謂：「諸府八百餘所，關中殆五百焉。」杜牧謂：「凡府五百七十四，有四十萬人。」皆與唐志不合。蓋自有增減變動耳。漢唐事箋謂：「以唐地志每州之府數計之，僅與杜牧同，其說當可據。」所以關中置府獨多者，固爲有强本弱枝之意，然亦由府兵制承襲周、隋，因其遺基，故獨以關內爲特盛也。

每府置折衝都尉一人，左、右果毅都尉各一人。士以三百人爲團，團有校尉。五十人爲隊，隊有正。十人爲火，火有長。

民年二十爲兵，此指府兵言，非指全體農民言。六十而免。每歲季冬，折衝都尉率之習戰。

府兵皆隸於諸衛。唐踵隋制，設十六衛，將軍總三十員，屬官一百二十八員，以養武臣，其所部兵則散於諸府。凡當宿衛者番上，兵部以遠近給番，五百里爲五番，千里七番，一千五百里八番，二千里十番，外爲十二番。皆以月上。

按：漢衞卒以歲代，較唐爲優，唐太紛擾矣。唐制亦有簡留直衛者，則五百里爲七番，千里八番，二千里十番，外爲十二番，亦月上。

府兵制的優點，無事耕於野，番上宿衛；有事命將以出，事解輒罷。兵散於府，將歸於朝。府兵雖散在諸道，然折衝都尉並遙隸於諸衛，乃是內任官。漢郡國都尉不隸衛尉，乃外任官。此亦唐代中央集權較漢更進之一例。既免軍人專擅兵隊之弊，亦無耗財養兵之苦。

尤要者，府兵制並不是「全農皆兵」，而是「全兵皆農」。亦即選農訓兵。西漢的全農皆兵制，一則教練不易精熟，二則事實上無需發動整個農民來充當兵役。唐制在整個農民中挑選其合格的充當府兵，既不需國家特別的俸給，因其附農於兵。而一般農民從此可以脫免充兵的義務。

所以府兵制在一面說來是兵、農合一，如南朝募兵與北朝之部族兵，皆非兵農合一。而在另一面說則爲兵、農分離。漢以來農民，自歷史上之傳統觀念言之，皆有充當兵役之義務。自唐以下，則農民除納稅外，並無必充兵役之責任。此在一個社會和平文化進展之過程中，實爲應有之階段也。又唐以前兵、役不分，唐以下兵與役離。兵與役離，故兵精。宋之「廂兵」，依然兵、役不分，故不可用。

府兵和進士，一文、一武。實爲農民出身發迹之兩條路徑。農民中家道殷實而身心武健者，可以加入府兵；貧弱戶在六等以下者，例不能應府選。有聰明雋秀的子弟，在一家耕種餘閒中，如一家三丁，一丁可騰出讀書應科舉。亦可讀書求學，走入貢舉門路。

古代社會中武力與智識兩項，爲貴族階級所專有，平民不得預。現在則武力與智識，即從平民階級中培養，而仍有其政治上特殊保護的地位。此即府兵制較西漢全農兵役制爲優之所在。

唐代的租庸調制，奠定了全國農民的生活。唐代的府兵制，建立起健全的武裝。唐代的進士制，開放政權，消融階級，促進了全社會的文化。唐代的政府組織，又把一個創古未有的大國家，在完密而偉大的系統之下勻稱的、合理的凝造起來。事實勝於雄辯，盛唐的偉大，已在事實上明確表出。

唐人之偉大，可以唐六典、唐律，乃至如杜佑通典、（其先開元時有劉秩政典，取周禮六官所職，分門撰書，爲通典所祖。）李吉甫元和郡縣志等著作中覘之。自北方儒統中產生蘇綽、盧辯，繼之而有李文博、（隋博陵人，著政道集十卷，大行於時。房玄齡友之。其書不傳。）王通，（隋文時獻太平十二策，歸而倣古作六經，又爲中說擬論語。困學紀聞謂：「世說其言清以浮，有天下分裂之象。中說其言閎以實，有天下將治之象。」陳龍川謂：「文中子沒於隋大業十三年五月，是歲十一月，唐公入關，其後攀龍附鳳以翼成三百載之基業者，大略嘗往來於河汾矣。然智不足以盡知其道，而師友之義未成，故朝論有所不及。」今按：中說所傳唐初名臣多受業通之門下，此乃通後人妄爲之。然通自是一時大儒，惟亦非平地突起。當時北方儒風已達此境，則聲氣染習，唐初諸臣，固不必定得之於通也。）再繼而有唐人對政治、社會上更堅實、更恢宏的建設。至於唐人之詩、文、藝術等，乃自唐代之盛況下所孕育，非由此產生唐代之盛況。若或專從唐太宗等幾個人物身上著眼去窺測，亦難得其真際。

此種政治、社會各方面合理的進展，後面顯然有一個合理的觀念或理想爲之指導。這種合理的觀念與理想，即是民族歷史之光明性，即是民族文化推進的原動力。他不必在某一個人的事業上表出，而是在整個民族的長時期的奮鬪下，篤實光輝地產生。

從北魏到北周以及隋唐，逐步進展，光明在黑暗的氛圍中長養成熟，在和平的階級下達其頂點。至於社會不時的動亂，只是黑暗與盲目勢力給與歷史進展的一些波折。

要看當時中國民族新生命之復蘇，應在此等處著眼。

第二十五章　盛運中之衰象（上）唐代租稅制度與兵役制度之廢弛

一項制度之創建，必先有創建該項制度之意識與精神。一項制度之推行，亦同樣需要推行該項制度之意識與精神。此種意識與精神逐漸晦昧懈弛，其制度亦即趨於腐化消失。盛唐的命運，由於當時各項新制度之創建。換言之，即某種意識與精神之達於具體現實化。及此各項新制度日趨崩潰，換言之，即某種意識與精神已喪失或轉變不復存在。而盛唐之盛亦遂不可久保。

一　由租庸調制到兩稅制

租庸調制的精神，不僅在於輕傜薄賦，而尤重於爲民制產。推行此項制度，必先整頓籍帳。正如北魏均田，必先成立三長制。戶籍分九等，共三本。一留縣，一送州，一送戶部。此爲租、調之根據。

計帳預定翌年之課役數。（此爲庸之根據。）

武德六年制，「每歲一造帳，三年一造籍」。（州、縣留五比，尚書省留三比。）

凡戶口之新附、除籍、絕逃、籍没，田畝之應退、應授，均須逐年認真辦理。（此即政府上下對此制度必先有一番精神，更不可無一種相當之意識也。）

杜佑通典以隋國計之富足，歸功於高熲建輸籍之法。按：熲在煬帝時奏：「人間課稅，雖有定分，年常徵納，除注恆多。長吏肆情，文帳出没，既無定簿，難以推校。乃爲輸籍之樣，請遍下諸州。每年正月五日，縣令巡人，各隨近五黨、三黨共爲一團，依樣定戶上下。」帝從之，自是姦無所容。則熲之輸籍法，正有賴於詳密周勤之吏治。

唐自武后亂國以來，民避徭役，逃亡漸多。田移豪戶，官不收授。（其時已有括正戶之舉，見蘇瓌傳。）

到玄宗開元八年，乃重頒庸調法於天下。（制度廢弛而求以法令挽回，苟不能喚起推行此項制度之精神與意識，則亦徒然。）

是時天下戶未嘗升降。監察御史宇文融獻策，括籍外羨田、逃戶。

自占者給復五年，每丁稅錢千五百。諸道括得客戶八十餘萬，田亦稱是。州、縣希旨，張虛數，以正田爲羨，編戶爲客，歲終，籍錢數百萬緡。（當時上下意識，已全不在輕徭薄賦與爲民制產上著想。徒借法令求得隱漏，與民爭財，如何得恢復往年創建租庸調制度時之精神！）

然版籍之不整理如故。

丁口轉死非舊名，田畝移換非舊額，貧富升降非舊第，戶部徒以空文總其故書。

朝廷再不注意到民生疾苦，而徒務於追徵誅求。

舊制：人丁戍邊者蠲其租、庸，六歲免歸。玄宗方事夷狄，戍者多死不返。邊將怙寵，不以死申，其貫籍之名不除。天寶中，王鉷爲戶口使，遂案舊籍，除六年外，積徵其家三十年租、庸。肅宗末，租庸使元載又按江、淮籍，以江淮雖經兵荒，其民比諸道猶有貲產。舉八年租、調之違負及逋逃者，擇豪吏爲縣令督之。民蓄穀十斛則重足待命，或聚山林爲盜。

創建租庸調制度的意識與精神全不存在，而强欲以法令快上意，終不能有效。

其時政府則誅求苛刻，而社會則兼并熾行。此實一事之兩面。

據天寶十四年統計，戶數共八百九十萬有奇，按：此數即多隱漏不可靠，說見下篇。而課者五百三十四萬有奇，不課者三百五十六萬有奇。口數共五千二百九十萬有奇，課者八百二十萬有奇，不課者四千四百七十萬有奇。不課者戶佔三之二，口佔六之五。唐制：鰥、寡、孤、獨、廢疾，不課；九品以上官，不課；部曲、客女、奴婢，不課。豈有此等得佔三二、六五之理！故杜佑謂：「開元、天寶以來，法令廢弛，并兼之弊，有踰漢成、哀之間也。」據開元十一年詔，其時王公、百官、豪富，或招農民墾闢荒地，熟則擅爲私有；或非法收買口分、永業田；或私改簿籍，隱漏戶口，佔爲己有；或以自典貼及收奪以爲兼并。租庸調制之破壞，蓋至此已達極點。

及安、史亂後，戶籍頓減，更難整理。

其一重要原因也。

肅宗乾元三年，戶一百九十萬有奇，口一千六百九十萬有奇。較之天寶十四年之數，戶激減七百萬，五去其四。口激減三千六百萬三去其二。戰亂耗折，亦不至如此之鉅。此亦以吏治廢弛，兼并熾行，爲

於是租庸調制乃不得不廢棄而以「兩稅」制代之。代宗大曆元年詔：「天下苗一畝稅錢十五。以國用急不待秋，方青苗即征之，號『青苗錢』。又有『地頭錢』畝二十，通名『青苗錢』。」此即以畝徵稅也。五年始定法：「夏上田畝稅六升，下田四升。秋上田畝稅五升，下田三升。青苗錢畝加一倍。」此夏、秋分徵也。是皆「兩稅」制之先聲。一制度之創建，必有其開先，無突然出現之理。

「兩稅」制始於德宗建中元年，爲宰相楊炎所創。

史稱：「肅宗至德後，天下兵起，人戶凋耗，版圖空虛。賦斂之司，莫相統攝，綱目大壞。王賦所入無幾，科斂凡數百名。廢者不削，重者不去。吏因其苛，蠶食於人。富人多丁者，以宦學、釋老得免；貧人無所託，則丁存。故課免於上，而賦增於下。是以天下殘瘁，蕩爲浮人。鄉居土著者，百不四五。炎疾其弊，乃請爲兩稅法。」

其制：凡百役之費，一錢之斂，先度其數而賦於人，量出以制入。戶無主、客，以見居爲簿；人無丁、中，以貧富爲差。行商者，在所州、縣稅三十之一。稅夏、秋兩徵。夏輸無過六月，秋輸無過十一月。租、庸、雜傜悉省。

其制簡捷明白，可以止吏姦；而未必能惠民生。

史稱兩稅制行，「人不土斷而地著，賦不加斂而增入，版籍不造而得其虛實，貪吏不誡而姦無所取，輕重之權始歸朝廷。」然當時識者如陸贄等極非之。惟以救時弊，竟不能革也。馬端臨謂：「因授田之名而重其戶賦，田之授否不常，而賦之重者已不可復輕，遂至重爲民病，此自魏至唐之中葉是也。自兩稅之法行而此弊革。」可見兩稅制在當時亦自有其所以爲補救之意。蓋既已不能爲民制產，則視民財力而課稅，亦不失爲公平之道也。

以此制與租庸調制比，租庸調制稅目分明，此則並歸一項。授田徵租之制，遂變爲僅徵租不授田。「爲民制產」之精意全失，而社會貧富兼并，更因此而不可遏。

唐、宋莊園之成立即由此。陸贄奏議謂：「疆理隳壞，恣人相吞，無復畔限。富者兼地數萬畝，貧者無容足之居。依託豪强，以爲私屬。貸其種食，賃其田廬。有田之家，坐食租稅。今京畿之內，每田一畝，官稅五升；而私家收租，殆有畝至一石者，是二十倍於官稅也。降及中等，租猶半之，是十倍於官稅也。」（均節賦稅恤百姓奏。）按：當時私租額比租庸調舊制已增到二十倍，即官稅亦比租庸調制增高。兩種稅制下之社會經濟及其一般景況，自必激變，可想而知。又按：兩稅制戶不問主、客，惟以見居爲簿，此後所謂主戶、客戶者，乃全爲農田兼并下之一種新名詞。（其先則是土著與流移寄居之別。）南宋胡宏（五峯集與劉信叔書。）論主、客戶之關係，云：「蜂屯蟻聚，亦有君臣之義。自都甸至於州，而縣，而都保，而主戶，自主戶至於客戶，遞相聽從，以供王事，不可一日廢。夫客戶依主戶以生，當供其役使，從其約束。客戶或稟性狼悖；或習學末作；或肆飲博；或無妻之戶，誘人妻女而逃；或丁口蕃多，衣食有餘，稍能買田宅三、五畝，出立戶名，便欲脫離主戶而去。」（此見客戶亦自有獨立之私產與儲蓄，並有轉變其身分之可能，如史言北宋汜縣李誠莊客，「皆建大第高廩，更爲豪民」是也。客戶可免國家之徭役，故有獻產巨室以規免役者。然唐代有戶稅，宋代有丁錢，彼等蓋仍爲國家之公民。故北宋主、客戶口丁數皆分別統計。此等特以經濟上之租貸契約關係而受主戶之管束，與漢代所謂奴隸、唐初所謂部曲戶者不同。若認客戶爲農奴，則失之。又莊園主亦自向國家納稅。大曆四年有「諸道將士莊田，緣防禦勤勞，一切從九等輸稅」之詔。其取利亦不過在私租重而官稅輕之間。此所謂「兼并」與「封建」之異。若以古代封建貴族目唐中葉以下之莊園田主，亦誤。）此可見兩稅制行後農田兼并下之一種情態，若與口分、永業之制相比，自可想見世運隆污之殊也。（北宋真宗天禧五年，主戶六百餘萬，而客戶則達二百六十餘萬，已幾及主戶之半數。仁宗寶元元年，主戶六百四十餘萬，而客戶則三百七十餘萬，逾主戶之半數矣。佃農幾常佔全國戶數三分之一，則世運之慘澹可知。）

又此制因出制入，與農業經濟之情況亦不合。

農產有常額，故三年耕，有一年之蓄，以備非常；水旱荒歉，則減免田租。今量出爲入，則有不顧田收，隨意加徵之弊。此後租稅日重，頹勢不可復返矣。

以貨幣納稅，亦爲妨農利商。

此制行，納稅人以所供非所業，必將增價以市所無，減價以貨所有。而豪家大商，積錢以逐輕重，農人將日困。楊炎此制，本以便政府，不爲農民計也。穆宗時，用尚書楊於陵言，兩稅皆易以布帛、絲纊。五代時，吳徐知誥用宋齊邱言，稅收悉以穀、帛、紬、絹。於時皆稱惠益。宋代復輸錢，折變之制，大爲民病。爲絹者倍折而爲錢，再折而爲銀。銀愈貴，錢愈難得，穀愈不可售。使民賤糶而貴折，則大熟之歲反爲民害，而民生無蘇息之日矣。

以後的稅制，只能沿著楊炎的兩稅制稍事修改，竟不能再回到租庸調制的路上去。正因一個制度的推行，必有與其相副的一種精神與意識，否則此制度即毀滅不能存在。從北魏到唐初，在中國士大夫心中湧出的一段吏治精神，唐中葉以後已不復有，則相隨而起的種種制度，自必同歸於盡。

二　自府兵到方鎮與禁兵

府兵制度亦在同樣命運下消滅。換言之，府兵制度之破壞，全在時人對此制度所與的精神以及意識上之轉變。舊制，諸衞將軍皆選勳德信臣。武后之世則多以外戚無能及降虜處之。

貞觀時，府兵宿衞，太宗常引與共同習射。

上日引諸衞將卒數百人，習射於顯德殿。諭之曰：「戎狄侵盜，自古有之。患在邊境小安，則人主逸遊忘戰。今朕不使汝曹穿池築苑，專習弓矢。居閒無事爲汝師，突厥入寇爲汝將。庶中國之民，可以少安。」由是人思自勵。數年間，悉爲精銳。

其後本衞多以假姻戚家，役使如奴隸。

武后以來，承平日久，府兵爲人所賤。百姓恥之，至蒸熨手足以避其役。番上者皆貧羸受雇而來。

舊制，折衝、果毅出身優越。馬周云：「折衝、果毅先入爲中郎將，次始補郡守。」後則歷年不遷，爲士大夫所恥爲。

舊制，府兵征役得授勛級；死事，勅使弔祭，追贈官職。後則勳官、督役與白丁無別，死事更不借問。賞既不行，並多僞勳舞弊。高宗時，劉仁軌、魏元忠等均已極論其事。魏云：「蘇定方定遼東，李勣破平壤，賞絕不行。將吏率多貪暴，所務惟狗馬，所求惟財物。」劉疏比論貞觀、顯慶異同尤詳切。

舊制，府兵皆富室强丁，始得爲之。其後則漸成貧弱，府兵出征不賞，則較農民更苦瘁，自必貧弱。無力上番宿衞，遂至逃亡。

唐關內府兵已遠及朔方邊陲，武后時，番上者即已因貧不能自致。

舊制，四方有事則命將以出，事解輒罷，兵散於府，不失田業。其後則征鎮不息。（先天二年詔：「往者分建府衛，計戶充兵，裁足周事，二十一入募，六十一出軍，多憚勞以規避匿。今宜取二十五以上，五十而免。屢征鎮者，十年免之。」雖有其言，而事不克行。）天寶以後，戍兵還歸者無一、二。

舊制，府兵戍邊三歲而代。其後則增至六年。（以勞於途路，乃募能更住三年者，賜物二十段，謂之「召募」。遂令諸軍皆募，謂之「健兒」。事始玄宗時。）

杜甫詩：「一從十五北防河，便至四十西營田，去時里正與裹頭，歸來頭白還戍邊。」時戍者，多齎繒帛自隨，邊將誘之寄府庫。既擁兵自重，又雜使營私。晝則苦役，夜縶地牢，利其死而沒其財。（其虐如此，而不敢怨叛，以府兵自有家業，恐累親族也。）李泌謂：「山東之人，懲天寶之苦，故甘心爲賊（藩鎮）用。」

舊制，府士缺額，須隨時補足。以後則無人注意及此。

府兵制的創建與推行，一面是由於對國家武裝之深謀遠慮，一面是由於對農民生活之忠誠惻怛。在此兩種精神下，始可有府兵制之創建與推行。

社會和平既久，文治日隆，驕縱日恣，對國家武裝，不再有憂勤惕厲之感。非漫不關心，即窮兵黷武，濫用民力。對府兵本身，更沒有一種合理的人道觀念。從精神的轉變，影響到制度，使其不能存在。於是遂有所謂「彍騎」制。

「彍騎」制始於玄宗時張説之建策。（彍騎之興，在開元十一年，初名「長從宿衛」，至開元十三年始有「彍騎」名。）

以當番衛士因貧弱逃亡略盡，請一切召募强壯，不簡色役，優爲條例。逋逃者爭來應募，旬日得精兵十三萬，分繫諸衛，更番上下，以實京師。此即以後所謂彍騎。

其實彍騎與府兵還是大同小異。一樣的於農家中挑募富强。（既以强壯募，又優爲條例，則富强仍兼有之。）一面授田耕種，一面輪番宿衛。惟與府兵制不同者，府兵遍及全國，彍騎則只在京師。府兵兼負征戍，彍騎則專於宿衛。

彍騎只是府兵制之縮小範圍，正因其精神不夠推行之故。

因爲彍騎還只是府兵制之縮小範圍，故至天寶以後，連彍騎亦不能存在。（在上者精神不貫注，則經歷相當時期，折衝府依然無兵可交。以前召募的，現在仍然逃亡。）

自此唐代只有所謂「方鎮」的邊兵，（開元二十五年始募丁壯，長充邊軍。）與中央的禁兵。

邊兵統於番將，禁兵統於宦官。他們既坐食優俸，吮吸人民的膏血，卻並不能對國家社會有絲毫貢獻，只促進唐室之亂亡，使中國史再鑽入黑暗的地獄中去。

劉蕡對策謂：「首一戴武弁，疾文吏如仇讐；足一蹈軍門，視農民如草芥。」唐末軍人意態如此。

唐代的租庸調制與府兵制，是兩個古代社會蛻變未盡的制度，大體精神頗與漢制爲近。自唐以下，租稅與兵役都走入新方向，和漢、唐絕然不同。租稅不整頓，農民生活無法繁榮；兵役不整頓，國家武裝無法健全。後世中國遂想望漢、唐之富强而不可幾及，這是重大的一種因素。

第二十六章　盛運中之衰象（下）唐代政府官吏與士人之腐化

唐代的租庸調制和府兵制，結束了古代的社會。其政府組織和科舉制，則開創了後代的政府。但後兩者亦各有其流弊與缺點。

一　政權之無限止的解放

科舉制讓人自由應考，即是廣泛的開放政權。此制度容易引起士人充斥、官少員多之患。而且唐初入仕之途極廣，科舉還不過是其間的一項。

高宗時劉祥道疏：「歲入流千五百，經學、時務比雜色人，三分不及一。」玄宗時楊瑒言：「唐興，二監（指兩京之國子監。）舉者千百數，當選者十之二，考功覆校以第。謂經明行修，故無多少之限。今考功限天下明經、進士歲百人，二監之得無幾。且以流外及諸色仕者歲二千，過明經、進士十倍。」按：

貞元十八年又敕：「自今以後，每年考試所取明經不得過百人，進士不得過二十人。」

於是「官員有數，入流無限，以有數供無限，人隨歲積」。高宗顯慶二年，黃門侍郎劉祥道奏語。

劉祥道奏謂：「今內外文武官，一品以下、九品以上，一萬三千四百六十五員。年取五百人，三十年得一萬五千人，已有賸無少。」而當時每年入流數過千四百人。武后時納言魏玄同上疏：「諸色入流，歲以千計。羣司列位，無復新加，官有常員，人無定限。選集之始，霧積雲屯，擢敍於終，十不收一。」東漢以二十萬人舉一孝廉，即最盛時亦不逾三百人。

其勢循至於爲人擇官，而非爲官擇人。其時則「官倍於古，士十於官，求官者又十於士。

於是士無官，官乏祿，而吏擾人。」玄宗時劉秩語。

通典云：「按格令，內外官萬八千八百五員；而合入官者，自諸館學生已降，凡十二萬餘員。其外文武貢士，及應制、軍功、使勞、徵辟、奏薦，諸以親蔭等，大率約八、九人爭官一員。」

在此情勢下，政府的用人，遂至於徒循資格，推排祿位。

開元時選人漸多，有出身二十年不獲祿者。裴光庭爲吏部尚書，乃定循資格之制。自下升上，限年躐級。其有異才高行，聽擢不次。然有其制，無其事。有司但守文奉式，循資例而已。庸愚沉滯者皆喜，謂之「聖書」。按：此制崔亮已行之於後魏，裴光庭以後，遂莫能革。

然而祿位仍有限，資格仍無窮。在政海角逐中，漸漸分成朋黨，而使在上者亦束縛困制，無可展布。

唐宰相猶得不次用人。代宗時，崔祐甫爲相，日除十數人，未踰年，除吏八百員。或謗其所除多涉親故，祐甫曰：「進擬庶官，必量能補任，若素不知聞，何由察其言行？」識者是之。憲宗時，李吉甫爲相，謂學士裴垍曰：「吉甫自尚書郎流落遠地十餘年，後進人物，罕所接識。君多精鑒，幸聞今之才傑。」垍取筆疏其名氏，得三十餘人，數月之內，選用略盡。當時翕然有「得人」稱。自文宗以下，朋黨議興，由是進用一官，遷除一吏，各相顧瞻，恐涉譏議。

以前的弊害，在於社會有特殊階級門第之存在，政權不公開，政治事業只操於少數人之手。現在的弊害，則因特權階級逐步衰落，社會各方面人平流競進，皆得有參政之機會，而政權一解放，政治事業時有不易督責推動之苦。

德宗時沈既濟言近代之失「四太」：「入仕之門太多，世冑之家太優，祿利之資太厚，督責之令太薄。」此即中說當時政局之此種病象也。

以上所說，其先並不即是科舉制之弊病，只是科舉制亦在此種政權公開之趨勢下存在。此後科舉制逐步推進，入仕之途，逐步集中到科舉一門之下，則上述種種病痛，亦全由科舉制來保留。

照理論，國家一面公開政權，一面便應實施教育，好使兩者分途並進。此在貞觀初年頗有其意。

貞觀五年以後，太宗屢幸國學，增創學舍一千二百間。國學、太學、四門學，均增生員額。書、算各置博士。凡三千二百六十員。屯營飛騎，亦給博士，授以經業。高麗、百濟、新羅、高昌、吐蕃諸國，亦遣子弟請入國學。國學之內，八千餘人，其盛爲近古所未有。

但一到高宗、武后時，此風淩替。

舊唐書儒學傳：「高宗嗣位，政教漸衰，薄於儒術，尤重文吏。醇醲日去，華競日張。則天稱制，以權道臨下。不吝官爵，取悅當時。生徒不復以經學爲意，二十年間，學校頓時隳廢。」新書儒學傳謂其時「諸王、駙馬皆得領祭酒」，其腐敗可想。故劉祥道上疏，謂：「永徽以來，庠序諸生，未聞甄異，獎勵之道未周。」而中宗時，韋嗣立上疏，謂：「國家自永淳以來，二十餘載，國學廢散，冑子衰缺。時輕儒學之官，莫存章句之選。貴門後進，競以僥倖昇班。寒族常流，復因凌替弛業。」蓋武后「重用刑，輕用官」。（楊嗣復語。）韋氏當國，亦「擅擢士大夫」。（楊瑒語。）至太平公主亦常推薦天下士，謂儒者多窶狹，厚持金帛謝之，以動大議，遠近翕然歸嚮。經此數番搗亂，士風激變，儒業驟衰，而學校之政終於不振。唐太宗嘗問王珪：「近世爲國者益不及前古，何也？」對曰：「漢世尚儒術，宰相多用經術士，故風俗淳厚。近世重文輕儒，參以法律，此治化之所以益衰。」唐高宗、武后以後之弊象，王珪已逆知之矣。

國家既無教育，而空懸一格以爲考試。（此猶專據科舉言。諸色入流，以及世冑門廕，并此無之。）而考試標準又漸漸趨重於進士科之詩賦。

隋大業置進士科，試策問。唐初亦因之。高宗永隆二年，考功員外郎劉思立言：「進士惟誦舊策，無實才。」遂詔進士先試雜文兩篇，通文律然後試策。所謂雜文，即詩賦之類。玄宗天寶十一載，詔：「進士帖經既通，乃試文、試賦各一篇，文通乃試策。」可見進士科在永隆以前止有對策；天寶以前有策、有詩賦；天寶以後有帖經、有策、有詩賦。說者謂隋以詩賦取士，未是。惟對策多可鈔襲，帖經惟資記誦，別高下、定優劣，以詩賦文律爲最宜。故聰明才思，亦奔湊於此也。

開元以後，成爲風氣。

開元以前，未嘗專尚進士科，故天下名士雜出他途。開元以後始尊崇之，故當時名士中此科者十常七、八。其後則公卿非進士出身不爲美。開元二十五年敕：「進士以聲韻爲學，多昧古今；明經以帖誦爲功，罕窮旨趣」，是當時未嘗不知其流弊，而無以爲變。

全國上下尚文之風日盛，尚實之意日衰。

此亦武后時開之。史稱：「永淳以來，臺閣髦彥無不以文章達，而中書舍人尤爲朝廷盛選，諸官莫比。」相傳武后天授元年，壽春郡王盛器兄弟初出閣，同日受册，有司撰儀注，忘載册文。及百寮在列，方知闕禮，宰臣相顧失色。中書舍人王勃立召小吏五人，各令執筆，口授分寫，同時須臾俱畢。詞理典贍，時人歎服。當時所豔稱之故事率如此。又，自王通至王勃，一家學術之變，即可以覘世尚也。武后詔張昌宗撰三教珠英，文學士李嶠、閻朝隱、徐彥伯、張說、宋之問、崔湜、富嘉謀等二十六人助成之。閻朝隱爲武后禱疾少室山，沐浴伏身俎盤，爲犧請代。宋之問等至爲易之奉溺器。二張誅，朝官房融、崔神慶、崔融、李嶠、宋之問、杜審言、沈佺期、閻朝隱等皆坐竄逐。後之問又諂事太平公主見用。安樂公主權盛，復往諧結。此可見當時朝士風習矣。

詩賦日工，吏治日壞。

杜佑通典論此，曰：「國家貞觀中，有戶三百萬。至天寶末，百三十餘年，纔如隋氏之數。聖唐之盛，邁於西漢，天下編戶合踰元始之間，而名籍所少三百餘萬。直以選賢授任，多在藝文。才與職乖，法因事弊。隳循名責實之義，闕考言詢事之道。習程典，親簿領，謂之淺俗；務根本，去枝葉，目以迂闊。職事委於羣胥，貨賄行於公府，而至此也。」長慶初，給事中丁公著告穆宗：「國家自天寶以後，風俗奢靡，宴處羣飲，以諠譁沈湎爲樂。居重位、秉大權者，優雜倨肆於公吏之前，曾無愧恥。公私相效，漸以成俗。由是物務多廢。」此可與杜佑之言相參證。重藝文，習奢靡，其事亦相因也。

唐代政治界的風習，大有從北朝經術轉向南朝文學的意味。這亦是唐代盛運中衰徵之一。宋神宗譏唐太宗「爲文學庾信」，鄭毅夫謂太宗「文章纖靡，不與功業稱」。煬帝雖好文，而猶能矯南士之弊；太宗轉溺南風。南方之文采風流，終於戰勝北人之樸厚，爲隋、唐統一盛運中一極可注意之事。又會昌四年中書門下奏：「齋月斷屠，出於釋氏。國初風俗，猶近梁、陳。卿相大臣，頗遵此教。」即孔穎達諸人爲五經正義，亦多行南廢北。

二　政府組織之無限止的擴大

政權無限制解放，同時政府組織亦無限制擴大。時則有三省、九寺、一臺（御史）、五監（國子、少府、軍器、將作、都水）。唐代的政府組織，其第一可見的缺點，即爲重規疊矩，有許多駢拇無用的機關。

范祖禹謂：「既有太尉、司徒、司空，而又有尚書省，是政出於二。既有尚書省，又有九寺，是政出於三。本朝裕陵神宗。好觀六典，元豐官制盡用之。中書造命，門下審覆，尚書奉行，機事往往留滯，上意亦頗以爲悔。」

六部與九寺，職權即多重疊。

太常、宗正、鴻臚可入禮部，光祿、衞尉、太僕可入兵部，大理即廷尉。入刑部，司農入戶部，少府入工部。大體均可消併。

北周書：「太祖以漢、魏官繁，思革前弊。大統中，命蘇綽、盧辯依周制改創其事。」通典謂：「後周依周禮置六官，而年代短促，人情相習已久，不能革其視聽，故隋氏復廢六官，多依北齊之制。官職重設，庶務煩滯。加六尚書似周官之六卿，又更別立寺監，則戶部與太府分地官司徒職事，禮部與太常分春官宗伯職事，刑部與大理分秋官司寇職事，工部與將作分冬官司空職事。自餘百司之任，多類於斯。欲求理要，實在簡省。」今按：九寺乃古代封建政治之遺骸，爲王室之僕傭。南北朝中央勢微，王室衰替，則九寺職權日失其緒。西魏王室最爲單孤，故北周君臣獨有意於模古更新。惜乎隋代不能完此美意，隋文存心蔑其前代，改襲北齊，而六尚之制，實則仍蹈北周六卿之體貌，則無怪與九寺爲複沓，有如杜氏之譏矣。唐興諸儒，亦未能窮究治要，遂使九寺駢拇，依然存在。玄宗時制唐六典，雖亦意准周禮，不知九寺固非周禮所有，仍不能蕩滌更新，是則北周君臣一番創作之精神，實未爲隋、唐所接納也。故隋、唐而後，中國史上雖不復有古昔封建時代之貴族，而仍存古昔封建遺蛻之王室。其詳見論漢制。下益卑，上益崇，君尊臣屈，一成不革，又豈獨官職之重疊而已！是亦讀史者所宜大與惋惜之事也。

新機關產生，舊機關不取消，造成冗官坐食，不僅有損國帑，同時還妨礙整個政治效能之推進。

唐官有流內、官置九品，品各有正、從，四品以下又分上、下，共三十階，謂之「流內」。視流內、流外九品以外別置九級，自勳品以至九品，無正、從，謂之「流外」。「視流內」亦自勳品至九品。之別。又有職事官與散官、散官不帶職事，給俸祿，與朝會，班列依本品之次。皆崇官盛德，罷劇就閑者居之。如開府儀同三司、光祿大夫、驃騎三司，是也。勳官出於周、齊交戰之際，本以酬戰士。其後漸及朝流。如上柱國、柱國、上護軍、護軍、輕車都尉、騎都尉等。之別。又有正官、階高官卑稱「行」，階卑官高稱「守」。試官、未爲正命，始於武后時，藉以收人心。當時諺曰：「補闕連車載，拾遺平斗量，把推侍御史，腕脫校書郎」，其濫可想。員外官祿俸減正官之半，亦始武后時。李嶠爲尚書，員外郎至二千餘員。盧懷慎神龍中疏：「京諸司員外官數十倍，近古未有。」又有「同正員」，祿俸賜與正官同，惟無職田。之別。中宗時，韋后、太平公主用事，於側門降墨敕斜封授官，號「斜封官」，亦數千員。李朝隱爲吏部員外郎，執罷千四百員，怨誹譁然。

貴族門第特權階級逐步取消，政權官爵逐步公開解放，引起了官僚膨脹的臃腫病。

太宗省內、外官，定制七百三十員。此據百官志。新書曹確傳則云：「太宗著令，文武官六百四十三。」而杜佑通典計唐文武官及諸色胥史等總三十六萬八千六百六十八人。元和六年宰臣李吉甫奏：「自漢及隋，十有三代，攝其官員，皆少於國家所置。」

歷代官數

漢　十三萬二百八十五員。（哀帝時數，兼諸府州郡胥吏在內。）

後漢　七千五百六十七員。

晉　六千八百三十六員。

宋　六千一百七十二員。

齊　二千六十三員。

後魏　七千七百六十四員。

北齊　二千三百二十二員。

後周　三千九百八十九員。

隋　一萬二千五百七十六員。（內官二千五百八十一，外郡縣官九千九百九十五。）

唐　一萬八千八百五員。（內官二千六百二十，外郡縣官一萬六千一百八十五。）

與官員日增相因並起的現象，便是官俸日高。

唐初依品制俸，官一品月俸錢三十緡，職田祿米不過千斛。開元時一品月俸至二十六千。天寶數倍於開元，大曆又數倍於天寶，而建中又倍於大曆。大曆中，權臣月俸至九千緡。元載爲相，（以仕進者多樂京師，惡其逼己。）厚增外官俸，刺史月給或至千緡。至常袞相，乃加京官俸，歲約十五萬六千緡，又加諸道觀察使、都團練使、副使以下料錢，使上下有敍。李泌爲相，又增百官及畿內官月俸。（復置手力資課歲給錢。左右衛上將軍以下，有六項雜給：一糧米，二鹽，三私馬，四手力，五隨身，六春冬服。射生、神策大將軍增以鞋。州、縣官有手力雜給錢。）至會昌，三師至二百萬，三公百六十萬，侍中百五十萬，中書令、兩省侍郎、兩僕射百四十萬，尚書、御史大夫百萬，節度使三十萬，上州刺史至八萬。（建中時，沈既濟言：「天下財賦耗數之大者惟二事：最多者兵資，次多者官俸。其餘雜費，十不當二事之一。」）

這一個趨勢，愈走愈失其本意，遂致做官只是發財分贓，而不是辦事服務。

一方面又因用人進退之權，完全集中於中央，欲求精密而反不精密。

漢有辟除，故選部不勞。自隋一命之官皆授之朝廷，州郡之官悉歸於吏部，唐承而不革。（按：唐代仕宦多由科目，而辟署亦時有之。有既爲王官而被辟者，如張建封辟許孟容、李德裕辟鄭畋、白敏中辟王鐸是也。有登第未釋褐入仕而被辟者，如董晉辟韓愈是也。有强起隱逸，如烏重允之於石洪、溫造，張摶於陸龜蒙是也。有特招智略之士，如裴度於柏耆、杜慆於辛讜是也。所謂隱逸智略之士，亦多起於白衣。故劉攽言：「唐有天下，諸侯自辟幕府，惟其才能，不問所從來。而朝廷常收其俊偉，以補王官之闕。宋時雖有辟法，然白衣不可辟，有出身未歷任者不可辟；可辟者復拘以資格，限以舉主，去古法愈遠。而倜儻泝弛之士，少得自達矣。」）其法始於孟冬，終於季春，天下之士奔走往來，秋往而春歸。歸裝未卸，選期又至。是以遠者、貧者、老者多不能至。至者千百，而授者不能什一。有出身二十年不得祿者。羣天下之士，決於一、二有司之目，察其貌言，考其書判，任公力所不逮，容私何所不至。請託縱橫，姦僞百出。然唐之考課，尚爲後世稱美。其法有四善、以著其德行。二十七最，以著其才術。相爲乘除而分九等。上者加階，次進祿，下奪祿，又下解任。置知考使，常以宰相董其任。每能以物望取人而不疑於有司。故唐賢每言選舉之弊，而於考課無異議。盧承慶考内外官，一官督運漕，風失米，盧考之曰：「監運損糧，考中下。」其人容止自若，無一言而退。盧重其雅量，改注曰：「非力所及，考中中。」既無喜容，亦無愧詞。又改注曰：「寵辱不驚，考中上。」此尤唐代考課中之嘉話也。

而授官任賢之事，漸變爲挨資得官。

劉秩云：「古者封建諸侯，自卿以降，各自舉任。漢室佐史，皆牧守選辟。近則一命拜免，必歸吏部，按名授職，猶不能遣，何暇採訪賢良，搜覈行能？」

中央政府規模擴大，政權集中，官僚充塞，階資增多；地方官權位日落，希求上進的自然羣趨中央，遂連帶引起重内輕外之習。

此弊貞觀時即甚顯。若推溯言之，則遠始晉代。晉李重雜奏議（羣書治要、藝文類聚引）：「秦、漢倚丞相，任九卿，雖置五曹尚書令、僕射之職，始於掌封奏以宣内外，事任尚輕。而郡守牧民之官重。故漢宣稱『所與爲治，惟良二千石』。其有殊效，璽書勉勵，或賜爵進秩，禮遇豐厚。及至東京，尚書位漸優顯，然令、僕出爲郡守，鍾離意、黃香、胡廣是也。郡守入爲三公，虞延、第五倫、桓虞、鮑昱是也。近自魏朝名守，杜畿、滿寵、田豫、胡質等，居郡或十餘年，或二十年，或秩中二千石，假節猶不去郡。此亦古人『苟善其事，沒世不徙官』之義。内官之貴，於今最隆。太始以前，多以散官補羣郎，亦徑補黃門中書郎，今皆數等而後至。百事等級遂多，遷補轉徙如流，能否無以著，黜陟不得彰。此爲治之大弊。夫階級繁多而冀官久，官不久而冀治功成，不可得也。」馬周上疏：「古者郡守、縣令，皆選賢德，或由二千石高第入爲宰相。今獨重内官，刺史多武夫勳人，或京官不稱職始補外。」張九齡玄宗時疏云：「京輔近處州刺史，猶擇人，縣令或備員。其餘江、淮、隴、蜀、三河等處。但於京官中爲閒散者，或身有累，在職無聲，用於牧守，以爲斥逐。」武夫流外，積資得官，盡爲刺史。縣令以下固不勝言。

中央政府固易趨腐化，而地方政權更難整頓。唐代的地方吏治，因此不易與西漢相比。

西漢選用分於地方；唐則專於吏部，因此選擇不精，並不負責。西漢官少，階位疏闊，故能久於任職而專責成；唐則官多階位密，故速於遷調，而又多掣肘。盧懷慎中宗時疏：「比來州牧上佐，及兩畿縣令，罕終四考。在任多者一、二年，少者三、五月，遽即遷除。」其弊至此。又按：梁朱昪立法，分諸州爲五品，以大小爲牧守高下之差，而定升降之等。凡異國降人邊陲之地悉爲下州，論者謂：「以安富遂巧宦之欲，而使頑懦者困邊民、開邊釁。後世南荒、北鄙寇亂不息，莫不自守令召之。」唐制州、縣亦有畿、赤、望、緊、上、中、下、雄之別；明則有邊、腹、衝、疲繁簡調除之法。然邊重於腹，瘠重於饒；而任官者腹、饒爲上，邊、瘠爲下，何以勸能吏而賤貪風？此等皆多爲階級，又重官位而不重官職之病也。漢縣令有遷郡守者(王遵、魏相)，有遷刺史者(朱博)，有遷諫大夫者(劉輔)，有遷京輔都尉者(趙廣漢)，有遷御史中丞者(薛宣)，亦有吏民所愛，增秩復留者(焦延壽)。地方下級官吏之地位，乃爲後世不可想望。

在這一種繁委叢脞的政治情況之下，很容易叫人放棄了宏綱闊節，而注意到簿書案牘上去。

牛弘問劉炫：「令史百倍於前，判官減則不濟，何也？」炫曰：「古人委任責成，歲終考其殿最，案不重校，文不繁悉，府史之任，掌要目而已。今之文簿，恆慮覆治。鍛鍊若其不密，萬里追證百年舊案。故諺云：『老吏抱案死。』事繁政弊，職此之由。」則此種景象，自隋已有之也。張九齡云：「始造簿書，備人遺忘，今反求精案牘，不急人才，何異遺劍中流，而刻舟以求？」一面在分別流品，看不起吏胥；（諸司令史皆「流外」。）一面卻把實際的政務，都推放在吏胥手裏。（簿書案牘，皆其所掌。）這一個情形，自唐以下遂莫能革。

政府的擴大現象中，更可詫駭的，是王室生活之奢靡。太常所屬樂人有數萬員。唐書禮樂志：「唐之盛時，凡樂人、音聲人、太常雜戶子弟隸太常及鼓吹署，皆番上，總號『音聲人』，至數萬人。」按：李嶠疏：「太常樂戶已多，復求訪散樂，獨持鼗鼓者已二萬餘員。」此在中宗時。至宣宗大中初，尚有太常樂工五千餘人，俗樂一千五百餘人。

供膳至二千四百人。（漢太官令宰士二百人。）鹵簿用二萬二千二百二十一人。（詳唐書禮樂志。）宦官、宮女之盛，遂為唐政腐敗一要端。（詳另述。）

種種病痛，自貞觀以後，經過高宗之懈弛，武后之放恣，歷中宗韋后之亂，到玄宗時陸續呈露。然苟有大有為的政府，儘可革新，並非死症。不幸玄宗在盛大光昌的氣運之下，始則肆意開邊，繼則溺於晏安，上述各病痛，反而加甚益厲，遂致終於激起安、史的大變。

第二十七章　新的統一盛運下之對外姿態（唐初武功及中葉以後之外患）

一　安史之亂以前

中國在其統一盛運之下，對外理可有相當之發展。

唐初强敵，厥爲北方之突厥。

突厥（即漢之「丁零」，世居金山，即阿爾泰山之南。）初臣於柔然，（蠕蠕。）後漸强。（擊滅柔然。）周、齊爭結姻好，傾府庫事之。其汗佗鉢益驕，謂其下曰：「我在南兩兒常孝順，何患貧也？」

傅奕曰：「自劉、石至後周，皆北狄種類，相與婚姻。高氏聘蠕蠕女爲妻，宇文氏以突厥女爲后。北齊供突厥歲十萬匹，周氏傾國事之，錦衣玉食長安者恆數千人。周、齊使于突厥，遇其喪，剺面如其國臣。」

隋代突厥内侵，（突厥汗沙鉢略妻宇文氏女，曰千金公主。）爲隋所破。嗣突厥内亂，沙鉢略歸附。（千金公主賜姓楊氏，改封大義公主。此在平陳前。）

後突厥汗染干（沙鉢略之子。據通典則爲沙鉢略弟處羅侯之子。）來求婚，隋使殺千金公主而妻以宗室女安義公主。（後拜爲啓民可汗。安義公主死，又妻以義成公主。）大抵突厥其勢驟盛，而政治組織，不能堅凝，自分東西，時生内亂。而中國已趨統一，突厥遂終於屈服。

突厥政治組織遠不逮匈奴。匈奴「單于」一統，突厥則分據一方者皆稱「可汗」，其尊卑與「大可汗」不甚殊。楊忠與突厥伐齊還，言於周武帝，曰：「突厥首領多而無法令，何謂難制馭？」頡利入寇，唐太宗謂：「突厥衆而不整，君臣惟利是視。可汗在水西，而酋帥皆來謁我，我醉而縛之甚易。」李百藥云：「突厥雖云一國，然其種類區分，各有酋帥。」此乃突厥在隋、唐初年所以雖盛而遽摧之故。

煬帝大業三年，幸榆林，啓民來朝。帝親巡雲中，幸啓民所居。（在今馬邑。）啓民躬爲帝削帳外草。

隋末，中國亂離，中國人多往歸突厥，始畢可汗（啓民子。）遂復盛。

史稱其「控弦百萬，東自契丹、室韋，西盡吐谷渾、高昌」，蓋北方幾於混一。

唐高祖起太原，請兵於突厥。曰：「若入長安，土地民衆歸唐，金玉繒帛歸突厥。」突厥遣二千騎助師。時羣雄如竇建德、薛舉、劉武周、梁師都、李軌、王世充等悉臣尊之。

唐初，突厥遂屢爲邊患。

武德七年，突厥又入寇。或勸高祖燒長安避之，以太宗諫而止。九年，突厥十萬騎至渭水上，太宗與房玄齡等六騎詣水濱，與其酋頡利啓民弟。隔水語，卒盟而歸。

然突厥勢雖張，其內政未臻凝固。貞觀元年，鐵勒、薛延陀、回紇諸部皆叛。頡利遣突利討之，敗歸，頡利拘之十餘日。頡利又與突利啓民子。失和。並逢大雪，羊、馬皆死。華人逃北者亦屯聚山險。二年，突利請入朝。西漢南匈奴內附，尚在武帝時衛、霍絕漠大勝之後六十餘年。此在唐、突厥交兵之前，形勢大不同。三年，命李靖出討。時突厥北部諸姓多叛頡利，歸薛延陀，唐乘機拜其酋夷男爲真珠可汗。薛延陀既彊，突厥自弱，請和親，唐因而討之。六總管師十餘萬，皆受靖節度。靖驍騎三千，先出馬邑以逼之。四年，進擊定襄，以精騎一萬夜襲。頡利被俘。先後僅半年。

男女來降者十萬口。其酋長至者，皆拜將軍、中郎將，布列朝廷，五品以上百餘人，殆與朝士相半。因而入居長安者近萬家。

突厥既破，其部落或走薛延陀，或走西域，而四夷君長，遂詣闕請帝爲「天可汗」。唐自此即威震塞外。

貞觀十五年，李勣以精兵三千。討破薛延陀。二十年，滅之。薛延陀之盛，始貞觀二年，立國既促，滅之自易。薛延陀既滅，回紇徙居突厥故地而未强，時中國得暫安。十四年，滅高昌，設安西都護府。十八年，破焉耆。二十二年，破龜茲。唐之聲威，達於葱嶺。高宗時滅西突厥，唐之威力遂踰葱嶺，西及波斯。高麗亦於高宗時内服。時蠻夷多内屬，即其部落爲羈縻府州，多至八百五十有六。又於沿邊設六都護分統之。

唐對外極盛時代之六都護府

安北都護府屬關内道。 治金山，阿爾泰山境，開元二年移治中受降城。領磧北諸府州。龍朔中，分燕然都護府之磧北，領回紇者更號瀚海都護府，總章二年更名。

單于都護府屬關内道。 治雲中，今綏遠歸綏縣城南。領磧南諸府州。陰山之陽，黄河之北。貞觀二十一年設燕然都護府，龍朔三年名雲中都護府，麟德初改。

安西都護府屬隴右道。 治龜茲，今新疆庫車縣，先治西州，今吐魯蕃。領西域諸府州。自天山南路至波斯以東。設於貞觀中，爲最先。

北庭都護府屬隴右道。 治庭州，今新疆孚遠縣北。領天山以北諸府州。金山以西。長安二年設。

安東都護府（屬河北道。）治平壤，（朝鮮境。開元二年徙平州，天寶二年又移於遼西故郡城。）領高麗諸府州。（設於總章初。）

安南都護府（屬嶺南道。）治交州，（安南境。）領交趾府州及海南諸國。（設於調露初。）

其餘則統於營州、（契丹、奚、室韋、靺鞨諸部落隸屬之。）松州、（西羌別種党項等隸之。）戎州、（南中諸蠻隸之。）黔州（亦治諸蠻。）等都督府。

唐地東西九千五百一十一里，南北一萬六千九百一十八里爲極盛。南、北皆如前漢盛時，東不及而西過之。

唐代武功之盛，其關於國內政治之修明，民力之富厚，已詳前述。別有一事當附論者，則爲當時馬匹之繁殖。馬盛無如後魏。太武太延二年，於雲中置野馬苑。平朔方、隴右，以河西水草善，以爲牧地。馬三百餘萬匹，橐駝半之。孝文遷洛，宇文福爲都牧給事，規石濟以西、河內以東，據黃河南北千里爲牧地。歲自河西徙牧漸南，欲其習水土。（高歡説爾朱榮，謂：「聞公有馬十二谷，色別爲羣，將此竟何用？」）時江、淮有馬不過十萬，强弱之形即此而見。（宋周朗上書獻讜言，謂：「人知不以羊追狼、蟹捕鼠，而令重車弱卒與肥馬悍胡相逐，其不能濟固宜。漢之中年能事胡者，以馬多也。既兵不可去，車騎應蓄。」）

唐馬政殆承北朝遺風，故亦稱盛。唐初太僕少卿張萬歲領羣牧，自貞觀至麟德四十年間，馬七十萬六千匹。（此據張説羣牧頌。舊唐書卷一四一云：「四十萬匹在河、隴間。」）置八使，設四十八監，跨隴右、金城、平涼、天水四郡地，幅員千里。猶爲隘狹，更析八監，布於河曲豐曠之野，乃能容之。玄宗開元初，惟得二十四萬匹，至十九年復成四十四萬匹。東封，取牧馬數萬匹，每色一隊，相間如錦繡。魏元忠云：「師行必藉馬力，不數十萬不足與虜爭。」時即「步軍皆有私馬」。舊唐書高仙芝傳。杜牧謂：「冀州產健馬，下者日馳二百里，所以兵常當天下。」罪言。郭子儀謂：「吐蕃之來，稱四節度，將別萬人，人兼數馬。臣所統士不當賊四之一，馬不當賊百之二。」唐自失河隴，失冀北，而惟恃歲市回鶻之羸馬，則國力亦遂不競。鹽鐵論：「一馬伏櫪，當中家六口之食，亡丁男一人之事。」宋代產馬地皆歸遼、夏，中原畜馬費不貲，而氣不高肅，地不寬曠，水草不豐，馬不肥健。唐、宋國力進退，此亦一因。

然國運展擴，亦有其相當的限度。中國以農立國，地兼寒、溫、熱三帶，國內貿易足可自給，國外通商非必需。往往以我日用品易彼奇珍異玩，徒足引起國內之貧富不均，以及風俗之奢華，而於整個國民生計，無大補益。故對外戰爭，除防止侵略外，常無所利。殖民、通商，皆非當時所急需。惟因國力豐盈，往往易於激起君主之好大喜功，而流於窮兵黷武。煬帝即因此失敗。太宗之伐高麗，亦超過國防戰爭之外。魏徵、李大亮等均有諫諍。弊中國以事四夷，已爲高宗、武后以來一輩人所不滿。神功元年，狄仁傑上疏，請捐疏勒等四鎮以肥中國。又請罷安東以實遼西；停江南之轉輸，慰河北之勞弊。事並不行。

至玄宗時，國內益臻安富，而朝廷之對外經營，亦益趨積極，於四邊境置十節度經略使。

一、安西節度使（今新疆庫車。）撫寧西域，統制龜茲、焉耆、于闐、疏勒四鎮。兵二萬四千人。

二、北庭節度使（今新疆孚遠。）統瀚海、天山、伊吾三軍，防制突騎施、（西突厥別部。）堅昆、默啜。兵二萬人。

三、河西節度使（今甘肅武威。）隔斷羌、胡之交通。兵七萬三千。

四、朔方節度使（今寧夏靈武。）捍禦北狄。兵六萬四千七百。

五、河東節度使（今山西太原。）與朔方掎角，以禦突厥、北狄。兵五萬五千。

六、范陽節度使（今北平。）臨制奚、契丹。兵九萬一千四百。

七、平盧節度使（今熱河朝陽。）鎮撫室韋、靺鞨。兵三萬七千五百。

八、隴右節度使（今青海樂都。）備禦吐蕃。兵七萬五千。

九、劍南節度使（今四川成都。）西抗吐蕃，南撫蠻獠。兵三萬九百。

十、嶺南五府經略（今廣東廣州。）綏靖夷獠，以鎮南海諸國。兵萬五千四百。

上列十節度經略使，共兵額四十八萬六千九百人。

開邊太廣，則邊兵不得不增。而府兵制既壞，此等邊兵多出招募。一面形成外强中弱之勢，一面又因坐養巨額軍隊，而影響及於全國之經濟。

開元初，每歲邊費約用錢二百萬貫。及末年，至一千萬貫。天寶末，更加四、五百萬。每歲用衣千二十萬匹，糧百九十萬斛。時關輔及朔方、河、隴四十餘郡，河北三十餘郡，每郡官倉粟多者百萬石，少不減五十萬石，至天寶末無不罄。

唐制，州、郡。縣以上有十道按察使，本爲都督，以權重改。督察地方行政。開元中，或加採訪、觀察、處置、黜陟等名目；此皆理民事。至邊疆，有事出征，則有大總管；無事鎮守，則有大都督，主兵事。兵之戍邊者，大曰「軍」，小曰「守捉」，曰「城」，曰「鎮」，皆有使。總之者曰「道」，有大將一人，即大都督。高宗永徽以後，都督帶使持節，猶全權印信。謂「節度使」。時猶未以名官。及景雲二年，賀拔延嗣爲涼州都督、河西節度使，始有「節度使」官名。然亦止統兵，不侵及民事。邊帥皆用忠厚名臣，不久任，不兼統。功名著者，往往入爲宰相。唐初如李靖、李勣、劉仁軌、婁師德等。開元以來如薛訥、郭元振、張嘉貞、王晙、張説、杜暹、蕭嵩、李適之等。開元以來，邊將久任，十餘年不易。乃至朔方、隴右、河東、河西諸鎮皆置節度使，以數州爲一鎮，節度使即兼統此數州，而州刺史盡屬之。故節度使多兼按察、安撫、度支諸使，土地、人民、甲兵、財富皆有之。此爲地方政制上一大變化。又玄宗相李林甫，嫌儒臣以戰功進，尊寵間己，乃請顓用蕃將，於是諸道節度多用胡人，如安祿山、高仙芝、哥舒翰等。其所帶鎮兵，間亦雜有大量之胡卒。其先本用兵防胡，其後乃變爲豢胡爲兵，全失本意。

近人有主李唐爲蕃姓者，其事信否無確據。然唐高祖李淵母獨孤氏，太宗母竇氏，外祖母宇文氏，高宗母長孫氏，玄宗母竇氏，皆胡族也。則李唐世系之深染胡化，不容諍論。如太宗子承乾行徑可證。即唐初女禍頻仍，如武、韋、太平公主等，亦北朝家庭女權伸張之遺風。唐人對種族觀念，亦頗不重視。太宗貞觀十八年，突厥俟利苾可汗來降，有衆十萬，自請處勝、夏之間，太宗許之，曰：「夷狄亦人耳，與中夏不殊。以德治之，則可使如一家。」唐室之夷、夏一視，自始即然。即據宰相世系表九十八族三百六十九人中，其爲異族者有十一姓二十三人。據丁文江中國列代人物之地理分布統計，前漢外族比數爲·九六，後漢·二一，唐三·九，北宋·六一，南宋◯，明·七九。時人遂有「華、戎閥閱」之語。舊唐書七十二李守素傳。柳沖論人物，亦分山東、江左、關中、代北四部。崔慎猷宣、懿時。至謂：「近日中書，盡是蕃人。」指白敏中、畢諴。又唐初已多用蕃將，見陔餘叢考。甚至禁軍亦雜用蕃卒。建成募幽州突厥兵三百，納宮中。貞觀百騎亦爲蕃口，見舊書王毛仲傳。開元八年勅：「于兩京及諸州揀取十萬人，務求灼然驍男，不須限以蕃、漢。」唐人既不嚴種姓之防，又不能注意於國家民族的文化教育，而徒養諸胡爲爪牙，欲藉以爲噬搏之用，唐武宗尚命李德裕爲異域歸忠傳。則宜釀成此曠古未有之大禍矣。

安祿山本營州雜胡，而玄宗授以大權。

開元二十九年爲營州都督，天寶元年兼平盧節度使，天寶三年兼范陽節度使，九年賜封東平郡王，唐將帥封王始此。兼河北道採訪處置使，十年兼河東節度使，幾乎今遼寧、熱河、河北、山西諸省盡入其掌握。

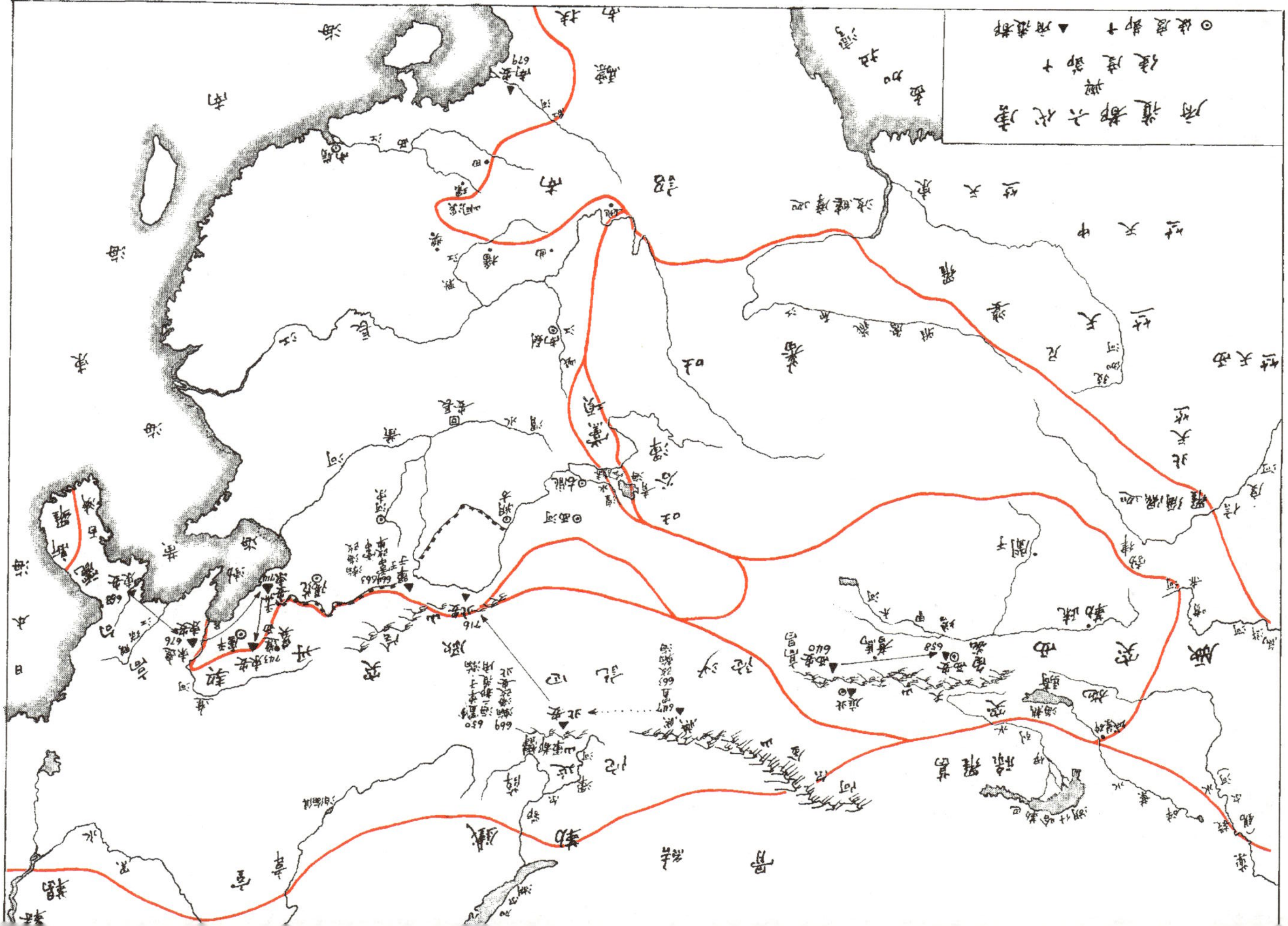
唐代六都護府與十節度使
⊙節度使
▲都護府
突厥
回紇
吐谷渾
吐蕃
南詔
天竺
新羅
百濟
高句麗
契丹
奚
日本海
東海
南海
黃海
渤海
長江
黃河
葱嶺
大食

擁兵至十八萬。內雜同羅、奚、契丹、室韋諸族。祿山養諸族「曳落河」八千餘人爲假子，其軍號「父子軍」。又以蕃將三十二人盡代去其部下之漢將。祿山事迹：「祿山專制河朔，其中契丹委任尤重。一國之權，十得二、三。行軍用兵，皆在掌握。」安祿山的勢力，是唐室用中國財富豢養成的胡兵團。此種胡兵團，只朘吸了唐室的膏血，並沒有受到唐室的教育。他們一旦羽翼成長，自然要撲到唐室的內地來。所謂安、史之亂，終於天寶十四年的十一月爆發。

安、史之亂，蔓延大河南北，破兩京，延及九年。討平安、史亂的諸將，亦幾乎盡是胡人。

惟郭子儀乃漢人。其他如李光弼，契丹人。僕固懷恩，鐵勒之僕骨族。渾釋之，渾族。王思禮，高麗族。賀蘭進明，鮮卑人。荔非元禮，羌人。安抱玉，安息人。白孝德，龜茲人。

安、史餘孽以及討安、史有功的將領，全部擁兵割地，造成此後藩鎮之禍。而藩鎮的籍貫，亦幾乎大部分是胡人。詳下章。

唐代的中葉，一面好大喜功，無限止的開邊；一面又寬大爲懷，全泯種姓之防；宜乎食此惡果。

二　安史之亂以後

唐人以過分的開邊，激起內亂。及中國內部發生動搖以後，而其對外情勢，遂突然大變。最爲中國患者爲回紇。

回紇其先本匈奴，元魏時號高車，或曰敕勒，居薛延陀北。突厥亡，惟回紇與薛延陀最强。及攻殘薛延陀，并有其地。遂南踰賀蘭山境。

安祿山反，肅宗乞兵於回紇，東京慘遭焚掠。

唐與回紇約曰：「克城之日，土地士庶歸唐，金帛子女皆歸回紇。」此等條約，唐高祖入長安，借突厥兵，已先有之。大軍入西京，葉護回紇太子。欲如約。廣平王俶肅宗長子，時爲天下兵馬元帥，後改名豫，即位爲代宗。拜於葉護馬前，曰：「今始得西京，若遽俘掠，則東京之人皆爲賊固守。願至東京如約。」後入東京，回紇遂縱兵大掠。廣平王欲止，不可；耆老以繒錦萬疋賂之，始止。

自此唐歲遺回紇絹二萬匹。使就朔方軍受之。

寶應元年，（肅宗死，代宗立。）又徵回紇兵討史朝義，太子見辱。

雍王适（代宗太子，即位爲德宗，時爲天下兵馬元帥。）與僚屬從數十騎往見回紇可汗於河北，可汗責王不拜舞。（藥子昂對以「禮不當然」。回紇將車鼻曰：「唐天子與可汗約爲兄弟，可汗於雍王，叔父也，何得不拜舞？」子昂曰：「雍王，天子長子，今爲元帥，安有中國儲君向外國可汗拜舞乎！且兩宮在殯，不應舞蹈。」力爭久之。）鞭其從臣至死。（藥子昂、魏琚、韋少華、李進各鞭一百。以适年少未諳事，遣歸營。琚、少華均一夕而卒。）

回紇再入東京，又肆行殺掠。

士女皆遁保聖善、白馬二寺塔避之，回紇燒塔，傷死者萬計，火燄累旬不止。時中國軍亦因回紇爲暴而掠汝、鄭間，鄉不完廬，皆蔽紙爲裳，更虐於回紇。

自此回紇至横於長安，唐不能禁。

回紇留京師者常千人，商胡僞服而雜居者倍之。縣官日給饔餼。殖貨產，開第舍，市肆善利皆歸之。日縱暴横，吏不敢問。

廣德元年，回紇十五人犯含光門，突入鴻臚寺，門司不敢遏。

永泰元年，僕固懷恩誘回紇、吐蕃入寇，郭子儀說回紇共攻吐蕃。是歲，回紇胡祿都督等二百餘人入見，前後贈賚繒帛十萬匹；府藏空竭，稅百官俸以給之。大曆七年正月，回紇使者擅出鴻臚寺，掠人子女；所司禁之，攻擊所司，以三百騎犯金光、朱雀門。是日，宮門皆閉。代宗遣中使諭之，乃止。七月，回紇又擅出鴻臚寺，逐長安令邵說，至含光門街，奪其馬。說乘他馬去，弗敢爭。

每歲和市，無異於行賂。

自乾元以來，回紇歲求和市，一馬易四十縑，馬動至數萬匹，皆駑瘠無用。唐不能盡市，回紇待遣、繼至者，常不絕於鴻臚寺。大曆八年，代宗命盡市之。七月，回紇辭歸，載賜遺及馬價，用車千餘乘。八月，復遣使者以馬萬匹來，有司請只市千匹，郭子儀以為逆其意太甚，自請輸一歲俸為國市之。終於十一月命市六千匹。

直到德宗時，回紇始稍衰。

回紇本來風俗樸厚，及得唐賂，可汗始自尊大，築宮殿以居，婦人有粉黛文繡之飾。中國為之虛耗，而虜俗亦壞。文化不長進的民族，驟與以物質上的享受，只是害了他。

然而唐代還是不得不與回紇和親。

李泌請北和回紇，南通雲南，西結大食、天竺，以困吐蕃，凡十五餘對，德宗始允。（不忘寶應之恥。然知恥無勇，亦徒然也。）以咸安公主妻其可汗，歸其馬價絹五萬匹。回紇上書：「昔爲兄弟，今婿乃半子，願爲唐捍西戎。」（吐蕃。）

至文宗開成後，回紇内亂，遂不振。

唐中葉以後的外患，回紇以外，尚有吐蕃。

吐蕃，今西藏地。貞觀時，其君棄宗弄贊英略有大志，太宗妻以文成公主。時唐破吐谷渾、高昌，徙安西都護於龜兹，（初治西州，貞觀十四年平高昌，以其地置。高宗顯慶三年，徙治龜兹。）統于闐、焉耆、疏勒，號「安西四鎮」。

高宗時吐蕃連西突厥餘衆，逼安西都護府，天山南路盡没。

玄宗時，收黄河積石，置神策軍於臨洮西，置澆河郡於積石西，置宛秀軍實河曲地，置朔方、隴右、安西、北庭諸節度使以禦吐蕃。極輪臺、伊吾，所在屯田積粟。（軍城戍邏，萬里相望。）中國無斥候警，幾四十年。（是時中國盛强，自長安安遠門（西面北來之第一門），西盡唐境，萬二千里，閭閻相望，桑麻翳野，天下稱富庶無如隴右。）

安禄山反，潼關失守。盡徵河、隴、朔方鎮兵入國靖難，（謂之「行營」。）邊州無備，吐蕃乘間侵蹙。數年之後，鳳翔以西，邠州以北，盡爲蕃戎之地，湮没者數十州。

自此屢爲邊寇。

肅宗時歲入寇。

代宗廣德元年，隴右地盡亡。又進圍涇州，破邠州，入奉天，代宗幸陝。吐蕃入長安，立廣武王承宏爲帝，改元，擅作赦令，署官吏，留京師十五日，大掠乃去。長安中蕭然一空。

是年，劍南西山諸州亦入於吐蕃。

永泰元年僕固懷恩誘之入寇。

唐以藩鎮未靖，乃與吐蕃和，盟於清水。甘肅。約唐地涇州右盡彈箏峽，今甘肅平涼縣西百里。隴州右極清水，甘肅清水縣西。鳳州西盡同谷，甘肅成縣。劍南盡西山、蜀西之山。大度水。四川西部，上流即四川大、小金川，下流於樂山(即嘉定)入江。

然其後仍數寇，涇、隴、邠、寧，民物蕩然。

武宗後，吐蕃始衰。

宣宗時，始復秦隴、河湟之地。然自此唐亦垂亡。

唐中葉以後的外患，大要在西北，而東北有契丹、奚、室韋、靺鞨諸族，其勢亦漸盛。惟因藩鎮擅地，務自安，障戍斥候甚謹，不生事於邊，俾可專力內向。故諸族亦鮮入寇。然休養生息，日以繁滋。

尤著者爲渤海，本粟末靺鞨，寶應元年詔爲國，有五京、十五府、六十二州地。其國數遣諸生詣京師太學，習識古今制度，遂爲海東盛國。

唐以後中國的外患，遂自西北漸漸轉移到東北來。

就文物氣象而言，西北已耗竭不振，而東北精華未泄，元氣猶存。此因西北經吐蕃長期蹂躪，兵燹之餘，自不如東北之完固。而此後所謂東北之外患，其内裏乃無不挾有中國社會自身力量之一部分。

第二十八章　大時代之沒落 唐中葉以後政治社會之各方面

盛唐的光輝，終於因安、史之亂而沒落。自此以往，唐室政治，常在黑暗與混亂的狀態下敷衍或掙扎。

一　唐中葉以後之藩鎮

唐自安、史之亂以後，武夫戰卒，以功起行陣，列爲侯王者，皆除節度使。由是方鎮相望於內地，大者連州十餘，小者猶兼三、四。自國門以外，幾乎盡是方鎮的勢力。

而此等武人中，多半又是歸化的胡人。

開元前，胡人爲節度使者二人。天寶間九人，肅宗時八人，代宗時九人，德宗時十七人，憲宗時七人，穆、敬、文、武、宣時共十一人，懿、僖時十二人，昭宗時九人，先後共八十四人。

此等胡人，大抵全未受到國家好好的教育，而驟付以極大的權任。他們中間好一點的，是傲慢不受命令，壞的便生心反叛。

著者如李光弼，（本營州契丹，其父始仕中國，在武后時。）與郭子儀齊名，封臨淮王，知河南、淮南東、西、山南東、荊南五道節度行營事。吐蕃寇京師，不赴援。拜東都留守，不就任。晚節不終。（因與宦官魚朝恩、程元振嫌隙。）又如僕固懷恩，（鐵勒人，其祖始仕中國，在貞觀時；世襲都督。）一門死王事者四十六人，封大寧郡王，官至尚書左僕射，兼中書令，河北副元帥，朔方節度使。（又進拜太保。）恐賊平寵衰，請裂河北分大鎮以授安、史餘孽，遂成後患，而懷恩自身亦終於一反。

在戡平安、史的功臣，尚且如此，至於安、史餘孽得授節鎮者，更不堪問。

唐平安、史，本未能搗其巢穴。

至德元年李泌語肅宗：「令李光弼自太原出井陘，郭子儀自馮翊入河東，則史思明、張忠志不敢離范陽、常山，安守忠、田乾真不敢離長安。以兩軍縶其四將。又敕子儀勿取華陰，使兩京之道常通。然後以所徵兵軍於扶風，與郭、李互出擊之，使賊往來疲於奔命。賊至則避其鋒，去則乘其弊。不攻城，不遏路。然後命師並塞北出，與李師南北犄角，取范陽，覆其巢穴。」時肅宗以太子受禪位，急欲收復兩京，自見功，遂不用。

又以封其降將，遂成河北之藩鎮。

一、成德　有恒、趙、深、定、易諸州。

始封張忠志，賜名李寶臣，（本范陽內屬奚人。）更二姓，傳五世，至王承宗。（契丹）入朝。明年，王廷湊。（回紇）反，傳六世。

二、盧龍　有幽、莫、媯、檀、平、薊諸州。

始封李懷仙，（柳城胡。）更三姓，傳五世，至劉總入朝。六月，朱克融反，下歷八姓，多以牙將偏裨殺主自代。

三、魏博　有魏、博、德、滄、瀛諸州。

始封田承嗣，（盧龍人。）傳五世，至田弘正入朝。十年復亂，更四姓，傳十世。

此即所謂「河北三鎮」。彼輩皆擁勁卒，自署吏，（諸州、縣各置鎮將領事，收刺史、縣令權。）不貢賦，結婚姻，相聯結。

四、淄青　在河南道東部，有淄、青、齊、海、登、萊、沂、密、德、棣諸州。

始封李懷玉，賜名正己，（高麗人。）傳五世而滅。

又其次有滄景、宣武、彰義、澤潞等，各傳三、四世不等。田承嗣在魏博，舉管内戶口壯者皆籍爲兵，惟使老弱耕稼，數年間有衆十萬。又選其驍健者萬人自衛，謂之「牙兵」。其他諸鎮率類此。

至德宗時而第一次事變起。

初，田承嗣卒，（代宗末。）由李寶臣請以其侄田悅繼。及是李寶臣卒，子惟岳謀襲位，自爲留後，田悅爲代請，不許。田悅、李惟岳、李正己聯合叛命。李正己卒，子納襲位。惟岳將王武俊（契丹人。）殺惟岳降，嗣又叛。又加入盧龍朱滔，舉滔爲盟主，各自稱王。（滔，冀王。悅，魏王。武俊，趙王。納，齊王。）命淮西節度使李希烈（遼西。）討之，而希烈亦擁衆反。（號建興王，天下都元帥。）五賊株連半天下。朝廷又發涇原兵討之，以未得厚賜，不滿，亦反。擁朱泚入長安。（稱大秦皇帝。）德宗奔奉天，下詔罪己，大赦王武俊、李納、田悅、朱滔，專討朱泚。

李納卒，子師古立；王武俊卒，子士真立。諸鎮惟去王號，專擅益驕，而朝廷益弱。（德宗在位二十六年，志大才）

自此朝廷遂行姑息之政。

小，心褊意忌，姑息藩鎮，聚斂貨財，委任宦官，皆其弊政也。

至憲宗時而朝廷與藩鎮之衝突又起。

初，憲宗深矯德宗姑息之弊，始用兵討蜀，劉闢，在元年。又誅李錡。自浙西觀察使爲鎮海節度使，廣兵自保，選有材力善射者，謂之「挽硬隨身」；胡、奚雜類，謂之「蕃落健兒」；給賜十倍他卒。見誅在二年。時魏博田季安卒，其裨將田興後賜名弘正。舉六州歸命。在七年。而彰義軍在淮西。節度使吳少陽卒，子元濟自稱知軍事，憲宗下詔討之。在九年。徐州自王智興召募凶豪之卒二千，號銀刀、雕旗、門槍、挾馬等軍，後漸驕。田牟鎮徐州，與之雜坐，酒酣撫背，時把板爲之唱歌。其徒日費萬計，每有賓宴，必先飫以酒食。祁寒暑雨，卮酒盈前。然猶喧噪，動謀逐帥。事歷五年始平。宰相武元衡，爲淄青帥李師道所遣刺客殺於道。裴度傷首，然朝意討伐勿輟，度自出督師。

於是諸鎮相率歸命。成德王承宗卒，弟承元歸命，在十五年。前年，專討李師道，其部將劉悟斬之以降。元和號唐室中興。然憲宗在位十五年，十四年始平李師道，翌年爲宦官所弒。憲宗卒未三年，諸鎮又亂。

史憲誠奚人。據魏博。

王廷湊據成德。田弘正既歸命，朝命移鎮成德，廷湊殺之。山東、河南之輕重，常懸在魏，地形使然。田興忠誠歸命，爲唐室復收河北最好機會，命其移鎮，實爲失策。

朱克融朱滔孫。據盧龍。

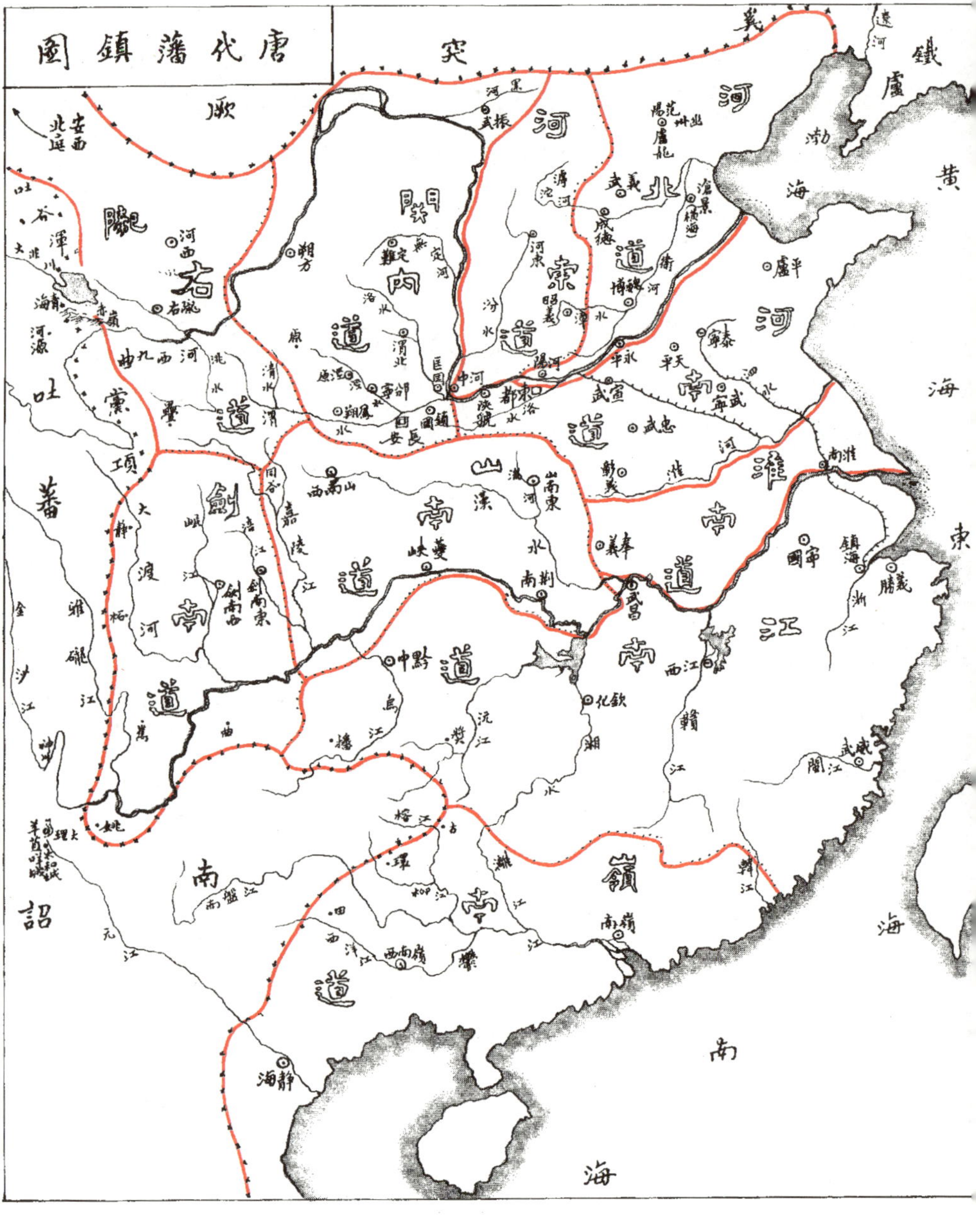
唐代藩鎮圖
突
厥
吐
蕃
南
詔
南
海
東
海
黃
海
渤
海
河
北
道
河
東
道
河
南
道
淮
南
道
江
南
道
關
內
道
隴
右
道
山
南
道
劍
南
道
黔
中
道
嶺
南
道

自此迄於唐亡，不能復取。藩鎮擅權，先後約一百四十年。始於河朔三鎮，及其末，則國門以外，皆爲强敵。

其先是鎮將挾兵以抗朝命，漸次鎮將亦爲驕兵所制。

其第一個最大的影響，厥爲藩鎮政權下之社會經濟的破產。

田弘正最爲忠誠，厚於骨肉，其兄弟子姪在兩都者數十人。競爲侈靡，日費約二十萬。弘正輦魏鎮之貨以供之，相屬於道。昭宣帝時，羅紹威召朱全忠至魏，留半歲，供億所殺牛、羊、豕近七十萬，資糧稱是，所賂遺又近百萬。全忠返大梁，紹威餽運，自魏至長蘆五百里不絕。所過驛亭，供酒饌、幄幕、什器。上下數十萬人，無一不備。蓄積一空。昭義澤潞土瘠賦重，人皆困匱，無以贍軍。李抱真爲節度，乃籍戶，丁男三，選一有材力者，免其租徭，給弓矢，令農隙分曹角射，歲終會校，示以賞罰。比三年，得成卒二萬，雄視山東。時稱「昭義步兵冠天下」。然武人私廚，日費米六千石，羊千首，酒數十斛，以爲常。盧從史日具三百人膳餉牙兵。潞人苦之。汴軍牙兵二千人，皆日給酒食，物力爲之屈。舉數隅可以推其全。又按：唐武臣豪侈，不僅在外之節鎮爲然。史稱：「安、史之亂，法度墮弛，內臣戎帥，競務奢豪。亭館第舍，力窮乃止。」馬璘經始中堂，費錢二千萬貫。馬璲資貨甲天下。白樂天詩：「不見馬家宅，今作奉誠園。」園乃璲子暢所獻舊第也。王鍔家財富於公藏。李晟子湛，累官至右龍武大將軍，恣爲豪侈，積債數千萬。其子貸回鶻一萬餘貫不償，爲回鶻所訴。文宗怒，貶湛爲定州司法參軍。而郭子儀尤以豪侈聞。歲入官俸二十四萬貫，私利不計。其宅在親仁里，居里中四分之一，中通永巷，家人三千。前後賜良田美器、名園甲館、聲色珍玩，堆積羨溢，不可勝紀。大曆二年，子儀入朝，代宗詔賜輭腳局。宰相元載、王縉，僕射裴冕，戶部侍郎第五琦，京兆尹黎幹等各出錢三十萬宴於子儀第。時田神功亦朝覲在京，並請置宴。於是魚朝恩及子儀、神功等更迭治具，公卿大臣列席者百人，一宴費至十萬貫。據此以推踞地自雄、不服朝命之藩鎮，更可想也。

其第二個更大的影響，則爲藩鎮政權下之社會文化水準之降低。

杜牧范陽盧秀才墓誌云：「秀才盧生，自天寶後三代，或仕燕，或仕趙，兩地皆多良田畜馬。生年二十，未知古有人曰周公、孔夫子者。擊球飲酒，射馬走兔，語言習尚，無非攻守戰鬭之事。」杜佑建中時上省用議亦云：「田悅之徒，並是庸瑣，暴刑暴賦，惟恤軍戎，衣冠士人，遇如奴虜。」田弘正上表則曰：「臣家本邊塞，累代唐人，馳驅戎馬之鄉，不覩朝廷之禮。伏自天寶已還，幽陵肇亂，山東奧壤，悉化戎墟。官封代襲，刑賞自專」云云。據此諸條，可以想像當時河北之狀況。在上則藩鎮擅權，擁兵自全，既與中央隔絕。在下則故家大族均隨仕宦而不返，其留者則威脅利怵，習焉忘故，遂自視猶羌狄。張弘靖爲盧龍節度使，始入幽州，俗謂安祿山、史思明爲「二聖」，弘靖欲變其俗，乃發墓敗棺。衆滋不悅，范陽終以復亂。此在穆宗長慶初，距安、史作亂已六、七十載，其土俗猶如此，則此後更可想。故史孝章諫其父憲誡曰：「天下指河朔若夷狄然。」其與整個中國文化隔閡，至於如此，其影響至五代、宋時而大顯。此誠中國古史上至要一大關鍵也。

五胡亂華之際，胡酋尚受中國教育，尚知愛中國文化，尚想造出一像樣的政府，自己做一個像樣的帝王。彼等尚能用一輩中國留在北方的故家大族，相與合作。唐代的藩鎮，其出身全多是行伍小卒，本無教育，亦無野心，（此指文化上的野心。）並不懂如何創建像樣的政治規模，只是割據自雄。有地位、有志氣的士人，全離開了他們的故土，走向中央去。彼等亦不知道任用士人，只在農民中挑精壯的訓練成軍，再從軍隊中挑更精壯的充牙兵，更在牙兵中挑尤精壯的做養子。（李希烈有養子千餘人。）如是朘削農村來供養軍隊，層層駕御。黑暗的勢力，亦足維持到百年以外。除非農村經濟徹底破壞，這一個武裝統治的勢力，還可存在。（唐天祐三年，梁攻滄州，劉仁恭調其境內凡男子年十五以上、七十以下，皆黥其面，士人則文其腕或臂，得二十萬人。此爲河北藩鎮勢力最後之一幕。待社會上壯丁已盡，則武力統治不得所憑依，亦只有崩倒也。（五代史補謂：「健兒文面自朱溫始。」蓋梁、燕略同時。））因其轄地之小，（並不像中央政府之廣土衆民。）故不感覺要政治人才，更不感覺要文化勢力。如是，則大河北岸從急性的反抗中央病，變而爲慢性的低抑文化病。從此以下的北方中國，遂急激倒退，直退到在中國史上（尤其是在文化上。）變成一個不關重要的地位。這全是一百五十年武人與胡人兵權統治之所賜。（後人尚以爲藩鎮可爲唐室捍禦外患，卻忘了他的代價。）

藩鎮跋扈，另一個影響，使朝廷亦不得不竭財養兵。

唐代錢穀之政，其初專屬戶部。中葉以後，始令他官主判，遂各立使名。如轉運使、水陸運使、專司轉漕。鑄錢使（專掌鼓鑄。）等。而度支使、鹽鐵使、判戶部，當時謂之「三司」。專主財用出納，皆命重臣領使，後遂以宰相兼之。唐代理財名臣如劉晏、（肅、代時。）第五琦、（代宗時。）楊炎，（代、德時。）皆出於其時。（其他尚有青苗使、稅地錢物使、租庸使、常平使、兩稅使等諸名。）而德宗之苛稅，至括富商錢、（建中三年。）稅間架、（建中四年。每屋兩架爲間。）除陌錢（公私給與賣買，每緡官留五十錢。）等，層見疊出。

憲宗元和時，供賦稅者八道，（浙西、浙東、宣歙、淮南、江西、鄂岳、福建、湖南。）凡百四十四萬戶，（比天寶、開元四之一。）而兵食於官者八十三萬，（加天寶三之一。）通以二戶養一兵。至穆宗長慶時，戶三百三十五萬，兵九十九萬，通以三戶奉一兵。

孫樵云：「度率中五戶，僅能活一兵」，則唐室財政之窘可知。於是有鹽鐵、和糴、鑄錢、括田、榷利、借商、進奉、獻助，靡所不至。

其方鎮兵奉命征討，出境即仰度支供餽。

德宗時，出境又加給酒肉，本道糧仍給其家，一人兼三人之給。故將士利之，纔踰境即止，月費至錢百三十餘萬緡。

每小捷，輒張其數以邀賞，實欲困朝廷而緩賊。

穆宗長慶二年，白居易疏：「聞魏博一軍，累經優賞，兵驕將富，莫肯爲用。況其軍一月之費，計實錢近二十八萬緡！」今按：田弘正歸命，即賞錢百五十萬緡。

朝廷財力竭，則以官爵賞功。

諸將出征，皆給空名告身，自開府、特進、列卿、大將軍下至中郎將，聽臨事注名。唐會要五十七：「天寶以來，每年以軍功授官者十萬數，皆有司寫官告送本道，兵部因置寫官告官六十員。無何，吏部司封、司勳，兵部各置十員。大曆以後，諸道多自寫官告，寫書官無事，遂罷。」諸將但以職任相統攝，不復計官資高下。大將軍告身一通，纔易一醉。凡應募入軍者，一切衣金紫。朝士僮僕，多衣金紫稱大官，而執賤役。張巡在雍邱，一縣千兵，大將六人，官皆開府、特進。德宗避難奉天，渾瑊童奴黄岑力戰，封渤海郡王。僖、昭時，有「捉船郭使君，看馬李僕射」。

至於動議裁兵，則相聚山澤爲盜，利未見而禍已成。

穆宗時，兩河底定，宰相蕭俛與段文昌謂武不可黷，勸帝偃革尚文，乃密詔天下鎮兵，歲限十之一爲逃死不補，謂之「銷兵」。既而籍卒逋亡無生業，嘯聚山林爲盜賊。會朱克融、王廷湊亂燕、趙，一日悉收用之。朝廷調兵不充，乃召募市人，烏合，戰輒北，乃復失河朔。府兵制非吏治上軌道不能行，即裁兵亦非政治有整個辦法，則往往害轉勝於利也。

禁軍糧乏，至脫巾呼於道。

貞元二年，關中倉廩竭，禁軍或自脫巾呼於道，曰：「拘我於軍而不給糧，我罪人耶？」會韓滉三萬斛至陝，德宗喜，遽謂太子曰：「米已至陝，吾父子得生矣。」

而廩賜既優，則遂以營籍爲利藪。

長安貴家高貲子弟，乃至行賄賂，竄名軍籍，世襲罔替。既避賦役，又侈服怒馬以詫於市里。一旦寇來，則哭於家，出資雇販區病坊代行。

這全是唐代黷武政策所招的懲罰。

唐藩鎮興滅簡表

鎮名＼時代	肅	代	德	憲	穆	敬文武宣懿僖昭
盧龍 治幽州。後改曰幽州，兼稱范陽。		李懷仙 朱希彩 朱泚 朱滔（泚弟）	朱滔 1劉怦	2劉濟 3劉總	劉總 張弘靖 朱克融（滔族孫）	朱克融、李載義、楊志誠、史元忠、陳行泰、張絳、張仲武、(子)直方、張允伸、張公素、李茂勳、(子)可舉、李全忠、(子)匡威、匡籌。并於李克用，使劉仁恭爲帥。
成德 治恒州。		1李寶臣	2李惟岳 1王武俊	2王士真 3王承宗	田弘正 王廷湊（武俊養子）	(子)王元逵、(子)紹鼎、紹懿、(子)景崇、(子)鎔。一姓相襲，凡百年，并於李存勗。
魏博 治魏州，一名天雄軍。		田承嗣	田悅（承嗣姪） 1田緒（悅從弟）	2田季安 1田弘正（承嗣姪）	2田布 史憲誠	何進滔、(子)重順(弘敬)、(子)全皥、韓君雄、(子)簡、樂彥禎、羅弘信、(子)紹威，并於朱全忠。

昭義 始治相州。後治潞州。改名澤潞。		薛嵩 薛萼（嵩弟） 并於田承嗣			劉悟（李師道將）	（子）劉從諫、（從子）稹，三傳而滅。（在武宗時。）孟方立，并於李克用、朱全忠。
平盧 **淄青** 治青州。後治鄆州。	侯希逸	侯希逸 李正己	1李正己 2李　納 3李師古	3李師道（滅亡）		王敬武、王師範，并於朱全忠。
彰義 治蔡州，即淮西，一名淮寧。		李忠臣 李希烈	李希烈 陳仙奇 吳少誠	吳少誠 1吳少陽（少誠養弟） 2吳元濟（滅亡）		其地歸朱全忠。
義武 治定州。			1張孝忠（李惟岳將）	2張茂昭（入朝）		王處存、（弟）處直，并於李克用。
滄景 治滄州，一名橫海。			1程日華（張孝忠牙將） 2程懷直 1程懷信（日華姪）	2程　權（入朝）		

宣武 治汴州。		1劉玄佐	2劉士寧 1李萬榮 2李　迺			

唐各道節度使表

唐貞元十四年，賈耽十道錄，凡三十節度，十一觀察，與防禦、經略、以守捉稱使者凡五十。元和六年，李吉甫上郡縣圖，自京兆至隴右道，凡四十七鎮。王彥威説，則謂自至德迄元和，天下觀察十，節度二十有九，防禦四，經略三。其後紛紜變更無常制。今據元和志列其四十七鎮如下：

關內道：鳳翔治鳳翔府。　涇原治涇州。　邠寧治邠州。　鄜坊治鄜州。
靈武（朔方）治靈州。　夏綏銀（定難）治夏州。　振武治單于都護府。　豐州（天德軍）治豐州或天德。

河南道：陝虢治陝州。　汴宋（宣武）治汴州。　鄭滑（義成）治滑州。　陳許（忠武）治許州。
徐泗（武寧）治徐州。　蔡州（淮西、彰義）治蔡州。　淄青（平盧）治鄆州。

河東道：河中治河中府。　河東治太原府。　澤潞（昭義）治潞州。

河北道：河陽治懷州。　魏博（天雄）治魏州。　恆冀（成德）治恆州。　易定（義武）治定州。
滄景（橫海）治滄州。　幽州（盧龍）治幽州。

山南道：荊南治荊州。　金商治金州。　山南東治襄州。　山南西治興元府。

淮南道：淮南治揚州。

江南道：浙西（鎮海）治潤州。 浙東（義勝）治越州。 鄂岳（武昌）治鄂州。 江西治洪州。

宣歙（寧國）治宣州。 湖南（欽化、武安）治潭州。 福建（威武）治福州。 黔州（武泰）治黔州。

劍南道：西川治成都府。 東川治梓州。

嶺南道：嶺南治廣州。 容管治容州。 桂管治桂州。 邕管治邕州。

安南（靜海）治交州。

隴右道：隴右治鄯州。 河西治涼州。 安西治龜茲。 北庭治庭州。

（安、史亂後隴右四節度陷席吐蕃，而鳳翔節度常帶隴右之名，故稱四十七鎮。）

唐藩鎮胡籍表

（一）睿宗景雲時

賀拔延嗣 鮮卑 河西

（二）玄宗開元時

阿史那獻 突厥 磧西

（三）玄宗天寶六年後 因李林甫言，多用胡人。

安祿山 母突厥，父胡，本姓康，蓋出西域康國。 平盧、范陽、河東。

夫蒙靈詧 羌 安西

李獻忠　回紇　朔方

安思順　突厥　朔方、河西。

鮮于仲通　未詳，或非胡人。　劍南

（四）肅宗時　以平亂功封者。

史思明　突厥　范陽

王思禮　高麗　關內、澤潞。

茘非元禮　羌（見姓纂。）　鎮西、北庭。

僕固懷恩　回鶻僕骨部　朔方　代宗時叛。

（五）代宗時

僕固瑒　回鶻僕骨部　朔方行營

李懷仙　柳城胡　幽州盧龍

李光進　契丹　滑濮、渭北。

李抱玉　安息　澤潞、鳳翔。

哥舒翰　突厥哥舒部　隴右

高仙芝　高麗　安西四鎮

趙國珍　牂柯夷　黔中

李光弼　契丹　河東　代宗時爲河南、淮南等節度使。

賀蘭進明　鮮卑　河南

安抱玉　安息　鄭陳

白孝德　龜茲　鎮西、北庭。

李寶臣　奚　成德

李正己　高麗　淄青　至德宗時抗命。

鮮于叔明　未詳，或非胡人。　東川

(六)德宗時

李惟岳 寶臣子	奚	成德
李懷光	靺鞨	朔方
張孝忠	奚	義武
哥舒曜	突厥哥舒部	東都汝州
尚可孤	鮮卑	商州
論惟明	吐蕃	鄜坊
萬紐于頔	鮮卑	山南東道
王士真 武俊子	契丹	成德

(七)憲宗時

李光進	回鶻阿跌部	振武
王承宗 士真子	契丹	成德
李光顏	回鶻阿跌部	忠武、義成。
渾鐬	回鶻渾部	天德軍

李納 正己子	高麗	淄青
王武俊	契丹	成德
李抱貞	安息	昭義
渾瑊	回鶻渾部	京畿、渭北。
駱元光	安息	鎮國軍
裴玢	疏勒	山南西道
李師古	高麗	淄青
張茂昭	奚	義武
李師道 納子	高麗	淄青
李惟簡	奚	鳳翔隴右
渾鎬	回鶻渾部	義武

(八)穆、敬、文、武、宣時

王承元 契丹 義成

史憲誠 奚 魏博

史孝章 奚 相衛澶

元稹 鮮卑 武昌

王紹鼎（子元逵） 回鶻阿布思 成德

李承勳 契丹 涇原

(九)懿、僖時

王景崇（子紹鼎） 回鶻阿布思 成德

于琄 漢、鮮混種。 平盧

李可舉 回鶻 幽州盧龍

契苾璋 回鶻契苾羽部 振武

支詳 月氏 感化

王鎔（子景崇） 回鶻阿布思 成德

王廷湊 回鶻阿布思族 成德

張茂宗 奚 兗海沂

王元逵（子廷湊） 回鶻阿布思 成德

苻澈 氐 河東

王紹懿（子元逵） 回鶻阿布思 成德

米暨 西域米國 夏州

李國昌 沙陀 大同、振武。

李茂勳 回鶻 幽州盧龍

拓拔思恭 党項羌 夏綏

赫連鐸 胡、鮮雜種。 雲中

李克用 沙陀 雁門、河東。

李克修 沙陀 昭義

(十)昭宗以迄唐亡

李存孝	胡	邢洺
李思孝	党項羌	保大
李思諫	党項羌	定難
賀德倫	河西胡	魏博
雷彥恭	武陵洞蠻	武貞

劉崇龜	匈奴	清海
李思敬	党項羌	保大
雷滿	武陵蠻	武貞
雷彥威	武陵蠻	武貞

第二十九章　大時代之沒落（續）

二　唐中葉以後之宦官

唐室在統一盛運之下，一方面窮兵黷武，既招徠四夷，又以寬大爲誇張，蕩除中外之防，遂召武人胡人之禍，已如上述。而唐室在統一盛運下，又有一不良習氣，則爲王室生活之驕奢。因此連帶引起宦官之跋扈。

歷史上宦官擅權，與王室驕奢成正比。東漢、唐、明三代皆是。西漢與宋代之王室，皆能制節謹度。東晉、南朝王室不像樣，故均無宦寺擅權。

唐宦官之盛，兆自武后，而極於玄宗。

太宗時，內侍不立三品官，不任以事，又定制無得踰百員。（漢永平之際，中常侍四員，小黃門十人而已。）武后時，稍增其人。至中宗，黃衣乃二千員，（唐制流外官服黃。）七品以上員外置千員；惟衣朱紫者尚少。（唐制三品以上服紫色，四品服緋，五品服淺緋。）玄宗時，則宮嬪至四萬。（此見新唐書。白樂天長恨歌：「後宮佳麗三千人。」杜子美劍器行：「先帝侍女八千人。」）宦官黃衣以上三千，衣朱紫者千餘。（袁紹盡誅宦官，無少長皆死，僅二千餘人。）甲舍名園，上腴之田，中人所名半京畿。時諸王、公主羣呼高力士爲「翁」，戚里諸家尊曰「爹」；肅宗在東宮，亦呼之「二兄」。建佛寺、道觀各一所，鐘成，宴公卿，一扣納禮錢十萬。有至二十扣者，少亦十扣。

肅、代以後，宦官寖橫用事。

李輔國在肅宗時稱「尚父」，矯詔遷上皇（玄宗）。於西內，以憂鬱崩。肅宗崩，殺王后，進爵爲王。

代宗時，程元振、魚朝恩用事，譖罷郭子儀兵柄，又譖來瑱賜死。（李光弼幾乎叛朝。）

及德宗時，宦官遂握兵柄。

德宗以涇師（朱泚）。之變，倉卒不及徵集，還京後，以神策、天威等軍置護軍中尉、中護軍等官，於是禁軍遂歸宦寺。

其後又有樞密之職，承受詔旨，出納王命。始德宗末、憲宗初。宦寺既握兵權，又外結藩鎮，帝王生死，遂操其手。

憲宗被弒後，穆、敬、文、武、宣、懿、僖、昭八世，宦官立者七君。除敬宗。而敬宗亦爲宦官所弒。文宗用李訓、鄭注謀誅宦官，不成，自嘆：「周赧、漢獻尚受制强臣，今受制家奴，更爲不如。」唐自肅宗後，未嘗有正式之皇后。史所載諸后，皆由所生子爲帝，奉上尊號。文宗崩，仇士良等廢太子，立武宗。武宗崩，諸宦官廢皇子，立宣宗。宣宗崩，遺命立夔王，王宗實等廢之，立懿宗。宰輔隔在外廷，皇子素無威寵，亦唐代宦官得肆行無忌之一因。

唐室諸帝在其盛運中所表現者，則爲女禍。

太宗納元吉妃楊氏。長孫皇后薨，太宗欲立楊氏爲后，以魏徵諫而止。高祖從父兄子廬江王瑗反誅，其姬亦入侍太宗。武后爲太宗才人，而高宗納之。韋后私通武三思。玄宗年六十而納其子壽王妃楊氏。當時朝臣亦不甚論列，蓋倫理觀念似非唐人所重。

衰象漸臨，唐之諸帝乃醉心於服丹藥，求長生。憲宗即其一人。在其驕縱的生活下，宦寺自應佔重要的地位。

武宗時，仇士良以左衞上將軍、內侍監致仕，其黨送歸私第，士良教以固權寵之術。曰：「天子不可令閑，常宜以奢靡娛其耳目，使日新月盛，無暇更及他事，然後吾輩可以得志。愼勿使之讀書，親近儒生。彼見前代興亡，心知憂懼，則吾輩疎斥矣。」其黨拜謝而去。今按：唐代王室奢蕩，直至晚運勿替。懿宗時，好音樂。殿前供奉樂工常近五百人，每月宴設不減十餘，水陸皆備。每行幸，內外諸司扈從者至十餘萬人。

三　唐中葉以後之朝士與朋黨

唐代士人，一面在北朝吏治與南朝文學的兩種風氣轉換之下徘徊，此已略論於前。一面則在貴族門第與白衣庶族的兩種勢力消長之下鼓盪。

南北朝門第勢力，在唐初依然有其相當的力量。只在他們歷次編撰氏族譜志的一事上可以看出。

太宗至以朝廷官爵與社會門第爭崇卑。

貞觀中，太宗命高士廉等修氏族志，進上。太宗曰：「我與山東崔、盧、李、鄭，舊既無嫌，爲其世代衰微，全無冠蓋，猶自云士大夫，我不解人間何爲重之？至今猶以崔、盧、王、謝爲重。我平定四海，天下一家，凡在朝士，皆功效顯著，或忠孝可稱，或學藝通博，所以擢用。見居三品以上，欲共衰代舊門爲親，縱多輸錢帛，猶被偃仰。我今特定族姓者，欲崇重今朝冠冕，何因崔幹猶爲第一等？卿等不貴我官爵耶？不須論數世以前，止取今日官爵高下作等級。」遂以崔幹爲第三等。書成一百卷，詔頒於天下。然當時朝中名臣如房玄齡、魏徵等，皆自與山東望族攀姻。舊門第之名望，終不爲減。

其後又屢經修動。

高士廉氏族志頒下，時稱允當。李義府恥其家世無名，乃奏改此書。許敬宗等以其書不敍武后本望，贊成之。立格云：「皇朝得五品官者，皆升士流。」於是兵卒以軍功致五品者，盡入書限。更名爲姓氏錄。縉紳士大夫恥被甄敍，號其書爲「勳格」。先天二年，蕭至忠爲中書令，又與柳沉等撰姓氏系錄二百卷。此後韋述又別撰開元譜二十卷。其後有元和姓纂。

當時門第仕進，亦較進士等科第爲易。

高宗時魏玄同疏：「今貴戚子弟，例早求官。髫齔之年，已腰銀艾；或童丱之歲，已襲朱紫。弘文、崇賢之生，千牛輦腳之類，課試既淺，藝能亦薄。而門閥有素，資望自高。」書奏不納。玄宗時，源乾曜上疏：「形要之家，併求京職；俊艾之士，多仕外官。王道平分，不克如是。」

建官要職，仍多用世家。大臣恩廕，得至將相。故唐代宰相，尚可以世系列表。

山堂肆考云：「唐宰相三百六十九人，九十八族。其間裴氏五房，崔氏十房，張氏、趙郡李氏皆得宰相十七人。韋氏九房十四人。王氏三房十三人。劉氏七房十二人。隴西李氏四房，唐宗室三十七房，以及楊氏、杜氏皆得十一人。蕭氏二房得十人。鄭氏二房九人。盧氏八人。竇氏二房及魏氏、陸氏皆六人。武氏、蘇氏五人。高、韓、趙、郭皆四人。三人而下者不與。」

可見唐代政權，尚與門閥有至深之關係。

按：唐初如英、衞之類，其子尚襲封。中葉以後，此制盡廢。門閥世襲，在政治上之客觀地位已取消。又永徽元年，尚書左僕射褚遂良，表請千牛不簡嫡庶。謂：「主祭祀之裔，必貴嫡長；擢文武之才，無限正庶。求賢之務，有異承家。河北風俗頓乖，嫡待庶若奴，妻御妾若婢。降及隋代，斯流遂遠，獨孤后普禁庶子不得入侍。聖朝人以才進，不論嫡庶。今簡千牛舍人，方爲此制，於理未安。母以子貴，子不緣母。唯才是用，人自甘心。」云云。既主專簡賢才，不問嫡庶，則門蔭世襲之制終必替，公開考選之法終必盛。兩種制度之轉換，其後面必有與之相應符之思想及理論也。又按：唐初爭論封建極烈。封德彝謂：「先朝敦睦九族，一切封王，蓋以天下爲私，殊非至公馭物之道。」李百藥謂：「內外羣官，選自朝廷，擢士庶以任之，澄水鏡以鑒之。年勞優其階品，考績明其黜陟。爵非代及，用賢之路斯廣。」馬周謂：「以堯、舜之父，猶有朱、均之子。儻有童孩嗣職，萬一驕愚，則兆庶被其殃，國家受其敗，愛之適以傷之。」太宗卒聽諸臣言不封建。又欲割地封功臣，長孫無忌等力辭乃止。就當時民治意識言，已知封建與門第皆無復興之望矣。惟歷史變化以漸不以驟，故門閥勢力尚有延蟬。玄宗屢欲相崔琳、盧從愿，以其族大，恐附離者衆，卒不用。門族上爲帝王所忌，下亦不爲寒士所護，則其漸趨衰微，亦必然之勢也。

此等門第，以累世仕宦，又逢盛世，其生活豪華，亦可想見。

韋氏世爲關中著姓，人物衣冠，奕世榮盛。韋安石子陟，始十歲，拜溫王府東閣祭酒，加朝散大夫。陟門第豪華，早踐清列，侍兒閹閽，列侍左右者十數。衣書藥食，咸有典掌。輿馬僮奴，勢侔於王家主第。每食，視庖中所棄，其直猶不減萬錢。然家法修整，勑子允就學，夜分視之。其子勤，旦日問安，色必怡；稍怠，則立堂下不與語。雖家僮數十，然應門賓客，必允主之。此乃門第與王室、宦寺、武人不同之處也；甚可注意。

至於進士們的身分，本不甚高。考試的儀式，已與他們以許多近於侮辱的暗示。

舒元輿憲宗元和中上論貢士書，謂：「臣得備下土貢士之數，到闕下月餘，待命有司，始見貢院懸版榜，立束縛檢約之目，勘磨狀書，劇責與吏胥等倫。臣幸狀書備，不被駁放，得引到尚書試。試之日，見八百人，盡手携脂燭水炭洎朝晡餐器，或荷於肩，或提於席。爲吏胥縱慢聲大呼其名氏，試者突入，棘圍重重。乃分坐廡下，寒餘雪飛，單席在地。唐、虞闢門，三代貢士，未有此慢易。」

而且唐代科舉，本備仕途之一格，故一切規程並不甚嚴。其時有所謂「公卷」與「通榜」之制。

「公卷」者，進士得先投所爲文於京師達者，采名譽，觀素學。及臨試，可以不問試藝高下，專取知名士，謂之「通榜」。其榜帖可託人爲之。如鄭灝都尉第一榜，託崔雍員外爲榜帖。又杜黃門主文第三場，由舉子袁樞爲榜帖，樞自列爲狀元。榜帖猶言名錄。

故進士乃稱「覓舉」，

薛登天授中上疏：「方今舉士，明詔方下，固已馳驅府寺之廷，出入王公之第。陳篇希恩，奏記誓報。故俗號舉人，皆稱『覓舉』。」

所以求延譽。

陸贄知貢舉，梁肅、崔元翰所薦皆取。韓愈負文名，延譽舉子，往往得售。

而其卑躬屈節之態，亦已可憐。

文獻通考引宋江陵項氏安世曰：「風俗之弊，至唐極矣。王公大人，巍然於上，以先達自居。天下之士，什什伍伍，戴破帽，騎蹇驢，未到門百步，輒下馬，奉幣刺，再拜以謁於典客者，投其所爲之文，名之曰『求知己』。如是而不問，則再如前所爲，名之曰『溫卷』。如是而又不問，則有執贄於馬前，自贊曰『某人上謁』者。」按：韓愈一代名臣，其三上宰相書、拜北平王於馬前之類，皆是當時風氣也。

甚至有走門路，通關節，求必得，而既得則肆意輕薄者。

高鍇爲禮部侍郎，知貢舉閱三歲。第一榜裴思謙以仇士良（文、武時宦官。）關節，取狀頭，鍇庭譴之。思謙回顧厲聲曰：「明年打脊取狀頭。」第二年，鍇誡門下不得受書題。思謙自携士良一緘入貢院，易紫服，趨至階下，白曰：「軍容有狀薦裴思謙秀才。」鍇接書，曰：「狀元已有人，此外可副軍容意。」思謙曰：「卑吏奉軍容處分，裴秀才非狀元，請侍郎不放。」鍇俯首良久，曰：「然則略要見裴學士。」思謙曰：「卑吏即是。」鍇不得已從之。思謙及第後，宿平康里，賦詩曰：「銀釭斜背解明璫，小語低聲賀玉郎。從此不知蘭麝貴，夜來新惹桂枝香。」

惟進士因公開考試得官，被視爲正路，到底在政治上佔到他應有的地位。（此如東漢「孝廉」一樣。中國史自向合理的路進展，）

此是一證。至於文學之風尚日盛，以及門第之勢力日衰，則爲進士科日益得勢後應有之現象也。中唐以後，進士科遂最爲榮重。於是進士科舉與門第任子之兩途，在政治上自然發生衝突。此即形成穆宗以後的一段朋黨之爭。

朋黨啓端，即由於考試舞弊。

長慶初，錢徽典貢舉，李宗閔托所親於徽。時李德裕、李紳、元稹在翰林，共白徽取士不實，宗閔亦坐貶。由是結嫌怨，植黨相磨軋凡四十年。是年四月詔：「國家設文學之科，本求才實，苟容僥倖，則異至公。訪聞近日浮薄之徒，扇爲朋黨，謂之『關節』。干擾主司，每歲策名，無不先定。永言敗俗，深用興懷。」即爲此事發。

門生、座主，遂爲朋黨標目。

唐貢舉之士，以有司爲「座主」，而自稱「門生」。會昌三年中書覆奏：「國家設文學之科，求真正之士，豈可懷賞拔之私惠，忘教化之根源？自謂門生，遂爲朋比。樹黨背公，靡不由此。」按：明代亦有「座師、門生」之稱，其黨禍亦不減於唐時。

李德裕惡進士，他的言論，卻代表了門第勢力最後的呼聲。

德裕嘗論公卿子弟艱於科舉。武宗曰：「向聞楊虞卿兄弟朋比貴勢，妨平進之路。昨黜楊知至、鄭朴等，抑其太甚耳。有司不識朕意，不放子弟，即過矣。」德裕曰：「鄭肅、封敖子弟皆有材，不敢應舉。臣無名第，不當非進士。(德裕以父蔭爲備身千牛，或勸應舉，德裕言：「好牛馬不入行。」蓋世家子弟可不藉科目而顯，至是猶然。)然臣祖(李栖筠。)天寶末以仕進無他伎，勉强隨計，一舉登第。自後家不置文選，蓋惡其不根藝實。朝廷顯官，須公卿子弟爲之。何者？少習其業，自熟朝廷事，臺閣之儀，不教而自成；寒士縱有出人之才，固不能閑習也。」

他以文選不足爲取士標準，固有理由。然當從此推進一層，爲國家建立教育人才之至計。(時應進士試者，僅知工詩賦謀進取而已。獨一韓愈唱爲古文，曰「文以載道」，「爲古之文，將以學古之道也」；又以師道自居，當世怪笑之。人有請師柳宗元者，宗元謝不迭，謂：「世人之詫師道，猶如蜀犬之吠日也。」稍知事學問，則入寺訪釋子論佛理，或訪道士求長生耳。世家子弟猶知循禮法，又熟聞朝廷典制掌故，宜乎德裕之以此自傲矣。直到北宋，始將韓愈一番意思發揮光大。)又次當謀考試制度之整頓與改進。(此亦至北宋而始有。如考試之糊名，與科目之改進士詩賦爲經義等。)不應倒退轉來只想任用公卿子弟，爲門第苟延殘喘。

鄭覃以經術位宰相，亦深嫉進士浮薄，屢請罷之。文宗曰：「敦厚、浮薄，色色有之。進士科取人二百年矣，不可遽廢。」今按：鄭覃、李德裕皆不喜進士，爲李宗閔、牛僧孺所排抑。

當時政治上最患者是有資格做官的人太多，因此而朝廷不尊，宰相權不重，政事不易推行。故主張排抑進士者，同時常是主張裁減官吏，而亦帶有主張貴族政治的意味，李德裕即其代表。

德裕大意欲尊朝廷，肅臣下，而使政出宰相。深嫉朋黨，嘗謂：「省事不如省官。省官不如省吏。」乃請罷郡、縣吏二千餘員，衣冠去者皆怨。德裕父李吉甫，亦疾吏員廣，謂：「置吏不精，流品厖雜。存無事之官，食至重之稅。職局重出，名異事離者甚衆。財日寡而受祿多，官有限而調無數。」奏省冗官八百員，吏千四百員。德裕政見，正承其家教而來。所惜者不能從一更高的理論上出發，則不免爲一種代表門第勢力之政論也。

李德裕的見解，雖不免褊狹。

文獻通考引李德裕論「朝廷顯官，須公卿子弟爲之」一節，評云：「德裕之論偏異如此。」今按：德裕時代與馬端臨時代絕不同，故德裕議論，在端臨視之，覺可詫異。此是歷史進展。若自東晉、南北朝人看德裕議論，便全不感其可異矣。

然當時進士浮薄，則實爲不可否認之事實。

晚唐以「輕薄」、「浮薄」爲詬厲朝臣之口頭禪，故朱全忠斥御史大夫趙崇，謂爲「輕薄之魁」；李振勸朱全忠殺朝士，亦以「浮薄」爲罪名。馬端臨謂：「進士科當唐之晚節，尤爲浮薄，世所共患。」

鄭綮以「歇後」爲相，可以整個看出唐末的政局。

鄭綮爲相，省史走其家上謁，綮笑曰：「諸君誤矣，人皆不識字，宰相亦不及我。」史言不妄。俄聞制詔下，歎曰：「萬一然，笑殺天下人！」既視事，宗戚詣慶，搔首曰：「歇後鄭五作宰相，事可知矣。」按：綮每以詩謠託諷時政，本善詩，其語多俳諧，故使落調，世共號「鄭五歇後體」。中人有誦之昭宗前者，昭宗意其有所蘊未盡，故超用之。史稱綮「立朝侃然，無復故態，而不爲人所瞻望，纔三月，以疾乞骸」。或問鄭綮：「相國近有詩否？」答曰：「詩思在灞橋風雪中、驢子上，此處那得之？」太原兵至渭北，朝廷震恐，急於攘卻之謀，綮請於文宣王字號中加一「哲」字。其爲廬州刺史，黃巢掠淮南，綮移檄請無犯州境，巢笑爲斂兵。唐末文人輕薄，綮已爲其中之卓者。要之亦不足擔當國家重任。黃巢兵逼潼關，士子方流連曲中待試，爲詩云：「與君同訪洞中仙，新月如眉拂戶前。領取嫦娥攀桂子，任他陵谷一時遷。」黃宗羲行朝錄序謂：「其時中土文人無心肝如此！」尤可爲輕薄作例。較之鄭綮，抑天壤矣。

至於黃巢、李振等，皆是屢舉進士不第的人物，結果進士清流，遂受極禍。

巢粗涉書傳，屢舉進士不第，遂爲盜。李振亦屢舉進士不中第。朱全忠入汴，振勸盡誅搢紳，曰：「朝廷所以不理，良由衣冠浮薄之徒，紊亂綱紀。」全忠然之。於是門胄高華，或科第自進，居三省臺閣，以名檢自處，聲迹稍著者，皆指爲浮薄，貶辱無虛日。搢紳爲之一空。又曰：「此輩自謂清流，宜投之黃河，使爲濁流。」全忠笑而從之，聚裴樞、獨狐損等朝士貶官者三十餘人，一夕盡殺之，投屍於河。

但晚唐進士的輕薄，只是一時事象，推不翻以公開考選來代替門蔭世貴的理論。宋以後，進士考試遂獨佔了政治上的崇高地位。

嚴華、夷之防，（民族觀念之提醒。）重文、武之別，（中唐以迄五代的武人，代表了不受教育，不講道理。宋代下的重文輕武，只是要人人讀書，受教育、懂道理，並不是絕對的認爲可以去兵廢戰。）裁抑王室貴族之奢淫，（太監自然無地位。）讓受教育、講道理的讀書人（徒事詞章者不算。）爲社會之中堅，這是宋以下力反唐人弊病的新路徑。

第三十章　黑暗時代之大動搖 黃巢之亂以及五代十國

一　流寇與唐室之傾覆

唐末的中國，用横剖面來説，大體可分爲三部：一是大河以北的藩鎮所轄地。二是大河以南唐兩京及其迤東一帶。三是長江以南。

藩鎮所轄地，雖則文化、經濟逐步破毁，然以極單純的武力來壓制較小的區域，一時不致搖動。中部兩京及其迤東一帶，經安、史亂後，殘破最甚。

代宗聽程元振謀遷洛京，郭子儀諫曰：「東周之地，久陷賊中。宫室焚燒，十不存一。百曹荒廢，曾無尺椽。中間畿内，不滿千户。井邑榛棘，豺狼所嘷。東至鄭、汴，達於徐方，北自覃、懷，經於相土，人煙斷絶，千里蕭條。」劉宴與元載書：「函陜凋殘，東周尤甚。過宜陽、熊耳至武牢、成皐五百里中，編户千餘而已。居無尺椽，人無烟爨。蕭條悽慘，獸遊鬼哭。」

江南爲財賦所出。

肅、代中興，即靠東南之財賦，自此唐政府始仰東南財賦維持。至元和，東南財賦始重。韓愈謂：「當今賦出天下，而江南居十九」，是也。至咸通又加甚，故陸龜蒙言：「元和中國家用兵，江南之賦已重，逮今盈六十年，賦又數倍於前也。」

大時代沒落之大騷亂，即在中部發動而蔓延遍及於南部。

其先已有裘甫起浙東，龐勛以徐泗兵戍桂林作亂，自湘浮江下掠淮南至徐州，皆不久即平。

王仙芝先發。

聚盜起濮陽，陷曹、濮、鄆諸州，歷陳、許、襄、鄧，陷江陵、洪州，王鐸斬之於亳州。先後歷五年。僖宗乾符元年至五年。

次之爲黃巢。

巢，曹州冤句人，王仙芝同里，以販鹽爲生。王仙芝既死，巢即繼統其衆。攻亳州不下，襲沂州，過淮南，掠襄邑、雍丘，寇葉、陽翟。軍敗乞降，又叛去。從宣州（安徽宣城。）寇浙東，踰江西，破虔、吉、饒、信等州。趨建州，陷桂管，進寇廣州。會大疫北還。自桂編大筏沿湘下衡、永，破潭州。（長沙。）渡江，攻鄂州，（武昌。）轉掠江西。再入饒、信，陷婺、睦、宣州。由采石渡江，又渡淮攻汝州，陷東都，攻潼關，陷京師。羣臣迎謁灞上，巢從騎士數十萬，（安祿山陷東都，兵五萬。黃巢攻關，兵六十萬。）國號大齊。嗣敗而東，衆猶十五萬，略鄧、許、孟、洛，東入徐、兗。（數十州人大饑，倚死牆塹，賊俘以食，日數千人，以巨碓糜骨皮，并啖之。）先後凡七年。（巢中和四年死，連王仙芝共十一年。）

又次之爲秦宗權。

宗權師行未嘗轉餉。每指鄉聚，曰：「啖其人，可飽吾衆。」官軍迫躡，獲鹽尸數十車。其師亦遍擾南中各地，（寇荊南，攻襄州，破東都，寇淮、肥，略江南，亂岳、鄂，自關中薄青、齊，南繚荊、郢，北亙衛、滑，千里無舍煙。）先後凡五年。（連前共十六年。時江、淮之間，廣陵富甲天下，亦經亂四、五年不息，雄富掃地。）

經此十幾年的大騷亂，唐代三百年的統一政府，終於傾覆，世襲的節鎮，徧及東南，而有所謂五代十國。

二　五代十國

五代十國之國都及據地

國號	國都	據地
梁	汴	河南、關内、河東一部、河北一部、山南等地。有州七十八。
唐	洛陽	河東、河南、關内、河北、隴右、山南、劍南等地。有州百二十三。
晉	汴	同唐。除幽、薊十六州，有州百有九。
漢	汴	同晉。有州百有六。
周	汴	河東、河南、關内、河北、隴右、山南、江北等地。有州一百一十八。
吳	廣陵後徙金陵。	淮南、江南兩道。有州二十八。
南唐	金陵	同吳。後失江北。有州二十一。
前蜀	成都	劍南、山南兩道。有州四十六。
後蜀	成都	同前。
南漢	番禺	嶺南六管。有州四十七。

楚	長沙	湖南、嶺北地。有州十五。
吳越	杭	浙東、西。十三州。
閩	侯官	全閩。有州五。
荊南	江陵	荊南及歸峽。有州三。
北漢	太原	太原以北。十州。

五代十國分合表

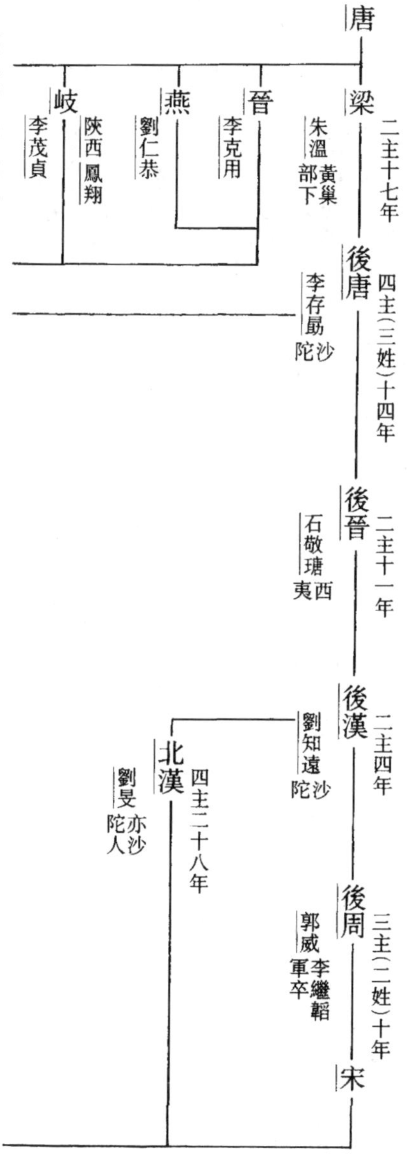

前蜀　王建　二主三十五年

後蜀　孟知祥　二主四十一年

楚　馬殷　六主五十六年

吳　楊行密　子溥　四主四十七年

閩　王潮　王審知　七主五十三年

南唐　李昪　三主三十九年

吳越　錢鏐　五主八十三年

南漢　劉隱　五主六十七年

荊南　高季興　五主五十七年

五代帝系表

（一）後梁

（一）太祖 朱全忠（六）——（二）末帝（一一）

後梁凡二主，十七年。

（二）後唐

李克用
- （一）莊宗（三）
- （二）明宗（八）
  - （三）閔帝（一）
  - （四）廢帝（三）

後唐凡四主，十四年。

（三）後晉

（　）——（二）出帝[（四）]

（一）高祖石敬瑭[（七）]

後晉凡二主，十一年。

（四）後漢

（一）高祖劉知遠[（一）]——（二）隱帝[（三）]

後漢凡二主，四年。

（五）後周

（一）太祖郭威[（三）]——（二）世宗[（六）]——（三）恭帝[（一）]

後周凡三主，十年。

此所謂五代十國，其實只是唐室藩鎮之延續，惟其間有極可注意者數事。

一、關中自李茂貞（昭宗時，鎮鳳翔，再犯闕，封岐王，爲朱全忠所敗，遂不振。）以外，別無割據之雄，此足證西北一帶之殘破，至是已不夠割據建國之資力。長安代表周、秦、漢、唐極盛時期之首腦部分，常爲中國文化之最高結集點。自此以後，遂激急墮落，永不能再恢復其已往之地位。

二、不僅陝西如此，即甘隴一帶文物亦臻破滅。河西自武帝始置郡、縣。東漢以來，民物富庶，與中州不殊。晉代自張軌以後，呂光、禿髮、沮渠迭據建國，經制文物，俱能仿效中華。亦因其地貨賄殷富，可以無求於中土，故能五涼相繼，與五胡角立。而中州人士，多往避難，見其風土之可樂。唐天寶以後，河西、隴右没於吐蕃。大中、咸通雖復河湟，而名存實亡。五代以及於宋，河隴爲西夏所據。元昊雖倔强構逆，其土地亦過於五涼，（五涼止有河西五郡，無靈、夏，元昊有夏、寧、綏、宥、靜、靈、鹽、勝、會、甘、涼、肅、瓜、沙等州。慶曆初，復陷豐州。其地東據河，西至玉門，南臨蕭關，北控大漠，延袤萬里。）然苟絕其歲賜互市，則不免衣皮食酪，幾不能以爲國。是以亟亟屈服，北事遼，南事宋，僅足自存。蓋河西自唐中葉以後，淪於異域，漸化爲龍荒沙漠之區，無復昔之繁華。（甘、涼之間以諸河爲溉。興靈有古渠曰「唐梁」，曰「漢源」，皆支引黃河，仍是漢、唐人遺烈也。）自長安既毀滅，中原之風聲氣習，文物禮樂，益與甘、涼隔絕，遂若有夷、夏之分，僨荒復數百年。中國西北部文物驟衰，實爲唐中葉以後一極要之轉變。

三、五代中只後唐都洛陽，尚是東周、東漢、西晉、北魏之舊都。亦是隋、唐之陪都。其他四代皆都汴，開封。直到宋代不能遷都。其理由下詳。此證黃河流域之氣運，不僅關中以西不復興，即中部洛陽一帶亦不夠再做文化、政治的中心點。中國社會的力量，漸漸退縮到東邊來。

四、五代均在黃河流域，十國除北漢。均在長江以南。五代名義上雖上承唐，下啓宋，號爲王室遞禪之正統，其實前後五代，共止五十四年，而已有八姓、十三君。就其開國之君而言，三位是胡人，唐、晉、漢。北漢亦胡人。一位是流寇，梁。一位是募兵；周。正可說明那時的北方中國，已到了最不像樣的時代。而南方九國，十國，除北漢，只九國。比較氣運長，其中過半數以上，每一國之年代，皆超過五代之全時期；其少數亦均超過五代全時期之一半。文物隆，還有一個樣子。自此以後，南方社會，遂漸漸跨駕到北方社會的上面去。此和南北朝情形又不同。尤著者，如吳徐知誥之輕賦恤民，越錢鏐之大興水利，江、浙一帶，至宋遂爲樂土。又如南漢劉巖所用刺史無武人，皆北方所萬不能及也。而南唐文物，尤爲一時之冠。宋太祖建隆元年，有戶九十六萬餘，嗣平荊南、湖南、蜀、廣南、江南，得戶一百六十萬。蜀五十餘萬，江南六十餘萬，即兩地戶數已超過中原矣。此亦與三國、南北朝相異也。

五、是晉石敬瑭稱臣契丹，事以父禮。割贈幽、薊十六州。自此下至元順帝退出中國，其間凡四百二十四年，那一帶土地，可以說長受異族的統治。雖此諸族均受漢化，然要之不能與中國本部相比。若嚴格言之，則此十六州中之某幾部分，自安、史以來，早已不能直接沾受到中國傳統政治與文化之培養。如是則先後幾將及六百年之久。

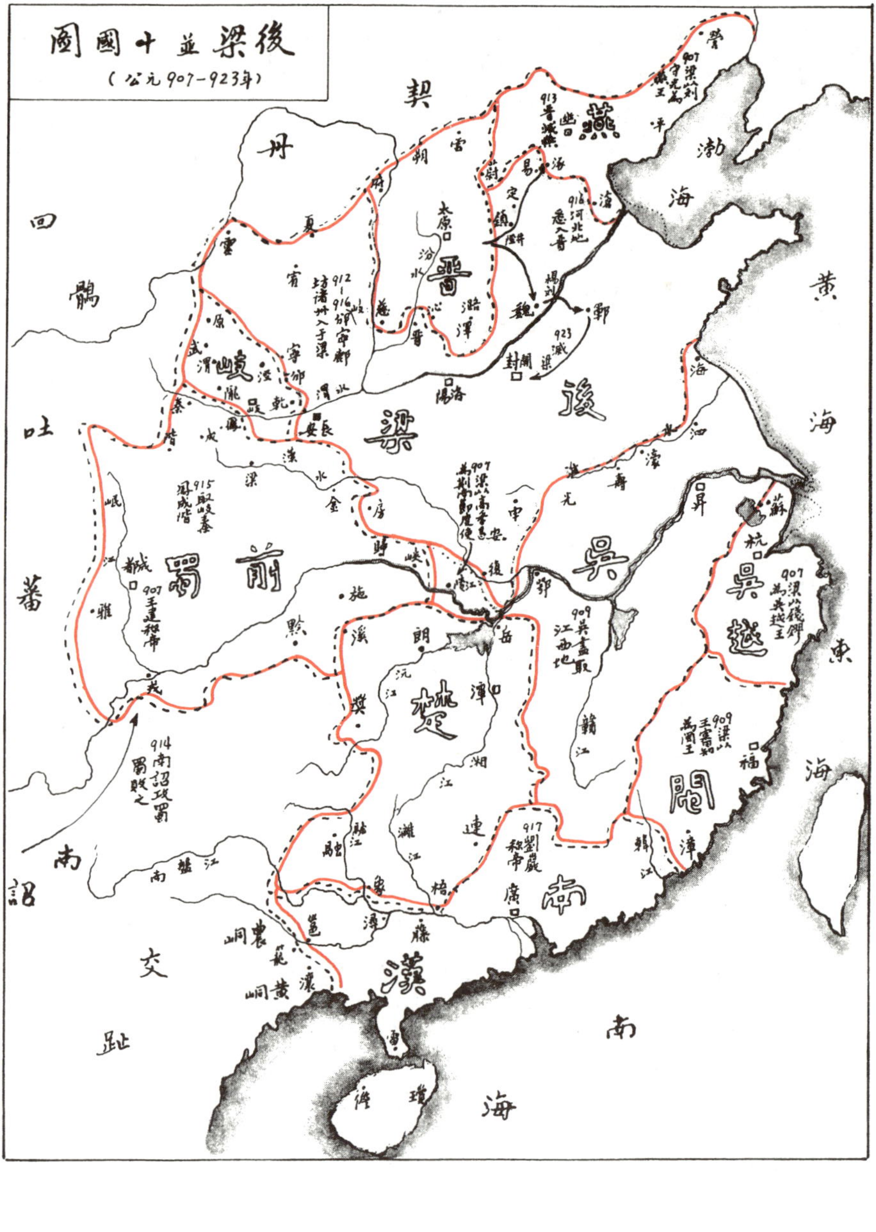

後梁並十國圖
（公元907－923年）

後唐並七國圖
(公元923–936年)
契丹
回鶻
吐蕃
後唐
吳
吳越
閩
南漢
楚
蜀
南平
交趾
涼
靈
豐
勝
太原
洛陽
西都長安
成都
金陵
杭
福
潭
廣
江陵
鄂
大理

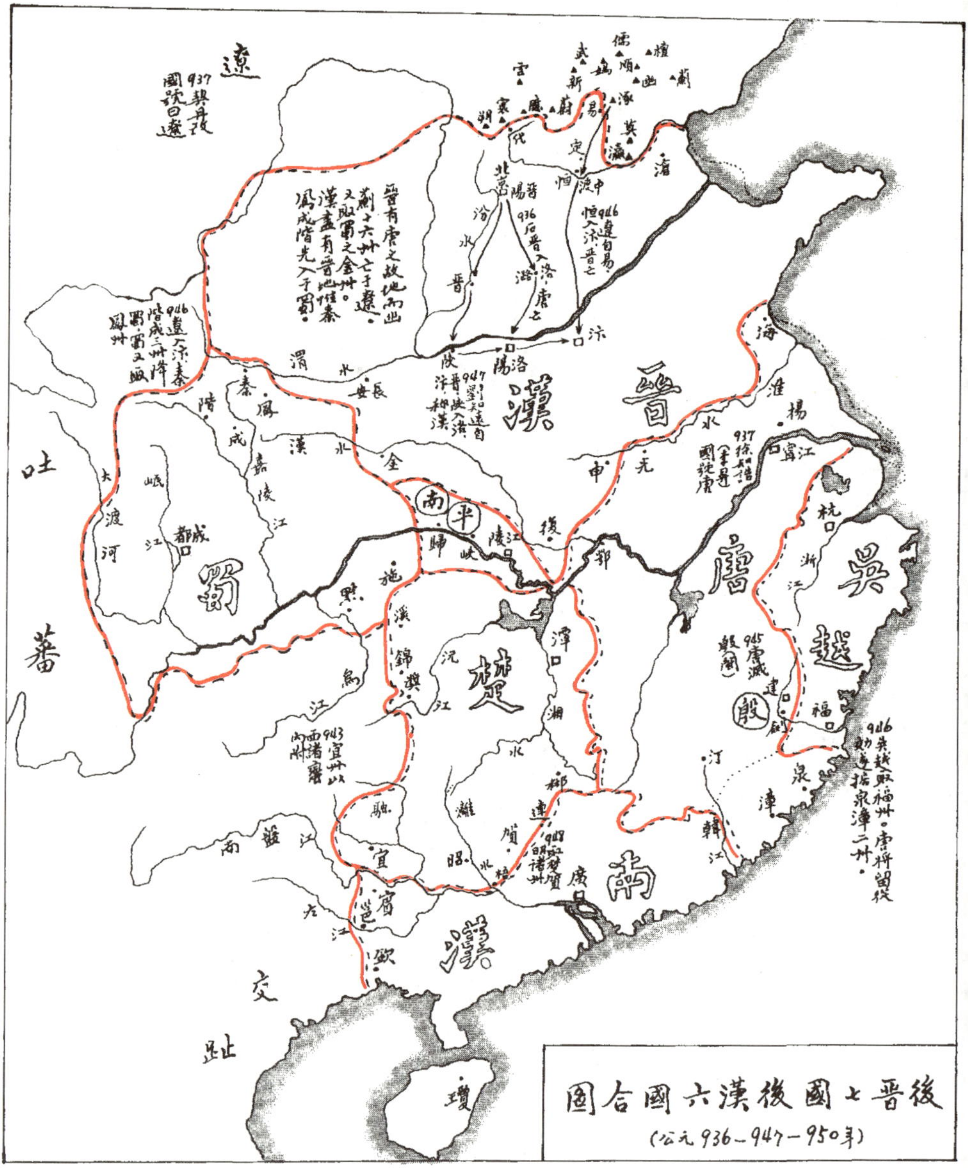

後晉七國後漢六國合圖
（公元936—947—950年）

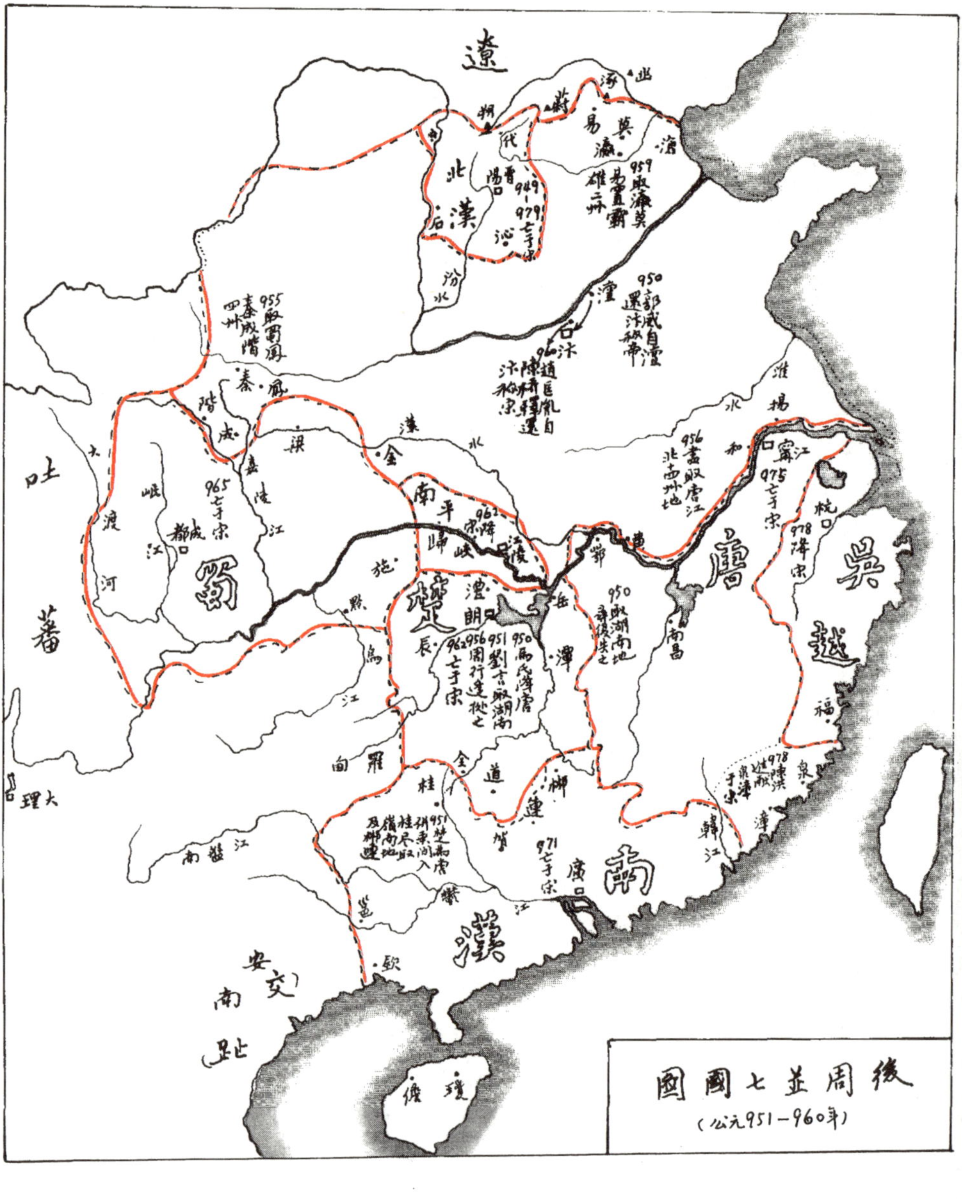

後周並七國圖
（公元951—960年）

幽（今北平。）薊（河北薊縣。）瀛（河北河間縣北。）莫（河北任丘縣北。）涿（河北涿縣。）檀（河北密雲縣北。）順（河北順義縣。）新（察哈爾涿鹿縣。）嬀（察哈爾懷來縣。）

儒（察哈爾延慶縣。）武（察哈爾宣化縣。）雲（山西大同縣。）應（山西應縣。）寰（山西朔縣東。）朔（山西朔縣。）蔚（察哈爾蔚縣。）

幽、薊、瀛、莫、涿、檀、平、順爲山前八州，新、嬀、儒、武、雲、應、朔、蔚爲山後八州。

平州先没，（劉仁恭以營、平二州遺契丹，在石晉前。山前八州增營爲九。）寰州并於應。（後唐明宗時。）故十六州或數平，或數寰。又應、朔、

寰、雲、蔚，亦稱代北。瀛、莫，周世宗已復取之；爲宋河間、文安郡地。（全祖望燕雲失地考，謂石晉所賂不止十六州。）

此十六州既爲外族所踞，從此中國北方迤東一帶之天然國防線，全部失卻，大河北岸幾無屏障。（惟山西尚有雁門内險，故宋征北漢，遼不能救；太原尚能爲中國所有。然宋都汴京，地偏東，仍非山西所能掩護。）中國遂不得不陷於天然的壓逼形勢下掙扎。

借援外兵，引入内地，唐代亦屢有其事。後世責石敬瑭不當借援契丹，卻忘了石敬瑭自身早是一個胡人。（其於耶律德光自稱「兒皇帝」，爲之假子，亦自安祿山以來相沿遺風。）唐代對於民族觀念之不重視，流害遂至於此。（唐人政制，均沿北朝周、隋。惜當時北朝周、隋諸儒，以環境關係，未能發明民族華、夷之防，唐人遂亦模糊過去。）

六、是中國東北部契丹族之驟盛。

三　契丹之興起

中國的東北，在歷史上很早便有其地位。殷商箕子即避地朝鮮半島。戰國時，遼河兩岸全屬燕國版圖。燕並略屬真番、朝鮮，爲置吏築障。（見漢書地理志。戰國策已謂「燕東有朝鮮、遼東」。）真番即此後漢武所置四郡之一，地跨今鴨綠江。朝鮮乃平壤故名。則燕遼東邊界，較今中、韓國界爲遠。秦長城東端，直至樂浪。此見晉書地理志。樂浪亦漢武置四郡之一，今黃海、平安二道地也。漢初，遼東與朝鮮以浿水（今大同江）爲界；秦界則更在浿水東。秦亂，中國人衛滿自王其地。此如尉佗之王南粵。漢武既滅衛氏，以其地置真番、玄菟、今咸鏡南道。樂浪、臨屯地在今漢江北。四郡。三國時，公孫度王於遼東。此乃中國內部之割據分裂，惟因地遠，故獨立以後，乃與內地交涉較疏。公孫氏傳四世，晉初仍屬中國爲郡縣，自戰國以來五百年矣。五胡慕容氏亦起遼東，而其漢化之程度，較之劉淵匈奴五部久居山西者有過之無不及。可見其時遼河東、西地帶之文化，較之內地河北、山西一帶，無多遜色。唐安東都護府設治在平壤。亦朝鮮境。其後經安、史之亂，中央與東北的關係永爲隔絕。然東北漢族文化根基已深，故渤海建國十餘世，乃有五京、十五府、六十二州之規模。可證其國全是城郭耕稼，用其部族的武力，與漢人的經濟、文化相結合，而凝成一個較進步的國家。其事略如五胡與北魏。又按：渤海自唐武氏聖曆二年，迄後唐明宗天成三年，前後十二世，二百三十年；而契丹自天贊四年閏十二月丁巳興兵，至翌年正月辛未，渤海王即降，前後僅半閱月。渤海臣門藝之言曰：「昔高麗盛時，士三十萬，今我衆比高麗不過三之一。」蓋渤海種人不繁，又建國既久，不尚武事，故其亡忽焉。（渤海故都在今吉林寧安南，牡丹江畔之東京城。其城不依山險，而位於四面開朗之原地，亦渤海以和平立國之一證也。）其後遼滅於金，亦數年事。此皆由其立國本多賴漢人，漢人不爲效死，故易滅也。其後劉豫向金乞師，金調渤海漢兒軍五萬應之。金亮南侵，先計女貞、契丹、奚三部衆，又

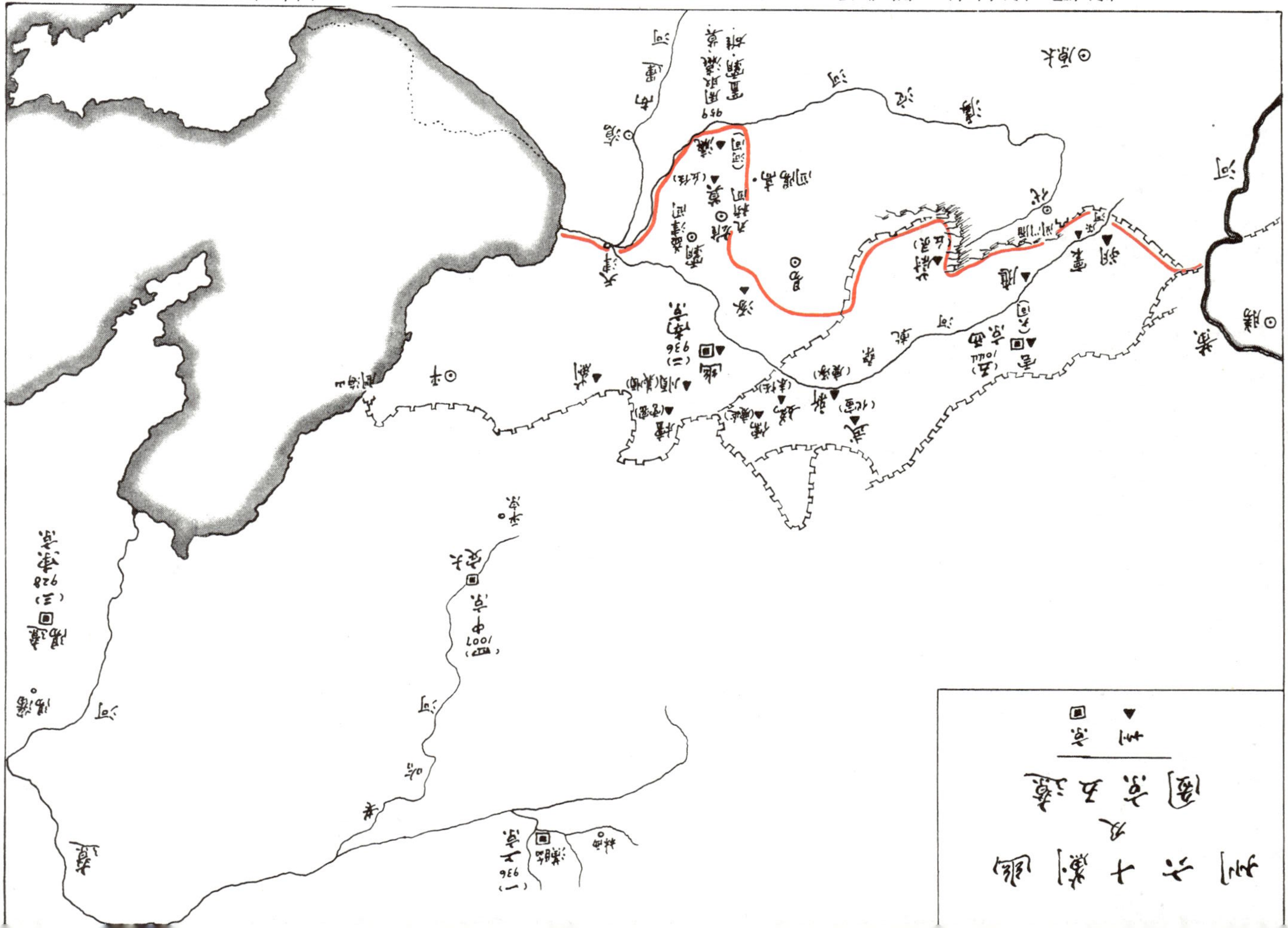
燕雲十六州及遼五京圖
州 ▲
京 回
天津
太原
南京
西京
中京
上京
東京

起中原漢兒與渤海軍共一十七路。而渤海一軍卒叛歸會寧。大金國志引許亢宗奉使行程錄，第三十三程：「自黃龍府六十里至托撒孛堇寨府，爲契丹東寨。當契丹强盛時，擒獲異國人，則遷徙散處於此。南有渤海，北有鐵離、吐渾，東南有高麗、靺鞨，東有女貞、室韋，北有烏舍，西北有契丹、回鶻、党項，西南有奚。故此地雜諸國俗。凡聚會處，諸國人言語不通，則各爲漢語以證，方能辨之。」此可證渤海建國本仗漢人，及漢族在東北方面文化勢力之盛。

契丹建國亦和渤海情形略相仿。

契丹其先出自鮮卑，爲宇文氏別種，遞屬於突厥、回鶻。很早即爲一種耕牧兼營的民族。遼史稱：「皇祖勻德實，爲大迭烈府夷離堇，喜稼穡，善畜牧。」又云：「太祖仲父述瀾，始興版築，置城邑，教民種桑麻，習織組。」

耶律阿保機即遼太祖。建國，自始即依仗漢人之歸附。

時劉守光暴虐，幽、涿之人多亡入契丹，阿保機爲建漢城，在炭山東南灤河上。有鹽鐵之利，其地可植五穀。阿保機率漢人耕種，治城郭、邑屋、廛市，如幽州制度，遂基之以併八部。契丹始建國。

及其立皇都，地在臨潢，今熱河東北，西遼河上流，巴林旗境。事在神册三年，即梁末帝貞明四年，距宋興尚四十二年。滅渤海，史稱「得城邑之居百有三」，事在明宗天成元年。是歲遼太祖阿保機卒，距宋興尚三十四年。已經是一個規模很像樣的國家。其會李克用於雲中，以兵三十萬。伐代北，兵四十萬。後事在唐天祐二年，距宋興五十五年。其後耶律德光阿保機子，遼太宗。又得幽、薊十六州。並得晉歲輸金、帛三十萬。距宋興亦二十六年。其官制分南、北院，北面治宮帳、部族、屬國之政，南面治漢人州縣、租賦、軍馬之事。襲用唐制三省六部、臺院寺監、諸衛東宮之官，藉以招徠中國人。然共國任事，則惟宗室耶律、外戚蕭氏二族。

以耶律德光與石敬瑭、劉知遠相較，一樣是胡人，一樣不瞭解中國傳統文化，然而耶律德光的政治成績要比石敬瑭、劉知遠好得多。此因耶律德光誠心想模仿中國，而石敬瑭、劉知遠還只是想用兵力霸住地位。此正是唐藩鎮與五胡、北朝之相異點。因一面有理想求上進，一面無理想只求霸佔。所以想上進者，因其爲一部族中之優秀領袖，能知爲遠大永長之計。所以只想霸佔者，因其本來出身行伍，徒藉兵强馬大，非有遠志。

遼廷多用漢人，如太祖之於韓延徽，太宗之於張礪。范仲淹疏：「契丹得山後諸州，皆令漢人爲之官守。」諸帝皆通漢學，遼族亦多好文學。參看廿二史箚記。

以遼與北朝比，則遼之文化尚遠遜北朝。此因北朝時中國門第勢力未衰，故雖在部族統治下，而漢族文化仍得發榮滋長。契丹建國時，中國社會已無門第勢力，故契丹雖亦酌取漢化，而漢人則並不能自保其文化之傳統，以與異部族之統治勢力相抗衡。蓋北朝大體上猶是漢人爲主，而遼則漢人爲屬矣。

其後遼國遂備五京之制。宋統一前，遼已有上京、南京、東京三京。

上京。梁貞明四年，阿保機始城臨潢，謂之「皇都」。晉天福初，德光稱爲「上京」。在臨潢。今熱河林西縣東南。

中京。宋景德四年，隆緒城遼西爲「中京」，自上京徙都。在大定。今熱河省東南部喀喇沁旗境，平泉縣東北大寧城。

東京。（後唐天成三年，德光稱遼陽城爲「南京」。晉天福初，改曰「東京」。）在遼陽。（即遼陽縣治。）

南京。（晉天福初，升幽州爲「南京」，又謂之「燕京」，常爲行都。）在析津。（今北平。）

西京。（宋慶曆四年，宗真（興宗）以雲州爲「西京」。）在雲州。（今山西大同。）

境內有州、軍、城百五十有六，縣二百有九。（東至海，西至金山，暨流沙，北至臚朐河，南至白溝，方萬餘里。）有兵一百六十四萬，（勝甲冑者盡籍爲兵，皮室、屬珊二軍尤重，各隸精兵數十萬。屬珊軍則擇蕃、漢精騎爲之也。）部族屬國之兵不與焉。

要之，遼之立國，與漢初匈奴、唐初突厥均不同。遼國直是一個漢族分化的國家。

胡嶠陷北記：「上京所謂西樓，有邑屋、市肆。交易無錢而用布。有綾、錦諸工作。宦者、翰林、技術、教坊、角觝、秀才、僧尼、道士等，皆中國人，而并、汾、幽、薊之人尤多。」（又按：遼史儀衛志，記晉高祖使馮道、劉昫冊應天太后、太宗皇帝，其聲器與法駕，同歸於遼。又德光入汴，收法物。秦、漢以來帝王文物，盡入於遼。周、宋按圖更製，乃非故物。此即太宗紀所載「大同元年三月，晉諸司僚吏、嬪御、宦寺、方伎、百工、圖籍、曆象、石經、銅人、明堂刻漏、太常樂譜、諸宮縣、鹵簿、法物及鎧仗，悉送上京」是也。）

中國的東北方，爲安、史以來長期的藩鎮割據所隔絕，久不與中國中央相通。此一部分人遂漸與異部族武力相結合，而形成一個新國家。（故云與北朝相似。）這一個國家，遂還爲中國本部之强敵。這又是此下歷史上一個重要的變端。

四　中原民衆之疾苦

七、是當時中國黃河流域民衆疾苦之加深。

黃河流域的民衆，經黃巢、秦宗權大亂之後，繼續還是經受武人、胡人的不斷爭奪，橫征暴斂，火熱水深，幾乎難於想像，難於形容。

在政事極端無望之下，有一個張全義。

東都經黃巢之亂，遺民聚爲三城以相保。繼以秦宗權、孫儒殘暴，僅存壞垣而已。唐僖宗光啓三年，張全義爲河南尹，初至，白骨蔽地，荊棘彌望，居民不滿百戶。全義麾下纔百餘人。乃於麾下選可使者十八人，命曰「屯將」。人給一旗、一榜，於舊十八縣中，令招農戶自耕種，流民漸歸。又選可使者十八人，命曰「屯副」。民之來者撫綏之，無重刑，無租稅，歸者漸衆。又選諳書計者十八人，命曰「屯判官」。不一二年，每屯戶至數千。於農隙選壯者教之戰陣，以禦寇盜。五年之後，諸縣桑麻蔚然，勝兵大縣至七千人，小縣不減二千人。乃奏置令佐以治之。全義爲政明察而寬簡，出見田疇美者，輒下馬與僚佐共觀之，召田主勞以酒食。有蠶麥善收者，或親至其家，悉呼出老幼，賜以茶綵衣物。民間言：「張公見聲伎未嘗笑，獨見佳麥良繭則笑耳。」在洛四十年，遂成富庶。

在政事極端無望之下，還有一個馮道。

張全義媚事朱溫，妻妾子女爲其所亂，不以爲愧。及唐滅梁，又賄賂唐莊宗、劉后、伶人、宦官等，以保祿位。然時稱名臣元老，以其猶能以救時拯物爲念也。楊凝式贈全義詩曰：「洛陽風景實堪哀，昔日曾爲瓦子堆。不是我公重葺理，至今猶是一堆灰。」馮道歷事五朝八姓十一君，當時羣尊爲長者。死年七十三，談者美之，謂與孔子同壽，（其時能壽，當真不易。）亦以道能周旋有所存濟也。其對耶律德光曰：「此時百姓，佛出救不得，惟皇帝救得。」論者謂道一言免中國人於夷滅。世運至此，何可更以節義廉恥責當時之人物！其他如鄭韜光事十一君，壽七十。馬胤孫號爲「三不開」，一不開口議論，二不開印行事，三不開門延士大夫。

民生其間，直是中國有史以來未有之慘境。

五　中國之南北分裂

至於北方的遼國，政治比較上軌道，其田制有「公田」、有「私田」、有「在官閑田」之別。

統和中，耶律昭言：「西北之衆，每歲農時，一夫偵候，一夫治公田，二夫給糺官之役。」當時沿邊各置屯田戍兵，易田積穀以給軍糧。太平七年詔：「諸屯田不輸稅賦」，此公田制也。又統和七年詔：「山前後未納稅戶，並於密雲、燕樂兩縣占田置業入稅」，此私田制也。十五年，募民耕灤河曠地，十年始租；此在官閑田制也。

遼自初年即稱農穀充羨，有振饑恤難之政。景宗保寧七年，漢有宋兵，使來乞糧，詔賜粟二十萬斛。耕種之外有鹽。

太祖漢城在炭山南，有鹽池之利，即後魏之滑鹽縣。其後得十六州地，瀛、莫在焉，始得河間煮海之利。

有鐵冶。

太祖始併室韋，其地產銅、鐵、金、銀，其人善作銅、鐵器。又有曷朮部多鐵。「曷朮」，契丹語「鐵」也。後平渤海，有鐵利府，改曰鐵利州，地亦多鐵。又東平縣本漢襄平縣故地，產鐵礦。

有金銀礦。

聖宗太平間，於潢河北陰山及遼河之源，各得金、銀礦，興冶採煉。

因有銀幣。

撒剌的爲夷離堇，以土產多銅，始造錢幣。太祖。其子沿而用之。太宗置五冶太師，以總四方錢鐵。石敬瑭又獻沿邊所鑄。其後景宗鑄乾亨新錢。聖宗鑿大安山，取劉守光所藏錢，散諸五計司，兼鑄太平錢。

又有牧畜之饒。

遼盛牧事，羣牧滋繁，數至百有餘萬，諸司牧官以次進階。自太祖及道宗垂二百年，羣牧之盛如一日。天祚初年，馬猶有數萬羣，每羣不下千匹。

冀北宜馬，海濱宜鹽，自古豔稱。鐵冶之富，至今尤爲全世界所重視。故其國「典章文物、飲食服玩之盛，得盡習漢風，自謂昔時元魏所不如」。韓琦語。而其「法令簡易，科役不煩，遂使一時民衆絕其南顧之念」。余靖語。如此一傳再傳，待宋室起來，再把中國整頓得成一個樣子，而那隔絕淪陷在東北方面的民衆，早已忘卻他們的祖國了。

我們該從地理的橫剖面上，來認取當時中國史上一種空前未有之大搖動。

中国式现代化：强国建设、民族复兴的必由之路

历史总是在时代浪潮的涌动中不断前行。只有与历史同步伐、与时代共命运，敢于承担历史责任、勇于承担历史使命，才能赢得光明的未来。2022 年 10 月，习近平总书记在党的二十大报告中庄严宣示："从现在起，中国共产党的中心任务就是团结带领全国各族人民全面建成社会主义现代化强国、实现第二个百年奋斗目标，以中国式现代化全面推进中华民族伟大复兴。"2023 年 2 月，习近平总书记在学习贯彻党的二十大精神研讨班开班式上发表重要讲话进一步强调："概括提出并深入阐述中国式现代化理论，是党的二十大的一个重大理论创新，是科学社会主义的最新重大成果。中国式现代化是我们党领导全国各族人民在长期探索和实践中历经千辛万苦、付出巨大代价取得的重大成果，我们必须倍加珍惜、始终坚持、不断拓展和深化。"习近平总书记围绕以中国式现代化推进中华民族伟大复兴发表的一系列重要讲话，深刻阐述了中国式现代化的一系列重大理论和实践问题，是对中国式现代化理论的极大丰富和发展，具有很强的政治性、理论性、针对性、指导性，对于我们正确理解中国式现代化，全面学习、全面把握、全面落实党的二十大精神，具有十分重要的意义。

现代化是人类社会发展到一定历史阶段的必然产物，是社会基本矛盾运动的必然结果，是人类文明发展进步的显著标志，也是世界各国人民的共同追求。实现现代化是鸦片战争以来中国人民孜孜以求的目标，也是中国社会发展的客观要求。从1840年到1921年的80余年间，无数仁人志士曾为此进行过艰苦卓绝的探索，甚至付出了血的代价，但均未成功。直到中国共产党成立后，中国的现代化才有了先进的领导力量，才找到了正确的前进方向。百余年来，中国共产党团结带领人民进行的一切奋斗都是围绕着实现中华民族伟大复兴这一主题展开的，中国式现代化是党团结带领全国人民实现中华民族伟大复兴的实践形态和基本路径。中国共产党百年奋斗的历史，与实现中华民族伟大复兴的奋斗史是内在统一的，内蕴着中国式现代化的历史逻辑、理论逻辑和实践逻辑。

一个时代有一个时代的主题，一代人有一代人的使命。马克思深刻指出："人们自己创造自己的历史，但是他们并不是随心所欲地创造，并不是在他们自己选定的条件下创造，而是在直接碰到的、既定的、从过去承继下来的条件下创造。"中国式现代化是中国共产党团结带领中国人民一代接着一代长期接续奋斗的结果。在新民主主义革命时期，党团结带领人民浴血奋战、百折不挠，经过北伐战争、土地革命战争、抗日战争、解放战争，推翻帝国主义、封建主义、官僚资本主义三座大山，建立了人民当家作主的新型政治制度，实现了民族独立、人民解放，提出了推进中国式现代化的一系列创造性设想，为实现现代化创造了根本社会条件。在社会主义革命和建设时期，党团结带领人民自力更生、发愤图强，进行社会主义革命，推进社会主义建设，确立社会主义基本制度，完成了中华民族有史以来最广泛而深刻的社会变革，提出并积极推进"四个现代化"的战略目标，建立起独立的比较完整的工业体系和国民经济体系，在实现什么样的现代化、怎样实现现代化的重大问题上作出了宝贵探索，积累了宝贵经验，为现代化建设奠定了根本政治前提和宝贵经验、理论准备、物质基础。在改革开放和社会主义建设新时期，党团结带领人民解放思想、锐意进取，实现了新中国成立以来党的历史上具有深远意义的伟大转折，确立党在社会主义初级阶段的基本路线，坚定不移推进改革开放，开创、坚持、捍卫、发展中国特色社会主义，在深刻总结我国社会主义现代化建设正反两方面经验基础上提出了“中国式现代化”的命题，提出了“建设富强、民主、文明的社会主义现代化国家”的目标，制定了到21世纪中叶分三步走、基本实现社会主义现代化的发展战略，让中国大踏步赶上时代，为中国式现代化提供了充满新的活力的体制保证和快速发展的物质条件。进入中国特色社会主义新时代，以习近平同志为核心的党中央团结带领人民自信自强、守正创新，成功推进和拓展了中国式现代化。我们党在认识上不断深化，创立了习近平新时代中国特色社会主义思想，实现了马克思主义中国化时代化新的飞跃，为中国式现代化提供了根本遵循。明确指出中国式现代化是人口规模巨大的现代化、是全体人民共同富裕的现代化、是物质文明和精神文明相协调的现代化、是人与自然和谐共生的现代化、是走和平发展道路的现代化，揭示了中国式现代化的中国特色和科学内涵。在实践基础上形成的中国式现代化，其本质要求是，坚持中国共产党领导，坚持中国特色社会主义，实现高质量发展，发展全过程人民民主，丰富人民精神世界，实现全体人民共同富裕，促进人与自然和谐共生，推动构建人类命运共同体，创造人类文明新形态。习近平总书记强调，在前进道路上，坚持和加强党的全面领导，坚持中国特色社会主义道路，坚持以人民为中心的发展思想，坚持深化改革开放，坚持发扬斗争精神，是全面建设社会主义现代化国家必须牢牢把握的重大原则。中国式现代化理论体系的初步构建，使中国式现代化理论与实践更加清晰、更加科学、更加可感可行。我们党在战略上不断完善，深入实施科教兴国战略、人才强国战略、乡村振兴战略等一系列重大战略，为中国式现代化提供坚实战略支撑。我们党在实践上不断丰富，推进一系列变革性实践、实现一系列突破性进展、取得一系列标志性成果，推动党和国家事业取得历史性成就、发生历史性变革，特别是消除了绝对贫困问题，全面建成小康社会，为中国式现代化提供了更为完善的制度保证、更为坚实的物质基础、更为主动的精神力量。

思想是行动的先导，理论是实践的指南。毛泽东同志深刻指出："自从中国人学会了马克思列宁主义以后，中国人在精神上就由被动转入主动。"中国共产党是为中国人民谋幸福、为中华民族谋复兴的使命型政党，也是由科学社会主义理论武装起来的学习型政党。中国共产党的百年奋斗史，也是马克思主义中国化时代化的历史。正如习近平总书记所指出的："中国共产党为什么能，中国特色社会主义为什么好，归根到底是马克思主义行，是中国化时代化的马克思主义行。"一百多年来，党团结带领人民在中国式现代化道路上推进中华民族伟大复兴，始终以马克思主义为指导，不断实现马克思主义基本原理同中国具体实际和中华优秀传统文化相结合，不断将马克思关于现代社会转型的伟大构想在中国具体化，不断彰显马克思主义现代性思想的时代精神和中华民族的文化性格。可以说，中国式现代化是科学社会主义先进本质与中华优秀传统文化的辩证统一，是根植于中国大地、反映中国人民意愿、适应中国和时代发展进步要求的现代化。中国式现代化理论是中国共产党团结带领人民在百年奋斗历程中的思想理论结晶，揭示了对时代发展规律的真理性认识，涵盖全面建设社会主义现代化强国的指导思想、目标任务、重大原则、领导力量、依靠力量、制度保障、发展道路、发展动力、发展战略、发展步骤、发展方式、发展路径、发展环境、发展机遇以及方法论原则等十分丰富的内容，其中习近平总书记关于中国式现代化的重要论述全面系统地回答了中国式现代化的指导思想、目标任务、基本特征、本质要求、重大原则、发展方向等一系列重大问题，是新时代推进中国式现代化的理论指导和行动指南。

大道之行，壮阔无垠。一百多年来，党团结带领人民百折不挠，砥砺前行，以中国式现代化全面推进中华民族伟大复兴，用几十年时间走过了西方发达国家几百年走过的现代化历程，在经济实力、国防实力、综合国力和国际竞争力等方面均取得巨大成就，国内生产总值稳居世界第二，中华民族伟大复兴展现出灿烂的前景。习近平总书记在庆祝中国共产党成立100周年大会上的讲话中指出："我们坚持和发展中国特色社会主义，推动物质文明、政治文明、精神文明、社会文明、生态文明协调发展，创造了中国式现代化新道路，创造了人类文明新形态。"我们党科学擘画了中国式现代化的蓝图，指明了中国式现代化的性质和方向。党团结带领人民开创和拓展中国式现代化的百年奋斗史，就是全面推进中华民族伟大复兴的历史，也是创造人类文明新形态的历史。伴随着中国人民迎来从站起来、富起来再到强起来的伟大飞跃，我们党推动社会主义物质文明、政治文明、精神文明、社会文明、生态文明协调发展，努力实现中华文明的现代重塑，为实现全体人民共同富裕奠定了坚实的物质基础。中国式现代化是马克思主义中国化时代化的实践场域，深深植根于不断实现创造性转化和创新性发展的中华优秀传统文化，蕴含着独特的世界观、价值观、历史观、文明观、民主观、生态观等，在文明交流互鉴中不断实现综合创新，代表着人类文明进步的发展方向。

从国家蒙辱到国家富强、从人民蒙难到人民安康、从文明蒙尘到文明复兴，体现了近代以来中华民族历经苦难、走向复兴的历史进程，反映了中国社会和人类社会、中华文明和人类文明发展的内在关联和实践逻辑。中国共产党在不同历史时期推进中国式现代化的实践史，激活了中华文明的内生动力，重塑了中华文明的历史主体性，以面向现代化、面向世界、面向未来的思路建设民族的、科学的、大众的社会主义文化，以开阔的世界眼光促进先进文化向文明的实践转化，勾勒了中国共产党百余年来持续塑造人类文明新形态的历史画卷。人类文明新形态是党团结带领人民独立自主地持续探索具有自身特色的革命、建设和改革发展道路的必然结果，是马克思主义现代性思想和世界历史理论同中国具体实际和中华优秀传统文化相结合的产物，是中国共产党百余年来持续推动中国现代化建设实践的结晶。习近平总书记指出："一个国家走向现代化，既要遵循现代化一般规律，更要符合本国实际，具有本国特色。中国式现代化既有各国现代化的共同特征，更有基于自己国情的鲜明特色。"世界上没有放之四海而皆准的现代化标准，我们党领导人民用几十年时间走完了西方发达国家几百年走过的工业化进程，在实践创造中进行文化创造，在世界文明之林中展现了彰显中华文化底蕴的一种文明新形态。这种文明新形态既不同于崇尚资本至上、见物不见人的资本主义文明形态，也不同于苏联东欧传统社会主义的文明模式，是中国共产党对人类文明发展作出的原创性贡献，体现了现代化的中国特色和世界历史发展的统一。

中国式现代化是一项开创性的系统工程，展现了顶层设计与实践探索、战略与策略、守正与创新、效率与公平、活力与秩序、自立自强与对外开放等一系列重大关系。深刻把握这一系列重大关系，要站在真理和道义的制高点上，回答"中华文明向何处去、人类文明向何处去"的重大问题，回答中国之问、世界之问、人民之问、时代之问，不断深化正确理解和大力推进中国式现代化的学理阐释，建构中国自主的知识体系，不断塑造发展新动能新优势，在理论与实践的良性互动中不断推进人类文明新形态和中国式现代化的实践创造。

胸怀千秋伟业，百年只是序章。习近平总书记强调："一个国家、一个民族要振兴，就必须在历史前进的逻辑中前进、在时代发展的潮流中发展。"道路决定命运，旗帜决定方向。今天，我们比历史上任何时期都更接近中华民族伟大复兴的目标，比历史上任何时期都更有信心、有能力实现这个宏伟目标。然而，我们必须清醒地看到，推进中国式现代化，是一项前无古人的开创性事业，必然会遇到各种可以预料和难以预料的风险挑战、艰难险阻甚至惊涛骇浪。因而，坚持运用中国化时代化马克思主义的思想方法和工作方法，坚持目标导向和问题导向相结合，理顺社会主义现代化发展的历史逻辑、理论逻辑、实践逻辑之间的内在关系，全方位、多角度解读中国式现代化从哪来、怎么走、何处去的问题，具有深远的理论价值和重大的现实意义。

作为中国共产党亲手创办的第一所新型正规大学，始终与党同呼吸、共命运，服务党和国家重大战略需要和决策是中国人民大学义不容辞的责任与义务。基于在人文社会科学领域"独树一帜"的学科优势，我们凝聚了一批高水平哲学社会科学研究团队，以习近平新时代中国特色社会主义思想为指导，以中国式现代化的理论与实践为研究对象，组织策划了这套"中国式现代化研究丛书"。"丛书"旨在通过客观深入的解剖，为构建完善中国式现代化体系添砖加瓦，推动更高起点、更高水平、更高层次的改革开放和现代化体系建设，服务于释放更大规模、更加持久、更为广泛的制度红利，激活经济、社会、政治等各个方面良性发展的内生动力，在高质量发展的基础上，促进全面建成社会主义现代化强国和中华民族伟大复兴目标的实现。“丛书”既从宏观上展现了中国式现代化的历史逻辑、理论逻辑和实践逻辑，也从微观上解析了中国社会发展各领域的现代化问题；既深入研究关系中国式现代化和民族复兴的重大问题，又积极探索关系人类前途命运的重大问题；既继承弘扬改革开放和现代化进程中的基本经验，又准确判断中国式现代化的未来发展趋势；既对具有中国特色的国家治理体系和治理能力现代化进行深入总结，又对中国式现代化的未来方向和实现路径提出可行建议。

展望前路，我们要牢牢把握新时代新征程的使命任务，坚持和加强党的全面领导，坚持中国特色社会主义道路，坚持以人民为中心的发展思想，坚持深化改革开放，坚持发扬斗争精神，自信自强、守正创新，踔厉奋发、勇毅前行，在走出一条建设中国特色、世界一流大学的新路上，秉持回答中国之问、彰显中国之理的学术使命，培养堪当民族复兴重任的时代新人，以伟大的历史主动精神为全面建成社会主义现代化强国、实现中华民族伟大复兴作出新的更大贡献！

目　录

引　言

新时代教育改革创新的新要求

党的二十大提出“实施科教兴国战略，强化现代化建设人才支撑”“加快建设高质量教育体系”的重大要求。在以中国式现代化全面推进中华民族伟大复兴的新的历史征程中，“教育、科技、人才是全面建设社会主义现代化国家的基础性、战略性支撑”[①]。2023 年 5 月 29 日，习近平总书记在二十届中共中央政治局第五次集体学习时强调，要加快建设教育强国，为中华民族伟大复兴提供有力支撑。建设高质量教育体系，是加快建设教育强国，全面建设社会主义现代化国家的重大举措。广义上，我们可以将教育结构体系界定为教育总体各个部分的相互关系及组合方式，包括教育层次结构、科类或专业结构、教育类型结构、办学形式结构、教育布局结构、教育管理体制结构等多个要素与维度。我们应侧重从人才的层次、类型结构和教育的层次、类型结构、学科结构、地域布局等维度把握教育结构体系这一概念，特别注重把握各个维度之间的相互关系，以及各级各类教育机构的设置及横向与纵向的衔接沟通问题。

教育体系的核心是教育结构，教育体系的质量首先直接取决于教育结构，教育结构体系是影响甚至决定教育体系质量的最根本、最关键、最核心的因素。第一，教育结构是阐释“建设高质量教育体系”的最根本、最关键、最核心的视角。第二，研究“建设高质量教育体系”问题，必须贯彻整体性、系统性思维，系统分析决定和影响“十四五”时期以及实现 2035 年远景目标期间乃至到本世纪中叶实现第二个百年奋斗目标期间我国高质量教育体系建设中的重大结构性问题。第三，研究“建设高质量教育体系”问题，必须关注新技术革命带来的技术结构、社会结构、产业结构

① 习近平．高举中国特色社会主义伟大旗帜 为全面建设社会主义现代化国家而团结奋斗：在中国共产党第二十次全国代表大会上的报告［N］．人民日报，2022－10－26（1）．

变化，研究互联网、物联网、人工智能、大数据、区块链等新技术在教育中的应用及其对教育质量的贡献，以及由此带来的人才结构新要求与教育结构的关系。第四，研究“建设高质量教育体系”问题，必须在结合我国改革开放 40 多年来教育结构体系特点的基础上，综合运用多种研究方法，以宏观研究与微观研究相结合的方式，对面向新发展阶段的高质量教育结构体系变革问题进行系统研究，提出一个中国特色的高质量教育体系的理论模型，并针对建设中国特色高质量教育结构体系重大问题提出相关的政策建议。

一、面向以第四次工业革命为背景的百年未有之大变局谋划建设高质量教育体系

以人工智能技术为代表的第四次工业革命，使得人们的生产、生活产生了质的变化。第四次工业革命主要以人工智能技术、新材料技术、量子信息技术、生物技术等为技术突破口，技术革命催生出很多新的教育学研究主题，也必然对现存的教育结构产生革命性改变，正在形塑教育的结构。人工智能对学科结构、专业结构、人才结构、课程结构等提出了新的变革要求。就学科结构而言，人工智能时代要求更多交叉学科形式的研究合作，来解决现实问题。人工智能给工业技术、社会治理所带来的巨大变革，对专业结构也会提出新的要求，新的专业设置及招生计划会应运而生。正如 1952 年院系调整后工科专业的迅速增长，以及改革开放后贸易、财经、法律、外语等专业的迅猛发展一样，人工智能时代的人才培养对高等教育中的学科和专业结构势必产生巨大影响。

高质量教育体系的建设必须重视研究新技术革命背景下技术变革导致

的技术结构、产业结构、社会结构趋势性变化，并探索这些重大结构性变化可能对教育结构体系产生的重要影响。要把握教育结构体系与产业结构、技术结构和人力结构的相互关系，研究新技术对不同行业在技术结构、人才结构方面的未来需求及发展趋势，探讨新技术条件下不同层次职业岗位对人才知识、能力结构的要求及变化，探讨同一层次或相关专业人才岗位替代性、知识能力迁移性与教育结构适应性的关系。

二、瞄准第二个百年奋斗目标推进高质量教育体系建设

党的十九大明确了第二个百年奋斗目标，即到新中国成立一百年的时候，把我国建成富强民主文明和谐美丽的社会主义现代化强国。党的二十大提出了以中国式现代化全面推进中华民族伟大复兴的要求。建设高质量教育体系，必须从第二个百年奋斗目标的要求出发，必须从实现中国式现代化的总体要求出发。

现代化的核心首先是人的现代化。教育本质上是培养人的社会实践活动，实现人的现代化必须要有现代化的教育，首先就要建设现代化的教育体系。什么是现代化的教育体系是我们必须要回答清楚的问题。此外，目前，我国全面完成了脱贫攻坚任务，基本实现了全面建成小康社会的奋斗目标。未来30年基本实现现代化与建设现代化强国的过程中，实现教育现代化，建设教育强国，要求我们必须不断探索新的历史条件下教育结构体系建设新的规律性问题。

我国教育总体水平已经进入世界中上行列，面向建设制造业大国和世界工厂的需求，初步建立起有中国特色的社会主义教育体系。形成了学前教育至高等教育、普通教育与职业教育、学历教育与非学历教育、线下教

学与在线教育等多种层次、类别和形式的教育格局，并正在向终身教育的方向发展。但是，由于历史的、体制的和观念上的原因，我国现行教育结构体系还不适应经济发展和社会进步的需要，不能满足人民不断提高的对受教育机会的多种选择和要求。为实现 2035 年远景目标与本世纪中叶第二个百年奋斗目标，高质量教育体系建设必须解决教育体系中的一些重大结构性问题。

三、立足新发展阶段、贯彻新发展理念、构建新发展格局，深化教育体系的改革创新

党的十九大报告指出，“中国特色社会主义进入新时代，我国社会主要矛盾已经转化为人民日益增长的美好生活需要和不平衡不充分的发展之间的矛盾”①，标志着我国进入一个新的发展阶段。党的二十大报告指出：“从现在起，中国共产党的中心任务就是团结带领全国各族人民全面建成社会主义现代化强国、实现第二个百年奋斗目标，以中国式现代化全面推进中华民族伟大复兴。”② 我们必须要贯彻创新、协调、绿色、开放、共享的新发展理念，构建国内国际双循环的新发展格局，着力推动高质量发展。从制造业大国转变为制造业强国，从人力资源大国转变为人力资源强国，从世界工厂转变为创新强国，加快建设教育强国、科技强国、人才强国。

高质量教育体系建设必须立足新发展阶段，贯彻新发展理念，构建新

① 习近平．决胜全面建成小康社会 夺取新时代中国特色社会主义伟大胜利：在中国共产党第十九次全国代表大会上的报告［N］．人民日报，2017－10－28（1）．

② 习近平．高举中国特色社会主义伟大旗帜 为全面建设社会主义现代化国家而团结奋斗：在中国共产党第二十次全国代表大会上的报告［N］．人民日报，2022－10－26（1）．

发展格局。重点关注立德树人、培养创新人才、科技自立自强等重大问题，抓住提升国家核心竞争力的目标、全面提高人才培养能力这个核心点以及与之相关的重大结构性问题，处理好教育结构体系建设中的若干重大关系，补足教育结构的薄弱环节，抓住关键领域，满足重大需求。

建设高质量教育体系，必须抓住薄弱环节做好政策安排与制度创新，面向关键领域做好政策安排与制度创新，满足重大需求做好政策安排与制度创新，建构重大支撑保障做好政策安排与制度创新。系统解决好改革学制系统、培养本土创新人才、实现德智体美劳五育融合并举、建设信息化教育体系、实现面向制造业大国教育结构体系与面向创新强国教育结构体系的叠加与融合、党的全面领导体制机制、面向新型产业结构的人力资本开发、教育治理体系和治理能力现代化等重大结构性问题。

第一章

中国教育现代化面临的机遇挑战与主要任务

第一节

实现教育现代化：新时代中国式现代化语境下的教育目标

所谓现代化是指以现代工业、信息与技术革命为推动力，以物质文化生活水平不断提高为标志，以环境优化和民生改善为着力点，实现从传统农业社会向工业社会转变，再从工业社会向现代信息社会转变，对经济、社会、政治、文化、环境、思想等各个领域产生革命性的影响，并引起社会组织与社会行为的深刻变革的过程。教育事业发展涉及经济社会生活的方方面面，作为深嵌于社会之中的一种构件，教育既受制于社会、服务于社会，又表征着社会、型构着社会，是国家现代化全局中的一个具有关键作用的组成部分，也是现代化理论与中国式现代化一般内涵适用在教育领域的具象化体现。

从广义上看，教育现代化是指由现代生产力的发展所导致的包括教育生产力、教育制度体系、教育思想观念在内的教育形态由传统向现代转化的发展进程，这种转化并非把传统教育抛弃掉，在空中楼阁的基础上去构建一个现代教育，而是通过对传统教育的选择、改造、继承和发展来实现的[①]。同

① 顾明远．实现教育现代化的宏伟蓝图：学习贯彻《国家中长期教育改革和发展规划纲要》[J]．新华文摘，2010（24）：111－114.

时，教育现代化也是全球范围内教育结构逐渐分化、教育功能逐渐丰富、教育现代性逐步显现的历史过程①。其主要特征是以现代工业、科学和技术革命为推动力，教育与经济、政治、文化、思想各个领域紧密结合，在国家的支持下走向世俗化、普及化、大众化②。其实质和核心是人的素质现代化③。从狭义上看，教育现代化主要指后发国家采取适合自己的途径，通过有计划的教育改造和学习世界先进国家，在物质、制度、精神等多个层面④，缩小与发达国家教育现代化差距的过程⑤。

可以说，教育现代化是对传统教育的批判、继承和发展，不仅要求教育理念、教育体制、教育内容及方法、办学条件、师资队伍、教育管理等方面持续满足全球性与时代性标准，还要求发展战略、政策模式、资源投入、机会分配等与特定国家和地区的经济社会发展需要相适应，是一个不断追求卓越、不断满足全体人民需求与社会发展需要的动态性、渐进性过程。

改革开放以来，实现教育现代化是当代中国推进教育事业发展的总体目标。1983 年，邓小平基于我国国情，从党的总路线总任务出发，适应世界新的技术革命的发展趋势提出了极具国家战略发展导向性的“三个面向”，即“教育要面向现代化，面向世界，面向未来”⑥，对改革开放新的历史时期我国教育工作的指导思想进行了精辟概括，成为指导我国教育事业改革发展的长期战略方针。其中，“面向现代化”在“三个面向”中处于统领与核心地位。而后，1985 年中共中央提出的《关于教育体制改革的

---

① 诸宏启．教育现代化的性质与分析框架［J］．教师教育研究，1998（3）：9－13，35.
② 朱旭东，蒋贞蕾．国家发展与教育发展模式探讨：教育现代化的视角［J］．比较教育研究，2001（1）：13－19.
③ 谈松华，王建．教育现代化区域发展模式研究［M］．北京：北京师范大学出版社，2011：24－25.
④ 邬志辉．推行教育现代化的三个理论前提［J］．教育理论与实践，1998（6）：1－6.
⑤ 冯增俊．比较教育学与教育现代化［J］．华南师范大学学报（社会科学版），1996（5）：65－72.
⑥ 邓小平．邓小平文选：第 3 卷［M］．北京：人民出版社，1993：35.

决定》、1993年中共中央和国务院印发的《中国教育改革和发展纲要》、2001年国务院制定的《关于基础教育改革与发展的决定》、2010年出台的《国家中长期教育改革和发展规划纲要（2010—2020年）》等重要政策文件无不以实现教育现代化作为总体目标，并根据不同时代条件下世情、党情、国情的深刻变化赋予教育现代化新的时代内涵。

近年来，教育现代化议题受到了多个主要国际组织的高度关注。例如联合国发起“教育第一”全球倡议行动，世界教育论坛发布《教育2030仁川宣言和行动框架：迈向包容、公平、有质量的教育和全民终身学习》，联合国大会通过《变革我们的世界：2030年可持续发展议程》，经济合作与发展组织启动“教育2030：未来的教育和技能”项目。上述行动对今后一个时期内全球教育现代化的总体愿景与发展方向进行了阐释，表明国际社会将发展教育事业视作多个方面的可持续发展议程中的核心议题，高度重视教育现代化对于实现其他方面可持续发展目标的重要引领与支撑作用[①]。而要想实现这些教育发展目标，就需要制定并执行教育规划。教育规划这一概念是联合国教科文组织20世纪60年代提出的重要教育思想之一。所谓教育规划是一个持续、系统的过程，涉及社会研究方法的应用与协调。教育、管理、经济和财政各个领域的原则和技术，需要社会公众、私人企业与国家政府的参与和支持，以确保为人们提供目标明确、阶段清晰的充足教育，为每一个人提供发展自身潜能，并为国家社会、文化和经济的发展做出有效贡献的机会。一般认为，教育规划应根据社会发展的需求，基于特定社会在特定发展阶段可调动的人力、财力和物力资源，尽可能全面地覆盖包括教育、文化、人口、经济、政治等在内的社会的方方面

① 朱益明，王瑞德，等．中国教育现代化2035：从规划到实践［M］．上海：上海教育出版社，2020：1-4.

面，结合专家主导与公众参与，运用科学的方法确定短期、中期和长期目标①。虽然教育规划对于实现教育现代化而言仅仅具有工具意义，却从一个侧面诠释了教育现代化在价值目标层面具有的时代性与进步性、在影响范围层面具有的全球性与综合性、在实践逻辑层面具有的过程性与情境性②。

2019 年 2 月，中共中央、国务院印发《中国教育现代化 2035》，以到 2035 年总体实现教育现代化，迈入教育强国行列，推动我国成为学习大国、人力资源强国和人才强国，为到 21 世纪中叶建成富强民主文明和谐美丽的社会主义现代化强国奠定坚实基础为战略目标，提出了建成服务全民终身学习的现代教育体系、普及有质量的学前教育、实现优质均衡的义务教育、全面普及高中阶段教育、职业教育服务能力显著提升、高等教育竞争力明显提升、残疾儿童少年享有适合的教育、形成全社会共同参与的教育治理新格局等系统化教育现代化目标③。《中国教育现代化 2035》在教育规划思想的基本原则基础上，构建起涵盖科学、民主、法治、公平和开放五个价值维度的理论体系④，在充分考量国内外经济和社会发展形势的基础上，基于中国教育发展已有的经验和基础，直面中国教育面临的挑战，提出了未来十五年切实可行的发展目标。可以说，《中国教育现代化 2035》不仅体现了中国教育未来 15 年发展的基本方向和宏伟蓝图，而且对于国际社会努力推进教育现代化进程提供了价值、目标、方法等多个层面的示范价值。党的二十大报告提出了“以中国式现代化全面推进中华民

---

① 顾明远，滕珺.《中国教育现代化 2035》与全球可持续发展教育目标实现 [J]. 比较教育研究，2019，41 (5)：3 - 9，35.

② 陈柳钦.现代化的内涵及其理论演进 [J]. 经济研究参考，2011 (44)：15 - 31.

③ 中共中央、国务院印发《中国教育现代化 2035》[EB/OL]. (2019 - 02 - 23) [2021 - 11 - 21]. http://www.gov.cn/xinwen/2019 - 02/23/content _ 5367987.htm.

④ 冉华，高娅敏.中国教育现代化指标五大价值维度 [J]. 师资建设，2019 (7)：14 - 15.

族伟大复兴”的重大命题，并指出“教育、科技、人才是全面建设社会主义现代化国家的基础性、战略性支撑”[①]，为未来30年我国教育现代化提供了指导思想、基本内涵与政策指南。习近平总书记在主持中共中央政治局第五次集体学习时指出，党的十八大以来，党中央坚持把教育作为国之大计、党之大计，做出加快教育现代化、建设教育强国的重大决策。建设教育强国，是全面建成社会主义现代化强国的战略先导，是实现高水平科技自立自强的重要支撑，是促进全体人民共同富裕的有效途径，是以中国式现代化全面推进中华民族伟大复兴的基础工程[②]。

第二节

我国实现教育现代化恰逢战略机遇

一、改革开放以来党领导教育事业取得的历史性成就，为实现教育现代化奠定了坚实基础

改革开放以来，中国共产党作为执政党坚持把教育摆在优先发展的战

---

① 习近平．高举中国特色社会主义伟大旗帜 为全面建设社会主义现代化国家而团结奋斗：在中国共产党第二十次全国代表大会上的报告［N］．人民日报，2022-10-26（1）．

② 习近平主持中央政治局第五次集体学习并发表重要讲话［EB/OL］．（2023-05-29）［2024-01-17］．https://www.gov.cn/yaowen/liebiao/202305/content_6883632.htm?device=app&eqid=9d5ca2f500007cd2000000066478149e&eqid=e2c11c5800017ced00000003648bd4c7.

略地位，充分彰显了自身在把方向、谋大局、定政策、促改革方面的能力和定力，发挥了“统揽全局、协调各方”的领导核心作用，有力地保证了教育优先发展、科教兴国、人才强国等教育发展战略与相关政策措施的连续性与资源支持的充分性。具体来说：全面落实教育优先发展战略，在经济社会发展规划上优先安排教育、财政资金投入上优先保障教育、公共资源配置上优先满足教育和人力资源开发需要。通过深化教育领域“放管服”改革，强化教育经费保障机制，改善学校办学条件，提升运用信息化手段的能力和水平，加强乡村师资队伍建设，前瞻规划布局城镇学校，优化高校区域布局，改革课程体系，调整学科与专业结构等多措并举，有力地促进了区域、城乡和各级各类教育均衡发展和协调发展，显著地提升了教育服务创新发展能力，培养了大量适应高质量发展的优秀人才。

通过不懈努力，我国教育现代化进程加速推进，教育总体发展水平进入世界中上行列，取得了全方位、开创性的历史性成就，教育面貌实现了历史性变化。截止到 2019 年，全国学前三年毛入园率达到 83.4%，小学学龄人口入学率达到 99.94%，初中、高中、高等教育阶段的毛入学率分别为 102.6%、89.5%和 51.6%，高等教育进入普及化阶段[①]，我国已建成了世界上最大规模的教育体系；我国财政性教育经费支出占当年国内生产总值比例长期稳定在 4%以上，2020 年国家财政性教育经费达到 5.3 万亿元，经费投入体制得到进一步优化；义务教育均衡发展和基本公共教育服务均等化持续推进，中小学幼儿园学校办学条件与教师待遇得到显著改善；从“211 工程”、“985 工程”到“双一流”工程，我国高校特别是研

---

① 教育部：“十三五”规划确定的主要目标任务将如期实现［EB/OL］.（2020－12－01）［2021－11－12］. http://www.moe.gov.cn/fbh/live/2020/52692/mtbd/202012/t20201201_502747.html.

究型高校办学水平持续提升，在国际主流大学排行榜名次逐年提高，高等教育内涵式发展取得显著成效，现代职业教育体系加快构建，产教融合、校企合作取得积极进展，为国家的经济转型、科技创新、文化繁荣、民生改善、社会和谐提供了有力支撑；我国教育治理体系和治理能力建设实现跨越式发展，学校办学活力得到进一步激发，民办教育对公立教育的补充作用得到进一步凸显；全面依法治教向纵深推进，教育法立改废释工作加快推进，中国特色社会主义教育法律体系基本建成，伴随着教育督导体制改革与教育行政执法体制改革的加速推进，中国特色社会主义法治体系日趋成熟[①]。可以说，教育事业为社会主义现代化建设开发了人力资源，为增强综合国力和国际竞争力贡献了积极力量，为国民素质逐渐提高提供了重要支持，亿万人民通过受教育实现了完善自身、改变命运、创造美好生活的愿望，人民群众的获得感、幸福感、安全感不断增强[②]。

二、习近平总书记关于教育的重要论述为实现教育现代化提供了根本遵循

教育是国之大计、党之大计，是民族振兴、社会进步的重要基石，是功在当代、利在千秋的德政工程，对提高人民综合素质、促进人的全面发展、增强中华民族创新创造活力、实现中华民族伟大复兴的中国梦具有决定性意义。党的十八大以来，以习近平同志为核心的党中央在领导全党全国各族人民推进党和国家事业的实践中，立足世界百年未有之大变局和中

---

① 申素平，等．从法制到法治：教育法治建设之路［M］．上海：华东师范大学出版社，2018：288；“数”看“十三五”：教育改革发展成就概述［EB/OL］．（2020-12-01）［2021-11-12］．http://www.moe.gov.cn/fbh/live/2020/52692/sfcl/202012/t20201201_502591.html.

② 陈宝生．建设高质量教育体系［J］．中国民族教育，2020（12）：4-6.

华民族伟大复兴战略全局，着眼民族复兴伟大梦想，坚持优先发展教育事业，高度重视教育在国家发展、民族复兴、人民幸福总体战略中的基础性、全局性、先导性作用。

在对改革开放40余年来党领导教育事业改革发展成功实践的科学总结和对教育发展内在规律的深刻洞察的基础上，习近平总书记多次通过讲话、座谈、答问、批示、贺信等方式对教育事业发展提出了一系列新理念、新思想、新观点，围绕“为谁培养人、培养什么人、怎样培养人”的根本问题，从政治导向、价值取向、改革方向三个方面深刻回答了一系列方向性、全局性、战略性重大问题，形成了系统完备、内涵丰富的思想体系，把党对中国特色社会主义教育事业建设规律的认识提升到了新高度，彰显了新时代我国深入推进教育领域综合改革、加快推进教育现代化、努力建设教育强国的理论自觉与理论自信。

习近平总书记关于教育的重要论述既根植于中华民族崇文重教的优良传统，又体现了中国特色社会主义进入新时代的鲜明特征，是马克思主义基本原理与中国教育实践相结合的重大理论结晶，是习近平新时代中国特色社会主义思想的重要组成部分，为加快推进教育现代化、建设教育强国提供了强大思想武器和行动指南，对于加快推进教育现代化，建设教育强国，写好教育“奋进之笔”，办好人民满意的教育，具有重要的理论意义和实践意义①。

三、中国式现代化理论为教育现代化提供了理论依据

教育现代化是中国式现代化的重要组成部分。教育强国战略在全面建

---

① 孙春兰．深入学习贯彻习近平总书记关于教育的重要论述 奋力开创新时代教育工作新局面[J]．人民教育，2018（20）：7－10.

成社会主义现代化强国过程中发挥先导性作用。中国式现代化为教育现代化提供了丰富的理论依据，为推动我国教育现代化发展提供了指导思想。

一是坚持党对教育事业的全面领导。中国式现代化的本质要求包括：坚持中国共产党领导，坚持中国特色社会主义，实现高质量发展①。习近平总书记强调，我们要建设的教育强国，是中国特色社会主义教育强国，必须以坚持党对教育事业的全面领导为根本保证，以立德树人为根本任务，以为党育人、为国育才为根本目标，以服务中华民族伟大复兴为重要使命，以教育理念、体系、制度、内容、方法、治理现代化为基本路径，以支撑引领中国式现代化为核心功能，最终是办好人民满意的教育②。党的领导决定中国式现代化的根本性质，只有毫不动摇坚持党的领导，中国式现代化才能前景光明、繁荣兴盛③，教育现代化才能前景光明。

二是全面贯彻党的教育方针。新时代党的教育方针是指导教育事业，实现教育现代化的根本遵循。教育现代化要坚持社会主义办学方向。培养一代又一代社会主义建设者和接班人，是教育的根本任务，是教育现代化的方向目标。不论什么时候，为党育人的初心不能忘，为国育才的立场不能改④。坚持社会主义办学方向是教育现代化的根本遵循，明确了教育现代化的正确方向。

---

① 习近平．高举中国特色社会主义伟大旗帜 为全面建设社会主义现代化国家而团结奋斗：在中国共产党第二十次全国代表大会上的报告［N］．人民日报，2022-10-26（1）．

② 习近平主持中央政治局第五次集体学习并发表重要讲话［EB/OL］．（2023-05-29）［2024-01-17］．https://www.gov.cn/yaowen/liebiao/202305/content_6883632.htm?device=app&eqid=9d5ca2f500007cd2000000066478149e&eqid=e2c11c5800017ced00000003648bd4c7.

③ 习近平在学习贯彻党的二十大精神研讨班开班式上发表重要讲话强调：正确理解和大力推进中国式现代化［N］．人民日报，2023-02-08（1）．

④ 扎实推进教育高质量发展加快建设教育强国［EB/OL］．（2021-06-09）［2024-01-17］．http://theory.people.com.cn/GB/n1/2021/0609/c40531-32126089.html.

三是不断推进马克思主义中国化时代化。中国共产党为什么能，中国特色社会主义为什么好，归根到底是马克思主义行，是中国化时代化的马克思主义行[1]。中国式教育现代化以马克思主义中国化时代化为思想指引，秉承马克思主义教育观[2]。在中国式教育现代化的进程中，马克思主义中国化时代化发挥着至关重要的指导作用，中国化时代化的马克思主义深刻把握教育发展的规律，推动教育改革不断深入，为我国教育事业发展提供了强大动力。

四是坚定不移走高质量发展之路。高质量发展是全面建设社会主义现代化国家的首要任务，是实现中国式现代化发展愿景的本质要求[3]。习近平总书记指出，要坚持把高质量发展作为各级各类教育的生命线，加快建设高质量教育体系[4]。教育高质量发展已成为当今我国教育发展的时代命题，是我国加快建设创新型国家和建成教育、科技和人才强国背景下对教育提出的新要求，是扎实推进教育强国建设战略的必然路径[5]。面向建设教育强国的新征程，奋力实现教育的任务使命，关键是坚定不移地走高质量发展之路，扎实推进中国式现代化下的教育实践。通过构建高质量教育发展体系，夯实教育强国根基，汇聚起为党育人、为国育才的磅礴力量。

---

① 习近平．高举中国特色社会主义伟大旗帜 为全面建设社会主义现代化国家而团结奋斗：在中国共产党第二十次全国代表大会上的报告［N］．人民日报，2022－10－26（1）．

② 程雨燕，吕程宇．中国式教育现代化：发展历程、行动逻辑与未来趋向［J］．教育导刊，2023（12）：5－13．

③ 习近平．高举中国特色社会主义伟大旗帜 为全面建设社会主义现代化国家而团结奋斗：在中国共产党第二十次全国代表大会上的报告［N］．人民日报，2022－10－26（1）．

④ 习近平主持中央政治局第五次集体学习并发表重要讲话［EB/OL］．（2023－05－29）［2024－01－17］．https://www.gov.cn/yaowen/liebiao/202305/content_6883632.htm?device=app&eqid=9d5ca2f500007cd2000000066478149e&eqid=e2c11c5800017ced00000003648bd4c7．

⑤ 伍宸．论高等教育高质量发展的价值逻辑、价值体系及价值工具［J］．北京教育（高教），2024（1）：24－26．

四、新技术、新手段为实现教育现代化提供了有利的技术环境，赋予数字教育更多可能

教育现代化是一个动态发展的过程，是为了构建与智慧社会的发展相适应的现代教育新生态再造以及与智慧社会经济、政治、科技、文化等发展相适应的现代教育体系。当前新一轮科技革命和产业革命正在孕育兴起，新兴技术与传统行业领域的融合进入了一个前所未有的活跃期，这对全球经济、社会进步和人类生活都将产生深刻影响。近年来，大数据、人工智能、虚拟现实技术（VR）、增强现实技术（AR）等领域取得突破性进展，不仅极大地推动了经济社会各领域从数字化、网络化向智能化的加速跃升，同时也为运用新兴智能化技术对教育创新提效赋能提供了技术可行性，有力地推动了教育形态与教育业态的迭代创新。特别是新冠疫情暴发引发的教育教学样态变革，在客观上为新技术、新手段在教育领域中的运用提供了一个生动的演示机会，引发了人们对技术推动教育变革广阔可能性的畅想与对“智慧教育”未来前景的无限憧憬。我们必须正视万物互联条件下教育与学习实践的变化。包括智慧校园在内的万物互联网当中，人类的学习、机器自主学习、人机交互学习成为教育和学习的常态。互联网、物联网、区块链、5G通信技术甚至量子科学决定着未来社会与教育的结构关系。教育面临着以第四次工业革命为背景的发展范式的结构性变革[①]。

新技术、新手段与教育的深度融合已成为国家教育现代化建设的战略制高点和创新增长点。《教育部关于印发〈教育信息化2.0行动计划〉的通知》规划了“智慧教育创新发展行动”，支持设立“智慧教育示范区”，开展智慧

---

① 刘复兴．论教育与机器的关系［J］．教育研究，2019，40（11）：28－38．

教育探索与实践。智慧教育指向学习者的高级思维发展、创新能力培养，利用智能技术加快推动人才培养模式、教学方法改革，建立以学习者为中心的教育环境，提供精准推送的教育服务，实现日常教育和终身教育定制化，进而实现对工业社会教育的重组与再造，缔造智慧教育新体系①。智能技术与教育的深度融合无疑将引发知识获取方式和传授方式、教和学关系的深刻变革，将促使强调标准化、程序化、批量化的传统工业化教育向突出个性化、定制化、多元化的新型智慧化教育转变，进而实现教育环境、教学模式、师生关系、学校管理、治理体系、产业形态等多个维度的颠覆性变革，对于在新时代推进教育领域供给侧结构性改革与教育治理体系和治理能力现代化，建设高质量教育体系，更好地满足国家发展与民族复兴对人才的需要，办更有质量、更加公平、人民满意的教育具有至关重要的战略意义。

第三节

我国实现教育现代化面临新的挑战

一、我国教育事业发展水平总体上同世界先进水平尚有一定差距

教育是事关国家发展和民族未来的千秋基业，也是个体实现自身价

① 郭绍青．教育信息化缔造教育新生态［N］．学习时报，2019－12－13（6）．

值、追求美好生活的基本途径。坚持以人民为中心发展教育事业，就是要使教育事业为提高人民思想道德素质、科学文化素质和身心健康素质提供可靠保证，切实做到发展为了人民，发展依靠人民，发展成果由人民共享，不断满足人民日益增长的美好生活需要。我国已经全面建成小康社会，第一个百年奋斗目标顺利实现，正阔步迈向全面建设社会主义现代化国家新征程，向第二个百年奋斗目标进军。而这个“两个一百年”奋斗目标的历史交汇期，恰恰也是我国经济社会发展遇到的深层次、结构性问题的集中爆发期。当前，中国特色社会主义进入新时代，我国社会的主要矛盾已经转化为人民日益增长的美好生活需要和不平衡不充分的发展之间的矛盾。如果说在改革开放初期，我国教育事业发展主要是以满足人民群众“有学上”为目标，那么在经历 40 多年改革开放带来的经济社会高速发展之后，人民群众对“上好学”，接受更高质量、更多样化、更个性化的教育服务提出了迫切要求，对更加公平地分享教育资源，特别是相对稀缺的优质教育资源有了更大期待。但现阶段优质教育资源总量稀缺且区域间、城乡间、学校间差异明显，人民日益增长的对获得更公平、更有质量教育的需求和教育事业不平衡、不充分的发展之间的矛盾日益突出，教育在实现个体社会阶层流动、防止社会阶层固化方面的基础性作用存在被弱化的风险，不少具体教育问题触及全社会的敏感神经。例如：我国普惠性学前教育资源供给不足，入园难、入园贵、大班额等问题较为突出；普通高中特色不足，中等职业教育缺乏吸引力，高中类型单一等问题仍然存在。又如，教育评价体系存在简单化、指标化、功利化、片面化、绝对化等问题，造成了教育价值观的扭曲和教育行为的异化，严重背离了教育教学规律、人才培养规律和科学研究规律，引发了教育领域内卷化现象，校外培训市场乱象丛生，中小学生校内外学业负担过重，家长经济与精力负担过重，严重对冲了教育改革发展成果，削弱了人民群众的获得感与幸福感。

不仅如此，我国教育事业服务国家重大战略的能力有待进一步提升。当前我国正在深入实施科教兴国战略、人才强国战略、创新驱动发展战略、乡村振兴战略、区域协调发展战略、可持续发展战略、军民融合发展战略等一系列重大国家战略，国家对创新人才的渴求比以往任何时候都显得更加迫切和紧要，创新人才培养已经成为国家战略需求①。习近平总书记指出，“当今世界的综合国力竞争，说到底是人才竞争，人才越来越成为推动经济社会发展的战略性资源，教育的基础性、先导性、全局性地位和作用更加突显。‘两个一百年’奋斗目标的实现、中华民族伟大复兴中国梦的实现，归根到底靠人才、靠教育。源源不断的人才资源是我国在激烈的国际竞争中的重要潜在力量和后发优势”②。“我国要在科技创新方面走在世界前列，必须在创新实践中发现人才、在创新活动中培育人才、在创新事业中凝聚人才，必须大力培养造就规模宏大、结构合理、素质优良的创新型科技人才。”③ 长期以来，我们统筹国内国际两个大局，在创新人才培养方面充分利用国际优质教育资源，培养了一批具有国际视野和扎实学识的骨干人才。然而，伴随着国际经济、科技、文化、安全、政治等格局的深刻调整，保护主义、单边主义思潮泛起，全球化进程遭遇逆流，以美国为首的西方国家在以 STEM 学科为代表的教育领域和以集成电路为代

---

① 李伟涛．完善教育创新体系服务国家战略［N］．中国教育报，2020－12－08（2）．

② 习近平．做党和人民满意的好老师［M］．北京：人民出版社，2014：3．

③ 习近平．在中国科学院第十七次院士大会、中国工程院第十二次院士大会上的讲话［N］．人民日报，2014－06－10（2）．

表的科技领域对我国进行打压，我们迫切需要立足本国教育资源，合理调整创新人才培养结构与培养路径，集中力量打破人才围堵，突破“卡脖子”技术。此外，“在畅通国内大循环、打造开放的国内国际双循环的各个环节，在促消费惠民生、调结构增后劲的多个领域，都需要教育体系源源不断输送高质量的人力资源，坚持不懈提供高质量的研究开发支持”[①]。然而，我国高等教育总体大而不强，具有引领性的一流大学、一流学科较少，高等教育内各类型各层次的人才培养结构与水平同社会发展的实际需求还不够契合，科研管理体制仍显僵化，人才激励机制尚不健全，主动服务国家战略需求的能力还有待提升，亟须实现教育体系与科技体系、产业体系、社会体系之间的有机衔接，进一步优化教育结构、学科专业结构、人才培养结构，实现跨学科、跨学校、跨行业、跨区域的系统性教育创新。

二、教育改革面临日益强烈的价值与利益冲突，教育改革的复杂程度显著提升

教育改革的本质就是尽可能地求同存异、凝聚共识，通过不断调整教育资源与教育利益的配置，以更大程度地满足不同时空条件下不同利益相关群体的差异化偏好，更好地满足人民对多样化优质教育的需求。习近平总书记强调，要坚持把高质量发展作为各级各类教育的生命线，加快扭转教育功利化倾向，形成健康的教育环境和生态[②]。历史地看，同世界其他

---

① 陈宝生．建设高质量教育体系［N］．光明日报，2020－11－10（13）．

② 习近平主持中央政治局第五次集体学习并发表重要讲话［EB/OL］．（2023－05－29）［2024－01－17］．https://www.gov.cn/yaowen/liebiao/202305/content_6883632.htm?device＝app&eqid＝9d5ca2f500007cd2000000066478149e&eqid＝e2c11c5800017ced00000003648bd4c7．

国家一样，我国的教育改革也经历了一个由浅入深、由易到难的发展过程，在多种改革路径之中选择阻力最小、最有利于推进的改革方式，在给某个群体带来好处的同时，不损害其他任何群体利益。随着教育改革进入攻坚期和深水区，教育领域与市场经济领域、公共民生领域、社会公平领域的关系日益紧密且错综复杂，许多具体教育问题的解决涉及多种话语体系以及多个利益相关方之间深层次的矛盾，遇到的阻力越来越大，面对的暗礁、潜流、漩涡越来越多，“容易的、皆大欢喜的改革已经完成了，好吃的肉都吃掉了，剩下的都是难啃的硬骨头”[①]。教育改革的基本样态不得不从传统的帕累托改进变为卡尔多改进，即以牺牲部分群体利益为代价而获取更大的总改革收益，并对利益受损的群体进行补偿。这种改革很多是利益关联度高、牵涉面广的重大改革，也就是要动“奶酪”的改革，往往涉及强烈的价值与利益冲突，会极大地触动既得利益格局，形成改革共识的难度以及实施过程中面临的阻力与风险都大大增加。

进入新时代，我国教育改革发展也进入了公平问题和质量问题并存、巩固基础与追求卓越并重的新阶段，教育事业发展的总体目标呈现复杂化与共时性的阶段性特征。教育事业的改革发展需要有效回应区域间、城乡间、群体间对教育事业发展的差异化诉求。新时代我国教育事业改革发展在保证教育资源供给总量，实现基本公共教育服务均等化的同时，还要不断优化教育供给结构，提供多样化的优质教育资源供给；在维护受教育者合法权益的同时，还要持续提高人民群众对于教育事业发展的获得感、满足感、幸福感。考虑到我国教育事业发展仍然不平衡不充分，在可预见的

① 习近平．习近平谈治国理政：第1卷［M］．2版．北京：外文出版社，2018：101.

未来，“保基础”“优结构”“提质量”“促公平”四大问题将会长期共存，教育资源的供求矛盾的共时性特征也将更加凸显。这就要求深入推进教育领域供给侧结构性改革，扩大有效供给，提高供给质量，提高供给结构对需求变化的适应性和灵活性，更好地满足广大人民群众对教育公共服务的差异化需求①。

三、破解制约教育改革全局关键性问题的能力还有待进一步提高

坚持鲜明的问题导向，不断通过理论创新与实践创新回应和解答具有独特历史与文化传统的国家和地区所面临的重大时代性问题，是世界各国寻求实现现代化的普遍路径。从某种意义上看，社会改革就是一个内部结构复杂、组成要素众多、相互联结耦合的系统。要用系统思维认知改革，用统筹兼顾的方法深化改革，将全面深化改革视作一个由若干领域的改革组成的复杂系统工程，并能有效处理各个部分之间的关系，在解构局部谋划改革的过程中又能保证各个部分的结构在整体中保持平衡②。教育领域综合改革是一场全面、系统、多维的庞大改革实践，而教育改革内部各组成部分之间并不是孤立的，各部门在教育改革全局中的重要性也不尽相同。应当承认，过去的教育改革啃下了不少硬骨头，闯过了不少险滩，改革呈现出高歌猛进的态势，但同时也存在关键环节突破不够、出台方案落实不力等问题。只有抓住矛盾的主要方面，集中力量破解制约教育事业发展的制度性瓶颈，才能打通实现教育现代化的“任督二脉”。例如，

---

① 高杭，余雅风．坚持深化教育改革创新［J］．中国高等教育，2019（7）：13－15.

② 王培洲．充分认识全面深化改革的整体性、系统性、协同性［J］．求知，2015（7）：7－9.

习近平总书记在2018年全国教育大会上明确提出，要“扭转不科学的教育评价导向，坚决克服唯分数、唯升学、唯文凭、唯论文、唯帽子等顽瘴痼疾，从根本上解决教育评价指挥棒问题”①，凸显了教育评价体系的现代化作为关键环节对于实现教育现代化的重要作用。另外，习近平总书记强调，教育数字化是我国开辟教育发展新赛道和塑造教育发展新优势的重要突破口②。因此，国家亟须抓住这个关键时机，加速将信息技术、数字技术以及人工智能技术向教育领域转移，以推动教育现代化进程，构建数字教育新形态。

与此同时，实现教育现代化还面临来自碎片化的挑战。实现教育现代化工程极为宏大，零敲碎打调整不行，碎片化修补也不行，必须是全面的系统的改革和改进，是各领域改革和改进的联动和集成，形成总体效应、取得总体效果。作为具有基础性、先导性作用的关键部分，教育事业在党和国家整体战略布局中应当居于优先地位，其他相关领域应当服务于教育事业的改革发展，应当尊重教育发展规律，并为教育事业改革发展创造有利条件。这迫切需要进一步完善跨部门的统筹机制，构建教育改革多方协同体系。然而，在我国“条块分割，以条为主”的行政管理体制之下，各领域普遍形成“1+1+N”的工作格局，即由超越部门的议事协调机构统筹协调，承担日常工作的办公室设在主管部门，成员单位在各自职责范围内负责分工管理。由于每个部门都基于自身职能定位开展决策和执行，统

① 习近平在全国教育大会上强调：坚持中国特色社会主义教育发展道路 培养德智体美劳全面发展的社会主义建设者和接班人［N］. 人民日报，2018-09-11（1）.

② 习近平主持中央政治局第五次集体学习并发表重要讲话［EB/OL］.（2023-05-29）［2024-01-17］. https://www.gov.cn/yaowen/liebiao/202305/content_6883632.htm?device=app&eqid=9d5ca2f500007cd2000000066478149e&eqid=e2c11c5800017ced00000003648bd4c7.

筹协调的制度设计往往异化为权责模糊时的被动兜底，从而构建起不协同甚或相冲突的政策体系，严重影响教育改革的有效、持续推进[①]。可以说，要想实现教育现代化就必须以更大的政治勇气和智慧，不失时机、蹄疾步稳深化重要领域和关键环节改革，更加注重改革的系统性、整体性、协同性，提高改革综合效能。

四、在教育改革中突出中国元素、中国特色、中国文化还有很长的路要走

习近平文化思想是新时代党领导文化建设实践经验的理论总结，为全面建设社会主义现代化国家、全面推进中华民族伟大复兴凝聚强大精神力量，为做好学校美育工作提供了强大思想武器和科学行动指南[②]。习近平总书记在文化传承发展座谈会上强调，在新的起点上继续推动文化繁荣、建设文化强国、建设中华民族现代文明，是我们在新时代新的文化使命[③]。教育系统要勇担新的文化使命，充分发挥独特价值，做出实质性贡献。要坚持为党育人、为国育才的初心使命，在坚持不懈用习近平新时代中国特色社会主义思想铸魂育人上不断取得新成效[④]。在教育改革尤其是教育高质量发展过程中，要汲取丰厚的中华传统文化精华，以此丰富我国教育发

---

① 胡颖廉．“中国式”市场监管：逻辑起点、理论观点和研究重点［J］．中国行政管理，2019（5）：22－28．

② 教育部体育卫生与艺术教育司负责人就《教育部关于全面实施学校美育浸润行动的通知》答记者问［EB/OL］．（2024－01－17）［2024－01－18］．http://www.moe.gov.cn/jyb_xwfb/gzdt_gzdt/moe_1485/202310/t20231019_1086333.html．

③ 习近平在文化传承发展座谈会上强调：担负起新的文化使命 努力建设中华民族现代文明［N］．人民日报，2023－06－03（1）．

④ 教育部党组会暨理论学习中心组集体学习会召开［EB/OL］．（2023－12－13）［2024－01－18］．http://www.moe.gov.cn/jyb_zzjg/huodong/202312/t20231213_1094542.html．

展的文化内涵，为中国特色教育现代化的构建奠定坚实的文化基础。

习近平总书记强调，优秀传统文化是一个国家、一个民族传承和发展的根本，如果丢掉了，就割断了精神命脉①。然而，中国元素、中国特色、中国文化在融入教育实践过程中面临一些现实问题。第一，现阶段文化思想与课程内容融合度不高。在教材编写方面，虽然一些教材在编写过程中已经融入了优秀文化元素，但在具体内容的选择和呈现上，仍然存在一定程度的脱节。例如，一些传统文化内容在教材中的呈现方式较为生硬，缺乏针对性和亲和力，不易引起学生的兴趣和共鸣。在教学实践方面，教师对文化思想的教授方式不够灵活，文化思想融入课堂教学的程度相对较低。教师过于依赖传统的授课方式，实践教学活动未能充分体现中国元素和中国特色，导致学生对文化思想的学习停留在表面，难以形成深刻的理解和认识并感受到文化思想的魅力和价值。在课程设置方面，当前课程的设置存在一定程度的局限性，一些具有中国特色的文化内容未能得到充分的体现。第二，中国元素、中国特色、中国文化在教育改革过程中面临被解构和被曲解的问题。《中国互联网络发展状况统计报告》显示，截至2023年6月，我国互联网普及率达到76.4%②。互联网已广泛融入我国人民的日常生活，为文化融入教育实践和教育改革带来了新的机遇。同时，互联网的局限性也使得文化融入教育实践的过程充满挑战。一方面，新媒体为迎合年轻受众的阅读习惯，往往过于关注传播效果而忽视信息的科学性和完整性，将新闻内容拆分成多个片段传播，导致学生接触到的文化内

① 习近平．在纪念孔子诞辰2565周年国际学术研讨会暨国际儒学联合会第五届会员大会开幕会上的讲话［M］．北京：人民出版社，2014：11.

② 中国互联网络信息中心．第52次《中国互联网络发展状况统计报告》［EB/OL］．（2023-08-28）［2024-01-18］．https://www.cnnic.cn/n4/2023/0828/c88-10829.html.

容不够全面。另一方面，部分媒体追求流量，通过“恶搞”、戏说甚至虚构等方式丑化英烈、歪曲史实，使得学生在深入挖掘优秀文化内涵前就对文化价值产生了质疑。因此，要深刻把握学习贯彻习近平文化思想对建设教育强国和培育时代新人的重要意义。要从实效上提升文化自信，充分利用多种传播渠道和传播载体，加强文化育人，丰富文化实践，全方位构建落实立德树人根本任务的新格局[①]。要深化宣传阐释，着力培育和践行社会主义核心价值观，在教育改革中突出中国元素、中国特色、中国文化，用多种形式在国际舞台上讲好中国故事。

第四节

建设高质量教育体系是中国教育现代化现阶段的主要任务

作为中长期宏大目标之下的短期阶段性目标，党的十九届五中全会通过的《中共中央关于制定国民经济和社会发展第十四个五年规划和二〇三五年远景目标的建议》（以下简称《建议》），提出了“建设高质量教育体系”这一时代命题，并明确了政策导向和重点要求。可以说，在迈向中国

---

① 教育部党组传达学习习近平总书记重要讲话和重要指示精神［EB/OL］.（2023-10-19）［2024-01-18］. http://www.moe.gov.cn/jyb_xwfb/gzdt_gzdt/moe_1485/202310/t20231019_1086333.html.

教育现代化征程中，教育高质量发展是新时代教育现代化发展的阶段性目标，为推进教育现代化提供了富有时代性的路径指引。在新的历史起点上建设高质量教育体系，立足于贯彻落实新发展理念，把高质量摆在更加突出的位置，把高质量作为检验标准，已经成为今后一个时期加快推进教育现代化、建成教育强国、办人民满意的教育的核心议题。

一、建设高质量教育体系是实现高质量发展在教育领域的内在要求

高质量发展是发展经济学的核心概念，是一种立足根本、掌控全局、着眼未来的发展理念，是为了应对复杂的内外环境、破解当前的发展难题，在全面判断时代环境、充分发挥制度优势的基础上，旨在优化经济结构、转换发展模式、提升发展动力的宏观战略。2021 年 3 月 7 日，习近平总书记在参加十三届全国人大四次会议青海代表团的审议时指出，高质量发展不只是一个经济要求，而是对经济社会发展方方面面的总要求；不是只对经济发达地区的要求，而是所有地区发展都必须贯彻的要求；不是一时一事的要求，而是必须长期坚持的要求。

习近平总书记指出，要把服务高质量发展作为建设教育强国的重要任务。建设教育强国、科技强国、人才强国具有内在一致性和相互支撑性，要把三者有机结合起来、一体统筹推进，形成推动高质量发展的倍增效应[①]。教育高质量发展既是经济社会发展新模式、新理念在教育领域的延

① 习近平主持中央政治局第五次集体学习并发表重要讲话［EB/OL］.（2023－05－29）［2024－01－17］. https://www.gov.cn/yaowen/liebiao/202305/content_6883632.htm?device＝app&eqid＝9d5ca2f500007cd2000000066478149e&eqid＝e2c11c5800017ced00000003648bd4c7.

伸，也是教育系统对于社会公众所要求的优质教育和更多教育获得感的现实回应。一方面，教育高质量发展要直面人民群众对高质量教育服务的正向需求，探索增值的、突破性的、创新的、系统的教育事业发展举措；另一方面，教育高质量发展也必须着力破除教育事业发展中制约高质量发展、高品质生活的体制机制障碍，提高教育资源配置效率，激发师生积极性和学校办学活力。在 2019 年发布的《中国教育现代化 2035》中，首次提出了教育“高质量发展”的概念，强调在教育现代化实施路径上，要“形成充满活力、富有效率、更加开放、有利于高质量发展的教育体制机制”。2020 年 10 月《建议》出台，对教育高质量发展的定位用了更为精准的概念——建设高质量教育体系，强调健全学校家庭社会协同育人机制，坚持教育公益性原则，促进教育公平，推动义务教育均衡发展和城乡一体化，提高高等教育质量，提高民族地区教育质量和水平，完善终身学习体系，建设学习型社会，等等。2023 年习近平总书记在中共中央政治局第五次集体学习时强调，实现教育高质量发展，要坚持和加强党对教育工作的全面领导；进一步加强科学教育、工程教育，加强拔尖创新人才自主培养；深化新时代教育评价改革；要把加强教育队伍建设作为建设教育强国最重要的基础工作来抓；加强教材建设和管理；进一步推进数字教育①。由此可见，高质量教育旨在满足人民群众的高质量教育需求，最终形成彼此关联、相互贯通的宏观教育体系②。这充分体现了以习近平同志为核心的党中央对“十四五”乃至一个更长时期完善中国特色社会主义教育体系

① 习近平主持中央政治局第五次集体学习并发表重要讲话［EB/OL］.（2023-05-29）［2024-01-17］. https://www.gov.cn/yaowen/liebiao/202305/content_6883632.htm?device=app&eqid=9d5ca2f500007cd2000000066478149e&eqid=e2c11c5800017ced00000003648bd4c7.

② 张新平，佘林茂．对教育高质量发展的三重理解［N］．中国教育报，2021-03-18（7）.

的最新要求。

二、新时代建设高质量教育体系的目标体系与实践逻辑

（一）在政治导向上，要坚持党对教育事业的全面领导，坚持把立德树人作为根本任务

习近平总书记强调，我们要建设的教育强国，是中国特色社会主义教育强国，必须以坚持党对教育事业的全面领导为根本保证，以立德树人为根本任务，以为党育人、为国育才为根本目标①。作为中国特色社会主义事业的一个组成部分，教育事业的改革发展要服务于党和国家总体发展战略，需要遵循整体和全局所秉持的内在要求与价值准则。这就要求教育事业的改革发展必须坚持正确的政治方向，坚持党的领导，坚持以马克思主义为指导，坚持社会主义办学方向，全面贯彻党的教育方针，扎根中国大地办教育。习近平总书记在2018年全国教育大会上明确提出，“教育必须把培养社会主义建设者和接班人作为根本任务，培养一代又一代拥护中国共产党领导和我国社会主义制度、立志为中国特色社会主义奋斗终身的有用人才”②。我国的教育发展方向要同我国发展的现实目标和未来方向紧密联系在一起，为人民服务，为中国共产党治国理政服务，为巩固和发展中国特色社会主义制度服务，为改革开放和社会主义现代化建设服务。要教育、引导学生热爱和拥护中国共产党，立志听党话、跟党走，立志扎根人

---

① 习近平主持中央政治局第五次集体学习并发表重要讲话［EB/OL］.（2023-05-29）［2024-01-17］. https://www.gov.cn/yaowen/liebiao/202305/content_6883632.htm?device=app&eqid=9d5ca2f500007cd2000000066478149e&eqid=e2c11c5800017ced00000003648bd4c7.

② 习近平在全国教育大会上强调：坚持中国特色社会主义教育发展道路 培养德智体美劳全面发展的社会主义建设者和接班人［N］. 人民日报，2018-09-11（1）.

民、奉献国家。要紧抓高校党建与思想政治工作，坚持不懈传播马克思主义科学理论，树立为共产主义远大理想和中国特色社会主义共同理想而奋斗的信念和信心，增强学生对中国特色社会主义事业的道路自信、理论自信、制度自信、文化自信，立志肩负起民族复兴的时代重任，要坚持不懈培育和弘扬社会主义核心价值观，引导广大师生做社会主义核心价值观的坚定信仰者、积极传播者、模范践行者。

制度的生命力在于执行。发展教育是一项需要多样且充足的战略性资源支撑的复杂系统性工程，因此社会动员能力和资源整合能力对于实现教育现代化至关重要。联合国教科文组织总干事松浦晃一郎在 2007 年发布《2015 年全民教育：我们能达成目标吗?》时就曾指出："我们的方向是正确的，但今后的工作需要坚定不移的政治意志，始终确保从早期幼儿教育开始的各级教育工作是国家的重中之重，调动政府、民间社团和私营部门缔结创造性的合作伙伴关系，形成动态协调，争取国际社会的支持。"[①] 建设高质量教育体系，实现教育现代化，必须坚持党对教育工作的全面领导。党的领导是中国特色社会主义制度的强大生命力和巨大优越性最集中的体现。党的十九届四中全会通过的《中共中央关于坚持和完善中国特色社会主义制度 推进国家治理体系和治理能力现代化若干重大问题的决定》阐明了我国国家制度和国家治理体系 13 个方面的显著优势，其中"坚持党的集中统一领导，坚持党的科学理论，保持政治稳定，确保国家始终沿着社会主义方向前进的显著优势"处于统领地位。党政军民学，东西南北中，党是领导一切的。习近平总书记指出："在国家治理体系的大棋局中，

① UNESCO. Education for all by 2015：will we make it? [R/OL].（2007-05-20）[2022-02-12]. https://unesdoc.unesco.org/ark：/48223/pf0000154743.

党中央是坐镇中军帐的'帅'，车马炮各展其长，一盘棋大局分明。"[①] 党的十八大以来，以习近平同志为核心的党中央高度重视党对教育工作的全面领导，始终确保党在教育工作方面总揽全局、协调各方。只有坚持党对教育工作的全面领导，才能够有效应对建设高质量教育体系过程中遇到的重大挑战、抵御重大风险、克服重大阻力、解决重大矛盾，将教育现代化进程推向深入[②]。

《建议》要求建设高质量教育体系，首要标准是教育系统必须增强"四个意识"、坚定"四个自信"、做到"两个维护"，要在建设高质量教育体系过程中，深入贯彻习近平总书记关于坚守为党育人、为国育才的总体要求，全面贯彻党的教育方针，坚持马克思主义指导地位，坚持中国特色社会主义教育发展道路，坚持社会主义办学方向，在实践中增强教育系统各级党组织政治功能和组织力，确保党中央决策部署有效落地落实[③]。

（二）在价值取向上，要坚持以人民为中心办教育，坚持把服务中华民族伟大复兴作为教育的重要使命

坚持以人民为中心办教育是建设高质量教育体系的价值指引。坚持以人民为中心，是党的根本宗旨的集中体现，是马克思主义群众路线的精神实质，是党领导人民战胜各种艰难险阻取得一个又一个伟大胜利的力量源泉，是习近平新时代中国特色社会主义思想的价值内核，是社会

---

① 中共中央文献研究室．习近平关于全面建成小康社会论述摘编［M］．北京：中央文献出版社，2016：96．

② 中共天津市委党校课题组．党的领导是中国特色社会主义制度的最大优势［N］．天津日报，2020－07－06（9）．

③ 陈宝生．建设高质量教育体系［J］．中国民族教育，2020（12）：4－6．

主义经济、政治、文化、社会、生态文明等各方面建设的价值导向和根本遵循，是办好中国特色社会主义教育必须要始终坚持的重要价值准则。

首先，坚持以人民为中心办教育就是要把人民的需要作为发展教育事业的根本出发点和落脚点，不断提高学校办学质量，更好地满足人民群众对教育服务的需要。教育高质量发展的根本评价尺度，在于是否真正满足和服务于人民的高质量教育需求，是否持续提升人民群众的教育获得感、教育满足感和教育幸福感。

其次，坚持以人民为中心办教育就是要充分发挥教职工代表大会、学生代表大会、家长委员会等民主形式的积极作用，更好地发挥教职工和学生（及家长）的主体地位和首创精神，主动从广大师生员工中吸收营养、汲取力量，促进民主决策、科学决策，吸收公众参与与人民群众利益密切相关的重大教育行政决策活动，切实保障公众的知情权、参与权、表达权、监督权，共同谋划学校的发展。

再次，坚持以人民为中心办教育就是要培养具有家国情怀、文化自信和人民立场的中国特色社会主义事业的建设者和接班人，而不是丧失文化自信的西方的洋奴，更不是为了培养精致利己的“官老爷”“人上人”。

中国教育的现代化具有鲜明的人民性特征，要坚持“人”的中心地位，以凝聚人心、完善人格、开发人力、培育人才、造福人民，实现人在德智体美劳各个方面的全面发展为工作目标。2021年3月6日，习近平总书记看望参加全国政协十三届四次会议的医药卫生界、教育界委员，并参加联组会，听取意见和建议时表示，对群众反映强烈的诸如学区房、唯分数论、过度培训、沉迷网络游戏等热点难点问题，对打着教育旗号侵害群众利益的行为，要紧盯不放，坚决改到位、改彻底[①]。实践中，建立高质量教育体系要坚持以人民为中心，高度重视和大力加强学校体育，健全学校体育工作机制，确保学生体育课程和课外锻炼活动时间，开展学生健康体质状况监测，完善学校、家庭、社区相结合的青少年体育网络，培养青少年良好体育锻炼习惯和健康生活方式。要强化艺术教育，加强艺术教师队伍建设，改善美育教学条件，重点加强农村学校艺术教育，提高学生审美能力和人文素养。要以小学生减负为重点，标本兼治，减轻学生课业负担[②]。

（三）在改革方向上，把供给侧结构性改革和需求侧管理有效结合起来，坚持深化教育改革创新

教育供给和教育需求是构成教育服务关系的两个不可或缺的方面。从供求关系的角度看，高质量教育体系就是教育供给要能够更充分地满足、更精准地契合教育需求的教育体系。

一方面，没有高质量的产品和服务供给，人民对美好生活的需要就得不到满足。构建高质量教育体系必须推进教育领域供给侧结构性改革，着力构建高质量的教育结构体系。所谓教育结构体系，指教育总体各个部分的相互关系及组合方式。从宏观的角度看，主要有教育层次结构、科类或专业结构、教育类型结构、办学形式结构、教育布局结构、教育管理体制结构等[③]。虽然我国教育总体水平已经进入世界中上行列，初步建立起有

---

① 微镜头·习近平总书记两会“下团组”：“我们来共同关心这些教育问题”［N］. 人民日报，2021-03-07（1）.

② 张力．深化教育领域综合改革目标重点和主要任务［N］. 人民日报，2014-06-04（10）.

③ 郝克明．当代中国教育结构体系研究［M］. 广州：广东教育出版社，2001.

中国特色的社会主义教育体系，形成了学前教育至高等教育、普通教育与职业教育、学历教育与非学历教育、线下教学与在线教育等多种层次、类别和形式的教育格局，并正在向终身教育的方向发展，但是，由于历史的、体制的和观念上的原因，我国现行教育结构体系还不适应经济发展和社会进步的需要，不能满足人民不断提高的对受教育机会的多种选择和要求。对此，时任教育部副部长宋德民在 2021 年 3 月 31 日的国新办新闻发布会上介绍，我国将构建优质均衡的基本公共教育服务体系、构建支撑技能社会建设的职业技术教育体系、构建开放多元的高等教育体系、完善服务全民终身学习的教育体系。另一方面，我们需要看到，没有需求侧的牵引，供给也无法实现。长期以来，我们秉持基于供给侧视角的教育质量观，侧重于通过制定教育标准等方式引导经费、师资等教育要素的整合。却相对忽视了需求侧改革对供给侧结构性改革所能够产生的潜在积极影响。例如，我们固然可以通过推进学校标准化建设，使最偏远、最薄弱的学校在校舍、师资、教学仪器设备、图书、体育场地等方面能够基本达标，但如果基层学校和人民群众对教育的认知和需求仍然停留在唯分数、唯升学的应试教育阶段，那么再充足的资源投入也难以转化为真正高质量的教育。

进入新发展阶段，把需求侧管理和供给侧结构性改革结合起来是大势所趋。具体来说，就是要把需求侧管理与长期性制度安排有机结合，启动中长期、涉及制度变迁的需求侧管理工作，以缓解需求与供给之间的错配问题，增强需求侧对供给侧的牵引力①。具体到教育领域的需求侧改革，

① 张占斌，杜庆昊．把“需求侧管理”与供给侧结构性改革结合起来［N］．光明日报，2021-01-05（11）．

就是要以教育评价改革为牵引，统筹推进育人方式、办学模式、管理体制、保障机制改革。教育评价体系既是高质量教育体系的组成部分，又是高质量教育体系建设的驱动。教育评价改革能否有力促进教育各领域、各环节、各要素深化改革是衡量改革成效的重要标准。建设高质量教育体系，无论是把立德树人融入思想道德教育、文化知识教育、社会实践教育各环节，还是增强教育服务创新发展能力以及健全学校家庭社会协同育人机制等，都亟待教育评价改革的匹配支撑①。建设高质量教育体系要以宽阔视野、未来眼光、系统思路，完善评价标准，创新评价方式，探索分类评价、综合评价，构建体现中国特色和世界水平，立足国情、基于中国人心理和思维的教育评价体系，着力引导各学段育人方式更加符合教育规律和人才成长规律，引导各级各类学校办学模式创新朝着优质特色多样方向发展，促进中小学生家庭作业、睡眠、手机、读物、体质五项管理改革，促进学生德智体美劳全面发展。

---

① 李伟涛．以教育评价改革为牵引建设高质量教育体系［N］．中国教育报，2021－03－10（2）．

第二章

建设高质量教育体系的基本内涵与根本任务

2020年《中共中央关于制定国民经济和社会发展第十四个五年规划和二〇三五年远景目标的建议》中，对高质量教育体系的建设做了较为明确的构想。“建设高质量教育体系。全面贯彻党的教育方针，坚持立德树人，加强师德师风建设，培养德智体美劳全面发展的社会主义建设者和接班人。健全学校家庭社会协同育人机制，提升教师教书育人能力素质，增强学生文明素养、社会责任意识、实践本领，重视青少年身体素质和心理健康教育。坚持教育公益性原则，深化教育改革，促进教育公平，推动义务教育均衡发展和城乡一体化，完善普惠性学前教育和特殊教育、专门教育保障机制，鼓励高中阶段学校多样化发展。加大人力资本投入，增强职业技术教育适应性，深化职普融通、产教融合、校企合作，探索中国特色学徒制，大力培养技术技能人才。提高高等教育质量，分类建设一流大学和一流学科，加快培养理工农医类专业紧缺人才。提高民族地区教育质量和水平，加大国家通用语言文字推广力度。支持和规范民办教育发展，规范校外培训机构。发挥在线教育优势，完善终身学习体系，建设学习型社会。”①

教育是国之大计、党之大计，在国家发展和民族繁荣的进程中具有基础性、先导性、全局性地位和作用②，高质量教育体系的建设也是贯彻科教兴国战略、建设教育强国、全面建设社会主义现代化国家的必要步骤和重要措施。正如习近平总书记在党的十九大报告中所说：“中国特色社会主义进入新时代，我国社会主要矛盾已经转化为人民日益增长的美好生活

---

① 中共中央关于制定国民经济和社会发展第十四个五年规划和二〇三五年远景目标的建议［EB/OL］.（2020-11-03）［2021-07-15］. http://www.qstheory.cn/yaowen/2020-11/03/c_1126693429.htm.

② 刘复兴，朱月华．教育是国之大计、党之大计［J］. 中国高等教育，2019（Z3）：21-23.

需要和不平衡不充分的发展之间的矛盾。”① 当前，我国人民对于教育的要求已经从“有学上”演变为“上好学”，对于“公平而有质量的教育”提出了更高的要求，建设高质量教育体系是我国教育事业继续发展的必由之路。

第一节 建设高质量教育体系的基本内涵

一、坚持党对教育事业的全面领导

“中国共产党领导是中国特色社会主义最本质的特征，是中国特色社会主义制度的最大优势。党政军民学，东西南北中，党是领导一切的。”②教育是国之大计、党之大计。坚持党的全面领导是建设高质量教育体系的总体要求，更是其根本保证。

一方面，要坚定不移地走中国特色社会主义教育发展道路。中国特色社会主义教育发展道路是中国特色社会主义道路的重要组成部分，也是在

① 习近平．决胜全面建成小康社会 夺取新时代中国特色社会主义伟大胜利：在中国共产党第十九次全国代表大会上的报告［N］．人民日报，2017-10-28（1）．

② 习近平．在庆祝改革开放40周年大会上的讲话［EB/OL］．（2018-12-18）［2021-07-28］．http://www.xinhuanet.com/politics/leaders/2018-12/18/c_1123872025.htm．

教育领域对中国特色社会主义制度的伟大实践。坚持党对教育事业的领导是中国特色社会主义教育发展道路的实践特征，是中国特色社会主义教育发展道路的历史经验，也是中国特色社会主义教育道路科学发展的根本保障①。

另一方面，要加强和改进思想政治教育。在各级各类教育中，尤其是基础教育阶段、高等教育阶段，展开不同主题和形式的思想政治教育，加强党史、新中国史、改革开放史、社会主义发展史、中华民族发展史教育，加强爱国主义、集体主义、社会主义教育，开发丰富多彩的思想政治课程，培养政治上立场坚定是非分明、思想上积极进取向党靠拢、行为上以身作则知行合一的高素质人才，推动提升我国国民总体的政治素养、道德品质和心理素质。

二、依据教育科技人才“三位一体”战略需求，建设高质量教育体系

党的二十大报告首次对教育、科技、人才三者进行一体化规划与部署，明确指出：“教育、科技、人才是全面建设社会主义现代化国家的基础性、战略性支撑。”“要坚持教育优先发展、科技自立自强、人才引领驱动，加快建设教育强国、科技强国、人才强国”②。

教育是基础、科技是动力、人才是主体。首先要发挥好教育在“三位一体”布局中的基础性作用，建设高质量教育体系，为建设科技强国和人才强国打下坚实基础。建设拔尖创新人才培养体系，为科技创新提供人才

---

① 刘复兴．中国特色社会主义教育发展道路的几个基本问题［J］．教育研究，2014，35（7）：4－8.

② 习近平．高举中国特色社会主义伟大旗帜 为全面建设社会主义现代化国家而团结奋斗：在中国共产党第二十次全国代表大会上的报告［N］．人民日报，2022－10－26（1）.

储备和智力支持，筑牢科技创新的人才之基；促进科教融汇，推动新技术在全国范围内的普及和应用，根据科研进展更新教育内容、教学方式、学习方式。

教育、科技、人才三者构成一个有机整体，相互影响、相互作用、相互促进、相辅相成。但目前，教育体系与科技创新体系、创新人才培养体系之间的相互协同、配合、支撑仍存在许多新的问题需要解决。高质量教育体系建设要把握教育结构体系与产业结构、技术结构和人力资本结构的关系，反映新技术对不同行业在技术结构、人才结构方面的未来需求及发展趋势[①]。要理清教育、科技、人才在高质量教育体系中运行的逻辑关系，加大财政支持和政策扶持力度，以强国建设为目标导向，推动教育、科技、人才三者的协同式、一体化发展。

三、坚持立德树人，在新的历史征程中培养时代新人

人才培养过程中，首先要明确三个基本问题："为谁培养人""培养什么人""怎样培养人"。党的十九大旗帜鲜明地回答了这一系列问题："要全面贯彻党的教育方针，落实立德树人根本任务，发展素质教育，推进教育公平，培养德智体美全面发展的社会主义建设者和接班人。"[②] 这一系列论述成为我国教育事业培养人的根本目标和基本原则。

首先，要坚持把立德树人作为人才培养的中心环节。人无德不立，育人的根本在于立德。立德树人任务的实现包括知识、能力、价值三个层

---

① 刘复兴．加快建设高质量教育体系 着力造就拔尖创新人才［J］．人民教育，2022（23）：29－33.

② 习近平．决胜全面建成小康社会 夺取新时代中国特色社会主义伟大胜利：在中国共产党第十九次全国代表大会上的报告［N］．人民日报，2017－10－28（1）.

次。第一，学校、家庭、社会要为学生提供系统完善的道德与法治知识，并设立相应的考核评价机制；第二，认识指导实践，引导学生能够在现实生活中应用相关知识，做到“知行合一”；第三，引导学生吸收、内化、认同相关知识，帮助学生树立正确的世界观、人生观、价值观，以此确保学生为人处世基本原则的确立与实践，在“知行合一”的基础上做到“慎独”。

其次，要坚持为党育人、为国育才，在新征程中培养时代新人。人才培养的目标和过程要能够与国家和社会的发展道路紧密契合，培养能够为中国共产党领导下的新时代中国特色社会主义事业添砖加瓦的人，能够以实现中华民族的伟大复兴为根本使命的人，“把自己的理想同祖国的前途、把自己的人生同民族的命运紧密联系在一起，扎根人民，奉献国家”[①]，“在实现中国梦的伟大实践中创造自己的精彩人生”[②]。

最后，要培养德智体美劳全面发展的人。教育不仅仅是传授知识的事业，人才的培养更不是仅仅依靠知识的传递就可以完成，我国的人才培养目标强调了“五育并举”，即要求学生在德智体美劳五个方面能够全面发展。随着我国经济社会发展水平的不断提升、教育观念的更新和教育体制的改革，包括人文底蕴、科学精神、学会学习、健康生活、责任担当、实践创新在内的六大核心素养越来越成为人才培养的关键点[③]。尤其是我国教育正处于从应试教育向素质教育转型的时期，对学生自主发展和社会参与方面的素养提出了更高的要求，包括对文明素养、社会责任意识、实践本领的培养，对于青少年的身体素质和心理健康也更加关注。

---

① 习近平．在北京大学师生座谈会上的讲话［N］．人民日报，2018－05－03（2）．

② 习近平．青年要自觉践行社会主义核心价值观：在北京大学师生座谈会上的讲话［N］．人民日报，2014－05－05（2）．

③ 核心素养研究课题组．中国学生发展核心素养［J］．中国教育学刊，2016（10）：1－3．

四、坚持培养拔尖创新人才，提升自主创新能力

教育培养人才，教育的持续发展更需要人才。“人才是创新的根基，创新驱动实质上是人才驱动，谁拥有一流的创新人才，谁就拥有了科技创新的优势和主导权。”① “教育是培养人才和增强民族创新能力的基础，必须放在现代化建设的全局性战略性重要位置。”②

释放高校基础研究科技创新潜力。高质量教育体系要求创新人才的大量涌入，尤其是在高等教育学段，科研创新人才既是激活我国创新战略的重要力量，推动我国科技事业稳步向前发展，更是高等教育开展的坚实基础，直接引导培养新一代创新人才的成长成才。高校应当着眼于基础研究，基础研究中取得的收获能够用于应用研究及作为其他相关研究的创新源头，增强创新的活力和能力。

聚焦国家战略需要。当今世界综合国力的比拼，是经济与科技实力的比拼，而这有赖于人才和技术的发展。“创新是引领发展的第一动力，是建设现代化经济体系的战略支撑。”③ 一个国家的科技创新能力是与国家安全密切相关的。因此科技创新要聚焦国家战略需要，服务于国家重大需求，贯彻科教兴国战略。

瞄准关键核心技术，加快技术攻关，特别是集中力量解决“卡脖子”问题。“卡脖子”问题与产业安全紧密相关，当前我国产业结构优化升级，

---

① 习近平在参加上海代表团审议时强调：当好改革开放排头兵创新发展先行者 为构建开放型经济新体制探索新路［N］. 人民日报，2015-03-06（1）.

② 江泽民．在庆祝北京师范大学建校一百周年大会上的讲话［N］. 人民日报，2002-09-09（1）.

③ 习近平．决胜全面建成小康社会 夺取新时代中国特色社会主义伟大胜利：在中国共产党第十九次全国代表大会上的报告［N］. 人民日报，2017-10-28（1）.

但部分产业中仍存在核心技术依赖其他国家的问题，这使我国的产业安全乃至国家安全都存在隐患。核心技术攻关需要大量科技创新人才的努力，需要人才培养制度、人才选拔制度、人才考核与评价制度等的同步更新，也有赖于国家创新体系的建立和相关社会支持的完善。

五、优化教育结构体系

教育结构指的是各级各类教育之间的横向和纵向的比例关系[①]，一般包括类型结构、层次结构、学科专业结构等。教育结构是否合理，对于各级各类教育事业能否持续健康发展具有重要意义。因此，高质量教育体系的建立需要在优化教育结构体系的基础上进行，也就是要建立与我国当前新发展格局相适应的教育结构体系、学科专业结构体系和人才培养结构体系。

新中国成立以来尤其是改革开放以来，我国的各级各类教育事业都进入了高速发展的时期，“效率优先、兼顾公平”的政策取向也在逐渐暴露我国教育事业发展中不均衡、不协调的问题。教育结构的优化势必要以此为切入点，在改善城乡二元教育结构、发展学前教育和职业教育上集中发力，集中力量解决我国教育事业发展中的“短板”，推动教育公平，并以此推动社会公平正义。

教育结构，尤其是高等教育中的学科专业结构与人才培养结构直接影响着人才的就业结构，对我国产业结构的进一步发展有着深远影响。学科专业结构与人才培养结构的调整也是我国产业结构发展、调整、转型、升

① 张焕庭．教育辞典［M］．南京：江苏教育出版社，1989：764.

级的基础，这二者的优化调整必须与我国当今的经济社会发展相适应，解决大学生就业难和企业招工难之间的结构性矛盾，为国家经济科技发展的关键领域培养和输送人才。

六、深化教育领域综合改革

改革是新时期教育事业发展的强大动力，而教育改革在新的历史起点上是全面深化改革的重要组成部分，深化教育领域综合改革更是满足人民群众对多样化高质量教育需求的可靠保障①，因而深化教育领域综合改革既具有重要性，又具有紧迫性。

其一，要增强教育改革的系统性、整体性、协同性。教育领域综合改革涉及多方面制度和政策，包括办学体制、管理体制、经费投入体制、考试招生及就业制度、学校内部管理制度、人事薪酬制度、教学管理制度、人才培养模式、教学内容与方法等等，但一切教育领域内的变革，都要以“培养德智体美全面发展的社会主义建设者和接班人”② 为根本目标，以推动教育公平、提升教育质量为基本方向，以客观规律为基本遵循，“使各级各类教育更加符合教育规律、更加符合人才成长规律”③。广泛征集专家、教师、学生、家长等利益相关者的意见，变革更要建立在政策的试点—反馈机制基础上，有条不紊地逐步推进。

其二，要构建具有世界先进水平的教育评价体系。教育评价是教育发

---

① 袁贵仁．深化教育领域综合改革（学习贯彻十八届三中全会精神）[N]．人民日报，2013-12-17（7）.

② 习近平．决胜全面建成小康社会 夺取新时代中国特色社会主义伟大胜利：在中国共产党第十九次全国代表大会上的报告 [N]．人民日报，2017-10-28（1）.

③ 习近平在北京市八一学校考察时强调：全面贯彻落实党的教育方针 努力把我国基础教育越办越好 [N]．人民日报，2016-09-10（1）.

展的指挥棒。要根据《深化新时代教育评价改革总体方案》的总体精神，结合我国的国情、学情，改革党委和政府教育工作评价、学校评价、教师评价、学生评价、用人评价，构建既符合中国实际又具有世界先进水平的教育评价体系，从而对我国教育事业的发展和教育改革的进行起到牵引和导向作用。

其三，要更新教育理念，变革教育模式，尤其是疫情当中新的教育模式。教育领域的综合改革要建立在教育理念革新的基础上。2020 年初暴发的新冠疫情席卷全球，对外开放和全球交流的难度陡增，同时也为线上教育的发展带来更多机会，线上教育和网络教育等新的教育模式同样也拓宽了教育事业发展的可能性。但同时，新模式的诞生、稳定、丰富和发展还需要更多新观念、新技术、新文化的推动。

其四，优化教育开放全球布局。教育改革要坚持文化自信，以文化人，以教育丰富、传递和发扬中华文化，以文化孕育、激活、推动教育事业的进一步发展。但同时，教育更是文化交流与文明对话的重要一环，更是推动人类命运共同体建设与发展的重要动力，因此，教育改革也要顺应全球化趋势，不断优化教育开放全球布局，以教育开放推动文明交流与对话、推动文化的革新与发展。

其五，守住安全底线，包括教育安全底线、政治安全底线等。教育是培养人的事业，教育的制度、理念、内容、方式等都会在潜移默化中影响人，因此要守住安全底线，尤其注意在教育对外开放、文化交流中的教育安全与文化安全。教育领域综合改革要向着符合国情、推动发展的方向展开，不能盲目崇拜和移植国外教育制度和政策。积极引导学生和教师群体拥护党的全面领导，教育领域综合改革要以中华优秀传统文化、革命文化和社会主义先进文化为依托，使学生树立以爱国主义为核心的民族精神和以改革创新为核心的时代精神，培养德智体美劳全面发展的社会主义建设者和接班人。

七、深化教育评价制度改革

教育评价事关教育发展方向，有什么样的评价指挥棒，就有什么样的办学导向。《深化新时代教育评价改革总体方案》中提出要改进结果评价，强化过程评价，探索增值评价，健全综合评价。

围绕党委和政府、学校、教师、学生、社会五类主体进行教育评价改革，形成富有时代特征、彰显中国特色、体现世界水平的教育评价体系。《深化新时代教育评价改革总体方案》将教育评价改革落实到五类主体，从而探索建立多主体、全方位、多维度的教育评价体系，包括：改革党委和政府教育工作评价，推进科学履行职责；改革学校评价，推进落实立德树人根本任务；改革教师评价，推进践行教书育人使命；改革学生评价，促进德智体美劳全面发展；改革用人评价，共同营造教育发展良好环境[①]。

坚持评价引领，充分发挥教育评价的指挥棒作用，确保教育正确发展方向。科学合理的教育评价体系的建立有利于科学、健康的教育发展观、人才成长观、选人用人观在大众和社会中的推广和普及。多维度、全方位评价体系的建设为评估教育事业的发展质量和水平提供了参考，能够有效减轻对分数、排名、升学率等指标的盲目追求，为确保教育正确发展方向、探索教育系统的健康可持续运转提供更多可能性。健全的教育评价体

① 中共中央 国务院印发《深化新时代教育评价改革总体方案》[EB/OL].（2020－10－13）[2021－07－25]. http://www.moe.gov.cn/jyb_xxgk/moe_1777/moe_1778/202010/t20201013_494381.html.

系能够反映国家和社会的教育目的、教育制度、教育发展原则等，坚持评价引领的前提是坚持社会主义办学方向，落实立德树人根本任务，培养德智体美劳全面发展的社会主义建设者和接班人。评价体系的建立需要依据这样的原则，评价引领发展更需要始终坚持这些基本原则。

八、健全家庭学校社会协同育人机制

教育是一个广泛的概念，不仅仅发生在学校中、课堂上，更发生在家庭中、社会中，对下一代的教育不仅仅是学校的责任，更是家庭和社会的责任。2021 年 10 月 23 日，全国人大通过了《中华人民共和国家庭教育促进法》，首次以法律的形式确认了要“建立健全家庭学校社会协同育人机制”。健全家庭、学校、社会协同育人机制要求强化家庭教育的基础作用，释放社会育人活力，实现家校社互融互通、同心同向，形成“大教育”格局[①]。

一方面，家庭教育、学校教育和社会教育应当各司其职，在各自的专业领域内履行教育责任。“家庭是人生的第一所学校，家长是孩子的第一任老师。”[②] 家庭教育贯穿人的一生，尤其是在学前教育阶段，对个体的成长具有至关重要的基础性作用，也是学校教育的重要补充，能够真正因材施教、个性发展。学校教育应当发挥其体系化、专业化的优势，德智体美劳五育并举，依靠专业的教师与工作人员强化对学生各方面知识与能力的教学。社会教育既包括面向父母的教育，也包括面向儿童的教育，社会能够为儿童提供生产、生活等各方面的知识和技能，也能够利用教育市场为

---

① 本刊编辑部．破题“大教育”新格局［J］．人民教育，2021（8）：18.

② 习近平在全国教育大会上强调：坚持中国特色社会主义教育发展道路 培养德智体美劳全面发展的社会主义建设者和接班人［N］．人民日报，2018－09－11（1）.

儿童提供各方面的优质课程。

另一方面，要推动家庭、学校和社会教育之间的联动，推动协同育人机制的建立健全。一是强化学校教育中的家长和家庭参与，如建立家长委员会参与到学校与班级事务中，开展父母讲座，建立有效可行的家校互动机制等，使家长能切实了解学校的教育教学情况，并针对不同儿童个体展开各有侧重的家庭教育；二是倡导社会企事业单位与学校合作育人，如博物馆、科技馆进校园和消防讲座等，学校根据教育教学的重点，与校外单位合作，强化学生对知识的全面了解与掌握，增强学生与社会的联系；三是社区有效利用资源，开发教育活动项目，鼓励以家庭或儿童个人为单位的参与互动，在社区乃至社会范围内营造教育交流的氛围。

家庭、学校、社会三者既有分工，又有合作。协同育人机制的建立既需要三者教育职责的切实履行，更需要建立有效的沟通、联络、合作通道，成为教育的“共同体”。而协同育人机制的健全，关键在于培养目标的明确与统一，即“培养德智体美全面发展的社会主义建设者和接班人”①，需要三者向着这一目标共同发力、通力合作。

九、加快推进教育数字化转型

第四次数字革命推动人类社会从工业文明走向“数字文明”，数字技术在本身不断变革演进的同时，也驱动了各行各业的变革。教育数字化转型是教育行业适应时代发展与社会变革的必然成果，也是响应当下和未来世界对于人才需求的更新和个体发展需求的变化。2022 年的全国教育工作

① 习近平. 决胜全面建成小康社会 夺取新时代中国特色社会主义伟大胜利：在中国共产党第十九次全国代表大会上的报告［N］. 人民日报，2017－10－28（1）.

会议上提出“实施教育数字化战略行动”，在党的二十大报告中得到进一步强调，2023年中共中央、国务院印发的《数字中国建设整体布局规划》也指出要“大力实施国家教育数字化战略行动”。

加快推进教育数字化转型，首先要推动全国范围内数字设备的普及、升级以及数字资源的共享，促进先进科学技术在教育领域的应用。因此要加大教育投入，在基础设施层面弥合“数字鸿沟”，提高数字教育设备和资源的可获得性。要鼓励新兴技术进校园、进课堂，科教融合，在教育内容和教学方式中埋下创新和科技的火种。其次，要推动教育观念的变革。鼓励、支持学校、教师、家长积极应用新型教育设备和软件、广泛运用全国乃至全球线上教育资源、大胆尝试新型教育教学模式，培养提升教师、家长和学生的信息化思维、数字化思维，以适应技术驱动的未来社会对人才的新要求。再次，要利用技术推动教育治理体系和治理能力的现代化、发展公平而有质量的教育。通过信息技术优化教育资源区域配置，缩小区域、城乡、校际差距，缓解基础设施、教育观念、能力素养等方面的“数字鸿沟”，以算法赋能个性化、交互式的教育，提升教育的质量和效果。

十、以“教育家精神”引领，提升教师教书育人能力素质

“师者，所以传道授业解惑也。”教师是立教之本、兴教之源，是学生成长过程中的引路人，学生知识能力的增长、道德情操的培养、价值观的确立与成熟，都离不开教师的教与育。好老师要“有理想信念、有道德情操、有扎实知识、有仁爱之心”[①]。习近平在致全国优秀教育代表的信中对

---

① 习近平在北京师范大学考察时号召全国广大教师：做党和人民满意的好老师［N］. 人民日报，2014-09-10（1）.

中国特有的教育家精神进行了具体阐释，即具有“心有大我、至诚报国的理想信念，言为士则、行为世范的道德情操，启智润心、因材施教的育人智慧，勤学笃行、求是创新的躬耕态度，乐教爱生、甘于奉献的仁爱之心，胸怀天下、以文化人的弘道追求”[①]。教育家精神是建设新时代教师队伍的榜样要求，是新时代师德师风建设的精髓风骨[②]，更是建设我国高质量教育体系的精神支柱，是提升教师教书育人能力素质的精神引领。在互联网和现代科技飞速发展、各类信息化技术应用于学校与课堂的今天，教师仍然是教育事业健康发展的基础元素，是学校和课堂不可剥离的关键要素。高素质教师队伍是高质量教育体系的重要组成部分，是实现全员、全程、全方位三全育人的核心力量，更是培养德智体美劳全面发展的社会主义建设者和接班人的坚实基础。

教书的能力素质要求教师在学科教学中具备良好的专业素养，既包括教的资格，更包括教的能力，也就是说，教师既要拥有对本学科专业知识的扎实基础，能够积极主动学习以更新知识体系，还要能够以准确、生动的方式将知识传达给学生，帮助学生学习和掌握知识。育人的能力素质直接对标立德树人的根本任务，在教育教学过程中，教师首先应当以身作则，“其身正，不令而行；其身不正，虽令不从”（《论语·子路》）。要严于律己，以高道德标准要求自己，成为学生学习的首要典范。其次，教师应当具备进行道德教育的基本能力，如何将道德教育融入学校的日常学习生活中、如何采用有效的德育手段和措施成为教师育人过程中的关键

---

① 习近平致信全国优秀教师代表强调：大力弘扬教育家精神 为强国建设民族复兴伟业作出新的更大贡献［N］. 人民日报，2023-09-10（1）.

② 刘复兴，曹宇新．教育家精神是加快建设教育强国的精神引领［J］. 中国高等教育，2023（19）：20-23.

问题。

提升教师教书育人能力素质要贯穿教师培养、选拔、管理的全过程。在教师培养中，要求师范学校以“教育家精神”为引领，将教书育人能力素质纳入培养方案和课程体系，增强师范专业学生的专业知识和技能。在教师选拔中，教书育人能力素质应当作为关键考核标准，提高教师准入的专业素质门槛。在教师管理中，一方面政府和学校应当以提高教师教书育人能力素质为目的，建立教师培训的长效机制，推动教师专业上的不断成长；另一方面，教书育人能力素质也应当纳入考核体系，建立多元化、全方位的考核标准，营造和维护良好的教育教学实践生态①，为教师的专业成长与晋升提供良性的政策空间。

第二节

建设高质量教育体系的根本任务

党的二十大报告提出，未来五年是全面建设社会主义现代化国家开局起步的关键时期②。建设高质量教育体系的根本任务也要全面适应我国的

① 李宜江．提升教师教书育人能力素质［J］．教育发展研究，2021，41（12）：3.

② 习近平．高举中国特色社会主义伟大旗帜 为全面建设社会主义现代化国家而团结奋斗：在中国共产党第二十次全国代表大会上的报告［N］．人民日报，2022－10－26（1）.

发展阶段和历史方位，适应中华民族伟大复兴的历史进程。高质量教育体系的建设要面对两个基本目标：一是建设一个服务于制造业大国人才培养战略需求的叠加融合的教育体系，为保持世界工厂、具有世界上最全面产业链的制造强国地位培养所需人才；二是建设一个服务于创新大国的教育体系，面向新一轮科技革命与世界百年未有之大变局，提高人才培养规格，为进入创新型国家前列提供人才支撑。

建设高质量教育体系、培养高素质时代新人，需要进一步普及教育并提高教育质量，包括全面普及高中阶段教育、提高高等教育普及程度、扩大研究生教育规模、构建服务全民终身学习的终身教育体系等，推动全民受教育程度的不断提升，促进教育适应当代中国经济社会的发展状况，为国家和社会的协调、可持续发展提供源源不断的内生动力。

一、建设创新型、实践性、跨文化人才培养体系

人才培养是教育的基础功能，新时代高质量教育体系的人才培养要面向高度发达的数字技术和互联网技术、要面向全球化的世界趋势、要面向民族复兴的战略任务，为人民服务，为中国共产党治国理政服务，为巩固和发展中国特色社会主义制度服务，为改革开放和社会主义现代化建设服务①。

一是要全面布局大中小幼一体化拔尖创新人才培养模式改革，建设健全拔尖创新人才培养体系。充分发挥基础教育的作用，注重实施英才教育与创新人才早期培养；加强创新文化建设，形成有利于创新的社会、学校

① 习近平．把思想政治工作贯穿教育教学全过程 开创我国高等教育事业发展新局面［EB/OL］.（2016－12－09）［2024－01－24］. http://cpc.people.com.cn/n1/2016/1209/c64094－28936173.html.

与课堂文化氛围；加强协同育人，建设家庭、学校、社会、政府、企业协同育人机制；反映世界科学前沿，改革课程与教材，加强跨学科人才培养；把加强教师队伍建设作为建设教育强国最重要的基础工作，打造一支富有创新精神的教师队伍；全社会都要重视科普教育，激发学生崇尚科学、探索未知的兴趣，培养其探索性、创新性思维品质。

二是要建设中国特色实践性人才培养模式与培养体系。把青少年学生的学习成长与生产劳动相结合，与社会实践相结合，与人民群众相结合，与新一轮科技革命相结合，与“四个伟大”相结合，引导青年学生在理论联系实践的过程中建立信仰，增长才干，守正创新。

三是以胸怀天下的格局深入探索“跨文化”人才培养模式改革。以传承我们党百年教育历程中形成的红色基因与革命文化为引领，发挥中华优秀传统文化、社会主义先进文化潜移默化的熏陶作用，吸收与融汇中外教育的优秀经验，从追求全人类共同价值与建设人类命运共同体的大视野大胸怀出发，以胸怀天下的格局探索“跨文化”人才培养模式改革，深化拓展与世界各国在教育领域的互利合作和交流互鉴，培养大批具有卓越全球视野与世界眼光、良好“跨文化”理解和沟通能力的高层次国际化人才。

二、健全优质均衡的基本公共教育服务体系

基本公共教育服务是指在教育领域提供的基础性公共服务，具有公共性、普惠性、基础性、发展性四个主要特征，主要由政府提供，涵盖了普惠性学前教育、九年义务教育和高中阶段教育[①]。基本公共教育服务体系

---

① 教育部．基本公共教育服务体系［EB/OL］．(2012-09-03)［2021-07-30］．http://www.moe.gov.cn/jyb_xwfb/moe_2082/s6236/s6811/201209/t20120903_141491.html.

是高质量教育体系建设的起点，是完善高等教育体系和终身学习体系的基础，与个体的切身利益和成长成才，以及国家和民族的繁荣发展紧密相关。

首先，要推动基本公共教育服务的均衡性，使教育发展成果惠及全民，以教育公平推动社会公平正义。教育的发展为了人民、依靠人民，其成果也应当由人民共享。尤其是要集中力量缩小基本公共教育服务的差距，推动教育资源向农村地区、革命老区、民族地区、边疆地区倾斜，在学校基础设施、教师配置等方面提供扶助，关注薄弱学校，关注处境不利的家庭与儿童，包括进城务工人员随迁子女、家庭经济困难学生和残疾学生等。同时，以义务教育为核心，大力发展学前教育和高中阶段教育。一方面推动普惠性幼儿园的建立发展，完善相关的管理监督机制，从制度上保障“幼有所育”；另一方面着力提高高中阶段教育的普及率，优化教育结构，推动普通高中和中等职业教育协调发展。

其次，要提升基本公共教育服务的质量，提高新时代基础教育的育人质量。基本公共教育服务的质量直接影响到后续教育阶段的质量和国民素质，提升基础教育质量是教育事业发展的必由之路。当前，“人民群众‘有学上’问题基本解决，‘上好学’的需求日益强烈，提升质量成为基础教育面临最紧迫最核心的任务”①。高质量的教育必须以人为中心，以培养德智体美劳全面发展的社会主义建设者和接班人为育人目标，在学校、家庭、教师、教材、教法等多个方面集中下功夫，深化基础教育领域的综合改革，利用信息网络技术开发新型教育资源和教学模式，“努力让每个孩

① 教育部部长陈宝生：提升质量是基础教育面临最紧迫最核心的任务［EB/OL］.（2020－10－23）［2021－07－30］. http://edu.people.com.cn/n1/2020/1023/c367001－31902633.html.

子都能享有公平而有质量的教育”[①]。

三、构建适应“职普融通、产教融合、科教融汇”要求的职业教育体系

2014 年《国务院关于加快发展现代职业教育的决定》明确提出了“形成适应发展需求、产教深度融合、中职高职衔接、职业教育与普通教育相互沟通，体现终身教育理念，具有中国特色、世界水平的现代职业教育体系”[②] 的发展目标。党的二十大报告进一步提出要“统筹职业教育、高等教育、继续教育协同创新，推进职普融通、产教融合、科教融汇，优化职业教育类型定位”[③]。完善成熟的职业教育体系直接影响到一个社会的产业结构和行业发展，更是创新性技术人才培养和技能型社会建设的关键和基础。

第一，加大人力资本投入，增强职业技术教育适应性。职业教育的适应性包括两个方面：一是增强职业教育对经济社会发展的适应性，支撑产业发展；二是增强职业教育对人的发展的适应性，让人民满意[④]。这要求职业教育体系在建设过程中，既能对接社会和产业发展的需要，培养和输送高质量的专业技术技能人才，又能够合理规划设计职业教育的学校、课程和制度体系，以人为本，关心个体的成长、成才，而不仅仅是浮于技术与技能。

---

① 习近平．决胜全面建成小康社会 夺取新时代中国特色社会主义伟大胜利：在中国共产党第十九次全国代表大会上的报告［N］．人民日报，2017-10-28（1）．

② 国务院关于加快发展现代职业教育的决定［EB/OL］．（2014-05-02）［2021-07-31］．http://www.scio.gov.cn/ztk/xwfb/2014/gxbjhzyjyggyfzqkxwfbh/xgbd31088/Document/1373573/1373573.htm.

③ 习近平．高举中国特色社会主义伟大旗帜 为全面建设社会主义现代化国家而团结奋斗：在中国共产党第二十次全国代表大会上的报告［N］．人民日报，2022-10-26（1）．

④ 李玉兰．职业教育体系距离“现代”还有多远？［N］．光明日报，2021-04-27（13）．

第二，深化职普融通、产教融合、科教融汇。职业教育与普通教育分属两种不同的教育类型，具有同样的地位，两者并不是并肩而行的两条轨道，而应当是为学生多样化选择、多路径成才搭建的“立交桥”[①]。产教融合、校企合作是职业学校开展教育的基本要求，能够将学校、企业、产业相联结，用企业和产业的实际情况和发展状况助力学校教育，推动知识转化为技能应用于实践，同时也不断向企业和产业中注入新鲜血液，保持行业活力。科教融汇是科研与教学的高度融合和深度互动，先进的科学技术通过进入学校、教材、课堂，推动技术创新人才的培养，优化职业教育的人才培养模式，促进科学技术向产业、企业的转化和转移。

第三，探索中国特色学徒制，大力培养技术技能人才。职业教育以培养职业技能为教学目标，持续向社会输入技术技能人才。现代学徒制是教育部根据《国务院关于加快发展现代职业教育的决定》，借鉴西方学徒制经验在我国职业教育领域推行的一项试验，以校企双重主体育人为根本，以“学生”“学徒”双重身份为保证，以岗位成才为路径，是一种全新的深层次职业教育的工学结合人才培养形式[②]。探索中国特色学徒制对于建设中国特色职业教育体系具有重要意义，能够最大限度上使职业教育的人才培养形式契合于我国的国情、发展目标和特点、现实需要以及我国的人才培养路径，提升职业教育的质量，推动技术技能人才的成长成才。

四、构建中国特色世界一流的高等教育体系

我国现代意义上的高等教育发源于清朝末期，改革开放以来，我国的

---

① 国务院关于加快发展现代职业教育的决定［EB/OL］.（2014－05－02）［2021－07－31］. http://www.scio.gov.cn/ztk/xwfb/2014/gxbjhzyjyggyfzqkxwfbh/xgbd31088/Document/1373573/1373573.htm.

② 包美霞．“探索中国特色学徒制”［N］. 光明日报，2020－12－04（2）.

高等教育属于精英化教育，21 世纪后方进入大众化阶段。我国高等教育毛入学率从 2012 年的 30%提高至 2021 年的 57.8%，在学总人数超过 4 430 万人，已建成世界最大规模高等教育体系[①]。2012 年，教育部出台《教育部关于全面提高高等教育质量的若干意见》，提出要“坚持稳定规模、优化结构、强化特色、注重创新，走以质量提升为核心的内涵式发展道路”[②]。此后，我国高等教育走上了内涵式发展的道路。《统筹推进世界一流大学和一流学科建设总体方案》提出要推动一批高水平大学和学科进入世界一流行列或前列，到本世纪中叶，基本建成高等教育强国[③]。

构建中国特色世界一流的高等教育体系，首先要提高高等教育质量。树立正确的质量观，强化本科教学，重视社会实践和道德教育；加强高等学校教师队伍的建设，推动研究型、创新型大学的建设，充分激发高校人才从事科学研究的动力和活力；同时要探索体制机制改革，扩大教育对外开放。其次要分类建设一流大学和一流学科。完善高等教育管理体制，对高校和学科实行分类管理。高等学校要根据自身历史和特点，积极探索合适的一流大学和一流学科建设路径，加强创新型、应用型、复合型人才培养，既要向国外高校学习宝贵经验，也要审视自身，挖掘中国特色和自身特色。再次要加快培养理工农医类专业紧缺人才。高等学校要与社会和就业市场密切联系，紧密结合社会和现实的需求，培养学生的专业技术能力以及应用知识的能力，为社会输送急需的专业技术人才，推动产学研深度

---

① 金正波．我国高等教育进入普及化阶段［N］．人民日报，2023－01－11（4）．

② 教育部关于全面提高高等教育质量的若干意见［EB/OL］．（2012－03－16）［2021－07－29］．http://www.moe.gov.cn/srcsite/A08/s7056/201203/t20120316_146673.html.

③ 国务院关于印发统筹推进世界一流大学和一流学科建设总体方案的通知［EB/OL］．（2015－11－05）［2021－07－30］．http://www.gov.cn/zhengce/content/2015－11/05/content_10269.htm.

融合。尤其是在理工农医等专业领域，要加大投入，重点培养，改善目前我国在这些领域的人才短缺现象，推动产业和行业健康持续发展。

五、构建服务全民终身学习的教育体系

高质量教育体系不但要惠及学龄儿童与青少年，更要惠及包括行业从业者、老年人等在内的广大人民群众。2020 年 9 月，习近平总书记在教育文化卫生体育领域专家代表座谈会上指出："要完善全民终身学习推进机制，构建方式更加灵活、资源更加丰富、学习更加便捷的终身学习体系。"[①]

其一，要推动终身学习观念在全社会的树立。现如今，我国的主要矛盾已经演变为"人民日益增长的美好生活需要和不平衡不充分的发展之间的矛盾"[②]，人民的日常生活所需已经基本能够得到满足，为终身学习观念的树立提供了物质基础。观念革新引导行为变化。长期以来，儒家"学而优则仕"的观念深入人心，但随着教育普及率与全民受教育程度的不断提升，"入仕"不再是、更不应是教育唯一的目的，不断求知、终身学习也能带给人持续的成长和幸福。同时，当今世界，新问题、新变化、新知识在不断涌现，现代科学技术的发展也使得社会面貌日新月异，客观上需要个体知识体系的不断更新，以适应社会的发展变化。

其二，要加强顶层设计，建立终身学习的法律和政策体系。终身学习体系和学习型社会的建设必须由党和国家宏观把控，建立政府主导，学校、企业、行业、机构等共同参与的运行机制，明确以终身学习为目标的

---

① 习近平．在教育文化卫生体育领域专家代表座谈会上的讲话［N］．人民日报，2020－09－23（2）．

② 习近平．决胜全面建成小康社会 夺取新时代中国特色社会主义伟大胜利：在中国共产党第十九次全国代表大会上的报告［N］．人民日报，2017－10－28（1）．

发展战略框架和社会各方权责义务，为构建终身学习体系提供制度保障[①]。特别要大力支持和发展社会教育、干部教育、继续教育、老年教育、职业培训等教育类型。终身教育体系的建立和完善要以未来的人口结构、市场需求为依据，适应国家和社会发展的水平和要求。相关政策和法律的出台一方面能够调动各企事业单位的积极性，激活教育行业和市场；另一方面，也能够约束市场的不当行为，为终身学习体系和学习型社会的建立和发展营造良好的环境与氛围。

其三，要紧密结合现代信息技术的发展，有效利用“互联网＋”技术、大数据等开发教育资源、提高各类学习资源的利用率。在信息化、网络化、数字化、智能化以及5G技术的支持下，教育呈现为一种新的形态[②]。传统的授课和学习方式都在发生变革，人们获得知识、习得技能的渠道和方式越来越多样化，尤其是新冠疫情暴发以来，基于互联网技术的线上教育优势凸显，此类新型课堂进入校园，也为更多人熟知和认可。技术的发展增加了各类学习资源的可获得性，同一堂课，可以以直播、录播、线下观看等多种方式，在时间和空间上被延展；同时，新技术的诞生和应用会改变现有的学科结构和产业结构，本身就能够作为一门新的学科或是激活一类新产业，在提高学习资源利用率的同时，也可依据其本身的属性和特点，开发出新的教育和学习资源，为大众终身学习提供更多内容、方式上的选择。

六、促进民办教育持续健康发展

改革开放以来，我国的民办教育事业获得了长足的发展，有效增加了

---

① 张立迁．构建适应新发展格局的终身学习体系［EB/OL］．（2020－12－09）［2021－07－29］．http://www.moe.gov.cn/jyb_xwfb/moe_2082/zl_2020n/2020_zl62/202012/t20201209_504330.html.

② 刘复兴．论教育与机器的关系［J］．教育研究，2019，40（11）：28－38.

教育服务供给，满足了人民群众多层次、个性化的教育需求；改变了政府办学的单一教育体制，为教育改革实践提供了新鲜经验；培养了数以千万计的各类人才，为推动教育现代化、促进经济社会发展做出了历史性贡献[①]。高质量教育体系的建设必须将高质量民办教育的建设纳入其中，完善民办教育相关法律与政策体系，促进民办教育持续健康发展。

首先，民办教育要坚持中国共产党的领导，坚持社会主义办学方向，坚持民办教育公益性。民办教育事业属于公益性事业，育人仍然是第一宗旨，社会效益仍然是第一位的[②]。作为我国社会主义教育事业的组成部分，也是我国建设社会主义教育强国不可或缺的力量，民办教育必须要“正本清源”，以培养德智体美劳全面发展的社会主义建设者和接班人为目标，以立德树人为根本任务，坚持走中国特色社会主义教育发展道路。

其次，分类管理，支持和规范民办教育发展。民办学校包括营利性和非营利性两类，应当依法登记，依其特性和类别服从分类管理。国家鼓励社会力量参与办学，高度重视保护和激励民办学校举办者的办学积极性，在财政资助、税收优惠、用地划拨等方面，加大了对非营利性民办学校的支持力度，有明确的政策安排，重点支持内涵建设和质量提升[③]。但对于部分民办学校不当逐利的行为也提出了定期公示公开相关信息、接受教育监督与督导的要求，维护教育秩序和受教育者的合法权益。对于民办学校

---

① 钟秉林．贯彻实施条例 推进民办教育高质量发展［EB/OL］.（2021－05－18）［2021－07－31］. https://news.eol.cn/xueshu/hui/202105/t20210518_2110530.shtml.

② 秦和．坚定公益方向 引领推动新时代民办教育持续健康发展［EB/OL］.（2021－06－30）［2021－07－31］. http://www.moj.gov.cn/pub/sfbgw/fzgz/fzgzxzlf/fzgzlfgz/202106/t20210630_429459.html.

③ 秦和．坚定公益方向 引领推动新时代民办教育持续健康发展［EB/OL］.（2021－06－30）［2021－07－31］. http://www.moj.gov.cn/pub/sfbgw/fzgz/fzgzxzlf/fzgzlfgz/202106/t20210630_429459.html.

中的违规违法行为，也设立了相应的惩处措施。

最后，构建公办教育与民办教育协调发展的新格局。尽管属性有所不同，但二者共同构成了我国的社会主义教育事业，基于民办教育的公益性属性，二者在办学方向、办学目标、人才培养目标等方面都具有相当的一致性。民办教育同样也是公办教育的重要补充，尤其是在学前教育、高等教育方面，社会力量办学对于开发教育资源、增加教育服务、培养多样化人才做出了重要贡献，能够有效激发我国教育事业的发展活力与动力。构建公办教育与民办教育协调发展的新格局，需要完善相关管理和激励机制，形成良性竞争、互相促进的新关系，从而推动我国教育事业蓬勃发展。

七、健全教育投入与保障体系

教育是国之大计、党之大计，关系着人才培养、社会繁荣、民族复兴。教育保障体系包括教育政策保障、教育投入保障、师资队伍保障、教育监管与监督保障以及教育技术保障等方面[①]。其中，“教育投入是公共财政体制的重要内容，必须强化各级政府对教育投入的责任，以更大的精力、更多的财力发展教育”[②]。健全教育投入与保障体系有利于国民教育体系的形成，更是推动建设高质量教育体系的前提与基础。

一是探索建立支撑中国式教育现代化与教育优先发展的新型教育财政制度。创新改革“以县为主”“分灶吃饭”的基础教育财政体制，探索建

---

① 刘复兴，董昕怡．论教育强国指标体系建构［J］．新疆师范大学学报（哲学社会科学版），2024，45（1）：118－126．

② 国务院批转教育部2003—2007年教育振兴行动计划的通知［EB/OL］．（2004－03－03）［2024－01－24］．https://www.gov.cn/gongbao/content/2004/content_62725.htm．

立由中央政府与省级财政统筹、区县为主管理、各级政府责任明确的中国特色新型区域化基础教育财政投入保障制度以及更加精准、灵活的突破既有行政区划的教育财政支持制度。二是建设更加公平科学与灵活高效的高等教育财政支撑体系，以有效支撑区域教育现代化进程和共同富裕的更高要求。三是加快、显著扩大财政性教育投入。1993 年我国提出了国家财政性教育经费支出占 GDP 4%的投入目标，2012 年国家财政性教育经费占 GDP 的 4.28%，我国正式实现了这一目标，并保持 2012—2022 年十年间“不低于 4%”。但世界银行 2017 年数据显示，各国财政教育经费占 GDP 的比重平均为 4.53%，相比之下发达国家接近 6%[①]。因此我国要进一步扩大财政性教育投入，为教育现代化、教育优先发展、建设教育强国提供坚实稳固的经济支持。

① 胡昳昀，刘宝存．国际比较视野下的中国教育软实力 [J]. 教育研究，2021，42 (10)：93-103.

第三章

马克思主义的全面发展理论与新时代人的全面发展

第一节

马克思主义关于人的全面发展理论的基本观点

关于人的发展与社会进步之间的关系，马克思和恩格斯采用的是历史唯物主义的观点。他们认为，人的发展是一个社会历史过程。受生产力与生产关系的制约，人们总是在现有的生产力和生产关系的基础上从事着认识世界和改造世界的活动，在创造物质文明和精神文明的同时，也使个体得到发展与进步。概言之，人的发展与社会的进步实际上是同向而行、齐头并进的。即没有高度发展的社会生产力，就不可能实现人的全面发展和自由进步；而人的综合素质的不断提升和发展，又会推动社会文明的发展与进步。今天，在中国特色社会主义进入新时代的历史背景下，脱贫攻坚已经取得圆满成功，我国正在向社会主义现代化强国迈进。因此，当下对马克思主义关于人的全面发展理论进行全方位的审视，对于推进社会和谐进步，完善党的教育方针，落实党的教育政策，实现教育强国建设和教育现代化都具有非常重要的现实意义和时代价值。

从人作为社会实践的主体视角来理解，人类社会历史的变迁也可以看作人的活动的历史过程。正如马克思所指出的那样：“人创造环境，同样，环境也创造人。”[①] 人与环境之间的双向互动关系表明，人的发展离不开社会环境，是社会环境的被动产物，而离开了人的创造性和能动性，历史活动将不复存在。1844 年，马克思曾提出了一个意义极为深刻的命题：“历史是人的真正的自然史”[②]，即历史是人的“个体发展的历史”[③]。从历史活动的场域看，除了人和社会之外，教育是另外一个侧面和主要形式。教育作为人类特有的一种社会实践活动和形态，存在和发展的意义就在于它根据社会发展规律和需求去培养和造就社会所需要的各种人才。这些被教育培养的各种人才，则通过各种形式和途径来认识世界和改造世界，改变教育存在的环境和各种社会条件，从而推动社会的进步与人的发展。由此，在这个过程中，教育、社会与个体三者之间就形成了一个相互联系、相互影响并相互制约的运行网络，每一个组成部分既相对独立地存在着又彼此关联影响着。正是在这个意义上，马克思指出，为了建立科学、正确的教育制度，就必须改变社会条件和社会环境，而为了改变社会条件和社会环境，又必须依赖于相应的教育制度。因此，正确把握人与社会、教育之间的互动关系，有助于我们准确把握马克思主义关于人的全面发展理论的基本精神和主要观点。

回顾人类思想史，特别是西方教育思想发展史，我们不难发现：关于人的发展问题，是从古希腊和谐教育论者到近代人文主义教育家，从马克思以前的空想社会主义者到当代人本主义心理学家，始终思考并试图回答的基本问题之一。即使今天，我们仍然坚持认为，只有马克思在人的发展

① 马克思恩格斯文集：第 1 卷［M］. 北京：人民出版社，2009：545.
② 马克思恩格斯全集：第 3 卷［M］. 2 版 . 北京：人民出版社，2002：326.
③ 马克思恩格斯文集：第 10 卷［M］. 北京：人民出版社，2009：43.

问题上第一次做出了全面的科学的解释，并创立了科学的关于人的全面发展的理论，这一理论/学说是他全部理论思想体系的基本内容之一。

马克思和恩格斯站在历史唯物主义和辩证唯物主义的高度上，揭示了人的全面发展是一个社会历史过程这一科学真理。由此，他们从历史唯物主义的视角对人的发展的社会进程进行了全面考察，并确立了他们所理解的人的全面发展观——以现实的个人为发展主体的人的全面发展思想。他们认为，社会状况是由人们所达到的生产力的总和决定的。因此，在探讨人的全面发展的过程中，就必须把人类的发展历史同社会的发展进步历程密切结合起来。为此，为了让人更好地理解马克思主义关于人的全面发展理论，马克思就将人类历史的发展进程分为古代社会、现代社会和共产主义社会三种形态，并从这三种社会形态的更替规律中来全面考察和论述人的发展进程。

在古代社会，人的依赖关系（个人必须依附于群体、部落和国家）是最初的社会形态。在这种形态下，人的生产能力和发展进步是孤立的、片面的，个人没有人身自由，没有独立性和个性。

在现代社会里，以物的依赖性为基础的人的独立性，是第二大形态。这种社会形态的突出特点是：大机器的使用，生产力的加速增长，市场经济的迅速发展、扩大与繁荣。个人随之摆脱了人的依赖关系，获得了人身的独立自主和自由，但人的关系又表现为物的关系，因而人的依赖转化为物的依赖关系。追求个人的利益、发展与享受，个人在社会中的地位与作用日益显露，因而也必然会产生对个体全面发展的客观要求，促进个人独立人格与个性的发展。然而，在资本主义社会，由于资本主义生产的社会化和生产资料的私人占有之间存在着不可调和的矛盾，个人是不可能实现自由而全面的发展的，而只能为个人的全面发展创造条件和奠定基础。

第三种形态是共产主义社会。在这种形态中，私有制被废止和消灭，分工也不复存在，人们既摆脱了人的依赖关系，又摆脱了物的依赖关系，个人将得到全面而自由的发展，而“每个人的自由发展是一切人的自由发展的条件”①，这就是人的解放和社会的解放。

从马克思对三种不同社会形态下人的历史发展的科学考察，不难看出，在马克思看来，人的社会实践的历史，是在生产力发展的基础上个人不断走向解放的历史过程。只有在第三种社会形态下，真正意义上的人的全面发展才能成为现实。那么，马克思主义关于人的全面发展理论的内涵究竟是什么？关于这一点，理论界的看法多元，但将之仅仅理解为人的劳动能力的全面发展或人的智力和体力的统一发展是不确切的，或者说是不全面的。尽管马克思认为“我们把**劳动力**或**劳动能力**，理解为一个人的身体即活的人体中存在的、每当他生产某种使用价值时就运用的体力和智力的总和”②，但我们不要忘记，具有丰富社会关系的现实个人，他绝不仅仅是作为谋生的手段而存在着，而是在满足生存需要的基础上，不断向着满足自身的发展需要和享受需要的方向递进，人的全面发展实际上是在人的劳动能力全面发展的基础上各种能力的和谐统一发展。如果从这样的高度去理解人的全面发展，我们就不难理解为什么资本主义社会人的发展难以消除片面性、为什么人的全面发展是建立在高度发达的社会生产力基础上的、为什么共产主义的实现与人的全面发展的真正实现是互为条件的等一系列问题。

---

① 马克思恩格斯文集：第 10 卷［M］. 北京：人民出版社，2009：666.

② 马克思恩格斯全集：第 42 卷［M］. 2 版. 北京：人民出版社，2016：156.

可见，马克思关于人的全面发展理论是马克思主义教育思想的重要组成部分，其基本思想是：人的发展与社会生产发展是同向而行的。古代社会的劳动分工导致人的片面发展；现代社会的大工业机器生产要求人的全面发展，并为人的全面发展提供了物质基础；共产主义社会将私有制和劳动分工消除后，个人凭借教育与生产劳动相结合这一根本途径来实现人的全面发展。

马克思主义关于人的全面发展理论的内涵丰富，具体表现在以下几个方面：指人的自身劳动能力的全面发展，既表现为人的体力和智力的全面发展，又表现为人的才能和志趣的全面发展；指人的才能的全面发展；指人自身的全面发展；指人的个性与潜质的自由发展。

第二节

中国共产党对人的全面发展理论的继承和发展

马克思主义关于人的全面发展理论是一种科学的人的发展观，不仅为我们揭示了人的全面发展的历史必然性，还为我们科学地认识人的全面发展提供了方法论指导，也为中国特色社会主义教育事业的持续发展和人才培养质量与规格指明了方向。中国共产党始终坚持马克思主义人的全面发展理论的指导，结合中国实际，又不断继承和发展着马克思关于人的全面发展理论，并逐渐形成了具有中国特色的人的全面发展思想[①]。

中国共产党成立一百年来，始终高度重视人的全面发展问题。然而，中国共产党并不是在 1949 年中华人民共和国成立以后才开始重视人的全面发展问题的，而是早在中国共产党成立之初和新民主主义革命时期就开始关注了[②]。例如，中国共产党第一次全国代表大会通过的《中国共产党的第一个纲领》明确指出，“承认无产阶级专政……消灭资本家私有制……归社会公有；……并承认党的根本政治目的是实行社会革命”[③]。这表明自成立之日起，中国共产党就立志要带领中国的劳苦大众（包括农民、工人阶级等）消灭剥削，实现社会革命和自由解放，维护人民群众的根本利益。1937 年 10 月 23 日，毛泽东在为陕北公学成立而作的题词中指出，“要造就一大批人……具有政治远见……充满着斗争精神和牺牲精神……不谋私利，唯一的为着民族和社会的解放”[④]。这一主张实际上就是中国共产党在革命时期对个人之于国家兴亡和民族大义所提出的现实要求，代表了当时的中国共产党人对人的全面发展的一种解读、民族责任和时代担当。

在中华人民共和国成立之后，中国共产党更加重视人的全面发展问题，并且主动根据不同时期的国内外发展形势和发展实际，不断深化对人的全面发展思想的认识，逐步丰富了人的全面发展的具体内涵。

---

① 夏付斌，孙迪亮．中国共产党关于人的全面发展思想的历史考察［J］．实事求是，2021（2）：31－37.

② 夏付斌，孙迪亮．中国共产党关于人的全面发展思想的历史考察［J］．实事求是，2021（2）：31－37.

③ 中共中央文献研究室，中央档案馆．建党以来重要文献选编（1921—1949）：第 1 册［M］．北京：中央文献出版社，2011：1.

④ 中共中央文献研究室．毛泽东思想年编（一九二一——一九七五）［M］．北京：中央文献出版社，2011：172.

一、德智体全面发展阶段

在社会主义过渡时期和社会主义建设两个时期，中国共产党对人的全面发展的解读集中体现为德智体全面发展，并通过“五爱”标准、“三好”要求，有社会主义觉悟、有文化，以及又红又专等提法加以具体阐释。

（一）“五爱”标准与“三好”要求

首先是“五爱”标准的提出。1949年9月《中国人民政治协商会议共同纲领》提出了作为一名公民的“五爱”标准，即爱祖国、爱人民、爱劳动、爱科学、爱护公共财物。自此，“五爱”标准就成为一名合格公民实现个人全面发展的具体体现。可以说，“五爱”标准是中国共产党人在取得革命胜利后，对人的全面发展理论的一次理论探索和具体解读。1953年6月30日，毛泽东首次对广大青年提出了“身体好、学习好、工作好”的“三好”要求。这实际上也就成为党和国家对当时中国全体社会主义建设者所提的要求。

（二）有社会主义觉悟、有文化

1956年底，随着社会主义改造的基本完成，新的发展条件对教育提出了新的要求。由此，培养一批有社会主义觉悟、有文化的专业人才和社会主义建设者，就成为当时推动社会主义建设的客观要求。为了实现教育之于社会主义建设的需要，1957年2月，毛泽东在《关于正确处理人民内部矛盾的问题》一文中指出：“应该使受教育者在德育、智育、体育几方面都得到发展，成为有社会主义觉悟的有文化的劳动者。”[①] 这种论断的提

① 中共中央文献研究室．毛泽东文集：第7卷［M］．北京：人民出版社，1999：226．

出，就标志着中国共产党开始正式将德育、智育和体育纳入人的全面发展思想之中，并将之作为解读人的全面发展的三个维度。

（三）又红又专

随着社会主义建设的不断发展，现实环境的变化对教育又提出了新的要求。为此，以毛泽东为代表的中国共产党又对社会主义建设者的精神面貌和政治立场做了新的阐释——又红又专成为新的行动指南。1957 年 7 月，毛泽东在党的八届三中全会上的讲话中正式提出又红又专的干部要求。随后，毛泽东又对又红又专做出了更加具体的解释——“红”是指政治上合格，是对之前社会主义过渡时期“有社会主义觉悟”的总结和升华；“专”是指学有专长、有专业知识，是对之前社会主义过渡时期“有文化”的总结和升华。尽管又红又专在当时的适用对象只是广大领导干部，但这种标准实际上拓展到全社会，成为当时衡量和评价一位社会主义建设者是否合格的重要参考和标准。1958 年 8 月，毛泽东再次结合又红又专的标准，对人的全面发展做出了更加具体的阐释：“我们所主张的全面发展，是要使学生得到比较完全的和比较广博的知识，发展健全的身体，发展共产主义的道德。”[①] 这就标志着中国共产党人开始从更加具体的维度来阐释人的全面发展所包含的德智体的具体内涵，同时也进一步明确了在社会主义建设时期，一名合格的社会主义建设者应当达到什么标准。

二、德智体美全面发展阶段

进入改革开放的历史新时期，中国共产党持续深化与发展了关于人的

① 中共中央文献研究室．毛泽东文集：第 7 卷［M］．北京：人民出版社，1999：399.

全面发展思想，集中表现为拓展了人的全面发展思想的维度，将美育列入其中，德智体全面发展拓展到德智体美全面发展。在这一时期，人的全面发展的具体内涵主要通过“四有”新人、培养德智体美全面发展的社会主义建设者和接班人、“四个统一”和“四个新一代”等标准得以阐释和深化。

（一）“四有”新人

1978年4月22日，邓小平在全国教育工作会议的开幕式上指出在历史新时期所要培养人才的新标准，以及实现该培养目标所要依靠的力量主体，即“造就具有社会主义觉悟的一代新人……关键在教师”[①]。由此，培养新人就成为历史新时期人才培养的新目标，教师就成为实现该目标主要依赖的力量主体。后来，邓小平又进一步对“新人”的要求做了阐释，集中体现为“四有”新人的培养要求——有理想、有道德、有文化和有纪律。然而，“四有”新人的提法并不是一蹴而就的，有其演进的历程，主要经历了由最初的“有理想、有道德、有知识、有体力”到“有理想、讲道德、有文化、守纪律”再到“有理想、有道德、有文化、有纪律”的变迁过程。可以说，培养“四有”新人就成为这一阶段中国共产党对人的全面发展思想的具体内涵阐释，以及对培养全面发展的人的基本要求。

（二）培养德智体美全面发展的社会主义建设者和接班人

为了迎接21世纪的到来，结合国内外发展形势，中国共产党又在“四有”新人和德智体全面发展的基础上将人的全面发展思想的内涵进一

---

① 邓小平．在全国教育工作会议上的讲话［EB/OL］.（1978－04－22）［2021－11－12］. http://www.jyb.cn/zyk/jyzcfg/200602/t20060227_55358.html.

步拓展，并于1999年6月在《关于深化教育改革全面推进素质教育的决定》中正式提出要“造就‘有理想、有道德、有文化、有纪律’的、德智体美等全面发展的社会主义事业建设者和接班人”①。至此，中国共产党就把人的全面发展思想的具体内容由德智体三个维度拓展为德智体美四个维度，由此也就标志着中国共产党将人的全面发展思想推到了一个新阶段。接着，2001年7月，江泽民在庆祝中国共产党成立八十周年大会上指出，“努力促进人的全面发展……是马克思主义关于建设社会主义新社会的本质要求……我们要……不断推进人的全面发展”②。这是中国共产党首次将人的全面发展作为全面建设小康社会的重要目标写进党的纲领性文件中，因而将培养全面发展的人上升到了一个新的战略高度。同时，江泽民还强调了人的全面发展与社会物质文化财富之间的关系，二者是紧密联系、相互促进的辩证关系，即“人越全面发展，社会的物质文化财富就会创造得越多……物质文化条件越充分，又越能推进人的全面发展”③。后来，党的十六大、十七大报告都重申了必须“培养德智体美全面发展的社会主义建设者和接班人”④的发展要求；同时，党的十七大报告还首次提出了“育人为本、德育为先”⑤的人的全面发展的要求，进一步强调“德”在人的

---

① 中共中央国务院关于深化教育改革全面推进素质教育的决定[EB/OL].（1999-06-13）[2021-11-12]. http://www.moe.gov.cn/jyb_sjzl/moe_177/tnull_2478.html.

② 江泽民．在庆祝中国共产党成立八十周年大会上的讲话（全文）[EB/OL].（2001-07-01）[2021-11-12]. http://www.chinanews.com.cn/2001-07-02/26/101847.html.

③ 江泽民．在庆祝中国共产党成立八十周年大会上的讲话（全文）[EB/OL].（2001-07-01）[2021-11-12]. http://www.chinanews.com.cn/2001-07-02/26/101847.html.

④ 江泽民．在中国共产党第十六次全国代表大会上的报告[EB/OL].（2002-11-08）[2021-11-12]. http://www.gov.cn/test/2008-08/01/content_1061490_7.htm；胡锦涛．在党的十七大上的报告（全文）[EB/OL].（2007-10-15）[2021-11-12]. http://www.scio.gov.cn/tp/Document/332591/332591_7.htm.

⑤ 胡锦涛．在党的十七大上的报告（全文）[EB/OL].（2007-10-15）[2021-11-12]. http://www.scio.gov.cn/tp/Document/332591/332591_7.htm.

全面发展过程中的先导地位和重要价值。

（三）“四个统一”与“四个新一代”

进入21世纪以后，随着国内外局势的变化，我国在发展面临机遇的同时也迎来了诸多挑战。为了更好地推进中国特色社会主义现代化建设，培养全面发展的人被提到更为重要的地位。围绕如何实现德智体美全面发展，党中央先后提出了“四个统一”（即“坚持学习科学文化与加强思想修养的统一，坚持学习书本知识与投身社会实践的统一，坚持实现自身价值与服务祖国人民的统一，坚持树立远大理想与进行艰苦奋斗的统一”）和“四个新一代”（即“努力成为理想远大、信念坚定的新一代，品德高尚、意志顽强的新一代，视野开阔、知识丰富的新一代，开拓进取、艰苦创业的新一代”），进一步丰富和具体了人的全面发展思想的内涵，由此也就为21世纪我国人才培养的方向、质量与规格提供了重要指引。事实上，“四个统一”和“四个新一代”之所以重要，是因为这两个提法不仅强调德才兼备和知行合一，还阐明了个人与国家、理想与奋斗的关系，包含着人的德智体美全面发展的基本内涵和具体要求，是进入21世纪后中国共产党关于人的全面发展思想的集中体现、鲜明表达和生动描述。

三、德智体美劳全面发展阶段

党的十八大以后，中国共产党继续深化和拓展关于人的全面发展思想的具体内涵和发展维度，即在德智体美四个维度的基础上，又增加了劳动维度，并通过习近平总书记的“十六字箴言”“六个下功夫”“六点新要求”等重要论述，提出要培养堪当民族复兴重任的时代新人的人的全面发展的时代目标。

（一）培养德智体美劳全面发展的社会主义建设者和接班人

党的十八大以来，以习近平同志为核心的党中央强调在发展中不断推进和丰富人的全面发展思想的内涵，即坚持将人的全面发展与发展中国特色社会主义事业和全面建成小康社会相结合，同时特别强调人的全面发展不能仅局限于德智体美四个维度，应更加注重教育与劳动相结合这一人才培养的根本途径。因此，在这一阶段，中国共产党人更加重视劳动以及劳动教育之于人的全面发展以及培养社会主义建设者和接班人的价值和意义，并深度阐发了劳动之于人的全面发展的重要价值以及劳动教育之于其他四育的促进作用及其辩证关系，进而确立了党对教育方针的最新诠释和解读——培养德智体美劳全面发展的社会主义建设者和接班人。在这个深化过程中，习近平总书记在多个场合发表了系列关于劳动的重要论述，强调整个社会要养成尊重劳动、崇尚劳动和热爱劳动的社会风气，并用劳动和实干创造未来，实现中华民族的伟大复兴。例如，2018 年 9 月，习近平在全国教育大会上正式提出要培养“德智体美劳全面发展的社会主义建设者和接班人”的基本要求，并对具体内涵和要求做了更为细致的解读和界定，即全面发展的人应当是“拥护中国共产党领导和我国社会主义制度、立志为中国特色社会主义奋斗终身的有用人才”。同时还指出，开展劳动及劳动教育，不是单纯强调体力劳动，在新的形势下，劳动是“辛勤劳动、诚实劳动、创造性劳动”的统一[①]。2020 年 3 月，中共中央、国务院发布的《关于全面加强新时代大中小学劳动教育的意见》，就为全国大中

① 习近平出席全国教育大会并发表重要讲话［EB/OL］.（2018－09－10）［2021－11－12］. http://www.gov.cn/xinwen/2018－09/10/content_5320835.htm.

小学开展和实施劳动教育提供了行动指导。由此，培养德智体美劳全面发展的社会主义建设者和接班人，就成为当下乃至接下来很长一段时间指引我国教育事业发展和人才培养方向的重要指南。因此，可以说，德智体美劳全面发展是我国进入中国特色社会主义新时代以后，中国共产党人对马克思主义关于人的全面发展理论的再次继承与弘扬。

（二）“十六字箴言”“六个下功夫”“六点新要求”

为了进一步落实党的新的教育方针政策，培养德智体美劳全面发展的时代新人，习近平总书记先后通过“十六字箴言”“六个下功夫”“六点新要求”等一系列重要论述，对一代新人的时代责任、使命和担当做了进一步的明确和要求。习近平总书记于2014年和2018年先后两次到北京大学与师生展开座谈，并对青年提出了希望和嘱托，于是就形成了鼓励和激励青年发展的“十六字箴言”——勤学、修德、明辨、笃实、爱国、励志、求真、力行。“十六字箴言”与中华民族优秀传统文化紧密相连，强调应从中华优秀传统文化中来汲取养分，为培养德智体美劳全面发展的人提供力量和源泉。这种探索和提法，实际上表明新时代中国共产党对人的全面发展思想认识的再深化，摒弃了以往过分借助外力和西方思想的弊端，开始从中华民族的历史传统和优秀文化中探寻人的全面发展的现实路径，不仅是一种文化自信的有力彰显，也是形成具有中国特色社会主义话语体系的重要基石。2018年9月，习近平在全国教育大会上进一步明确了广大青年实现人的全面发展的具体路径——“六个下功夫”，即要求广大青年要“坚定理想信念、厚植爱国主义情怀、加强品德修养、增长知识见识、培养奋斗精神、增强综合素质”。2019年4月，习近平在纪念五四运动一百周年大会上又对新时代的中国青年提出了“六点新要求”——“树立远大理想、热爱伟大祖国、担当时代责任、勇于砥砺奋斗、练就过硬本领、锤炼品德修为”，进一步为以广大青年为代表的一代新人实现全面发展指明了进步方向和行动遵循。

（三）堪当民族复兴重任的时代新人

2017 年，党的十九大报告明确提出了促进人的全面发展的基本原则和具体目标，基本原则是“坚持以人民为中心的发展思想”，具体目标是“培养担当民族复兴大任的时代新人”。这种原则和目标的设定，是由中国特色社会主义进入新时代的历史方位以及中国社会主要矛盾的变化所决定的。而这种变化实际上对新时代人的全面发展提出了更高的要求和挑战，即时代新人的培养目标要求培养什么样的人要与我国的实际情况相统一，培养的人才要能为我国社会主义现代化强国建设目标服务，人才培养与现代化强国建设要同频共振、同向而行。此外，习近平总书记还在多个场合发表了关于培养时代新人的重要论述，从而为新时代人的全面发展提供了行动指南和方向指引。例如，2019 年 3 月，习近平总书记在学校思想政治理论课教师座谈会上强调，“努力培养担当民族复兴大任的时代新人”，必须要在全国大中小学校开设思想政治理论课——这是落实立德树人根本任务的关键课程，也是培养德智体美劳全面发展的社会主义建设者和接班人的重要保障①。2019 年 4 月，习近平总书记在纪念五四运动一百周年大会上进一步指明了培育全面发展的人的重要战略意义，他指出，“把青年一代培养造就成德智体美劳全面发展的社会主义建设者和接班人，是事关党和国家前途命运的重大战略任务，是全党的共同政治责任”②。2022 年 4 月

---

① 习近平．习近平谈治国理政：第 3 卷［M］. 北京：外文出版社，2020：328－329.

② 习近平．在纪念五四运动 100 周年大会上的讲话［M］. 北京：人民出版社，2019：12.

25 日，习近平总书记在中国人民大学考察时强调："立足新时代新征程，中国青年的奋斗目标和前行方向归结到一点，就是坚定不移听党话、跟党走，努力成长为堪当民族复兴重任的时代新人。"[①] 2023 年 5 月 29 日，习近平总书记在中共中央政治局第五次集体学习时再次强调："我们建设教育强国的目的，就是培养一代又一代德智体美劳全面发展的社会主义建设者和接班人，培养一代又一代在社会主义现代化建设中可堪大用、能担重任的栋梁之才，确保党的事业和社会主义现代化强国建设后继有人。"[②] "堪当民族复兴重任的时代新人""可堪大用""能担重任"是对培养时代新人的最新要求。

（四）继承革命文化与红色基因

革命文化与红色基因是中国共产党精神谱系中的重要组成部分，对激发爱国热情、振奋民族精神、促进社会主义精神文明建设有着极为重要的作用，继承革命文化与红色基因是促进人德智体美劳全面发展的必然要求。2018 年，习近平总书记在给陕西照金北梁红军小学学生的回信中，对同学们提出"多了解中国革命、建设、改革的历史知识，多向英雄模范人物学习，热爱党、热爱祖国、热爱人民，用实际行动把红色基因一代代传下去"的期望[③]。2019 年，习近平总书记在河南考察时强调："革命博物馆、纪念馆、党史馆、烈士陵园等是党和国家红色基因库。要讲好党的故

---

① 习近平在中国人民大学考察时强调：坚持党的领导传承红色基因扎根中国大地 走出一条建设中国特色世界一流大学新路［N］. 人民日报，2022－04－26（1）.

② 习近平在中共中央政治局第五次集体学习时强调：加快建设教育强国 为中华民族伟大复兴提供有力支撑［N］. 人民日报，2023－05－30（1）.

③ 习近平给陕西照金北梁红军小学学生的回信［EB/OL］.（2018－05－31）［2024－01－17］. https://www.gov.cn/xinwen/2018-05/31/content_5295094.htm.

事、革命的故事、根据地的故事、英雄和烈士的故事，加强革命传统教育、爱国主义教育、青少年思想道德教育，把红色基因传承好，确保红色江山永不变色。”① 彰显了红色基因独特的育人价值。

党的二十大报告明确提出：“弘扬以伟大建党精神为源头的中国共产党人精神谱系，用好红色资源，深入开展社会主义核心价值观宣传教育，深化爱国主义、集体主义、社会主义教育，着力培养担当民族复兴大任的时代新人。”② 在中国人民大学考察时，习近平总书记指出：“‘为谁培养人、培养什么人、怎样培养人’始终是教育的根本问题。要坚持党的领导，坚持马克思主义指导地位，坚持为党和人民事业服务，落实立德树人根本任务，传承红色基因，扎根中国大地办大学，走出一条建设中国特色、世界一流大学的新路。”③ 进一步明确并强调了“革命文化”与“红色基因”在促进人的全面发展及落实立德树人根本任务中的重要性。

（五）密切联系社会实践与人民群众

2022 年 4 月 25 日，习近平总书记在中国人民大学考察时强调：“希望广大青年用脚步丈量祖国大地，用眼睛发现中国精神，用耳朵倾听人民呼声，用内心感应时代脉搏，把对祖国血浓于水、与人民同呼吸共命运的情感贯穿学业全过程、融汇在事业追求中。”④ 从实践层面出发，“丈量祖国大地”“发

---

① 习近平．用好红色资源，传承好红色基因 把红色江山世世代代传下去［EB/OL］．（2021－05－16）［2024－01－23］．http://jhsjk.people.cn/article/32104621.

② 习近平．高举中国特色社会主义伟大旗帜 为全面建设社会主义现代化国家而团结奋斗：在中国共产党第二十次全国代表大会上的报告［N］．人民日报，2022－10－26（1）．

③ 习近平在中国人民大学考察时强调：坚持党的领导传承红色基因扎根中国大地 走出一条建设中国特色世界一流大学新路［N］．人民日报，2022－04－26（1）．

④ 习近平在中国人民大学考察时强调：坚持党的领导传承红色基因扎根中国大地 走出一条建设中国特色世界一流大学新路［N］．人民日报，2022－04－26（1）．

现中国精神”“倾听人民呼声”“感应时代脉搏”对人的全面发展提出了更高的要求，表明了在新时代新征程下人的全面发展与成长只有通过参与社会实践活动，密切联系人民群众，才能回应中国之需、人民之需及时代之需。

第三节
人的全面发展是党的教育方针的理论依据

中国共产党关于教育方针 100 年的演进与发展，先后经历了四次重大的根本性转变，实现了四次伟大的历史性飞跃[①]——党的教育总方针的总的演进趋势由新民主主义教育时期为工农服务到社会主义建设时期为社会主义生产建设服务，再到中国特色社会主义建设时期为提高全民族素质服务，最后到建设高质量教育体系的为党治国理政育才服务。但无论哪次转变和飞跃，均是在马克思主义关于人的全面发展理论的指导下与中国不同时期的具体实际相结合的产物。

一、为工农服务（1921—1949 年）：新民主主义教育及其实践

1921—1949 年，中国处于新民主主义革命时期。在这一历史阶段，中

① 杨天平，狄伟锋．中国共产党教育方针 100 年：一部马克思主义教育思想中国化的创新发展史［J］．浙江师范大学学报（社会科学版），2021，46（3）：9－18．

国共产党的教育实践主要围绕农民问题而展开，教育的对象主要是工农群众，党开展的一系列文化教育实践和教育活动，均旨在为工农服务。为了取得新民主主义革命的胜利，中国共产党制定并实施了主要面向工农的“民族的、科学的、大众的”教育方针，通过对广泛的工农大众开展各种教育，团结一切可以团结的力量，促进了新民主主义革命时期党领导下的文化教育事业的蓬勃发展[①]，推动了中国教育由传统向现代的艰难转型。

由表3-1可知，在新民主主义革命时期，中国共产党领导下的新民主主义教育及其实践主要经由党的七次代表大会和两次中华苏维埃全国代表大会所做的决议来推动，其总的教育方针是为工农服务。

在这一时期，党的教育实践及其教育内容又可以分为三个阶段：第一阶段是从党的一大到党的六大。在党的教育方针指引下，党在干部、工农、乡村、青年等群体的教育方面实现了较大的发展，团结了更多的工农群众。

第二阶段是中华苏维埃政府时期。在前期“施行完全免费的普及教育”这一党的教育方针领导下，苏区的红军、干部、社会、扫盲、小学等类型的教育都得到了很大的发展。随后，党坚持“以共产主义的精神来教育广大的劳苦民众”这一总方针来指导苏区的教育实践，逐步形成了相对独立、统一而完善的苏区教育体系。然而，由于这一总方针照搬苏联教育经验，其发展理念具有一定的理想性，与中国革命的实际并不相符，因而红军长征以后，党对此方针进行了反思和检讨。

第三阶段起始于1940年，结束于1949年。在这一阶段，毛泽东有两篇重要文献发表——《新民主主义论》和《论联合政府》。在《新民主主

---

① 杨天平，狄伟锋．中国共产党教育方针100年：一部马克思主义教育思想中国化的创新发展史［J］．浙江师范大学学报（社会科学版），2021，46（3）：9-18.

义论》中，毛泽东区分了两种类型的革命性质，并旗帜鲜明地指出实施“民族的科学的大众的”完全新型的文化教育是党在新民主主义革命时期的文化教育纲领。在此文化教育纲领的带领下，党在陕甘宁边区政府和各抗日根据地开展了包括干部教育、成人教育和小学教育等多种类别的教育实践活动与探索。《论联合政府》进一步重申了“民族的、科学的、人民大众的……教育”这一教育方针。

表 3-1　新民主主义革命时期党的教育方针的变化趋势

时间	重大事件	重要决议/重要人物发言	教育方针/教育内容
1921 年 7 月	中国共产党第一次全国代表大会	《中国共产党第一个决议》	教育工人，使他们在实践中去实现共产党的理想
1922 年 7 月	中国共产党第二次全国代表大会	《中国共产党第二次全国代表大会宣言》	改良教育制度，实行教育普及
1923 年 6 月	中国共产党第三次全国代表大会	《中国共产党党纲草案》	实行义务教育，教育与宗教绝对分离。全国教育经费应严重保证
1925 年 1 月	中国共产党第四次全国代表大会	《对于青年运动之议决案》	平民教育……应当极端注意的……乡村教育是……最要注意的
1927 年 5 月	中国共产党第五次全国代表大会	《对于共产主义青年团工作决议案》	共产主义青年团须……发展农村中教育文化工作……教育成为无产阶级争斗的后备军
1928 年 7 月	中国共产党第六次全国代表大会	《政治决议案》	加紧党员群众的教育
1931 年 11 月	中华苏维埃第一次全国代表大会	《中华苏维埃共和国宪法大纲》	中华苏维埃政权……施行完全免费的普及教育
1934 年 1 月	中华苏维埃第二次全国代表大会	《在第二次全国苏维埃代表大会上的报告》	以共产主义的精神来教育广大的劳苦民众……教育为革命战争与阶级斗争服务……使教育与劳动联系起来

续表

时间	重大事件	重要决议/重要人物发言	教育方针/教育内容
1940 年 1 月	/	《新民主主义论》	民族的科学的大众的文化，就是人民大众反帝反封建的文化
1945 年 4 月	中国共产党第七次全国代表大会	《论联合政府》	中国应当建立自己的……新文化与新教育

注：表中涉及的主要内容由笔者从“中国共产党历次全国代表大会数据库”摘取，详情请见 http://cpc.people.com.cn/GB/64162/64168/index.html。

二、为社会主义生产建设服务（1949—1978 年）：社会主义教育实践及其探索

1949 年中华人民共和国的成立，就标志着中国社会主义建设的探索实践的开始①。在这一历史背景下，党的教育方针和教育政策必须有所改变，即在继续面向工农教育的基础上，教育还要为新生的社会主义生产建设服务。面对国民经济百废待兴的建设任务，马叙伦在第一次全国教育工作会议上明确提出“两个充分”，即“我们要充分认识全国的环境和条件，密切配合整个国家的建设……我们要充分认识全国教育……复杂的情况，并正确估计我们的力量”②。由此，教育实际上担负起了更多的政治使命、经济责任和社会责任。

党在社会主义建设时期的教育方针大致可以分为两个阶段：第一个阶段是社会主义过渡时期党的教育方针，明确了教育为工农兵服务和为社会

① 王怀超，张瑞．中国共产党领导中国革命与建设的基本经验［J］．华中师范大学学报（人文社会科学版），2021，60（3）：1－6．

② 《中国教育年鉴》编辑部．中国教育年鉴（1949—1981）［M］．北京：中国大百科全书出版社，1984：683．

主义生产建设服务的人民立场和国家立场。第二个阶段起始于党的八大的召开，一直延续到1978年党的十一届三中全会召开前夕。尽管这一阶段党的教育方针在不同时期存在些许变化（主要是教育方式方法的转变），但总的教育方针并没有改变，最终于1978年3月通过《中华人民共和国宪法》固定下来（见表3-2）。实践证明，在社会主义教育实践及其探索阶段，党的教育方针的服务面向的主线始终是为社会主义生产建设服务①，而且党的社会主义办学方向一直未变。

表3-2　社会主义建设时期党的教育方针的变化趋势

<table>
<tr><th>时间</th><th>重大事件/重要决议</th><th>教育方针/教育内容</th></tr>
<tr><td>1949年12月</td><td>第一次全国教育工作会议</td><td>教育必须为国家建设服务；教育应着重为工农服务</td></tr>
<tr><td>1950年1月</td><td>《当前教育建设的方针》</td><td>为工农服务，为生产建设服务</td></tr>
<tr><td>1956年9月</td><td>《关于发展国民经济的第二个五年计划的建议的报告》</td><td>努力扫除文盲，推行文字改革，保证工农群众文化水平的不断提高</td></tr>
<tr><td>1958年9月</td><td>《关于教育工作的指示》</td><td>教育为无产阶级的政治服务，教育与生产劳动相结合，培养有社会主义觉悟的有文化的劳动者</td></tr>
<tr><td>1961年9月</td><td>“高教六十条”</td><td rowspan="2">应该贯彻执行教育为无产阶级的政治服务、教育与生产劳动相结合的方针</td></tr>
<tr><td>1963年3月</td><td>“中学五十条”和“小学四十条”</td></tr>
<tr><td>1966年8月</td><td>《中国共产党中央委员会关于无产阶级文化大革命的决定》</td><td>教育为无产阶级政治服务……成为有社会主义觉悟的有文化的劳动者</td></tr>
<tr><td>1975年1月</td><td>《中华人民共和国宪法》</td><td>文化教育……必须为无产阶级政治服务，为工农兵服务，与生产劳动相结合</td></tr>
</table>

① 王亚晶．中国共产党教育方针的百年演进与时代精神的教育追求［J］．当代教育科学，2021(6)：3-14.

续表

时间	重大事件/重要决议	教育方针/教育内容
1977 年 8 月	科学和教育工作座谈会	我国的知识分子绝大多数是自觉自愿地为社会主义服务的
1978 年 3 月	《中华人民共和国宪法》	教育必须为无产阶级政治服务，同生产劳动相结合，使受教育者在德育、智育、体育几方面都得到发展，成为有社会主义觉悟的有文化的劳动者
1978 年 4 月	全国教育工作会议	学校是为社会主义建设培养人才的地方，人才的标准是德、智、体几方面都得到发展，成为有社会主义觉悟的有文化的劳动者

三、为全民族素质提升服务（1978—2012 年）：中国特色社会主义建设时期的教育及其实践

1978 年，随着党的十一届三中全会的召开，改革开放基本国策的议定，建设中国特色社会主义开启了新纪元。在此影响下，教育思想得到大解放，由此也带来了中国共产党对教育方针的大讨论，之后的教育方针也随之发生了重大转向。总体而言，这一时期党的总教育方针是随着国家经济发展重心的转移和中国特色社会主义市场经济体制的变化而变化的，总的趋势是发展中国特色社会主义教育。在此过程中，党的教育方针始终体现着马克思关于人的全面发展理论与中国发展实际的统一和融合：（1）在服务对象上，从服务国家的立场看，从教育为社会主义建设服务转变为教育为社会主义现代化建设服务；从服务人民的立场看，从依靠教育提高全民族的素质转变为通过提高教育质量，办人民满意的教育。（2）在教育目标上，由培养德智体全面发展的有社会主义觉悟的有文化的劳动者转变为培养德智体美全面发展的“四有”社会主义建设者和接班人。（3）在教育

方式上，由坚持教育与生产劳动相结合转变为坚持教育与生产劳动和社会实践相结合。(4) 在分类发展上，由国家政策文本或根本大法的笼统规定转变为分别出台了不同教育层次的法律法规，并将各级各类教育的基本方针以法律文本的形式固定下来（见表 3-3）。

表 3-3　中国特色社会主义建设时期党的教育方针的变化趋势

时间	重大事件/重要决议/人物发言	教育方针/教育内容
1981 年 12 月	《政府工作报告》	使受教育者在德育、智育、体育几方面都得到发展，成为有社会主义觉悟的有文化的劳动者和又红又专的人才，坚持脑力劳动与体力劳动相结合，知识分子与工人农民相结合
1982 年 12 月	《中华人民共和国宪法》	国家培养青年、少年、儿童……全面发展
1985 年 5 月	《中共中央关于教育体制改革的决定》	教育必须为社会主义建设服务，社会主义建设必须依靠教育
1986 年 4 月	《中华人民共和国义务教育法》	义务教育……努力提高教育质量……品德、智力、体质等方面全面发展
1987 年 10 月	中国共产党第十三次全国代表大会	坚持教育为社会主义建设服务
1990 年 12 月	《中共中央关于制定国民经济和社会发展十年规划和“八五”计划的建议》	教育必须为社会主义现代化服务，必须同生产劳动相结合，培养德、智、体全面发展的建设者和接班人
1992 年 10 月	中国共产党第十四次全国代表大会	各级各类学校都要全面贯彻党的教育方针，全面提高教育质量
1993 年 2 月	《中国教育改革和发展纲要》	教育必须为社会主义现代化建设服务，必须与生产劳动相结合，培养德、智、体全面发展的建设者和接班人
1995 年 3 月	《中华人民共和国教育法》	教育必须……培养德、智、体等方面全面发展的社会主义事业的建设者和接班人
1997 年 9 月	中国共产党第十五次全国代表大会	重视受教育者素质的提高，培养德智体等全面发展的社会主义事业的建设者和接班人

续表

时间	重大事件/重要决议/人物发言	教育方针/教育内容
1998年8月	《中华人民共和国高等教育法》	高等教育……为社会主义现代化建设服务，与生产劳动相结合……成为德、智、体等方面全面发展的社会主义事业的建设者和接班人
1999年6月	《中共中央、国务院关于深化教育改革全面推进素质教育的决定》	以提高国民素质为根本宗旨……造就……德智体美等全面发展的社会主义事业建设者和接班人
2002年11月	中国共产党第十六次全国代表大会	坚持教育为社会主义现代化建设服务……培养德智体美全面发展的社会主义建设者和接班人
2006年6月	《中华人民共和国义务教育法》	义务教育……实施素质教育，提高教育质量……全面发展……培养……社会主义建设者和接班人
2007年10月	中国共产党第十七次全国代表大会	坚持育人为本、德育为先……培养德智体美全面发展……办好人民满意的教育
2010年7月	《国家中长期教育改革和发展规划纲要（2010—2020年)》	坚持教育为社会主义现代化建设服务，为人民服务，与生产劳动和社会实践相结合，培养德智体美全面发展的社会主义建设者和接班人

四、为党育人、为国育才（2012年至今）：建设高质量的教育体系

党的十八大以来，我国的教育事业发展进入一个全新的发展阶段，更为注重向教育要质量，通过教育质量的不断提高，逐步建设高质量的教育体系。在此阶段，党的教育方针思想和内涵不断丰富——使人的全面发展思想再次拓展，加入了劳动教育维度；教育的地位更加凸显——突出教育在社会主义现代化建设过程中的基础作用、先导作用和战略意义，并旗帜鲜明地提出教育要为党育人和为国育才的目标要求；教育立场更加坚定——始终坚持社会主义的办学方向，培养德智体美劳全面发展的社会主义建设

者和接班人（见表 3－4）。这都表明以习近平同志为核心的党中央对教育规律有了全新的认识，对人的全面发展思想有了再拓展，推动着我国的教育事业实现创新发展和高质量发展。

表 3－4 建设高质量教育体系阶段党的教育方针的变化趋势

时间	重大事件/重要决议/人物发言	教育方针/教育内容
2015 年 4 月	《中华人民共和国义务教育法》	义务教育必须贯彻国家的教育方针……品德、智力、体质等方面全面发展……培养……社会主义建设者和接班人
2015 年 12 月	《中华人民共和国教育法》	教育必须……培养……全面发展的社会主义建设者和接班人
2015 年 12 月	《中华人民共和国高等教育法》	高等教育必须贯彻……使受教育者成为德、智、体、美全面发展的社会主义建设者和接班人
2017 年 10 月	中国共产党第十九次全国代表大会	全面贯彻党的教育方针，落实立德树人根本任务……推进教育公平，培养德智体美全面发展的社会主义建设者和接班人
2018 年 9 月	全国教育大会	在党的坚强领导下……培养德智体美劳全面发展的社会主义建设者和接班人，加快推进教育现代化、建设教育强国、办好人民满意的教育
2019 年 2 月	《中国教育现代化 2035》	在党的坚强领导下……培养德智体美劳全面发展的社会主义建设者和接班人……将服务中华民族伟大复兴作为教育的重要使命，坚持教育为人民服务、为中国共产党治国理政服务、为巩固和发展中国特色社会主义制度服务、为改革开放和社会主义现代化建设服务
2020 年 11 月	中央全面深化改革委员会第十六次会议	紧扣落实立德树人根本任务深化教育改革，努力构建德智体美劳全面培养的教育体系

从党的教育方针的历史变迁图景可以看出，党的教育方针始终坚持以马克思主义关于人的全面发展为依据，其思想内涵随着中国革命、中国建设的实际而不断革新和丰富——在思维架构上，日趋缜密；在内容安排

上，日趋完善；在框架结构上，前后贯通，一脉相承；在要素构成上，基本遵循“为谁培养人”“培养什么人”“怎样培养人”这三个基本要素，架构起形式基本一致的教育方针体系。具体而言，党的教育方针由“一为”方针（教育为社会主义现代化建设服务）到“二为”方针（教育为社会主义现代化建设服务和为人民服务）再到“三为”方针（教育为人民服务、为中国特色社会主义服务、为改革开放和社会主义现代化建设服务），最终转变为“四为”方针（教育为人民服务、为中国共产党治国理政服务、为巩固和发展中国特色社会主义制度服务、为改革开放和社会主义现代化建设服务）；教育的途径由“一结合”（教育必须与生产劳动相结合）转变为“两结合”（教育必须与生产劳动和社会实践相结合）；在培养目标上，由“三位一体”（德、智、体）到“四位一体”（德、智、体、美）再到“五位一体”（德、智、体、美、劳）。这无不体现着中国共产党人关于人的全面发展思想的认识的深化和拓展，也表明中国共产党善于将马克思主义与中国实际相结合，坚持走中国特色社会主义发展之路。

第四节

提高国民综合素质，促进人的全面发展

中国共产党在百年教育实践探索过程中，始终坚持以马克思主义关于

人的全面发展理论为指导，尽管在不同的历史阶段，党的教育方针有所不同，但总的趋势是始终在践行教育为人民服务和为社会主义现代化建设服务的发展理念，坚持以人民为中心的教育发展思想，坚持社会主义的办学方向。总结党的百年教育方针和实践经验，不仅能够为我们勾勒出一幅清晰的中国共产党关于人的全面发展思想的变迁图景，也为我们理解和认识当下和接下来很长一段时间中国共产党的教育方针奠定了基础，提供了依据。接下来，我们需要思考的就是在新的历史方位下，如何在中国共产党的领导下更好地践行党的教育方针，丰富党的教育方针内涵，从而为提高国民素质和促进人的全面发展提供借鉴。

一、始终坚持和丰富党的教育方针，在党的领导下实现党性与人民性的统一

坚持教育为人民服务和为社会主义现代化建设服务的教育方针，从本质上反映着党的性质和社会主义教育的性质——集中体现为社会主义教育的人民性。在社会主义中国，人民是国家的主人，国家实施的各级各类教育都是为了满足人民的发展需求。简言之，就是社会主义教育的根本属性是人民性。具体到教育实践中，教育的人民性集中体现为从人民的根本利益出发，把为人民办教育与依靠人民办教育结合起来。从党的根本宗旨来看，为人民服务不仅是中国共产党的根本宗旨，也是中国共产党人的最高行动准则。因而，党的教育路线、方针、政策实际上就代表了中国最广大人民的教育发展需求和根本诉求。所以，在教育实践中坚持党性，实际上就是要始终坚持党对教育事业的领导地位不动摇。

从中国共产党领导的中国教育百年探索实践看，坚持党对教育事业的

领导，是中国特色社会主义教育事业不断向前发展的根本保障。因为中国共产党始终秉持为人民办教育的初心，坚持社会主义的办学方向，领导着我国教育事业披荆斩棘，开拓创新，与时俱进，根据社会主要矛盾的变化，适时转变教育方针，从而推动着我国教育事业不断发展进步。中国共产党百年的教育实践变迁图景也集中体现为由注重规模扩张走向注重结构调整、规模扩张、质量提高和效益提升相结合，由提升“全民文化素质”到“办人民满意的教育”再到“建立高质量的教育体系”。这种变迁体现出中国共产党人对办教育规律认识的深化，对人民发展需求认知的提升，以及对教育方针内涵的丰富。一言以蔽之，只有始终坚持中国共产党的领导，才能将以人民为中心的教育理念真正贯彻落实，才能为人民谋求更多的教育福祉和发展空间，为人的全面发展提供更多公平而有质量的教育资源供给。

二、始终恪守人民立场，不断推进人的全面发展

马克思主义的根本价值立场是人民立场，中国共产党人在办教育中始终恪守的人民立场，与马克思主义教育思想和马克思主义关于人的全面发展理论是一脉相承的。中国共产党始终坚持和恪守教育的人民立场，在教育实践中就集中表现为教育基于人民、教育依靠人民和教育为了人民，通过办教育，不断促进人的全面发展，满足人的教育需求。在“为什么人办教育”这一核心问题上，中国共产党的百年教育探索实践主要经历了由“教育为工农服务”到“教育为人民服务”再到“坚持以人民为中心发展教育”的历史变迁，这实际上也从另一个侧面反映了中国共产党办教育的立场与马克思主义的根本立场是一致的，即都始终坚守教育的人民立场。

在马克思主义关于人的全面发展理论思想中，其内涵指向的是个人的全面发展和社会群体的人的全面发展的统一，即要实现包括个体和群体的所有人的自由全面发展。在中国共产党领导的百年教育实践中，从群体的人的全面发展来看，提高全民族的文化素质和教育水平是党办教育永恒不变的主题；从个体的全面发展来看，党的教育方针在内容构成上由“三位一体”到“四位一体”再到“五位一体”，就集中反映了党对人才培养规律认识的不断深化。在未来的教育实践中，我们只有始终恪守党办教育的人民立场，才能继续凸显党领导教育改革发展的鲜明底色，才能为促进人的全面发展奠定坚实基础和提供根本保障。

三、积极推进教育公平，建立人民满意的高质量教育体系

让人人都能接受教育、享受优质教育资源，一直是中国共产党孜孜追求的价值理想，也是中国特色社会主义国家的本质要求。中国共产党领导下的百年教育实践变迁过程，实际上也是一部中国共产党人不断推进教育公平的奋斗史。从让广大的工农群众都接受教育享有受教育权，到通过各种倾斜政策促进教育资源均衡发展，再到办人民满意的教育（人人都能得到享受优质教育资源的平等机会），无不反映了中国共产党对教育公平的追求。尽管当下距离人人都能平等地享受优质教育资源还有很长的路要走，但历史和实践均证明，一切正在向好的方向发展。而且，在中国共产党的领导下，缩小优质教育资源供给的城乡差距、校际差距和区域差距，已经在实施，并取得了很好的成效。

从促进人的全面发展的角度看，教育公平的实现无疑是至关重要的。因为在任何社会形态下，如果社会不能为每个个体提供公平的受教育机

会，个体就很难通过受教育而实现自身的全面发展，教育也就难以实现其通过人才培养而促进社会发展的本体功能，也就实现不了教育对社会公平正义的推动作用。与古代社会和资本主义社会不同，保障个体平等的受教育权是社会主义制度的基本要求，由此教育就成了促进社会公平正义的重要手段。在此意义上，积极推进教育公平实际上是中国共产党始终坚持党性和恪守人民立场的基本要求。

从教育公平与教育质量的辩证关系看，二者是相互依存、密切相关的统一整体。积极推进教育公平和提升教育质量水平，是新时代建立高质量教育体系的两翼。如果不以公平为基础推进教育质量提升，优质的教育资源就只能仍然由少数人占有和独享，从而会加剧社会的不公平；而低质量的教育公平的实现，最多只是低层次上的平均和共享，本质上并不符合中国特色社会主义教育公平的价值追求。因此，从这个角度看，人民满意的教育，必然是更加公平和更高质量水平的教育。新时代教育公平的推进和高质量教育体系的建立，必须在中国共产党的领导下，持续在教育公平和教育质量上下功夫，使全体人民在更高水平上实现幼有所育、学有所教，使每个人都获得发展自身、奉献社会和造福人民的能力①。

四、加强劳动教育、科学教育与审美教育，以五育并举与五育融合促进人的全面发展

将劳动教育、科学教育与审美教育纳入人的全面发展之中，是中国共产党人与时俱进发展马克思主义关于人的全面发展理论的必然结果。在这

① 李松楠，杨兆山．以人民为中心教育发展思想的百年审思［J］．国家教育行政学院学报，2021（6）：27－34.

种新形势下，加强劳动教育，积极将劳动教育融入其他“四育”当中，是当下促进人的全面发展的重要载体。在信息化和智能化社会，劳动本身的发展有了新的形态和表现形式，劳动的自主性、创造性和智慧性越来越凸显，劳动不再局限于体力劳动，脑力劳动、精神劳动和创意劳动将成为未来劳动的主要形态。在劳动形态、教育形态和社会形态都日新月异的今天，教育与劳动的结合必须在个体性、全面性和创造性上实现交织融合发展，并使各种分化的教育形式服务于人的发展需求，如此才能为人的全面发展奠定坚实基础。

科学教育作为“智育”的重要内容，能够激发青少年的科学研究兴趣，是建设教育强国、实现高水平科技自立自强的重要基础。2023 年 2 月 21 日，习近平总书记在主持中共中央政治局第三次集体学习及第五次集体学习时分别强调：“要在教育‘双减’中做好科学教育加法，激发青少年好奇心、想象力、探求欲，培育具备科学家潜质、愿意献身科学研究事业的青少年群体。”[①]“进一步加强科学教育、工程教育，加强拔尖创新人才自主培养，为解决我国关键核心技术攻关提供人才支撑。”[②] 2023 年 5 月，教育部等十八部门出台《关于加强新时代中小学科学教育工作的意见》，为促进科学教育的发展提供了基本遵循。

审美教育对增强学生的审美能力、提升学生的人文素养及促进学生健康成长具有重要作用，但同时也是“五育”中的薄弱环节。2018 年 8 月 30 日，习近平总书记给中央美术学院老教授回信时强调：“做好美育工作，

---

① 习近平在中共中央政治局第三次集体学习时强调：切实加强基础研究 夯实科技自立自强根基[N]. 人民日报，2023-02-23 (1).

② 习近平在中共中央政治局第五次集体学习时强调：加快建设教育强国 为中华民族伟大复兴提供有力支撑 [N]. 人民日报，2023-05-30 (1).

要坚持立德树人，扎根时代生活，遵循美育特点，弘扬中华美育精神，让祖国青年一代身心都健康成长。"[①] 在 2018 年全国教育大会上，习近平总书记进一步强调，"要全面加强和改进学校美育，坚持以美育人、以文化人，提高学生审美和人文素养"[②]。2023 年 12 月 20 日，教育部发布《教育部关于全面实施学校美育浸润行动的通知》，提出了多项推展审美教育的工作举措。

2019 年，中共中央、国务院出台了《关于深化教育教学改革全面提高义务教育质量的意见》，提出了"坚持'五育'并举"，以此"全面发展素质教育"。"五育"并举是国家政策层面推进教育改革的重要遵循。但"五育"并不是完全割裂的，只有以"五育"并举为教育理念，以"五育"融合为教育方式，才能在教育实践中真正促进人的全面发展。目前教育实践中出现了多种"五育"融合的育人类型，包括"某育融合式""活动融合式""教材融合式"等[③]。如扬州中学立足"五育并举，融合育人"的办学主张，将课程与教学作为"五育"融合的落脚点，探索构建了跨领域、跨学科的"五育"融合的课程体系，将体育与创新、审美与创生、劳动与创造充分融入学校课程体系之中。"五育"融合的育人方式有利于消解各育之间的相互割裂、对立，提升各育之间的关联度与衔接度，从而形成教育合力。以"五育"并举为教育理念，以"五育"融合为教育方式，是促进人的全面发展的基本路径。

---

① 习近平．做好美育工作弘扬中华美育精神［EB/OL］．（2018－08－30）［2024－01－23］．http://jhsjk.people.cn/article/30262079.

② 习近平在全国教育大会上强调：坚持中国特色社会主义教育发展道路 培养德智体美劳全面发展的社会主义建设者和接班人［N］．人民日报，2018－09－11（1）．

③ 李政涛，文娟．"五育融合"与新时代"教育新体系"的构建［J］．中国电化教育，2020（3）：7－16．

五、在中国式现代化与培养时代新人语境下，不断推进人的现代化

党的二十大报告强调“中国式现代化是物质文明和精神文明相协调的现代化”，提出要“促进物的全面丰富和人的全面发展”[①]。以人民为中心、促进人的全面发展是贯穿中国式现代化理论与实践的根本价值取向。习近平总书记指出“现代化的本质是人的现代化”[②]，“现代化的最终目标是实现人自由而全面的发展”[③]。因此，在推进实现中国式现代化的过程中，培养时代新人必须以促进人的全面发展、不断推进人的现代化为目标。实现人的现代化核心是实现精神的现代化。“既要物质富足、也要精神富有，是中国式现代化的崇高追求。”[④] 提升人的精神文明程度是人的现代化的重要方面。实现人的现代化还要实现价值观和信仰的现代化。要坚持不懈用新时代中国特色社会主义思想铸魂育人，着力加强社会主义核心价值观教育，引导学生树立坚定的理想信念，永远听党话、跟党走，矢志奉献国家和人民[⑤]。要坚持对马克思主义的坚定信仰、对中国特色社会主义的坚定信念，使学生自觉做共产主义远大理想和中国特色社会主义共同理想的坚定信仰者和忠实实践者。由此，才能培养能够实现中国式现代化的时代新人。

---

① 习近平．高举中国特色社会主义伟大旗帜 为全面建设社会主义现代化国家而团结奋斗：在中国共产党第二十次全国代表大会上的报告［N］．人民日报，2022－10－26（1）．

② 中共中央文献研究室．十八大以来重要文献选编：上［M］．北京：中央文献出版社，2014：594．

③ 习近平．携手同行现代化之路：在中国共产党与世界政党高层对话会上的主旨讲话［N］．人民日报，2023－03－16（2）．

④ 习近平．中国式现代化是强国建设、民族复兴的康庄大道［J］．求是，2023（16）：4－8．

⑤ 习近平在中共中央政治局第五次集体学习时强调：加快建设教育强国 为中华民族伟大复兴提供有力支撑［N］．人民日报，2023－05－30（1）．

第四章

坚持立德树人，培养时代新人

习近平总书记在全国教育大会上指出："培养什么人，是教育的首要问题。我国是中国共产党领导的社会主义国家，这就决定了我们的教育必须把培养社会主义建设者和接班人作为根本任务，培养一代又一代拥护中国共产党领导和我国社会主义制度、立志为中国特色社会主义奋斗终身的有用人才。这是教育工作的根本任务，也是教育现代化的方向目标。"① 党的十八大以来，以习近平同志为核心的党中央站在党和国家事业发展薪火相传、后继有人的战略高度，始终关注、关心青年学生成长，围绕"为谁培养人、培养什么人、怎样培养人"这一重要命题，系统回答了"为什么""做什么""怎么做""谁来做"等一系列理论和实践问题，为进一步推动教育事业发展，落实立德树人根本任务指明了方向，阐述了任务，明确了路径。

第一节

新时代立德树人的根本任务

一、新时代立德树人的核心内涵

新时代培养造就德智体美劳全面发展的社会主义建设者和接班人是事

① 习近平在全国教育大会上强调：坚持中国特色社会主义教育发展道路 培养德智体美劳全面发展的社会主义建设者和接班人［N］. 人民日报，2018－09－11（1）.

关党和国家前途命运的重大战略任务，是全党的共同政治责任。如何认识和看待青年与青年人的培养，是马克思主义政党始终面临的理论与实践课题。在中国革命、建设、改革的各个历史时期，中国共产党始终高度重视青年、关怀青年、信任青年，对青年一代寄予殷切期望、提出严格要求。

2018年，习近平总书记在北京大学师生座谈会上强调："大学是立德树人、培养人才的地方，是青年人学习知识、增长才干、放飞梦想的地方。……'才者，德之资也；德者，才之帅也。'人才培养一定是育人和育才相统一的过程，而育人是本。人无德不立，育人的根本在于立德。……要把立德树人的成效作为检验学校一切工作的根本标准，真正做到以文化人、以德育人，不断提高学生思想水平、政治觉悟、道德品质、文化素养，做到明大德、守公德、严私德。要把立德树人内化到大学建设和管理各领域、各方面、各环节，做到以树人为核心，以立德为根本。"①

立德树人是"树有德之人"与"立育人之德"的有机统一。思考"立什么德"时，首先要考虑"树什么人"，即培养堪当民族复兴重任的时代新人，培养有理想信念、爱国主义情怀、品德修养、知识见识、奋斗精神、综合素质的德智体美劳全面发展的人，培养一代又一代拥护中国共产党领导和我国社会主义制度、立志为中国特色社会主义奋斗终身的有用人才；接下来，"立什么德"需要重点关注构筑共产主义理想信念，牢固确立社会主义核心价值观，厚植中华传统美德，弘扬民族精神和时代精神，树立人类命运共同体的全球观念和生态意识。

青年一代的理想信念、精神状态、综合素质，是立德树人的关键，也

---

① 习近平．在北京大学师生座谈会上的讲话［M］．北京：人民出版社，2018：4-7.

是一个国家发展活力的重要体现和一个国家核心竞争力的重要因素。回首中国共产党创立以来的近百年历史，我们不难发现，青春理想、青春活力和青春奋斗恰恰是中国共产党与生俱来的优秀基因，也是中国共产党领导中国人民从胜利走向胜利的基本经验。

党的十八大之后，习近平总书记用“实现中华民族伟大复兴，就是中华民族近代以来最伟大的梦想”的“中国梦”概括了中国共产党领导中国人民走中国特色社会主义道路的奋斗目标。他曾明确指出：“现在，我们比历史上任何时期都更接近中华民族伟大复兴的目标，比历史上任何时期都更有信心、有能力实现这个目标。”① “实现中华民族伟大复兴，教育的地位和作用不可忽视。我们对高等教育的需要比以往任何时候都更加迫切，对科学知识和卓越人才的渴求比以往任何时候都更加强烈。”②

党的十九大从新时代坚持和发展中国特色社会主义的战略高度，做出了优先发展教育事业、加快教育现代化、建设教育强国的重大部署。作为民族振兴、社会进步的重要基石，教育对提高人民综合素质、促进人的全面发展、增强中华民族创新创造活力、实现中华民族伟大复兴具有决定性的意义。习近平总书记反复阐述了为什么我们党要把全面贯彻党的教育方针摆在首位，要将培养社会主义建设者和接班人作为重大战略任务，把巩固和扩大党执政的青年群众基础作为政治责任。实现“两个一百年”奋斗目标，千千万万青年将参与其中，这是党和人民赋予青年一代的历史重任，也是立德树人的根本任务。

党的二十大报告将教育、科技、人才列为专章进行部署，强调了教

---

① 习近平．习近平谈治国理政：第 1 卷［M］．2 版．北京：外文出版社，2018：35－36.

② 习近平．习近平谈治国理政：第 2 卷［M］．北京：外文出版社，2017：376.

育、科技、人才对全面建设社会主义现代化国家的基础性、战略性支撑作用。报告强调："育人的根本在于立德。全面贯彻党的教育方针，落实立德树人根本任务，培养德智体美劳全面发展的社会主义建设者和接班人。"① 德育居德智体美劳"五育"并举之首的重要地位，立德是"培养什么人"的首要任务、根本要求，应坚持培养一代又一代德智体美劳全面发展的社会主义建设者和接班人，培养一代又一代在社会主义现代化建设中可堪大用、能担重任的栋梁之才，确保党的事业和社会主义现代化强国建设后继有人。2023年5月29日，习近平总书记在中共中央政治局第五次集体学习时发表重要讲话指出，"以立德树人为根本任务，以为党育人、为国育才为根本目标，以服务中华民族伟大复兴为重要使命"②。应坚持不懈用新时代中国特色社会主义思想铸魂育人，着力加强社会主义核心价值观教育，引导学生树立坚定的理想信念，永远听党话、跟党走，矢志奉献国家和人民。

二、新时代立德树人的主要内容

理想信念、精神风貌、全球视野、品德修为和真才实学共同构成时代新人的核心素养，缺一不可，相互支撑。每一代青年都有自己的际遇和机缘，都要在自己所处的时代条件下谋划人生、创造历史。党的十八大以来，习近平总书记率先垂范、身体力行，通过发表讲话、考察走访、回复信件、见面座谈等方式，用"五点希望""八字真经""十六字要诀""四

---

① 习近平．高举中国特色社会主义伟大旗帜 为全面建设社会主义现代化国家而团结奋斗：在中国共产党第二十次全国代表大会上的报告［N］．人民日报，2022－10－26（1）．

② 习近平在中共中央政治局第五次集体学习时强调：加快建设教育强国 为中华民族伟大复兴提供有力支撑［N］．人民日报，2023－05－30（1）．

点要求”，以及在纪念五四运动 100 周年大会上讲话提出的“六点新要求”，为堪当民族复兴重任的时代新人画像，为学校育人工作定调，从理想信念、精神风貌、全球视野、品德修为、真才实学等五个方面对时代新人的质量要求进行了系统论述，为学校落实立德树人根本任务、进一步加强人才培养工作明确了任务。

（一）关于理想信念

正如习近平总书记在纪念五四运动 100 周年大会上的讲话所说：“青年的理想信念关乎国家未来。青年理想远大、信念坚定，是一个国家、一个民族无坚不摧的前进动力。”[①] 广大青年学子应该牢固确立的人生信念就是坚定对马克思主义的信仰、对中国特色社会主义的信念、对中华民族伟大复兴中国梦的信心，听党话，跟党走，将自己的小我融入祖国的大我、人民的大我之中，与时代同步伐、与人民共命运，让理想信念在创业奋斗中升华，让青春在创新创造中闪光。

（二）关于精神风貌

习近平总书记在多个场合中反复强调，中华民族从积贫积弱走到繁荣发展，靠的就是中华民族自强不息的奋斗精神；创新是民族进步的灵魂，是一个国家兴旺发达的不竭源泉。进行伟大斗争，建设伟大工程，推进伟大事业，实现伟大梦想，需要广大青年锲而不舍、驰而不息地奋斗；需要广大青年有敢为人先的锐气，勇于解放思想、与时俱进、上下求索、开拓创新；需要广大青年立足本职、埋头苦干、攻坚克难。

---

① 习近平．在纪念五四运动 100 周年大会上的讲话［M］．北京：人民出版社，2019：6.

（三）关于全球视野

“教育传承过去、造就现在、开创未来，是推动人类文明进步的重要力量”[①]。世界格局处在加速演进的历史进程中，各国之间的联系日益加深，也同时面临诸多共同挑战。在新的历史条件下，习近平总书记始终强调各国青年应该通过教育树立世界眼光、增强合作意识，推动人文交流、促进民间交往，共同开创人类美好未来。因此，社会主义的建设者和接班人既要扎根中国沃土，涵育家国情怀，也要立足全球发展，在交流互鉴中打造人类命运共同体。

（四）关于品德修为

坚定理想信念要从自觉践行社会主义核心价值观入手，从明大德、守公德、严私德做起，加强道德修养，注重道德实践。习近平总书记高度重视青年人品德的锤炼，始终强调“人无德不立，品德是为人之本。止于至善，是中华民族始终不变的人格追求”。“青年要把正确的道德认知、自觉的道德养成、积极的道德实践紧密结合起来，不断修身立德，打牢道德根基，在人生道路上走得更正、走得更远”[②]。要成为“有大爱大德大情怀的人”[③]。

（五）关于真才实学

建设中国特色社会主义是一项前无古人的伟大事业。当今时代，知识更新不断加快，社会分工日益细化，新技术新模式新业态层出不穷。青年

---

① 首届清华大学苏世民书院开学典礼举行 习近平致信祝贺［N］. 人民日报（海外版），2016-09-12（1）.

② 习近平．习近平谈治国理政：第3卷［M］. 北京：外文出版社，2020：337.

③ 习近平在全国教育大会上强调：坚持中国特色社会主义教育发展道路 培养德智体美劳全面发展的社会主义建设者和接班人［N］. 人民日报，2018-09-11（1）.

学生必须在增长知识见识上下功夫，在增强综合素质上下功夫，努力学习、苦练本领、增长才干既是实现个人理想的前提，也是堪当民族复兴重任的基础。

第二节
新时代立德树人的现实状况

一、新时代立德树人的主要形式

当前，我国正在积极探索全面落实立德树人根本任务，在拓展内容框架、健全长效落实机制、加强全员队伍建设、完善全过程人才培养体系、构建全方位工作格局等方面取得了显著效果，形成了课程教学、课后实践、“互联网+”平台、队伍建设、“三全育人”综合改革、校园文化建设中带动等立德树人模式。

一是在课程教学中立德树人。加强思政课建设，强化专业课育人功能，完善立德树人课程体系建设，改革教学教材，革新教学设计。二是在课后实践中立德树人。在搭平台促进实践育人的同时，通过完善投入保障机制促进区域合作、校企共建机制促进实践合作、树立德育榜样促进实践育人、依托特色应用学科开展社会实践等举措建立长效激励机制促进实践育人工作。三是在互联网背景下立德树人。运用“互联网+”搭建思想道德教育新平台和师生扁平化交流平台。四是在加强教师队伍建设中立德树人。努力提升理论水平，积极建设教学梯队，加强德育施教与师德师风建设。五是在“三全育人”综合改革下立德树人。基本形成良好的协同联动机制，将思想政治工作融入人才培养体系，贯穿人才培养全过程，构建“十大育人”体系全面统筹育人资源。六是在校园文化建设中立德树人。依托大学精神和历史传统营造校园文化，将区域人文资源转化为学校育人资源，响应国家政策弘扬服务社会精神，扎根传统文化以提升人文素养。

二、新时代立德树人的主要经验

（一）迎接挑战，坚定理想信念

应对全球政治经济格局变化和信息时代的社会变革，各学校在落实立德树人工作中严守意识形态阵地，努力做好价值定位与价值澄清，加强舆论引导，积极开展社会主义核心价值观等正确价值观的宣传工作，在校园内宣传主旋律、传播正能量，帮助学生树立和坚定理想信念。

（二）立足院校，打造特色德育

各学校以习近平新时代中国特色社会主义思想和党的二十大精神为指导，以立德树人为根本目标，立足于学校办学定位，结合实际制定立德树人落实方案，通过创建生产实习和实践基地等方式开展特色鲜明的立德树人活动。

（三）巩固主体，加强师德师风

各学校注重师德师风培育，在保障教师教学能力提升的同时，将师德师风和课程思政作为教师教学能力和教学质量的重要考量指标，师德师风成为教师聘任、晋升、评优、薪酬分配等考核和奖惩的重要内容。调查中，我们发现部分学校专门成立名师工作室与师德委员会等机构，强化了学校的相关教学研究与关于师德师风、教师思想政治素养的要求。

（四）坚守主阵地，改革思政课程

各学校以建设示范马克思主义学院为目标，推进思政课程改革，优化思政课程理论课教学内容，拓宽授课模式与方法，打造一批精品思政课程，壮大学校思政课教师队伍，切实提高思政课教师素质，对本、硕、博学生实行有针对性的培养方案，不断提高思政课教学实效性。

（五）文化建设，引领德育风尚

学校注重校园文化软硬件建设，打造符合社会主义核心价值观的校园文化景观，开展形式多样的思政建设专题活动，着力提升基层学生组织育人功能，发挥线上媒体舆论引导功能，对在德育方面表现突出的师生事迹进行宣传，营造全方位、立体式的育人环境，充分发挥文化育人作用。

（六）创新实践，丰富第二课堂

学校坚持实践与办学特色相结合，形成思想政治教育与增强大学生创新精神和实践能力相结合的育人模式，搭建实践育人平台，加强第二课堂育人功能，通过实践、社团活动、文化讲座等形式将理论与实践相结合。如有学校组织学生走进乡村做国情调查，在实践中引导学生树立家国情怀、培养使命感与责任感。

三、新时代立德树人的主要问题

（一）价值多元化背景下，应对不良舆论的能力有待加强

在全球化的时代背景下，大学生的价值观趋于多元化，并因受到西方个人主义、功利主义、拜金主义等腐朽思想的影响，使学校思想观念、校园文化氛围受到重大冲击。加之随着互联网发展，自媒体普泛化，学生的生活方式和交往方式受到深刻影响，国内外形势对学校立德树人工作提出更高要求，各学校有必要警惕国内外错误思想，加强立德树人的顶层设计。

（二）师生培养的德育目标不明确

面对建设世界一流大学和一流学科的新形势、新任务和新需求，各学校在人才培养方面片面强调智育工作的重要性，对教师教学能力与学生的学业素质提出较高要求，而在具体的办学目标和定位中未明确师生的德育发展目标，相对而言忽视了德育工作的重要性，导致知识传授与立德树人脱节，师生的德育观念有待加强。

（三）思政教师队伍建设有待加强

思想政治理论课教师队伍、专职辅导员队伍建设发展缓慢，数量上尚未达到有关要求。缺少能将学科教学与现代教育教学理念和教学方式深度融合的高素质创新型青年教师队伍，在打造全面覆盖的德育培养教师队伍，建立健全学校思政工作队伍培养机制和激发专兼辅导员工作的积极性等方面仍需努力。

（四）思政课程体系有待完善

学校应加大思想性、理论性资源供给，进一步强化马克思主义理论学科，为思政课建设提供坚实学科基础。思政课程体系设置应及时更新，将最新的理论成果与育人思想带入到课程中，培养德智体美劳全面发展的社会主义建设者和接班人。

（五）课程思政有待深入

部分学校未将党的理论创新成果社会主义核心价值观融入到各类课程教学中，未实际挖掘各门课程蕴含的道德教育元素和承载的马克思主义理论教育功能，在推进课程思政方面有待进一步深入。需努力发挥所有课程的育人功能，构建全面覆盖、类型丰富、层次递进、相互支撑的课程体系，使各类课程与思政课同向同行，形成协同效应。

（六）部门协同育人机制有待探索

现有协同育人的全员育人、全过程育人、全方位育人机制壁垒严重，育人过程中的人员组织交流不顺畅，招生、培养与就业，教学与科研，本科生与研究生培养，德育与学业教育的各环节割裂，达不到理想的育人效果。因此，学校“三全育人”工作有待加强，应把思想价值引领贯穿教育教学全过程和各环节，深化协同合作，建立教书育人、科研育人、实践育人、管理育人、服务育人、组织育人长效机制。

（七）思政建设的反馈机制尚未建立

各学校将立德树人纳入教师考核与晋升的各个环节，德育教育成为学生培养目标的重要方面，在立德树人过程中学校教师与学生被严格要求。但各校普遍缺少立德树人实施的评估与反馈机制，未及时总结落实经验与不足。作为政策实施的主体，师生的意见及建议缺少向上反馈的渠道，师生的权益未被照顾。

（八）德育经费投入有待增加

提升教育质量成为学校办学主要目标，学校普遍注重教学与科研经费支持和资源配置，而忽视立德树人专项经费支出，学校经费投资结构不合理，另有被访学校提及由于学校教学经费分配的区域不均，中西部学校立德树人专项经费支持更有限，可见学校德育经费在空间、数量与质量投入方面仍有待加强。

（九）育人方式方法有待进一步创新

在立德树人工作中，各校确有采取措施创新育人方式，但总体上方法不够新颖，学生的接受度不高，甚至采取一些重形式、轻内容的活动形式，给师生德育学习错误指引，这与学校对立德树人内涵与外延的理解程度不深有关。学校在强调学术、研究成果、知识能力的储备与培养时，对学生综合素质的培养和重视程度不够，对教师道德培育成果的激励不够。只有正确认识立德树人工作的重要性，将智育与德育培养相结合，采取符合德育目标、深受师生喜爱的形式，德育工作才能取得理想效果。

第三节

培养时代新人的价值追求

首先，全面加强党对教育事业的领导，学校办学必须坚持正确的政治方向，解决学校教育“为了谁”的问题。习近平总书记在全国高校思想政治工作会议上强调，要牢牢掌握党对学校工作的领导权，学校党委要保证正确的办学方向，掌握思想政治工作的主导权。解决了“领导权”和“主导权”的问题，学校办学“为了谁”的问题才会有“正确答案”。各级党委都要牢固树立“四个意识”，坚持以马克思主义为指导，坚持扎根中国大地办教育，始终用马克思主义中国化的理论与实践成果武装青年、教育青年、引导青年，不断深化学生对马克思主义历史必然性和科学真理性、理论意义和现实意义的认识，教育学生学会运用马克思主义的立场观点方法观察世界、分析世界、解释世界，正确把握时代发展的主题和任务，认清中国和世界发展的大势，听党话，跟党走，练就过硬本领，将个人发展融入民族复兴的伟大实践之中，为实现伟大梦想而不懈奋斗。

其次，用习近平新时代中国特色社会主义思想铸魂育人，办好思想政治理论课，解决学校思想政治工作重点“做什么”的问题。一方面，青少年正处在人生的“拔节孕穗期”，最需要精心引导和栽培；另一方面，时代风云变幻，社会舆论纷繁，帮助青年辨明方向、校准航向尤为重要。思想政治理论课作为学校思想政治教育的“主渠道”，承担着重要的使命。推动思政课的改革创新，要不断增强“三性一力”、始终坚持“八个统一”，即不断增强思政课的“思想性、理论性和亲和力、针对性”，坚持“政治性和学理性”“价值性和知识性”“建设性和批判性”“理论性和实践性”“统一性和多样性”“主导性和主体性”“灌输性和启发性”“显性教育和隐性教育”相统一，充分发挥学校学科专业优势、人才资源优势和理论研究优势，注重大中小学思想政治教育的一体化研究，将理论研究优势转化为人才培养优势，将理论研究成果转化为人才培养成果，构建更为完善的思想政治理论教育学科体系、思想政治理论教育课程体系、思想政治教育实践体系，在推进学校思想政治工作育人功能上实现资源集成、同频共振、共同发展。

再次，“围绕学生、关照学生、服务学生”，“因事而化、因时而进、因势而新”，形成高水平的人才培养体系；家庭、学校、社会、政府通力合作，解决培育时代新人“怎么做”的问题。形成高水平的人才培养体系，除了人才培养目标的政治规定性之外，重要的一点就是充分遵循思想政治工作的规律、教书育人的规律、学生成长与发展的规律，用思想政治工作体系贯通学校的学科体系、教学体系、教材体系、管理体系、服务体系，彻底解决思想政治工作与人才培养工作“两张皮”的问题。

“为学生点亮理想的灯、照亮前行的路”，帮助青年学生“扣好人生的第一粒扣子”，必须深入研究新时代青年学生群体的思想行为特点，找准他们成长发展中面临的痛点、难点、焦点、热点，转变传统学生思想政治工作“抓两头、带中间、防万一、保安全”的工作策略，将工作覆盖面转向“沉默的大多数”，将工作重心下移到学院、班级、宿舍，更加关注普通学生的学习生活表现和成长发展诉求，“两头”“中间”一起抓，把思想政治工作做在日常、做在个人。

“因事而化、因时而进、因势而新”体现了我党实事求是的思想路线，为构建更高水平的人才培养体系，增强学校育人的亲和力和针对性提供了方法论的指导。各级各类学校均应从学生的实际出发，有效衔接课内课外，思想政治教育的主渠道和主阵地协同并进，运用学生喜闻乐见的方式，精心设计教育活动，使思想政治教育不再是枯燥乏味的说教，而是与学生生活紧密相关的身边事、身边人，在教育的过程中学生不再是被动地接受教育，而是通过积极的参与和真实的体验实现自我教育。

家庭教育、学校教育、社会教育三者必须步调一致、统筹推进，这是习近平总书记关于教育的重要论述的有机组成部分。家庭、学校、政府、社会共同负有教育责任，各司其职，有效推进才能取得好的效果。重视家庭教育、学校教育和社会教育的相互促进、相互配合，对提高育人效果至关重要。

最后，学校党委要承担管党治党、办学治校主体责任，着力加强教师队伍和思想政治工作队伍建设，解决立德树人“谁来做”的问题。培育堪当民族复兴重任的时代新人，抓住全面提高人才培养能力核心点，学校党委是关键。全面加强党对学校工作的领导，学校党委把方向、管大局、做决策、保落实，承担管党治党、办学治校的主体责任；加强基层党组织的凝聚力、战斗力，增强教书育人的使命感、责任感，使每一个党员都做到在党爱党、在党言党、在党为党，自觉落实立德树人根本任务。

培育堪当民族复兴重任的时代新人，要按照习近平总书记“政治素质过硬、业务能力精湛、育人水平高超”① 的要求推进高素质教师队伍的建设。同时，还要把师德师风建设放在首位，严格教师选用的思想品德“门槛”，注重理论素养与专业素养、学术研究与教学能力、科研成果与实践成果相统一，着力加强教师教育教学水平能力的建设。要着力加强学校育人的工作体系建设和人力资源配置，推动全员育人、全过程育人、全方位育人。加强“高校党政干部和共青团干部、思想政治理论课教师和哲学社会科学课教师、辅导员班主任和心理咨询教师”② 等队伍建设，为落实立德树人根本任务提供坚实的人力保障。同时，学校要积极营造人人都有育人责任的文化氛围，将全员育人落到实处。积极创造条件和平台，充分发

① 习近平．在北京大学师生座谈会上的讲话［M］．北京：人民出版社，2018：8.
② 习近平．习近平谈治国理政：第 2 卷［M］．北京：外文出版社，2017：380.

挥学生参与学校管理和服务的积极性、主动性、创造性，使受教育者在参与学校管理与服务工作的实践中实现自我教育，落实全员育人、全过程育人、全方位育人的理念。

第四节 培养时代新人的实践创新

一、面向全员立德树人的组织制度建设

（一）建立教师师德师风考核与评价制度

首先，成立师德建设委员会、师德建设工作小组和教师工作部，健全院校两级师德工作体制，健全教师思政和师德师风的宣传教育、奖励评价等工作机制。其次，出台师德师风相关制度办法等规范性文件，把师德规范要求融入人才引进、课题申报、职称评审、教学活动等工作中，实施师德一票否决制。包括制定实施师德建设委员会章程、教师师德失范行为查处办法、全面落实研究生导师立德树人职责实施办法、教师心理健康教育方案以及教师思想政治和师德师风考察工作细则、师德师风考核办法、师德师风建设长效机制实施细则等系列文件，出台师德负面清单和失范行为处理办法，明确师德师风建设中应避免出现的问题，规划形成师德师风建设和考核的联动机制，实施教师发展及师德教

育培训规划，建立师德教育与师德实践、业务能力提高相结合的师德建设体系。

（二）教师教学与课堂融入思政制度

第一，出台修订教师教学规范，明确思想政治教育的重要地位。修订完善教师本科教学工作规范，明确要求教师要认真学习、领会和贯彻习近平新时代中国特色社会主义思想，增强“四个意识”，坚定“四个自信”，以立德树人为己任，做“四有”好老师，坚持教书和育人相统一，坚持言传和身教相统一，坚持潜心问道和关注社会相统一，坚持学术自由和学术规范相统一，要以生为本，做好学生的“四个引路人”。第二，推动以课程思政为目标的课堂教学改革。优化课程设置，完善教学设计，加强教学管理，积极挖掘课程中所蕴含的思想政治教育元素，将社会主义核心价值观教育贯穿在教学过程中，把思想引导和价值观塑造融入课堂教学各环节。实现知识传授、价值引领和能力提升的有机统一。聚焦一批意识形态属性较强的学科，组织教研室力量研究梳理其所蕴含的思想政治教育元素，培育一批学科育人示范课程，充分发挥各门课程的思想政治教育功能。鼓励和支持教师通过教改项目创新教学理念、内容、方法和形式，运用现代多媒体技术及慕课、微课等资源，利用外校专家进课堂和高端思政讲座形式，丰富思政课教学内容，拓宽教学渠道，提高教学实效性。

（三）构建学风建设的规范与评价制度

一方面，充分重视学校学风建设，为改善学风提供制度性保障。将学风建设深度纳入大学章程，作为学校提高人才培养质量的重要组成部分。出台加强和改进本科生学风建设等实施方案。构建学风建设体系，以学生到课率、学业训练计划与创新创业训练计划参与情况、思政教育活动参与情况等为基础，以严格学生作息、严格课堂管理、严抓考风考纪、严把学业过程监管为抓手，切实提升分层次学风建设制度化、科学化水平，促进人的全面发展，进一步弘扬学校品牌。另一方面，规范学生考评制度，以德智体美劳全面发展为根本导向。制定大学生自我发展能力评价指标体系，出台本科生创新创业与素质教育学分管理办法，并制定详细的学生综合考评办法等，引导学生德智体美劳全面发展，实现科学文化知识与社交情感技能同步提升。

（四）推进学生就业创业指导与引领政策

制定学生就业创业工作实施意见，指导大学生树立正确的就业观、创业观，加强理想信念，增强道德感与社会责任感。坚持就业创业“一把手”工程，出台并落实加强大学生就业创业工作的实施意见，提升学生职业规划意识。下发引导毕业生到国家重点单位和基层就业的通知，邀请知名校友返校交流，引导学生做好生涯发展规划与职业选择，为社会贡献自己的力量，实现个人价值，获得人生出彩的机会。

（五）完善学校思政工作评价与改进制度

第一，制定系统性学校思政工作评价与考核方案。出台加强和改进教师思想政治教育工作的实施方案、学生思想政治工作质量提升工程实施意见、学生思想政治工作质量提升工程院系实施办法、思想政治理论课教学质量年专项工作方案、“四个正确认识”主题教育活动实施方案、学生党建工作标准等方案；出台学生工作发展规划大纲、马克思主义学院师资队伍建设专项计划、培育和践行社会主义核心价值观长效机制建设的意见等计划，打造具有中国特色、学校风格的思想政治教育体系。第二，建立健全学生思想政治状况调查制度。以需求为导向，建立“学生思想政治状况”“学生学习与发展”“学生自我发展能力”调查制度，研究学生的思想特点和行为特征。开展思想政治状况调查、时政热点关注情况调查、本科生学习与发展调查、少数民族学生综合发展情况调查、资助工作调研、学习与发展情况调查、毕业生就业质量调查等与学生思想政治状况相关的全覆盖、全范围调查，发布学校学生思想政治状况白皮书，把握学生成长成才规律，检验学校立德树人成效。

二、面向全过程立德树人的专题课程与项目打造

（一）打造符合学校特色的专题性思政课程

立足实际情况，发挥专业课程的特色，提炼爱国情怀、法治意识、社会责任、文化自信、人文精神等要素，组织开展集体备课，认真梳理党和国家重大理论创新成果，找准、找好与专业的结合点，让“思政元素”“中国特色”融入到专业课教学大纲和课堂教案中。各学校可结合自身特色推出思政社会调查等品牌活动。开设相关课程重点讲授新精神、新思想。邀请校外嘉宾讲解时事和宣传工作。通过题目招标的形式，对专业课程大纲中全面融入思政内涵以及思想政治理论课程与专业课程两类教师的跨学科、跨院协同，进行课题委托。抓取一些典型，充分发掘专业课程中的育人功能。探索开设学生喜闻乐见的理想信念教育等通识教育必修课程，引导学生树立坚定理想信念。

（二）开展思政育人师生培训活动，规范学校第二课堂建设

制定并落实加强学校第二课堂建设的意见、领导干部听思想政治理论

课制度，充分发挥校、院两级领导在思想政治理论课教学工作中的指导与监督作用，推动思想政治理论课教学改革，提高思想政治理论课教学质量，充分发挥思想政治理论课的主渠道作用。通过校内培训、角色体验、挂职锻炼等环节，扎实推进“青年马克思主义者培养工程”。紧密围绕时代旋律和重要节点，广泛开展各级各类主题教育活动，实现第一课堂和第二课堂的有效衔接。举办“中国特色社会主义热点问题大讲堂”“国情时政大讲堂”等，邀请党政军企主要领导和社会知名人士走上讲堂。举办坚定理想信念师生主题演讲比赛、“诚信教育活动月”等系列活动，营造良好校园文化氛围。开展“思政课大练兵”系列活动，通过集体研讨、集体备课、全员展示、观摩活动等，全面推动思政课教学改革。

（三）加强学生学校教育过程“前后两端”思政教育

坚持党委书记、校长全校讲授思政课，为新生讲授“开学第一课”和“毕业最后一课”，为党员及其他师生解读时事、传达精神、剖析热点，充分发挥校领导对学校学生的思想引领作用。积极开展就业创业指导活动，为学生走出校园、走向社会建立一道道德素质防线。邀请基层就业毕业生现身说法，分享基层就业经验，解答基层就业问题，使学生形成适应复杂社会的基本素质技能，为学生走向岗位、步入社会保驾护航。确立“教育为主、预防为辅”的工作理念，把提升学生心理素质、培养学生健全人格作为心理健康教育工作的中心任务，通过做好心理知识宣传教育、新生心理健康测评、日常咨询辅导和心理危机预防干预等工作，助力学生健康成长，确保学生在校、离校都能具有较高的思想政治素质和道德素养。

（四）开展师生共学互学的思政小组活动

继承优良传统，以马列理论读书社等为载体，打造深受学生欢迎的全校性社团，如成立马克思主义经典著作学习兴趣小组，组建习近平新时代中国特色社会主义思想青年宣讲团等。打造校、院、班、宿舍四级联动的思想政治教育工作体系，开展“每月一主题”主题班会展示活动。开展“师生共读一本书”、“感恩教师节”、优秀典型表彰等活动，推出研习坊、工作坊、答疑坊、一对一咨询、小班辅导、考前加油站等，将导师制与“三走进”相结合，开展家校联系活动，促进协同育人机制建设，积极营造围绕立德树人的校园文化氛围与教育环境。

（五）做好学校立德树人宣传报道工作

加强德才兼备的优秀教师、优秀学子和校友的宣传报道工作，积极开展道德楷模学习表彰大会、优秀在校生表彰大会、毕业生返校讲座等，充分发挥榜样模范的带头作用。通过制作师德文化宣传片、开展相关文化项目、编写发放相关学习材料、组织新入职教师校长师德谈话等多重宣传手段，使职业操守、道德感与责任感深入人心。同时，利用多媒体、融媒体手段和新兴科学技术，将思想政治教育与舆论引导工作渗透到师生教育教学全过程，在落实立德树人中做好价值定位与价值澄清，建好宣传阵地。例如：在学校 APP 中设立思政在线学习课程，开展优秀榜样投票、思想政治知识网络竞赛等活动；加强对校园网、校报、电视台、广播台、两微一端等校内媒体的内容审核和指导。有效利用宣传阵地，积极开展公益广告宣传，牢牢把握正确导向，确保校内媒体成为弘扬主旋律、传播正能量的主阵地。

三、面向全方位立德树人的培养理念与模式变革

（一）形成各具特色的立德树人培养理念

坚持以学生为本，结合当代大学生的思想行为特点，构建以社会主义

核心价值观为引领的学生思想教育体系、以学生自我发展能力提升为重点的学风建设体系、以解决学生思想问题和实际问题相结合的成才服务体系、以队伍建设和学生安全稳定为基石的保障体系，将大学生思想政治教育融入人才培养的全过程，构建培育和践行社会主义核心价值观的长效机制，提升学生自我发展能力。

（二）发展各具特色的立德树人培养模式

建立学生工作协同机制。在学生思想引领、行为规范、学业发展等三项主体责任工作上形成合作互补的工作局面。进一步加强学校党委对学生工作的全面领导和管辖，牢牢掌握意识形态工作领导权、话语权。以师生为中心，把握师生思想特点和发展需求，全面统筹学校育人资源和育人力量，充分发挥课程、科研、实践、文化、网络、心理、管理、服务、资助、组织等方面工作的育人功能。

（三）构建各具特色的立德树人培养体系

构建“三位一体”立德树人教育教学体系。按照新时代对人才的需求，确立人才培养总目标，大力实施一流本科教育。坚持以学生发展为中心、以能力培养为导向、以过程管理为抓手、以持续改进为动力，将立德树人、能力导向和创新创业通过专业培养目标融为一体，构建“立德树人、能力导向、创新创业”三位一体的教育教学体系，克服长期以来学生能力培养方面不系统、无标准和难评价的问题，强化教学过程管理，实现可检测、可控制和可预期的教学质量持续改进体系。

第五章

坚持创新驱动，培养创新人才

第一节
创新是引领发展的第一动力

一、创新的基本含义

创新，顾名思义，即创造新的事物。在中国，创新一词出现得很早。在西方，英语中 innovation 一词起源于拉丁语。

早在 20 世纪初，就有学者对创新进行过系统的研究。1912 年，美籍奥地利经济学家约瑟夫·A. 熊彼特在《经济发展理论》一书中提出创新理论，认为创新是建立一种新的生产函数，在生产体系中引入新的生产要素和生产条件的“新结合”。熊彼特所提到的创新包含了是否涉及技术变化的两种创新模式，是非常广泛的创新概念。随后美国经济学家华尔特·罗斯托提出了“起飞”六阶段理论，伊诺思发表《石油加工业中的发明与创新》，迈尔斯和马奎斯发布《成功的工业创新》，等等，这些理论和著作拓宽了技术创新的界定范围，完善了技术创新的概念。除了技术创新之外，著名学者弗里曼在 1987 年提出“国家创新体系”。美国著名战略研究专家德伯拉·爱弥顿在《知识创新：共同的语言》中解释道：知识创新就是指新思想产生、深化、交流并应用到产品（服务）中去，以促使企业获得成功，国家经济活动得到增强，社会取得进步。中国对于创新研究起步较晚，从80年代才开始相关方面的研究。傅家骥从企业角度给出了技术创新的定义：企业家抓住市场的潜在盈利机会，以获取商业利益为目标，重新组织生产条件和要素，建立起效能更强、效率更高和费用更低的生产经营方法，从而推出新的产品、新的生产（工艺）方法，开辟新的市场，获得新的原材料或半成品供给来源或建立企业新的组织，它包括科技、组织、商业和金融等一系列活动的综合过程。彭玉冰、白国红等学者也给出了相似定义。1994年，陈伟提出创新的第三种不确定性、创新追赶陷阱模型、以工艺变化为中心的产业创新模型等。1996年陈伟出版的专著《创新管理》，成为中国该领域奠基之作。

进入21世纪，创新的概念不仅仅局限于技术创新，它可以分为理论创新、制度创新、科技创新、文化创新等等，创新也遍布人们生活的方方面面。而无论如何发展，创新的核心和关键之处都在于用创新思维引导人类向有益于自身发展的方向进行量和质的改变。

二、实施创新驱动发展战略，全面建设创新型国家

创新是引领发展的第一动力，是推进社会发展的灵魂。在党的十八大上，创新驱动发展战略作为我国新时期改革发展的重大战略被首次提出。党的十九大确立、党的二十大又重申了到2035年跻身创新型国家前列的战略目标。坚持创新驱动发展战略不仅是对马克思主义政治经济学的继承与发展，还是坚持中国特色社会主义道路、推进经济社会发展、增强综合国力的重要举措。

如前所述，创新已不再简单指向技术创新，而是包含了理论创新、制度创新、知识创新、文化创新、方法创新等方面的综合创新概念。创新的

核心是改变，是进步，是引领人类发展的量和质的积累。创新驱动发展战略就是在知识经济的时代背景下，在国家社会发展的基础上，不断完善我国的经济社会发展模式，转变经济发展的结构，以科技创新为核心，以培养创新型人才为关键，全方位推进科技创新、企业创新、市场创新、品牌创新，推动实现有质量、有效益、可持续的发展。创新驱动战略要引导企业自主研发创新，以创新驱动来提高我国的社会生产力和综合国力，从而保障我国的国际竞争力。创新驱动发展战略具有长远性和时代性，是我国新时期的长期发展战略，因此必须坚定实施创新驱动发展战略，全面建设创新型国家，把自主创新落实到我国社会主义现代化建设的方方面面，从而促进我国经济社会实现更高质量、更可持续的发展。

创新驱动发展战略是在知识经济时代背景下和全球化的大环境下应对国际竞争的重要战略。在经济领域，创新驱动发展战略可以提高社会生产力，缓和生产力和生产关系的矛盾；在政治领域，创新驱动发展战略可以优化制度建设，提高政治制度的效益；在生态领域，创新驱动发展战略可以有效提高自然资源利用率，保护环境，加快我国生态建设进程；在文化领域，创新驱动发展战略可以推动文化的交流，促进文化间的包容发展，使文化能够推陈出新，适应时代发展潮流；在社会领域，创新驱动发展战略可以优化社会结构，减少社会矛盾，提高居民的舒适度和满意度。具体而言，创新驱动发展战略对我国经济社会发展具有如下重要意义：

加快转变经济发展方式，促进经济健康发展。在全球化的大背景下，各国经济和世界经济之间存在重要联系，一方面每个国家作为独立的个体影响着世界经济，另一方面每个国家又被世界经济影响着。面对日益复杂的国际形势和不断动荡的世界经济，中国势必要承担起大国的责任，同世界各国一同应对未来的形势和挑战。在经历了经济长期高速发展之后，中国逐渐加大了对经济发展的质量要求，力求在新常态下通过高质量的经济发展解决遗留问题和迎接现有挑战。面对经济结构单一、不平衡，劳动力成本上升等巨大挑战，创新驱动发展战略能够通过提高社会生产力、转变生产方式将粗放型经济转变为集约型经济，从而大幅改善生态环境，减少就业压力，促进经济健康发展。

推进社会主义现代化强国建设，实现中华民族伟大复兴。社会主义现代化强国是综合国力的体现，涵盖了国家发展的方方面面。经济、文化、社会、生态等等都离不开创新的支撑，只有坚持创新驱动发展战略，推进全面创新，才能提高国家的整体实力和国际竞争力。在新时期，我国的社会主要矛盾发生变化，从人民日益增长的物质文化需要同落后的社会生产之间的矛盾转变成了人民日益增长的美好生活需要和不平衡不充分的发展之间的矛盾，可以看出，时代的发展带来了新的需求，也带来了新的矛盾。解决社会矛盾的武器就是创新驱动，依靠创新才能加快中国的发展，促进社会的和谐稳定。从农耕文明到现代化机器作业，从古老的驿站到现在的高铁飞机，从夜观天象到火星登陆，创新改变了社会的方方面面，解决了各种不平衡和社会矛盾，是建设社会主义现代化强国和实现中华民族伟大复兴的重要保障。坚定实施创新驱动发展战略要在中国特色社会主义制度理论上进行创新，要发展先进的科技、文化、经济、教育、军队等，只有在社会发展的各个层面都发挥作用，才是真正意义上推行创新驱动发展战略。

实施创新驱动发展战略，全面建设创新型国家，需要在中国特色自主创新道路上加大科技投入，完善人才培养机制，提高科技成果转化率和市场应用效益。实施创新驱动发展战略需要全面深化各项体制机制改革：首先，政府要加大对科技创新的投资力度，创建良好的科技创新环境。具体而言，政府要给予正确导向，引领国有企业、大型企业进行科技创新，从而带动中小型企业和民间资本积极参与到科技创新中去。此外，政府要建立以技术创新市场为导向的机制，提高科技创新成果的转化率和市场收益率，促进生产方式的转变。其次，发挥市场在创新资源配置中的决定性作用。在市场作用下，创新资源会更好地被利用，科创领域能够吸引更多创新人才投入，创新成果能够得到更快更高效益的转化。最后，建立产学研一体化发展机制，在高校、企业、科研院所之间建立起联系纽带，整合技术创新链，发挥比较优势，提高资源在各个部门的利用效率。

三、科技创新是提高社会生产力和综合国力的战略支撑

实施创新驱动发展战略，核心是推行科技创新。科技是强国之器，科技创新是提高社会生产力和综合国力的战略支撑。纵观中国五千年历史，横看日本崛起，英国兴衰，美国称霸，有这样一条规律：哪个国家掌握最先进的科学技术并加以推广应用，其经济就会飞速发展，社会就会加速进步；哪个国家故步自封，不重视科技创新以及应用，即使本来是强盛之国，最后也会逐渐衰落，在新科技的浪潮中被淘汰。一个国家要想保证繁荣富强、社会稳定，就必须下决心大力推进科学技术创新。

汉唐宋时期，中国因为科技的领先地位得以成为世界上的强国，四大发明更是领先了欧洲几百年。然而，到了明清时期，欧洲进行文艺复

兴和工业革命，率先进入了工业时代，中国却在闭关锁国中丧失了无数次科技创新的机会，从世界强国沦落为处处挨打的弱国。如今，中国已经从近代黑暗史中恢复过来，但要想建设社会主义现代化强国，实现中华民族伟大复兴，还需要依靠科技创新的力量。“科技兴则民族兴，科技强则国家强”[①]，国家要想走向繁荣昌盛必须要有强大的科技力量作为支撑。科技实力的强弱决定着国家的地位强弱，也决定着国家民族的命运。科技创新已经成为提高社会生产力、增强综合国力、保障国家安全的战略支撑。

科技创新是提高社会生产力和综合国力的战略支撑有两层含义：一是科技创新已经成为提高社会生产力、解决社会矛盾的动力来源；二是科技创新是综合国力的关键构成。科技创新力量引领着社会生产方式和生活方式变革，重塑着全球经济结构和各国国际地位。此外，军事革命正在兴起，各国层出不穷的军事装备竞赛揭示着军事力量的重要地位。科学技术是引领创新发展的动力源泉，同时也是战争形态演进的动力来源。中国近代史的屈辱很大程度上是由军事力量薄弱，军事装备远远不如国外导致的，而一旦技术上的进步可以用于军事上，那么军事领域就将迎来变革和作战方式的改变。作为科技创新的一种，国防科技创新实力也是国家综合实力的重要组成部分，要想在国际军事竞争中占据主动，就必须大幅度提高国防科技自主创新能力。党的十九大报告中“科技是核心战斗力”的论断也揭示了军事战争的基本规律，进一步彰显了科技创新在保障国家安全、提高综合国力中的重要地位。

---

① 习近平．为建设世界科技强国而奋斗：在全国科技创新大会、两院院士大会、中国科协第九次全国代表大会上的讲话［M］．北京：人民出版社，2016：5.

创新驱动发展需要以科技创新为核心，创新驱动发展的重要内涵之一就是中国未来的发展依靠科技创新而不是单纯的劳动力或者资源。因此，科技创新是顺利实施创新驱动发展战略的前提。目前，制约我国经济发展的问题是生产力落后，生产关系矛盾化。科技创新可以大幅度提高社会生产力，从而解决生产关系中的矛盾。科技创新就像创新驱动的心脏一样，不断为创新驱动注入新的活力，为改善生产力现状带来新的力量，从而贯彻执行创新驱动发展战略，最终实现中华民族的伟大复兴。

四、拔尖创新人才培养是建设人才强国的当务之急

创新驱动发展战略的核心是科技创新，关键则是拔尖创新人才培养。创新的主体是人，任何创新活动都离不开人的主导。人才是创新的根基，也是创新的核心要素。创新驱动发展的本质是人才驱动带来科技驱动，我国的创新发展之路离不开创新人才。在国际竞争日益激烈的今天，创新型人才正在成为推进科教兴国战略、人才强国战略、创新驱动发展战略实施的重要力量，因此，拔尖创新人才的培养是建设人才强国的当务之急。

关于拔尖创新人才的内涵有两种代表性观点：其一，拔尖创新人才是指具有创造力，能够提出问题并加以解决，对社会物质文明和精神文明建设做出创造性贡献的人。其二，拔尖创新人才是指拥有异质性创新知识即独特经验、心智模式或者技能的人。无论是第一种还是第二种观点都需要拔尖创新人才拥有自觉的创新意识、缜密的创新思维和坚强的创新能力。虽然新中国成立以来，党和国家高度重视人才培养工作，造就了各个领域的大批人才，但对照现在的国际形势以及未来的发展需

求，人才培养依然呈现出阶段性特征，创新能力不强和结构不合理的问题依然突出，拔尖创新人才依然缺乏。必须看到的是，当前我国的人才总体发展水平和世界先进水平相比还有较大差距，与我国经济社会发展不协调不适应，尤其缺乏拔尖创新型人才，人才创新创业能力有待提高。具体而言，我国的人才结构需要优化，拔尖创新型人才培养必须跟上经济发展的步伐乃至引领经济社会发展。

人才结构无法适应新常态下中国的持续发展。现如今，各种高科技产业正在崛起，其所创造的价值越来越大，对世界经济的影响也越来越大。为适应世界经济结构的发展，我国的人才结构必须做出调整，优化创新人才比例，从重视人才数量向聚焦人才质量转变。此外，由于教育体制的弊端和人才培养模式的落后，我国继承型人才多，创新型人才少，人才资源能力结构不合理，要改变这一现状，就必须加强教育创新，培养拔尖创新人才，以教育创新带动创新人才发展，从而推进经济社会高质量发展。

在当今知识经济时代，创新人才培养也被赋予了新的意义。曾经，农业社会需要以手工劳动为标志的生产力，工业社会需要以机器为标志的生产力，如今信息社会需要的则是以高新技术为标志的生产力。信息社会的基础是知识经济，知识经济的基础是知识的创新、传递和应用。知识经济时代以知识创新为支撑，科技出现加速发展的趋势，知识创新已经成为生产力发展的主导因素，在国家经济中占据主要地位，因此国家之间的竞争就演变成了知识的竞争，即创新人才的竞争。紧抓知识创新和拔尖创新人才的培养，才是建设人才强国的当务之急，才是抓住了现代化的关键和立国之本。

第二节
以教育创新推动高质量发展

一、教育创新的基本含义

创新是创造新的事物，包括新的发现发明、新的思想、新的学说、新的技术以及新的方法等。而教育创新则是指通过教育、教学活动来培养学生的创新能力。创新教育的核心是培养创新能力。换言之，创新教育就是根据创新原理，培养学生的创新意识、创新思维、创新能力以及创新个性，在帮助学生牢固掌握学科知识的同时培养发展他们的创新能力。

创新教育的第一方面内容是创新意识的培养，也就是培养学生以创新为荣的观念和意识。意识具有主观能动性，决定着人们的行为，只有在强烈的创新意识引导下，人们才会把精力投入到创新中去，才会在创新项目中发挥创新潜力，释放创新激情。创新意识带来的无穷激情驱动了创新行为，创新行为在精神境界高度集中时慢慢演变成自觉思维，这种自觉思维也就是联合国教科文组织的“事业心与开拓精神”和彼得·圣吉“五项修炼”中的“自我超越”境界。

创新教育的第二方面内容是创新思维的培养。创新思维的典型特征是积极的求异性、敏锐的观察力、创造性的想象、独特的知识结构以及活跃的灵感。这种创新思维能够保证学生顺利解决新的问题，深刻地掌握各种知识并把它们运用到实际生活中去。因此，创新思维是创新活动的关键，创新教育必须加大对学生创新思维的培养。

创新教育的第三方面内容是培养创新技能。创新技能主要包括人们的信息加工能力、一般工作能力、动手能力、熟练掌握和运用创新技法的能力、创新成果的表达能力和表现能力及物化能力等。创新技能培养也是创新教育的重要内容，以基本技能为中心的科学能力和科学方法的训练需要在学校教育中得到加强。

创新教育的第四方面内容是培养创新情感和创新人格。创新过程并不仅仅需要智力作为支撑，创新情感或者人格都是创新活动的重要支柱。创新有时是一个枯燥漫长的过程，没有坚定的理想信念和创新情感很难坚持下去。在智力和情感的融汇中，人们才能在创新活动中充分发挥自己的聪明才智，释放创新潜能。除此之外，个性往往在创新活动中也有着重要作用，勇敢、独立、坚强等等个性特点一般对创新有着正面作用。创新教育要重视创新情感和创新人格的培养，赋予创新人才“软实力”，从而促进创新能力的形成和发挥。

教育创新是教育观念和体制的更新，是教育的进步，“素质教育”“创新教育”等都属于教育创新，教育创新是教育思想理论与实践的突破与发展。在新时代背景下，教育创新是实现中华民族伟大复兴的必由之路，它不仅仅是教育方式的改变，更是教育功能的重新定位，是全局性的、结构性的教育革新，是新时代教育发展的方向。教育创新是创新教育的根本，创新教育是教育创新的重要途径。创新教育和教育创新的实质和目的是相同的，都是通过创新教育方式，培养创新型人才，促进我国教育事业的发展，推动建设人才强国和提高科技创新能力。

二、教育创新是全面建设创新型国家的基础

教育强，国家强；教育兴，国家兴。建设创新型国家需要提高自主创新能力，自主创新的关键在创新型人才，人才培养的基础是教育。教育创新既是新时代教育发展的历史任务和客观要求，也是在创新驱动发展战略下推动教育治理体系和治理能力现代化的重要内涵。

在当今知识经济背景下，世界各国纷纷把培养高层次、创新型人才作为增强综合国力的重要内容。知识经济告诉我们：谁能够掌握更多更先进的知识资源，谁就能在竞争中脱颖而出；谁能够在人才培养上占据领先地位，谁就能在世界上立于不败之地。一些国家在享受率先革命所带来的利益之后，纷纷开展教育创新活动，希望在知识经济时代下夺得先机。美国的产学研一体化建设比较完善，国家实验室和大学合作紧密，研究和教育结合度高，更倾向于培养复合型创新型人才。英国、日本、新加坡、韩国等国家通过开展“人才吸引”计划和“人才推进”计划，在吸引创新型人才的基础上，也大幅度倾斜资源综合培养本国创新型人才，力争从人才培养上推进科技创新，加快建设创新型国家步伐。

虽然说我国经过 40 多年的改革开放，取得了一系列科学、教育等方面的成就，但依然需要承认我国的总体科技水平和顶尖科技水平同世界先进国家仍有较大差距。小小的一枚芯片就能够让美国卡住高端制造业的脖子，先进的光刻机和高精度机床依然需要进口，战斗机的“心脏”——发动机也与世界顶尖水平差距较大，以上种种都表明我国在关键技术方面自

给率低，自主创新能力弱，企业缺乏核心竞争力。高新技术产业的问题就在于我国缺乏高水平的拔尖创新型人才，位于世界前列的科研人员总量只能带动科技产业共同发展进步，优秀拔尖人才和高水平创新型人才是带领我国突破高新技术封锁、实现核心技术自给的关键。因此，教育方面必须进行创新，以适合时代需要的人才培养模式，培养造就一批基础扎实、视野广阔、素质过硬，具备国际竞争力的拔尖创新型人才。

教育创新在建设创新型国家中具有深远的战略意义。科学技术作为第一生产力，是推动国家进步、增强综合国力的内在要素和主导力量；教育则是国家综合发展的奠基工程，为科技创新、经济发展、文化繁荣提供智力支持，是建设创新型国家的基础力量。要想实现创新型国家目标，就必须锐意推进教学改革，创新人才培养模式，探索产学研一体化新方向。要从素质教育抓起，高度重视培养学生的创新意识，理论和实践教学相结合，培养学生的创新能力、实践能力、创业能力、职业拓展能力。要进一步深化改革高等教育模式，提高高校自主创新能力和人才培养能力，造就一批面向世界、面向前沿的拔尖创新型人才。要通过教育创新激发全民族创新精神，营造良好创新风气，为创新型国家建设提供强大基础。

三、教育创新的核心任务是培养拔尖创新人才

人是创新活动的主体，一切教育活动从本质上来讲都是服务于人的。人具有的主观能动性决定了改变世界需要由人来完成，人在不断地学习中通过运用特定的生产实践活动进行创新，并不断实现自我成长和对社会的适应。因此，培养人的主体性和能动性的教育，必须通过完善的教育模式

塑造人的创新意识和创新技巧。教育创新必须坚持将培养创新人才作为创新的核心任务，维持培养拔尖人才的基本价值趋势，发挥其在建设创新型国家中的基础作用，进而提高国家整体的创新水平和顶尖科技实力。

从知识经济时代开始，国内外教育领域的核心就转变成培养具有创新意识、创新精神、创新思维和创新能力等素质的人。新时代的教育创新，必须结合社会发展以新的标准进行人才培养，牢牢树立培养拔尖创新型人才的目标，深入改革素质教育、高校教育、成人教育、职业教育等教育模式，从而不断提升人的综合素质，尤其是人的创新能力和创新情感素质。

教育创新并不是单纯的某种片刻的创新，而是贯穿人才培养全过程的教育创新。哈佛大学前校长陆登庭指出："在迈向新世纪的过程中，一种最好的教育就是有利于人们具有创新性，使人们变得更善于思考，更有追求的理想和洞察力，成为更完善、更成功的人。"教育创新的目标就是培养全面发展、创新能力突出的综合素质人才，创新能力、创新意识、创新情感、创新技巧的培养是教育创新的核心要素。在教学创新中，要注重培养学生的创新意识，通过意识驱动转化为自觉思维，同时也要不断发展学生的创新思维，辅之以各种创新技能训练，培养出具备创新情感和优良创新个人品质的拔尖创新人才。创新意识、创新能力的培养不是一朝一夕之功，而是一个长久的培养锻炼过程。教育创新要贯穿学生的终身教育，从幼儿园和小学时期就要激发学生的兴趣，培养学生良好的学习习惯和学习能力，塑造以创新为荣的氛围。基础教育中应当注重开展素质教育，摒弃当前应试教育中的填鸭式教学，以兴趣带动学习，用意识培养能力。高校教育是教育创新中非常关键的一环，要注重教学和研究、实践的结合，在多领域学科交叉的背景下，充分发挥基地育人的优势，培养学生实际的创新创造能力。教育创新同时离不开教师的创新素质，没有创新型的教师很难培养出创新型的学生。因此，教育创新也要注重对教师的培训，着重培养出一批具备创新思想，能够灵活运用各种教学方法激发学生兴趣的具备深度专业知识和广泛综合修养的创新型教师。

深刻认识教育以人为本，深刻理解教育创新是为了实现人的自我超越的价值逻辑，牢牢抓住教育创新是为了培养拔尖创新型人才的核心要务，才能更好地实现教育的整体优化创新，推动人的全面发展建设，实现科教兴国的远大目标。

第三节

坚定不移走中国特色拔尖创新人才培养道路

党的二十大报告指出，“科技是第一生产力、人才是第一资源、创新是第一动力”，要求“坚持为党育人、为国育才，全面提高人才自主培养质量，着力造就拔尖创新人才，聚天下英才而用之”[①]。我们要坚定不移走中国特色拔尖创新人才培养道路，努力自主培养造就拔尖创新人才。

---

① 习近平．高举中国特色社会主义伟大旗帜 为全面建设社会主义现代化国家而团结奋斗：在中国共产党第二十次全国代表大会上的报告［N］．人民日报，2022－10－26（1）．

一、改变教育观念，树立拔尖创新人才培养的新理念

从九年义务教育到高中教育，我国教育偏重考试结果，有一定的应试教育属性。尤其是在学生心智能力逐渐成熟的高中阶段，应付高考的重复性、基础性教育对培养学生的创新意识存在一定的抑制作用。所以，只有改变应试教育观念，不断自我革新，树立拔尖创新型人才培养的新理念，才能从根本上解决拔尖创新型人才培养不足的问题。

创新人才培养是全世界高等教育创新的共同目标。我们应立足于中国特色社会主义道路，统筹兼顾中国特色社会主义各项事业的发展需要，结合未来世界发展趋势和价值需要，紧密围绕“为谁培养人、培养什么人、怎样培养人”这一根本问题创新教育观念和理论，从上到下、从理论到实际进行教育的转变。

改变教育观念需要深化对教育创新的体系化建构。教育观念的改变不是简单地从应试教育直接革新到创新教育，而是需要从理论层面构建丰富的创新教育体系。要改变教育观念就要先明白什么是教育创新、什么是创新教育、创新的价值内涵以及创新型人才的综合素质。要从教育与人的关系、教育与社会的关系入手，在教育基本内涵方面丰富教育和创造的关系研究，深化教育创新理论体系，进一步夯实教育的创造性基础，实现教育理论、内容、价值和功能的综合深化，进而深入理解教育创新的内涵和价值。教育创新不能简单地照搬西方的经验，要立足于中国特色社会主义道路的实际情况，将西方的经验中国化，取其精华，去其糟粕，构建中国特色社会主义教育理论体系。当今时代是不断进步、不断改革的时代，教育理念的转变要不断深化，不断与时俱进增进内涵，符合时代进步的要求，

从而不断完善具有中国特色的面向未来的社会主义教育理论体系。

教育观念的改变既要做到不忘初心，又要能够开创新局。不忘初心要求教育的本质始终是育人，始终要以培养人的自由全面发展为根本任务。“育人为本”既是教育创新得以存在的前提，也是教育创新的本质和目标所在。正如马克思所说，人的自由全面发展包含“人的全面发展”① 和“人的自由发展”② 两个方面的内容，教育也要始终做到以培养人的自由全面发展为本，摒弃市场化、应试化教育对人思想的束缚，带领学生追求真正的思想自由。于变局中开新局要求教育也要做到与时俱进，不断革新，从理论到实践全面适应时代发展的需要，满足中国特色社会主义事业的各项需求。教育要以人的创造性培养为本，破除旧思维、旧模式，在开放和创新中带领学生找寻真理，实现全面发展。教育创新以人的创造力培养为主要目标，在理念、过程和方法上创新，强调学生的个性与特色，从内到外，成就学生积极、活跃的价值生命。

二、调整专业结构，构建跨学科乃至超学科的学科专业环境

高校的专业结构是高校培养专业人才的横向结构，包括课程的选择、课程的数量以及课程之间的结构关系等等。高校的专业结构构建是培养创新型人才的关键流程，合理的专业结构能够支撑建设更丰富的教学创新理念、开展更完善的教学创新实践。然而，当下很多高校的专业结构存在固定化、缺乏针对性、专业比例不合理等问题，培养方案往往以院系为基础、以学科为中心，按学科大类招生的最普遍的人才培养模式培养人才，

① 马克思恩格斯全集：第25卷［M］. 2版. 北京：人民出版社，2001：前言2.

② 马克思恩格斯文集：第2卷［M］. 北京：人民出版社，2009：53.

使学生缺乏自主选择性，不利于学生个性化发展。因此，高校要积极探索专业结构调整方式，优化人才培养的学科，鼓励不同年级的学生选择不同层级的学科培养方式，促进专业间的融通、学段间的贯通，培养出专业知识结构完善、创新思维活跃的拔尖学生。

从培养模式上看，创新人才的基本培养模式为“低年级加强通识教育、基础教育，高年级加强专业教育和分流培养”。此外，高校还要建设以学科大类为基础的特色精品课程，提高通识教育的质量，拓宽知识基础，提高课程学习质量。针对专业调整和交叉学科建设方面，高校一要依托重点学科，建设自身优势专业。每所高校都有自身的强势或者优势专业，高校也要充分发挥比较优势，扬长避短，以重点学科、各人才培养基地为依托，加大对优势专业的建设和改革力度，提高自身的专业办学实力，彰显学科优势，塑造特色鲜明、质量过硬的高校形象。同时，要统筹区分博士、硕士和学士三级学位学科目录，建立健全应用型人才和学术型人才培养机制，根据学生的特点灵活设置学科目录，实现学生学习的自主性。二要积极实施学科交叉融合，构建小班教学和大班授课相结合的教学新体系。人才培养具有连续性，低年级重基础和通识教育，高年级开展专业教育，能够更好地完善学生知识结构，给予学生充分的自主权。同时，以宽口径培养为基础，强化通识教育，培养各类应用型创新人才。高校还要打破学科壁垒，在统筹兼顾学科关系和人才培养规律的基础上，整合具有联系的相关专业课程，辅之以小班教学和大班授课的新体系，加强专业融通，促进学科间交叉融合。三要依托办学优势，充分发掘传统学科潜力，在改造传统学科的同时赋予其崭新的生命力，联合优势学科共同打造跨学科乃至超学科的学科专业环境。

无论是专业结构的调整还是跨学科乃至超学科的学科专业环境的构建，都需要高校明确自身职能，推动学科管理体制的变革。学校、学院和系所之间职能分工明确：学校负责制定学科重大发展战略、决定新兴学科和交叉学科的设置以及组织多学科联合攻关的重大科研、教学项目；学院作为学科具体管理的主体，充分发挥积极性、主动性，瞄准学科前沿、现实需求等，灵活调整学科的设置形态；系所负责实施学科的发展政策，以学术为主进行专业化管理，同时保证学科内部的科学性。与此同时，多学科交叉融合的环境需要政策扶持和制度保障，学院之间、学校之间要加强联系，集中各自优势成立跨学科、跨学院乃至跨学校的综合性研究平台，在国家重大战略需求与国际科技前沿紧密结合的领域开展原创性研究，联合培养创新型人才。

三、积极推进研究型教学模式改革

培养创新型人才需要教师、课程、学生三大基础因素相互协作，其中教师是具有主观能动性、最能对学生产生创造性影响的因素。然而教学模式长期以来一成不变，各地教学模式千篇一律，缺乏创新，落后于时代的教学模式已经难以适应创新型国家建设需要，改革教学模式、提高教学质量是高校教育的必然选择，也是培养创新型人才的必经之路。

现如今，灌输式、填鸭式的教学模式依然广泛存在，这些教学模式能够很好地满足硬性教学规定，有利于教师完成既定的教学计划。然而，这些传统的教学模式非常容易把课堂变成“上面讲，下面记，考前背一背笔记”的状态，缺乏对学生的创造性引导，已经不能满足新时代创新型人才培养的需求。相比于传统教学模式，研究型教学模式更加注重研究性学习，教学方式更加多元化，在传统课堂中大量融入案例教学、问题式教学、讨论式教学、启发式教学、研讨式教学，构建合作式学习环境。

研究型教学模式要求学校提供充分的制度保障和完善的科研条件。学校要充分利用学科优势和平台优势，倾斜资源打造完善的科研环境，并为研究型教学提供制度上的保障，解决教师和学生的后顾之忧。研究型教学模式同样要求教师创新现有教学模式，在日常课程中做到四个结合：首先，教学与科研相结合。在学生的日常学习中，教师要将科研带到课堂上，用科研思想、科研情感激发学生的科研创新意识，帮助学生掌握科学的方法，培养学生良好的科学素养。其次，教师与学生相结合。教师在课堂上要抛弃灌输式、零交流式的教学方法，构建合作式学习环境，与学生共同研究，在保证学生自主发展的同时形成师生共同体。再次，理论与实践相结合。教师要充分认识到实践教学的重要性，调节实验课课时和比例，按照基础训练→综合实验→设计创新实验三个层次组织实验教学，培养学生提出、分析、解决问题的能力和意志品质。最后，课内和课外相结合。创新性训练和研究型教学绝不是仅仅依靠方案上的课程时间就可以完成的，要通过第二课堂建设、课外实践的组织和开发，把研究型教学拓展到传统课堂外，提高学生的实际研究能力。研究型教学还需要学校积极构建开放式实践教学体系、设立本科生科研计划、大力开展各项科研创新训练、丰富学生的课外实践活动，为学生提供自主创新的空间。学校可以允许教师主持的科研项目吸纳学生成员，在日常基础训练中培养学生的科研意识和科研能力，此外，学校也可以鼓励学生自主开发项目，在教师的协助指导下，体验项目从立项到结项的完整流程。

不论是案例教学还是研讨式教学，研究型教学模式的目标都是激发学生的学习兴趣和探究激情，培养学生完善的科研思维和良好的科研能力。研究型教学模式的构建要把握以下四点：第一，教与学的过程要均具有研究性。教要求教师创新教学方法，营造研究氛围，通过真实的教学情境激发学生的学习兴趣；学要求学生能够利用科学的方法，通过会议组织、报告撰写等方式来解决问题，从而锻炼自身的沟通交流和团队协作能力。第二，教学过程要充分尊重学生的自主性。研究型教学的目的在于培养学生的自主学习能力和创新能力，因此，教师的工作首先是要让学生学会以问题导向来学习，充分激发学生学习的自主性。教师在设计教学过程时要先设计好问题，然后创设激发学生思考、设计、总结和报告的情境，通过指导和促进学生自主学习，完成研究型教学目标。教学过程更多是合作式学习而非无交流式的灌输，充分尊重学生的自主性，激发学生的自主学习兴趣，提高学生的自主学习能力。第三，教学和教育要相统一。研究型教学重视学生学习过程中的方法运用，通过衡量学生思考问题的角度、组织讨论的效率、撰写报告的能力、语言表达的能力评价学生的学习任务完成质量。通过组织大量研讨和小组活动，使学生学会自我组织团体，学会相互交流看法，学会分工协作，在求同存异、相互包容中快速融入团体，在教学目标完成的同时达到育人的目的。第四，教学具有挑战性。研究型教学模式决不能随意设置简单的问题引导学生学习，应当设置各种需要思考的问题让学生学习和解答，在不至于过分困难的同时给予学生挑战，使学生在学习上保持精神高度集中，不断刺激、开发学生潜能，实现个体全面发展。

教学模式的设计不能一成不变，也不能脱离既定目标。设计教学模式时需要充分认识到教学方法改革的目的是完成人才培养目标，积极探索研究型教学模式时也要注意教学方法的调整，用最合适的教学方法培养创新型人才。

四、全覆盖、全要素、分层次推进学生创新创造

培养创新型人才离不开创新教育的实施，同时也需要深入推进创业教育，创新创业教育相结合，共同促进学生创新。创新与创业二者并不是割裂的关系，相反，创新往往在创业的过程中产生，成功的创业也离不开创新，二者相辅相成，具有“双生关系”。“创业教育之父”杰弗里·蒂蒙斯曾指出：“如果把创业比作美国经济的发动机，那么创新就是此发动机的气缸，它带动了重要新发明和新技术的诞生。”创新创业教育并不是简单的创新教育和创业教育概念的集合，而是对创新教育和创业教育的内涵做了综合性表述：对创新的属性进行了规定，创新应是指向创业的、重在应用的创新；对创业的方向进行了指引，创业应是创新型、高增长、高水平的创业。创新创业教育拓展了创新教育和创业教育内涵，促进了创新的商业化，提高了创业的层次和水平，塑造了培养创新型人才的有效通道。

创新创业教育的核心理念是“面向全体学生”、“结合专业教育”和“融入人才培养全过程”，也就是说创新创业教育要做到全覆盖，任何对创业感兴趣的学生都应当能够接受创业教育。创新创业教育的基本目标是全覆盖、全要素、分层次和差异化，既要保证所有学生都能接受通识型创新创业启蒙教育、在教育教学各要素中融入创新创业教育内容，又要做到因人而异，对不同专业、不同创业意愿、不同接受能力的学生实施不同类型的创新创业教育。

作为培养创新型人才的基地，学校要在已有成果的基础上以先进的教育理念为指导，建立有效的教育管理机制，形成并贯彻创新创业教育理

念。学校要将创新创业教育融入人才培养的全过程，扎实推进创新创业人才计划，着力搭平台、建机制、造氛围，优化创新创业实践生态，切实增强学生创新精神、创业意识和实践能力。要加强顶层设计，可以在新生中实施“启航计划”，在高年级学生中开展“深造计划”，将创新创业实践教育融入大学生涯教育，积极构建全学制全过程贯通的“三课堂”培养体系。打造第一课堂课程群，细化不同层次、不同类型学生创新创业实践教育目标，完善修订培养方案和学位标准，开设“创新思维与方法”“创业管理”“创新导航”等通识课程和专业选修课，开展启发式、讨论式、参与式教学。此外，学校可以搭建第二课堂竞赛群，构建以“挑战杯”“互联网+”“创青春”为龙头的创新创业竞赛体系，逐步建立“指导、培训、孵化”全过程创新实践竞赛模式，举办数学建模竞赛、乡村振兴大赛等创新实践竞赛，达到以赛促学、以赛促教的目的。推进以网络为载体的第三课堂，开展在线创新创业课程建设，推动课程在“中国大学慕课”“好大学在线”“智慧树”等国内知名慕课平台上推广使用。

构建中国特色创新人才培养道路需要创新创业教育打破传统，塑造新的运行机制和多样化拔尖创新人才培养模式，营造全校师生关注创新创业的良好氛围，鼓励吸引高素质学生、高水平教师并拓展校内外优质资源参与创新创业教育工作，“全覆盖、全要素、分层次”推进全校创新创业教育实施，从而培养一大批富有创新精神、勇于投身实践的创新创业人才。

五、实施本科生导师制，指导本科生开展科研创新

近年来，国家正在全面推行世界一流大学和一流学科的“双一流”建设，各个高校都在深化改革育人模式，力求培养一批具备创新意识和创新

能力的新时代拔尖人才。高校需要认识到，“双一流”建设的根本目的是培养人才，人才培养的基础是本科教育，只有做好本科教育，才能更好地激发学生的潜能，培养出符合时代要求、国家要求的创新型人才。

党的十八大报告要求“把立德树人作为教育的根本任务……全面实施素质教育”，《教育部关于全面提高高等教育质量的若干意见》中，也明确提出要“改革人才培养模式，实行导师制、小班教学，激发学生学习主动性、积极性和创造性，培养拔尖创新人才”。2019 年 10 月，教育部发布《关于深化本科教育教学改革全面提高人才培养质量的意见》，明确提出要建立健全本科生学业导师制度，由教师来帮助学生定制更具个性化的培养方案和学业生涯规划。建立本科生导师制度既能够全面贯彻落实国家教育方针政策，为实现教育目标打开通道，又能够促进学生个性发展和全面发展，培养出更多拔尖创新型人才。本科生导师制度将导师和学生紧密联系起来，能够引导学生迅速脱离中学思维，更快更好地适应大学生活；能够因材施教，实现学生个性化全面发展；能够给予学生人文关怀，帮助学生塑造正确的世界观、价值观、人生观。本科生导师制度是教育创新的有机组成部分，是提高人才培养质量、推进创新型国家建设的重要举措。

我国的本科生导师制度依然在探索阶段，很多高校在实施过程中存在很多问题，难以高效完成育人目标。首先，导师的职责和工作范围不明确。部分高校在实施导师制时常以咨询反馈为主，导师并没有认识到自身工作的重要性，没有切实履行好培养学生创新能力的职责，导致本科生导师制的实施效果不理想。其次，导师与学生之间比例失衡，缺乏针对性指导。近年来高校不断扩招，师生比逐渐失衡，一名导师往往匹配数十名学生，很难做到对每一个学生悉心培养。此外，导师和学生之间缺乏双向选择制度，学生不了解导师的研究方向，导师也不清楚学生的性格特点，导师指导缺乏针对性，同时也难以构建行之有效的师生交流机制，导致本科生导师制最终流于形式。

实施本科生导师制的过程中，要厘清导师责任和培养目标，注重工作内容而非形式。高校首先应加强对导师工作的分工与管理，明确其工作内容与职责，同时建立资深导师集中培训制度，加强导师间的沟通交流，以高质量、重敬业、懂奉献的导师队伍培养高水平人才。其次，高校要增加导师指导频率，完善导师和学生的约谈制度，发展延续性指导。最后，高校要建立起完善的评价激励机制，让认真负责的导师得到正反馈，提高导师工作的积极性，保障本科生导师制度顺利实施。

本科生导师制度是高校应对时代变革、提高教育质量的重要举措，但在实施初期仍然存在一些问题，高校要积极探索解决办法，赋予本科生导师制更深刻的内涵，为培养拔尖创新型人才打下坚实基础。

第六章

培养学生综合素质，推动人的全面发展

第一节

发展素质教育，实现全面培养是提高学生综合素质的根本途径

一、学生综合素质的基本内涵与培养学生综合素质的时代背景

对学生的传统评价是指在一定的教育价值观的指导下，根据一定的标准，运用一系列评价方法和技术，对学生个体成长发展情况进行判断的活动。对学生综合素质的评价是指在传统评价的基础上，侧重对学生能力和技能的评价，并逐渐扩大到非智力因素，对学生的学习状况和学习过程进行全面的评价。

综合素质评价是以学生的发展为中心的、尊重中小学生身心发展规律的评价体系。20世纪初，由于实验心理学、教育统计学和智力理论的发展，教育评价与考试、人才评价等方面逐渐被分为思想和理论两部分。20世纪初至40年代，随着对非智力因素和人才评价认识的深化，以及“泰勒原理”在课程和教学计划中的应用，心理学和教育界开始关注非学科学习素质的理论研究——综合素质理论。综合素质评价不仅属于教育评价应用于教育领域，而且属于人才评价应用于人力资源领域。随着学业评价、考试和人才评价研究与应用的不断深入，卢梭自然教育思想和杜威社会教

育思想的广泛传播，受人才理论、建构理论及全面发展观、个性观等的影响，综合素质教育最终落实在关注人的基础成长和成才基础上。

我国十分重视学生综合素质评价体系的建立，教育部在《关于积极推进中小学评价与考试制度改革的通知》中将学生综合素质界定为“道德品质、公民素养、学习能力、交流与合作能力、运动与健康、审美与表现”六个维度（不同的地区或学校结构略有差异）。

综合素质评价可以理解为评价体系的基本评价理念，包括学术能力和非学术能力两个方面。学术能力侧重于智力因素的发展，而非学术能力侧重于非智力因素的发展。因此，在对学生的评价中，学术能力与非学术能力同样重要。通过综合素质评价，促进学生全面而有个性的发展，激发每位学生的潜能优势，鼓励学生不断进步；构建开放性、多元化、发展性的评价体系。

中小学生综合素质评价一直以来都是教育研究人员热议的话题，随着教育质量综合评价改革的深入推进，尤其是随着教育部《关于 2013 年深化教育领域综合改革的意见》、中共中央《关于全面深化改革若干重大问题的决定》、国务院《关于深化考试招生制度改革的实施意见》、教育部《关于加强和改进普通高中学生综合素质评价的意见》、教育部《关于全面深化课程改革 落实立德树人根本任务的意见》、教育部《关于深入推进教育管办评分离 促进政府职能转变的若干意见》等一系列政策文件的出台，我国必将从政策和实际需要两方面出发，推动综合素质评价研究向纵深发展。

随着时代的变化，教育格局也发生了转变，改变了单一的学生评价模式，催生了素质教育理念和综合素质评价的实施。具体而言，从以前信息传播速度慢且途径单一到现在多渠道及时传播和信息可视化技术的迅速发展，学校对学生的培养模式也发生了颠覆性的变化，从注重教到注重育，从对学生知识的普及和灌输转变为让学生学会自学，越来越重视对学习能力和其他能力的培养。综合素质教育的重要性日益凸显，全面培养学生综合素质是时代的要求。

二、全国教育大会提出全面培养新要求

习近平总书记在2018年9月召开的全国教育大会上提出，“在党的坚强领导下，全面贯彻党的教育方针，坚持马克思主义指导地位，坚持中国特色社会主义教育发展道路，坚持社会主义办学方向，立足基本国情，遵循教育规律，坚持改革创新，以凝聚人心、完善人格、开发人力、培育人才、造福人民为工作目标，培养德智体美劳全面发展的社会主义建设者和接班人，加快推进教育现代化、建设教育强国、办好人民满意的教育”①。系统科学地阐释了建设新时代中国特色社会主义教育理论体系的重要意义和路径方法，为做好新时代教育工作提供了根本遵循。

教育是国之大计、党之大计。我们一定要抓住“为谁培养人、培养什么人、怎样培养人”这个教育的首要问题，为国家培养一代又一代德智体美劳全面发展的社会主义建设者和接班人，培养一代又一代拥护中国共产党领导和我国社会主义制度、立志为中国特色社会主义奋斗终身的有用人才，为实现“两个一百年”奋斗目标和中华民族伟大复兴夯实人才基础。构建德智体美劳全面培养的教育体系，为人才培养筑牢更高水平、更加科

---

① 习近平出席全国教育大会并发表重要讲话［EB/OL］.（2018－09－10）［2021－11－12］. http://www.gov.cn/xinwen/2018－09/10/content_5320835.htm.

学的制度基础。

构建德智体美劳全面培养的教育体系是我国教育一直以来的努力方向。加强德育，要重视加强道德修养，教育引导学生培养和践行社会主义核心价值观，切实修身养性，成为有家国情怀的人；加强智育，要在增长知识见识上下功夫，教育引导学生珍惜学习时光，求知问学，增长见识，丰富学识，朝着求真理、悟道理、明事理的方向前进；加强体育，应树立健康第一的教育理念，开齐开足体育课，帮助学生在体育锻炼中享受乐趣、增强体质、健全人格、锤炼意志；加强美育，要全面加强和改进学校美育，坚持以美育人、以文化人，提高学生审美和人文素养；加强劳育，要在学生中弘扬劳动精神，教育引导学生尊重劳动，懂得劳动最光荣、劳动最崇高、劳动最伟大、劳动最美丽的道理，长大后能够辛勤劳动、诚实劳动、创造性劳动。

第二节
做好“六个下功夫”

培养社会主义建设者和接班人是我们教育的根本任务。习近平总书记在 2018 年 9 月召开的全国教育大会上强调，“要在坚定理想信念上下功夫”，“要在厚植爱国主义情怀上下功夫”，“要在加强品德修养上下功夫”，

"要在增长知识见识上下功夫"，"要在培养奋斗精神上下功夫"，"要在增强综合素质上下功夫"[①]。这"六个下功夫"，为做好新时代青年人才的培养工作指明了方向。

一、在坚定理想信念上下功夫

青年的理想信念关乎国家未来。习近平总书记曾提出，广大青年要"把理想信念建立在对科学理论的理性认同上，建立在对历史规律的正确认识上，建立在对基本国情的准确把握上"[②]。培养新时代青年人才，要在坚定理想信念上下功夫，首先要加强马克思主义理论教育。马克思主义既是当代青年观察世界变化的认识工具，又能为当代青年成长奠定科学的思想基础。其次要加强中国历史特别是近代史教育、社会主义发展史教育、时事政策教育等，引导青年正确认识世界和中国发展大势，从我党探索中国特色社会主义的历史发展和伟大实践中，认识和把握人类社会发展的历史必然性，认识和把握中国特色社会主义的历史必然性。深刻领会实现中华民族伟大复兴是中华民族近代以来最伟大的梦想，增强学生的中国特色社会主义道路自信、理论自信、制度自信、文化自信，使学生不断树立为共产主义远大理想和中国特色社会主义共同理想而奋斗的信念和信心，立志肩负起民族复兴的时代重任。

二、在厚植爱国主义情怀上下功夫

爱国是人世间最深层、最持久的情感。爱国主义是中华民族精神的

---

① 习近平出席全国教育大会并发表重要讲话［EB/OL］.（2018－09－10）［2021－11－12］. http://www.gov.cn/xinwen/2018－09/10/content_5320835.htm.

② 习近平．习近平谈治国理政：第1卷［M］. 2版．北京：外文出版社，2018：50.

核心，在中华民族五千年绵延发展的历史长河中，爱国主义始终是激励我国各族人民自强不息的强大力量。因此，必须厚植学生的爱国主义情怀，开展家国情怀教育、社会关爱教育和人格修养教育，传承发展中华优秀传统文化，大力弘扬核心思想理念、中华传统美德、中华人文精神，引导学生了解中华优秀传统文化的历史渊源、发展脉络、精神内涵，增强文化自觉和文化自信。引导青年树立正确的历史观、民族观、国家观，要把爱国和爱党、爱社会主义相统一，始终做到爱国的深厚情感、理性认识和实际行动一致，这是当代中国爱国主义精神最重要的体现。引导学生与祖国同呼吸、共命运，立志听党话、跟党走，扎根人民、奉献国家。

三、在加强品德修养上下功夫

习近平总书记强调，“一个人只有明大德、守公德、严私德，其才方能用得其所”①。道德是社会关系的基石，是人际和谐的基础，育人的根本在于立德。增强学生的品德修养就是要把社会主义核心价值观融入国民教育全过程，落实到中小学教育教学和管理服务各环节，深入开展爱国主义教育、国情教育、国家安全教育、民族团结教育、法治教育、诚信教育、文明礼仪教育等。党的十八大提出，“倡导富强、民主、文明、和谐，倡导自由、平等、公正、法治，倡导爱国、敬业、诚信、友善，积极培育和践行社会主义核心价值观”。引导学生牢牢把握富强、民主、文明、和谐作为国家层面的价值目标，深刻理解自由、平等、公正、法治作为社会层

---

① 习近平．习近平谈治国理政：第1卷［M］．2版．北京：外文出版社，2018：173.

面的价值取向，自觉遵守爱国、敬业、诚信、友善作为公民层面的价值准则，踏踏实实修好品德，成为有大爱大德大情怀的人。引导学生积极投身社会实践，通过各类实践调研和志愿服务活动，走进社会，感受时代脉动、思考社会问题，培养责任感和公益意识。

四、在增长知识见识上下功夫

过硬的知识见识是青年成长成才的牢固根基。当今世界，各种新知识、新情况、新问题、新事物层出不穷。习近平总书记强调，“广大青年要如饥似渴、孜孜不倦学习，既多读有字之书，也多读无字之书，注重学习人生经验和社会知识”①。随着教育的普及和互联网的繁荣，人们获取信息更加方便。教育不但需要注重知识的积累，也要注重思维的锤炼、见识的增长。因此，要引导学生增长见识，丰富学识，具备粗中取精的信息筛选力、去伪存真的知识鉴别力、把握时代大势的洞察力，沿着求真理、悟道理、明事理的方向前进。要教育引导青年多关注世界形势及其发展变化，全面客观认识当代中国、看待外部世界，成为具有中国情怀和全球视野的人才。

五、在培养奋斗精神上下功夫

昂扬的奋斗精神是青年成长成才应有的风貌。新时代是奋斗者的时代。习近平总书记强调，“奋斗是青春最亮丽的底色”②。要引导学生树立高远志向，秉持为人民谋幸福、为民族谋复兴、为世界谋大同的使命，历

① 习近平．在知识分子、劳动模范、青年代表座谈会上的讲话［M］．北京：人民出版社，2016：11－12.

② 习近平．在纪念五四运动100周年大会上的讲话［M］．北京：人民出版社，2019：9.

练敢于担当、不懈奋斗的精神。青年学子只有在辛勤劳动和不懈奋斗中锤炼坚强的意志品格，培养奋勇争先的进取精神，历练不怕失败的心理素质，才能始终以乐观主义的人生态度面对一切困难和挫折，做到刚健有为、自强不息，呈现出最美丽的人生姿态。

六、在增强综合素质上下功夫

良好的综合素质是学生成长成才的时代要求。提高学生的综合素质，不仅要引导青年善于学习、乐于学习、勤于学习，还要按照培养德智体美劳全面发展的社会主义建设者和接班人的要求，在综合能力、创新思维、文明素养的培育等方面下更大功夫。只有全面发展，才能让一代又一代的青年心灵更丰盈、精神更饱满、人格更完善、能力更彰显。通过更高质量的综合教育，培养出更多体格强健、精神刚健、有文化修养、有人文关怀、有创造活力、有人格魅力的时代青年。这样，不仅能成就青年的精彩人生，更能成就蓬勃向上的青春中国。

第三节

建设更高水平的人才培养体系与评价体系

一个国家的进步，镌刻着青年的足迹；一个民族的未来，寄望于青春的力量。党的十九大报告指出，“人才是实现民族振兴、赢得国际竞争主动的战略资源”。教育是培养人才的基础。教育兴则国家兴，教育强则国家强。习近平总书记在全国教育大会上指出，“要努力构建德智体美劳全面培养的教育体系，形成更高水平的人才培养体系”①。习近平总书记的论述，为做好新时代教育工作和建设高水平人才培养体系提供了根本遵循。我国教育必须牢牢把握新时代对人才培养的新要求，形成高水平的人才培养体系。

一、弘扬与践行社会主义核心价值观

建设更高水平的人才培养体系与评价体系，要积极弘扬与践行社会主义核心价值观。人类文明薪火相传的基本途径是教育，教育不仅通过传授知识和技能维系人的生存，而且通过传播价值观培育人的心性。价值观教育是传统教育的核心内容，从柏拉图到孔子，东西方教育思想的共同点是培养心智健全的有德之人，其基础和核心是伦理道德教育。今天，教育的内容和目标发生了重大变化，但是通过价值观教育培养遵纪守法的公民仍然是教育的基本任务。培育和践行社会主义核心价值观首先需要融入国民教育全过程。

社会主义核心价值观是社会主义核心价值体系的内核，体现社会主义核心价值体系的根本性质和基本特征，反映社会主义核心价值体系的丰富内涵和实践要求，是社会主义核心价值体系的高度凝练和集中表达。“社会主义核心价值观，反映了历史传承和时代要求的统一，是先进政党的自

① 习近平在全国教育大会上强调：坚持中国特色社会主义教育发展道路 培养德智体美劳全面发展的社会主义建设者和接班人［N］. 人民日报，2018－09－11（1）.

党倡导和人民群众共同愿望的结合。”①

青年学生的价值取向决定了未来整个社会的价值取向，他们的道德修养、思想精神面貌和文化科学素质，对国家和民族的未来发展有深刻影响。青年学生践行社会主义核心价值观的过程是励志修德的过程，是更好地实现自己人生价值的过程。进行社会主义核心价值观教育，未成年人思想道德建设和大学生思想政治教育是最直接的途径。在国民教育体系中，道德教育和思想政治教育始终十分重要。

习近平总书记2018年3月18日上午在京主持召开学校思想政治理论课教师座谈会并发表重要讲话，向全国大中小学思政课教师致以诚挚的问候和崇高的敬意。他强调，“办好思想政治理论课，最根本的是要全面贯彻党的教育方针，解决好培养什么人、怎样培养人、为谁培养人这个根本问题。新时代贯彻党的教育方针，要坚持马克思主义指导地位，贯彻新时代中国特色社会主义思想，坚持社会主义办学方向，落实立德树人的根本任务，坚持教育为人民服务、为中国共产党治国理政服务、为巩固和发展中国特色社会主义制度服务、为改革开放和社会主义现代化建设服务，扎根中国大地办教育，同生产劳动和社会实践相结合，加快推进教育现代化、建设教育强国、办好人民满意的教育，努力培养担当民族复兴大任的时代新人，培养德智体美劳全面发展的社会主义建设者和接班人”②。

弘扬与践行社会主义核心价值观，最主要的是以学生为主体，充分发挥学生的主动性，因材施教。教育应是主体之间交互作用、双向交流进步

① 梁柱．社会主义核心价值观是历史传承和时代要求的统一［J］．红旗文稿，2014（11）：13－15.

② 习近平主持召开学校思想政治理论课教师座谈会强调：用新时代中国特色社会主义思想铸魂育人 贯彻党的教育方针落实立德树人根本任务［N］．人民日报，2019－03－19（1）.

的过程，而非单向灌输与教化的过程。因此在教育方式上，应结合心理与教育学理论基础，重视青少年身心特点和成长规律，拓展培育青少年多途径弘扬和践行社会主义核心价值观。例如，除了课堂教学外，还要建立课堂教学、社会实践、校园文化多位一体的育人平台。由于课堂教学主要是理论学习，而理论和实践相结合、知行统一是道德养成和思想成长的根本途径。培育社会主义核心价值观，也必须遵循这一规律，让思想理论走进学生的实际生活，让青少年在切身的实践活动中增长见识、完善自我，从而取得实际效果。

发挥社会实践的养成作用，需要完善实践教育教学体系，开发实践课程和活动课程，加强实践育人基地建设，打造大学生校外实践教育基地、高职实训基地、青少年社会实践活动基地，组织青少年参加力所能及的生产劳动和爱心公益活动、益德益智的科研发明和创新创造活动、形式多样的志愿服务和勤工俭学活动。另外，发挥校园文化的熏陶作用，建设体现社会主义特点、时代特征、学校特色的校园文化，也是学生价值观建设的有效途径。除了重视校园人文环境培育和周边环境整治之外，最重要的是培养良好的校风和班风，形成学校优良的精神传统，对高校来说则是要培养和传承大学精神。开展切实有效的思想政治理论教育，必须克服僵化思想和教条主义的束缚，领会和学习马克思主义，体现其时代性、真理性、批判性，立足中国特色社会主义建设的生动实践，使马克思主义真理“入脑”“入心”。

马克思曾写道：“我们现在假定**人**就是**人**，而人对世界的关系是一种人的关系，那么你就只能用爱来交换爱，只能用信任来交换信任，等等。如果你想得到艺术的享受，那你就必须是一个有艺术修养的人。如果你想感化别人，那你就必须是一个实际上能鼓舞和推动别人前进的人。”① 要想让学生认识和接受真理，教育者首先必须自己真正理解、掌握和相信真理；要想引领学生培养崇高的道德，教育者首先要以身作则。这里的教育者不仅包括教师，还包括教育行政工作人员。提高教育工作者的思想道德水平，需要坚持师德为上，完善教师职业道德规范，健全教师任职资格准入制度，将师德表现作为考核、聘任和评价的首要内容，形成师德师风建设长效机制，增强教育工作者教书育人的荣誉感和责任感，做学生健康成长的指导者和引路人。

二、加强和改进学校体育、美育和科学教育

培养德智体美劳全面发展的社会主义建设者和接班人，要加强和改进学校体育、美育和科学教育。2021 年 10 月，中共中央办公厅、国务院办公厅印发了《关于全面加强和改进新时代学校体育工作的意见》和《关于全面加强和改进新时代学校美育工作的意见》，并发出通知，要求各地区各部门结合实际认真贯彻落实。2023 年 5 月 29 日，习近平总书记在中共中央政治局第五次集体学习时强调：“基础教育既要夯实学生的知识基础，也要激发学生崇尚科学、探索未知的兴趣，培养其探索性、创新性思维品质。”②

《关于全面加强和改进新时代学校体育工作的意见》指出：要贯彻落实习近平总书记关于教育、体育的重要论述和全国教育大会精神，把学校

① 马克思恩格斯文集：第 1 卷［M］. 北京：人民出版社，2009：247.

② 习近平在中共中央政治局第五次集体学习时强调：加快建设教育强国 为中华民族伟大复兴提供有力支撑［N］. 人民日报，2023-05-30（1）.

体育工作摆在更加突出位置，以社会主义核心价值观为引领，以服务学生全面发展、增强综合素质为目标，坚持健康第一的教育理念，推动青少年文化学习和体育锻炼协调发展，帮助学生在体育锻炼中享受乐趣、增强体质、健全人格、锤炼意志，培养德智体美劳全面发展的社会主义建设者和接班人。到 2022 年，配齐配强体育教师，开齐开足体育课，办学条件全面改善，学校体育工作制度机制更加健全，教学、训练、竞赛体系普遍建立，教育教学质量全面提高，育人成效显著增强，学生身体素质和综合素养明显提升。到 2035 年，多样化、现代化、高质量的学校体育体系基本形成。要不断深化教学改革，开齐开足上好体育课，加强体育课程和教材体系建设，推广中华传统体育项目，强化学校体育教学训练，健全体育竞赛和人才培养体系。要全面改善办学条件，配齐配强体育教师，改善场地器材建设配备，统筹整合社会资源。要积极完善评价机制，推进学校体育评价改革，完善体育教师岗位评价，健全教育督导评价体系。加强和改进学校体育工作应做到：改革创新，面向未来。立足时代需求，更新教育理念，深化教学改革，使学校体育同教育事业的改革发展要求相适应，同广大学生对优质丰富体育资源的期盼相契合，同构建德智体美劳全面培养的教育体系相匹配。补齐短板，特色发展。补齐师资、场馆、器材等短板，促进学校体育均衡发展。坚持整体推进与典型引领相结合，鼓励特色发展。弘扬中华体育精神，推广中华传统体育项目，形成“一校一品”“一校多品”的学校体育发展新局面。凝心聚力，协同育人。深化体教融合，健全协同育人机制，为学生纵向升学和横向进入专业运动队、职业体育俱乐部打通通道，建立完善家庭、学校、政府、社会共同关心支持学生全面健康成长的激励机制。

2023年2月21日，习近平总书记在中共中央政治局第三次集体学习时指出，“要在教育‘双减’中做好科学教育加法，激发青少年好奇心、想象力、探求欲，培育具备科学家潜质、愿意献身科学研究事业的青少年群体”[①]。习近平总书记在中共中央政治局第五次集体学习时指出要把服务高质量发展作为建设教育强国的重要任务，要把建设教育强国、科技强国、人才强国三者有机结合起来、一体统筹推进。要“进一步加强科学教育、工程教育，加强拔尖创新人才自主培养，为解决我国关键核心技术攻关提供人才支撑”[②]。习近平总书记指明了建设教育强国的目标路径，将其分为基础教育和高等教育两条主线[③]，要充分发挥基础教育的基点作用和高等教育的龙头作用，培养拔尖创新人才，服务高质量发展。

三、提升青少年学生健康素养

2018年9月10日，习近平总书记在全国教育大会上指出，“要树立健康第一的教育理念，开齐开足体育课，帮助学生在体育锻炼中享受乐趣、增强体质、健全人格、锤炼意志”[④]。全方位界定了学校体育与健康工作的目标。未来学校体育和健康教育的内容，就是要教会学生基本的健康知识、基本的运动技能和专项的运动技能，并且学校要组织经常性锻炼和训练，组织全员参与的体育竞赛活动。

---

① 习近平在中共中央政治局第三次集体学习时强调：切实加强基础研究 夯实科技自立自强根基［N］. 人民日报，2023－02－23（1）.

② 习近平在中共中央政治局第五次集体学习时强调：加快建设教育强国 为中华民族伟大复兴提供有力支撑［N］. 人民日报，2023－05－30（1）.

③ 刘复兴，董昕怡．论教育强国指标体系建构［J］. 新疆师范大学学报（哲学社会科学版），2024，45（1）：118－126.

④ 习近平在全国教育大会上强调：坚持中国特色社会主义教育发展道路 培养德智体美劳全面发展的社会主义建设者和接班人［N］. 人民日报，2018－09－11（1）.

提升青少年学生健康素养刻不容缓，2016年，《“健康中国2030”规划纲要》首次提出了“国家学生体质健康标准达标优秀率25%以上”的目标。“中小学健康促进行动”进一步明确了到2022年和2030年，国家学生体质健康标准达标优良率至少达到50%和60%。而从2016年、2017年、2018年三年调查数据来看，学生体质健康的整体优良率分别为26.5%、29.3%、30.57%，虽然上升趋势明显，但距离目标仍有不小差距。2020年9月12日，中国健康促进基金会与中国教育学会共同主办的“健康中国我行动”——青少年健康教育公益项目在北京启动。该项目旨在贯彻落实《国务院关于实施健康中国行动的意见》和《健康中国行动（2019—2030年）》关于实施“中小学健康促进行动”的要求，进一步提高青少年健康意识、健康观念和健康素养，形成良好的生活方式，实现健康中国从娃娃抓起、从青少年开始的目标。加强青少年健康教育、提升青少年健康素养，是推进健康中国建设的有力抓手，是卫生强国目标的强力支撑。

四、加强大中小学劳动教育

劳动教育，即引导学生树立正确的劳动观点和劳动态度，热爱劳动和劳动人民，养成劳动习惯的教育，是德智体美劳全面发展的主要内容之一。劳动教育的主要内容包括：树立学生正确的劳动观点，使他们懂得劳动的伟大意义；培养学生热爱劳动和劳动人民的情感；学习是学生的主要劳动，要教育学生从小勤奋学习，以便将来担负起艰巨的建设任务。

2020年3月20日，中共中央、国务院印发《关于全面加强新时代大中小学劳动教育的意见》。《意见》强调劳动教育是中国特色社会主义教育制度的重要内容，要全面贯彻党的教育方针，坚持立德树人，把劳动教育纳入人才培养全过程，贯通大中小学各学段，贯穿家庭、学校、社会各方面，把握育人导向，遵循教育规律，创新体制机制，注重教育实效，实现知行合一，促进学生形成正确的世界观、人生观、价值观。

《意见》对加强新时代劳动教育进行了整体设计。强调当前劳动教育重点是在系统的文化知识学习之外，让学生动手实践，出力流汗，在劳动实践中进行教育。明确总体目标，面向全体学生，从思想认识、情感态度、能力习惯三个方面提出要求，强调要体认劳动不分贵贱，培养勤俭、奋斗、创新、奉献的劳动精神。健全劳动教育课程，设立劳动教育必修课和劳动周，保证必要的劳动实践时间，同时强调其他课程要有机融入劳动教育内容和要求。规定劳动教育基本内容，要求开展日常生活劳动、生产劳动和服务性劳动。同时分学段提出教育内容要点，大中小学各学段各有侧重。强化劳动教育评价，把学生劳动素养作为衡量学生全面发展的基本内容，注重评价结果在评优、升学就业中的使用。强调实施途径多样化：家庭要发挥基础作用，注重日常养成；学校要发挥主导作用，注重系统培育；社会各方面要发挥协同作用，支持学生走出教室，动起来、干起来。《意见》还明确了各级党委、政府的职责，强调要在党委统一领导下，把劳动教育摆上重要议事日程，出台相关政策措施，加强保障条件建设，推动建立全面实施劳动教育的长效机制。

五、推动国防教育创新发展

国防是国家生存和发展的安全保障。党的十八大以来，以习近平同志为核心的党中央为国防教育推出一系列战略决策，实施一系列重大改革，出台深化全民国防教育改革意见，修订《全民国防教育大纲》，设立烈士纪念日、国家公祭日，建立党和国家功勋荣誉表彰制度，强化新闻媒体国防宣传，创新国防教育内容、形式和手段，中国特色国防教育迈上新台阶。

新时代推动国防教育创新发展，应当注重发挥法治的规范和保障作用，运用法治思维和法治方式筑牢全民国防意识，为实现中国梦强军梦凝聚强大力量。中华优秀传统文化是我们最深厚的文化软实力，也是中国特色社会主义植根的文化沃土。中华优秀传统文化博大精深，其中军事文化占有重要位置，丰富的兵书战策，严格的军事典章，“国富者兵强，兵强者战胜”的国防建设思想，“知己知彼、百战不殆”的深邃战略思想，“苟利国家生死以，岂因祸福避趋之”的舍身卫国精神，“犯强汉者，虽远必诛”的敢打必胜信念等等，都蕴含着辉煌的文化创造和深厚的文化积淀，是继承和发扬我军大无畏英雄气概和英勇顽强战斗作风的“活化石”，也是做好新时代国防教育的宝贵文化资源。

习近平总书记强调指出，只有坚持从历史走向未来，从延续民族文化血脉中开拓前进，我们才能做好今天的事业。新时代国防教育是国之大事，旨在强化全民的国家意识、国防意识和国土意识，筑牢中华民族伟大复兴的精神长城。通过延续民族文化血脉，汲取中华优秀传统文化中蕴含的尚武思想、战争哲理、兵法谋略、治军智慧等精神营养，让中华儿女更好地理解强国梦强军梦的历史使命，更好地把握天下兴亡、匹夫有责的时代担当，进一步激发全民的爱国主义情怀。

将国防教育纳入国民教育体系，充分发挥国防教育的综合育人功能，丰富学校国家安全教育和国防教育内容，结合时代要求，推动中华优秀传统文化创造性转化和创新性发展，使蕴含其中的军事文化元素转化为培养全民爱国主义精神的文化之源，发展先进军事文化、传承红色基因的精神之源，助推实现强国梦强军梦的力量之源，探索开展中小学国防教育综合社会实践和示范校创建活动试点，继续推动国防教育特色学校建设，充分发挥军营开放日、军事夏令营等的平台作用，提高国防教育效果。

六、建立健全学生综合素质评价体系

2020 年 10 月，中共中央、国务院印发了《深化新时代教育评价改革总体方案》，并发出通知，要求各地区各部门结合实际认真贯彻落实。教育评价事关教育发展方向，有什么样的评价指挥棒，就有什么样的办学导向。为深入贯彻落实习近平总书记关于教育的重要论述和全国教育大会精神，完善立德树人体制机制，扭转不科学的教育评价导向，坚决克服唯分数、唯升学、唯文凭、唯论文、唯帽子的顽瘴痼疾，提高教育治理能力和治理水平，加快推进教育现代化、建设教育强国、办好人民满意的教育，具体方案如下：

（一）指导思想

建立健全学生综合素质评价体系是一项突破性、历史性的难题，首要目标就是构建教育评价的指导思想。教育是国之大计、党之大计，关键在党。加强党对教育工作的全面领导，是办好教育的根本保证。坚持以习近平新时代中国特色社会主义思想为指导，全面贯彻党的十九大和十九届二中、三中、四中全会精神，全面贯彻党的教育方针：坚持教育为社会主义现代化建设服务、为人民服务，把立德树人作为教育的根本任务，全面实施素质教育，培养德智体美劳全面发展的社会主义建设者和接班人，努力办好人民满意的教育。系统推进教育评价改革，发展素质教育。从“实施素质教育”到“发展素质教育”，作为新时代基础教育改革发展方向上的重大变化，是我国教育的一项中心工作，坚持“五育”并举。引导全党全社会树立科学的教育发展观、人才成长观、选人用人观，推动构建服务全民终身学习的教育体系，努力培养堪当民族复兴重任的时代新人。全面推进综合素质教育要以学生为本，关注学生的全面发展和个体差异相结合，采取全面性和多元性的评价方法。

（二）主要原则

坚持立德树人，牢记为党育人、为国育才使命，充分发挥教育评价的指挥棒作用，引导确立科学的育人目标，确保教育正确发展方向。坚持问题导向，从党中央关心、群众关切、社会关注的问题入手，破立并举，推进教育评价关键领域改革取得实质性突破。坚持“四个评价”，改进结果评价，强化过程评价，探索增值评价，健全综合评价，这体现了对教育规律和人才成长规律的尊重，强调了评价的动态性、诊断性和多元性，打破了固有的评价规则，有利于学生的全面化发展和多样性表达。在立足于我国国情的同时与世界水平相结合，对办好人民满意的教育具有深远意义。充分利用信息技术，提高教育评价的科学性、专业性、客观性。坚持统筹兼顾，针对不同主体和不同学段、不同类型教育特点，分类设计、稳步推进，增强改革的系统性、整体性、协同性。坚持中国特色，扎根中国、融通中外，立足时代、面向未来，坚定不移走中国特色社会主义教育发展道路。坚持把立德树人成效作为根本标准，落实党的全面领导、坚持正确办学方向、坚持依法治校办学是教育评价体系改革的重要内容。

（三）改革目标

教育评价体系改革的目标分为两个阶段。第一阶段：经过 5 至 10 年的不懈努力，各级党委和政府科学履行职责水平明显提高，各级各类学校立德树人落实机制更加完善，引导教师潜心育人的评价制度更加健全，促进学生全面发展的评价办法更加多元，社会选人用人方式更加科学。第二阶段：到2035年，基本形成富有时代特征、彰显中国特色、体现世界水平的教育评价体系。其中的重点任务是围绕党委和政府、学校、教师、学生、社会五类主体，坚持破立结合，改革党委和政府教育工作评价，完善党对教育工作全面领导的体制机制，完善政府履行教育职责评价，坚决纠正片面追求升学率现象；改革学校评价，坚持把立德树人成效作为根本标准，完善幼儿园评价，改进中小学校评价，健全职业学校评价，改进高等学校评价；改革教师评价，坚持把师德师风作为第一标准，突出教育教学实绩，强化一线学生工作，改进高校教师科研评价，推进人才称号回归学术性荣誉性；改革学生评价，树立科学成才观念，完善德育评价，强化体育评价，改进美育评价，加强劳动教育评价，严格学业标准，深化考试招生制度改革；改革用人评价，树立正确用人导向，促进人岗相适。

第七章

开发人力资源，建设人才强国

2002年中共中央、国务院制定下发的《2002—2005年全国人才队伍建设规划纲要》首次提出了“人才强国”战略，这一战略于2007年被写入中国共产党党章和党的十七大报告。习近平总书记在党的十九大报告中明确指出：“人才是实现民族振兴、赢得国际竞争主动的战略资源。要坚持党管人才原则，聚天下英才而用之，加快建设人才强国。”① 2021年《中华人民共和国国民经济和社会发展第十四个五年规划和2035年远景目标纲要》提出：“贯彻尊重劳动、尊重知识、尊重人才、尊重创造方针，深化人才发展体制机制改革，全方位培养、引进、用好人才，充分发挥人才第一资源的作用。”② 建设人才强国的工作重心是建设人才资源强国和充分发挥人才的作用，即构建可以不断培养出优秀人才的教育体系和可以使人才充分发挥作用的社会环境。

建设人才强国是建设社会主义现代化强国的前提条件和必然要求，面对人才资源质量不高、配置与流动失当和人才评价标准不完善等困境，我国应当立足于基本国情，探索出一条具有中国特色的建设人才强国的战略路径。基于此，本章的基本安排如下：阐述建设人才强国的主要战略方针和必要性；我国实施人才强国战略以来取得的主要成就和存在的短板；面对第二个一百年的发展目标，我国建设人才强国的路径探索。

---

① 习近平．决胜全面建成小康社会 夺取新时代中国特色社会主义伟大胜利：在中国共产党第十九次全国代表大会上的报告［N］．人民日报，2017-10-28（1）．

② 中华人民共和国国民经济和社会发展第十四个五年规划和2035年远景目标纲要［EB/OL］．（2021-03-13）［2021-07-20］．http://www.gov.cn/xinwen/2021-03/13/content_5592681.html.

第一节

建设人才强国是建设社会主义现代化强国的必然要求

社会主义现代化要求我国的科技实力大幅度提高，跻身创新型国家前列；国家文化软实力显著提升，中华文化影响更加广泛深入，成为综合国力和国际影响力领先的国家。高精尖、高水平的人才不仅是国家创新能力和文化实力的集中体现，而且在综合国力竞争和引领科技产业发展中发挥了不可或缺的作用。

一、现代化强国必须是人力资源强国

人力资源是指一个地区在特定时间内具有劳动能力的人口所拥有和潜在的体力、智力、知识和技能的总和，可以反映一定时期内劳动力人口的数量和质量[①]。人才是人力资源中的佼佼者，是德才兼备、做出突出贡献的人。作为世界上人口最多的发展中国家，人口众多、劳动力资源丰富是我国的基本国情，近年来我国少儿人口占比减少，人口老龄化趋势明显[②]，

① 童玉芬．从人口大国走向人力资源强国：中国人力资源的现状和形势分析［J］．现代经济探讨，2008（1）：11－15．

② 陆杰华，伍绪青．人口年龄结构变迁：主要特点、多重影响及其应对策略［J］．青年探索，2021（4）：28－40．

致使劳动力的后备资源受限，劳动人口进入负增长。此外，现有劳动力的质量不高，劳动人口的平均受教育年限仍与发达国家存在一定距离，高精尖、高水平的人才较少。

因此，要建设人才强国，首先应该提高现有劳动力的质量，完成从人力资源大国到人力资源强国的转变，即从“量”到“质”的飞跃。然后才能培养造就一大批高精尖、高技能人才，主要包括：世界一流水平的科学家、工程师和创新团队；颇具影响力的哲学社会科学家和人文学科专家；高端领导人才、企业家和企业高管；技艺精湛、职业化、专业化的高技能人才。

二、现代化强国必须具有国际人才竞争力

如前所述，人才是一个国家核心竞争力的构成要件，当前各国都在进行对于高层次、高水平、高技能的人才的培育和争夺的竞争。人才制度决定着人才发展的环境和流动的方向，从根本上决定了人才的竞争，因此近年来许多国家都在致力于人才制度的发展和改革，希望取得国际人才竞争的优势。

2007 年起，日本实施“世界顶级研究基地形成促进计划”，入选的机构通过良好的运营机制、稳定的经费支持、国际化的研究环境建设、公平公正的国际招聘规则、能力导向的薪酬制度等，使一批国外顶尖的科学家和青年研究人员集聚到了日本①，对日本科研实力的增强和国际影响力的提升都发挥了很大影响。由此可见，为了建设现代化人才强国，一国必须加强和完善现有的人才制度和市场体制，在国际竞争中取得人才优势，将

① 乌云其其格．国际人才竞争态势及我国的对策［J］．中国科学院院刊，2010，25（6）：595－601.

更多的优秀人才引进来并且留下来，从而保持核心竞争力。

三、提升综合国力需要人才强国的有力支撑

综合国力是一个国家所拥有的生存、发展以及对外部施加影响的各种力量和条件的总和[①]。在日益激烈的国际竞争中，各国之间除了政治、经济、文化的较量，更重要的是人才的比拼。习近平总书记在欧美同学会成立100周年庆祝大会上的讲话上强调，“综合国力竞争说到底是人才竞争。人才资源作为经济社会发展第一资源的特征和作用更加明显，人才竞争已经成为综合国力竞争的核心。谁能培养和吸引更多优秀人才，谁就能在竞争中占据优势”[②]。

因此，对于一个国家而言，综合国力的强弱直接取决于其人才数量的多少和质量的高低。建设人才强国，拥有数以亿计的高精尖、高水平、高技术人才，不仅是提升综合国力、建设创新型国家的有力支撑，更是实现“两个一百年”奋斗目标和中华民族伟大复兴中国梦的历史使命和时代担当。

四、新一轮科技革命的发展需要创新型人才

随着新一代信息、新材料、新能源、生命科学等技术进步不断催生新兴产业，人工智能、5G通信技术、基因生物技术等变革型产业迅速发展，不仅深刻地影响着人们日常生活的方方面面，还关系到一个国家的前途和命运。科技将成为国家发展的重要支撑力量，也将重塑世界发展面貌和格

① 摩根索．国家间政治：权力斗争与和平［M］．徐昕，郝望，李保平，译，北京：北京大学出版社，2006：148－188．

② 习近平．在欧美同学会成立100周年庆祝大会上的讲话［N］．人民日报，2013－10－22（2）．

局。只有抓住机遇，迎接挑战，才能在经济、科学技术、军事等领域快速发展成长，一跃成为世界强国。

面对科技革命的到来，世界主要大国都在角逐未来世界科技的主导权，这要求我们抓住科技创新这一先手棋，在科技革命上掌握先机，占据优势。党的十八大以来，习近平总书记高度重视科技创新，他强调“必须把科技创新摆在国家发展全局的核心位置”[①]。倘若我们不具备自主创新能力，在科技发展过程中就只能跟在别的国家后面亦步亦趋，无法成为领头羊。国家的科技创新能力离不开创新型人才的支撑，只有打造过硬的创新型人才队伍，凝聚力量，集中精力干大事，才能创造出优秀的创新性智力劳动成果，建设世界性的科技强国，在科技领域抢占先机。

第二节
我国人才建设取得的主要成就与短板

一、我国人才建设的主要成就

自改革开放以来，我国教育事业迅猛发展，随着义务教育制度的不断推进，教育的规模、质量逐渐提升，整体教育水平和结构也产生了巨大的

① 中共中央文献研究室．习近平关于科技创新论述摘编［M］．北京：中央文献出版社，2016：26.

变化。为了更好地对中国人才建设的发展现状进行评估，以下将通过人均受教育年限、高层次人才数量、专利申请总量、公共教育经费投入四个方面来展开评述。

（一）人均受教育年限逐步增长

人均受教育年限是某一特定年龄段人群接受学历教育的年限总和的平均数，是一个国家或地区劳动力的受教育程度[①]，同时也能反映一个国家的人力资源发展的质量。2000 年，我国人均受教育年限为 7.97 年，2005 年增加至 8.3 年，2010 年增加至 8.63 年，2012 年增加至 8.8 年，2015 年达到 8.92 年，2021 年增加至 10.9 年。通过对比我国历年的人均受教育年限可知，其虽然与发达国家存在一定的差距，但是总体呈现出逐年增长的趋势。

（二）高层次人才数量显著提高

近年来，各级各类的高层次人才数量结构逐步优化，服务社会的能力显著增强，在很多领域都取得了不菲的成绩，许多技术已经居于世界前列。高层次人才数量不断增加，2008 年，全国研究与发展（R&D）折合全时人员达 196.54 万人年，其中科学家和工程师 159.34 万人年，分别是 1991 年的 2.9 倍和 3.4 倍；全国设立博士后科研流动站 2 146 个、博士后科研工作站 1 642 个，博士后研究人员达 7 万多人[②]。《中国科技人才发展报告 2020》显示，“十三五”期间，我国 R&D 人员全时当量快速增长，年

① 高书国，王辉耀，杨晓明，等 . 2018 人力资源强国报告：人力资源竞争力指数［R］. 全球化智库，2018.

② 中华人民共和国国务院新闻办公室 . 中国的人力资源状况［EB/OL］.（2010 - 09 - 10）［2021 - 07 - 20］. http://www.mohrss.gov.cn/SYrlzyhshbzb/dongtaixinwen/dfdt/201009/t20100916_94269.html.

均增速超过7%，从2016年的387.8万人年，增长到2020年的509.2万人年，连续多年居世界第一[①]。国家统计局数据显示，2022年，我国R&D人员全时当量已增长至635.40万人年。这些科学技术工作者是一个国家发展的中坚力量，代表着一个国家的核心竞争力。从现有数据来看，我国这些高层次人才的数量不断增加，已经居于世界前列，发展前景良好。倘若一个国家想要立足于创新发展，在世界上取得重要的地位，则离不开这些优秀人才做出的杰出贡献。

（三）专利申请总量跃居世界前列

专利是指一项发明创造的首创者所拥有的受保护的独享权益。专利申请总量是指一个国家或地区在某一年申请专利的总和，专利申请的数量可以反映一个国家人才所做出的贡献。中国是一个专利申请大国，近年来，专利申请数量快速增加，已经居于世界前列。《2012年全球知识产权指标报告》指出，中国国家知识产权局所接收到的专利申请数量在2011年成为世界第一，已经超越了美国。截至2023年底，中国国内发明专利有效量为499.1万件，国内（不含港澳台）发明专利拥有量达到401.5万件，同比增长22.4%，成为世界上首个国内有效发明专利数量突破400万件的国家，每万人口高价值发明专利拥有量达11.8件，中国已成为名副其实的知识产权大国，持续为全球创新发展贡献重要力量。

专利申请数量的快速增加可以反映出我国创新型人才的数量不断增加。创新型人才的发展离不开对于知识产权的保护。为统筹推进知识产权

---

① 科技部.《中国科技人才发展报告2020》发布［EB/OL］.（2021-09-07）［2022-08-25］. https://www.most.gov.cn/kjbgz/202109/t20210907_176742.html.

强国建设，全面提升知识产权创造、运用、保护、管理和服务水平，充分发挥知识产权制度在社会主义现代化建设中的重要作用，中共中央、国务院印发《知识产权强国建设纲要（2021—2035年）》，并提出“到2035年，我国知识产权综合竞争力跻身世界前列，知识产权制度系统完备，知识产权促进创新创业蓬勃发展，全社会知识产权文化自觉基本形成，全方位、多层次参与知识产权全球治理的国际合作格局基本形成，中国特色、世界水平的知识产权强国基本建成”的发展目标[①]。

（四）公共教育经费投入快速增加

公共教育经费即国家财政性教育经费，主要包括公共财政预算教育经费、各级政府征收用于教育的税费、企业办学中的企业拨款、校办产业和社会服务收入用于教育的经费等。公共教育经费是一个国家和政府对于人才建设的投入，客观上可以反映持续性培养人才的能力。

近年来，中国的公共教育经费一直处于快速增长的阶段，2022年，全国教育经费总投入为61 329.14亿元，比上年的57 873.67亿元增长5.97%。其中国家财政性教育经费（主要包括一般公共预算安排的教育经费、政府性基金预算安排的教育经费、国有及国有控股企业办学中的企业拨款、校办产业和社会服务收入用于教育的经费等）为48 472.91亿元，比上年的45 835.31亿元增长5.75%[②]。百年大计，教育为本。从教育经费投入的比重不断升高可以看出国家对于教育的重视程度在不断加强，我

① 中共中央、国务院印发《知识产权强国建设纲要（2021—2035年）》[EB/OL].（2021-09-22）[2022-08-25]. http://www.gov.cn/zhengce/2021-09/22/content_5638714.htm.

② 教育部、国家统计局、财政部关于2022年全国教育经费执行情况统计公告[EB/OL].（2023-12-02）[2024-01-20]. http://www.moe.gov.cn/srcsite/A05/s3040/202312/t20231202_1092896.html.

国培养出高精尖、高技能人才的能力也在不断增强。

二、我国人才建设存在的短板

人才是在某一领域、某一行业或者在某一工作上做出重大贡献，具有某种突出的才能或知识，并且为社会发展和人类进步进行了创造性劳动的人。随着教育事业和经济的迅速发展，我国已经逐步形成以规模结构为基础优势、以开发贡献为效率优势、开发能力不断提升、开发质量有待提高的人才资源开发模式，但是依然存在着很多的不足：缺乏高精尖和技能应用型人才；人才资源配置与流动失当；教育经费供给结构不均衡；人才管理和评价机制有待完善；等等。

（一）缺乏高精尖和技能应用型人才

首先，当前我国面临的原始性、基础性创新不足，核心技术、底层技术受制于人的困境，归根结底是由于：人才建设“大而不强”，具备高超技能的“大国工匠”明显匮乏；在国际科技界、文化界、产业界产生重要影响的世界级大师明显偏少；具有坚实的基础理论研究能力，能够把握、规划和推动关键领域取得创新突破并带领我国占据世界科技创新制高点的战略科学家极为稀缺[①]。

其次，现有的人才培养体系难以与产业发展相适应。虽然我国人均受教育年限逐年增长，大学生人数占据世界第一，但是学校的教育体系与企业实际需求存在差异，校企脱节，人才资源和就业市场供给结构性短缺严重，许多学生在学校学习的知识很难在实际就业中发挥作用，甚至面临

① 孙锐．“十四五”时期人才发展规划的新思维［J］．人民论坛，2020（32）：44－47.

“毕业即失业”的现实难题。

最后，在社会中存在着重视普通教育、忽略职业技术教育的状况。许多职业技术院校面临着师资薄弱、教育经费不足、社会地位低、生源较差等困境，使其难以培养出具备大国工匠精神的高技能人才。

（二）人才资源配置与流动失当

人才的流动代表着知识的迁移，我国面临着城乡、区域之间人才资源分配不平衡，引进与流动不畅的困境。西部、乡村地区的人才质量较低，人才结构失衡，难以满足需求。以高等教育的发展为例，其人才资源的配置在地区上存在分配不均的现象，西部地区经济条件落后、优质资源紧缺、高等教育竞争力不足，导致其师资力量薄弱，高学历、高职称的教师难以引进。很多西部高校培养出的优秀教师，在获得教授或者人才计划的称号后，纷纷流向发达的东中部地区[①]，造成了“孔雀东南飞”的局面。有数据显示，青海省在 20 年内调走或者自动离开的科技人员在 5 万人以上[②]；新疆曾在 20 年内流失人才 21 万人，其中高级教师、学术带头人、科技骨干 10 万多人[③]。

大量优秀人才流出的原因除了地理环境恶劣、交通不方便、工资水平较低以外，还与当地的一些政策有关。首先，西部地区高校申报博士点的难度大、要求高，使得有些紧缺专业的博士点授权出现空缺；其次，优秀人才发展空间小，申报国家级奖项、大项目或院士的难度较大；最后，即使已经出

① 蔡群青，袁振国，贺文凯．西部高等教育全面振兴的现实困境、逻辑要义与破解理路［J］．大学教育科学，2021（1）：26－35.

② 陈文新，田静．西部人才流失问题分析［J］．中国市场，2004（40）：66－67.

③ 窦开龙．西部民族地区青年人才资源流失状况及对策分析［J］．西北第二民族学院学报（哲学社会科学版），2008（2）：81－84.

台了相关人才引进政策，但是无法对人才进行充分利用，最终造成大量优秀人才被“挖走”甚至出国[①]。西部地区的条件很难快速改善，条件改善的缓慢又遏制了人才的引进和流动自由，形成了恶性循环。

（三）教育经费供给结构不均衡

虽然教育经费投入的比重不断增加，但是教育经费供给结构仍面临分配不均衡、不公平的现象。我国的教育经费主要来源于政府的财政性教育经费投入和学校的收费。就经济发展而言，西部地区的经济较为落后，地方政府的财政收入较少，在全国经济竞争中处于劣势地位，导致西部地区的教育经费落后于其他地区。教育经费的缺乏使西部地区在师资配备、用于教学的设备和资源的投入方面与其他地区都存在差异，其培育人才的能力也会有所下降。

以高校的科研经费为例，2017 年云南大学、兰州大学的科研经费分别为 2.65 亿元、3.79 亿元，而清华大学、浙江大学分别为 51.68 亿元、44.2 亿元，西部 600 余所高校共获得的科研经费只占全国高校科研经费总额的 15.6%。东西部教育经费投入的差异将会导致其教育水平之间的差距逐渐扩大，教育水平之间的差距又导致其培养人才的质量差距，造成人才资源在地区配置上的失当。

（四）人才管理和评价机制有待完善

2018 年 9 月 10 日，习近平总书记在全国教育大会上明确指出：“要深化教育体制改革，健全立德树人落实机制，扭转不科学的教育评价导向，

---

① 张师超．西部高校留人才还得靠政策［N］．中国教育报，2017－03－12（2）．

坚决克服唯分数、唯升学、唯文凭、唯论文、唯帽子的顽瘴痼疾，从根本上解决教育评价指挥棒问题。”① 我国在教育评价中存在“五唯”以及教育功利化的倾向，这是不科学不合理的教育评价观、教育观和人才观，严重阻碍了教育事业的发展，束缚着人才的培养，我国亟待完善人才管理和评价机制。

首先，对于人才教育选拔、管理和评价机制，我国缺少清晰完善的制度。《教育法》第 25 条规定：“国家实行教育督导制度和学校及其他教育机构教育评估制度。”《高等教育法》第 44 条规定：“高等学校应当建立本学校办学水平、教育质量的评价制度，及时公开相关信息，接受社会监督。教育行政部门负责组织专家或者委托第三方专业机构对高等学校的办学水平、效益和教育质量进行评估。评估结果应当向社会公开。”从上述条款可以看出，我国对于人才的管理和评价标准、机制没有明确的规定，对中考、高考、研究生入学考试等重要的人才选拔考试也没有相应的法律规定。在实际情况下没有具体的法律规定，导致实践中部分人才选拔和评价机制与现实脱节或是产生不合理、不公平的现象。

其次，对于人才评价的标准过于单一。由于自身条件和外部环境的影响，每个人的发展都具有独特性，个人的优势也不尽相同。在教育改革的过程中，我国逐渐从“以分数高低论英雄”转向了对于学生综合素质的多方位评价，但是在实践过程中仍然存在着很多问题。近些年来，为了促进学生德智体美劳全面发展，很多省份在中考过程中不断提高体育、音乐、美术和综合素质评价的比重，甚至这些课程在中考中所占的比重已经与语

---

① 习近平在全国教育大会上强调：坚持中国特色社会主义教育发展道路 培养德智体美劳全面发展的社会主义建设者和接班人［N］. 人民日报，2018－09－11（1）.

文、数学、外语等科目持平。这一现象导致很多学生在考试前“恶补”这些课程，在课余时间花钱上课外班来训练体育、音乐、美术，甚至花钱购买参加社区劳动等社会实践活动的机会，以此取得好成绩。这不仅给初中生造成了很大的负担，也背离了培育全面发展学生的初衷。而且，部分初中和高中的课程教育只是在教授学生做题的方法和技巧，从而应对中考、高考，忽略了学生的探索和创新能力培养，最终只能训练出一批又一批的“做题家”。

最后，对于人才的实质性评价不足。当前我国对于人才的评价标准多是形式化的，仅仅是对其外部特征进行描述、分析和判断。例如在评价高校教师的学术水平时，只是通过发表论文的篇数、发表刊物的级别、取得教育经费的多少以及获奖的数量进行评判，而不是衡量学术成果的质量和贡献。这种评价标准产生了不良的导向作用，使得学术成果重数量而不是质量，有些学术成果仅仅停留在纸上谈兵的阶段，不具有实践的价值。

第三节

开发人力资源、建设人才强国的路径

一、加强顶层设计，完善教育法律体系

教育是人才成才的途径，人才的竞争归根到底就是教育的竞争，教育

事业的强盛与否代表人才培养能力的大小。强国先强教，教育兴则国兴，教育强则国强。要加强党对教育事业的全面领导，首要的任务就是要加强立法顶层设计，完善现有的教育法律体系。如此一来，才能实现学校“依法治教”，在开展教育活动中“有法可依”，实现立德树人的根本目标。

自 1980 年《学位条例》颁布以来，我国已经逐渐形成了以 8 部教育法律为统领，16 部教育行政法规、80 部教育部门规章和大量的地方性教育法规规章构成的中国特色社会主义教育法律法规体系①。在教育法律中，形成了以《教育法》为基本法，从《义务教育法》《高等教育法》《教师法》《民办教育促进法》《职业教育法》《学位条例》等不同部门法展开的体系，基本涵盖了大部分教育领域。但是从教育的类型和阶段来看，缺少社会教育、家庭教育、学前和高中教育等方向的法律②，现有法律法规中部分条款已经过时，无法适应教育发展的需要，亟须对现有法律进行修订，并加强对重要领域的立法工作。

以考试法为例，为了保证考生的合法权益，应当制定统一的考试法，既对统一的标准做出规定，也要根据不同层次、不同类别考试的特点，做出类别化、个性化的立法，对考试机构、类别、管理、违纪违规行为的认定与处理等做出统一、细致的规定，并对考试的种类加以明确的列举。明确考试中决定权、命题权、管理权、执行权、评价权、处罚权、监督权等权责的划分，考试过程中的规定和争议解决机制，为依法治考提供直接的法律依据。

---

① 孙霄兵，翟刚学．中国教育法治的历史回顾与未来展望 [J]. 课程·教材·教法，2017，37 (5)：4－14.

② 申素平．对我国教育立法的思考 [J]. 中国教育学刊，2018 (6)：62－66.

《国家中长期教育改革和发展规划纲要（2010—2020年）》指出："根据经济社会发展和教育改革的需要，修订教育法、职业教育法、高等教育法、学位条例、教师法、民办教育促进法，制定有关考试、学校、终身学习、学前教育、家庭教育等法律。加强教育行政法规建设。各地根据当地实际，制定促进本地区教育发展的地方性法规和规章。"① 在制定和修订法律法规时，应当从现存的教育问题及其与政治、经济、文化的关系入手，同时考虑教育法律体系内部以及外部法律层级之间的关系。此外，为了使教育立法具有前瞻性，还应开展对人工智能教育、互联网教育等前沿领域的立法研究，以应对教育的改革。

二、健全人才市场，调节人才流动秩序

西部、农村边远地区经济欠发达的根本原因是其高端人才少、引进人才难、人才流失多。面对这些问题，应当先从国家层面进行宏观调控，合理配置人才资源，将优质的人才资源引入西部。

政府利用自身的职能实现"东才西调"，将优秀、高层次的人才引进西部和农村地区。近年来国家出台了"新世纪百千万人才工程""大学生志愿服务西部计划""西部之光"等人才引进政策和培养计划，通过对引进的人才在职称评聘、配偶随调随迁、城市户口、子女入学等方面予以优惠，对吸引和留住人才都起到了一定的积极作用。除此之外，还可以利用互联网技术，实现东西部地区的人才共享。选拔国有重点骨干企业、著名

① 国家中长期教育改革和发展规划纲要工作小组办公室．国家中长期教育改革和发展规划纲要（2010—2020年）[EB/OL].（2017-07-29）[2021-07-20]. http://www.moe.gov.cn/srcsite/A01/s7048/201007/t20100729_171904.html.

高校、国家机关、金融机构、科研院所、医疗卫生机构中的高技术人才，通过在线视频会议等方式，向西部的定点单位进行知识和技能的讲授，以此实现人才共享①。充分利用西部地区地大物博、资源丰富的优势，以此吸引更多的人才在农业、畜牧业等领域进行创业，不仅可以提升自身价值感，促进人才的流通，还能高效地带动当地经济的发展。

三、创新人才培养模式，深化体制机制改革

（一）转变教育模式，全面推进智能教育

面对突如其来的新冠疫情，大中小学都响应“停课不停学”的号召，开展了线上教学工作。与此同时，随着人工智能的不断发展，智能教育也走进了人们的视野。利用网络教学设备，不仅可以打破课堂的限制，实现远程教学，还可以通过智能导学系统，对每个学生施行一对一的辅导，促进个性化的教育。后疫情时代的到来带来了教育发展新格局，面对时代带来的机遇，学校教育应从多个方面开始转型。

《中国教育现代化 2035》指出，面对教育现代化应当提升一流人才的培养与创新能力，注重培养人才的质量，构建贯彻初等教育至高等教育的创造性教育体系，激活学生的创新潜能，培养选拔创造性人才。要实现教育现代化就必须实现教育模式现代化，应当从传统的机械式教学转变为师生之间自主选择式教学模式。互联网使得人们可以随时随地共享和获取各种知识，传统教学模式的向学生讲授固定的知识、使用统一的教科书已经不能适应如今的知识大爆炸时代。授人以鱼不如授人以渔，未来教育应当

---

① 王玲．我国西部地区人才引进问题研究：以甘肃省为例［D］．北京：首都经济贸易大学，2016.

发挥知识的“桥梁”作用，利用智能教育的个性化特征，根据每个学生能力与思维方式的差异，制定出不同的学习方案。在教学过程中教会学生如何去思考，培养学生的高阶思维能力和创新创造能力，造就可以快速适应未来产业变化的人才，而非专业化、标准化的“做题家”。

学校的教学管理也应该发生转变，传统标准化和流程化的教学管理模式已经与时代脱节，未来学校可以通过现代信息教学设备对学生进行智能化管理和决策。例如，中国移动（成都）产业研究院发布了中国移动 5G 智慧校园云平台，学校可利用智慧校园平台，对学生进行管理和做出决策。具体表现为：(1) 智能学生管理。新型传感器通过连接上课学生的手机蓝牙监测学生考勤情况，给缺勤学生发送上课提醒，以降低缺勤率①。同时也可以对校园环境进行安全管理，降低校园事故的发生。(2) 智能决策系统。在助学贷款方面，人工智能通过深度算法，智能评估哪些学生需要助学贷款。还可以通过观察学生的行动分析学生的学业风险、心理健康问题等，并提前进行干预。目前，很多在线教育企业已经搭建了成熟的在线学习平台和 APP，学校可以和这些教育企业开展合作，全方位开展智能教育，提高教学质量。

（二）实施英才教育，注重英才的选拔和培养

天才教育理论提出，有 5%～15%的儿童属于天才儿童，需要给予特殊的教育。英才是国家创新人才队伍建设的组成部分，世界上的一些主要国家都十分重视天才教育或者英才教育的问题。我国虽在中国科学技术大

① 王岚，王凯．教育中的人工智能：应用、风险与治理研究［J］．黑龙江高教研究，2020，38(6)：45-49.

学、西安交通大学和东南大学设有少年班，选拔那些已经掌握中学阶段的所有知识并且成绩优异的学生，让他们提前接受高等教育，发掘自身优势和科研潜能，并借此输出各专业的优秀人才，但总体来看，在当前的人才培养体系中，我们对英才教育的重视程度是不够的，突出表现在英才教育的覆盖面小，多为学校自发实验与地方零散化的项目支持，专业化水平较低，重“拔”尖，轻培养。

英才教育可以为才华出众的学生提供更多的学习机会和平台，让其成为国家高端人才的重要资源储备力量。为有效培养拔尖创新人才，我们亟须建设中国特色的英才教育体系。首先，务必要处理好英才教育、精英教育与教育公平的关系，让每一个孩子都有成长成才的机会，更要让每一个孩子都能发挥自己的天赋，保障他们的发展权利，以中国特色的英才教育选拔人才，培养拔尖创新人才。其次，可以借鉴其他国家的制度，为英才教育提供制度性的保障。以美国为例，美国国会通过的《超常儿童教育法》、《雅各布·K. 贾维茨超常学生教育法》、《不让一个孩子掉队法》及《让每个孩子成功法》等法律法规，明确了超常儿童教育的方式和地位，为超常教育提供了人力、物力和法律的保证。再次，还应该鼓励高校和中学为学习进度超前的学生单独设立少年班等班级，根据其学习程度设立相关课程和配置师资力量，以确保每个学生都有适合自己的受教育方式。

（三）建设学有所教、幼有所育、服务全民的终身学习教育体系

中国很早以来就有“活到老学到老”的俗语。英国教育家耶克斯利的《终身教育》是世界上第一部关于终身教育的著作，该书从宗教和世俗相结合的角度对终身教育进行了完整阐述，使终身教育的思想逐渐走入大众

的视野。新中国成立后，义务教育的普及使我国的文盲率大大降低，但是随着科学技术不断发展，我们已经进入知识经济时代，知识的更迭日新月异，总量呈现出爆发式增长的趋势，如果不进行不断的学习，闭门造车，只会被时代所抛弃。因此终身教育的学习理念越来越受到人们的重视，各个领域内的人才也应该积极进取，不断汲取新的知识，以保证自身的核心竞争力和适应产业结构不断调整改革的需要。

建设学有所教、幼有所育、服务全民的终身学习教育体系是深入贯彻以人民为中心的发展思想的重要惠民举措，更是符合数字时代发展的时代创举。党的二十大报告指出，要“建设全民终身学习的学习型社会、学习型大国”①，更加强调了终身学习教育体系在提升人力资本，培养新型人才中的育人内涵。从国家层面来看，我国也在不断重视和强调终身教育，目前已将《终身教育法》的编纂写入了立法工作计划，同时也出台相应政策鼓励各行各业积极开展教育学习活动，主动学习新技术和新制度，增加员工的专业能力和提升其职业素养。从时代机遇来看，我们处在一个实现终身教育的良好契机下，网络强国、数字中国正在稳步推进，智能手机和互联网的高度普及，使我们拥有了取之不竭的知识和学习资源，学习也不再局限于传统的课堂图书馆中，我们可以利用碎片化的时间进行自主学习，也可以在社交平台结交很多学伴，互相监督或者交流困惑，大家共同学习，一起进步。智能穿戴设备也为视觉、听力障碍人士以及老年人的学习提供了可能，通过智能助手详细的语音讲解或者是 VR 眼镜等智能穿戴设备，他们可以突破以往学习的限制，了解和探索这个世界。

---

① 习近平．高举中国特色社会主义伟大旗帜 为全面建设社会主义现代化国家而团结奋斗：在中国共产党第二十次全国代表大会上的报告［N］．人民日报，2022-10-26（1）．

(四) 改革人事制度，创新变革人才评价体制机制

世有伯乐，然后有千里马。人才的选拔工作可以帮助我们找到“千里马”，然后使人才发挥自身的作用，在不同领域内做出卓越的贡献。人事制度改革能够助力构建卓越而有活力的教师队伍，为人才培养和学术研究提供充足智力支持。人才评价则事关人才成长成才方向，有什么样的评价指挥棒，就有什么样的人才培养导向。

创新开展人才培养工作，关键在教师。长期以来，我国中小学教师人事制度中存在教师待遇偏低、编制紧缺且动态调整滞后、编内教师供需失衡等问题[①]，高校教师人事制度中也存在教师队伍结构不合理、绩效考核机制不成熟、人事管理工作专业性缺失等困境[②]。切实改革人事制度，既需要在制度上创新编制配备管理、优化岗位设置管理，更需要深化教师职称制度改革、完善教师地位待遇保障，出台惠师政策，大力弘扬尊师重教社会风尚[③]。

当前我国人才的选拔和评价模式中存在着“唯分数论”、“一考定终身”、“五唯”评价等问题，需要进行改革和完善。首先，对于中考、高考和研究生入学考试等大型考试应制定完善的法律法规，根据不同阶段的特点制定不同的制度。在考试过程中既要注重对于学生的综合性评价，又要把握评价的标准和限度，避免评价过于应试化而给学生增加负担；破除

---

① 金志峰，庞丽娟，杨小敏，等．关于我国中小学人事制度改革的思考与建议［J］．教师教育研究，2021，33（1）：34－39.

② 鲍威，戴长亮，金红昊，等．我国高校教师人事制度改革：现状、问题与挑战［J］．中国高教研究，2020（12）：21－27.

③ 赵静．深化教师人事制度改革 为建设高素质教师队伍做好基础保障［J］．中国教育学刊，2018（4）：9－11.

“五唯”评价模式，从“重资历”转向“重贡献”，明确评价的标准，全面公开选拔和评价过程，做到公平公正。其次，实现人才的选拔评价标准多元化，对于人才的评价不能“一刀切”，应当根据不同领域、专业和行业的实际需要，制定不同的人才选拔和评价标准。根据学科差异性，对于同一类学科适用相同的评估标准，针对不同学科，根据该学科特点和发展规律制定评价标准和指标。再次，健全促进公平、科学选才、监督有力的体制机制，构建衔接沟通各级各类教育、认可多种学习成果的终身学习“立交桥”。最后，对于学生的学习成果的评价可以从以标准化的考试成绩为主转向以学生的学习成果为主，应当重点考察学生的阶段性学习成果，比如可以完成怎样的作业、作品、论文，可以解决什么样的问题以及思维能力是否有提高，如此才能对学生的学习成果做出客观评价，而不是“以分数高低论英雄”。

四、加强公共教育投入，发展有公平有质量有创新的教育

目前，全面提高教育质量，建设高质量教育体系已经成为中国教育的战略性任务，教育的质量决定人力资源的质量，人力资源质量在一定程度上决定各行各业发展的速度和质量。高质量主要体现在：教育地区不平衡不充分问题得到基本解决，高等教育专业设置和课程更加符合现代化经济社会发展的需要，基础教育从基本均衡走向优质均衡，职业教育形成从中职到高职和职业本科的体系，学前教育入园率进一步提高。习近平总书记在清华大学考察时指出：“中国教育是能够培养出大师来的。我们要有这个自信，开拓视野、兼收并蓄，扎扎实实把中国教育办好。”①

---

① 习近平在清华大学考察时强调：坚持中国特色世界一流大学建设目标方向 为服务国家富强民族复兴人民幸福贡献力量［N］. 人民日报，2021－04－20（1）.

（一）提高高等教育质量，建设中国特色世界一流大学

一个国家的高等教育体系需要有一流大学群体的有力支撑，一流大学群体的水平和质量决定了高等教育体系的水平和质量。建设一流高校的关键在于提高其培育人才的质量，因此高校应不断发挥自身学科优势，创造开放与自主自由的学术化氛围，既要保持对基础学科的不断研究，又要发挥科研优势，自由探索，敢于质疑现有理论，勇于开拓新的方向。重点培育高精尖和国家急需的人才，科学制定人才培养方案，紧跟时代发展的新趋势，办好让人民满意的高等教育。

高等学校在办学过程中应当把立德树人作为根本任务，把服务国家作为最高追求，把学科建设作为发展根基，把深化改革作为强大动力，把加强党的建设作为坚强保证，扎根中国大地，继承红色基因，做到党管教育，党管人才。国家和政府应加强对于重点学科建设的科研经费投入，稳步扩大研究生培养规模，做好国家重点实验室的建设工作，尤其是围绕数学、物理、化学、生物、医学等相关领域，在干细胞、合成生物学、园艺生物学、脑科学与类脑科学等前沿方向布局建设，努力攻克“卡脖子”的关键性技术，产教学结合，注重科研成果的转化。建设高水平的教师队伍，教师担负着立德树人、传道授业解惑的职责，要成为大先生，做学生为学、为事、为人的示范，促进学生成长为全面发展的人。不仅要始终坚持中国特色社会主义的坚定信仰，还应该着眼学术前沿问题，不断学习新知识、新技术、新理论，致力解决实际问题。

（二）大力发展职业教育

职业教育的功能价值是为经济社会发展培养具有熟练操作技能的、应

用层次的、从事某项具体事务性或技术性专业工作的专门人才[①]。2019 年 1 月，国务院印发的《国家职业教育改革实施方案》指出“职业教育与普通教育是两种不同教育类型，具有同等重要地位”，正式确定职业教育在我国教育体系中的地位。目前，中国职业教育体系框架已经全面建成，2019 年教育部批准 22 所学校开展本科层次职业教育试点，实现了职业教育与普通教育的有机相融；建立了国务院职业教育工作部际联席会议制度，协同发展职业教育；制定中等职业教育德育大纲、中等职业学校公约，规范了职业教育的国家教学标准；《职业教育法》的修改也取得了实质性进展。

技能人才是支撑中国制造、中国创造的重要力量。加强高级工以上的高技能人才队伍建设，对巩固和发展工人阶级先进性，增强国家核心竞争力和科技创新能力，缓解就业结构性矛盾，推动高质量发展具有重要意义。2022 年 10 月 7 日，中共中央办公厅、国务院办公厅印发《关于加强新时代高技能人才队伍建设的意见》，强调要加大高技能人才培养力度、完善技能导向的使用制度、建立技能人才职业技能等级制度和多元化评价机制与建立高技能人才表彰激励机制，推动打造一支爱党报国、敬业奉献、技艺精湛、素质优良、规模宏大、结构合理的高技能人才队伍。

人工智能逐渐取代了规则性的体力劳动，我们正在迈向智能化时代。建设现代化强国离不开教育现代化的支撑和引领，因此要求职业教育应该培育出更多能够支撑未来产业发展、具备高端新型职业技能的“大国工匠”。首先应当不断优化职业教育体系结构，在本科层级职业教育试点的

① 崔炳辉．面向 2035 中国职业教育现代化的时代背景、特征与实现路径［J］．中国高等教育，2020（Z1）：58－60.

基础上，探索专业硕士研究生的培养。提升职业院校的生源质量，加强对于“1＋X”“创新创业课程开发”“互联网＋教育”的推行，建立优质的职业教育教学资源，变革教学方式，培养智能化的复合型人才。其次，加大对职业技术院校的经费投入，打破其“低等级”的教育地位，为职业教育建设专业本领过硬、资力雄厚的师资队伍。实现校企合作、产教相连，全面落实《职业学校校企合作促进办法》的有关规定，健全企业参与制度，发挥企业办学主体作用。学校要把企业和产业发展对职业岗位的新要求新标准融入专业设置、人才培养方案、课程内容以及教学过程中，加快培养制造业的紧缺人才。企业要依法履行实施职业教育的义务，利用技术、设施、管理、资本等要素参与人才培养，使学校与企业行业真正成为命运共同体。

（三）振兴西部和农村教育，谋划教育新格局

如前文所提，当前我国西部和农村地区面临着缺乏高层次人才、人才引进难和流失严重等问题，而人才的问题归根结底就是教育的问题，西部、农村地区的教育欠发达、师资水平落后导致其难以培养出优秀的人才。2019 年中共中央、国务院印发《中国教育现代化 2035》，提出教育现代化是“普及”“质量”“公平”“结构”等方面整体水平的提升，要秉持“发展公平而有质量的教育”的教育发展理念，因此要打造教育新格局，必须要振兴西部和农村教育。

教育问题的背后往往包含着政治、经济和社会问题，要解决教育问题，首先要把好政策关，加强财政投入和基础设施建设。政府可以免费为学校的建设提供土地，减轻学校的财政负担。利用互联网信息技术和大数据的优势，努力消除数字鸿沟。借势政策红利推进“一带一路”教育高地建设，全方位开展人才培养合作，逐渐形成学术共同体和高校联盟或区域研究中心，形成区域内高等教育资源的有效互补利用。提高特岗教师、乡村教师的薪资待遇和社会地位，解决农村地区师资薄弱、教师流动快的问题。提高边疆地区儿童的教育普及率，让每一个边疆地区的儿童都能接受教育。优化财政收入和管理制度，设立专项教育科研基金，加快西部地区高等院校博士点的建设，吸引更多高质量的教师队伍，构建多样化、发展性、全方位考核教师绩效的评价新体系，促进教师专业发展。充分发挥东部高校的支持带动作用，持续实施对口支援西部高校计划。

五、创建开放包容和尊重人才的社会环境

社会环境是指人类生存和发展过程中的一切经济、政治和文化环境，既包括文学、艺术、教育、科学等精神因素构成的环境①，也包括法律、法规等制度规范构成的环境。个人的天赋、主观努力程度、受教育程度以及社会环境都会对人才的形成起到一定的作用，其中社会环境作为培育和发展人才的基础和前提，对人才的成长起到了不可忽略的作用。

首先，法律、法规、制度和政策构建出来的规范环境，可以帮助指引和规范人才的发展。法律可以指导人们做出或者不做出一定行为，并且通过规定权利义务和不履行义务所需承担的法律后果来指引约束人们的行为。其次，文学、艺术等学术氛围的构建，可以对人才的实践活动、认识活动、思维方式和综合素养起到潜移默化的影响。近朱者赤，近墨者黑。在良好的学术氛围的长期熏陶之下，人的性格、品行、思维方式都会发生

① 陈淑丽．社会文化环境对人才成长的影响探析［J］．理论研究，2010（6）：24－25．

明显的改变。健康良好的社会环境可以帮助人才树立正确的世界观、人生观和价值观，形成较高的文化素养和积极创新的思维方式，帮助个人成为德才兼备的优秀人才，也可以促进身边一群人共同思考，发散思维，产生人才的共生效应。最后，开放包容的社会环境有利于人才进行创造性智力活动及其成果的实现。人才发挥自身的作用需要一定社会环境基础，没有开放包容的社会环境为其提供技术、资金条件的支持和发展的平台，再优秀的人才，其才华也只能“纸上谈兵”，无法落到实处。因此，要想吸引更多的优秀人才，防止人才的流失，并且拥有培养优秀人才的能力，应当营造爱护人才、敬重人才、合理使用人才的社会环境。

第八章

促进共同富裕，实现乡村教育振兴

第一节
共同富裕要求乡村教育振兴

一、面向共同富裕的乡村振兴的基本要求

自党的十九大报告首次提出实施乡村振兴战略以来，党中央、国务院先后出台了一系列关于乡村振兴的重要政策。2018 年 1 月 2 日，中共中央、国务院发布了《中共中央国务院关于实施乡村振兴战略的意见》，即 2018 年中央一号文件，文件中明确指出了实施乡村振兴战略的基本定位“是党的十九大作出的重大决策部署，是决胜全面建成小康社会、全面建设社会主义现代化国家的重大历史任务，是新时代‘三农’工作的总抓手”。总要求是“产业兴旺、生态宜居、乡风文明、治理有效、生活富裕”。目标任务是：到 2020 年，乡村振兴取得重要进展，制度框架和政策体系基本形成；到 2035 年，乡村振兴取得决定性进展，农业农村现代化基本实现；到 2050 年，乡村全面振兴，农业强、农村美、农民富全面实现。

2018 年 9 月，中共中央、国务院印发了《乡村振兴战略规划（2018—2022 年）》，并发出通知，要求各地区各部门结合实际认真贯彻落实。该规划是在 2018 年中央一号文件的基础上编制，主要内容共分为三十七章，

从科学有序推动乡村产业、人才、文化、生态和组织振兴等方面展开战略规划。该规划以习近平总书记关于“三农”工作的重要论述为指导，按照产业兴旺、生态宜居、乡风文明、治理有效、生活富裕的总要求，对实施乡村振兴战略做出阶段性谋划，分别明确至2020年全面建成小康社会和2022年召开党的二十大时的目标任务，细化实化工作重点和政策措施，部署重大工程、重大计划、重大行动，确保乡村振兴战略落实落地，是指导各地区各部门分类有序推进乡村振兴的重要依据。

2021年2月21日，《中共中央国务院关于全面推进乡村振兴加快农业农村现代化的意见》即2021年中央一号文件发布。该文件提出：“全面推进乡村振兴，加快农业农村现代化努力开创‘三农’工作新局面”。文件指出，2021年的重点任务是实现巩固拓展脱贫攻坚成果同乡村振兴有效衔接，脱贫攻坚目标任务完成后，设立5年衔接过渡期，保持现有主要帮扶政策整体稳定。2021年3月，中共中央、国务院发布了《关于实现巩固拓展脱贫攻坚成果同乡村振兴有效衔接的意见》，提出重点工作。该文件提出，脱贫攻坚目标任务完成后，设立5年过渡期。到2025年，脱贫攻坚成果巩固拓展，乡村振兴全面推进，脱贫地区经济活力和发展后劲明显增强，乡村产业质量效益和竞争力进一步提高，农村基础设施和基本公共服务水平进一步提升，生态环境持续改善，美丽宜居乡村建设扎实推进，乡风文明建设取得显著进展，农村基层组织建设不断加强，农村低收入人口分类帮扶长效机制逐步完善，脱贫地区农民收入增速高于全国农民平均水平。到2035年，脱贫地区经济实力显著增强，乡村振兴取得重大进展，农村低收入人口生活水平显著提高，城乡差距进一步缩小，在促进全体人民共同富裕上取得更为明显的实质性进展。

2021 年 4 月 29 日，十三届全国人大常委会第二十八次会议表决通过《中华人民共和国乡村振兴促进法》。《乡村振兴促进法》是在新时代脱贫攻坚目标如期完成、“三农”工作重心向全面推进乡村振兴逐步转移的背景下制定的，将为我国乡村振兴提供有力的法律支撑。《乡村振兴促进法》以党中央提出的坚持农业农村优先发展、健全城乡融合发展的体制机制、建立新型城乡关系等方面的重大政策为依据，围绕乡村振兴战略的五大目标、基本原则和主要任务，从组织建设、机制创新、措施保障等方面，确立了全局性、系统性的法律制度规范。

党的二十大擘画了以中国式现代化全面推进中华民族伟大复兴的宏伟蓝图，其中共同富裕作为社会主义的本质要求、人民群众的共同期盼，也是实现中国式现代化的重要特征。共同富裕的对象是全体人民，共同富裕不是少数人的富裕，也不是少数地区的富裕。促进共同富裕，最艰巨最繁重的任务在农村。全面建设社会主义现代化国家，最艰巨最繁重的任务仍然在农村。全面推进乡村振兴与推动共同富裕是有机统一、密切相关的。党的二十大之后，全面推进乡村振兴纳入了构建新发展格局、面向共同富裕的整体框架中，强调把共同富裕的本质要求嵌入乡村振兴的重大决策部署中，统筹推进乡村振兴与共同富裕。

特别需要强调的是，党的二十大之后乡村文化振兴被提到了新的高度。习近平总书记在党的二十大报告中强调全面推进乡村振兴，“坚持农业农村优先发展，坚持城乡融合发展，畅通城乡要素流动。加快建设农业强国，扎实推动乡村产业、人才、文化、生态、组织振兴”[①]。《中共中央

① 习近平．高举中国特色社会主义伟大旗帜 为全面建设社会主义现代化国家而团结奋斗：在中国共产党第二十次全国代表大会上的报告［N］．人民日报，2022－10－26（1）．

国务院关于做好2023年全面推进乡村振兴重点工作的意见》特别指出要"加强农村精神文明建设"，包括深入开展社会主义核心价值观宣传教育、注重家庭家教家风建设等。

二、我国乡村教育已进入乡村振兴"第二步"战略阶段

根据2018年出台的《关于实施乡村振兴战略的意见》中我国乡村振兴的"三步走"战略，随着脱贫攻坚战的全面胜利，我国乡村振兴在"第一步"战略中的目标任务已经圆满完成①，顺利进入到了乡村振兴的"第二步"战略阶段。教育是乡村振兴战略推进的关键领域，在乡村振兴的脱贫阶段，肩负着"发展教育脱贫一批"，开对"药方子"，拔掉"穷根子"，实现教育脱贫的重要任务。通过经费帮扶、政策优待、人才援助等多方面的倾斜支援，乡村教育振兴，尤其是贫困地区的乡村教育振兴，从办学的基础设施条件到办学的质量和水平都实现了跨越式发展。在乡村振兴的"第一步"脱贫战略阶段，通过"输血"提质，充分发挥了乡村教育的"造血"功能。

2021年初，中共中央、国务院颁布了《关于全面推进乡村振兴加快农业农村现代化的意见》，文件明确指出要通过教育来"推进农业现代化"，实现"提高农村教育质量"以"提升农村基本公共服务水平"，以教育"弘扬和践行社会主义核心价值观"，"加强新时代农村精神文明建设"等。随着乡村振兴进入"第二步"战略阶段，教育不仅要继续发挥治愚、扶智的重要作用，阻断贫困的代际传递，防止返贫，巩固脱贫阶段乡村教育振

---

① 中共中央 国务院关于实施乡村振兴战略的意见［EB/OL］.（2018-02-04）［2024-01-20］. http://www.gov.cn/zhengce/2018-02/04/content_5263807.htm.

兴的成果，还要进一步发挥建设乡村精神文明、助推乡村群众获得美好生活等反哺作用。在推动乡村教育现代化的同时，以教育助推农业农村的现代化建设，实现乡村教育振兴的战略升级。

三、教育需实现巩固脱贫攻坚成果同乡村振兴的有效衔接

《中华人民共和国国民经济和社会发展第十四个五年规划和2035年远景目标纲要》提出要严格落实“摘帽不摘责任、摘帽不摘政策、摘帽不摘帮扶、摘帽不摘监管”要求，建立健全巩固拓展脱贫攻坚成果长效机制。坚持和完善东西部协作和对口支援、中央单位定点帮扶、社会力量参与帮扶等机制，调整优化东西部协作结对帮扶关系和帮扶方式，强化产业合作和劳务协作。

《中国教育现代化2035》提出要大力推进教育理念、体系、制度、内容、方法和治理现代化，着力提高教育质量，促进教育公平，优化教育结构，到2035年建成服务全民终身学习的现代教育体系、普及有质量的学前教育、实现优质均衡的义务教育、全面普及高中阶段教育、职业教育服务能力显著提升、高等教育竞争力明显提升、残疾儿童少年享有适合的教育、形成全社会共同参与的教育治理新格局。对于如何振兴乡村教育来促进建设高质量现代化教育体系，《中国教育现代化2035》提出任务之一是要推动各级教育高水平高质量普及。以农村为重点提升学前教育普及水平，建立更为完善的学前教育管理体制、办园体制和投入体制，大力发展公办园，加快发展普惠性民办幼儿园。提升义务教育巩固水平，健全控辍保学工作责任体系。提升高中阶段教育普及水平，推进中等职业教育和普通高中教育协调发展，鼓励普通高中多样化有特色发展。振兴中西部地区

高等教育。提升民族教育发展水平。

《“十四五”时期教育强国推进工程实施方案》提出我国区域、城乡之间教育发展还存在明显差距，基本公共教育服务均等化水平有待提升。党的十九大、十九届五中全会和全国教育大会明确，建设高质量教育体系，加快建设教育强国，办好人民满意的教育。实施教育强国推进工程，促进各级各类教育协调发展，是促进教育公平、提升教育质量的重要途径，是完善现代教育体系、加快教育现代化的内在要求。其中的建设任务之一是巩固基础教育脱贫攻坚成果，支持欠发达地区特别是“三区三州”等原深度贫困地区巩固教育脱贫攻坚成果，积极扩大基础教育学位供给，提高学前教育入学率和义务教育巩固率，保障群众受教育权利，加快缩小与其他地区教育差距，阻断贫困代际传递。在集中支持 14 个原集中连片特困地区的片区县、片区外国家扶贫开发工作重点县共 832 个县的范围内，做好义务教育学校建设，按照基本办学标准来改善学校的校舍、场所；做好公办幼儿园建设，支持新建和改扩建公办园、集体办园。坚持以义务教育学校为重点，统筹学前教育建设。

教育部等四部门印发的《关于实现巩固拓展教育脱贫攻坚成果同乡村振兴有效衔接的意见》将工作目标定为：脱贫攻坚目标任务完成后，设立 5 年过渡期。到 2025 年，实现教育脱贫攻坚成果巩固拓展，农村教育普及水平稳步提高，农村教育高质量发展基础更加夯实，农村家庭经济困难学生教育帮扶机制愈加完善，城乡教育差距进一步缩小，教育服务乡村振兴的能力和水平进一步提升，乡村教育振兴和教育振兴乡村的良性循环基本形成。由此可见，巩固拓展脱贫攻坚成果与乡村振兴有效衔接将会夯实农村高质量发展基础，从而夯实建设高质量教育体系基础。该意见明确了重点任务：建立健全巩固拓展义务教育有保障成果长效机制；建立健全农村家庭经济困难学生教育帮扶机制；做好巩固拓展教育脱贫攻坚成果同乡村振兴有效衔接重点工作；延续完善巩固拓展脱贫攻坚成果与乡村振兴有效衔接的对口帮扶工作机制。

第二节
乡村教育振兴的重要经验

一、当前乡村教育振兴所获得的重大成就

（一）“义务教育有保障”目标全面实现

到2020年底，全国义务教育阶段辍学学生由台账建立之初的60多万人降至682人，其中20多万建档立卡辍学学生实现动态清零，长期存在的建档立卡贫困学生的失学辍学问题得到历史性解决。2019年贫困县九年义务教育巩固率达到93.5%，较2015年提高了近4个百分点，大幅缩小了与全国95%平均水平的差距。

（二）“发展教育脱贫一批”，打赢教育脱贫攻坚战

贫困地区学校面貌发生了格局性变化。贫困地区办学条件得到根本性改善，2013年以来，累计改善贫困地区义务教育薄弱学校10.8万所，全

国99.8%的义务教育学校（含教学点）办学条件达到基本要求。全国中小学（含教学点）互联网接入率从2012年的25%上升到100%，拥有多媒体教室的学校比例达到99.5%。乡村教师队伍建设水平整体提升，“特岗计划”累计招聘教师95万名，“国培计划”培训中西部乡村学校教师校长1 573万余人次。乡村教师队伍的整体素质也大幅提升，本科以上学历占51.6%，中级以上职称占44.7%。

定点联系滇西脱贫攻坚目标任务全面完成。教育系统先后派出8批480余人次挂职干部投身滇西脱贫攻坚第一线，资助滇西学生310.6万人次；32所直属高校在滇西开展扶贫工作，累计投入和引进帮扶资金13.42亿元。滇西10州市56个贫困县（市、区）义务教育学校办学条件全部达到“20条底线”标准。

中央单位定点扶贫工作教育特色鲜明。教育部定点扶贫河北省青龙县和威县工作成效显著。助力两县于2018年高质量退出国家级贫困县行列，脱贫攻坚成效考核居河北省前列。直属高校定点扶贫目标任务高质量完成。64所直属高校倾情倾力推进定点扶贫工作，定点扶贫县全部脱贫摘帽。

（三）职业教育助力乡村教育振兴成效快速显现

党的十八大以来，累计有800多万贫困家庭学生接受中高等职业教育，目前职业院校70%以上的学生来自农村。高等教育助力贫困学生纵向流动的通道更加宽广。党的十八大以来，累计有514.05万建档立卡贫困学生接受高等教育，贫困地区学生得到了更为公平的受教育和就业机会。完善的资助政策体系织牢了兜底保障网。以政府为主导、学校和社会积极参与，覆盖从学前至研究生各个教育阶段的学生资助政策体系更加完善，从制度上保障了不让一个学生因家庭经济困难而失学。推普助力乡村教育振兴的能力显著提升。国家通用语言文字普及攻坚工程深入实施，累计开展350余万人次农村教师、青壮年农牧民国家通用语言文字培训。

（四）教育帮扶格局基本形成并不断完善

乡村教育振兴在脱贫攻坚阶段得到了各级党政机关、人民团体、企事业单位、社会组织和各界人士的大力支持，东西部扶贫协作、对口支援、中央单位定点扶贫、携手奔小康、万企帮万村、军队扶贫都把教育作为脱贫攻坚重要任务，并基本形成了专项扶贫、行业扶贫、社会扶贫“三位一体”的帮扶格局。教育脱贫攻坚取得全面胜利后，各方积极落实巩固拓展脱贫攻坚成果同乡村振兴有效衔接的系列教育帮扶政策，包括：深化东西部协作，开展携手促乡村教育振兴行动；持续做好中央单位定点帮扶，调整完善结对关系；等等。教育帮扶格局不断完善。

二、乡村教育振兴已具备较为齐全的工作机制

（一）各负其责、各司其职的责任体系

全面加强党的领导。坚持教育部党组研究决策部署乡村教育振兴的领导体制，成立乡村振兴工作领导小组。层层压实部内攻坚责任，落实乡村教育发展相关各主体责任，建立健全从部党组成员到各司局、直属单位、直属高校、部省合建高校，再到具体处室、岗位、人员，各负其责、协同配合、狠抓落实的责任体系。压实直属高校帮扶责任，加强工作作风建设，乡村教育振兴工作中的党员干部要树牢群众观点，贯彻群

众路线，多到基层、多接地气，大兴调查研究之风，办好人民满意的乡村教育。面对此前突如其来的新冠疫情，乡村教育发展也创新了工作模式，把握工作进度，利用视频会议、信息技术等方式，非现场式推进定点联系滇西、直属高校定点帮扶等工作，有条不紊地推进乡村教育振兴。

（二）精准识别、精准帮扶的工作体系

精准控辍、分类保学。建设“控辍保学工作台账管理平台”，实行疑似辍学问题复核销号制度。推动地方政府建立教育、公安、民政等相关部门合作的联防联控机制。强化条件保障。2013年以来，接续实施全面改善贫困地区义务教育薄弱学校基本办学条件、薄弱环节改善与能力提升工作。强化师资保障。持续实施乡村教师“特岗计划”、“三区”人才支持（教师专项）等计划。强化资助保障。资助项目从少到多，资助面从窄到宽，资助标准从高到低，实现了全学段、公民办、家庭经济困难学生“三个全覆盖”。

（三）上下联动、统一协调的政策体系

聚焦统筹抓顶层。深入贯彻党中央、国务院的总体部署，结合乡村教育振兴总体进展，适时出台和调整相关政策文件。聚焦重点抓精准。结合乡村教育振兴的重点任务、重点领域、重点区域等，制定有针对性的政策文件，提升政策供给的精准性、有效性。聚焦落实抓成效。强化调度保落实，建立年初部署、年中推进、年底总结与日常跟踪进展相结合的常态化工作机制，特别是在曾经的教育脱贫攻坚决战决胜关键阶段、当前巩固拓展教育脱贫攻坚成果同乡村教育振兴的有效衔接阶段，又进一步强化了周

调度、双周报等举措，形成了长短结合、点面衔接、上下联动的乡村教育振兴政策落实体系。

（四）保障资金、强化人力的投入体系

加大财政资金投入。党的十八大以来，中央累计安排地方教育转移支付资金 2.39 万亿元。加强乡村教育振兴干部队伍建设。强化组织保障、制度保障和工作保障。教育部仅在乡村教育振兴的“第一步”脱贫阶段，就制定出台了 17 份脱贫攻坚干部队伍建设的相关制度文件，统筹纳入直属系统四支干部队伍建设。加大贫困地区人才支持力度。教育部组织实施的一系列教育系统培训计划和项目，始终坚持向革命老区、民族地区和边疆地区等乡村教育振兴的重点地区倾斜。加大智力投入。强化科研支撑、成果转化。持续实施高等学校乡村振兴科技创新行动计划，提供科技源头支撑。

（五）因地制宜、因人施策的帮扶体系

打造具有高校品牌的特色帮扶。各高校与脱贫地区密切配合，逐步探索形成了应脱贫地区和脱贫群众所需、尽高校所能的特色帮扶路径。促进职业教育的赋能、转型、升级。面对脱贫地区巩固脱贫攻坚成果中职业教育基础薄弱的突出问题，有针对性地提出解决办法。强化组织领导，在推动东西协作、定点帮扶等工作中同步加大推普力度，不断强化地方推普助力乡村教育振兴的主体责任。创新推普方式，形成工作合力。持续深化贫困地区和贫困学生就业创业工作。全力帮助困难群体。在推进高校毕业生就业过程中，始终把贫困地区和贫困家庭毕业生就业作为重点。

（六）广泛参与、合力攻坚的社会动员体系

深化职业教育东西协作。实施《职业教育东西协作行动计划（2016—2020年）》，落实东西职业院校全覆盖行动、东西中职招生协作兜底行动和职业院校全面参与东西劳务协作三大任务。加强教育对口支援。教育部直属系统参与援疆、援藏、援青挂职等16个项目。推进高校对口支援。实施东部高校对口支援西部地区高等学校计划，106所部属和东部高水平大学支援中西部85所高校，形成了全方位、多层次、立体式的帮扶格局。创新“组团式”支教对口帮扶机制。依托“国培计划”名师名校长领航工程，集合教育系统帮扶团队的优质资源，发挥好全国教师工作战线优质力量，建立“校长＋教研组长＋骨干教师”支教团队，组团式“一对一”帮扶凉山州、怒江州。广泛发动社会力量。协调公益组织、爱心企业、民办教育机构等社会力量助力乡村教育振兴。

（七）多渠道、全方位的监督评价体系

当前，我国乡村振兴战略正在全面落实乡村振兴责任制，坚持五级书记抓，统筹开展乡村振兴战略实绩考核、巩固拓展脱贫攻坚成果同乡村振兴有效衔接考核评估，将抓党建促乡村振兴情况作为市县乡党委书记抓基层党建述职评议考核的重要内容。在乡村教育振兴中具体的监督评价制度包括：发挥教育督导作用，国务院督导委员会办公室和主责业务司局建立跟踪调度制度，对地方“义务教育有保障”等工作中出现的执行中央政策进度缓慢和其他问题及时反馈，督促认真落实整改。教育部认真履行牵头职责，严格执行乡村教育中学校自评、分类评价、综合评议等评价考核程序。强化乡村教育振兴战略中相关机关和干部队伍考核。

第三节

全面推进乡村教育振兴的重要发力点

一、建立健全义务教育有保障长效机制

2012年，习近平总书记在河北省阜平县考察扶贫开发工作时说：“义务教育一定要搞好，让孩子们受到好的教育，不要让孩子们输在起跑线上。古人有‘家贫子读书’的传统。把贫困地区孩子培养出来，这才是根本的扶贫之策。”① 实现义务教育有保障是教育脱贫攻坚战的重大政治任务，也是“两不愁三保障”的底线目标之一，事关脱贫攻坚的成效和全面小康的成色。抓好控辍保学、实现义务教育有保障，是拔掉穷根、阻断贫困代际传递的重要途径，事关广大人民群众切身利益，事关国家和民族的未来。2020年，我国基础教育历史性地解决了“有学上”问题，教育公平实现了新跨越，向更好地实现人民群众“上好学”的愿望迈进。

实现义务教育的关键点是抓好控辍保学。在教育脱贫攻坚战中，全国95%的县“一县一策”出台了控辍保学工作方案。在贵州、四川、广西等地，“政府一条线、教育系统一条线”的“双线多级包保责任制”带动县

① 习近平．做焦裕禄式的县委书记［M］．北京：中央文献出版社，2015：24.

长、局长、乡长、村干部、校长、家长参与控辍保学；湖南建立了控辍保学工作抽查制度，开展实地督查，让辍学的孩子重返课堂。除此之外，各地持续健全完善资助帮扶机制，帮家庭减轻后顾之忧，为控辍保学托底。为了给广大农村适龄儿童接受良好义务教育创造更好的条件，各地在教学环境、教学条件与教学方式上也做出了改进。严格乡村小规模学校撤并程序，防止有学生因上学远而导致辍学；启动实施义务教育薄弱环节改善与能力提升项目，重点加强乡村小规模学校和乡镇寄宿制学校建设，增强农村学校吸引力；改革创新教育教学方式，运用“互联网＋教育”免费为农村学校提供优质学习资源。

在巩固拓展脱贫攻坚成果与乡村振兴有效衔接的过程中，要推动控辍保学从动态清零向常态清零转变，就要促进乡村教育向优质均衡迈进。尽管目前辍学问题已经得到历史性解决，但这并不是终点，乡村教育治理需努力实现从“精准短期治理”转向“创新长效治理”，要大力完善后续保障措施，建立健全义务教育有保障长效机制，让优质教育资源在农村开花结果。要接续从以下几个方面做好工作：

第一，健全控辍保学工作机制，确保除因身体原因不具备学习条件外脱贫家庭义务教育阶段适龄儿童少年不失学辍学。健全政府、有关部门及学校共同参与的联控联保责任机制。健全数据比对机制，精准摸排辍学学生，纳入台账动态管理。健全定期专项行动机制，在每学期开学前后集中开展控辍保学专项行动，严防辍学新增反弹。健全依法控辍治理机制，完善用法律手段做好劝返复学工作的举措。健全教学质量保障机制，深化教育教学改革，不断提高农村教育教学质量。

第二，巩固拓展义务教育办学条件成果。继续实施义务教育薄弱环节改善与能力提升工作，聚焦乡村振兴和新型城镇化，有序增加城镇学位供给，补齐农村学校基本办学条件短板，提升学校办学能力。加强边境地区学校建设。做好易地扶贫搬迁后续扶持工作，完善教育配套设施，保障适龄儿童少年义务教育就近入学。统筹义务教育学校布局结构调整工作，坚持因地制宜、实事求是、规模适度，有利于保障教育质量，促进学校布局建设与人口流动趋势相协调。支持设置乡镇寄宿制学校，保留并办好必要的乡村小规模学校。

第三，巩固拓展教育信息化成果。巩固学校联网攻坚行动成果，加快学校网络提速扩容。完善国家数字教育资源公共服务体系，助力脱贫地区共享优质教育资源，不断扩大优质教育资源覆盖面。深化普及“三个课堂”应用，实现依托信息技术的“优质学校带薄弱学校、优秀教师带普通教师”模式制度化，指导教师共享和用好优质教育资源。提升脱贫地区师生信息素养，构建以校为本、基于课堂、应用驱动、注重创新、精准测评的教师信息素养发展机制，加强学生课内外一体化的信息素养培育，推进信息技术与教育教学的深度融合。

二、建立健全农村家庭经济困难学生教育帮扶机制

家庭经济困难学生资助是一项重要的保民生、暖民心工程，事关教育公平、事关脱贫攻坚、事关教育现代化。2007 年以来，国家不断完善家庭经济困难学生资助政策体系并加大资助力度。社会各界对学生资助做出了多方努力，当前学生资助体现了以下特点：第一，精准认定机制不断完善。为了精准发力，各地教育局通过进行全面摸底、建全台账、对建档立卡学生“双向对比”等措施，强调发动学校、教师、学生、家长等多个主

体，形成合力。第二，国家资助体系更加健全。我国学生资助工作逐步形成了以政府为主导、学校和社会积极参与的覆盖学前教育至研究生教育的学生资助政策体系，实现了“三个全覆盖”，即学前教育、义务教育、高中阶段教育、本专科教育和研究生教育所有学段全覆盖，公办民办学校全覆盖，家庭经济困难学生全覆盖。第三，学生资助方式多样，呈现创新性。通过信息化手段进行大数据对比，实现数据共享，协同多部门联运“零距离”，打通了教育精准扶贫的“最后一公里”。此外，不少地方政府立足地方实情，建立起地方学生资助模式，有针对性地解决地方问题。第四，学生资助不仅要扶贫更要扶智。有地方政府探索建立“励志班”“圆梦基金会”等，鼓励学生自我成长、树立高远的志向。

教育脱贫攻坚实践表明，家庭经济困难学生资助工作取得明显效果，但在家庭经济困难学生认定工作中仍存在着难度系数大、认定不精准的情况，资助过程中仍存在着资助方式停于表面、不够深入等问题，这就需要我们在巩固教育脱贫攻坚成果同乡村振兴有效衔接的过程中继续探索农村家庭经济困难学生教育帮扶机制，重点做好以下工作：

第一，精准资助农村家庭经济困难学生。加强与民政、乡村振兴等部门的数据比对和信息共享，提高资助数据质量。建立多元主体协同参与、共同治理的精确瞄准和认定机制，避免缺位、错位。不断优化学生资助管理信息系统功能，提升精准资助水平。进一步完善从学前教育到高等教育全学段的学生资助体系，保障农村家庭经济困难学生按规定享受资助，确保各学段学生资助政策落实到位。

第二，继续实施农村义务教育学生营养改善计划。进一步完善学生营养改善计划，加强资金使用管理，坚持以食堂供餐为主，提高学校食堂供餐比例和供餐能力，改善农村学生营养健康状况。推进原材料配送验收、入库出库、贮存保管、加工烹饪、餐食分发、学生就餐等环节全程视频监控。加强与市场监管、卫健、疾控等部门的合作，强化营养健康宣传教育、食品安全及学校食堂检查，确保供餐安全。

第三，完善农村儿童教育关爱工作。加强针对农村留守儿童和困境儿童的关心关爱工作，强化控辍保学、教育资助、送教上门等工作措施，对有特殊困难的儿童优先安排在校住宿。加强针对易地扶贫搬迁学校学生的关心关爱工作，帮助其度过转换期，促进社会融入。加强心理健康教育，健全早期评估与干预制度，培养农村儿童健全的人格和良好的心理素质，增强其承受挫折、适应环境的能力。

第四，加强农村家庭经济困难毕业生就业帮扶工作。全面掌握农村家庭经济困难高校毕业生情况，实行“一人一策”分类帮扶和“一人一档”动态管理，开展就业能力培训，提供精准化就业指导服务。依托中国国际“互联网＋”大学生创新创业大赛，深入开展“青年红色筑梦之旅”活动，引导大学生以创新驱动创业、以创业带动就业。加强对农村家庭经济困难中职毕业生的就业指导，创新就业招聘活动形式，鼓励和支持用人单位通过网络等形式开展宣讲和招聘。

三、做好职业教育、专项计划等“发展教育脱贫一批”重点衔接工作

对于脱贫攻坚战来说，精准扶贫是解决底层人民贫困的一个有效手段，但授人以鱼不如授人以渔，只有帮助贫困人口掌握可以生存的技术才能够让他们结束贫困、自力更生。职业教育是一个非常好的手段，其可以

帮助贫困人民获取知识和技术，从而有一门赖以生存的技能。我们不仅要脱贫，还要长期脱贫、高质量脱贫，这就意味着职业教育承担着更多的责任。

在脱贫攻坚战中，职业教育通过人才扶贫、产业扶贫、结对扶贫等方式培养乡村本土人才，精准对接贫困地区的产业发展需要，精准推动跨区域帮扶协作发展。在乡村振兴的需求下，2020 年发布的《中共中央关于制定国民经济和社会发展第十四个五年规划和二〇三五年远景目标的建议》明确提出“提高农民科技文化素质，推动乡村人才振兴”，这对职业教育在乡村振兴中对乡村人才的培育提出了新的期望。研究发现职业教育对乡村振兴的贡献率高达 16.19%，职业教育服务乡村振兴效果显著，投资回报比可观。在乡村振兴背景下，职业教育已经不是要简单提供生存技能，而是要培养应用型人才，实现技术赋能乡村振兴，为广大农村培养符合乡村振兴需要的各类人才。在巩固拓展脱贫攻坚成果同乡村振兴有效衔接下，职业教育面临农村人口大量流动导致后劲不足、教学设备和内容跟不上农业农村现代化步伐等问题。面对巩固拓展脱贫攻坚成果同乡村振兴有效衔接的形势，我们应接续做好以下几个方面的工作：

第一，加大脱贫地区职业教育支持力度。加强职业院校基础能力建设，支持建好办好中等职业学校，并将其作为人力资源开发、农村劳动力转移培训、技术培训与推广、巩固拓展脱贫攻坚成果和高中阶段教育普及的重要基地。对于未设中等职业学校的乡村振兴重点帮扶县，可因地制宜地通过新建中等职业学校、就近异地就读、普教开设职教班、东西协作招生等多种措施，满足适龄人口和劳动力接受职业教育和培训的需求。加强“双师型”教师队伍建设，结合当地经济社会发展需求，科学设置职业教育专业，提升服务能力和水平。推动职业院校发挥培训职能，与行业企业等开展合作，丰富培训资源和手段，广泛开展面向“三农”、面向乡村振兴的职业技能培训。

第二，继续实施重点高校招收农村和脱贫地区学生专项计划。指导各地和有关高校进一步加强资格审核，优化考生服务，加强入学后的学业辅导，促进学生健康成长。综合考虑国家户籍制度改革、各地教育发展水平以及高考改革进展等情况，出台完善专项计划的意见。农村订单定向医学生免费培养计划优先向中西部地区倾斜。

第三，提高普惠性学前教育质量。指导脱贫地区持续扩大普惠性学前教育资源，积极扶持普惠性民办园，提高普惠性幼儿园覆盖率。推动脱贫地区幼儿园改善办园条件，配备丰富适宜的玩教具材料和图书，尊重幼儿身心发展规律和学习特点，坚持以游戏为基本活动，保教并重，防止和纠正幼儿园“小学化”倾向，促进幼儿身心全面和谐发展。

第四，实施国家通用语言文字普及提升工程和推普助力乡村振兴计划。加大农村牧区、民族地区易地扶贫搬迁安置点国家通用语言文字推广力度，提高普及程度、提升普及质量。全面加强各级各类学校国家通用语言文字教育，开展学校语言文字工作达标建设，提升教师国家通用语言文字教育教学能力。加强学前儿童普通话教育，推动学前学会普通话工作。与职业教育培训相结合，支持开展农村地区青壮年劳动力、基层干部等普通话示范培训，充分调动和发挥国家通用语言文字示范基地作用，巩固拓展推普助力脱贫攻坚成果。繁荣发展乡村语言文化，结合中华经典诵读工程，实施和开展经典润乡土计划、“家园中国”中华经典传承推广活动，创新传播方式，传承弘扬中华优秀文化。加大语言学习资源整合开发力度，完善全球中文学习平台，助力脱贫地区语言学习。

四、推进高校定点帮扶、对口支援工作

高等院校作为扶贫主体直接参与国家扶贫事业，是中国高等教育机构的创举。2012年之后，按照中央的统一部署，44所综合类和理工科为主的教育部直属高校承担了44个国家扶贫开发重点县定点扶贫任务，2019年根据工作需要又新增20所直属高校参与定点扶贫，再加上其余的11所承担滇西专项扶贫任务的直属高校，教育部75所直属高校尽锐出战，形成了教育扶贫、智力扶贫、健康扶贫、科技扶贫、产业扶贫、消费扶贫、文化扶贫等7大类高校扶贫特色路径，全面投入脱贫攻坚战，成为中央单位定点扶贫的一支重要力量。在教育脱贫攻坚实践中，高校除为贫困地区提供自身的教育支持外，还提供了更多智力支撑、产业支持和人才支持，组建了教育、农林、旅游、健康、消费、城乡规划、非遗（文化）、资源环境等8个高校扶贫联盟，高校组团式合力攻坚的态势凝聚形成。高校师资、人才、科技等优势转化为地方发展的动能不断增强，具有高校特征的贫困地区发展成效不断凸显，并最终使得教育部直属高校定点扶贫的所有贫困县全部脱贫摘帽。除此之外，“对口支援西部地区高等学校计划”也为发展西部地区高等教育、培养急需的高级专门人才做出了重要贡献。

实践可行性方面，乡村振兴可以借鉴脱贫攻坚的有效经验实现稳健推进，而脱贫攻坚亦能够利用乡村振兴机遇谋求纵深发展。虽然乡村振兴和脱贫攻坚在有机衔接方面取得了积极进展，但是仍然存在着体制机制衔接不畅、产业发展升级困难和内生动力难以激发等问题。在乡村振兴的背景下，高校势必还会继续承担新时期减贫和防止返贫等社会重任，需要我们

巩固拓展脱贫攻坚成果同乡村振兴有效衔接，进一步挖掘高校自身能力，推进高校定点帮扶工作。

第一，坚持教育部直属高校定点帮扶机制，拓展深化帮扶形式和内容，保持工作力度不减，定期对帮扶成效进行考核评价。继续选派挂职干部和驻村第一书记，选好用好帮扶干部，做好工作、生活、安全等方面条件保障。依托高校优势资源，充分发挥高校帮扶联盟、教育脱贫攻坚与乡村振兴专家委员会、高校乡村振兴研究院等的作用，开展高校定点帮扶典型项目推选活动，推动帮扶工作从“独立团”向“集团军”转变。加大涉农高校、涉农专业建设力度，深入实施卓越农林人才教育培养计划 2.0，加快培养拔尖创新型、复合应用型、实用技能型农林人才。引导高校科技创新主动服务、深度参与乡村振兴，通过着力构建解决相对贫困长效机制，促进发展内生动力迭代升级、激活乡村全面发展协同效应、推进乡村治理体系和治理能力现代化。

第二，持续推进高校对口支援工作。继续实施对口支援西部地区高等学校计划，创新对口支援方式，支持受援高校明确发展定位，强化服务导向，打造学科专业特色。精准实施对口支援，为受援高校提供指导支持。继续做好部省合建高校对口合作工作，构建联动发展新格局。继续推进对口支援滇西应用技术大学等工作。扩大实施高校银龄教师支援西部计划。

五、切实落实乡村教师有关的系列政策

在教育脱贫攻坚战中，贫困学生的辍学问题得到历史性的解决，基础教育基本得到满足，在巩固拓展脱贫攻坚成果同乡村振兴有效衔接上，基础教育向高质量教育推进成为新的必然，而保障高质量教育的关键是教

师。乡村振兴必先振兴乡村教育，而振兴乡村教育的关键是乡村教师队伍建设，因此，要接续推进教师系列政策实施，在满足基本教师数量需求的同时，培养一批又一批优秀乡村教师。

在教育脱贫攻坚工作中，贫困地区教师队伍建设聚焦“义务教育有保障”总目标和“发展教育脱贫一批”路径，主要以加强贫困地区教师队伍建设为核心，以优化贫困地区师资配置、加强贫困地区教师培养培训为抓手，由点到面，发挥乡村教师队伍和支教帮扶团队作用，调动各方力量，支援帮扶艰苦边远地区、民族地区、贫困地区等教师队伍建设。首先，贫困地区在引进和留住教师方面做出了探索。其中特岗教师、免费师范生是贫困地区吸引新教师的主要手段，这些特岗教师和定向培养的师范生不仅提高了贫困地区教师队伍的数量，而且提升了乡村教师的素质。在此基础上，通过提高待遇、教师培训、评奖评优等方式增强教师职业的吸引力，稳定贫困地区的教师队伍。其次，各地方强力搭建教师帮扶体制，凭借互联网搭建教师培训平台。有效调动各方名校名师力量加强指导，全面提升贫困地区教师素质。最后，在教育部教师工作司的指导下，对口支援有序开展。实施了包括“援藏援疆万名教师支教计划”“银龄讲学计划”“特岗教师计划”“深入实施边远贫困地区、边疆民族地区和革命老区人才支持计划教师专项计划”在内的多项计划，推动了贫困地区教师质量的提升。

而在对美国乡村教师的研究中发现，美国乡村教师队伍保持着相对较强的稳定性，甚至乡村教师队伍比城市有着更强的稳定性。美国为吸引和留住乡村教师、搭建稳定的乡村教师队伍也采取了一系列举措：提升教师薪酬待遇、为新教师提供专业帮扶、提倡本土培养教师和改善学校行政环境等。我国在过去的教育脱贫攻坚实践中为建设贫困地区教师队伍采取的一系列措施也产生了很大成效，例如在乡村教师队伍建设上，北京师范大学设立的“志远计划”，2020年面向尚未摘帽的52个国家级贫困县（以下简称“国家级贫困县”）所在省份优秀高中毕业生，择优招收本科定向就业师范生，为国家级贫困县定向培养志存高远、乐教适教的基础教育高素质师资和未来教育家，最终录取155人，报到148人。

在下一步巩固拓展教育脱贫攻坚成果同乡村振兴有效衔接上，我们要从如下两个方面继续发力：

第一，巩固拓展乡村教师队伍建设成果。落实《教育部等六部门关于加强新时代乡村教师队伍建设的意见》，继续实施农村义务教育阶段学校教师特设岗位计划、中小学幼儿园教师国家级培训计划、乡村教师生活补助政策，优先满足脱贫地区对高素质教师的补充需求，提高乡村教师队伍整体素质。在脱贫地区增加公费师范生培养供给，推进义务教育教师县管校聘改革，加强城乡教师合理流动和对口支援，鼓励乡村教师提高学历层次。启动实施中西部欠发达地区优秀教师定向培养计划，组织部属师范大学和省属师范院校，定向培养一批优秀师资。加强对脱贫地区校长的培训，着力提升管理水平。加强教师教育体系建设，建设一批国家师范教育基地和教师教育改革实验区，推动师范教育高质量发展与巩固拓展教育脱贫攻坚成果、实施乡村教育振兴相结合。深化人工智能助推教师队伍建设试点。切实保障义务教育教师工资待遇。

第二，继续实施系列教师支教计划。实施“三区”人才支持计划教师专项计划，进一步引导人才向艰苦一线流动，选派城镇优秀教师到艰苦一线支教，缓解乡村振兴重点帮扶县优秀教师不足的问题。深入实施“银龄讲学计划”，面向社会公开招募一批优秀退休校长、教研员、特级教师、高级教师等到农村义务教育学校讲学，促进城乡义务教育均衡发展。实施凉山、怒江支教帮扶行动，建立支教对口帮扶机制，采取“组团式”援助当地院校，动员名师名校长培养基地、优秀教师校长以双师教学、巡回指导、送培到校、支教帮扶等方式，为凉山、怒江打造一支“带不走、教得好”的教师队伍。

第九章

传承中华优秀传统文化，树立教育文化自信

第一节

习近平文化思想是指导教育文化自信的根本遵循

习近平文化思想作为新时代中国特色社会主义思想的重要组成部分，为当前和未来中国教育的发展提供了根本遵循。坚定弘扬教育文化自信要求我们坚持以中国特色社会主义教育发展道路为主线，处理好教育与文化之间的关系。

一、习近平文化思想的提出

党的十八大以来，习近平总书记着眼宣传思想文化领域的新形势新情况新问题，站在全局和战略高度，做出一系列重要论述和指示批示，指引新时代宣传思想文化工作取得历史性成就，形成了习近平文化思想。这一重要思想，深刻回答了新时代我国文化建设举什么旗、走什么路、坚持什么原则、实现什么目标等根本问题，是新时代党领导文化建设实践经验的理论总结，丰富和发展了马克思主义文化理论，构成了习近平新时代中国特色社会主义思想的文化篇，标志着我们党对中国特色社会主义文化建设规律的认识达到了新高度。

文化关乎国本、国运，文化兴则国家兴，文化强则民族强。作为习近平新时代中国特色社会主义思想的重要组成部分，习近平文化思想是我们党在宣传思想文化领域正本清源、守正创新中取得的重要理论成果，是对中国特色社会主义文化建设实践经验的理论总结和最新突破。习近平文化思想深刻回答了新时代文化领域重大理论和实践问题，明确了新时代推动文化繁荣、建设文化强国、建设中华民族现代文明的路线图和任务书，是开创中国式现代化文明新篇章、创造人类文明新形态的强大思想武器和科学行动指南，具有极为重大的理论价值和实践意义。

二、教育文化自信在新时代的重要性

教育文化自信是“四个自信”尤其是文化自信的生动展示和具体表现。弘扬教育文化自信，在新时代具有重大意义。

教育文化自信推动教育强国建设。2023 年 5 月，中央教育工作领导小组秘书组、中共教育部党组印发《关于学习宣传贯彻习近平总书记在中央政治局第五次集体学习时重要讲话精神的通知》，指出“要深刻理解和把握建设中国特色社会主义教育强国这一本质要求，坚持扎根中国大地办教育的自觉自信”。在中华民族伟大复兴征程中，我们党始终突出教育优先发展的战略地位，我国的教育成就获得了显著的提升，这为我们的教育文化自信奠定了坚实基础。在革命、建设、改革的漫长历程中，党建立和发展了新民主主义教育体系，探索并实践了社会主义教育，最终形成了全球规模最大的教育体系。这一体系不仅保障了亿万民众的受教育权利，而且极大提升了全民族的整体素质。习近平总书记强调要发展“中国特色、世界水平的现代教育”①，“办好中国的世界一流大学，必须有中国特色”。

① 习近平．做党和人民满意的好老师：同北京师范大学师生代表座谈时的讲话［M］．北京：人民出版社，2014：4.

“世界上不会有第二个哈佛、牛津、斯坦福、麻省理工、剑桥，但会有第一个北大、清华、浙大、复旦、南大等中国著名学府”[①]。党的二十大以来，教育领域的综合改革不断深化，中国特色社会主义教育体系进一步完善，推动我国的教育整体水平达到了世界中上水平，为广大人民群众提供了更加优质、更加公平的教育资源，为国家的经济社会发展提供了坚实的支撑。目前，我国教育普及率在中上收入国家中名列前茅，部分指标甚至超越了高收入国家，成为人力资源大国和教育大国，正向着成为世界教育强国的目标迈进。这些成就充分证明了我国教育事业的巨大进步，坚定了我们在教育领域改革发展的信心。教育文化自信紧紧围绕中国式现代化开展自主知识体系创新，回应中国式现代化建设的知识需求。

教育文化自信为我国应对世界不同教育理念、模式的交锋提供坚实的精神支撑。全球化促进了跨国界的文化交流，但同时也引发了文化同质化和文化主体性丧失的问题。在这一背景下，教育的角色变得尤为重要。教育不仅需要传授知识和技能，更重要的是要培养学生的文化自信。文化自信要求教育系统深入挖掘和弘扬民族文化的精髓，同时培养学生的批判性思维，使其能够在全球文化交流中保持清晰的文化定位和主体性，从而形成教育文化自信。教育文化自信能帮助我们正确对待中国教育存在的问题，既不无视也不夸大，同时肯定中国教育体系在提高全民族素质、推动社会进步、促进国家发展方面所取得的巨大成就，增加民族凝聚力和自信心，推动教育领域高质量改革。

教育文化自信为世界教育知识体系贡献中国智慧。坚持本土教育的核

---

① 习近平．青年要自觉践行社会主义核心价值观：在北京大学师生座谈会上的讲话［N］．人民日报，2014－05－05（2）．

心地位，深入探索中国传统教育思想的精髓，同时吸收和借鉴国际上的先进教育理念和实践经验，使之与中国教育改革的实际相融合。通过这种方式，可以建立具有中国特色的教育学科体系、学术体系和话语体系。再通过与国际社会分享中国教育的发展经验和特色，中国可以在构建全球教育命运共同体中发挥积极作用，促进教育领域的国际交流与合作，共同推动全球教育事业的进步。通过这样的策略，不仅可以使中国成为一个具有全球影响力的重要教育中心，也能更好地讲述中国的故事，传播中国的经验，让世界听到中国的声音。教育文化自信不仅有助于提升中国教育的国际影响力，还能为全球教育问题的解决提供中国智慧和中国方案，促进全球教育公平与质量的提升，实现教育的可持续发展目标。

三、要处理好教育与文化的关系，特别是与中华优秀传统文化、革命文化、社会主义先进文化的关系

党的二十大报告明确指出："全面建设社会主义现代化国家，必须坚持中国特色社会主义文化发展道路，增强文化自信，围绕举旗帜、聚民心、育新人、兴文化、展形象建设社会主义文化强国，发展面向现代化、面向世界、面向未来的，民族的科学的大众的社会主义文化，激发全民族文化创新创造活力，增强实现中华民族伟大复兴的精神力量。"① 教育和文化密不可分。文化的本质可以被理解为"人化"，即通过文化活动和产物体现人的创造力和精神追求。教育作为一种文化传递的方式，其核心目的在于"化人"，即通过知识的传授、价值观的灌输和思维方式的培养，引

① 习近平．高举中国特色社会主义伟大旗帜 为全面建设社会主义现代化国家而团结奋斗：在中国共产党第二十次全国代表大会上的报告［N］．人民日报，2022-10-26（1）.

导人接受并融入文明，实现个体的文化归属和精神成长。这一过程不仅是知识和技能的传递过程，更是文化精髓和人类智慧的继承过程。中华文明作为人类历史上延续时间最长的文明之一，为我们提供了丰富的文化资源和精神财富。从数千年前的出土文物到丰富的文学典籍，中华文明的每一部分都承载着深厚的历史信息和文化价值，让我们今天的人能够触摸到历史的脉络、感受到时空跨越的共鸣。这种文化传承不仅体现在对物质文化遗产的保护和研究上，更重要的是在于非物质文化遗产如语言、艺术、节日、习俗和日常礼仪等方面的传承和发展。通过教育和日常生活的实践，中华文明的精神和价值观得以延续，影响着每一代人的思想和行为。

要处理好教育与中华优秀传统文化、革命文化、社会主义先进文化的关系，培育时代新人。习近平总书记在为“复兴文库”作序时强调：“要坚定文化自信、增强文化自觉，传承革命文化、发展社会主义先进文化，推动中华优秀传统文化创造性转化、创新性发展，构筑中华民族共有精神家园。”为了有效地传承中华优秀传统文化，发挥革命文化、社会主义先进文化的先进性，必须发挥教育对文化的选择功能。在多元文化并存的当今社会，教育应坚持以辩证唯物主义和历史唯物主义为导向，处理好对文化的选择问题。中华优秀传统文化、革命文化与社会主义先进文化深度融合，形成了独特的中国特色社会主义文化。这三种文化之间的相互补充、融合与促进关系，不仅是中华民族精神追求的体现，也是中华民族精神的独特标识，为中华民族的现代文明提供了充足的营养和源泉。要强化教育文化自信，就需要对包括历史传统文化、革命文化、民族民间文化及当代中国文化在内的多层次文化进行客观评价，并开放地吸收和借鉴全球各种历史文化与现代文明的成果，通过对中华优秀传统文化的创造性转化与创新性发展，形成具有内在生命力的中国特色社会主义文化。这样的文化基础和主体性的强化，成为教育文化自信不可或缺的条件，不仅明确了发展的方向和路径，也使中华民族和中国人民拥有了坚定的认同感、自觉性和自信心。

第二节

中国优良悠久的教育教学传统需要继承和发展

在绵延数千年的中国文化中，重视教育是深层的文化根源，已经写进了中国人的文化基因，成为中华文明生生不息、继往开来的重要基础，成为中国教育现代化取之不尽用之不竭的宏富资源。其中不仅蕴藏了伟大的人物、精辟的思想，还有制度建设、哲学方法，以及具体技术和社会风气等具有中国特色的经验与探索，可以为当代乃至未来中国教育的创新与发展提供多方面的支持。

一、建构多样化、成体系的开放教育传统

几千年来，教育方面的发展既有成文的官方制度，也有深邃的教育思想，更有丰富的教育实践，形成了一幅闪耀着璀璨光辉的教育图景。而且从古至今，中国人理解和从事的教育绝不仅是书斋里的知识传承，更是与

社会进步、人类发展和实实在在的国计民生相关联的教育。理解并读懂这幅图景，将其作为理解中国教育之源流的资源，进一步将今日中国教育放在这幅图景中，溯其源而开其流，寻其根而培其枝，是传承中华优秀传统文化、建设高质量教育体系的必由之路。教育是关乎传承的事业，重视文化的根源，才有教育的资源。

重视教育是历朝历代的文化共识。两千多年前的《礼记·学记》篇曰："古之王者建国君民，教学为先。"意即古代帝王要建立国家并统治人民，也要先从教育方面着手。两千多年前的中国人就能朴素地认识到教育事业和国家建设之间的关系，"家有塾，党有庠，术有序，国有学"。为不同的区划设立不同的学校，既提供最基础的文化知识，也培养服务国家的高级人才。即使《礼记·学记》描述的并不一定是三代的真实状况，其至少也能反映出西周至秦汉时期人们对教育的真切构想。

在高等教育方面，中国自古以来就有国家兴办最高学府的传统。《周礼》中记载，辟雍为周天子设立的大学，四面环水。中间区域为形似玉璧的圆形，四面流水象征教育绵延不绝的传播，故称辟雍。汉代班固的《白虎通·辟雍》篇中写道："天子立辟雍何？所以行礼乐宣德化也。辟者，璧也，象璧圆，又以法天，于雍水侧，象教化流行也。"在后世，辟雍作为文化的象征一直流传下来，保存至今的北京国子监的核心建筑仍然命名为辟雍。虽然到了明清时期辟雍的礼仪作用已经大于实际的教学功能，但其作为最高讲学场所的象征仍在教育文化中扮演着重要角色。此后，实际的最高学府则由历代太学和国子学等传承下来。更为重要的是，由国家兴办高等教育的传统，从汉代中央官学和各级地方官学设立以来，在中国历史上几乎从未中断过。中国高等教育的悠久传统，虽不体现为单一学校的悠久校史，但却体现为整个教育体系的绵延不断。在面对西方的学校时，完全不必因国内现代大学校史较短而感到自卑，中国的高等教育对此应该有强烈的信心。

如果辟雍和历代官学体现了国家对高等教育的直接管理，那么稷下学宫就体现了国家（诸侯国）主持下的学术场所思想自由、学术多元的传统。稷下学宫是战国时期齐国临淄附近的一所特别的学术机构，是世界上第一所由官方举办、私家主持的学府。思想包容、学术争鸣是稷下学宫突出的思想特征。稷下之士几乎容纳了当时所有重要的思想流派，儒家、墨家、法家、道家、纵横家、兵家、阴阳家等各家思想都活跃在稷下学宫的舞台上，可以平等地发表观点、参与议论。由此形成了中国思想史上第一次思想大繁荣的“百家争鸣”情形。自由的言论和积极的争论不仅促进了各学派自身的发展，还使各家学派接受新思想，推动了学派之间的交往、渗透和融合。在政治上，稷下学宫虽然最初是为了给齐国提供政治谋略而设立的，但却发展出了“不治而议论”的学术传统。稷下之士有的直接参与政治，有的不出仕而只保持学者身份。这体现了高等学术研究的两种功能：既能直接为政治提供咨议，也能与实际事务保持距离“不治而议”。这两种取向在今天的高等教育中同样重要，既要建立智库等直接服务于政策治理的研究机构，也要支持自由探索，重视不直接指向功利目的的基础研究，“王霸比较”“义利之辩”“人性探索”等是自此而发端的重要议题。早在战国时期，齐国就能够从私人聘请谋士的“养士之风”发展到突破门户之见的稷下学宫，这种开放思想、在争鸣中谋求思想进步和政治智慧的传统，仍然能给今天的高等教育带来启发。

除了规模庞大的官学以外，私人讲学和兴办书院的传统也能为今日的民办教育提供借鉴和启发。中国古代的私学教育在春秋时期就已经逐步流行，突破了学在官府的限制，扩大了受教育者的范围，也拓展了教育内容。中国古代最重要的教育家孔子就是私学的代表人物，孔子一生大多数时间都在收徒授学，号称弟子三千。私学具有较大的灵活性，教师具有很大的办学自主权，受到的限制较少，甚至可以在各个国家之间流动。孔子即使在周游列国之时，也没有停止教学活动。学生的来源也较为丰富，既有与孔子同出鲁国的颜渊、曾参、闵子骞、子路、子有等，也有卫国的子贡、吴国的子游、齐国的公冶长、宋国的原宪等，他们不仅来自多个国家，还出身于不同社会阶层。在当时，私学比官学更能够具有这样广泛的包容度。从一开始，私学就可以视作官学的重要补充，在政府力量伸展不够、渗透不到的领域，私学扮演着重要的角色；同时私学的自主性、开放度也使传统教育有了诸多体制外的改革生长点，许多科技、艺术和文化的传承和发展，主要依赖非官方、非正统的渠道。

书院是今日尤其值得重视和复兴的民间教育形式。私人讲学发展到唐代以后，形成了书院这种更高水平、更正规化的私学。书院一开始是个人或富户设立的用于藏书或读书的地方，后来逐渐变成收徒讲授、探讨学术的场所。虽然部分书院有官府参与，但书院整体上应视为私学的杰出代表。书院教育最大的特征是虽然由民间兴办，但传承道统、重振学术的精神十分强烈。自宋代以后，名宿大儒兴办或参与书院十分常见，他们的学生中，有倾向科举者，也有终身布衣而志于学者，学生的出路比官学的出仕取向更加丰富，也使民间学术更加活跃。岳麓书院、白鹿洞书院等著名的书院不仅是教学场所，还成为地方文化的枢纽和象征。虽然官府多次尝试将书院纳入管理，但在文化博弈之下仍有相当的书院保持了自己的独立性，成为官学之外的一支教育力量。时至今日，这种民间讲学、注重研讨、能够激发本地文化力量、化育乡里、利于培育民风的书院，应该成为基层文化建设的一种可行的形式。

还有一支不可低估的传统教育力量是中国的家教家风传统。儿童在走出家庭，到社会中接受教育之前，早就开始在家庭中受教育了。在中国的教育传统中，家庭教育受到极高的重视，孟母三迁、曾子杀彘等，都强调从家庭和生活中受到的教育要先于在学校中受到的教育。一些有识的长者，将教育子女，指导他们修德读书、为人处世的经验和智慧总结和记录下来，形成中国特有的家训传统。与学校教育有所不同的是，家训、家教往往充满对子女后辈的情感与关怀，与“知”的教育相比，它更是“情性”的教育。

在传统的家教中，最核心的内容是忠信、慈孝、勤俭、治家等朴素的生活教导，在此基础上才是励志、求学等功名事业。这意味着，好的生活和好的品德，应该放在知识学习和求取成功之前，否则就是本末倒置。这些朴素贴心的道理，对今日的教育仍有参考意义。只关注学生的考试成绩，忽略了他们的情感与道德的成长；只注重学校的学习，忽略了家庭的教育力量，乃至忽略了完整的生活——是当下青少年成长面临的重要问题。而重拾家庭教育的传统，从前人的治家智慧、教子方法中吸取教育养料，也是今日中国的教育事业中不可缺少的一个环节。

中国的教育传统是丰富、立体、多方面的，既有国家的高瞻远瞩，也有民间的细雨滋润，既有制度化的明堂设教，也有融入生活的点滴教化，其系统、深刻和完整等优点在全世界都是卓越且璀璨的。在这一套教育文化中，没有人生活在教育的力量之外，而认知和传承优秀的教育传统，也是今天我们需要认真履行的任务。

二、具有丰富的教科文资源和众多伟大的教育家

中国传统文化的经典宝库是极为重要的教育资源，现在以及未来都不会过时。在任何一个拥有久远历史的文明中，对传统文化资源研究和掌握的程度都与教育的整体发展状况息息相关。例如在西方国家，那些历史悠久、声誉卓著的学校，往往更加重视古典语言（如希腊语、拉丁语）和古典文化的学习。这些学科是深入了解历史文化、进行文化比较并抵达深刻认识的钥匙。在中国，我们同样面对极其丰富而深刻的文化资源，这些资源中的一部分曾经被作为官学或科举的指定内容，一部分在民间流传，一部分以常识或通识教育的形式在当今的教育中有所体现。时至今日，系统地研究中国传统的科学文化教育资源，分辨其中值得继承、应该古为今用的部分，是教育学尤其是中国教育史研究的当然任务。

面对浩瀚的传统文化典籍，我们应该以教育的眼光和问题意识重新审视之。要能够超越经史子集的传统图书分类，但也不能用国学、文献学、历史学的研究取代教育本身的问题，要从中发现那些对教育真正有意义、有价值的地方。对那些公认有重要教育意义的经典，如儒家、墨家、道家的经典，要常读常新，其中富有教益的部分要争取融入日常的教育生活。对那些提供了教育的案例、方法，学习的心得、体悟的书籍，如《读书分年日程》《朱子读书法》等，则应该融入教学论、学习论的研究与运用，使其精义得以发扬。对那些思考关于人本身的问题的思想和著作，则应该与教育哲学的研究结合起来。除了书籍之外，历代的教育实践、从宏观到微观的政策、官方及民间的经济资助、民众对教育的态度变迁等，所有这

些内容都应该成为我们理解过去并规划未来的参照系。中国教育学的整体学术结构和思想框架，都应该与中国自身的教育文化资源深刻勾连起来。

教育的核心永远是人，人既是教育的对象，也是教育的主体。人作为传统文化的组成部分和重要资源，某种程度上其重要性甚至超越器物和书籍。对中国优秀传统文化的传承，集中体现为对传统文化中人的认识，这是极为重要的组成部分。中国文化是幸运的，我们从古至今拥有众多伟大的教育家，每个有文化常识的人对他们的名字都耳熟能详：从古代的孔子、孟子、荀子、老子、庄子、墨子、董仲舒、韩愈、朱熹、胡瑗、颜元等，到近代的严复、蔡元培、陶行知、张伯苓、黄炎培、晏阳初等，他们是中国教育界最宝贵的财富，我们需要加强对中国本土教育家的研究，使他们的思想、事迹和人格形象成为中国教育的有机组成部分。

我们应该重新反思并重新认识中国从古至今的伟大教育家。那些影响最为深远的教育家，如孔孟、程朱、陆王，由于他们往往同时也是大思想家、哲学家，留下诸多著作，一直以来都是传统学术的研究对象，在当代哲学系的中国哲学史学科中，也占有重要的地位。但这是哲学研究的立场，而不是教育者的立场。在相关的研究中，“教育家”并不是他们首要的身份。而在大中小学教育实践中，教育者不容易感受到古代的教育家与自己正在做的具体实践之间的关系，也不容易体会到历代教育先贤与自己在思想和情感上的联结，这是需要改变的现实。

面对这些伟大的教育家，仅仅把他们作为教育研究的对象是不够的，作为供奉的对象更是不够的。古代教育家并不应作为现代教师崇拜的偶像，而应该成为拥有共同文化教育理想的同行者。因此，我们需要做的，并不是在大中小学校园里增添一些孔子的塑像或其他思想家的挂图，而是要让教师们、家长们真正体会到，伟大的教育家并不停留在过去，他们之所以能成为教育家，恰恰是因为他们的思想和人格是鲜活的，是有生命力的。他们并不仅仅以某种“思想”或“理论”的方式存留在著作中，还应该以鲜活的精神存在于每一代人的文化精神和教育活动中。对教育事业而言，人格拥有跨越时间的影响力。孔子以有教无类的教育情怀，不论遇到怎样的困顿和挫折，都不放弃对理想的坚持；孟子在战火割据中坚守王道教化，体现了不屈的大丈夫精神；韩愈屡遭贬谪、几经坎坷，却始终坚持文以载道，坚持“道之所存，师之所存”；胡瑗在一片矫饰浮华之风中不妥协，坚持教授明体达用之学……更不用提近现代投身于教育救国的诸多先驱，如“捧着一颗心来，不带半根草去”的陶行知，把一生都献给乡村教育的晏阳初……这些人的伟大人格，应该成为陶养中国教师、塑造中国教育的伟大力量！

传统文化中的“教育资源”，只有在活起来的时候，才能真正成为为今天建设高质量教育体系助力的重要力量。学习中国传统的教育著作，不仅要学习知识和吸取思想，更重要的是让自己和伟大的传统生活在一起，让自己成为活生生的传统的承载者。认识过去的教育家，也不仅是把他们当成历史人物，更要当成值得效法、作为榜样的伟大人格的象征。

三、以学校教育为核心着眼“移风易俗”的大教育格局

中国自古以来就重视建立教育的专门机构——学校。《孟子·滕文公上》中记载三代时期的学校：“夏曰校，殷曰序，周曰庠，学则三代共之，皆所以明人伦也。”《礼记·学记》中也有“家有塾，党有庠，术有序，国有学”的记录。庠、序、学、校、塾……都是古代学校的名称，说明早在

先秦时期，中国就已经拥有了多样化的学校。虽然当时的学校制度化、正规化的程度不高，在一些记载中仅仅体现了理想的制度而非现实的情形，但意识到教育需要建立专门机构，是传统教育的先见之明。随着历史发展，通过学校进行教育逐渐成为主要的形式，学校的形式、组织、层次也逐渐完善起来，中国在这方面是世界的先行者。

中国的传统教育不仅重视建立学校，还十分重视学校内部的制度设计。《礼记·学记》中写道："比年入学，中年考校。一年视离经辨志，三年视敬业乐群，五年视博习亲师，七年视论学取友，谓之小成。九年知类通达，强立而不反，谓之大成。"学校对学生的教育是有计划、有次第的，随着学生年龄的增长，教育和考查的内容愈加深刻，能观察到学生内在和外在的变化。其中，每一条考查标准大体都由"知识学习"和"情感道德"两方面构成，"离经""博习""论学"是典型的学业要求，要经过艰苦的学习和严格的考试。而"辨志""敬业""乐群""亲师""取友"反映的是学生的德行和情感，这些素质难以通过考试考查，但可以在日复一日、朝夕相处的生活中观察到。最后，"知类通达，强立而不反"表征的是一个人茁壮的精神和强烈的意志，是通过教育在人身上建立起来的一种内在的坚定性，唯有这种坚定性才是"成人"的根本特征，也是教育成功的标志。在这一发展脉络上，《礼记·学记》描述了一所好学校应有的样态。虽然学者考证，"如此井然有序、普遍而严密的学校布局根本不可能出现在周代"①，而应该是秦汉时期大一统国家的产物，但这一描述作为中国传统教育理想却是十分准确的。

① 刘娟．重审周秦变局下的《学记》教育目的论［J］．教育研究，2020，41（11）：61－69．

在学校教育之外，中国的传统教育还十分注重对整个民风民俗的教化。在古代，虽然学校是教育的重要形式，但当时能进入学校的是少数人，大多数人没有上学接受正规教育的机会。那么这些人是不是被排斥在文化教育之外呢？答案应该是否定的。面对中国古代教育时，对“教育”不能仅仅做狭义的理解。当政者很早就意识到，只有针对整个社会“移风易俗”“化民成俗”，使民风向善，才能让国家实现长治久安。

为了实现社会整体的目标，仅仅有学校是不够的，“化民成俗”的社会教化在传统教育中历来有重要的地位。春秋时期的鲁国，就设置了“司铎”这一官职，负责民众的教化。相传古代宣布教化的人会摇响木铎以聚集群众，此时的群众不是指学校的学生，而是普通的老百姓，因此这种教化的对象是普通人。而铎也就成了教化的象征。《论语・八佾》中，即有“天下之无道也久矣，天将以夫子为木铎”之言，将孔子比喻为象征教化的木铎。在现代中国的大学里，北京师范大学、西北师范大学等多所师范类学校在校徽上都使用了木铎图案，作为教育的象征。自古以来，“化民成俗”的教化就是儒家极为关切的问题。同样在《礼记・学记》中，出现了“足以化民易俗，近者说服而远者怀之，此大学之道也”的说法。“民”和“俗”的范围，要远远大于确定的教育内容和学校生活。人们在生活中约定俗成、日用而不知的生活方式、行为准则、社会风气，以及隐藏在这些行为背后的价值判断和是非标准，都属于民风民俗的范畴。人生活在社会中，随时都能感受到这种民风，但要对之进行定义和规范，却又是十分困难的，对民风民俗进行改造，更是社会治理要面对的重大问题。在中国的古代，许多技艺传承都是通过家庭教育的渠道完成的，而与农业社会相关的大众教育，早在唐朝已有发端，武则天推行的《兆人本业》就是普及农业知识技能的大众教本，而元朝的“社学”即是在乡村农闲开展的农民教育。在漫长的中国古代社会中，学校、家庭和社会各行业，共同建构了教育和社会协同的学习平台，也为当下的学习型社会建设提供了传统的样式和本土经验。

没有良好民风民俗的社会，不会成为一个美好的社会。但良好的民风不会自动产生，没有教化工作，仅仅依靠法律管理，或是放任自流，不可能形成良好民风，这是自先秦时期儒家和法家的争论开始，人们就不断在理论和实践中验证的观点。越是人口规模庞大、地缘复杂、内部多样性强的国家，越是要注重在德治、礼教方面对社会的有效引领。在《论语·为政》中就有这样的思想：“道之以政，齐之以刑，民免而无耻；道之以德，齐之以礼，有耻且格。”虽然普通民众受到的文化教育不多，但“德”和“礼”是能够面向所有人的教育。德治思想之下的政令也较为宽和，容易得到民众的拥护。而礼制则与民众的生活息息相关，婚丧嫁娶、民俗节日，乃至日常的生产交易、人际关系，都要依靠一套富有礼仪意味的文化来协调。一套礼制文化建立得好，与民众生活水乳交融的时候，能够协调矛盾、化解冲突，社会的安定程度提高，人民的精神面貌更好，民众对国家的认同感、地方的凝聚力也都得到加强。生活在这样的社会中，即使是没有读过书的人，也能在生活、礼俗的陶养之下，过上一种有分寸、有素质、有教养的生活。

时至今日，中国青少年受教育的平均年限不断提高，但“化民成俗”的社会教化也不应该忽略，民风民俗的建设同样应该作为教育事业发展的重要组成部分。在传统社会教化中，除了家庭内部的家风家训之外，富有乡土特征的乡规民约是重要的教化方式。今天也应该有效发挥乡规民约在家庭建设、乡村社会治理、城市社区管理等方面的作用。要重新认识和定位乡规民约的当代价值，更要让优秀传统文化回归现实，提供文化营养和精神食粮。对于具有地方特色和文化传承作用的习俗、节日，要有选择性地予以整理、收集、保护。现代化不是走向整齐划一，地方民俗、乡规民约对于保留文化、陶冶本地人的身心、塑造认同感都具有不可替代的价值。

四、发展职业技术教育与坚持“德艺双馨”标准的传统

在传统社会中，职业教育直接关乎国计民生和社会稳定，是与广大民众关系最为密切的教育形式。随着职业分工的发展，士、农、工、商四大社会阶层形成，“四民分业定居”也逐渐成为社会治理的主流观念。其中，士是靠近权力中心的社会上层，占据了大部分读书上学、出仕践儒的机会；而农、工、商是社会的主体，如何培养这些人，使他们能够安居乐业，是对每一个社会的考验，也是对整个社会的大教育的内在要求。

传统中国历来重视职业技艺的传递。从先秦时期开始，“同业相聚，父子相承”就塑造了一种独特的职业文化。“同业相聚”意味着同行业者居住在一起，便于沟通业务，也便于互相切磋比较、交流经验、精进技艺。同行业者形成一个居住社区，还能培养一种超越家庭的社区气氛，工匠的弟子从小在父辈的职业生涯中耳濡目染，自然而然地学会不少技艺，长大能够顺利接班。如《管子·小匡》中记载，众工匠“相语以事，相示以功，相陈以巧，相高以知事。旦昔从事于此，以教其子弟。少而习焉，其心安焉，不见异物而迁焉。是故其父兄之教，不肃而成。其子弟之学，不劳而能”。虽然在《管子》的设计中，受当时社会的局限，职业和身份

相互绑定，不允许民众随意改变职业，但其中对职业及职业教育的许多思考，仍有其可取之处。例如：不但考虑到行业的发展和技艺的精进，还考虑到技艺的传承，在先秦时期这已是一种值得肯定的构想；而能看到技艺需要在生活中习得和传承，其中“不肃而成”“不劳而能”的部分可能恰恰是最重要的部分，这种对教育的理解，与今天的情境学习和实践性知识仍然一脉相承。

虽然传统农业高度依赖自然条件，但古人同样依靠自己的智慧和努力，利用各种工具和技艺来改造农业，试图减少农业中“靠天吃饭”的因素。中国古代文明发展的历史，同样也是一部农业技术发展进步的历史。战国初期的政治家李悝，也是一位重农的思想家，他提出了“尽地力之教”的思想，努力提高耕地的产量，提高农业技术，宣传精耕细作、勤谨治田，鼓励农民的劳作积极性，努力向农民宣传先进的农业技术，减少病虫害，甚至已经注意到田间要杂种多种作物，在遇到自然灾害时至少能保住部分收益，避免全部绝产、陷入荒年（“必杂五种，以备灾害”）。这些思想至今仍有教育的价值。比李悝稍晚的孟子也是一位重农思想家，他不仅重视农业技艺，还看到掌握技艺对“育人”的意义。《孟子·滕文公上》说：“后稷教民稼穑。树艺五谷，五谷熟而民人育。”对普通人而言，当他能够掌握一门农业或手工业的技艺，凭此技艺在社会上安身立命的时候，他才能真正感受到自己作为一个真正的“人”而存在，才能体会到自己对于社会的价值。因此，技艺的传承绝不仅有功利目的，对于安定人心、塑造精神同样具有重要意义。这些思想都促使我们从中国自身出发、从更深刻的文化意义上来反思职业教育。

传统思想中对社会分工有深刻思考的代表人物之一是墨子。墨子及其学派本身来自手工艺人和小生产者，在建筑、力学、光学、逻辑、教育和社会管理等方面均有重要的贡献，对职业分工和劳动生产都有更贴近现实的理解。而且墨家比儒家更注重劳动者之间的平等，认为“官无常贵，民无常贱”，更加重视“农与工肆之人”在社会中的地位和作用。对于技艺的教授，墨子观点鲜明地认为将技艺教授于他人，是对社会做出的更大贡献，当面对“教人耕，与不教人耕而独耕者，其功孰多”这样的问题时，墨子的答案是“教人耕者其功多”。传播先进的生产技术，培训民众的生产技能，相当于“虽不耕而食饥，不织而衣寒，功贤于耕而食之，织而衣之者也”。这种先进的思想突破了一般小生产者的局限，不再将技艺作为维持个人生活的不传之秘，而是将之作为推动社会进步的动能。

到了三国两晋南北朝时期，我国已经出现了早期的职业专门学校，如三国时期培养法律人才的律学、南朝培养医生的太医博士助教、北魏培养数学人才的算学等。到唐代时，还增加了培养书法文字学人才的书学、培养天文历法人才的太史局、培养医药学人才的太医署、培养祭祀卜筮人才的太卜署等。在唐代科举的“制举”部分，专业技术类人才的选拔就涉及近百种类专业技术。这意味着若干专门人才的培养也逐渐被列入国家的计划中，并出现了傅玄“分数定业”，即按照社会需要的种类和比例来安排职业人口的思想，而且要求重视职业道德和职业精神的培养。《晋书》中提到“士思其训，农思其务，工思其用，贾思其常，是以上用足而下不匮”，即人人都精勤于自己的职业，社会就不会陷于匮乏。而且傅玄不再认为各个职业应该有社会分隔，也不要求职业要世袭，增强了社会的流动性。农业方面的劝课农桑和相关技术书籍的编纂，手工业方面日趋成熟的学徒制度和工艺技术的收集整理，也都取得了很大的成就。各种“法式”“教本”也出现在职业技术的传承教育中。

中国的职业教育和工匠培养有非常悠久的传统，不仅延续了技艺的传递，而且出现了丰富完整的职业文化，内在蕴含着品格、信念、精神。更可贵的是，中国至少在唐以后就有“三百六十行，行行出状元”的思想，用人体系也支持多元开放的原则，不唯正规的学校教育或科举一途育人、取人。这些传统在今日的中国，尤其是作为制造业大国的中国，仍然是一笔宝贵的财富。发展职业教育，是一项远比建设职业技术院校广泛得多的事业，需要向前观照产业发展，向后回顾技艺传承，向外看到国际形势，向内有充分的自我认识。当我们提到“工匠精神”的时候，不要总是以德国、日本的工业和传统手工业作为参照，更重要的是在中国自己的文化中发掘职业教育的内涵。而传统中国的职业发展和职业教育的体系，直到今天仍有重要的参考价值。

对于教育本身及教育成果的评价，“德”都是在首位的。这不仅是因为中华民族是见贤思齐、推己及人、崇尚道德、热爱和平的民族，还因为中国的教育者和学习者很早就发现，有德之人在学习或受教育中，会形成巨大而持久的志向或良性内驱力，也会在学成之后的人生中为社会、为人类做出更大的贡献。当然，崇尚道德不仅是利他的，不是只有奉献、毫不利己，中国的“德”概念，本身就有“获得”的意思。也就是说，中国古代教人，不仅是传播知识和技术，更要教人不断自我完善的意识和方法。在为社会做贡献的同时，自身能在德智体美劳全方位得到完善，也是重要的幸福和价值追求。而这即中国传统教育注重德育、看重社会功用，并在意个体的全面发展的内在原因。

第三节
以习近平文化思想指导教育文化自信

一、明确“止于至善”的学习追求和“学为君子”的高远理想

“为谁培养人、培养什么人、怎样培养人”始终是教育的根本问题。习近平总书记指出：“《礼记·大学》说：‘大学之道，在明明德，在亲民，在止于至善。’古今中外，关于教育和办学，思想流派繁多，理论观点各异，但在教育必须培养社会发展所需要的人这一点上是有共识的。培养社会发展所需要的人，说具体了，就是培养社会发展、知识积累、文化传承、国家存续、制度运行所要求的人。”[①] 我们要以习近平文化思想为指导，明确“止于至善”的学习追求和“学为君子”的高远理想，培养服务于国家发展需要的社会主义事业的建设者和接班人。

传统中国的教育是“学以为己”的教育，人格成就和道德境界在根本上比世俗功利的追求更加重要。“学以为己”并非一个确定的主张和学派特点，而是每一时代对当下教育状况的不断反思。在《论语·宪问》中，

---

① 习近平．在北京大学师生座谈会上的讲话［N］．人民日报，2018－05－03（2）．

孔子提出“古之学者为己，今之学者为人”，这句话的表面含义是对古人风骨的欣赏与推崇，但其内核中，对“为己”和“为人”的分辨，比古今区别更加重要。“为己之学”意味着教育和学习首先应该为个人带来真正的进步和内在的满足，其次才是追求外在的其他收益。在教育的社会效益被无限放大，全社会都对获取优质教育资源感到焦虑的今天，重提“为己之学”，让教育从资源分配和身份获得的外在目的中得以纾解，回归教育本身，有重要的现实意义。

孔子倡导“学者为己”，孟子提出“深造自得”，荀子更是认为“君子之学，以美其身”，先秦儒家三位最重要的思想家都认为，学习成人、成才、成贤、成圣，首先是要充实和完善自我。这种观念贯穿了中国教育的全部历史，也体现了中国教育注重自主学习的传统精神。我们不应将“为己”观念狭隘地等同于某种个人主义或避世之学，恰恰相反，孔子、孟子和荀子都有强烈的社会责任感和政治理想。孔子周游列国多年，几经碰壁也不放弃复兴周文化的理想；孟子在更加险恶的战国诸雄之间奔走游说，只因他相信王道仁政胜于武力霸道；荀子在稷下学宫三为祭酒，对时政参与颇深：他们对现实生活都有很深的关切，但他们仍然坚持认为，完善自身的为己之学才是教育的根本目的。也只有教育实现了对人本身的完善，外在的社会效用和政治目标才会随之而实现；忽略了人本身，只追求教育的外在目的，是舍本逐末，将难以达到目标。

李弘祺在《学以为己：传统中国的教育》中提出：“要建构一套中国教育理论，首先必须强调学习的个人价值及其本身的价值。而且，我们大可以这么说：对于中国人而言，真心相信这样的价值，乃是道德成长的先决条件。唯有对教育的独立价值抱有绝对的信念，才能理解中国学术与知识人的社会行为。”[1]

基于对学习本身价值的坚信，“止于至善”是《大学》为学习指出的最高追求。在《大学》的八条目中，格物、致知、诚意、正心、修身、齐家、治国、平天下，共同指向最高的纲领“止于至善”。朱熹在《大学章句》里解释道：“言明明德、亲民，皆当至于至善之地而不迁。”意即不管是修身还是育人，都应该达到完美的境界而毫不动摇。而这完美的境界，值得人用一生去追求。其中的前五个条目，从“格物”到“修身”，都具有高度的个人性，是学习者内部的积累和改变。从“齐家”开始，教育的作用才开始从己身推出，由近及远地对家庭及社会产生影响。这不仅是对学习过程的描述，也是对为己之学及其社会效用的经典概括，在传统教育中，这也早已是化入人心的深刻信念。

这样的教育中培养出来的理想学生将成为“君子”，是因为最重要的教育首先要“明明（正确、光明、理智）德”。中国传统的教育相信完善的人性和圆满的道德都不是与生俱来之物，而是通过教育和学修才能获得的，即使被认为是圣人之人，也将学习作为一生中最重要的事情来看待。而“君子”就是通过教育而能实现人类理想，活出一个人的道德理想状态的人。培养君子的教育并非由学习的内容来规定，虽然后代学者会将孔子的教育理想与他的“六艺”主张联系起来，但人成为君子，并非由作为课程内容的“六艺”决定，而是由对一种完整、丰富的学习生活的不懈追求决定。这也就意味着，今日的教育者在看待中西方的古代教育时，并不用固守“六艺”或“七艺”之内容，而是应去追求其中的丰富、完整教育的

① 李弘祺．学以为己：传统中国的教育［M］．上海：华东师范大学出版社，2016：8.

精神。

正是在“止于至善”和“学为君子”的理想指引下，中国学者并不将单纯的知识习得作为目的（“记问之学不足以为师”），也不认为掌握一套学术权威体系就能成为好的教育者（“经师易得，人师难求”），而是始终把内在追求放在最高的位置，这种追求让中国教育在经历了朝代更迭、科举选拔等等无数的外部冲击和功利诱惑之后，还能将最核心、最美好的东西保持下来。这种追求已经是中国人的文化信念，即使在今天，教育仍然面临社会需求之下的压力和诱惑，但同样是这种信念，将成为中国教育能够坚守的深层力量。

二、追求“有教无类”的教育目标和建设具有“教育家精神”的新时代教师队伍

2023年教师节前夕，习近平总书记在给全国优秀教师代表的致信中寄语，希望全国广大教师“大力弘扬教育家精神，牢记为党育人、为国育才的初心使命，树立‘躬耕教坛、强国有我’的志向和抱负，自信自强、踔厉奋发，为强国建设、民族复兴伟业作出新的更大贡献”[①]。我们要在习近平新时代中国特色社会主义思想的指导下，扎根中国大地，以教育家为榜样，大力弘扬教育家精神，营造尊师重教的社会风尚，为强国建设民族复兴伟业做出新的更大贡献[②]。

人是教育的对象，哪些人能被纳入教育的范围是教育实践中的关键性

① 习近平致信全国优秀教师代表强调：大力弘扬教育家精神 为强国建设民族复兴伟业作出新的更大贡献［N］．人民日报，2023－09－10（1）．

② 刘复兴，曹宇新．教育家精神是加快建设教育强国的精神引领［J］．中国高等教育，2023(19)：20－23．

问题。人的学习权不是从来就有的，受教育的权利是教育发展的重要成果。几乎每一个重要的文明，都曾在历史上的很长时期内把受教育局限于一小部分人，而排斥了多数人受教育的权利，甚至否认“下愚”受教育的可能。其中有经济基础和社会条件等硬性的原因，也有社会制度及其发展阶段的原因。致使在广大底层民众中，许多聪慧、有潜力、有可能做出更大贡献的人被埋没。这是经济、社会和教育发展不充分，受教育权未能普及的表现。

中国周代的正规学校教育就具有明显的“学在官府”特征，教育几乎被少数贵族阶层垄断，平民百姓接触不到系统正规的文化教育。内容丰富、结构完善的“六艺”教育，也只能让少数贵族受益。在西方，古希腊、古罗马的教育是公民阶层的特权，而没有公民权的人也就没有受教育的权利，占人口大多数的奴隶、外邦人、女性都被排除在教育之外。随着历史的发展，受教育权的不断扩大是教育发展的重要标志。而这个进程不是自动发生的，需要有远见卓识的人提出这样的理想，并通过坚持不懈的努力实践才会逐渐实现。早在春秋阶段，孔子不仅提出“有教无类”的理想，也在自己的教育中，努力接纳了平民、奴隶、罪犯之子等原本没有受教育权利的人。至少到唐宋时期，中国已出现基础教育阶段的“义学”，为社会底层的孩子提供受教育机会。其中固然有官方的努力，但更多的是来自民间的互助。

在中国传统教育中，打破“学在官府”局限的是私学的出现，让教育能够惠及普通人。而对教育普及理念最重要的是孔子的“有教无类”观念。“有教无类”的人性基础是朴素的“性相近，习相远”的观念。人的秉性和天赋在潜能和萌芽状态时，差距并不大，但随着经验和学习的积累，人和人之间会渐渐成长得千差万别。而在“相近”到“千差万别”的悬殊中，教育扮演了极为重要的角色，或者说，起到了决定性作用。

孔子作为独立办学者，并未将办学作为谋财的手段，也从来不像古希腊智术师一样对学生做好听的广告宣传。他不分等级、地域、国别，一视同仁地欢迎前来学习的学生。在孔子以后，教育普及的思想一直是中国人最重要的教育理想之一，也是历代统治者落实移风易俗思想最重要的支撑。

但“有教无类”并不意味着用一模一样的知识、态度和教学方式去对待所有人，恰恰相反，孔子非常讲究根据每个学生的天赋、基础、性格、职业的不同，给予有不同侧重倾向的指导。给柔弱者鼓励，让冒进者谨慎，既有由衷的赞扬，也有直率的批评，不仅让当时跟随孔子的学生受到教益，而且对后世的教育教学有方法论上的启发。随着传统儒学的传播，孔子的教学法广泛影响了东亚地区。到了明清之际，来华传教士不仅带来西学，也将中学西传，柏应理在巴黎以拉丁文出版的《中国贤哲孔子》等书籍，将孔子的教育思想传播到西方。而现代的中西文化交流，让孔子的教育思想得到更多传播，不止一个国家和地区将孔子的生日（9 月 28 日）作为教师节。近年来我国也有一些将教师节移至 9 月 28 日的提议，从继承传统和文化建设角度看，这是一个值得考虑的提议。当代被教育界广泛认可的“多元智能”思想的提出者加德纳，就始终强调他的思想受到孔子和中国“因材施教”理论的重要影响。其追求的目标，就是让所有的人都能根据自己的潜质心愿充分发展、各得其所。这确实也是当下和未来教育或学习改革的重要方向。

新时代，为了保证教育公平与教育高质量发展，习近平总书记以“教育家精神”为核心，对教师队伍建设提出了更高的要求。希望教师有心有大我、至诚报国的理想信念，言为士则、行为世范的道德情操，启智润心、因材施教的育人智慧，勤学笃行、求是创新的躬耕态度，乐教爱生、甘于奉献的仁爱之心，胸怀天下、以文化人的弘道追求。习近平总书记对教师队伍建设提出的要求，体现了新时代对教育家精神的深刻理解和全面诠释。这些要求不单单描绘了一个教师应有的理想形象，更为教师的日常教育实践提供了指导和动力。教师不仅是知识的传递者和技能的教授者，更是价值观的引领者、学生人格的塑造者和文化的传承者。他们通过理想信念、道德情操、育人智慧、躬耕态度、仁爱之心以及弘道追求，共同构筑了教育的根基，为学生的全面发展和国家的长远发展奠定了坚实的基础。这些要求强调了教师职业的社会责任和历史使命，鼓励教师在新时代的教育实践中，不仅要追求知识和技能的传授，更要致力于学生全人格的培养和优秀文化的传承。通过这样全面而深入的教育实践，教师队伍能成为推动教育公平与高质量发展的关键力量。

三、在“耕读传家”的传统中蕴含学习型社会建设的现代思想

习近平总书记指出：“乡村文明是中华民族文明史的主体，村庄是这种文明的载体，耕读文明是我们的软实力。”[①] 耕读文明中蕴含着天人合一、知行合一、自立自强、修身立德等思想理念，是宝贵的精神财富。今天，耕读文明所依赖的经济社会基础虽已大为不同，但这些思想理念仍有重要的时代价值，在教育理论和教育实践的融合上具有中国特色。

---

① 中共中央文献研究室．十八大以来重要文献选编：上［M］．北京：中央文献出版社，2014：605.

“耕读传家”是传统中国留下的将教育融入生活的重要理念，也是突破教育即读书识字狭隘局限的重要实践。从本质上讲，这既是在中国历史上教育“下嫁”的伟大实践，也是逐渐形成的、将劳动与读书融为一体的特色文化。至今在日本的许多公立学校中，都还矗立着标准化的“耕读”雕塑，可见中国的这一优良传统不仅惠及中国的百姓，也在“东亚文化圈”中产生了深远的影响。“耕读传家”的理念最早出现在汉代班固的著述里：“古之学者耕且养，三年而通一艺，存其大体，玩经文而已。是故用日约少，而蓄德多，三十而五经立也。”班固借古喻今，称赞古代的学者半耕半读的生活方式，尤其是未出仕做官的普通读书人，没有国家发放的俸禄，需要靠自己的劳动（耕）来实现自给自足（养），同时不放松学习，努力钻研，三年学通六艺中的一艺，三十岁时能够完整地掌握五经。唐代文学家、教育家韩愈特别赞扬勤劳耕作，曾以“非其身力，不以衣食”来作为对他人的称赞和表彰。在实际生活中，作为农业劳动的“耕”和作为文化活动的“读”并不是对立关系，而应该在生活中融合为一体。

对于历来重视教育、重视在教育中实现人格成就的中国人而言，“耕读传家”意味着不应指望别人辛勤劳作而自己享受成果，而是应同时投身于农业劳动和读书学习两种事务当中。在生产水平不高的古代，能够完全脱离生产劳动的人毕竟是少数，耕读一体的生活是广大普通人乃至中小土地拥有者最真实的生活样态。耕读是一种能够自养的生产生活方式。经济并不富裕甚至贫苦的家庭，也有过上耕读生活的可能；而较为富裕的人家，也能把晴耕雨读作为一种生活方式。这样一来，在耕读生活中，“劳心”和“劳力”得到一定程度的统一，“勤”的美德既体现在勤奋读书上，也体现在辛勤耕作上，这是一种健康而有持续性的生活方式，因此才能被作为“传家”的美德。

生活在现代社会的人，不必将“耕”局限于农业劳动，而更应将之理解为劳作技艺的象征，能够将操持工作与文化生活结合起来，以符合耕读文化的传统。更重要的是，这种方式适合家庭，而且生活方式的培养也只有在家庭中才能真正进行。在《中华人民共和国家庭教育促进法》第 16 条第 3 款及第 6 款中，对家庭教育分别提出“帮助未成年人树立正确的成才观，引导其培养广泛兴趣爱好、健康审美追求和良好学习习惯，增强科学探索精神、创新意识和能力”和“帮助未成年人树立正确的劳动观念，参加力所能及的劳动，提高生活自理能力和独立生活能力，养成吃苦耐劳的优秀品格和热爱劳动的良好习惯”。耕读观念十分有助于高尚情操和劳动观念的培养，只有自己读书的人才会真正欣赏读书生活，也只有真正劳动的人才会尊重劳动者。这样的生活方式也有助于培养文明、和睦的家庭关系，培育一种积极健康、有传承性的家庭文化。

四、庶富教协同的教育发展逻辑和不拘一格的人才培养战略

2018 年，习近平总书记在北京大学师生座谈会上指出“要把立德树人的成效作为检验学校一切工作的根本标准，真正做到以文化人、以德育人，不断提高学生思想水平、政治觉悟、道德品质、文化素养，做到明大德、守公德、严私德。要把立德树人内化到大学建设和管理各领域、各方面、各环节，做到以树人为核心”①。庶富教协同的教育发展逻辑和不拘一格的人才培养战略根植于中国优秀传统文化，在习近平文化思想的指引

---

① 习近平．在北京大学师生座谈会上的讲话［N］．人民日报，2018－05－03（2）．

下，在新时代能加强人才培养模式的自信，推动教育强国建设。

中国的教育传统并不认为教育是一项可以脱离社会经济状况而单独发展的事业，而是始终将教育与国家发展紧密相连，其中就包括了对人口、经济、政治、国家制度等和教育之间辩证关系的思考。而这正是当下教育事业发展值得借鉴的主要内容。《论语·子路》中写道："子适卫，冉有仆。子曰：'庶矣哉！'冉有曰：'既庶矣，又何加焉？'曰：'富之。'曰：'既富矣，又何加焉？'曰：'教之。'"冉有是孔门杰出的政治家，对于财政、治国有所专长。他和孔子讨论的是关乎国家治理的根本问题。卫国已经拥有众多的人口，应该如何治理这样的国家呢？孔子回答，应该尽快使人民生活富裕起来。冉有再问，生活富裕之后，又应当如何进一步治理呢？孔子的回答是，当一个国家的物质生活丰富起来之后，就应该让人民受到教育，使他们的物质文明和精神文明都得到发展。这段记载是非常重要的对"政—经—教"关系的思考，是儒学重要思想。

"人口众多"是中国大部分时间都会面临的问题，中国长期以来是世界上第一人口大国。尤其是改革开放以来，我国已经发展成为一个人口众多且经济建设也取得了巨大成功的国家，就如孔子思想中的"庶矣"和"富之"。这两方面问题解决了之后，国家治理会面临更多新问题，例如公平发展、地区均衡发展、环境保护、教育发展等等。党的十九大报告指出，我国社会主要矛盾已经转化为人民日益增长的美好生活需要和不平衡不充分的发展之间的矛盾。如何实现广义的教育，即让人民享受到精神生活的美好，切实感受到幸福，是当今的国家治理需要应对的重要问题，这就需要"庶"和"富"对"教"提供支持和帮助。

同样，也要通过"富"和"教"支持"庶"。在经过了自 1982 年至今

40余年的计划生育之后，我国面临的人口情况和生育情况都发生了很大变化。我们面对的人口压力已经从人口过快增长变成了需要提高人口质量和保持生育率稳定。近年来，国内的结婚率和生育率都有所下降，而且放开二孩的政策并没有从根本上扭转生育率下降趋势，这就意味着，我们需要从“富”和“教”两方面去思考对“庶”的促进。生养、教育子女成本大大提高，是阻碍生育率提高的一大原因。收入的增长跑不过安家买房、养育子女所需要的高额支出，就会让年轻夫妇在生育面前望而却步。而教育中高竞争性、高选拔性的残酷现实，也会让普通人降低期待，以至于降低生育意愿。因此，提高国民收入、降低生养成本和让高质量教育更加普及，是提高生育率、减缓人口老龄化的重要手段。

中国传统教育思想要放在当代问题中来理解，庶、富、教之间不再是一种单纯的线性关系，而应该把这三者放在一个整体框架中来考虑。其中任何一个出现问题，都会极大地影响到另外两个。而这三者协同发展，互相支持，对国家的强盛和人民的幸福有重大意义。

在中国的历史上，对于人才多样化的认识早有全面的认识，即便在科举盛行的千余年中，通过科举选拔的人才也是有限的，更多的人才脱颖而出还是通过“终南捷径”“毛遂自荐”“校场比武”“论辩决胜”，以及各类行业的系统渠道多途径实现的。龚自珍提倡的“不拘一格降人才”的呼吁，正是这一传统意识的生动体现。

近代以来，在教育发展上我们一直孜孜以求地向西方学习，试图寻求适合中国的现代教育发展之路，这的确体现了中国传统教育开放、包容、厚德、创新的精神和胸怀，但也要意识到，中国教育的未来发展，不能只是向外求，还应特别注意向内求，注意发现在我们的文化教育基因中，有哪些是需要继承、改造和弘扬的，有哪些是我们的传统优势和文化优长，借此可以用更短的时间赶超世界水平，使中国的教育重塑辉煌。

在五千年的中华文明史中，教育思想和教育实践是最具生机、活力和智慧的，也是促进和维系中国历史发展的重要基础。现有的教育从整体上是近代以来学习西方的，但百余年来的中国教育实践证明，完全西化的发展思路是不合理，也是不切实的。办好中国的教育，走出中国的教育之路，为人类教育提供行之有效的中国经验，既是中国教育发展的理想追求，也是中国共产党和中国教育界的伟大使命。所以，在当下和未来的教育发展中，认真坚持“古为今用，洋为中用”和“百花齐放，推陈出新”的原则，是非常重要，也是势在必行的。

第十章

构建高质量教育体系，推动实现人的全面发展

第一节

提高落实立德树人根本任务的效度

党的二十大报告指出，要“以中国式现代化全面推进中华民族伟大复兴”[①]，阐明了中国式现代化的丰富内涵，强调了中国式现代化的本质要求与重要特征，是科学社会主义的最新重大理论创新成果。高质量教育体系是解决新时代人的现代化问题与实现人的全面发展的体系基础[②]。

习近平总书记在中共中央政治局第五次集体学习时强调：“培养什么人、怎样培养人、为谁培养人是教育的根本问题，也是建设教育强国的核心课题。我们建设教育强国的目的，就是培养一代又一代德智体美劳全面发展的社会主义建设者和接班人，培养一代又一代在社会主义现代化建设中可堪大用、能担重任的栋梁之才，确保党的事业和社会主义现代化强国建设后继有人。”[③] 新时代，我国教育改革的关键在于牢牢把握人才培养方向，从教育的全局出发，落实立德树人根本任务，为党育人、为国育才[④]。

---

① 习近平．高举中国特色社会主义伟大旗帜 为全面建设社会主义现代化国家而团结奋斗：在中国共产党第二十次全国代表大会上的报告［N］．人民日报，2022-10-26（1）．

② 刘复兴．以高质量教育体系支撑教育强国建设［J］．人民教育，2023（12）：13-15．

③ 习近平在中共中央政治局第五次集体学习时强调：加快建设教育强国 为中华民族伟大复兴提供有力支撑［EB/OL］．（2023-05-30）［2024-01-20］．http://jhsjk.people.cn/article/40001818．

④ 刘复兴．把握新时代育人方向 落实立德树人根本任务［J］．现代教育，2020（11）：1．

要坚持改革创新，以构建大中小幼一体化的思政工作体系为保障，以建设高素质的思政课教师队伍为抓手，以注重“五育并举”为目标，提高立德树人根本任务在教育各个环节的落实效度。

一、坚持改革创新，推进大中小幼思想政治教育一体化建设

在大中小幼循序渐进、螺旋上升地开设思想政治理论课。要坚持不懈用新时代中国特色社会主义思想铸魂育人，着力加强社会主义核心价值观教育，引导学生树立坚定的理想信念，永远听党话、跟党走，矢志奉献国家和人民。2019 年 3 月 18 日，习近平总书记主持召开学校思想政治理论课教师座谈会时指出：“在大中小学循序渐进、螺旋上升地开设思想政治理论课非常必要”①。开展可持续的螺旋式上升改革是大中小幼一体化的思政工作保质保量的重要保障。定准了方向，找到了着力点，接下来就是“撸起袖子加油干”，就是“一茬接着一茬干”，做到“功成不必在我”，久久为功。对立德树人实践而言，要做到“课程化”，尤应做好目标确立、内容设计、组织实施、学习评价等各环节的工作，形成完整、规范、有序的课程行动体系，通过完整的理解、系统的架构、协同的行动，充分发挥项目的育人功能，收到最大最佳的育人效益。在实践推进的过程中，要学会提炼哪些是立德树人核心的，哪些是我们不能丢的，哪些是可以舍弃的。要换一种思维方法、思维境界，在实践过程中由工作层面、实践层面、学校层面上升到经验层面、理论层面，从而提高思政课的针对性和吸引力。要扎实做好互联网时代的学校思想政治工作和意识形态工作，提高

---

① 习近平主持召开学校思想政治理论课教师座谈会强调：用新时代中国特色社会主义思想铸魂育人 贯彻党的教育方针落实立德树人根本任务［N］. 人民日报，2019-03-19（1）.

网络育人能力。

立足区域，着眼优质资源、学段特点、城乡差异以及配套措施，做好整体谋划，以本土化实践为载体，实现大中小幼一体化思政工作体系纵向连贯、横向协同。一方面，要推进相关学术理论研究。要不断加强思政教学理论研究和思政工作体制机制研究，为开设丰富有效的思政课程提供理论支持，为思政工作的有序持续发展提供科学的体制机制设计。如加强德育一体化理论研究、思政课建设实践研究、新时代大中小幼一体化德育管理机制研究等。另一方面，要实时追踪全国各地思政工作体系的实践动态，科学评价总结教育实践经验，持续优化思政课程建设。如：福建省厦门市试点了“建立一个体系，抓好两支队伍，建好三个平台，完善四个机制”的一体化德育体系。江西以革命老区丰富的红色文化资源为依托，在全省大中小幼开设红色文化课程，构建“目标一体，红色基因进教材；内容一体，螺旋上升入人心；标准一体，师资课时有保障”的大中小幼思政课一体化建设格局。河北省石家庄市积极构建“纵向衔接有序、横向融会贯通、优质资源共享、螺旋发展上升”的大中小幼一体化德育体系。山东省莱州市教育改革实验区开展学科立德树人“324”体系。

二、建设高素质的思政课教师队伍

思政课教师队伍建设要坚持“以政治情怀铸造精神基底，肩负立德树人之使命，勇于创新实践”的原则。思政课教师首先要提高政治站位。政治性是思政课的本质属性，是区别于其他课程的根本特性。思政课教师不仅是理想信念的坚守者，还是理想信念的播种者。思政课教师履行立德树人使命、把讲政治的要求落实到授课育人的全过程，必须把提高自身的政治站位作为首要功课，遵循思想政治工作规律，遵循教书育人规律，遵循学生成长规律，政治要强，理直气壮、大大方方讲政治。思政课教师队伍还要具有创新意识和创新能力，思维要新、视野要广，不断深化思政课改革创新。

思政课教师队伍建设要以“政治要强、情怀要深、思维要新、视野要广、自律要严、人格要正”为准绳，重点考核政治素质和岗位能力，化解制约思政课教师建设的突出问题。要聚焦提升思想政治理论课教师综合素质和专业化水平，践行立德树人使命，以培养教学名师、青年领军人才为重点，以提升教学质量和科研能力为抓手，努力建设一支结构合理、素质优良、治学严谨、富有活力和创造力的师资队伍。党的十八大以来，党和政府高度重视思政课教师队伍建设，建立起了一支可信、可敬、可靠、乐为、敢为、有为的思政课教师队伍，但地区与地区之间、学校与学校之间发展不平衡，一些地方和学校在教师职数、晋职晋级、待遇保障等方面政策落实尚有差距，要着眼从严管理和科学治理相结合，建立起更加科学更加严密更加有效的制度体系。

思政课教师队伍建设要搭建良好的教师成长平台，促进教师的专业发展以及储备后续师资力量。要发挥思政课教师的积极性、主动性、创造性，必须走出思政课自身的“小循环”、教育系统的“内循环”，融入社会的“大循环”。一方面，依托特有资源，对各地域中蕴含的丰富的人才资源、文化资源等进行充分挖掘及有效整合，如通过积极建设思政课教师实践研修基地、培训基地等，助推高校思政课教师队伍建设，满足高校思政课教师对优质多样培训资源的需求。另一方面，丰富教研形式，促进教师专业化发展。学校要着眼于提升思政课教师队伍的政治理论素养、创新思维和战略思维，精准定位教师培养的目标，加强对思政课教师专业技能的提升与考核，通过积极选派思政课教师参与各类思政课培训班、学术交流活动，开展学习贯彻习近平新时代中国特色社会主义思想专题轮训等方式，促进思政课教师专业化发展。注重思政课教学团队的发展和成长，形成学历、年龄、研究方向及重心等结构合理的多元思政课教师队伍。

三、注重“五育并举”

“五育并举”，就是要实施新时代立德树人工程，深入推动习近平新时代中国特色社会主义思想进教材进课堂进头脑，构建德智体美劳全面培养的教育体系和更高水平的人才培养体系，健全家庭、学校、政府、社会协同育人机制，形成全员育人、全过程育人、全方位育人的格局。要着力在坚定理想信念、厚植爱国主义情怀、加强品德修养、增长知识见识、培养奋斗精神、增强综合素质上下功夫，培养堪当民族复兴重任的时代新人。要树立健康第一的教育理念，开齐开足体育课，帮助学生在体育锻炼中享受乐趣、增强体质、健全人格、锤炼意志。要全面加强和改进学校美育，坚持以美育人、以文化人，提高学生审美和人文素养。要弘扬劳动精神，教育引导学生崇尚劳动、尊重劳动。

“五育并举”，就是要在新技术条件下遵循教育规律，探索全面评价体系。一是教学评价中教与学评价的全面性。借助智能辅导系统，对教育质量进行全面监测，寻找提升教学质量的着力点成为现在智能辅导系统开发的主要驱动力。二是教学评价中教与学评价的全过程性。智能诊断性评价、预测性评价、即时形成性评价、个性化总结性评价将贯穿教学的全过程。智能诊断性评价可以在学生及监护人授权的情况下，采用多项指标，对学生进行智能诊断。三是不断利用反馈改进教学评价中教与学评价的科学性。教学评价中教与学评价的全面性和全过程性，可以有效地提高教与学评价的科学性。

第二节

推进基本公共教育服务体系更加公平普惠

一、推动义务教育优质均衡发展和城乡一体化

推动义务教育优质均衡发展和城乡一体化，是“十四五”时期建设高质量教育体系、形成基础教育新格局的基础工程。是“把促进教育公平融入到深化教育领域综合改革的各方面各环节，缩小教育的城乡、区域、校际、群体差距，努力让每个孩子都能享有公平而有质量的教育，更好满足群众对‘上好学’的需要”[①] 的应有之义。推动义务教育优质均衡发展和城乡一体化，除了合理配置公共教育资源，改善薄弱学校办学条件，缩小校际办学条件差距，继续保障农村地区、民族地区以及经济困难家庭和残

① 习近平在中共中央政治局第五次集体学习时强调：加快建设教育强国 为中华民族伟大复兴提供有力支撑［EB/OL］.（2023-05-30）［2024-01-20］. http://jhsjk.people.cn/article/40001818.

疾适龄儿童按规定接受义务教育外，还要推动互联网、大数据、人工智能和教育领域的深度融合，推动数字资源和教育装备的均衡发展。以推进数字教育，为个性化学习、终身学习、扩大优质教育资源覆盖面和教育现代化提供有效支撑。

2017年，国务院印发了《新一代人工智能发展规划》。人工智能的受关注度越来越高，对教育领域的影响也越来越大。人工智能在教育领域的应用，一方面是涌现出大规模的线上教育。出现了网校教育、大学MOOC、直播和知识付费等多种网上教育方式和教学平台，在教学模式上有一对一直播讲解、录播、视频会议等方式。另一方面是传统线下教育的变革。如教育装备和个性化教学定制，主要有校园网络环境、班级多媒体、网络数字中心等基础环境装备等。推动义务教育优质均衡发展和城乡一体化，首先要实现数字教学资源的融通共享，坚持以国家教学平台为基底，省（市）级平台为补充，校级平台为主、社会平台为辅的原则，找准各级各类线上教学平台的定位与功能，构建线上课程资源体系，实现平台间课程的融合互动，从而缩小城乡教育资源差距。其次是建立相对集中的教学资源统一规划和管理机制，积极构建线上教学资源的共享机制。可通过政府购买服务的方式购买成熟优质课程，资助薄弱领域课程资源开发，向社会提供普惠性公共教育产品。建立教育资源的统一标准，包括规范教学资源分类，统一各类数字教学资源的编码、数据标准和数据库系统等，实现各高校之间以及高校内部的教育数据统一标准，方便部门和机构之间的教育数据共享，实现不同资源的整合和互通。再次是教育装备的公平合理配置。包含电脑、大屏显示设备、书写设备、扩音系统、摄像系统、录课系统等六大系统的智慧教室等。最后是个性化教学的协同发展。目前试题OCR识别、辅助批改等应用已经从试点向规模化发展，推动教学管理向精准管理转变，助力个性化学习体系的建立。当前以ChatGPT为代表的生成式人工智能技术，有望从多个层面显著促进教育资源的优化传播，通过提供智能教学助手、自动生成教育资源等促进教育公平、实现个性化教育以及持续改进教学方法等。

二、提高高中教育普及率，促进高中学校多样化发展

高中阶段教育是国民学历教育体系的枢纽环节，是学生职业生涯发展的重要十字路口。一方面，学生可以选择普通高中教育，为进一步接受理想中的高等教育做升学准备；另一方面，学生可以选择中等职业教育，学习某种技能，为成为一名合格的劳动者或生产者做准备。高中阶段教育满足学生个性化发展的这种特殊功能，内在地要求高中阶段学校走多样化的发展道路。

一方面，高中学校多样化发展是办学类别的多样化，亦是课程设置的多样化、教学方式的多样化、培养方向的多样化和评价维度的多样化。发展多样化的高中，需要借鉴发达国家的成熟经验，积极探索构建新的高中阶段学校结构体系，包括建立普通高中、特色高中、职业高中、综合高中等多元并存的高中阶段学校。另一方面，要健全相关保障制度，落实“深化普职融通、产教融合、校企合作”的举措，开辟高中阶段普职融通层面多样化发展的新路。当前中职学校不仅面向应届初中毕业生，也为往届初中生、农民工、退役军人、个体户、专业户等提供注册就读机会。普职融通，是由中等职业教育与普通高中教育合作，双方共同设计课程、互派师资，实行学分互认、学籍互转的一种崭新的人才培养模式，普职融通是教

育改革的重要内容，符合个性发展内心需求，符合普通高中多样性发展要求。

三、完善普惠性学前教育和特殊教育、专门教育保障机制

完善普惠性学前教育和特殊教育、专门教育保障机制是补齐教育公平短板的重大举措。学前教育、特殊教育和专门教育是国家基础教育体系中不可或缺的重要组成部分，关系到社会的文明和谐与稳定发展，也是体现社会主义制度优越性的本质要求。然而，与普通基础教育发展相比，这些教育长期未能得到社会的足够重视，难以满足部分社会群体的个性化、特殊化、专门化教育诉求，以致其成为教育公平的一个短板。

完善普惠性学前教育保障机制，重点是强化各级地方政府在普惠性学前教育制度建设和资源供给方面的主责，推行中西部农村“一村一园（或一站点）”策略，重视帮扶困难儿童。在确保公办园、民办园依法运作的同时，鼓励支持街道、村集体、有实力的国有企事业单位、普通高校等举办公办园，为员工和居民的子女提供入园便利，也向社会提供普惠性服务。学前教育普惠健康发展，还必须遵循幼儿身心发展规律，实施科学保育保教，摒弃小学化倾向，完善法律法规，健全治理体系，阻遏部分民办园过度逐利现象，将家庭的教育成本控制在合理区间。

特殊教育是基本公共教育服务制度体系的重要组成部分。完善特殊教育保障机制，重点是依靠各级政府依法建立健全特殊教育学校运作体系，同时落实好其他中小学幼儿园接收残疾儿童工作，全面推进融合教育，促进医教结合。完善专门教育保障机制，要明确政府主责，把专门

学校建设纳入经济社会发展规划，与健全学校、家庭、社会协同育人机制相结合。

四、支持和规范民办教育发展，规范校外培训机构

民办教育涵盖了从学前教育到高等教育、从非学历教育到学历教育、从普通教育到职业教育的各个层次和类型。2021 年，国务院发布了新修订的《民办教育促进法实施条例》（以下简称《实施条例》），这是“十四五”开局之年颁布实施的第一部教育法规，意义重大而深远。《实施条例》指出，当前我国教育进入了高质量发展阶段。随着社会主要矛盾的变化，民办教育的发展定位和目标任务也发生了历史性变化。一是在办学方向上，始终坚持和不断加强党对民办教育的全面领导，坚持教育的公益属性，落实立德树人的根本任务，确保党的教育方针在民办学校得到贯彻落实。二是在发展目标上，更加注重优质特色，着力引导民办学校提供差异化、多元化、特色化的教育供给，致力于解决好人民群众最关心最直接最现实的教育问题。三是在法律地位上，更加体现平等原则，充分保障民办学校师生的同等权利，依法维护民办学校的同等地位。四是在政策要求上，更加强调支持和规范并重，双轮驱动促进民办教育高质量发展。五是在动力机制上，更加依靠改革创新，充分发挥民办学校灵活、敏锐的优势，有效激发民办教育的内生动能。

规范校外培训机构。一是坚持从严审批机构。各地不再审批新的面向义务教育阶段学生的学科类校外培训机构，现有学科类培训机构统一登记为非营利性机构。对非学科类培训机构，各地要区分体育、文化艺术、科技等类别，明确相应主管部门，分类制定标准、严格审批。学科类培训机

构一律不得上市融资，严禁资本化运作。二是规范培训服务行为。建立培训内容备案与监督制度，制定出台校外培训机构培训材料管理办法。严禁超标超前培训，严禁非学科类培训机构从事学科类培训，严禁提供境外教育课程。依法依规坚决查处超范围培训、培训质量参差不齐、内容低俗违法、盗版侵权等突出问题。三是强化常态运营监管。2021 年 7 月 28 日，《教育部办公厅关于进一步明确义务教育阶段校外培训学科类和非学科类范围的通知》进一步明确了义务教育阶段校外培训学科类和非学科类范围。

第三节

构建职普融通、产教融合、科教融汇的职业技术教育体系

一、优化结构与布局，推动教育链、人才链与产业链融合发展

当前我国进入新的发展阶段，以数字化与智能化为核心特征的第四次工业革命已成必然趋势，并将成为高质量发展的重要引擎，产业结构的优化升级对高素质的复合型技术技能人才需求日益迫切，职业教育的高质量发展与专业结构优化升级、数字化改造等问题备受关注。

为提高职业教育的适应性，对接“十四五”规划并面向 2035 年进行前瞻性布局，以系统思维推进职业教育的专业升级与数字化改造，教育部

印发《职业教育专业目录（2021 年）》（以下简称“新版《目录》”）。新版《目录》坚持服务发展、促进就业的导向，全面体现职业教育专业升级与数字化改造理念，落实教育供给侧结构性改革新要求。重点体现在新版《目录》对接“十四五”时期新形势，重点服务制造业强国建设、破解“卡脖子”关键技术等，面向战略性新兴产业重点领域，面向生产性服务业向专业化和价值链高端延伸，面向生活性服务业向高品质和多样化升级等，系统梳理新职业场景、新职业岗位对技术技能人才的新需求，以目录为引领推进职业教育供给侧结构性改革。新版《目录》面向不同行业、不同区域的数据驱动、人机协同、跨界融合、共创分享的智能形态，面向数字化、网络化、智能化融合发展的数字化转型，全面系统推进专业升级改造，特别是设置了大数据技术应用、人工智能技术应用、嵌入式技术应用等前沿专业，着力培养能够适应 5G、人工智能、大数据、云计算、区块链、物联网、量子科技等新科技、新产业发展需求的技术技能人才，培养一批具备数字化素养，拥有数字化职业能力、数字化技术能力、数字化组织能力的新一代“强国工匠”①。

教育链、人才链、产业链融合发展是构建现代职业教育体系的必然要求，也是完善现代产业体系的客观需要，对我国人才强国和制造业强国战略的推进具有重要意义②。深化职业教育产教融合就要进一步推动教育链、人才链和产业链融合发展，推动校企联动。职业教育专业建设要契合产业升级发展的需求，实现专业动态优化调整与专业技能人才的有效培养，实

---

① 陈子季．编好用好新版职业教育专业目录 服务“十四五”高质量发展［J］．中国职业技术教育，2021（7）：5－8.

② 谢琪，谢志远．人才链匹配产业链视域下高职院校专业群建设：要旨、机制与路径［J］．中国职业技术教育，2020（8）：47－53.

现职业教育发展与产业转型升级的有效对接。例如面对新的发展形势，“互联网+”、人工智能、大数据等技术飞速向传统产业渗透，新业态不断衍生，高等职业教育要对应实现专业设置与技能人才培养的有效供给。同时要兼顾产业发展与人才培养的双重价值取向，实现多元化、高质量的人力资本供给，提升人才链的职业素养水平，对接服务全民终身学习的教育体系，一体化设计中职、高职专科、高职本科专业目录，推动各层次技术技能人才培养目标更加明晰，教学内容、评价等相互衔接。此外，基于企业教育与干中学模型，要实现技术技能人才工学结合的教育培训路径，调和企业员工“工”“学”的时间与空间冲突[①]，在教育链层面实现职业教育工学结合培训机制的融合与衔接，建构起多链互通和融合的产教融合逻辑框架，优化职业教育产业布局结构。

二、深化产教融合、校企合作，探索中国特色现代学徒制

新工业革命下，产教融合是我国产业转型升级的重要推动力。学徒制作为发达国家已应用多年的职业教育人才培养模式，被证明是推动行业企业全面参与职业教育人才培养过程，实现专业设置与产业需求对接、课程内容与职业标准对接、教学过程与生产过程对接、毕业证书与职业资格证书对接、职业教育与终身学习对接的“五对接”人才培养模式[②]。

全面推广中国特色现代学徒制必须综合考虑与协调各因素之间的利益

---

① 张弛．高等职业教育产教融合的“四链”逻辑建构：基于经济与教育的论域考证［J］．职业技术教育，2019，40（7）：6－13.

② 韩旭，张俊竹．中国特色现代学徒制的成效、困境与方向［J］．教育与职业，2020（24）：41－46.

关系，构建国家、企业、学校、学生与家庭多元参与、合作共赢的人才培养机制。政府要完善制度政策，为学徒制的推广提供有力保障，同时要加大宣传和资金扶持力度，鼓励校企合作实施现代学徒制，鼓励校企二元或多元参与办学，发挥企业在学徒制实施中的主体地位，尤其是在招工招生过程中的主体作用，针对学徒制学生也应给予相应优惠性引导政策，让学徒制学生有更多更深入的发展机会，创造良好的社会环境，提升人们对于学徒制的看法和观念意识，促进学生的全面发展与就业。

创新现代学徒制的教学管理机制与运行机制。创新校企“双师”团队教师选拔考核标准，建立规范统一的校企“双导师”制度，完善导师团队的评价体系和培训制度①。学校负责制定专业知识和教育教学标准，企业负责制定教师技能标准，“双师”评价标准和培训制度由校企双方共同研究协商制定，依托企业建设“双师型”教师培养培训基地，切实推进“双师”制发挥作用。

建立校企资源共享平台。优化校企人才培养资源，可以利用网络与人工智能等现代技术手段搭建校企合作资源共享平台，创新主体合作共享运行机制，构建校企双主体的人才培养模式，提高企业在人才培养工作中的积极性与参与度，尤其是在相关课程开发设计、人才培养标准制定、校企实训基地建设等方面要充分重视企业的主体作用；通过探索与推广中国特色学徒制，深化产教融合、校企合作，共建多元人才培养模式，构建适应技能中国建设需要的职业技术教育体系，推动人的全面发展。

---

① 顾志祥．我国职业教育现代学徒制改革的成效、反思与展望［J］．教育与职业，2020（1）：40-44.

三、深化普职融通，实现职业技术教育与普通教育双向互认、纵向流动

职业技术教育是现代国民教育体系的重要组成部分，培养了大批高素质技术技能人才。职业技术教育与普通教育是两种不同的教育类型，具有同等重要的地位，要建设高质量教育体系，促进人的全面发展就必须把职业技术教育摆在经济社会发展和教育改革中更加突出的位置。2019 年以来教育部批准开展本科层次职业教育试点，这就打破了职业技术教育止步于专科层次的“天花板”，发展职业本科教育的有效衔接就是深化普职融通，实现职业技术教育与普通教育双向互认、纵向流动的重点表现之一。

深化普职融通，实现职业技术教育与普通教育双向互认、纵向流动可以从课程体系建设、学分互认机制与完善相关政策制度等多方面着手：首先，课程是学校教育的核心，构建普通课程和职业课程之间的融通桥梁是普职融通实践路径中的首要目标①，以实现课程体系设置的互联互通，完善人才培养，促进人的全面发展。其次，学分互认是普职融通的重要途径，完善普职教育之间的学分转换、互认机制是重要前提，统一学分认证机制对于不同层级和类型的教育之间实现教学成果的互认和沟通具有重要意义，也有助于帮助学生更加直观认识到自身的学习情况，对于深化普职融通具有重要意义。最后，借鉴其他国家普职融通的有益做法。政策导向是普职融通的根本保障，必须将我国相关政策文件予以完善，强化相关政策制度对深化普职融通的推动力，通过政策文件明确课程设置、师资安

---

① 敖文娟．中国高中阶段普职融通的实践路径［J］．内江师范学院学报，2017，32（11）：103－106．

排、学籍学分转换等问题，以此提升相关文件的可操作性，有效保障普职融通的政策落实。

第四节

构建助力科技自立自强的高质量高等教育体系

一、建立特色发展引导机制，构建更加多元的高等教育体系

2019年，我国高等教育毛入学率首次超过50%，达到了51.6%，实现了从大众化向普及化的历史性跨越。高等教育普及化后将具有大规模、多样性、个性化和社会化等四大特点①。新时代各类高等学校要瞄准2035年教育现代化目标，依托区位优势与专业特色，以“特色”引导发展，以“优势”提升人才培养水平，打造各具特色、多元共生的高质量高等教育体系。

一是充分发挥各类高校的学科特色，避免“千校一面”。21世纪初的“去师范化”潮使得师范教育逐渐被边缘化，为争夺办学空间、提高办学层次，师范院校不得不通过转型、升格向综合院校靠近，甚至有许多师范

① 别敦荣，王严淞．普及化高等教育理念及其实践要求［J］．中国高教研究，2016（4）：1-8.

类院校干脆通过修改校名的方式，摇身一变为综合类院校[①]。特色类型高校向综合类高校转型已经引起了警惕。2019年4月，教育部、科技部等13个部门联合启动“六卓越一拔尖”计划2.0，正式全面推进新工科、新医科、新农科、新文科的建设，其主要目标即是推动高校以特色引导发展。“双一流”建设的一个基本导向也是坚持“以学科为基础”，鼓励不同类型高校紧密结合自身特色加强学科建设，发扬学科特色无疑成为构建高质量高等教育体系中的一个重要环节。

二是着眼科技发展与产业结构变革，大力发展复合性高、专业性强的现代职业教育，改善普职类型结构。近年来，高速发展的智能化生产系统对技术技能人才工作模式有五个根本性影响，即工作过程去分工化、人才结构去分层化、技能操作高端化、工作方式研究化及服务与生产一体化，这对职业教育培养高度复合性的专业人才提出了新的要求，不仅要将培养系统一贯化，更要在课程和实践上推陈出新，构建高端现代学徒制体系和教学与应用相统一的课程开发方法[②]。

三是高等教育布局结构要与区域人口结构、产业结构相适应，与国家战略和地方经济发展需求相适应。教育结构、人力资本积累、产业结构之间应该形成一个良性循环的闭环，即高等教育高质量发展快速形成人力资本积累，高水平人力资本积累促进经济结构优化，经济结构优化进一步提升人力资本积累，并对高等教育发展提出新的要求[③]。如粤港澳大湾区在

① 赵国祥，罗红艳，赵申苒．论师范大学再师范化转型及价值重塑［J］．教育研究，2020，41（3）：143-151.

② 徐国庆．智能化时代职业教育人才培养模式的根本转型［J］．职教论坛，2016（16）：61-62.

③ 李良华，杨姗姗，李雪．人力资本积累、经济结构转型与高等教育发展［J］．财经科学，2020（11）：122-132.

产业结构快速优化和人才大量积聚的过程中就对高等教育提出了新的要求，致力于打造产教融合的高校集群发展新模式。同时，高等教育布局结构也要充分呼应国家战略及地方经济发展需求，如依托“一带一路”在沿线西部城市大力发展高等教育。

二、建立学科专业动态调整机制，增强高校学科设置针对性

纵观历史，高等教育使命的变化总是与一个国家的特定发展进程联系在一起①，高等教育要始终贴合时代脉搏，回应国家发展与社会进步对知识生产的需求，学科设置无疑是最能反映这一点的。然而，一方面当今社会的科学技术变革速率呈现指数级增长，对教育尤其是高等教育的反应时间提出了更高的要求，另一方面由于教育收益存在一定的滞后性，尤其高等教育在人才培养上更有四年甚至更长的滞后空间，因此在新时代的高质量高等教育体系建设中，必须建立动态、灵活的学科专业动态调整机制。

一是突出面向未来，学科设置与科技发展实现良性互动。当今世界，互联网、物联网、大数据、人工智能、区块链、新能源等众多前沿技术叠加发展，新技术革命正在渗透到人类社会的每一个角落，从根本上不断改变着社会结构。这更强调了高等教育的学科设置不能是一成不变的，要么领衔科技进步，要么吻合科技发展的现实，要么为科技进步奠定深厚理论基础，这尤其体现在了理工科学科门类设置中。在这一点上，国家、研究机构都可定期追踪世界科技前沿进展，并及时向社会公布，尤其要求高等

---

① 陆一. 教养，财富，技术革命：高等教育使命的扩容 [J]. 复旦教育论坛，2021，19 (3)：1.

教育领域做出针对性反应，夯实基础学科、及时建设紧缺急需学科，超前布局关键核心技术领域人才培养①。

二是注重学科交叉，关注跨学科与人工智能融入教育。未来将会出现“大教育”的办学模式与办学格局，特征是一个“融”字——教育融入社会，人工智能融入教育，学科相互融合，专业融合产业。高等教育将越来越关注资源共享，关注世界性知识资源合作，高等学校将成为对各方开放的载体平台②。而随着科学技术进步，知识壁垒正在不断被打破，人们逐渐意识到只有实现学科交叉与融合，开展跨学科研究，才能生发出更多有趣、新颖的结论与成果，因此，学科交叉已经成为世界高等教育发展的重要路径。再者，在第四次工业革命中，我们必须正视万物互联条件下教育与学习实践的变化，必须正视伴随人工智能技术而来的新的教育与学习革命，高等教育学科结构更需要不断适应建立在人工智能技术革命基础之上的社会结构变革③。

三、加强研究生培养管理，提升研究生教育质量

高等教育进入普及化阶段后，除了加强本科生教育之外，研究生教育更成为建设高质量高等教育体系的关键。研究生教育在培养创新人才、提高创新能力、服务经济社会发展、推进国家治理体系和治理能力现代化方面具有重要作用，科技自立自强更是离不开研究生人才的培养。

---

① 解德渤，崔桐．我国高校学科建设的制度意蕴、困境与创新［J］．现代教育管理，2021（7）：54－61.

② 马陆亭．“十四五”时期高等教育发展的历史方位［J］．江苏高教，2021（5）：1－7.

③ 刘复兴．论教育与机器的关系［J］．教育研究，2019，40（11）：28－38.

一是聚焦资源支撑、导师队伍建设、质量培养机制等关键性问题。2020 年 7 月 29 日，新中国成立以来第一次全国研究生教育会议在京召开，这是我国研究生教育史上的重要里程碑。长期以来，我国研究生教育已形成比较完整的体系，奠定了从大到强进一步发展的重要基础，但总体规模仍需进一步扩大，财政直接投入仍然偏少，拨款机制相对简单化，对优秀人才的激励力度不够，资源支撑机制尚需深化改革，因此我们更需要在这些关键性领域上下功夫①。此外，导师队伍建设是研究生培养的基础性工程，课程教学是研究生培养的核心抓手，因此，不仅要严格导师岗位选拔、培训、考核、调整和退出机制，更要在课程教学设计中充分体现研究性，从问题出发，引导学生自主探究和体验知识的发生过程，激发学生的学术志趣。

二是坚持研究生教育为社会服务，培养高层次拔尖创新人才，提高研究生教育国际影响力。过去常常有人将研究生教育看作远离现实的高深研究活动，然而在今天，研究生教育必须从“空中楼阁”落到实处，切实为社会发展进步服务，为人民需求服务。同时，在科教融合的背景下，高质量的研究生教育要对接科教兴国战略与人才强国战略，培养的正是高层次拔尖创新人才。此外，作为亚洲第一大、世界第三大留学生目的地的我国，应该切实通过质量提升提高研究生教育国际影响力，以更自信的姿态与世界上的其他高等教育机构展开合作，吸纳越来越多的国际留学生来到我国接受研究生教育。

---

① 翁铁慧．全面落实全国研究生教育会议精神 推进新时代研究生教育高质量发展：在2020年省级学位委员会工作会议上的讲话［J］．学位与研究生教育，2020（11）：1-6．

第五节
全面建设富有“教育家精神”的高素质专业化教师队伍

一、加强师德师风建设，完善教师管理和发展政策体系

百年大计，教育为本；教育大计，教师为本。教师队伍建设水平关系到未来教育的发展质量，关系到国家和民族的未来发展，坚持把教师队伍建设作为基础工作，是办好我国教育事业的重要保障。习近平总书记在党的十九大报告中明确指出：“加强师德师风建设，培养高素质教师队伍，倡导全社会尊师重教。”[①] 要培养教师的道德情操，引导广大教师以德立身、以德立学、以德施教，坚持教书和育人相统一，坚持言传和身教相统一，坚持潜心问道和关注社会相统一，坚持学术自由和学术规范相统一。要引导广大教师掌握扎实学识，怀有仁爱之心，贯彻落实“四有好老师”与“四个引路人”的重要标准，加强师德师风建设。

时代的加速发展对人才提出了更高的要求，现阶段我国教师队伍建设

---

① 习近平．决胜全面建成小康社会 夺取新时代中国特色社会主义伟大胜利：在中国共产党第十九次全国代表大会上的报告［N］．人民日报，2017－10－28（1）．

水平还不能满足人才的培养需求，存在优质教师资源不足且配置不均衡的问题。建设高质量教育体系推动人的全面发展，就必须全面推进高质量的教师队伍建设，完善教师管理与发展的政策体系。首先，要建立健全师德师风建设长效机制，将师德师风建设作为教师队伍建设的首要任务，通过构建科学合理的激励机制、监督机制、问责机制、惩戒机制等，保障师德师风建设常态化、制度化。其次，协同推进思想政治建设、师德师风建设、业务能力建设等，依靠现代化治理手段推动教师队伍管理现代化。加强信息化建设，关注各级各类教育教师的现实需求与发展现状，科学管理与回应教师发展需求，进一步完善健全教师资格准入制度和教师职称评审制度，加强教师职前培养和职后发展的专业化、一体化程度，促进教师队伍的持续与高质量发展，助力高质量教育体系建设。

二、弘扬教育家精神，为强国建设民族复兴伟业做出新的更大贡献

坚持中国共产党的领导，在习近平新时代中国特色社会主义思想的指导下，使广大教师深刻领悟教育家精神的内涵。党的十八大以来，习近平总书记在多次讲话中强调教师的重要价值，以战略眼光强调了教师队伍建设的重大意义：在 2018 年全国教育大会提出要“坚持把教师队伍建设作为基础工作”①；以“四个引路人”强调了新时代党和国家对教师的殷切期望，提出“广大教师要做学生锤炼品格的引路人，做学生学习知识的引路人，做学生创新思维的引路人，做学生奉献祖国的引

① 习近平在全国教育大会上强调：坚持中国特色社会主义教育发展道路 培养德智体美劳全面发展的社会主义建设者和接班人［N］. 人民日报，2018－09－11（1）.

路人”[①]；以“四有”好老师强调了教师培养的重要要求，提出做好老师，“要有理想信念”“要有道德情操”“要有扎实学识”“要有仁爱之心”[②]；以“四个相统一”强调了教师素养提升的关键要点，提出“坚持教书和育人相统一，坚持言传和身教相统一，坚持潜心问道和关注社会相统一，坚持学术自由和学术规范相统一”[③]。

弘扬中国特有的教育家精神，必须要与红色文化、革命文化、中华优秀传统文化、社会主义先进文化等深度融合，扎根于中国大地之中。一是要继承并创新我国历史中先贤圣哲的教育精神和智慧，孔子被誉为“大成至圣先师”“万世师表”，其“人性向善”“择善而行”“止于至善”的“仁”的教育思想，有教无类、以身作则的教育理念，因材施教的教育方法等，如今仍是教育家精神的重要内容。二是完善荣誉表彰体系，寻找我国当下教育家精神的具象化的楷模榜样。“人民教育家”国家荣誉称号获得者，“时代楷模”中的教师代表，全国教书育人楷模，全国最美教师等都是全国优秀教师的代表，也是教育家精神在新时代我国现实中的具体写照和生动榜样，要以这些具体的人物和事例具象化教育家精神，让教育家精神真实可感、深入人心。三是要结合加快建设教育强国、推进中国式现代化等一系列我国发展的时代要求和战略规划，拓展延伸教育家精神的现实意义。

要形成体系化的政策号召与保障，切实提升教师的政治地位、社会地

① 习近平在北京市八一学校考察时强调：全面贯彻落实党的教育方针 努力把我国基础教育越办越好［N］. 人民日报，2016-09-10（1）.

② 习近平．做党和人民满意的好老师：同北京师范大学师生代表座谈时的讲话［N］. 人民日报，2014-09-10（2）.

③ 习近平在全国高校思想政治工作会议上强调：把思想政治工作贯穿教育教学全过程 开创我国高等教育事业发展新局面［N］. 人民日报，2016-12-09（1）.

位、职业地位，将教育家精神融入尊师重教的社会风尚。教育家精神不仅仅是赋予教师的崇高使命，同时也是教师自身的职业光荣。大力弘扬教育家精神，不仅仅是为教师提出新的要求，同时也为教师职业增添了新的荣誉。一是要优化教师管理制度和资源、结构配置，让每一个孩子都享有公平而有质量的教育，让每一个教师有更大的空间发挥自身教育才能和智慧，在教育教学中发扬教育家精神。二是要加大教师待遇保障力度，努力提升教师的政治地位、社会地位、职业地位，从而吸引和稳定更多优秀人才从教，让更多优秀人才走上教书育人岗位，为党和人民的教育事业做出新的更大贡献，发挥教育家精神助力教育高质量发展的实践作用。三是要积极在全社会营造尊师重教的浓厚氛围，让教师成为最受社会尊重和令人羡慕的职业，让教育家精神成为教师职业奋斗的无上光荣。

三、建立高水平现代教师教育体系，重点建设一批师范教育基地

教师教育作为促进教育公平、提高教育质量的重要支撑，是加快实现教育现代化的基础工程①。《中国教育现代化 2035》明确提出要“培养高素质教师队伍，健全以师范院校为主体、高水平非师范院校参与、优质中小学（幼儿园）为实践基地的开放、协同、联动的中国特色教师教育体系”。中国特色高水平的现代教师教育体系应该具备“开放、协同、联动”的显著特征，现代教师教育体系本质上是一个开放的系统，由师范院校、高水平非师范院校、地方教育行政部门、优质中小学（幼儿园）等多元主体和

① 赵英．论中国特色教师教育体系的应然图景［J］．教师教育学报，2021，8（3）：40－47．

教师培养、准入、培训、考核等多个环节组成。

协同性是建立健全教师教育体系最重要的核心理念之一，这是由教师教育所包含和关联的多主体、多环节、多领域所决定的[①]。我国目前已经基本形成了师范院校与非师范院校共同举办师范教育的格局和多元化的办学体制，但当前我国教师教育体系内部还存在各子系统之间联动不充分、不深入、不紧密的问题。要推动实现实质性联动，还需要推动实现制度化协同，需要建立师范专业招生“研判”制度、中小学（幼儿园）参与师范生培养的法定义务和绩效制度，完善教师编制政策，制定县级教师发展中心建设标准[②]。要积极推动高水平综合大学开展教师教育，通过开设教师教育课程等方式培养优秀教师。实施“互联网＋教师教育”创新行动，推动现代信息技术应用于教师教育，实现线上线下教育充分融合联动。

师范院校具有教师教育的师资、学科发展等方面的资源和优势，要承担起教师终身发展的责任，建设师范教育基地对于实现教育现代化和建设高质量教育体系具有关键作用。要明确师范院校建设标准和师范类专业办学标准，加大对师范院校发展的支持力度，各类师范院校要确保正确的办学方向，突出体现师范教育的特色。通过师范教育基地建设，推动教师职前培养与职后培训融通，并将师范生培养与教育教师队伍建设紧密结合，为师范生提供更多学习基层一线教学方法的机会，也让师范院校教师走进课堂了解教育发展实际，适时更新教育理念，创新师范生培育方式以适应教育改革发展需要，引导师范院校与中小学幼儿园等开展教师专业发展实践与研究。

---

① 赵英．协同创新：教师教育改革有效推进的必然路径［J］．贵州师范大学学报（社会科学版），2012（3）：143－147.

② 赵英．论中国特色教师教育体系的应然图景［J］．教师教育学报，2021，8（3）：40－47.

四、推动“互联网+”条件下教师教育理念和教学方法的变革与创新

进入数字化智能化时代，工业化时代的教育形态已经无法满足数字化智能化社会经济发展的需要，教育正逐步发展为灵活、开放、终身、个性化的新生态。《中国教育现代化2035》提出要“利用现代技术加快推动人才培养模式改革，实现规模化教育与个性化培养的有机结合”，信息技术打破了原来封闭的学习空间，提供了新型的教学和学习工具，链接了更加丰富多样的学习资源，为重塑传统教学模式中的关键要素提供了可能。

面对新的教育时代发展特征，全面提升教师的信息化素养，将增强信息化意识、提升信息技术能力作为教师培训的基础性目标和内容，作为所有教师应具备的基本素养和能力①，是加快推进教育现代化和建设高质量教育体系的必然要求。传统的以教师为中心的课堂教学结构已发生根本性变革，互联网时代教师要对自身所承担的角色进行新的定位，更新教育理念和教学方法。教学活动要从“教”向促进“学”转变，教师不再是单一的知识传授者、灌输者，而应转变为学生课堂学习的帮助者、促进者，激发学生学习的主动性、积极性和创造性。教师的专业发展能力结构构成也将体现互联网时代特点，例如教师应具备信息技术知识、教学迁移能力、信息技术与学科整合能力、数字化交往能力、数字化教学评价能力、数字化协作能力等②。教师要利用现代信息技术，根据学生的不同情况实现个

---

① 教育部教师工作司，宋长远，王薇，等．立足新阶段 贯彻新理念 加快构建高质量教师发展体系［J］．教师发展研究，2021（2）：1－7.

② 余胜泉，王阿习．“互联网＋教育”的变革路径［J］．中国电化教育，2016（10）：1－9.

性化教学，通过相关数据分析工具增进对于每个学生的了解，并以此来改进教学内容和整体的教学规划，增进与学生的沟通和互动，使教学工作更加高效。

第六节

构建中国特色世界水平的教育评价体系，深化教育领域综合改革

一、深化教育评价制度和机制，构建中国特色世界水平的教育评价体系

教育评价是教育治理的重要环节，事关教育发展的方向和前途[①]。党的十八大以来，尤其是在全国教育大会上，习近平总书记强调，“健全立德树人落实机制，扭转不科学的教育评价导向，坚决克服唯分数、唯升学、唯文凭、唯论文、唯帽子的顽瘴痼疾”[②]。2020 年 10 月，中共中央、国务院印发《深化新时代教育评价改革总体方案》（以下简称《总体方案》），根据我国教育改革发展的新形势新要求，对教育评价改革进行了系

① 周洪宇．以科学的教育评价推动新时代教育学发展 [J]．中国教育学刊，2020 (12)：1－2.

② 习近平出席全国教育大会并发表重要讲话 [EB/OL]．(2018－09－10) [2021－11－12]. http://www.gov.cn/xinwen/2018－09/10/content_5320835.htm.

统部署，共设计了 5 个方面 22 项改革任务，提出了“改进结果评价，强化过程评价，探索增值评价，健全综合评价”四个评价原则，实现了我国评价制度与评价机制的思路创新、路径创新，体现了对教育规律和人才成长规律的尊重，强调了评价的动态性、诊断性、多元性①。

一是要改革党委和政府教育工作评价，推进科学履行职责，这是教育评价最容易忽略的内容。党委和政府在教育事业发展中起到统筹规划的作用，各级党委和政府在对教育事业进行统筹规划和指标安排时的政绩观会直接影响整体教育评价生态②。因此，《总体方案》中特别强调“各级党委和政府要坚持正确政绩观，不得下达升学指标或以中高考升学率考核下一级党委和政府、教育部门、学校和教师，不得将升学率与学校工程项目、经费分配、评优评先等挂钩，不得通过任何形式以中高考成绩为标准奖励教师和学生，严禁公布、宣传、炒作中高考‘状元’和升学率”。

二是要改革学校评价，推进落实立德树人根本任务。对学校的评价是教育评价体系中的重要部分，在对学校进行教育评价的过程中要首先坚持把立德树人成效作为根本标准，其次，要针对各级各类学校的办学特点特色进行差异化、区分化、各有侧重的评价，不能以同一套评价体系对待不同类型的学校。

三是要改革教师评价，推进践行教书育人使命。教师是开展教育教学活动的主体，是教育评价中的关键对象，首先要坚持把师德师风作为教师评价的第一标准，坚决克服重科研轻教学、重教书轻育人等现象，同时，

① 周洪宇. 指导深化新时代教育评价改革的纲领性文件：《深化新时代教育评价改革总体方案》解读 [J]. 红旗文稿，2020 (22)：8 - 12，1.

② 瞿振元，张炜，陈骏，等. 深化新时代教育评价改革研究（笔谈）[J]. 中国高教研究，2020 (12)：7 - 14.

《总体方案》还提出要突出教育教学实绩和一线学生工作，推进人才称号回归学术性、荣誉性，这大大改善了之前教师评价中“唯论文”“唯帽子”这些由简单化、绝对化带来的不科学、不正确的评价导向。此外，还要改革用人评价，共同营造教育发展良好环境，这是对教育评价体系的进一步补充，强调要扭转“唯名校”“唯学历”的用人导向，在就业过程中促进人岗相适。

四是要改革学生评价，促进德智体美劳全面发展。学生评价是教育评价中最核心、最受社会广泛关注的内容，《总体方案》对德智体美劳五育评价都做出了进一步的细化规定，并特别强调严格学业标准。针对社会普遍关注的升学问题，《总体方案》继续强调要打破“唯分数”论，深化考试招生制度改革，稳步推进中高考改革、加快完善初高中学生综合素质档案建设和使用办法、完善高等职业教育“文化素质＋职业技能”考试招生办法、深化研究生考试招生改革、“探索建立学分银行制度，推动多种形式学习成果的认定、积累和转换，实现不同类型教育、学历与非学历教育、校内与校外教育之间互通衔接，畅通终身学习和人才成长渠道”。此外，我们要格外注意，实现全面发展，可以以全面培养作为手段，但要进行全面培养，绝不能以全面考试为推进器。全面评价与全面考试是两个截然不同的概念，如果为了实现全面发展和全面培养就一定要把所有科目都纳入考试，那我们就会陷入全面培养的素质教育与全面考试的应试教育、减负与增负的怪圈中。在新时代全面发展、全面培养、全面评价不断得到有效推动之时，全面考试的导向是我们应当高度警惕的。

二、改革完善经费使用管理制度，提高经费使用效益

一是以制度规范保障政府的教育投入。继续扩大对各级各类教育的投

入，确保国家财政性教育经费占GDP的比例在4%的基础上稳步提升，与教育事业发达国家水平接轨，在测定供求均衡的基础上，确定各级各类教育的生均经费标准和拨款标准，在确定各层级政府间教育事权与支出责任划分的基础上，明确中央与地方政府间的教育支出责任，通过改革完善经费使用管理制度、建立健全透明公开的经费投入与使用监督制度，提高经费使用效益，实现教育质量的提升①。

二是进一步完善中央转移支付制度。教育是具有明显外部性的准公共物品，人力资本流动和知识溢出决定了教育投入存在空间溢出效应，东部地区教育溢出效应要强于中西部地区，且由于现阶段我国教育经费的中央转移支付制度主要倾向于高等教育，使得中央教育经费主要拨付于东部地区，这就进一步拉大了中西部与东部之间的教育水平差距②。因此，应该进一步完善中央转移支付制度，建立健全区域教育政策协调制度，以实现区域之间教育资源的合理配置。

三是坚持分权取向的财政改革思路。稳妥坚定地推进“省直管县”财政体制改革，消除义务教育城乡不平等的财政体制障碍，同时注重防止县级政府失控，加快县级政府向公共服务型政府的职能转型。

四是努力实现《教育法》中规定的“教育财政拨款的增长应当高于财政经常性收入的增长”，“使按在校学生人数平均的教育费用逐步增长”，“保证教师工资和学生人均公用经费逐步增长”。特别是保证高等教育生均经费逐步增长，缓解高校扩招中办学经费紧张问题，同时为创新人才培养

---

① 王善迈，赵婧．教育经费投入体制的改革与展望：纪念改革开放40周年［J］．教育研究，2018，39（8）：4－10.

② 张同功，张隆，赵得志，等．我国公共教育支出经济绩效空间溢出效应研究［J］．教育与经济，2021，37（3）：20－30.

提供充足的经费保障①。

三、落实和扩大学校办学自主权，健全学校家庭社会协同的育人体系

学校缺乏办学自主权，既难以根据校情办学，也难以培育自身的优势和特色，不能更好地对接国家发展与社会进步需求，学校对扩大自主办学权的渴望从来不曾停歇②。改革开放以来，多项关于高校办学自主权的政策和法律文件得到落实，高校在学科专业设置、办学规模、组织机构、人事制度、教师管理等诸多方面都拥有了一定的自主权，办学的主体性和灵活性得到了显著增强。进一步扩大高校办学自主权，不仅需要政府有所作为，主动为高校松绑，更需要高校自身切实提高教育与管理水平，避免“一放就乱”，在充分的办学自主权下实现更好的发展。就义务教育阶段而言，进一步厘清政校边界以明确放权尺度是进一步讨论的焦点所在，国家必须牢牢把握住教材的选择、教育财政管理等刚性部分，在教学方式、校内规章制度等方面可以给予学校较大程度的自主权，而在教师招聘、薪酬等事宜上，有关政府部门可以采取充分听取学校意见“柔性放权”的手段，以确保在收和放之间寻找到一个利益弥合的平衡点③。

进入工业社会以来，原本寓于生产生活中的教育逐渐让渡给学校教

---

① 胡咏梅，唐一鹏．“后4%时代”的教育经费应该投向何处?：基于跨国数据的实证研究［J］．北京师范大学学报（社会科学版），2014（5）：13－24．

② 别敦荣．必须进一步扩大高校办学自主权：我国高等教育发展70年的经验［J］．教育发展研究，2019，39（Z1）：1－5，83．

③ 冯大鸣．我国义务教育学校办学自主权的实证分析［J］．中国教育学刊，2018（10）：55－60．

育，由此，学校常常被认为是承担育人任务的主体，教育中出现任何问题都归咎于学校与教师的责任。但事实上，在推动实现个体全面、自由的发展时，每一个单位都休戚与共、命运相关，要实现教育高质量发展，就必须首先明确不同主体的责任与角色，整合一切社会力量，着力打造多元主体参与的社会支持系统，并逐步形成全社会协同的育人体系①。一是形成学校家庭社会协同的责任共同体。责任共同体强调合作，在合作中共赢、共发展，因此必须率先树立责任意识，体系中的每一部分都要明确责任、承担责任，在问题出现时及时反应，作为整体的一部分尽职尽责地行动。二是形成学校家庭社会协同的生态共同体。良好的教育生态并不是靠单一个体的努力就能实现，育人体系容纳着多元主体，每一个主体的任何行动都是牵一发而动全身的，良好的全社会参与教育事业的氛围需要每一个主体积极与融洽的实践，要破坏这个良性循环往往只需一个环节的纰漏。生态共同体是比责任共同体更高一层的价值追求。三是形成学校家庭社会协同的利益共同体。在教育活动中，每一个主体的活动都是为了去追求自身利益，因此，教育活动往往成为一场场利益相关者的博弈，但一个科学完善的学校家庭社会协同育人体系追求的是利益的统一，尽管不同主体有不同的价值立场，但终极追求都是共同推动人的发展，这应该成为我们所有工作的出发点和落脚点。

四、构建服务全民终身学习的教育体系，助力建设学习型社会

终身教育、终身学习和学习型社会是当今世界教育改革发展乃至社会

---

① 杨雄，刘程．关于学校、家庭、社会“三位一体”教育合作的思考［J］．社会科学，2013（1）：92－101．

建设领域的重要指导思想之一。随着现代社会不断发展与进步，社会习俗的变迁、世界人口的膨胀、民主进程的深入、科技发展的迅猛、传播媒介的扩容、闲暇时间的增多、生活方式的嬗变、精神信仰的危机等，都迫使人们不得不面对一系列新的问题和挑战，人们逐渐意识到，在短短十几年的学生生涯中所学到的知识已经不足以支撑起个人发展的需求，终身学习成为人类寻求自身进步的必然趋势。联合国教科文组织 1996 年发布的《教育：财富蕴藏其中》也指出，“虽然一个人正在不断地接受教育，但他越来越不成为对象，而是越来越成为主体了”①。这就强调了个人不仅仅是传统的知识传播中被动的接收方，而是兼具了一种主动性，终身学习使人有能力掌握自身的发展。

要将人的发展作为社会发展的根本目标，将以人为本、以人民为中心的思想融入社会建设的每一项实践中，使社会各界广泛参与到学习型社会建设中。首先，要改进现有的教育系统，将广泛的社会学习系统建立起来，不仅要关注均衡优质的基础教育、中等教育建设，更要为高等教育设置更加灵活的准入机制，将其作为学校教育与终身学习的联合点，同时着力扶持学习型组织和机构的发展，依托信息技术发展建立学分银行。其次，要重点开发学校外各种机构的教育功能，灵活地将新媒体打造成终身学习的平台，在建设旅游景区时融入更多的知识元素，唤醒城市建设、博物馆、文化馆、社区在全民终身学习中的关键作用②。最后，要在全社会弘扬终身学习的理念。事实上，现代社会中的每一个人已经自觉不自觉地

① 联合国教科文组织．教育：财富蕴藏其中［M］．北京：教育科学出版社，1996.

② 朱敏，高志敏．终身教育、终身学习与学习型社会的全球发展回溯与未来思考［J］．开放教育研究，2014，20（1）：50－66.

成为学习型社会中的一分子，庞大的知识流已经使每个人将学习深度融入日常生活当中，我们需要做的是把无意识的知识接受变为有意识的、主动的知识学习，提高人的信息筛选能力和学习理解能力，帮助社会中的每一个人都能适应时代的快速发展，使教育和学习成为引领社会积极变迁的主导力量。

参考文献

［1］UNESCO. Education for all by 2015：will we make it?［R/OL］.（2007－05－20）［2022－02－12］. https：//unesdoc. unesco. org/ark：/48223/pf0000154743.

［2］敖文娟．中国高中阶段普职融通的实践路径［J］. 内江师范学院学报，2017，32（11）：103－106.

［3］包美霞．“探索中国特色学徒制”［N］. 光明日报，2020－12－04（2）.

［4］本刊编辑部．破题“大教育”新格局［J］. 人民教育，2021（8）：18.

［5］别敦荣，王严淞．普及化高等教育理念及其实践要求［J］. 中国高教研究，2016（4）：1－8.

［6］别敦荣．必须进一步扩大高校办学自主权：我国高等教育发展70年的经验［J］. 教育发展研究，2019，39（Z1）：1－5，83.

［7］蔡群青，袁振国，贺文凯．西部高等教育全面振兴的现实困境、逻辑要义与破解理路［J］. 大学教育科学，2021（1）：26－35.

［8］陈宝生．建设高质量教育体系［J］. 中国民族教育，2020（12）：4－6.

[9] 陈柳钦．现代化的内涵及其理论演进 [J]. 经济研究参考，2011 (44)：15－31.

[10] 陈淑丽．社会文化环境对人才成长的影响探析 [J]. 理论研究，2010 (6)：24－25.

[11] 陈文新，田静．西部人才流失问题分析 [J]. 中国市场，2004 (40)：66－67.

[12] 陈子季．编好用好新版职业教育专业目录 服务“十四五”高质量发展 [J]. 中国职业技术教育，2021 (7)：5－8.

[13] 程从柱．劳动教育何以促进人的自由全面发展：基于马克思主义劳动观和人的发展观的考察 [J]. 南京师大学报（社会科学版)，2020 (3)：16－26.

[14] 崔炳辉．面向2035中国职业教育现代化的时代背景、特征与实现路径 [J]. 中国高等教育，2020 (Z1)：58－60.

[15] 邓小平．在全国教育工作会议上的讲话 [EB/OL]. (1978－04－22) [2021－11－12]. http://www.jyb.cn/zyk/jyzcfg/200602/t20060227_55358.html.

[16] 豆书龙，叶敬忠．乡村振兴与脱贫攻坚的有机衔接及其机制构建 [J]. 改革，2019 (1)：19－29.

[17] 窦开龙．西部民族地区青年人才资源流失状况及对策分析 [J]. 西北第二民族学院学报（哲学社会科学版)，2008 (2)：81－84.

[18] 杜尚荣，朱艳，游春蓉．从脱贫攻坚到乡村振兴：新时代乡村教育发展的机遇与挑战 [J]. 现代教育管理，2021 (5)：1－8.

[19] 冯大鸣．我国义务教育学校办学自主权的实证分析 [J]. 中国教

育学刊，2018（10）：55－60.

［20］冯增俊．比较教育学与教育现代化［J］．华南师范大学学报（社会科学版），1996（5）：65－72.

［21］高杭，余雅风．坚持深化教育改革创新［J］．中国高等教育，2019（7）：13－15.

［22］高书国，王辉耀，杨晓明，等．2018人力资源强国报告：人力资源竞争力指数［R］．全球化智库，2018.

［23］顾明远，滕珺．《中国教育现代化2035》与全球可持续发展教育目标实现［J］．比较教育研究，2019，41（5）：3－9，35.

［24］顾明远．实现教育现代化的宏伟蓝图：学习贯彻《国家中长期教育改革和发展规划纲要》［J］．新华文摘，2010（24）：111－114.

［25］顾志祥．我国职业教育现代学徒制改革的成效、反思与展望［J］．教育与职业，2020（1）：40－44.

［26］郭绍青．教育信息化缔造教育新生态［N］．学习时报，2019－12－13.

［27］联合国教科文组织．教育：财富蕴藏其中：国际21世纪教育委员会报告［M］．北京：教育科学出版社，1996.

［28］国家中长期教育改革和发展规划纲要工作小组办公室．国家中长期教育改革和发展规划纲要（2010—2020年）［EB/OL］．（2017－07－29）［2021－07－20］．http://www.moe.gov.cn/srcsite/A01/s7048/201007/t20100729_171904.html.

［29］国务院关于加快发展现代职业教育的决定［EB/OL］．（2014－05－02）［2021－07－31］．http://www.scio.gov.cn/ztk/xwfb/2014/gxbjhzyjyggyfzqkxwfbh/xgbd31088/Document/1373573/1373573.htm.

[30] 国务院关于深化考试招生制度改革的实施意见 [EB/OL]. (2014-09-04) [2021-11-12]. http://www.gov.cn/zhengce/content/2014-09/04/content_9065.htm.

[31] 国务院关于印发统筹推进世界一流大学和一流学科建设总体方案的通知 [EB/OL]. (2015-10-24) [2021-07-30]. http://www.gov.cn/zhengce/content/2015-11/05/content_10269.htm.

[32] 韩旭，张俊竹．中国特色现代学徒制的成效、困境与方向 [J]. 教育与职业，2020 (24)：41-46.

[33] 郝克明．当代中国教育结构体系研究 [M]. 广州：广东教育出版社，2001.

[34] 核心素养研究课题组．中国学生发展核心素养 [J]. 中国教育学刊，2016 (10)：1-3.

[35] 胡锦涛．在党的十七大上的报告（全文）[EB/OL]. (2007-10-15) [2021-11-12]. http://www.scio.gov.cn/tp/Document/332591/332591_7.htm.

[36] 胡颖廉．“中国式”市场监管：逻辑起点、理论观点和研究重点 [J]. 中国行政管理，2019 (5)：22-28.

[37] 胡咏梅，唐一鹏．“后4%时代”的教育经费应该投向何处?：基于跨国数据的实证研究 [J]. 北京师范大学学报（社会科学版），2014 (5)：13-24.

[38] 江泽民．在庆祝北京师范大学建校一百周年大会上的讲话 [N]. 人民日报，2002-09-09 (1).

［39］江泽民．在庆祝中国共产党成立八十周年大会上的讲话（全文）［EB/OL］．（2001-07-02）［2021-11-12］．http://www.chinanews.com.cn/2001-07-02/26/101847.html.

［40］江泽民．在中国共产党第十六次全国代表大会上的报告［EB/OL］．（2002-11-08）［2021-11-12］．http://www.gov.cn/test/2008-08/01/content_1061490_7.htm.

［41］教育部、国家统计局、财政部关于2019年全国教育经费执行情况统计公告［EB/OL］．（2020-10-28）［2021-07-20］．http://www.moe.gov.cn/srcsite/A05/s3040/202011/t20201103_497961.html.

［42］教育部．基本公共教育服务体系［EB/OL］．（2012-09-03）［2021-07-30］．http://www.moe.gov.cn/jyb_xwfb/moe_2082/s6236/s6811/201209/t20120903_141491.html.

［43］教育部．教育部关于全面提高高等教育质量的若干意见［EB/OL］．（2012-03-16）［2021-07-29］．http://www.moe.gov.cn/srcsite/A08/s7056/201203/t20120316_146673.html.

［44］教育部．关于2013年深化教育领域综合改革的意见［EB/OL］．（2013-01-29）［2021-11-12］．http://www.moe.gov.cn/srcsite/A27/zhggs_other/201301/t20130129_148072.html.

［45］教育部．关于积极推进中小学评价与考试制度改革的通知［EB/OL］．（2002-12-18）［2021-11-12］．http://www.moe.gov.cn/srcsite/A26/s7054/200212/t20021218_78509.html.

［46］教育部．关于加强和改进普通高中学生综合素质评价的意见［EB/OL］．（2018-08-07）［2021-11-12］．http://www.moe.gov.cn/

srcsite/A06/s3732/201808/t20180807 _ 344612. html.

[47] 教育部 . 关于全面深化课程改革落实立德树人根本任务的意见 [EB/OL]. (2014 - 04 - 24) [2021 - 11 - 12]. http://www. moe. gov. cn/jyb _ xwfb/xw _ fbh/moe _ 2069/s7861/s8010/s8011/201404/t20140424 _ 167612. html.

[48] 教育部 . 关于深入推进教育管办评分离促进政府职能转变的若干意见 [EB/OL]. (2015 - 05 - 06) [2021 - 11 - 12]. http://www. moe. gov. cn/srcsite/A02/s7049/201505/t20150506 _ 189460. html.

[49] 教育部:“十三五”规划确定的主要目标任务将如期实现 [EB/OL]. (2020 - 12 - 01) [2021 - 11 - 12]. http://www. moe. gov. cn/fbh/live/2020/52692/mtbd/202012/t20201201 _ 502747. html.

[50] 教育部部长陈宝生:提升质量是基础教育面临最紧迫最核心的任务 [EB/OL]. (2020 - 10 - 23) [2021 - 07 - 30]. http://edu. people. com. cn/n1/2020/1023/c367001 - 31902633. html.

[51] 教育部发展规划司 . “数”看“十三五”:教育改革发展成就概述 [EB/OL]. (2020 - 12 - 01) [2022 - 02 - 12]. http://www. moe. gov. cn/fbh/live/2020/52692/sfcl/202012/t20201201 _ 502591. html.

[52] 教育部高教司司长吴岩:“十三五”高等教育实现突破性进展 [EB/OL]. (2020 - 12 - 03) [2021 - 07 - 29]. http://www. moe. gov. cn/fbh/live/2020/52717/mtbd/202012/t20201203 _ 503290. html.

[53] 教育部教师工作司,宋长远,王薇,等 . 立足新阶段贯彻新理念加快构建高质量教师发展体系 [J]. 教师发展研究,2021 (2):1 - 7.

[54] 教育部中国特色社会主义理论体系研究中心 . 社会主义核心价

值观是历史传承和时代要求的统一 [J]. 红旗文稿，2014 (11)：13-15.

[55] 靳诺. 立德树人：高等教育的根本任务和时代使命 [J]. 中国高等教育，2017 (18)：8-12.

[56] 李力，金昕. 新时代高校立德树人的内涵、难点及实现路径 [J]. 东北师大学报（哲学社会科学版），2019 (2)：149-154.

[57] 李良华，杨姗姗，李雪. 人力资本积累、经济结构转型与高等教育发展 [J]. 财经科学，2020 (11)：122-132.

[58] 李松楠，杨兆山. 以人民为中心教育发展思想的百年审思 [J]. 国家教育行政学院学报，2021 (6)：27-34.

[59] 李伟涛. 以教育评价改革为牵引建设高质量教育体系 [N]. 中国教育报，2021-03-10 (2).

[60] 李宜江. 提升教师教书育人能力素质 [J]. 教育发展研究，2021，41 (12)：3.

[61] 李玉兰. 职业教育体系距离“现代”还有多远? [N]. 光明日报，2021-04-27 (13).

[62] 刘飞. 脱贫攻坚与乡村振兴有效衔接下的职业教育 [J]. 教育科学论坛，2021 (9)：1.

[63] 刘复兴，朱月华. 教育是国之大计、党之大计 [J]. 中国高等教育，2019 (Z3)：21-23.

[64] 刘复兴. 论教育与机器的关系 [J]. 教育研究，2019，40 (11)：28-38.

[65] 刘复兴. 中国特色社会主义教育发展道路的几个基本问题 [J]. 教育研究，2014，35 (7)：4-8.

[66] 刘复兴．把握新时代育人方向 落实立德树人根本任务 [J]. 现代教育，2020 (11)：1.

[67] 刘丽群．乡村教师如何“下得去”和“留得住”：美国经验与中国启示 [J]. 教师教育研究，2019，31 (1)：120－127.

[68] 卢志勇．家庭经济困难学生认定中的问题及其治理策略 [J]. 湖南农业大学学报（社会科学版），2015，16 (6)：90－93，99.

[69] 陆杰华，伍绪青．人口年龄结构变迁：主要特点、多重影响及其应对策略 [J]. 青年探索，2021 (4)：28－40.

[70] 陆一．教养，财富，技术革命：高等教育使命的扩容 [J]. 复旦教育论坛，2021，19 (3)：1.

[71] 骆郁廷，郭莉．“立德树人”的实现路径及有效机制 [J]. 思想教育研究，2013 (7)：45－49.

[72] 马克思恩格斯全集：第 1 卷 [M]. 2 版．北京：人民出版社，1995：92.

[73] 马克思恩格斯全集：第 3 卷 [M]. 2 版．北京：人民出版社，2002：354.

[74] 马陆亭．“十四五”时期高等教育发展的历史方位 [J]. 江苏高教，2021 (5)：1－7.

[75] 摩根索．国家间政治：权力斗争与和平 [M]. 徐昕，郝望，李保平，译．北京：北京大学出版社，2006：148－188.

[76] 牛瑞雪．中小学如何构建劳动教育特色课程体系：落实《关于全面加强新时代大中小学劳动教育的意见》的实践策略 [J]. 课程·教材·教法，2020，40 (5)：11－15.

［77］钱俊瑞．当前教育建设的方针（下）［J］．人民教育，1950（2）：8-11.

［78］秦和．坚定公益方向 引领推动新时代民办教育持续健康发展［EB/OL］．（2021-06-30）［2021-07-31］．http://www.moj.gov.cn/pub/sfbgw/fzgz/fzgzxzlf/fzgzlfgz/202106/t20210630_429459.html.

［79］瞿振元，张炜，陈骏，等．深化新时代教育评价改革研究（笔谈）［J］．中国高教研究，2020（12）：7-14.

［80］冉华，高娅敏．中国教育现代化指标五大价值维度［J］．师资建设，2019（7）：14-15.

［81］申素平．对我国教育立法的思考［J］．中国教育学刊，2018（6）：62-66.

［82］申素平，等．从法制到法治：教育法治建设之路［M］．上海：华东师范大学出版社，2018：288.

［83］石家庄市教育局．石家庄市出台《关于加强大中小幼一体化德育体系建设的意见》［EB/OL］．（2020-07-10）［2021-11-12］．http://sjzjyj.sjz.gov.cn/a/2020/07/10/1594371525855.html.

［84］孙春兰．深入学习贯彻习近平总书记关于教育的重要论述 奋力开创新时代教育工作新局面［J］．人民教育，2018（20）：7-10.

［85］孙锐．“十四五”时期人才发展规划的新思维［J］．人民论坛，2020（32）：44-47.

［86］孙霄兵，翟刚学．中国教育法治的历史回顾与未来展望［J］．课程·教材·教法，2017，37（5）：4-14.

［87］谈松华，王建．教育现代化区域发展模式研究［M］．北京：北

京师范大学出版社，2011：24－25.

［88］田慧生．落实立德树人根本任务全面深化课程教学改革［J］．课程·教材·教法，2015，35（1）：3－8.

［89］童玉芬．从人口大国走向人力资源强国：中国人力资源的现状和形势分析［J］．现代经济探讨，2008（1）：11－15.

［90］王怀超，张瑞．中国共产党领导中国革命与建设的基本经验［J］．华中师范大学学报（人文社会科学版），2021，60（3）：1－6.

［91］王岚，王凯．教育中的人工智能：应用、风险与治理研究［J］．黑龙江高教研究，2020，38（6）：45－49.

［92］王玲．我国西部地区人才引进问题研究：以甘肃省为例［D］．北京：首都经济贸易大学，2016.

［93］王培洲．充分认识全面深化改革的整体性、系统性、协同性［J］．求知，2015（7）：7－9.

［94］王善迈，赵婧．教育经费投入体制的改革与展望：纪念改革开放40周年［J］．教育研究，2018，39（8）：4－10.

［95］王亚晶．中国共产党教育方针的百年演进与时代精神的教育追求［J］．当代教育科学，2021（6）：3－14.

［96］微镜头·习近平总书记两会“下团组”：“我们来共同关心这些教育问题”［N］．人民日报，2021－03－07（1）.

［97］翁铁慧．全面落实全国研究生教育会议精神 推进新时代研究生教育高质量发展：在2020年省级学位委员会工作会议上的讲话［J］．学位与研究生教育，2020（11）：1－6.

［98］乌云其其格．国际人才竞争态势及我国的对策［J］．中国科学院

院刊，2010，25（6）：595-601.

［99］邬志辉．推行教育现代化的三个理论前提［J］．教育理论与实践，1998（6）：6.

［100］习近平．高举中国特色社会主义伟大旗帜 为全面建设社会主义现代化国家而团结奋斗：在中国共产党第二十次全国代表大会上的报告［N］．人民日报，2022-10-26（1）.

［101］习近平．决胜全面建成小康社会 夺取新时代中国特色社会主义伟大胜利：在中国共产党第十九次全国代表大会上的报告［N］．人民日报，2017-10-28（1）.

［102］习近平．青年要自觉践行社会主义核心价值观：在北京大学师生座谈会上的讲话［N］．人民日报，2014-05-05（2）.

［103］习近平．在庆祝改革开放 40 周年大会上的讲话［EB/OL］．（2018-12-18）［2021-07-28］．http://www.xinhuanet.com/politics/leaders/2018-12/18/c_1123872025.htm.

［104］习近平．论坚持全面深化改革［M］．北京：中央文献出版社，2018：84-314.

［105］习近平．习近平向全国广大教师致慰问信［J］．人民教育，2013（18）：2.

［106］习近平．在纪念五四运动 100 周年大会上的讲话［M］．北京：人民出版社，2019.

［107］习近平出席全国教育大会并发表重要讲话［EB/OL］．（2018-09-10）［2021-11-12］．http://www.gov.cn/xinwen/2018-09/10/content_5320835.htm.

［108］习近平在北京师范大学考察时号召全国广大教师：做党和人民满意的好老师［N］．人民日报，2014－09－10（1）．

［109］习近平在北京市八一学校考察时强调：全面贯彻落实党的教育方针 努力把我国基础教育越办越好［N］．人民日报，2016－09－10（1）．

［110］习近平在参加上海代表团审议时强调：当好改革开放排头兵创新发展先行者 为构建开放型经济新体制探索新路［N］．人民日报，2015－03－06（1）．

［111］习近平．在欧美同学会成立 100 周年庆祝大会上的讲话［N］．人民日报，2013－10－22（2）．

［112］习近平在清华大学考察时强调：坚持中国特色世界一流大学建设目标方向 为服务国家富强民族复兴人民幸福贡献力量［N］．人民日报，2021－04－20（1）．

［113］习近平在全国教育大会上强调：坚持中国特色社会主义教育发展道路 培养德智体美劳全面发展的社会主义建设者和接班人［N］．人民日报，2018－09－11（1）．

［114］习近平主持召开学校思想政治理论课教师座谈会强调：用新时代中国特色社会主义思想铸魂育人 贯彻党的教育方针落实立德树人根本任务［N］．人民日报，2019－03－19（1）．

［115］夏付斌，孙迪亮．中国共产党关于人的全面发展思想的历史考察［J］．实事求是，2021（2）：31－37．

［116］解德渤，崔桐．我国高校学科建设的制度意蕴、困境与创新［J］．现代教育管理，2021（7）：54－61．

［117］谢琪，谢志远．人才链匹配产业链视域下高职院校专业群建

设：要旨、机制与路径［J］．中国职业技术教育，2020（8）：47－53.

［118］徐国庆．智能化时代职业教育人才培养模式的根本转型［J］．职教论坛，2016（16）：61－62.

［119］严瑾，黄绍华．脱贫攻坚与乡村振兴有机衔接的高校实践理路［J］．湖北民族大学学报（哲学社会科学版），2020，38（5）：34－41.

［120］杨天平，狄伟锋．中国共产党教育方针100年：一部马克思主义教育思想中国化的创新发展史［J］．浙江师范大学学报（社会科学版），2021，46（3）：9－18.

［121］杨晓慧．高等教育“三全育人”：理论意蕴、现实难题与实践路径［J］．中国高等教育，2018（18）：4－8.

［122］杨雄，刘程．关于学校、家庭、社会“三位一体”教育合作的思考［J］．社会科学，2013（1）：92－101.

［123］游旭群．重塑教师教育培养体系 着力打造优秀乡村教师［J］．教育研究，2021，42（6）：23－28.

［124］余胜泉，王阿习．“互联网＋教育”的变革路径［J］．中国电化教育，2016（10）：1－9.

［125］袁贵仁．深化教育领域综合改革（学习贯彻十八届三中全会精神）［N］．人民日报，2013－12－17（7）.

［126］袁振国，沈伟．立德树人的落实机制：现状、挑战与对策［J］．苏州大学学报（教育科学版），2021，9（1）：1－8.

［127］张弛．高等职业教育产教融合的“四链”逻辑建构：基于经济与教育的论域考证［J］．职业技术教育，2019，40（7）：6－13.

［128］张大良．课程思政：新时期立德树人的根本遵循［J］．中国高

教研究，2021（1）：5-9.

［129］张焕庭．教育辞典［M］．南京：江苏教育出版社，1989：764.

［130］张力．纵论立德树人：教育的根本任务［J］．人民教育，2013（1）：10-13.

［131］张力．深化教育领域综合改革目标重点和主要任务［N］．人民日报，2014-06-04（10）.

［132］张立迁．构建适应新发展格局的终身学习体系［EB/OL］.（2020-12-09）［2021-07-29］. http://www.moe.gov.cn/jyb_xwfb/moe_2082/zl_2020n/2020_zl62/202012/t20201209_504330.html.

［133］张师超．西部高校留人才还得靠政策［N］．中国教育报，2017-03-12（2）.

［134］张烁．义务教育有保障 阻断贫困靠知识［N］．人民日报，2020-12-20（5）.

［135］张同功，张隆，赵得志，等．我国公共教育支出经济绩效空间溢出效应研究［J］．教育与经济，2021，37（3）：20-30.

［136］张晓京．培养担当民族复兴大任的时代新人［J］．中国高等教育，2019（Z3）：67-69.

［137］张新平，佘林茂．对教育高质量发展的三重理解［N］．中国教育报，2021-03-18（7）.

［138］张占斌，杜庆昊．把“需求侧管理”与供给侧结构性改革结合起来［N］．光明日报，2021-01-05（11）.

［139］赵婀娜，张烁，吴月．确保实现义务教育有保障［N］．人民日报，2020-11-22（4）.

[140] 赵国祥，罗红艳，赵申苒．论师范大学再师范化转型及价值重塑 [J]. 教育研究，2020，41 (3)：143－151.

[141] 赵英．论中国特色教师教育体系的应然图景 [J]. 教师教育学报，2021，8 (3)：40－47.

[142] 赵英．协同创新：教师教育改革有效推进的必然路径 [J]. 贵州师范大学学报（社会科学版），2012 (3)：143－147.

[143] 中共天津市委党校课题组．党的领导是中国特色社会主义制度的最大优势 [N]. 天津日报，2020－07－06 (9).

[144] 中共中央国务院印发《"健康中国 2030" 规划纲要》[EB/OL]. (2016－10－25) [2021－11－12]. http://www.gov.cn/zhengce/2016－10/25/content_5124174.htm.

[145] 中共中央办公厅、国务院办公厅印发《关于全面加强和改进新时代学校体育工作的意见》和《关于全面加强和改进新时代学校美育工作的意见》的通知 [EB/OL]. (2020－10－15) [2021－11－12]. http://www.moe.gov.cn/jyb_xxgk/moe_1777/moe_1778/202010/t20201015_494794.html.

[146] 中共中央国务院关于全面加强新时代大中小学劳动教育的意见 [EB/OL]. (2020－03－26) [2021－11－12]. http://www.gov.cn/zhengce/2020－03/26/content_5495977.htm.

[147] 中共中央国务院印发《深化新时代教育评价改革总体方案》[EB/OL]. (2020－10－13) [2021－07－25]. http://www.moe.gov.cn/jyb_xxgk/moe_1777/moe_1778/202010/t20201013_494381.html.

[148] 中共中央关于制定国民经济和社会发展第十四个五年规划和二

〇三五年远景目标的建议［EB/OL］.（2020-11-03）［2021-07-15］. http://www.qstheory.cn/yaowen/2020-11/03/c_1126693429.htm.

［149］中共中央关于全面深化改革若干重大问题的决定［EB/OL］.（2013-11-15）［2021-07-15］. http://www.gov.cn/jrzg/2013-11/15/content_2528179.htm.

［150］中共中央国务院关于深化教育改革全面推进素质教育的决定［EB/OL］.（1999-06-13）［2021-11-12］. http://www.moe.gov.cn/jyb_sjzl/moe_177/tnull_2478.html.

［151］中共中央、国务院印发《中国教育现代化 2035》［EB/OL］.（2019-02-23）［2021-11-21］. http://www.gov.cn/xinwen/2019-02/23/content_5367987.htm.

［152］中共中央文献研究室，中央档案馆．建党以来重要文献选编（1921—1942）：第 1 册［M］. 北京：中央文献出版社，2011：1.

［153］中国信通院，中国人工智能产业发展联盟．人工智能核心技术产业白皮书［R/OL］.（2021-04-19）［2021-11-12］. http://www.caict.ac.cn/kxyj/qwfb/bps/202104/t20210419_374019.htm.

［154］中共中央文献研究室．习近平关于科技创新论述摘编［M］. 北京：中央文献出版社，2016.

［155］中华人民共和国国民经济和社会发展第十四个五年规划和 2035 年远景目标纲要［EB/OL］.（2021-03-12）［2021-07-20］. http://www.gov.cn/xinwen/2021-03/13/content_5592681.html.

［156］中华人民共和国国务院新闻办公室．中国的人力资源状况［EB/OL］.（2010-09-10）［2021-07-20］. http://www.gov.cn/zwgk/

2010-09/10/content_1700095.htm.

[157] 钟秉林. 贯彻实施条例 推进民办教育高质量发展 [EB/OL]. (2021-05-18) [2021-07-31]. https://news.eol.cn/xueshu/hui/202105/t20210518_2110530.shtml.

[158] 周洪宇. 以科学的教育评价推动新时代教育学发展 [J]. 中国教育学刊，2020 (12)：1-2.

[159] 周洪宇. 指导深化新时代教育评价改革的纲领性文件：《深化新时代教育评价改革总体方案》解读 [J]. 红旗文稿，2020 (22)：8-12，1.

[160] 朱德全，杨磊. 职业教育服务乡村振兴的贡献测度：基于柯布-道格拉斯生产函数的测算分析 [J]. 教育研究，2021，42 (6)：112-125.

[161] 朱敏，高志敏. 终身教育、终身学习与学习型社会的全球发展回溯与未来思考 [J]. 开放教育研究，2014，20 (1)：50-66.

[162] 朱旭东，蒋贞蕾. 国家发展与教育发展模式探讨：教育现代化的视角 [J]. 比较教育研究，2001 (1)：13-19.

[163] 朱益明，王瑞德. 中国教育现代化2035：从规划到实践 [M]. 上海：上海教育出版社，2020：1-4.

[164] 诸宏启. 教育现代化的性质与分析框架 [J]. 教师教育研究，1998 (3)：9-13.

后　记

《高质量教育体系与人的全面发展》是中国人民大学组织研究撰写的“中国式现代化研究丛书”中的一本。党的十九届五中全会提出“建设高质量教育体系”的重大要求，党的二十大报告要求“加快建设高质量教育体系”，习近平总书记在5·29讲话中提出了“加快建设教育强国”“加快建设高质量教育体系”的要求。本书紧紧围绕建设高质量教育体系主题，着重就新时代教育改革创新的新要求，中国式现代化语境下新时代我国教育现代化面临的机遇挑战与主要任务，建设高质量教育体系的基本内涵与根本任务，马克思主义的全面发展理论与新时代人的全面发展，坚持立德树人、培养时代新人，坚持创新驱动、培养创新人才，培养学生综合素质、推动人的全面发展，开发人力资源、建设人才强国，巩固拓展脱贫攻坚成果与乡村振兴有效衔接，传承中华优秀传统文化、树立文化自信，构建面向未来的高质量教育体系战略等方面进行了系统研究和阐释。

本书的研究与撰写在课题组统一领导下进行，具体分工如下：

引　言：刘复兴

第一章：高　杭　李皎菡

第二章：刘复兴　曹宇新　何雨点

第三章：李立国　张海生　王书琴

第四章：张晓京　刘　媛

第五章：胡　翔　王　玥

第六章：俞国良　雷　雳　王鹏程　董昕怡

第七章：管　华　陈紫琪　李清煜

第八章：潘昆峰　陈钰文　曹宇新

第九章：程方平　娄　雨　安楠馨

第十章：袁玉芝　惠文婕　李清煜

书稿最后由刘复兴统一审定。本书的撰写得到了中国人民大学科研处与教育学院的大力支持，得到了许多领导、同行专家学者以及中国人民大学出版社的关心和支持，在此一并表示衷心感谢！由于我们水平有限，书中不足之处敬请读者批评指正！

刘复兴

图书在版编目（CIP）数据

高质量教育体系与人的全面发展/ 刘复兴等著 . 北京：中国人民大学出版社，2024.12. --（中国式现代化研究丛书 / 张东刚，刘伟总主编）. -- ISBN 978-7-300-33327-4

Ⅰ. G52

中国国家版本馆 CIP 数据核字第 2024GN4639 号

国家出版基金项目

中国式现代化研究丛书

张东刚　刘　伟　总主编

高质量教育体系与人的全面发展

刘复兴 等　著

Gao Zhiliang Jiaoyu Tixi yu Rende Quanmian Fazhan

出版发行	中国人民大学出版社		
社　　址	北京中关村大街 31 号	**邮政编码**	100080
电　　话	010－62511242（总编室）		010－62511770（质管部）
	010－82501766（邮购部）		010－62514148（门市部）
	010－62515195（发行公司）		010－62515275（盗版举报）
网　　址	http://www.crup.com.cn		
经　　销	新华书店		
印　　刷	涿州市星河印刷有限公司		
开　　本	720 mm×1000 mm　1/16	**版　　次**	2024 年 12 月第 1 版
印　　张	20.75 插页 3	**印　　次**	2024 年 12 月第 1 次印刷
字　　数	240 000	**定　　价**	99.00 元